刑事法研究

第十卷
国际刑法通论

张智辉 著

中国检察出版社

图书在版编目（CIP）数据

刑事法研究. 第十卷，国际刑法通论／张智辉著. —北京：中国检察出版社，2021.9
ISBN 978-7-5102-2593-2

Ⅰ.①刑… Ⅱ.①张… Ⅲ.①刑法-中国-文集②国际刑法学-文集 Ⅳ.①D924.04-53②D997.9-53

中国版本图书馆 CIP 数据核字（2021）第 074361 号

刑事法研究（第十卷·国际刑法通论）
张智辉 著

责任编辑：王梓铭
技术编辑：王英英
美术编辑：曹 晓

出版发行：中国检察出版社
社　　址：北京市石景山区香山南路 109 号 （100144）
网　　址：中国检察出版社（www.zgjccbs.com）
编辑电话：(010) 86423708
发行电话：(010) 86423726　86423727　86423728
　　　　　(010) 86423730　86423732
经　　销：新华书店
印　　刷：鑫艺佳利（天津）印刷有限公司
开　　本：710 mm×960 mm　16 开
印　　张：50.75
字　　数：567 千字
版　　次：2021 年 9 月第一版　2021 年 9 月第一次印刷
书　　号：ISBN 978-7-5102-2593-2
定　　价：168.00 元

检察版图书，版权所有，侵权必究
如遇图书印装质量问题本社负责调换

作者简介

张智辉,男,陕西武功人,1954年10月生。法学博士,国务院政府特殊津贴享有者,首批"当代中国法学名家"。现任湖南大学教授、博士生导师,最高人民检察院咨询委员,中国行为法学会理论分会会长。兼任国际刑法学协会中国分会副主席、中国刑法学研究会学术委员会副主任。曾任最高人民检察院检察理论研究所所长,中国检察官协会秘书长,中国检察学研究会秘书长,最高人民检察院司法体制改革领导小组办公室主任,国家检察官学院教授,中国廉政法制研究会副会长。

出版说明

本书是 2009 年中国政法大学出版社出版的《国际刑法通论》（第三版）的修改版即第四版。

本书第三版自 2009 年出版以来，中国与世界各国在刑事司法领域的合作不断加强。这不仅表现在中国与外国签署的刑事司法协助条约和引渡条约大大增加，在具体案件中合作的频率不断增多，而且表现在中国最高权力机关通过了《国际刑事司法协助法》，中国与外国之间开展的刑事司法协助进一步走上法治化的轨道。此外，《罗马规约》缔约国大会通过了关于侵略罪定义的修正案，国际刑事法院的管辖权进一步完善。中国学者对国际刑法的研究也进一步深入，高质量的学术著作不断面世。面对这种情况，有必要对本书进行修改，以适应国际刑法的最新发展。

作　者

二零二一年四月三日

第三版说明

自 1998 年本书增补以来，国际刑法领域发生了一些重大事件。一是有关国际刑法的国际公约不断增加。1998 年 7 月 17 日国际刑事法院规约缔约国全权代表大会通过了《国际刑事法院罗马规约》，该公约于 2002 年 7 月 1 日起生效；1997 年 12 月 15 日联合国大会通过的《制止恐怖主义爆炸事件的国际公约》于 2001 年 1 月 10 日起生效；1999 年 12 月 9 日联合国大会通过了《制止向恐怖主义提供资助的国际公约》，该公约于 2002 年 4 月 10 日起生效；2000 年 11 月 15 日联合国大会通过了《联合国打击跨国有组织犯罪公约》，该公约于 2003 年 9 月 29 日起正式生效；2003 年 10 月 31 日联合国大会通过了《联合国反腐败公约》，该公约于 2005 年 12 月 14 日起正式生效。2005 年 4 月 13 日联合国大会通过了《制止核恐怖主义行为国际公约》，该公约于 2007 年 7 月 7 日起正式生效。这些国际公约，不仅大大拓宽了惩治国际犯罪的范围，而且加重了缔约国在打击国际犯罪方面进行国际合作的义务，细化了国际刑事合作的法律原则和实施规则。这些国际公约，从制定到生效的间隔时间也大大缩短了。二是根据罗马规约，国际刑事法院正式建立并开始运作。国际刑事法院的出现，实现了许多国际刑法学者多年的夙愿，也为国际刑法的发展开辟了新的道路。三是 2001 年 9 月 11 日在美国纽约发生了国际恐怖主义爆炸事件。这个事件，不仅给美国人民造成了巨大的灾难尤其是心理上的创伤，也使全世界人民进一步认识到国际恐怖主义犯罪的严重危害性。"9.11"事件，促使世界各国在打击和预防国际犯罪方面开展更为广泛和有效的国际合作。这三个方面的因素，大大促进了国际刑法的发展。

在我们国家，对国际刑法的研究在过去十年中也有了长足的进展，先后出版了二十余部与国际刑法有关的论著和译著，研究国际刑法的学者也越来越多，有关国际刑法的学术研讨活动比较活跃。这些都促进了我国对国际刑法学的研究。

为了反映国际刑法的新发展和国际刑法学研究的新成果，弥补拙作中的不足，本人在工作之余，对本书进行了系统的修改补充，以飨读者。

作　者

二零零八年七月一日

增补版说明

拙作《国际刑法通论》，自 1993 年出版后，承蒙许多前辈、同行和广大读者的厚爱，曾于 1993 年与"中青年法学文库"的其他首批作品一起作为丛书获得了"中国图书奖"二等奖，1994 年获得了中国人民公安大学"优秀学术著作"一等奖，1995 年获得了北京市哲学社会科学中青年优秀成果奖。然而，赞誉越多，负担越重。作为作者，深知该书阙疑迭出，谬误不穷。

为了答谢各位前辈、同行和读者的错爱，也为了减轻自己在该书上的歉疚，根据国际刑法发展的动态和这几年自己的学习心得，对 1993 年版进行了增补，并在个别地方作了一些修改。

增补后的《国际刑法通论》，主要是根据国际刑事法院发展的情况，增加了原版中未曾展开的国际刑事合作方面的内容。同时，根据修订后的中国刑法和刑事诉讼法，修改了"中国与国际刑法"一章中的有关内容，并根据近年来中国与外国在引渡和刑事司法协助领域的国际合作的发展，增加了有关这方面的内容。但是，中国不同法域之间的刑事司法协助问题，由于感到离题甚远而没有猎及。其实这也是一个值得研究的领域。

作　者
一九九八年四月十五日

初版前言

十年前,当我还是刑法专业的一名研究生时,我的导师高铭暄教授为我们讲授的国际刑法专题引起了我的浓厚兴趣。我感到,在中国这样一个占世界人口五分之一的大国里,开展国际刑法的研究和宣传,不论是对于国际刑法本身的发展,还是对于更有效地预防国际犯罪,都具有举足轻重的作用。特别是在中国实行对外开放政策以后,跨越中国国(边)境的中国人和外国人都在急剧增多,中国公民活跃在世界各地,其他国家的公民也在中国大地上随处可见。面对这种现实,如果我们加强对国际刑法的研究,促进刑事司法系统更加谙练娴熟地掌握和运用国际刑法同可能与中国有涉的国际犯罪作斗争;如果我们广泛宣传国际刑法规范,教育公民在国际交往和境外活动中警惕涉足国际犯罪,那就不仅仅是有助于在中国国内减少国际犯罪的发生,而且会对世界范围内预防国际犯罪的事业产生积极的影响。

那时,我利用自己非常有限的英语知识硬着头皮阅读了巴西奥尼(M. Cherif Bassiouni)教授的《国际刑法及国际刑法典草案》（1980年版）一书的全文，在向中国学者全面介绍该书内容的同时，开始了对国际刑法的研究。1990年，我有幸成为国际刑法学协会的一员。这对我的研究注入了新的动力。不过，直接促使我写作本书的契机，是1991年我应邀承担《中华法学大辞书·刑法学卷》中国际刑法部分全部辞条的撰写任务。在为该辞书撰写国际刑法辞条的过程中，我系统地整理了近年来搜集的有关资料和自己的一些断想。把这些资料和想法汇集成册，一是为了向中国读者系统地介绍和宣传国际刑法的基本内容，引起更多的人对国际刑法的兴趣和关注，并为学术界提供更多的信息；二是为了向我的导师和前辈们汇报自己的学习心得，以求得更多更具体的指导，使自己在这方面的研究有所长进。

开展国际刑法的研究，既需要占有大量的第一手的资料，又需要了解国际刑事司法合作和国内刑事司法的实践，而后者正是我所欠缺的。所以在本书中，我尽可能地围绕有关国际公约的规定来论证自己的观点，而较少触及国际刑法施行中的难题，以致书中阙疑迭出。愿读者和我共同寻找它们的答案。

作　者

一九九二年一月于北京木樨地南里

自　序

　　人到了老年往往会怀旧，喜欢回忆曾经的辉煌和趣事。一个学者，当学术思想枯竭的时候，也会追溯以往的成就，一方面是总结学术研究之路，宽慰自己的一生没有白过；另一方面也是给自己的家人、同行、亲友及弟子一个交代，留下一生劳苦的瞬间喜悦。

　　我与大多数学者有所不同。一方面，我不是一个专门从事学术研究或教学的学者。自1984年从中国人民大学刑法专业硕士研究生毕业之后，在中国人民公安大学学报编辑部（后来并入中国人民公安大学出版社）当编辑、编辑部主任、副总编辑，到1996年调入最高人民检察院检察理论研究所（亦称"中国检察理论研究所"）担任编译部主任、《检察理论研究》副主编、《中国刑事法杂志》主编（2012年卸任），我一直从事为他人作嫁衣裳的工作。同时，在最高人民检察院检察理论研究所和司法体制改革领导小组办公室工作期间，我的主要精力是科研管理和行政管理工作。直到2014年退休以后被湖南大学聘为全职教授，才算专门从事法学教学研究工作。所以，我的理论研究，在很大程度上是一种业余爱好。另一方面，我虽然学的是刑法，但研究的范围并不全是刑法。围绕着刑法学的研究，我把自己的视野扩展到与刑法学密切相关的国际刑法学、犯罪学、犯罪被害者学、刑事诉讼法学、检察学、司法制度及其改革等多个领域，形成刑事一体化的研究领域。《刑事法研究》中所汇集的就是我这些年来围绕刑事法学进行研究所取得的部分成果。这些成果，对于现今的学者是否具有参考意义我不敢断言，但对我个人而言，是值得珍视的。

（一）关于刑法学的研究

在大学读书时，我虽然每一门功课都是优秀，但自己还是比较喜欢刑法，觉得刑法是惩恶扬善、伸张正义的法律。大学三年级选择学年论文时，我写了"论过失犯罪"，其中第二部分以"试论过失犯罪负刑事责任的理论根据"为题发表在《法学研究》1982年第2期上。1982年2月，我提前毕业，考入中国人民大学，跟随高铭暄、王作富教授攻读刑法专业硕士学位。硕士学位论文《我国刑法中的流氓罪》，由群众出版社1988年出版（1991年获北京市高等学校第二届哲学社会科学中青年优秀成果奖），成为新中国成立以来第一部以单个罪名为题出版的学术著作。1999年重返中国人民大学跟随高铭暄教授攻读博士学位。博士学位论文《刑法理性论》（2003年获中国人民大学优秀博士学位论文，2004年获教育部和国务院学位委员会颁发的"全国优秀博士学位论文"），由北京大学出版社2006年出版。

在刑法学研究中，我针对当时刑法立法中"宜粗不宜细"的指导思想，首次提出了刑法立法的明确性原则（1991年）；针对不同地方的不同定罪标准，首次提出了刑法的公平观（1994年）；针对刑法适用中存在的问题，把刑事司法引入刑法学研究的视野，首次指出了刑事司法中的地方化、行政化、大众化对刑法适用的负面影响（2002年）；首次在我国台湾地

自 序

区出版了大陆学者撰写的"学术著作·大学用书"《刑事责任比较研究》（1996年）。

作为一名业余的刑法学者，我未能参加每年的全国刑法学年会，但在30年来的历届刑法学年会优秀论文评选中，我都获得了一等奖或特别奖，成为最幸运的学者：我撰写的《论刑法的公平观》一文，2000年获中国法学会"海南杯世纪优秀论文"（中国法学会刑法学研究会1984—1999优秀年会论文）一等奖；《论贿赂外国公职人员罪》一文，2006年获中国法学会"西湖杯优秀论文"（中国法学会刑法学研究会2000—2005优秀年会论文）一等奖；《社会危害性的刑法价值》（与我的博士研究生陈伟强联合撰写）一文，2011年获中国法学会"马克昌杯优秀刑法论文"（中国刑法学研究会2006—2010优秀年会论文）特别奖；《网络犯罪：传统刑法面临的挑战》一文，2016年获中国刑法学研究会（2011—2016）优秀年会论文一等奖。我撰写的《刑事责任通论》一书（警官教育出版社1995年出版），1999年获全国检察机关精神文明建设"金鼎奖"图书奖一等奖第一名；《刑法改革的价值取向》一文（《中国法学》2002年第6期），2003年获全国检察机关精神文明建设"金鼎奖"文章类一等奖第一名，并被收入《改革开放三十年刑法学研究精品集锦》（中国法制出版社2008年版）。

此外，我有幸参与了高铭暄教授主编的系统总结新中国成立30年刑法学研究的代表作《新中国刑法学研究综述》（河南人民出版社1988年出版），高铭暄、王作富教授联合主编的代表新中国成立30年来刑法学研究最高水平的著作《新中国刑法的理论与实践》（河北人民出版社1989年出版）的撰写；参与了中国与法国刑法合作研究项目（该项目的研究成果以中文版三卷本在中国人民公安大学出版社出版、法文版四卷本在法国巴黎第一大学出版社出版）；参与了香港城市大学与中国人民大学为香港回归所做的香港法律中文文本的编撰工作。有幸作为最高人民检察院刑法修改研究小组成员参加了1997年刑法修改的相关工作。

（二）关于国际刑法学的研究

我在1983年就与大学同学刘亚平合作翻译了巴西奥尼代表国际刑法学协会起草的《国际刑法及国际刑法典草案》（译稿全文经夏登俊、杨杜芳老师审校，西南政法学院《国外法学参考》以1983年增刊的形式印发），该书的部分内容收录在群众出版社1985年出版的《国际刑法与国际犯罪》和四川人民出版社1993年出版的《国际刑法概论》等著作中，是中国大陆最早出现的国际刑法学译著。1991年应邀撰写了《中华法学大辞书·刑法学卷》中国际刑法部分的全部词条。1993年出版了《国际刑法通论》（中国政法大学出版社1993年出版），1999年出版了《国际刑法通论》（增补版），2009年出版了《国际刑法通论》（第三版）。20多年来，该书一直被一些大学作为刑法专业研究生的教材或必读参考书。

我从1990年加入国际刑法学协会以来，参加了一系列国际刑法方面的会议、论坛及活动。1995年起担任国际刑法学协会中国分会秘书长，2002年起担任国际刑法学协会中国分会副主席，2009—2014年担任国际刑法学协会理事。2002年起草了中国分会向国际刑法学协会提交的国别报告《国际经济交往中的贿赂犯罪及相关犯罪》，2003年带领中国法学会代表团出席了在东京大学召开的第17届国际刑法大会专题预备会，2004年全程参与了国际刑法学协会第17届世界刑法大会的筹备和会务工作,并担任了第三单元大会讨论的联合主持人,2005年参加了在北京召开的第22届世界法律大会,并作为中方代表作了题为"惩治腐败犯罪应加强国际合作"的大会发言。这些活动,促使我不得不关注国际刑法问题,也为我研究国际刑法提供了素材和灵感。

(三) 关于刑事诉讼法学的研究

尽管在大学读书时就学习过刑事诉讼法学,但只是初步地了解这门科学。1984年研究生毕业后分配到中国人民公安大学学报编辑部继而并入出版社工作期间,因为负责法学方面的稿件,就开始学习有关刑事诉讼法学方面的知识。在检察院工作期间,经常接触到刑事诉讼方面的问题,于是开始了对刑事诉讼法学的研究。特别是2000年,我带领最高人民检察院代表团应香港保安局的邀请赴香港对内地与香港的刑事诉讼制度进行比较研究,为香港市民撰写了宣传内地刑事诉讼制度的小册子,这件事进一步激发了我研究刑事诉讼法学的兴趣。2000年,我协助主编完成了国家哲学社会科学研究规划基金资助的重点课题"庭审改革后的公诉问题研究",并撰写了该项目的结题报告;2003年主持召开了"预防超期羁押与人权保障研讨会";2006年主持完成了国家哲学社会科学基金项目"刑事非法证据排除规则研究";2009年主持完成了福特基金会资助项目"辩诉交易制度比较研究";2011年主持完成了丹麦人权研究中心资助项目"附条件不起诉制度研究"。此外,我还主持完成了"认罪案件程序改革研究""强制措施立法完善""简易程序改革研究"等刑事诉讼方面重要课题的研究。作为最高人民检察院刑事诉讼法修改研究的职能部门负责人,我有幸参与了2012年刑事诉讼法修改后期的部门协商工作。

在刑事诉讼法学研究领域，我不仅是一个业余研究人员，而且是一个后学者，对刑事诉讼的许多问题都缺乏深入的研究。值得一提的是，从2007年起，我们单位就协同全国8个地方的公检法机关开展认罪案件从简从轻处理试点研究，2009年在我主持召开的"认罪案件程序改革试点"总结会议上，我提出的对犯罪嫌疑人认罪的案件在程序上应当从简、在实体上应当从轻的观点，受到与会的全国人大法工委刑法室的领导和其他刑事诉讼法学界专家们的认同。这个观点与2012年修改后的刑事诉讼法关于简易程序的规定高度契合，即对认罪案件，除特殊情况外，都可以适用简易程序审理，对不认罪案件适用普通程序审理。此外，我在1999年就提出了刑事司法的理性原则；2005年提出了检察机关有权介入死刑复核程序的观点；2006年提出了"二审全面审理制度应当废除"的观点等，都受到了有关领导机关和刑事诉讼法学界的关注。

（四）关于犯罪学与犯罪被害者学的研究

在读研究生期间，我翻译了《经济犯罪学》（载北京政法学院1984年编印的《犯罪学概论》），和同届研究生一起翻译了《新犯罪学》（华夏出版社1989年出版）。此后，我出版了个人著作《犯罪学》（四川人民出版社1993年出版）。1992年，中国犯罪学研究会成立时，我有幸成为第一批理事（以后担任常务理事，后来由于工作繁忙未能坚持参加研究会的活动而脱离了中国犯罪学研究会）。我参与了《美国犯罪预防的理论实践与评价》（中国人民公安大学出版社1993年出版）的翻译，参与了《中国劳改法学百科辞书》（中国人民公安大学出版社1993年出版）犯罪学部分的联合主编和部分词条的撰写，参与了《犯罪学大辞书》（甘肃人民出版社1995年出版）部分犯罪被害者词条的撰写，参与了国家哲学社会科学"九·五"规划重点科研项目《中国预防犯罪通鉴》（人民法院出版社1998年出版）第一编的联合主编和部分章节的撰稿。1997年参与了司法部法学教材编辑部编审的高等学校法学教材《犯罪学》（法律出版社1997年第一版）的撰写，该书此后曾多次再版。2009年，我与国务院法制办副主任张穹联合主持完成了国家社会科学基金重点项目《权力制约与反腐倡廉》。

在犯罪学与犯罪被害者学的研究方面，我首次提出了犯罪的制度性原因；首次把日本学者宫泽浩一的《犯罪被害者学》三卷本编译成中文；针对国内学者多数运用第二、第三手资料研究西方犯罪学的状况，邀请从国外留学回国的学者，首次运用不同国家的第一手资料共同编写了《比较犯罪学》；首次提出了治安预防、技术预防、刑罚预防三位一体的犯罪预防思路。

（五）关于检察学的研究

我调入最高人民检察院检察理论研究所（原称"中国检察理论研究所"）工作后，研究重心转向了检察学的研究。特别是在我主持检察理论研究所工作期间，我力主检察机关的研究机构要把研究检察理论作为自己的中心工作，并身体力行带领研究人员从事检察理论研究。幸运的是这期间的三任检察长和主管领导都非常重视检察理论研究，最高人民检察院还专门下发了《关于加强检察理论研究的决定》。据此，我主持筹备了12届全国检察理论研究年会（2000—2011），主编了《中国检察》（1—20卷），创办了《中国检察论坛》，先后主持完成了加拿大刑法改革与刑事政策国际中心资助项目"检察官作用与准则比较研究"（2001年）、最高人民检察院重点研究课题

"检察改革宏观问题研究"（2004年）、国家社会科学基金重点项目"检察权优化配置研究"（2014）等课题，主持编写了最高人民检察院教材编审委员会审定的《拟任检察官培训教程》（2004年），与朱孝清副检察长联合主编了《检察学》。我独立撰写的《检察权研究》（中国检察出版社2007年版）于2008年获得了最高人民检察院2007年度检察基础理论研究优秀成果特等奖；同年获得了中国法学会首次评审的"中国法学优秀成果奖"三等奖。此外，我主持了《法制日报》"检察话语"专栏52期（2004—2005年）。

在检察学研究领域，我重点论证了中国把检察机关作为国家的法律监督机关来建设的历史必然性和现实合理性，论证了法律监督的基本内涵及其与其他类型监督的异同，论证了检察权的基本构造和运行机制，提出了检察权优化配置的指标体系。

（六）关于司法改革的研究

1997年党的十五大政治报告提出司法改革的任务之后，我与国内的多数学者一样，对中国的司法制度及其改革投入了较大的热情，一直关注司法改革的进程，并就司法改革中的问题进行研究。2000年，在与刘立宪联合主编的《司法改革热点问题》一书中，我提出了把理想与现实结合起来，理性地对待司法改革的观点。同年，我在《检察日报》上分期介绍了法国、澳大利亚、日本、德国的司法改革，希望借鉴国外司法改革的经验，冷静地思考和对待中国司法制度和司法实践中存在的问题。由于工作原因，我对司法改革的研究重点在检察制度的改革方面，先后提出了检察改革的宏观目标和切入点。特别是2012年担任最高人民检察院司法体制改革领导小组办公室主任

自 序

以后,有幸参与了第四轮司法体制改革的顶层设计,并主持完成了司法部重点课题"司法体制改革问题研究"(2014年)和国家社会科学基金重点项目"优化司法职权配置研究"(2018年),就司法体制改革中的一些重大问题提出了自己的看法。

马克思说过"人是最名副其实的社会动物"[1]。人的一生,都与他所处的社会有着千丝万缕的联系,既离不开前人所创造的物质财富和精神文明而独自生存,也不能摆脱社会环境的羁绊而天马行空地去遐想。一个人的学术道路和学术思想总是不可避免地印着他所处时代的烙印。我们这一代人处在新旧交替的改革年代,我们的学术研究无论是在内容上还是在深度上都难以避免地带有这个时代的特殊性和局限性。就个人而言,我是在农村长大的孩子,骨子里有着天然的吃苦耐劳的精神,从不吝啬自己的体力和智力,但是在学术上的每一个成就,一方面离不开部队的锤炼、老师的教诲、领导的要求、同学同事的帮助、家人的支持,另一方面离不开改革开放的时代所提出的研究课题、所提供的学术环境,以及研究空间所能供给的学术资源。加之我本人又是在工作与生活的缝隙中进行学术研究的,难以进行深邃的思索和系统地考证。在我个人的学术生涯中,我虽然奉行刑事一体化的道路,倡导理性地对待犯罪问题,力图多视角地研究犯罪及其对策,但还没有能够把这些方面有机地结合为一个整体。所研究的成果也未必都是自己的理想之作。但它毕竟是时代的产物,是自我思考的成果。诚望这个《刑事法研究》能给后来的学者提供一些研究的线索和批判的笑料。

---

[1] 《马克思恩格斯全集》(第12卷),人民出版社1962年版,第734页。

需要说明的是，为了反映研究的历史足迹，《刑事法研究》中收集的文章基本保留了发表时的原貌，只是为了减少重复，对个别文章作了删节。原文中引用的法律条文，也是以当时有效的法律为蓝本。由此给阅读带来的不便，敬请读者见谅。

张智辉

2019年10月12日于北京广泉小区

目 录

第一章 国际刑法与国际刑法学 ……………………………（1）
　一、国际刑法的概念与特征 …………………………………（1）
　二、国际刑法的孕育与形成 …………………………………（4）
　三、国际刑法产生的理论基础 ………………………………（9）
　四、关于国际刑法的独立性 …………………………………（16）
　五、国际刑法学的理论构想 …………………………………（26）
　六、国际刑法典草案 …………………………………………（29）

第二章 国际刑法的渊源 ……………………………………（35）
　一、国际刑法渊源的界定 ……………………………………（35）
　二、国际刑法的基本渊源 ……………………………………（42）
　三、含有国际刑法规范的国际公约 …………………………（76）

第三章 国际刑事管辖 ………………………………………（85）
　一、国际刑事管辖的意义 ……………………………………（85）
　二、国际刑事管辖的公约规定 ………………………………（88）
　三、国际刑事管辖原则 ………………………………………（102）
　四、关于优先管辖原则的探讨 ………………………………（120）

第四章 国际犯罪及其刑事责任的一般原理 （128）
- 一、国际犯罪的概念 （128）
- 二、国际犯罪的构成 （146）
- 三、关于国际犯罪的主体问题 （159）
- 四、国际犯罪的刑事责任 （169）
- 五、国际犯罪的分类 （181）

第五章 危害人类和平与安全的犯罪 （189）
- 一、战争法与战争犯罪 （190）
- 二、侵略罪 （195）
- 三、战争罪 （200）
- 四、危害人类罪 （217）
- 五、灭绝种族罪 （223）
- 六、非法使用武器罪 （226）

第六章 侵犯基本人权的犯罪 （229）
- 一、《世界人权宣言》与国际人权保护 （229）
- 二、种族隔离罪 （237）
- 三、种族歧视罪 （241）
- 四、贩卖和使用奴隶罪 （243）
- 五、国际贩卖人口罪 （247）
- 六、酷刑罪 （252）

第七章 破坏国际秩序的犯罪 （258）
- 一、惩治国际恐怖主义公约及其发展 （259）
- 二、破坏国际交往秩序的犯罪 （262）
- 三、破坏国际航空秩序的犯罪 （282）

四、破坏海上公共秩序的犯罪……………………………（291）
　　五、破坏国际邮政秩序的犯罪……………………………（302）

第八章　危害人类共同利益的犯罪……………………………（304）
　　一、毒品犯罪………………………………………………（304）
　　二、跨国有组织犯罪………………………………………（322）
　　三、腐败犯罪………………………………………………（342）
　　四、国际洗钱罪……………………………………………（355）
　　五、妨害国际司法罪………………………………………（360）
　　六、破坏环境罪……………………………………………（363）

第九章　危害国家利益的犯罪…………………………………（368）
　　一、妨害国家货币罪………………………………………（369）
　　二、毁坏、盗窃、非法转移国家珍贵文物和
　　　　文化财产罪……………………………………………（370）

第十章　国际刑法的适用………………………………………（375）
　　一、国际刑法的适用模式…………………………………（375）
　　二、国际刑事法院…………………………………………（380）
　　三、国际刑法的国内适用…………………………………（423）

第十一章　国际刑事合作………………………………………（434）
　　一、国际刑事合作的意义…………………………………（434）
　　二、国际刑事合作的公约规定……………………………（439）
　　三、国际刑事合作的主要内容……………………………（486）
　　四、国际刑事警察组织……………………………………（503）

第十二章　引渡…………………………………………………（508）
　　一、引渡的概念、特征与分类……………………………（509）

二、引渡的基本原则 …………………………………… (518)
　　三、引渡的程序 ………………………………………… (537)
　　四、引渡的新动向 ……………………………………… (553)

第十三章　国际刑事司法协助 ………………………… (557)
　　一、对国际刑事司法协助的不同理解 ………………… (557)
　　二、联合国示范条约的基本内容 ……………………… (563)
　　三、国际刑事司法协助的新发展 ……………………… (570)
　　四、国际刑事司法协助的具体实施 …………………… (580)

第十四章　刑事诉讼的移管与外国刑事判决的执行 …… (592)
　　一、刑事诉讼移管 ……………………………………… (592)
　　二、外国刑事判决的承认与执行 ……………………… (605)
　　三、被判刑人的移管 …………………………………… (613)
　　四、国际刑事法院判决的执行 ………………………… (621)

第十五章　中国与国际刑法 ……………………………… (626)
　　一、中国参与国际刑事立法的情况 …………………… (626)
　　二、国际刑法规范在中国刑事法律中的体现 ………… (636)
　　三、中国的引渡问题 …………………………………… (682)
　　四、中国的刑事司法协助 ……………………………… (717)
　　五、关于被判刑人移管问题 …………………………… (758)

主要参考书目 ……………………………………………… (775)

第一章 国际刑法与国际刑法学

一、国际刑法的概念与特征

国际刑法（international criminal law）是国际公约中旨在制裁国际犯罪、维护各国共同利益的各种刑事法规范的总称，主要由国际社会共同制定的国际公约中有关规定和惩罚国际犯罪、进行国际刑事合作的规范性条款组成。国际刑法将制裁国际犯罪的实体法、程序法和执行法通过国际公约的形式融为一体，构成一个独立的法律体系。从这个意义上讲，国际刑法也可以称之为国际刑事法。

国际刑法作为一个独立的法律体系，具有如下特征：

（一）国际刑法是国际社会共同制定的

国际刑法是国际上多数国家通过公约的形式共同制定的法律规范。国际社会共同制定这一特点，使它不同于任何一个国家独立制定的"涉外刑法"[1]。国际刑法既不是一个国家的刑法所包含的涉外因素，也不是一个国家的刑法的域外适用。不

---

[1] 有的学者认为，（狭义的）国际刑法只是指同一案件中各国国内刑法与刑事管辖的适用准则相互竞合或者抵触时，确定适用标准的准则，即所谓"作为国内法规范的国际刑法"。这种观点实际上是把国际刑法视为一种有关涉外因素的国内刑法。——参见〔日〕山本草二著：《国际刑事法》，三省堂1991年版，第123页。

能把一个国家按照自己的国内刑法处理含有涉外因素的犯罪的实践活动视为国际刑法的实践。一个国家在自己的国内刑法中可能包含某些国际刑法的内容，这是任何国家在自己加入和国际公约中履行国际义务的必然要求和具体表现。但是国内刑法中的这些与国际刑法相关甚至相同的内容，只是国际刑法规范在国内刑法中的体现，而不是国际刑法的组成部分。否则，国际刑法就可能因各国国内刑法中的不同规定而丧失法律规范的统一性。

同时，国际刑法也不是两个国家之间的刑事条款。两个国家之间为了制裁各自国内法上的犯罪而签订的条约不能视为国际刑法规范。国际刑法制定的主体只能是国际社会。只有世界上大多数国家至少是一定数量的国家共同认可的制裁国际犯罪的法律规范，才能称之为国际刑法规范。造法主体的国际性，是国际刑法效力的必要保障，也是国际刑法区别于国内刑法的显著特征。

(二) 国际刑法是以国际犯罪为制裁对象的

国际刑法虽然要通过各个主权国家之间的通力合作来实施，但它不是调整国家之间关系的法律，而是调整国际社会与实施国际犯罪行为的主体之间关系的法律。国际刑法的产生旨在把国际社会作为一个整体来共同对付国际犯罪。因此，如果要说国际刑法调整国际刑事法律关系的话，也只能是各个主权国家联合构成国际刑事法律关系的一方主体，而与国际犯罪的主体相对抗，而不是国家之间的刑事法律关系。

国际刑法既然是国际社会共同制定的法律规范，就不可避免地会涉及缔约国的权利义务问题。但是，国际刑法公约不同于其他国际公约的显著特征在于它的调整对象不是国家关系，所有国际刑法公约都是旨在惩罚国际犯罪的公约，因而所规定的内容都是针对国际犯罪的，是有关哪些行为构成国际犯罪、对国际犯罪应当采取哪些措施予以制裁和预防的法律规范，具有明显的"刑事性"。

（三）国际刑法以国家主权为前提、以国际合作为基础

国际刑法的产生，不是各个个人意志一致的结果，也不是任何一个国家单一的国家意志的表现，而是各个主权国家意志一致的结果。在国际刑法公约产生的过程中，每个国家都是以其享有的国家主权为前提，并运用国家主权在刑事管辖上的自主权来参与公约的草拟和签订活动。国际刑法公约的产生，反映了各个主权国家维护本国利益、制裁国际犯罪方面彼此合作的共同要求。国际刑法不是对国家主权的否定，而是国家主权在对付国际犯罪方面的表现形式。那种认为国际刑法公约的出现，特别是普遍管辖原则的确立，是对国家主权的否定的观点，在理论上是对国家主权的片面理解，在实践中对于维护国际社会的共同利益，是极为有害的。

国际刑法的产生，依赖于各个主权国家间的彼此合作，国际刑法的适用更是离不开国家之间的合作。因为国际刑法规范的最大特点，就是它的跨国适用。在国际刑法规范具体适用的每一个场合，都可能涉及一个以上的国家。没有有关国家之间的彼此合作，国际刑法就很难实行。

因此，国际刑法不仅是以承认各国主权为前提的法律规范，而且是依赖各个主权国家的共同努力来实施的法律规范。

（四）国际刑法具有法律规范的完整人格

国际刑法既是"国际的"，也是"刑事的"，是国际社会共同制定的刑事法律规范。国际性与刑事性的有机结合，构成了国际刑法这样一个独立的法律体系。

国际刑法虽然是各个国家国内刑法的国际方面在与国际法

的刑事方面相结合的过程中逐渐形成的,但是作为一个独立的法律部门,它具有法律规范的一般特性,具有自己的完整人格,国际刑法的特征既不是什么"双重性"(split personality 又译:"分裂人格")[1],也不是什么"二元结构"[2]。如果认为在国际刑法结构中,国际法的刑事部分和国内刑法的国际部分是"并存"的,具有"相对独立性",那么,即使承认它们之间有相互联系,这两个部分也永远不可能构成一个"体系"。

国际刑法的上述特征,决定了它不同于其他法律部门的一系列特点。正确认识国际刑法的基本特征,对于理解国际刑法的各个方面的问题很有帮助。

二、国际刑法的孕育与形成

(一) 国际刑法的产生

关于国际刑法的实践,有人认为国际刑法是从各国为执行国内刑法而做的国际努力中发展起来的,因而把它的起源追溯到国家之间最早引渡逃犯的实践,即公元前 1280 年埃及法老拉美西斯二世与赫梯国王缔结的和平同盟条约中包含的一项互相引渡逃亡罪犯的条约[3]。也有人认为,古代中国列国间就存在着国际刑法规则[4]。其实,这是对国际刑法的任意扩大解释或者误解。

如上所述,国际刑法是国际社会共同认可的法律规范,而不是任何含有涉外因素的刑法规范。一个能够联合采取行动的国际社会的存在,是国际刑法赖以产生的基本前提。而在古

---

[1] M. C. Bassiouni, International Criminal Law – A Draft of International Criminal Law, Sijthoff & Noordhoff International Publishers 1980. p. 19.

[2] 赵永琛著:《国际刑法与司法协助》,法律出版社 1994 年版,第 5 页。

[3] M. C. Bassiouni, International Criminal Law – A Draft of International Criminal Law, Sijthoff & Noordhoff International Publishers 1980. p. 2.

[4] 邵沙平著:《现代国际刑法教程》,武汉大学出版社 1993 年版,第 35 页。

代，由于文明的发达程度和对人类共同利益的认识的局限性，各个主权国家不可能、事实上也没有形成若干国家联合采取行动制裁某种行为的国际联盟。曾经有过的只是帝国法律的域外适用，即一国征服他国后，把自己的法律强行或者经过变通在若干个被征服国家的领土上适用。这种域外适用是以他国丧失主权为前提的，因而不能视为国际刑法的实践。

至于国家间彼此引渡罪犯，最初只是为了适用国内刑法，只是制裁各自国内法上的犯罪而在两个国家之间形成的司法互助。所以这只是国内刑法的涉外因素，而不能视为国际刑法的实践。

国际刑法由其特性所决定，它只能是近代社会的产物。

国际刑法的最初实践表现为两个方面：一是同发生在公海上的海盗行为作斗争的实践。中世纪以来，地中海沿岸国家就把海盗行为视为一种可以任意制裁的犯罪。十八、十九世纪逐渐形成了制裁发生在公海上的海盗行为的习惯国际法规则，即把海盗视为人类公敌（hostis human generis），承认各国在主权所及的情况下对其进行刑事管辖的普遍性。这种习惯国际法规则实际上已经孕育着国际刑法规范。二是惩治战争犯罪的实践。随着资本主义经济的发展和资本主义列强瓜分世界的战争的频繁，武装冲突中的无节制状态和侵略者的任意肆虐，引起了世界各国人民的反对和国际社会的重视。于是，十九世纪中期以来，陆续出现了一系列旨在调整战争和武装冲突规则的国际性文件，如1856年4月16日《关于海战的巴黎宣言》；1864年8月22日《改善伤病员待遇的日内瓦公约》；1868年12月11日《禁止在战争中使用某些燃烧性和爆炸性子弹的圣彼得堡宣言》；1899年7月29日《海牙公约和宣言》；1907年10月18日《第二次海牙和平会议公约与宣言》等。这些国际文件中对侵略战争和战争中的非人道行为的谴责和禁止，同样孕育着国际刑法规范。

二十世纪以来，第一次世界大战后和第二次世界大战后关于惩治战争罪犯的国际文件，标志着国际刑法的诞生。

1919年6月28日协约国在巴黎和会上签订的《协约及参战各国对德和约》即《凡尔赛和约》。该和约第二百二十七条规定把德国皇帝威廉二世作为主要战犯交付国际法庭审判；第二百二十八条和第二百二十九条规定将德国及其同盟国的军队人员中严重破坏战争法规和惯例者交由各国单独或数国联合组成的军事法庭进行刑事制裁。为了该项规定的执行，协约国专门设立了调查破坏战争规则罪行的特别委员会即关于战争发动者刑事责任和刑罚执行委员会。后因德皇威廉逃到了拒绝将其引渡的荷兰协约国放弃了引渡请求，而德国则保证对协约国提出的首批战犯进行审判，特别委员会的同意。因此，设在莱比锡的德国最高法院，于1922至1923年举行了对战争罪犯的审判。莱比锡审判中，被告们被指控的罪行有"行为残酷和违反人道""谋杀和杀害平民""虐待战俘""放逐和强制劳动"等。莱比锡审判以7名被告被判处较轻的自由刑和10名被告被宣告无罪而告终，数百其案件的程序被停止。虽然由于政治原因，该项规定未能真正实施，但是它开创了在国际公约中规定国际犯罪和审判战争罪犯的先例。

(二) 国际刑法的发展

第二次世界大战中，苏联、美国、英国等国家元首和政府首脑都曾宣布要审判战犯。1943年10月30日，美、英、苏三国外长发表的莫斯科宣言即《关于德国暴行的宣言》，明确提出了审判和惩罚德国战犯的要求。1945年8月8日，苏、美、英、法等国在伦敦签订了《关于起诉和惩处欧洲轴心国主要战犯的协定》及其附件《欧洲国际军事法庭宪章》即著名的《伦敦协定》，更明确地规定了战争犯罪是一种非政治犯罪的国际罪行，并规定了对之进行追诉的程序和方法。根据《伦敦协定》的规定和1946年1月19日的《盟军最高统帅总部特别通告宣布成立远东国际军事法庭》及其附件《远东国际军事法庭宪章》，欧洲国际军事法庭和远东国际军事法庭在10余个国家的合作下，成功地实现了对战争罪犯的审判和刑罚处罚。这次审判汲取了莱比锡审判的经验，同盟国决定由自己组织专门的国际法庭来行使司法权。在纽伦堡审判[1]中，12名被告被判处绞刑，7名被告被判处无期徒刑或有期徒刑，3名被告被无罪释放[2]，同时认定三个组织为犯罪组织。在东京审判（1946年5月3日至1948年11月12日）中，远东国际军事法庭在日本东京对第二次世界大战中日本首要甲级战犯东条英机、松井石根、土肥原贤二等战争罪犯中国和亚洲乃至全世界犯下的累累罪行进行了审判，其中，7名被告被判处绞刑，18名被告被判处无期徒刑或有期徒刑。

《凡尔赛和约》和《伦敦协定》规定审判和惩罚战争罪犯的条款，虽然具有一事一决的性质，甚至严格说来还不是长期适用的法律规范，但是这些条款及其指导下的审判实践，使战争犯罪被国际社会公认为国际犯罪。并且，在根据《伦敦协定》进行的纽伦堡审判中提出的制裁战争犯罪的若干规则，为1946年联合国大会决议所确认，并在后来签订的一系列有关战

---

[1] 纽伦堡审判实际上是从国际军事法庭1945年10月18日在柏林举行第一次审判开始的，自1945年11月20日移至德国纽伦堡城。经过216次开庭，于1946年10月1日结束。

[2] 纽伦堡审判开始之前，希特勒和另外几个高级纳粹头目自杀的自杀、失踪的失踪，到1945年11月20日，被同盟国认定的23名战犯中一个因患重病不能到庭，实际受审的只有22名被告。

争法规的国际公约中得到了体现,从而构成了制裁战争犯罪的国际刑法规范。

此外,二十世纪初期出现的一系列禁奴公约,如1904年5月18日12个国家签订的《禁止贩卖白奴国际协定》、1910年5月4日32个国家签订的《禁止贩卖白奴国际公约》、1933年10月11日28个国家签订的《禁止贩卖妇孺国际公约》等,促进了有关惩治国际贩卖人口罪方面的国际刑法规范的出现;一些禁止非法贩运麻醉品方面的国际文件的出现,促进了惩治毒品犯罪的国际刑法规范的发展,如1912年1月23日《禁烟公约》,1925年2月19日《国际鸦片公约》等。

二十世纪中叶以来,国际社会在制裁种族隔离、海盗、劫持航空器、劫持人质、毒品犯罪等国际犯罪方面通过国际公约的形式,也先后制定了一系列国际刑法规范,对相应国际犯罪的构成以及各国在制裁这类犯罪的刑事合作中应当遵循的准则作出了明确的规定;在一些国际社会共同关心的其他问题的国际公约中,也出现了含有国际刑法实体规范的条款,为世界各国在同这类国际犯罪作斗争中进行国际合作提供了有力的法律依据。

所有这些包含国际刑法内容的国际公约,都使国际刑法在孕育中逐渐形成,以至发展为一种不容置疑的法律体系。

在国际刑法的形成和发展过程中,一些国际组织特别是联合国及其内设机构,起到了重要的作用。

从1946年起,联合国就开始了制定国际犯罪法典和建立国际刑事法院的努力。1946年12月1日,联合国大会第95(I)号决议确认了纽伦堡国际军事法庭宪章和法庭判决书中包含的一系列国际刑法原则,并于1947年11月21日决议成立国际法委员会编纂纽伦堡原则。该原则于1950年联合国大会第

488（V）号决议通过，成为国际刑法的重要规范。50年代以来，联合国通过其内设机构，如国际法委员会、预防犯罪和罪犯待遇大会、麻醉品管理委员会、国际恐怖主义组织特设委员会、国际民航组织等研究、倡导，并经联合国大会通过了一系列旨在惩治国际犯罪的国际公约和包含国际刑法规范的国际性文件。联合国还通过制定示范条约，如1990年12月14日联合国大会通过的《引渡示范条约》《刑事互助示范条约》等来促进国际刑事司法合作的发展。

此外，国际刑警组织在通缉国际罪犯方面，欧洲理事会和欧洲联盟在促进国际刑法区域化方面，国际刑法学协会在国际刑法的研究倡导方面，都进行了大量卓有成效的工作，发挥了积极的作用。

中国作为联合国的常任理事国，在国际刑法的发展中，理所当然地发挥了重要的作用。特别是恢复中华人民共和国在联合国的合法地位以来，我国先后缔结和参加了一系列旨在同国际犯罪作斗争的国际刑法公约和包含国际刑法内容的公约，在对付国际犯罪的国家间的刑事合作方面发挥着越来越重要的作用。

三、国际刑法产生的理论基础

国际刑法作为不同社会制度、不同经济状况、不同文化背景的国家和人民普遍认可的法律制度，它的产生、存在和发展，深深地植根于人类社会共同的利益需要之中，具有客观的历史根源和现实的利益需要。

（一）国际刑法是保护人类共同利益的价值追求

国际刑法的产生是由人类共同利益的一致性决定的。

世界各国，虽然各自拥有独立的主权，并且由于地域、文化和历史的不同，形成了各自独立的主权管辖范围，但是，每个国家都作为人类社会的一个部分,在某些关乎人类社会最高价值的问题上存在着共同的利益,如对人类安全、尊严和发展的要求,任何国家、任何民族,都是一致的。特别是在现代社会中,随着世界市场的产生和发展,各国、各民族之间利益的共同点越来越多,更容易在某些共同关心的问题上达成共识。

首先,国际刑法中公认的最为发达的部分,当属惩治战争犯罪的刑事规范和实践。这无疑是世界各国人民对人类安全的普遍要求引起共鸣的结果。不仅如此,国际社会普遍认可的"防止及惩治灭绝种族罪公约""关于在航空器内的犯罪和其他某些行为的公约""关于禁止非法劫持航空器的公约""关于制止危害民用航空安全的非法行为的公约""核材料实物保护公约""制止危及海上航行安全非法行为公约""制止危及大陆架固定平台安全非法行为议定书"等旨在制裁国际犯罪的公约,都是为了保护人类社会的公共安全,都是为了满足人类共同的安全需要。

其次,人格尊严和人身权利对于整个人类来说,无疑是一种具有普遍性质的价值,它关系到整个人类社会的利益,因而历来是国际社会共同关注的目标。仅从第二次世界大战后的《联合国宪章》算起,就有一系列国际性文件关注人身权利和人格尊严的保护问题。早在1945年6月26日的《联合国宪章》序言中就重申了基本人权、人格尊严与价值,以及男女及大小各国平等权利之信念,并把促进国际合作,以解决国际间属于经济、社会、文化及人类福利性质之国际问题,且不分种族、性别、语言或宗教,增进并激励对于全体人类之人权及基本自由之尊重。1948年12月10日联合国大会通过的《世界人权宣言》以及其后陆续出现的《儿童权利宣言》《联合国消除一切形式种族歧视宣言》《关于消除对妇女歧视宣言》《德黑兰宣言》《保护人人不受酷刑和其他残忍、不人道或有辱人格的待遇或处罚宣言》《非居住国公民个人人权宣言》等国际性文件都反复强调了对人格尊严和人身权利的保护。

与此同时，国际社会先后制定了一系列国际公约，把某些严重侵犯人格尊严和人身权利的犯罪规定为国际犯罪，如《公民权利和政治权利国际公约》《经济、社会、文化权利国际公约》《妇女政治权利公约》《禁止贩卖人口及取缔意图营利使人卖淫的公约》《关于修正废除奴隶制及奴隶贩卖之国际公约的议定书》《废止奴隶制、奴隶贩卖及类似奴隶制之制度与习俗补充公约》《消除一切形式种族歧视国际公约》《禁止并惩治种族隔离罪行国际公约》《反对劫持人质国际公约》《禁止酷刑和其他残忍、不人道或有辱人格的待遇或惩罚公约》等。这些公约明确规定，对于严重侵犯人格尊严和人身权利的犯罪必须采取包括刑法在内的各种法律对策和社会对策予以坚决禁止，这是世界各国义不容辞的国际义务。

最后，经济发展虽然不像人类安全和人格尊严那样受到国际社会的反复强调，但也是对人类社会的发展至关重要的价值。在惩治国际经济犯罪方面，国际社会给予了应有的重视和很大的关注。早在1929年4月20日，包括中国和法国在内的二十多个国家就签署了一项《防止伪造货币国际公约》。关于贪污贿赂犯罪，1977年1月10日，联合国经济社会理事会提出了一项《关于禁止贿赂外国官员的公约草案》，针对各国法律只规定贿赂本国官员的犯罪的现状，要求各国制裁贿赂外国官员的犯罪。关于洗钱犯罪，1988年12月19日签订的《联合国禁止非法贩运麻醉药品和精神药物公约》作出了明确规定。这个反洗钱的法律规范得到了许多国家的赞成。关于假冒伪造犯罪，国际社会也给予了极大的关注。1967年7月14日修订的《保护工业产权巴黎公约》、1971年7月24日修订的《保护文学艺术作品伯尔尼公约》、1961年10月26日签订的《保护表演者、录音制品制作者与广播组织国际公约》、1971年10月29日签订的《保护唱片制作者防止其唱片被擅自复制公约》、1989年5月26日的《集成电路知识产权条约》等，都强调要保护知识产权及其产品，禁止侵犯知识产权的假冒伪造行为，1994年关贸总协定乌拉圭回合部长级会议最后文件中的《知识产权协议》专门规定了保护知识产权、防止假冒伪造行为的刑事程序（第二部分第五节），要求签署本协定的全体成员国提供刑事程序及刑事惩罚，至少对于故意以商业规模假冒商标或对版权盗版的情况规定刑事制裁。

上述情况表明，安全、尊严和发展，历来是国际社会共同关心的三大价值。禁止和制裁严重侵犯这三大价值的犯罪，既是世界各国共同的利益要求，也是世界各国不断努力和相互合作的实践过程。这为世界各国携手对付战争犯罪以及日益增长的跨国性经济犯罪和侵犯人身权利犯罪奠定了思想基础和实践基础。

（二）国际刑法是有效制裁国际犯罪的客观需要

国际犯罪的特点在于它的跨国性。这种跨国性，使各国在追诉跨国性犯罪方面不断遇到障碍，从而也使惩治这类犯罪的实践过程对建立更为有效的国际性法律对策机制的需求更为迫切。

1. 刑事管辖权的冲突

刑事管辖权是国家主权的重要组成部分，每个国家对国家主权的固守必然禁止其他任何国家司法机关在自己的领土上行使刑事管辖权。但是同时，每个国家又都主张按照属人管辖对在他国领土上犯罪的本国公民或者犯罪后出现在他国领土上的

第一章　国际刑法与国际刑法学

本国公民行使刑事管辖权，或者按照保护管辖原则在犯罪的受害人是自己的国家或本国公民的情况下对犯罪行使刑事管辖权。这种状况必然引起各个国家在对含有涉外因素的犯罪行使刑事管辖权时的法律冲突，而这种冲突在犯罪的国际化趋势越来越明显、犯罪的涉外因素越来越多的国际环境下，变得日益频繁和尖锐。这对惩治和预防严重危害人类社会共同利益的国际犯罪，造成了诸多人为的屏障。面对日益猖獗的、含有国际因素的国际犯罪，建立和谐的国际性的法律反应机制，排除刑事管辖中的人为障碍，以便更有效地对付这类犯罪，应该说是保护世界各国共同利益的客观要求。另外，由于经济交往的全球性和人员的流动性，特别是随着现代交通工具的发达，某些侵犯人类共同利益的犯罪越来越呈现出国际化的趋势。这种犯罪国际化的趋势，严重地危害了人类社会共同的价值追求，危及整个人类社会的利益。这种现实促使各个国家不得不在主权原则的基础上考虑在某些领域建立统一运作的法律反应机制，或者采取协调一致的联合行动。这是国际刑法赖以产生的内在动力。

在这个问题上，可以说各国的专家学者和实务工作者早有共识，甚至可以说建立统一的国际刑法制度早已是一些国际性学术团体和国际著名学者不懈努力的主要目标之一。1935 年，国际刑法学协会主席佩尔拉就曾起草过一个国际刑法典草案大纲。从 70 年代中期起，国际刑法学协会就致力于制定统一的国际刑法典和建立国际刑事法院。1979 年现任国际刑法学协会主席巴西奥尼根据国际刑法学协会的委托草拟了《国际刑法典草案》，1987 年他又根据国际刑法学协会多数学者的意见，将其修改补充为《国际刑法典及国际刑事法庭法草案》。国际法学会和国际社会防卫协会也在这方面作了许多积极的努力。

1989年国际刑法学协会第14届代表大会在《关于国际犯罪和国内刑法的决议》中开宗明义,确认联合国、欧洲理事会、国际刑法学协会、国际法学会和许多学者为制定国际刑法典以有效地预防、追诉和制裁国际犯罪,以及为制定程序性保障,特别是那些已为国际人权公约所接纳的程序性保障方面所作的努力。1994年召开的国际刑法学协会第15届代表大会再次忆及国际刑法学协会在它105年的历史中,一直支持建立一个由国际刑事法院根据一套法律来实现的国际刑事司法制度的创议,确信建立一个常设的国际刑事法院将有力地促进对国际法的遵守和对人权的尊重。

1994年11月,联合国经济及社会理事会组织召开的有组织跨国犯罪问题世界部长级会议曾作出过一个《那不勒斯政治宣言和打击有组织跨国犯罪的全球行动计划》。其中指出,国际社会应当对有组织犯罪形成一种普遍接受的概念,以此为基础,制订更为协调一致的国家措施,进行更为有效的国际合作。会议深信迫切需要建立更有效的国际机制,协助各国和促进预防和打击有组织跨国犯罪共同战略的执行。

2. 法律反应机制有效性的内在要求

由于各国的法律文化传统和社会制度的不同,各国的法律框架并不完全相同,有的甚至相去甚远。对于危害人类社会至关重要的共同价值的犯罪,即使各国都认为应当制裁,也会因为法律框架的不同而作出不同的反应。并且,各国在自己的法律框架内所采取的制裁行动,很难在他国领土范围内进行。缺乏共同认可的法律原则、缺乏和谐与合作的法律反应机制,在各种不同法律框架共存的国际环境下,要想有效地对付含有涉外因素的犯罪,必然是步履维艰,事倍功半。因此,要想有效地同含有涉外因素的经济犯罪和侵犯人身权利犯罪作斗争,实现人类共同的价值追求，就必须在必要限度内破除不同法律框架之间的樊篱，建立通行于世界各国的法律反应机制。

正是基于这个理由，在一定范围内，即在保护人类最重要的基本价值所绝对必要的范围内，制定最低限度的国际法律原则和制裁规范，以指导各国在自己的法律框架内就惩治那些严重危害人类共同利益的犯罪进行相互合作与配合，从而在现存的国际环境下建立、形成统一和谐的法律反应机制，不仅是非常必要的，而且是充满现实可能性的。

（三）国际刑法是国内刑法的必要延伸

刑法本来是掌握国家政权的阶级为了保护自己的生存条件，维持其统治秩序，而运用国家强制力规定哪些行为是犯罪、犯了罪应当受到何种刑罚制裁的法律。因此，运用刑事管辖权规定和惩罚发生在本国主权所及范围内的犯罪，是各国国家主权的重要方面，也是各个国家的国内事务，他国无权进行干预。但是随着人们跨国性活动的出现和增多，特别是像欧洲那样人们之间的跨国性交往十分频繁的地区，一国运用自己的刑事管辖权追诉犯罪的活动，有时会由于某种原因而受阻。例如，某人在国外实施或者与国外的人或组织勾结起来实施危害该国或其公民的犯罪，或者在国内实施犯罪之后逃往国外，国内刑事司法系统的追诉活动就会由于他国主权的限制而无法对犯罪人进行逮捕和审判，或者无法在犯罪地进行侦查取证活动以至中断对这类犯罪的追诉。当这种情况出现的时候，为了保障追诉犯罪的活动顺利进行以维护本国国家和人民的利益，每个国家都需要通过自己在国际上的努力、通过有关国家的协助来实现国内刑法的适用。这种努力逐渐促成了各国之间在实施国内刑法上的刑事合作，如相互引渡罪犯、进行司法协助等。在这种为了实现国内刑法而进行的国际刑事合作中，人们逐渐发现，各国刑法中规定的某些犯罪具有许多共同点，它们实际上是危害整个人类的行为，是危害各国共同利益的犯罪，并且这些犯罪在多数场合都涉及一个以上的国家，因而世界各国有必要采取联合行动来共同对付这类犯罪，而不能因为各国国内刑法中的不同规定使其有可乘之隙。这种共同的认识促成了国际社会把某些危害人类共同利益的行为通过国际公约的形式宣布为国际犯罪，对之实行普遍管辖的实践。

另外，世界各国在相互交往中也需要遵循一定的规则。严重违反国际社会公认的交往规则的活动，特别是发动侵略战争的行为，往往严重危害世界各国的共同利益，威胁国际社会的和平与安宁。禁止这种行为，是各国人民的共同要求。而世界各国在控制、禁止侵略战争、制裁战争罪犯方面的共同努力，也逐渐形成了一系列刑法规范，导致了各国之间在制裁国际犯罪方面进行刑事合作的实践。

这两个方面实践的不断结合，或者说，在同危害人类共同利益的跨国性犯罪作斗争的实践中各国利益的一致性所引起的彼此合作的意愿，逐渐造就了一个新型的法律体系，即由出现在国际公约中的一系列刑事法规范构成的、旨在制裁国际犯罪的、通过各个主权国家之间的刑事合作来实施的国际刑法体系。

以上因素表明，国际刑法的产生，不仅具有深刻的历史根源，而且具有坚实的理论根据。其存在的合理性是毋庸置疑的。

四、关于国际刑法的独立性

随着制裁国际犯罪的国际公约的增多，国际刑法已经成为一种在国际社会中不容置疑和不可忽视的法律制度。但是，时至今日，国际刑法作为一个独立的法律门类、国际刑法学作为一门独立的法律科学,仍未取得公认的地位。有的学者认为,国际刑法只能在两种可能中选择,即要么是作为国内法规范的国际刑法,要么是作为国际法规范的国际刑法,从而否定国际刑法作为一个独立的法律体系存在的可能性。[1]

在中国,学者们对国际刑法的性质也存在着不同的认识。一种观点认为,国际刑法只是一个学科,还很难说是一个法律部门。[2] 另一种观点认为,国际刑法已经形成一个法律部门,但它应当隶属于国际法,是国际法中的一个分支法律部门。[3] 但是持这种观点的学者中亦有人认为,在国际刑法与国际法的关系中要严格区分国际犯罪的主体与国际法的主体。国际犯罪的主体属于国际刑法的范畴,国际法的主体属于国际法的范畴。个人是国际犯罪的主体,但不是国际法的主体;国家是国际法的主体,但不是国际犯罪的主体。[4] 第三种观点认为,国际刑法是一个独立于国际法的法律部门。它虽然与国际法有着极为密切的联系,但不同于国际法;同时它也不同于国内刑法,而是一个具有自身独立性的法律部门。[5]

究其原因,一方面是研究国际刑法的学者往往首先是国际法学者或者国内刑法学者,他们中的许多人往往带着对自己所崇尚、所熟悉的法律制度和学科理论的固有观念来考察国际刑法的实践,以至自觉或不自觉地把国际刑法规范纳入已有法律和学科之中,使之成为国际法或国内法的一部分。另一方面是

---

[1] 参见〔日〕山本草二著:《国际刑事法》,三省堂1991年版,第124—128页。
[2] 黄肇炯著:《国际刑法概论》,四川大学出版社1992年版,第8页。
[3] 陆晓光主编:《国际刑法概论》,中国政法大学出版社1991年版,第4页;赵永琛著:《国际刑法与司法协助》,法律出版社1994年版,第14页。
[4] 参见林欣主编:《国际刑法问题研究》,中国人民大学出版社2000年版,第12—16页。
[5] 贾宇著:《罪与刑的思辨》,法律出版社2002年版,第342—343页。

国际刑法本身的特殊性为学者们选择不同的理论前提来研究它提供了可能。它作为一种法律制度，必须经过国家之间的国际合作才能确立；而它的实施却又主要依赖于各个主权国家的国内刑事司法系统（至少目前仍然是这样）。研究它的学者，如果注重于它的出现，就会将它视为国际法的一部分；如果注重于它的实施，便会将它视为国内刑法的一部分。

然而，危害国际社会共同利益的犯罪的日益增多，各国之间在刑事问题上的合作的不断加强，周而复始地向学者们提出挑战：国际刑法是不是、能不能成为一个独立的法律体系？国际刑法学是不是、能不能成为一门独立的法律科学？

对这个问题的肯定回答，依赖于对国际刑法基本特点的认识。

（一）国际刑法在本质上不同于国际法

当人们划分法律部门的时候，总是借助于法律调整的对象。根据不同的调整对象人们对法律规范进行归类从而划分出不同的法律部门。作为人们普遍接受的国际法，主要是以国家之间的关系为调整对象的。所谓"主要是"，是因为国际法在调整国家关系的同时，在一定条件下和一定范围内也调整类似国家的政治实体和由国家组成的国际组织与国家之间以及它们相互之间的关系。这种调整对象的特殊性，不仅使国际法在制定和实施方面不同于国内法，而且十分明确地把个人排除在国际法律关系主体的范围之外。个人既不具有国际法律关系的主体资格，也不承担国际法律关系中的义务。因此，一种法律，当它以国家与个人之间的关系为调整对象时，它就不应当属于国际法的范畴。正如我国国际法权威读本中指出的，"如果个人成为国际法的主体，那么，国际法就从根本上被破坏了，它

第一章　国际刑法与国际刑法学

就成为世界法，而不成为国际法了"[1]。

国际刑法在实质上正是以国际社会与罪犯个人之间的关系为调整对象的法律。国际刑法中规定的犯罪总是个人的行为和以个人行为为前提的行为，是罪犯个人违反国际刑法的禁止性规范的表现；国际刑法中规定的刑事责任，也总是由犯罪者个人承担的，即使是个人以国家名义实施的国际罪行，受审判的也总是犯罪者个人，而国家只是负连带的赔偿责任和道义责任。

国际刑法之所以长期被许多人认为是国际法的一部分，绝不是有意混淆，而是因为国际刑法在客观上往往给人留下这样一种印象。这个问题可以从两个方面得到解释：

第一，国际刑法中迄今为止最为发达的部分是有关战争犯罪的规定。自国家出现以来，国家之间不断发生的武装冲突强化着国际社会对武装冲突调整规则的需要，由此促进了战争法规的发展。而战争法规的出现必然要求运用包括刑罚在内的制裁手段来制裁违反战争法规的罪行，以保证战争法规得以遵守。特别是第一次世界大战和第二次世界大战中发生的许多令人发指的野蛮暴行，使惩罚战争罪犯的要求更为强烈。而战争犯罪又往往是在罪犯所在国在向其他国家发动非正义战争的过程中实施的；禁止战争犯罪的法律和制裁战争罪犯的实践又总是通过国家之间的联合行动得以实现的。这种现象很容易把人们对国际刑法的注意力引向国家关系，以至于认为国际刑法是调整国家间关系的国际法的组成部分。

但是事实上，成为国际法组成部分的，只是战争法。战争法是在战争和武装冲突中以条约和惯例为形式的、调整交战国

---

[1] 高等学校法学试用教材：《国际法》，法律出版社1981年版，第6页。

之间和交战国与中立国或非交战国之间的关系以及交战行为的原则、规则和规章制度的总称。战争法在内容上主要由两部分组成：关于战争或武装冲突的开始和结束以及在交战期间交战国之间、交战国与中立国或非交战国之间法律关系的原则、规则和规章制度；关于交战中的武器使用以及其他作战手段和作战方法，保护平民、交战人员和战争受难者的原则、规则和规章制度。[1] 战争法作为调整战争期间国家关系的法律，当然成为国际法的组成部分。

然而，作为国际刑法重要组成部分的有关惩罚战争犯罪的法律规范，并不是上述意义上的战争法。它的内容不是有关战争及其发动、进行、结束的规则，而是违反这些规则时有关个人及其所代表的组织或国家应当承担的刑事责任及其适用。它的调整对象主要不是国家行为，而是个人行为，是个人在战争和武装冲突期间所实施的严重违反战争法规的行为，尽管其中有些个人行为是以国家名义实施的，但是这类法律仍然把它首先视为个人的行为加以惩罚，以实施者个人为被告进行审判。正如国际刑法学协会主席 M. C. 巴西奥尼在《国际刑法及国际刑法典草案》一书中指出的，在有关战争犯罪的诉讼中，承担责任的基本原则是"个人刑事责任"原则。

因此，有关战争犯罪的国际刑法规范，虽然与战争法规有着极为密切的联系，甚至必须以战争法规为前提（这些也正是国际刑法区别于国内刑法的重要原因），但它在本质上仍然有别于战争法规，仍然与战争法规分属于不同的法律体系，这就如同刑法中有关商标罪的规定必须以商标法的相应规定为前提

---

[1] 参见高等学校法学试用教材：《国际法》，法律出版社1981年版，第507—508页；《中国大百科全书》，第730页。

而这并不妨碍刑法与商标法分属不同的法律体系一样。

　　第二，国际刑法与国际法之间存在着许多相同之处。国际刑法和国际法，都不是单一的权威的立法机构制定的，而是通过各个主权国家之间签订条约的方式所表达的各个主权国家并行不悖的意志；都是国际社会中代表着共同需要的某些利益的反映；都需要国家间的通力合作才能实现。这类共同性的因素，使人们很容易把国际刑法视为国际法的一部分。

　　但是在这些共性下面却蕴含着两种法律制度之间的根本分歧。由于国际法总是针对国家行为的，而国际刑法主要是针对个人行为的，所以，当各个主权国家的代表聚集在一起制定国际法规范、确认国际法原则的时候，他们各自代表着同一法律关系中的不同主体，他们都清楚地意识到每一项国际法规范都意味着约束自己的一定行为并且容许其他主体实施另一行为；他们之间的利益既是相同的又是彼此矛盾的。因此国际法规范的出现往往是各个主体之间相互斗争、相互妥协的结果，是对各个国家设置的行为规范。而当各个主权国家的代表聚集在一起制定有关国际刑法的规范和原则时，他们所有的人都代表着同一法律关系中的同一方主体，他们彼此都十分清楚，所要制定的法律规范并不是用来对付他们各自所代表的国家的，而是用来对付作为同一法律关系中另一方主体即犯罪人的，这些犯罪人的行为所侵犯的是他们所代表的国家共同的利益。国际刑法是对个人而不是国家设置的禁止性规范，正因为如此，制裁国际犯罪的国际刑法规范，较之约束国家行为的国际法规范，更容易为各个主权国家所接受。

　　国际刑法的适用需要各个主权国家之间的合作，需要有关国家承担一定的义务。对这种合作关系和义务规范的确立，各国之间也存在着不同的认识和争论。但是正如我们不能因为国内刑法在适用过程中需要各个法院互相配合并承担一定义务（特别是审判流窜作案的罪犯时要求相关法院所做的那种配合）而把调整国家与罪犯个人之间关系的刑法视为调整审判机关相互关系和活动的法院组织法一样，我们不能因为国际刑法在制定和适用过程中需要国家之间的合作而把这种调整代表各国家的国际社会与罪犯个人关系的法律视为调整国家间关系的国际法的组成部分。

（二）国际刑法不同于国内刑法

国际刑法与国内刑法有着极为密切的联系。作为"刑法"，它们都是规定什么行为是犯罪以及对犯罪者给予什么样的刑罚处罚的法律规范。它们禁止的对象都是犯罪，禁止的手段都是追究犯罪者的刑事责任。解决犯罪人刑事责任的方式都是刑事诉讼的方式。但是国际刑法与国内刑法又有许多不同的特点，使它们不能合二为一。

首先，国际刑法与国内刑法有着不同的制定方式。国内刑法总是由单个主权国家的权威立法机关制定的，它不需要国际社会的认可，因而它所反映的总是一个国家的统治阶级单方面的意志，是扎根于一个国家的文化传统、适应于该国政治、经济、文化生活特点的控制机制；并且国内刑法中规定的刑罚轻重也总是取决于该国普遍接受的价值观念。而国际刑法并不是由任何一个主权国家所制定的，它必须通过条约的形式在国际社会中寻求每个主权国家并行不悖的意志并以此为基础取得国际社会的普遍认可，才能作为法律规范具有约束力。这就使国际刑法规范必然突破一国文化传统和价值观念的束缚，而趋向各种文化冲突和价值冲突的调和，使之更具有人类发展的共性特质。

其次，国际刑法与国内刑法有着不尽相同的内容和范围。国际刑法和国内刑法虽然都规定了什么行为是犯罪，但二者是有区别的。国内刑法中规定的犯罪包括了本国的立法者当时所能认识到的一切严重危害本国国家和人民利益应受刑罚处罚的行为,并且基本上都局限于本国主权所能及的范围。而国际刑法中所规定的主要是危害国际社会共同利益的国际性犯罪。

最后,国际刑法与国内刑法有着不同的适用形式。国内刑法的适用是国家行使司法权的重要表现,它通常由国内司法机关在自己管辖的范围内根据刑事法律的规定对国内刑法中规定的犯罪直接进行侦查、起诉、审判和行刑,而不受别国的干涉。然而国际刑法的适用并不这么简单。由于国际社会至今没有一个独立的刑事司法系统专门执行国际刑法,惩罚国际犯罪;即使有这样的司法系统,也不能无视各个国家的主权在世界范围内直接追诉国际犯罪,因此国际刑法的适用必须取得各个主权国家的同意和认可,必须通过主权国家之间的刑事合作才能实现。

上述区别表明,国际刑法与国内刑法不仅分属于不同的法律体系,反映着不同主体的意志,具有不尽相同的法律结构,而且具有不同的适用范围和适用方式。所以很难把它们中的任何一个归属于另一个。

当然,也要看到,国际刑法主要是借助各个国家国内的刑事司法系统来实施的,因此与国内刑法之间具有许多相通的地方,国际刑法规范也需要转化为国内刑法规范。但是这种联系并不能成为否定国际刑法独立性的理由。因为,国际刑法的调整范围和造法方式是国际刑法无法包含、无法替代的,因而也是不能不独立存在的。

(三) 国际刑法赖以产生、存在和发展的根据在于其自身的特殊性

国际刑法是国际社会中有关同国际犯罪作斗争的刑事实体

法规范和刑事程序法规范的总称。如上所述，国际刑法既不应当成为国际法的一部分，更不能归属于国内刑法。它是由国际法的某些品格（在渊源方面）和国内刑法的某些品格（在内容方面）相结合而造就的一种边缘性的独立的法律制度。这种法律制度独立存在的基础主要在于它所禁止的国际犯罪的特殊性和制裁国际犯罪的特殊方式。以国际刑法为研究对象的国际刑法学，同样是这样一种介于国际法学和国内刑法学之间的一门边缘性学科。

迄今为止为国际社会所公认从而被国际刑法所禁止的国际犯罪，可以分为两大类。

一是与国家行为有关的犯罪。这主要是战争方面的犯罪，如反和平罪、战争罪和反人道罪。[1] 这些都是对人类社会的整个历史发展危害极为严重的国际犯罪，因而被国际社会公认为是最严重的国际犯罪。这方面的犯罪还包括灭绝种族罪、种族隔离罪等。

与国家行为有关的犯罪不同于国内刑法中的犯罪，其区别是显而易见的。这类犯罪（1）通常都是以特定国家的集体决定、政策、活动甚至命令为前提的；（2）通常是在集团暴力的情况下发生的；（3）除最高决策者之外，单个的犯罪者往往不是由于他自己的决定而处于暴力竞争场所的；（4）这类犯罪的相当一部分是为了推行和实施国家政策或代表国家而实施的。正因为这类犯罪往往牵涉到罪犯所在国家的责任，所以不可能作为国内刑法中的犯罪由罪犯所在国完全按照自己的法律进行审判。

二是与国家行为无关的国际犯罪。这方面的犯罪主要有：

---

〔1〕 参见《中国大百科全书》，中国大百科全书出版社1984年版，第732页。

劫持航空器罪、海盗罪、毒品罪、贩运奴隶罪、国际贩卖人口罪等。这类犯罪，通常都是国内刑法中的犯罪，它们都是由个人实施的并且多数都是在结成犯罪集团的形式下实施的，都损害人身或私人利益，都符合国内刑法中的犯罪构成。但是，这类犯罪，从准备到实施，往往涉及一个以上的国家；其所损害的利益为所有国家或绝大多数国家所共同关注，因此在防止、控制和制裁这类犯罪方面各国具有共同的利害和共同的要求；这类犯罪不论基于什么动机，都不认为是政治犯罪，不能享受政治犯的待遇。

上述特点表明，国际刑法所禁止的国际犯罪，不论与国家行为有无关系，都是个人的行为，但是另一方面，它们又都威胁着国际社会的共同利益并且常以跨国形式出现。因此，国际社会同国际犯罪的斗争，既不能当作国家间关系来处理，不能依靠国际法中公认的国际制裁手段来制裁，又不能完全依赖于各自独立的各个主权国家的国内刑法来制裁，而必须依靠国际社会中逐渐产生的国际刑法规范来解决。这些国际刑法规范，通过在各个主权国家之间签订公约的形式，在宣布禁止性规范的同时，要求各个主权国家联合起来共同承担运用刑事制裁手段同国际犯罪作斗争的义务，以保证其禁止规范被遵守。这种各个主权国家联合制裁国际犯罪的公约规定和国际实践，又赋予国际刑法另一个鲜明的特性，即国际刑法的适用必须依靠国家间的刑事合作。

以上分析表示，国际刑法具有自身的特殊性，它既不同于一般的国际法，也不同于一般的国内刑法，而是由国际法的刑事部分和国内刑法的国际部分相结合而逐渐形成的一个独立的法律体系。它有自身存在的价值和根据因而无法为其他部门法所取代。当然，无论是在其产生过程中，还是在其进一步的发展中，它都有赖于国际法和各国国内刑法的发展。它的独立性并不意味着否定它与国际法和国内刑法之间的联系。

五、国际刑法学的理论构想

国际刑法学是以国际刑法为研究对象的科学。国际刑法学既不同于外国刑法学，也不同于比较刑法学。外国刑法学是以外国的国内刑法为研究对象的科学。它综合研究本国以外的其他各国刑法规范、刑事立法和刑事司法实践，以便为本国刑事立法的完善和刑事司法的强化提供借鉴。比较刑法学是对各国的国内刑法进行微观或宏观比较的科学。它对世界各国的刑事立法，在理论和实践上进行比较研究，分析各种刑法制度的利弊得失，观察它们之间的异同，以便寻找刑法发展的共同规律及其在不同社会文化背景下表现出来的不同特点。外国刑法学和比较刑法学，同国内刑法学一样，都没有脱离国内刑法的巢穴，都是以国内刑法为基础进行研究的，所不同的只是研究方法和研究角度上的差异。与之相比，国际刑法学是一个更为广阔的研究领域，它的研究范围远远超出了国内刑法的视野。国际刑法学所要研究的，不是任何一个国家的国内刑法，而是国际公约中旨在制裁国际犯罪的各种刑事法规范。这些规范，虽然也体现在各国的国内刑法中，但是它所反映的，是国际社会公认的刑法原则和制度，是世界各国通过刑事合作制止和制裁危害国际社会共同利益的国际犯罪的共同愿望。因此，对国际刑法的科学研究，是国内刑法学、外国刑法学和比较刑法学所无法取代的，尽管它们之间存在着某些共同的成分和密切的联系。

国际刑法学的研究，既包括了对已经出现在国际公约中的刑事法规范的基本精神、体系结构和它所规定的国际犯罪及其刑事责任的研究，同时也包括了对国际刑法的起源和发展的研究，对尚未出现在国际条约中但严重危害人类的和平与安全、危害国际社会共同利益的可能成为国际犯罪的行为及其法律对策的研究。国际刑法学尤其应当研究国际刑法的适用途径。特别是在世界上还没有出现能够统一适用国际刑法的权威刑事司法系统的国际环境下，研究通过各国国内刑事立法和刑事司法系统适用国际刑法的切实可行的途径以及国际社会开展刑事合作的有效方式，对于国际刑法的发展和国际刑法功能的发挥，具有极为重要的意义。

遵循上述思路，笔者认为，国际刑法学至少应当由以下三个部分构成：

(一) 国际刑法的效力范围

刑法的效力范围实际上是刑法适用的对象的范围。划定刑法的效力范围，也就是确定刑法适用的对象。因此，明确刑法的效力范围，是刑法适用的先决条件。研究国际刑法同样要首先研究国际刑法的效力范围。否则就无法确定国际刑法的适用对象。

但是另一方面，刑法的效力范围总是同作为国家主权的重要组成部分的刑事管辖权密切相连的。除了国际刑事法院之外，每个国家都只能在本国主权所及的范围内行使刑事管辖权，每个独立的主权国家都要求独立自主地行使刑事管辖权。这在国际刑法中，就引起了一个矛盾，即国际刑法在国际社会中对国际犯罪的统一适用与各国在制裁国际犯罪中各自独立的刑事管辖权之间的冲突。这种冲突的解决，是国际刑法在同国际犯罪作斗争中发挥其功能的先决条件，因而也是国际刑法学应当研究的重要课题。

国际刑法学应当广泛研究国际刑法的规范体系，从中寻找有关对国际犯罪进行刑事管辖的规律，从中总结国际刑事管辖的基本原则。

(二) 国际犯罪及其刑事责任

国际刑法是国际社会同国际犯罪作斗争的法律制度。对象的确定以及对对象本身的规律性的把握，是卓有成效地与之作斗争的关键。不明确对象的范围，不了解对象的特性和活动规律，就很难设想能够有效地与之作斗争。因此，研究国际刑法，就不能不研究国际刑法所要禁止和制裁的国际犯罪。

国际刑法学应当着力研究国际犯罪产生的国际根源，了解国际犯罪产生、存在和变化的规律，以便为国际社会完善国际刑法规范，更有效地同国际犯罪作斗争提供科学可靠的理论根据和切实可行的对策基础。

同时，国际刑法学应当从现有国际刑法规范和国际犯罪动态中研究各种国际犯罪的犯罪构成及其表现形态，研究国际犯罪的刑事责任和处罚方法，为国际刑法的适用提供帮助。

国际刑法学还应当重视对严重危害人类社会共同利益的新的以跨国形式出现的犯罪动态的研究，分析总结其行为特征，为创制国际社会共同制裁这类犯罪的法律规范提供必要的舆论准备和理论基础。

(三) 国际刑法的适用途径

国际社会所固守的主权观念使国际社会至少在目前很难建立一个统一的能够跨越国家主权独立性障碍的刑事司法系统。即使建立了这样的刑事司法系统，其活动范围也是十分有限的。这就给国际刑法的适用带来了许多困难。在这种国际环境下，通过哪些途径来适用国际刑法，是国际刑法发展过程中面临的难题，因而也正是国际刑法学所要研究的重大课题。

研究国际刑法的适用途径，既是运用国际刑法同国际犯罪作斗争的实践需要，也是国际刑法理论自身发展的需要。对国际刑法的研究,如果仅仅停留在对国际刑法的历史发展和规范内容的考证说明上,而不顾及其在实践中能否适用、有无作用,那就只能是纯粹的空谈。理论要对实践发生作用,就必须研究实践,回答实践中遇到的难题。因此,对国际刑法适用途径的研究,在国际刑法学理论体系中应当占有重要的地位。

研究国际刑法的适用途径,离不开研究国际刑法与各国国内刑法的关系,离不开研究各个国家、各个地区参与国际刑法的实践。正是因为这个道理,国际刑法学协会第十四届代表大会把国际刑法与国内刑法的关系作为中心议题之一;第十五届代表大会又把国际刑法的地区化作为中心议题之一。这些问题的研究,必将促进国际刑法向着更有成效地同国际犯罪作斗争的方向发展。

研究国际刑法的适用途径,还有一个极为重要的问题,那就是国家之间在同国际犯罪作斗争中的刑事合作。在当今世界上,离开了各国之间的刑事合作,同国际犯罪作斗争就寸步难行。所以,如何加强各国之间的刑事合作,既是有关国际公约中着力解决的问题,也是国际刑法学应当重点研究的课题。

以上三个方面,构成了国际刑法学理论大厦的三大支柱。围绕这三个方面开展国际刑法学的研究,必将建立起科学的国际刑法学理论体系。

当然,在理论界,有些学者试图按照国内刑法学的理论体系来构建国际刑法学。这种努力不无道理。但是如果脱离国际刑法发展过程中遇到的重大难点,忽视国际刑法和国内刑法的区别,照搬国内刑法学的模式,那就很难建立起科学的、有价值的国际刑法学体系。

六、国际刑法典草案

对国际刑法进行理论研究,早在19世纪末、20世纪初,就为一些国际性学术团体所倡导。1872年美国学者D. D. 菲尔德（D. D. Fidld 1805—1894）所创建的"和平协会"、1889年由德国刑法学家李斯特（Franz von Liszt 1851—1919）、荷兰刑法学家哈默尔（Gerard Anton van Hamel 1842—1917）和比利时刑法学家普林斯（Adolphe D. Prins 1845—1919）等人共同创建的国际刑事科学协会、1900年在巴黎举行的国际比较法大会、1926年成立的国际刑事和感化基金会，都曾提出研究国际刑法、建立统一的国际刑法制度的建议和设想。1934年成立的国际犯罪学协会、1949年成立的国际社会防卫协会，也曾就国际刑法的某些问题进行过研究。尤其是国际刑法学协会[1]，在研究国际刑法，寻求制裁国际犯罪的途径方面，做了许多积极的努力，取得了值得称道的成果。其中最引人注目的是草拟《国际刑法典草案》。

第一个国际刑法典草案是各国议会联盟于1925年10月提出的。[2] 这个草案未能被国际社会普遍认可。1979年，美国芝加哥德保罗大学教授M. C. 巴西奥尼〔当时的国际刑法学协会秘书长〕受国际刑法学协会理事会委托拟制了一个完整的《国际刑法典草案》（A Draft of International Criminal Code）。该

---

[1] 国际刑法学协会（法文：Association Internationale de Drort Penal；英文：International Association of Penal Law；缩写：A. I. D. P），是在国际刑法科学领域最具影响的非政府性学术组织。其前身是由德国刑法学家李斯特、荷兰刑法学家哈默尔、比利时刑法学家普林斯于1889年共同创建的国际刑事科学协会（International Association of Criminal Science 又译："国际刑事科学会"。本部设在德国。）国际刑事科学协会在第一次世界大战期间停止了活动。1924年，法国、比利时等国的刑法学家在国际刑事科学协会的基础上重新组建了该协会，取名为"国际刑法学协会"，本部设在法国巴黎。国际刑法学协会作为一个非官方的国际性学术团体，由来自世界各地的知名教授、专家、和高级刑事司法官员及各学科的代表组成，在联合国经济与社会理事会享有咨询地位。

[2] Robert A. Friedlander: Problems of Enforcing International Criminal Law, International Criminal Law, edited by M. Cherif Bassiouni, Transnational Publishers, Inc., 1987, V. 3. P. 14.

草案的起草工作开始于1976年6月，完成于1979年7月。1977年12月、1979年5月国际刑法学协会理事会、国际刑事科学高级研究所曾对该草案组织讨论修改，定稿后连同其理论观点、条款说明一起，以《国际刑法及国际刑法典草案》（International Criminal Law – A Draft of International Criminal Code）为名，于1980年公开出版。该草案也于1980年正式提交给在加拉加斯举行的第六届联合国预防犯罪与罪犯待遇大会讨论。

建立统一的国际刑法制度是一些国际刑法组织和国际刑法学者不懈努力的主要目标之一。1935年，国际刑法学协会主席V. V. 佩尔拉曾起草过一个国际刑法典草案大纲。联合国国际法委员会从20世纪50年代初开始长期致力于国际刑法典的编纂工作。1974年12月4日联合国同意以大会决议的形式补充有关侵略的定义，同意重新考虑被长期搁置的1954年联合国关于侵犯人类和平与安全法典草案。这个事件刺激了国际刑法学协会的学者们。他们认为，这使国际刑法学协会在建立国际刑事法院方面的努力成果复活的时代到来了。而要建立国际刑事法院，首先就必须有一个可供操作的国际刑法典。于是，国际刑法学协会理事会再次把促进国际刑事法院的设立和国际刑法典的通过作为自己今后努力的主要目标，并于1976年委托当时的协会秘书长巴西奥尼（现为国际刑法学协会主席）起草国际刑法典草案。巴西奥尼经过3年的努力从100多年以来32个国家的1800多种国际法文件和著作中筛选出有关国际刑事规范性质的资料加以分类整理和分析评价，并根据他自己对国际刑事的基本认识和国际刑法学协会中的意识，起草了该草案。1984年5月，国际刑事科学高级研究所召开了一个来自30个国家大约130位学者参加的会议，就发展国际刑法这一问题进行了深入的讨论。与会者在肯定该草案研究成果的同时，建议作者草拟一个包含建立国际刑事法庭在内的新文本。根据这次会议的建议，巴西奥尼又在《国际刑法典草案》的基础上增加了有关国际刑事法庭规则的内容，以《国际刑法典及国际刑事法庭法规草案》（A Draft International Criminal Code and Draft Statute for an International Criminal Tribunal）为名，于1987年7月用英文公开出版。

国际刑法学协会和国际刑法典草案的作者，尽管热衷于建立国际刑事法院，但是他们自己也认为，这种努力前途渺茫。因此在起草国际刑法典草案时他们构想了两种适用模式。一是直接由国际刑事法院适用国际刑法来制裁国际犯罪的直接适用模式；二是通过国际公约规定实体国际刑法规范并通过缔约国的国内刑法和刑事司法系统来实现对国际犯罪的制裁的间接适用模式。直接适用模式以国际刑事法院及其辅助机构的存在为前提，因而需要为任何刑事审判制度所必需的总则性规定。间接适用模式以各缔约国国内刑事司法制度为先决条件，因而并不需要任何超越国家主权的总则性规定。但是无论哪种适用模式，都需要一个关于国际犯罪的实体刑法规范。因此，该草案首先拟制了国际刑法的分则部分，并且考虑到间接适用模式的可能性比直接适用模式更容易为国际社会所接受，提出了间接适用的执行程序和在公约中规定国际刑法规范时所需要的一般公约规则，而把关于国际刑法的总则部分作为该草案的附录置于法典之末。

按照以上构想，国际刑法典草案的基本内容，由如下四个部分组成：

1. 分则

分则部分根据现存于国际公约中并被确认为国际犯罪的行为、已提交联合国的悬而未决的国际公约中被认为属于国际犯罪的行为、属于某些国际公约的禁止对象但又未被认为是国际犯罪的行为、属于当代国际关系的客体并有可能成为国际公约的内容的行为，提出了 20 个国际犯罪的罪名、构成要件，及其条约根据，涉及 1856 年以来的 100 多个国际条约。这些罪名根据禁止行为的严重性及其与保护利益相联系的某些侵害行为之间的逻辑关系而排列。其中，侵略罪、战争罪、非法使用武器罪、灭绝种族罪、反人道罪，被认为是应当依次列入的最严重的国际犯罪；种族隔离罪、贩运和使用奴隶罪、酷刑罪、非法药物试验罪、毒品罪，与前五种犯罪一样威胁到受保护的人类共同利益，是同一概念的延伸，因而紧列其后；劫持航空器罪、海盗罪、对应受国际保护人员使用暴力或暴力威胁罪、劫持人质罪、非法使用邮件罪，既侵犯了受保护的人身权利，威胁到人的生命安全，又破坏了世界公共秩序；伪造货币罪、贿赂外国公务人员罪、盗窃国家珍贵文物罪、干扰海底电缆罪、国际贩运淫秽出版物罪，危害了有形无形的国际经济、文化利益，排列最后。[1]

2. 执行

执行部分由 10 条组成，根据间接适用模式的需要和国际刑法的主流学说，拟制了国际刑事司法合作的方案。其各条条目为：国际合作—缔约国的义务，或起诉或引渡—国际执行与合作的根据，执行—缔约国的任务，管辖，引渡，司法协助，对外国刑事判决的承认，罪犯的移送和国外判决的执行，被告人的权利，诉讼费用。

---

[1] 1992 年，作者在其修改后的"国际刑事法院法规草案"附录中，将国际犯罪的种类补充列举为 24 种。

3. 条约通则

条约通则部分由 9 条组成，规定了通过国际公约规定国际刑法规范所需要的一般条约规则，如在解释、适用和执行本公约中所引起的争端的解决途径，对保留条款的限制、签署、加入、批准本公约的手续，本公约生效、修改、送达的正式语言等方面的规定。

4. 附录—总则

总则部分是为直接适用模式设计的、准备在适用于国际刑事法院的国际公约中使用的条款。作者在总则中力图把普通法系、大陆法系和社会主义法的概念和方法同已经发展成为法律的国际刑法的特点以及国际公法的迫切需要和实践不同程度地结合起来，建立一套独立的、全球通用的刑法原则和承担刑事责任的规则，以作为定罪、处罚、犯罪构成要件的根据和辩护与反驳的理由。这部分由 15 个条文组成，内容包括：国际刑法典的适用、诉讼的提起、管辖、国际犯罪的概念与构成、个人的和国家的刑事责任、豁免、刑罚的一般规定、刑事责任的免除、时效、司法协助及其他合作形式、罪犯的移送和判决的执行、被告人的权利等。

国际刑法典草案是作者对卷帙浩繁的国际刑法资料多年研究的成果，也是对国际刑法发展的历史经验的总结。该草案具有内容丰富具体、条款设计周全、引证充分等特点，提供了解决国际刑法中若干争议问题的立法建议，对国际刑法的发展具有积极的意义。

第二章 国际刑法的渊源

"渊源"(source)一词，其字面含义，不论在中国还是在外国，都是指事物的本源。探讨法的渊源，实际上是研究法来源于什么。法来源于什么，可以作两种理解，即法的内容是由什么决定的、法是通过什么表现出来的。探讨前者是为了说明法产生、存在和发展的内在根据；探讨后者是为了说明不产生的过程和存在形式。所以在法学界，人们习惯于把法的渊源区分为实质渊源和形式渊源。法的实质渊源说明法为什么会产生、存在和发展；法的形式渊源说明法通过何种方式创立并表现为何种形式。关于国际刑法的实质渊源，在上一章中已有涉及，本章着重探讨国际刑法的形式渊源。

一、国际刑法渊源的界定

(一)关于国际刑法渊源的不同理解

关于国际刑法的渊源，在学者们中间，存在着一种扩大解释的倾向。不论是在国内学者还是国外学者中间，都有人认为，国际刑法的渊源除了国际条约之外，还应当包括国际习惯、司法判例、一般法律原则和国际组织的决议,[1] 甚至有的学者把国际组织的咨询意见、国际法学团体的学术见解和权威学者的学说也视为国际刑法的渊源。[2] 这种观点实际上是对国际刑法渊源的任意扩大解释。它混淆了国际刑法与国际刑法学之间的差别,把国际刑法学中的某些学术观点和研究项目视为国际刑法规范的存在方式。这种主张本身是很难自圆其说的。按照这些学者的观点,罪刑法定原则是各国刑事法所确认的最一般的法律原则。[3] 然而罪刑法定原则的基本要求正是"法无明文不为罪,法无明文不处罚"。按照这个原则,没有经过公认的造法程序上升为法律规范的"咨询意见"和"法律学说",无论多么权威,也不应当视为法律的存在形式即法的渊源。

事实上,国际刑法的基本特征决定了它的渊源只能是世界各国共同签订的国际条约。

国际刑法是世界各国同国际犯罪作斗争的法律依据,也是世界各国在处理涉及国际犯罪的刑事案件中必须遵守的行为准则。然而,世界各国在行使作为国家主权重要组成部分的刑事管辖权时所信守的主权独立性原则又不允许任何国家把自己的意志和习惯强加给别的国家。国际刑法的内在要求与国际社会的这种现实,使国际刑法要想取得国际社会的普遍承认和共同遵守,它就必须是世界各国在自愿协商基础上意志表示一致的产物,必须表现为通过国际造法程序签订的、各国承诺信守的国际条约。

国际刑法不同于一般的国际法,它在把某种行为宣布为国际犯罪的同时,总是要对犯罪者规定一定的刑事制裁,或者要

---

[1] 参见 M. C. Bassiouni, International Criminal Law – A Draft of International Criminal Law, 1980. P3 - 4.;邵沙平著:《现代国际刑法教程》,武汉大学出版社1993年版,第6—12页。

[2] 参见赵永琛著:《国际刑法与司法协助》,法律出版社1994年版,第16—28页。

[3] 参见赵永琛著:《国际刑法与司法协助》,法律出版社1994年版,第26页。

求各国依照本国刑法承担制裁这种犯罪者的义务。而刑事制裁本身又总是表现为对犯罪人一定权利和自由的限制或剥夺，总是要给犯罪人造成严重的痛楚甚至生命的丧失。刑罚的这种基本特质使国际刑法的规定是否确属必要、是否合理恰当、是否会被滥用，直接关系到基本人权的国际保护。特别是在各国刑罚的严厉程度差别很大的情况下，一种行为要不要予以刑罚制裁，有时可能在各国之间存在着截然不同的认识。

因此，国际刑法必须是经过严格的国际造法程序确认的、世界各国普遍认可和明示信守的同国际犯罪作斗争的行为规则。如果把没有经过严格的国际造法程序确认的、没有被世界各国普遍认可和明示信守的某些国际习惯，甚至某个主体在个别场合下做出的司法判例统统视为国际刑法规范，赋予其对世界各国的普遍效力，即使其可能有利于同国际犯罪作斗争，也难以保障国际刑法规范的必要、恰当和不被滥用，难以避免在世界范围内造成对基本人权的侵犯，甚至还可能构成对国家主权的不当干预。

有的学者认为，按照《国际法院规约》第 38 条的规定，一般国际法的渊源包括国际条约、国际习惯、各国所承认的一般法律原则、司法判例和法律学说，所以国际刑法的渊源也应当包括这些方面的内容。其实，这是基于对国际法院性质的误解。《国际法院规约》第 34 条明确规定："在法院得为当事国者，限于国家。"按照该规定，国际法院的管辖范围是国家之间的法律冲突。在解决国家之间的法律冲突时，各个当事国在诉讼中的法律地位是完全平等的。并且，解决国家之间的"一切事件"，仅仅根据国际公约的现有规定，当然是远远不够的，所以有必要借助于习惯国际法甚至权威的法律学说。但是国际刑法是解决实施国际犯罪的个人包括组织与国际社会之间的冲突的法律，作为国际刑法适用对象的国际犯罪的犯罪主体，与国际社会以及有关国家之间，在诉讼中的法律地位，绝不可能是平等的。这是性质完全不同的两个领域。适用于国际法院的法律规范，未必都能适用于国际犯罪。所以，国际法院认可的法律渊源未必就能成为国际刑法的法律渊源。国际法院规约的规定，并不能成为否定按照国际社会公认的刑法原则和国际人权保护的要求将国际刑法的渊源严格限定在"罪刑法定原则"之下的理由。

当然，国际刑法规范往往是从世界各国在同刑事犯罪作斗争中的某些习惯做法和司法判例中发展而来的。这些习惯做法和司法判例，在一定程度上也反映了同国际犯罪作斗争的要求和规律，因而有可能为更多的国家所接受，有可能被发展、上升为国际刑法规范。但是，这些习惯做法和司法判例毕竟是在个别场合下、由个别主体实践着的，它虽然构成了同国际犯罪作斗争中的一种先例，但在还没有被多数国家明示信守之前，对各个主权独立的国家仍然不具有普遍的约束力，不构成国际刑法规范。只有那些通过签订国际条约的形式被世界各国普遍认可并明示信守的国际习惯和司法判例以及一般法律原则，才应当被视为国际刑法规范，才具有要求世界各国在同国际犯罪作斗争中必须遵从的法律效力。而这种规范正是以条约的形式存在的。所以说，只有国际社会共同签订的条约，才是国际刑法的渊源。尚未在条约中得以体现的国际习惯和司法判例，不能直接成为国际刑法的渊源。[1]

---

[1] 国际习惯、司法判例和法律学说不能直接成为国际刑法的渊源，并不妨碍在贯彻实施国际刑法公约并需要对公约中某些规定进行解释适用的时候，按照国际习惯、司法判例和法律学说来理解国际刑法公约的规定。这种情况并不意味着习惯国际法、司法判例和法律学说就成了国际刑法的渊源，而是因为对国际刑法条文规定的理解和贯彻需要符合国际社会通行的一般法律原则。

(二) 构成国际刑法渊源的条件

条约（treaty）是国际刑法的渊源，并不是泛指一切条约都可以成为国际刑法的渊源。条约是国家之间所缔结的据以确定其相互权利与义务的书面协议。它有广义、狭义之分。狭义的条约仅指以"条约"为名称的国际书面协议，它通常都是双边性的。广义的条约泛指一切在国家及其他国际法主体之间达成的国际书面协议，其中包括以"条约"、"公约"（convention）、"协定"（agreement）、"议定书"（protocol）、"宪章"（charter）、"盟约"（covenant）、"规约"（statute）、"宣言"（declaration）、"决议"（resolution）等名称出现的国际协议。可以成为国际刑法的渊源的条约，必须具备如下两个条件：

1. 多数国家共同签订

从立法主体上看，国际刑法的渊源必须是国际上多数国家共同签订的条约。国际刑法是世界各国在同国际犯罪作斗争中必须共同遵守的行为准则，因此它必须是由世界各国至少必须是由世界上占绝对多数的国家共同制定的法律规范，它才能够具有普遍的约束力。如果是个别国家或少数国家制定的，它就不具有普遍的约束力。因此，双边性的条约不能成为国际刑法的渊源；少数国家之间签订的条约也不能成为国际刑法的渊源。地区性的条约只对本地区有关国家具有约束力，因而也不能成为一般的国际刑法规范，但是它可以在本地区内适用。只有占绝对多数的国家在自愿协商的基础上共同签订的国际书面协议，其中包括在联合国及其他政府间国际组织主持下签订的书面协议，才能成为国际刑法的渊源，成为国际刑法规范的存在形式。

有些学者认为，两个或两个以上平等主权国家签订的条约即可构成国际刑法的渊源，因为"两个或两个以上"就可以表明其国际性。这种理解，实际上是把含有涉外因素的刑法规范统统视为国际刑法规范，把只存在于两个或少数几个国家之间的刑法规范视为国际刑法规范。按照这种理解，国际刑法就有可能被划分为若干各自独立互不相干的双边刑法或多边刑法，从而失去作为一个完整的国际法律体系的整体性和普遍适用的效力。因此，国际刑法规范应当出自国际社会这个整体，而不是各个个别国家或某些少数国家，国际刑法的渊源只能是多数国家共同签订的条约（这种条约多数是以公约的形式出现的，所以本书中较多地使用了公约一词）。

2. 具有国际刑法的造法性条款

国际刑法的渊源，在具体内容上，必须包含同国际犯罪作斗争的世界各国应当共同遵守的行为准则。这些行为准则，既包括对国际犯罪的禁止性、定义性、制裁性规定，也包括在制裁国际犯罪问题上各个国家的权利义务以及相互合作的规定。

条约具有造法性条约和契约性条约之分。造法性条约是规定普遍遵守的行为规则的协议，它通常表现为国家间签署的规范性文件。契约性条约是就特定事项中的权利义务签署的协议，它一般不具有普遍的拘束力，既不能约束非当事国的行为，也不能约束有关当事国在协议事项之外的类似行为。如前所述，国际刑法是世界各国在同国际犯罪作斗争中必须共同遵守的行为准则，因而它的渊源只能是造法性条约而不可能是契约性条约。成为国际刑法渊源的条约中必须具有创设能够适用于世界各国在同国际犯罪作斗争的实践中的规范性条款；这些规范性条款在实体上必须具有刑事方面的内容、在效力上必须能够成为缔约各国自愿承诺的义务而对缔约各国具有普遍的拘束力。正如有的西方学者指出的，国际刑法，虽然在其历史发展中曾在六种不尽相同的意义上使用过，但就其实质意义而言，国际刑法规范必须是具有两个基本特征的国际法规则，即禁止性特征和明确的刑事制裁。[1]

有的学者认为，构成国际刑法的渊源，必须是具有"刑事特性"的国际公约。所谓"刑事特性"，是指：

（1）确认某种被禁止行为构成国际犯罪，或按照国际法构成的犯罪，或犯罪；

（2）通过建立禁止、预防、起诉、惩罚等类似义务对某种行为的刑法性质予以含蓄地认可；

（3）使某种被禁止行为犯罪化；

（4）规定起诉的义务或权利；

（5）规定惩罚某种行为的义务或权利；

（6）规定引渡的义务或权利；

（7）规定起诉、惩罚包括刑事诉讼中的司法协助方面进行合作的义务或权利；

（8）确立刑事管辖的基础；

（9）涉及国际刑事法院或具有刑事性质的国际法庭；

（10）排除以上级命令为辩护理由。

这些"刑事特性"是在世界上绝大多数法律体系的刑法中都可以发现的类似条款。从理想的角度来看，每一个国际刑法公约都应当包含这些特征。但是实际上并不是所有的国际刑法公约都具有上述十个特点。由于上述特征的明显的刑事性质，一个公约中只要存在上述任何一个以上这类特征，就可以将其

---

[1] International Criminal Law, edited by Gerhard O. W. Mueller and Edward M. Wise, New York University 1965., p.14.

视为国际刑法的一部分。[1]

这种主张,应该说是很有道理的。不过,主张这种观点的学者认为,从1815年到1996年已经出现的含有上述"刑事特性"的公约有315个文献。[2] 这又与上述要求不相符合。我倒是同意该作者的如下观点:只有国际刑法公约(International Criminal Law Conventions)才能构成国际刑法的渊源。构成国际刑法公约,必须是具备三个条件:(1)必须是对所有国家开放签字的多边条约;(2)必须是在条约开放签字时,已有至少相当于签署联合国宪章1/3的成员国批准;(3)必须包含宣布一个国家、组织或个人的某些行为按照国际法构成犯罪或要求国内法将其犯罪化的条款。[3]

综上所述,国际刑法的渊源,作为国际刑法规范的载体和国际刑法的存在形式,应当是世界上多数国家共同签订的含有调整世界各国在同国际犯罪作斗争中的刑事合作关系的行为规则的国际条约。按照这种理解,国际刑法的渊源可以分为两类。一类是专门规定国际刑法规范的条约,另一类是包含有国际刑法规范的条约。

二、国际刑法的基本渊源

能够成为国际刑法渊源的条约中,某些是以公约的形式专门就同国际犯罪作斗争的某个问题或某个方面作出的规定。这类条约,在国际刑法的渊源中占有重要的地位,是国际刑法体

---

[1] International Criminal Law, edited by M. Cherif Bassiouni, Transnational Publishers, Inc., 1986. V.1. p.3-4.; M. C. Bassiouni: A Draft International Criminal Code and Draft Statute for International Criminal Tribunal, Martinus Nijhaff Publishers, 1987. P25-26.

[2] Jordan J. Paust etc., International Criminal Law: Cases and Materials, Carolina Academic Press, 1996. P11.

[3] 参见 M. C. Bassiouni, International Criminal Law – A Draft of International Criminal Law, 1980. P147.

系确立、存在和发展的主要形式。这类条约，最主要的有：

（一）《伦敦宪章》

《伦敦宪章》（London Charter）即《关于控诉和惩处欧洲轴心国主要战犯的协定（Agreement for the Prosecution and Punishment of the Major War Criminals of the European Axis），于1945年8月8日订于伦敦，同日生效。全文由序言、7个条文和一个附件即《欧洲国际军事法庭宪章》（Charter of the International Military Tribunal for the European）或称《纽伦堡宪章》（the Charter of the Nuremberg）组成，其正式文本为俄文、英文和法文文本。

第二次世界大战结束时，为了审判欧洲轴心国的主要战犯，苏联、美国、英国和法国通过它的正式授权的代表在伦敦签署了该协定。此后，澳大利亚、比利时等19个国家于同年12月底之前先后交存了加入书。

该协定根据1943年10月30日关于希特勒分子所犯暴行的责任的莫斯科宣言精神，决定建立一个国际军事法庭以审判那些罪行没有特殊地理位置的战犯。该协定要求各签字国采取必要措施以便利对于本国所拘留的并将由国际军事法庭审判的主要战犯的罪状进行侦查和审判，同时要求各签字国尽它们的最大努力以便利对于不在任何一个签字国领土内的主要战犯的罪状进行侦查，并由国际军事法庭予以审判。该协定还声明它不影响莫斯科宣言关于将战犯解回犯罪地国家的规定，不影响为审判战犯而在任何盟国领土内或在德国建立的或将建立的任何国家的或占领军的法庭的管辖或权力。

该协定的附件《欧洲国际军事法庭宪章》，全文由7个部分30个条文组成。第一部分共5条，规定了欧洲国际军事法庭的设立及其组织原则。第二部分共8条，规定了该法庭审判和处罚欧洲轴心国主要战争罪犯的管辖权力和审判原则，同时规定了战争犯罪的种类、构成及其刑事责任。第三部分共 2 条，规定了检察起诉委员会的设置、组成及其职责。第四部分 1 条，规定了被告的辩护权利及其保证措施。第五部分共 9 条，规定了欧洲国际军事法庭的审判权力、审判规则和审判程序及审判语言。第六部分共 4 条，规定了该法庭的判决效力和执行方法。按照该宪章的规定，欧洲国际军事法庭的判决具有最后确定的效力，不受复核；该法庭有权于判决有罪之后判处被告以死刑或其他本法庭认为公正的刑罚，并且有权没收该罪犯所劫夺之任何财产；判决被告有罪时其判决依照对德管制委员会的命令执行。第七部分 1 条，规定了该法庭及审判的经费来源。

1945 年 11 月 20 日至 1946 年 10 月 1 日，苏、美、英、法四国，按照该宪章的规定，各派 1 名法官组成欧洲国际军事法庭，同时各派 1 名检察官组成检察起诉委员会，在纽伦堡审判了德国主要战犯，被告 24 人除 1 人自杀、1 人丧失行为能力外，其余 22 人受到了审判。其中 H. 戈林等 12 人被该法庭判处绞刑，R. 赫斯等 3 人被判处无期徒刑，K. 德尼茨等 4 人分别被判处 10—20 年徒刑，H. 沙赫特等 3 人被宣告无罪；纳粹党领导机构、秘密警察和党卫军被宣告为犯罪组织。

（二）《盟军最高统帅总部特别通告》

《盟军最高统帅总部特别通告》（Special Proclamation by the Supreme Commander for the Allied Powers）于 1946 年 1 月 19 日公布于东京。全文由序言、3 个条文和附件即《远东国际军事法庭宪章》（Charter of the International Military Tribunal for the Far East）组成。

该通告宣布组织远东国际军事法庭，该法庭的组成、管辖权及其工作程序由《远东国际军事法庭宪章》规定，远东国际军事法庭及其审判并不妨碍在日本国内或在与日本交战之各国国内为审判战争罪犯而设立之一国的或国际的或占领军的法庭委员会或其他审判机关之管辖权。

该通告的附件《远东国际军事法庭宪章》于 1946 年 1 月 19 日公布。该宪章经过修改和补充，于 1946 年 4 月 26 日由盟军最高统帅总部批准。该宪章由五个部分 17 个条文组成。第一部分共 4 条，规定了远东国际军事法庭设立、人员组成、机构设置和工作原则，确认设立远东国际军事法庭的目的是公正迅速地审判和惩罚远东首要战争罪犯。第二部分共 4 条，规定了该法庭的管辖权和一般原则，同时规定了战争犯罪的种类、构成及其刑事责任（与《欧洲国际军事法庭宪章》基本相同）。按照该宪章的规定，远东国际军事法庭有权审判和惩罚被控以个人身份或团体成员身份犯有战争罪行的远东战争罪犯。第三部分共 2 条，规定了被告的辩护权及其保障措施，包括对起诉书、审判语言文字、辩护人、辩护证据等方面的要求。第四部分共 5 条，规定了该法庭的审判权力和诉讼程序，包括法庭的权力和义务、证据和审判程序等。第五部分共 2 条，规定了判决的内容、复核和执行。按照该宪章的规定，该法庭有权判处被告死刑或处以本法庭认为适当的其他刑罚，但是审判的笔录卷宗应经送盟军最高统帅核办，判决应遵照盟军最高统帅的命令执行；盟军最高统帅有权随时减轻判决或加以某种修正，但不得加重之。

根据该宪章的规定，盟军最高统帅从签订日本投降书签字国所提名的人选和印度、菲律宾的代表中任命了中国、美国、英国、苏联、法国、加拿大、新西兰、澳大利亚、荷兰、印度、菲律宾等 11 个国家的代表，组成远东国际军事法庭。该法庭于1946年5月3日至1948年11月12日对28名日本战犯进行了审判,除松冈洋右等3人在判决时已经死亡或丧失行为能力外,其余25人中7人被判处绞刑、16人被判处无期徒刑、2人被判处有期徒刑(一人为20年,一人为7年)。

(三)《防止及惩治灭绝种族罪公约》

《防止及惩治灭绝种族罪公约》(Convention on the Prevention and Punishment of the Crime of Genocide),简称《灭种公约》,1948年12月9日订于巴黎,1951年1月12日生效。全文由序文和19个条文组成,其正式文本为中文、英文、法文、俄文、西班牙文文本。

该公约鉴于灭绝种族的行为违背联合国之精神与宗旨,殃祸人类至为惨烈,为文明世界所不容,而欲免人类再遭此类狞恶之浩劫,国际合作实所必需,特确认灭种行为不论发生于平时或战时,均系国际法上之一种罪行,各缔约国承允防止并惩治该种罪行的义务。

该公约规定了灭种罪的犯罪构成,确认了犯罪地国及国际刑事法庭对这类犯罪行使刑事管辖的权利,明确规定灭绝种族罪不得视为政治犯罪而可以引渡。该公约还规定,任何缔约国都可以提请联合国的主管机关遵照联合国宪章采取其认为适当的行动,以防止及惩治灭种行为以及这种行为的预谋、直接公然煽动、意图实施、共谋等行为。

(四)《禁止贩卖人口及取缔意图营利使人卖淫的公约》

《禁止贩卖人口及取缔意图营利使人卖淫的公约》(Convention for the Suppression of the Traffic in Persons and of the Exploitation of the Prostitution of Others),于1949年12月2日联合国大会第317(IV)号决议批准。全文由序言和28个条文及最后议定书组成。

该公约重申了经联合国大会 1948 年 12 月 3 日核定书修正的 1904 年 5 月 18 日《禁止贩卖白奴国际协定》和 1910 年 5 月 4 日《禁止贩卖白奴国际公约》、经联合国大会 1947 年 10 月 20 日核定议定书修正的 1921 年 9 月 30 日《禁止贩卖妇孺国际公约》和 1933 年 10 月 11 日《禁止贩卖成年妇女国际公约》中有关禁止贩卖人口的规定,并根据新的犯罪现象,规定了国际贩卖人口罪的定义及其处罚原则。该公约还针对国际贩卖人口罪的特点,规定了缔约各国在同这类犯罪作斗争中开展司法协助、相互交换情报的义务和履行这类义务的方式,并要求缔约各国在制裁国际贩卖人口罪的同时应当采取各种有效措施取缔和防止淫业,减少和消除国际贩卖人口罪的需求源。

(五)《关于在航空器内的犯罪和其他某些行为的公约》

《关于在航空器内的犯罪和其他某些行为的公约》(Convention on Offences and Certain Other Acts Committed on Board Aircraft),简称《东京公约》。1963 年 9 月 14 日在国际民用航空组织主持下召开的、有 42 个国家的代表参加的东京外交会议上通过,正式文本用英文、法文、西班牙文三种有效文本制成。全文由 7 章 26 条组成。1969 年 12 月 4 日生效。

该公约规定了本公约适用的范围、缔约国的管辖权、航空器机长对机上犯罪和其他危害航空器安全的行为采取正当而必要的措施的权力和义务,非法劫持航空器的概念、航空器降落地缔约国的权力和责任,以及与之有关的事项。该公约的主要目的是,为了保障除供军事、海关或警察使用之外的航空器的航行安全,建立对在飞行中的航空器内实施的犯罪和其他危害行为的连续性管辖,不使其逃避惩罚。为此,该公约规定,它适用于发生在非供军事、海关或警察使用的飞行中的航空器上的可能或确已危害航空器或者机上人员或财产的安全、危害机上正常秩序与纪律的犯罪及其他行为。对于这些犯罪及其他行为，该公约不仅确认了航空器登记国依照本国法律对其行使管辖的权利，从而避免了在公海上或在其他无人管辖区域的上空飞行的航空器内实施的犯罪无刑法可适用的现象，而且确认了非登记国的缔约国在某些情况下对航空器内犯罪依照本国法律行使的任何刑事管辖权。该公约还对机长、机组人员及乘客赋予特别权力，允许他们对犯有罪行或其他某些非法行为的人采取必要的看管措施，以维护航空器的安全和良好秩序与纪律。但是，《东京公约》对其第一条中规定的"违犯刑法的犯罪"没有做出任何明确解释，缺乏确切的含义，这在各国刑法中规定的犯罪并非完全相同的世界社会中必然会引起管辖上的争论。并且，该公约虽然在美国、委内瑞拉等国代表的要求下于第四章规定了"非法劫持航空器"，但只是援引国际海洋法中关于海滩救助的习惯法规则，规定降落地的缔约国有责任采取适当措施，恢复合法机长对航空器的控制，使旅客和机组人员能尽快继续其旅程，而没有规定对劫机罪行特殊适用的规则。

（六）《战争罪及反人道罪不适用法定时效公约》

《战争罪及反人道罪不适用法定时效公约》（Convention on the Non - Applicability of Statutory Limitations to War Crimes and Crimes against Humanity）于1968年11月26日由联合国大会通过。全文由序言和11个条文组成，其正式文本为中文、英文、法文、俄文和西班牙文五种文本，1970年11月11日生效。

该公约鉴于战争罪和危害人类罪确属国际上情节最为严重之罪，如果把国内法关于普通罪行的时效规则适用于这类犯罪，便会构成对人类安全的重大威胁，并根据联合国大会关于战争罪犯的一系列决议，明确宣布战争罪和危害人类罪不论其犯罪期日如何，一律不适用法定时效的规定。这类犯罪一经实施，无论什么时候，都应当受到刑事追究。

该公约所使用的"战争罪及危害人类罪"，是一个不甚明确的概念。为了使该公约能够适用于确切的对象，公约第一条列举了其适用的范围：（1）1949年8月8日欧洲国际军事法庭宪章明定，并经联合国大会1946年2月13日决议案三（一）及1946年12月11日决议案九十五（一）确认的战争罪，尤其是为1949年8月12日日内瓦四公约列举的"重大违约情事"；（2）1945年8月8日欧洲国际军事法庭宪章明定，并经联合国大会1946年2月13日决议案三（一）及1946年12月11日决议案九十五（一）确认的危害人类罪，无论犯罪系在战时抑或在平时，以武装攻击或占领迫使迁离及因种族隔离政策而起之不人道行为，以及1948年《防止及惩治灭绝种族罪公约》明定的灭绝种族罪。该公约第二条还规定，犯有第一条所列各罪的，不论是正犯还是从犯，也不论是实行犯还是教唆犯或阴谋犯，不论是国家当局的代表还是个人，亦不论是既遂还是未遂，一律适用无时效期间的原则。

（七）《关于制止非法劫持航空器的公约》

《关于制止非法劫持航空器的公约》（Convention for the Suppression of Unlawful Seizure of Aircraft），简称《海牙公约》。1970年12月16日在海牙召开的、有77个国家的代表参加的国际民用航空组织第十七届非常大会上通过，正式文本用英文、法文、俄文、西班牙文四种有效文本制成。

1968年9月在阿根廷布宜诺斯艾利斯举行的国际民用航空组织第十六届大会决议起草反劫机公约草案。1969年2月理事会指定了12个国家的代表组成专门法律小组负责起草工作。1969年9月第二十四届联合国大会通过了荷兰、阿根廷等10国的提案，做出了《关于强迫飞行中的民用航空器改变航线的行为》的 2551 号决议。在联合国的敦促下,国际民用航空组织理事会决定于 1970 年 12 月在海牙召开正式外交会议,通过了该公约。该公约由前言和 14 个条文组成,于 1979 年 10 月 14 日生效。

鉴于劫持或控制飞行中航空器的非法行为危害人身与财产安全,严重影响航班运行,并损害世界人民对民用航空器安全的信任;发生这类事件是令人严重关切的事情;规定惩治案犯的适当措施以杜绝此类行为的紧迫需要,该公约规定了劫持航空器罪的定义、对这类犯罪的刑事管辖权以及对这类罪犯或引渡或起诉原则,从而弥补了《东京公约》的不足。此外,该公约也规定,在这类犯罪已经发生或行将发生时,缔约各国应采取一切适当措施恢复或维护合法机长对航空器的控制,为旅客和机组人员尽快继续其旅程提供方便,并将航空器及其所载货物不迟延地交还给合法所有人。《海牙公约》反映了世界各国共同的利益要求和世界人民要求制裁这类犯罪以保障民用航空安全的强烈呼声,因此该公约一经签订,很快就有 100 多个国家批准、加入该公约,这在国际公约的历史上是罕见的。

(八)《关于制止危害民用航空安全的非法行为的公约》

《关于制止危害民用航空安全的非法行为的公约》(Convention for the Suppression of Unlawful Acts against the Safety of Civil Aviation),简称《蒙特利尔公约》,该公约于 1971 年 9 月 23 日在国际民用航空组织主持下召开的蒙特利尔外交会议上通过。该公约由序言和 16 个条文组成,其正式文本为英文、法文、俄文、西班牙文四种文本,1973 年 1 月 26 日生效。

该公约鉴于劫持航空器以外的毁坏飞机及其航行设备的犯罪活动如在飞机上预先安置炸弹等同样威胁着民用航空的安全,在《海牙公约》的基础上补充规定了除非法劫持航空器以外的其他危害民用航空安全的犯罪，而在管辖权或引渡或起诉原则等方面延用了海牙公约的规定。

该公约生效实施后，国际民航组织不断总结同这类犯罪作斗争的实践，又于1988年2月24日在正式外交会议上签订了《补充1971年9月23日在蒙特利尔签订的关于制止危害民用航空安全的非法行为的公约的制止在为国际民用航空服务的机场上的非法暴力行为的议定书》（Protocol for the Suppression of Unlawful Acts of Violence at Airports Serving International Civil Aviation, Supplementary to the Convention for the Suppression of Unlawful Acts against the Safety of Civil Aviation, Done at Montreal on 23 September, 1971.）。该议定书从1989年8月6日起生效。该议定书由前言和9个条文组成，内容主要是在危害国际民用航空安全罪的犯罪行为中增加了有关在为国际民用航空服务的机场上的非法暴力行为，从而进一步完善了关于危害国际民用航空安全罪的规定。

（九）《禁止并惩治种族隔离罪行国际公约》

《禁止并惩治种族隔离罪行国际公约》（International Convention on the Suppression and Punishment of the crimes of Apartheid），于1973年11月30日在联合国大会上通过，1976年7月18日生效。全文由序言和19个条文组成，其正式文本为中文、英文、法文、俄文和西班牙文五种文本。

该公约鉴于联合国大会曾通过了许多决议，谴责种族隔离的政策和办法；种族隔离及其继续扩大，严重地扰乱并威胁国际和平与安全，宣布种族隔离是危害人类的罪行，国际和国家阶层都应当采取更有效的措施，禁止和惩治种族隔离的罪行。

该公约列举了种族隔离罪的各种表现，明示了各缔约国愿意承诺的如下义务：采取必要的立法或其他措施来禁止并预防对于种族隔离罪及类似的分隔主义政策或其表现的鼓励，并惩治触犯此种罪行的人；采取立法、司法和行政措施，按照本国的司法管辖权，对犯有或被告发犯有本公约第二条所列举的行为的人，进行起诉、审判和惩罚，不论这些人是否住在罪行发生的国家的领土内，也不论他们是该国国民抑或其他国家的国民抑或无国籍人；遵照联合国宪章，接受和执行安全理事会为了预防、禁止和惩罚种族隔离罪行所作出的决定，并协力执行联合国其他主管机关为达成本公约的目的所作的决定。该公约还允许任何缔约国提请联合国任何主管机关依照联合国宪章，采取其认为适当的行动，以预防并禁止种族隔离罪行。

该公约规定设立由联合国人权委员会指派兼任本公约缔约国代表的人权委员会委员组成三人小组，审议各缔约国就其为执行本公约的规定而采取的立法、司法、行政及其他措施的定期报告，并要求各缔约国承诺提交这种报告。

该公约还规定，种族隔离罪不应视为政治罪；本公约各缔约国承诺遇此等情形时依照本国法律或现行条约，准予引渡犯有这类罪行的被告。

（十）《关于侦察、逮捕、引渡和惩治战争罪犯和危害人类罪犯的国际合作原则》

《关于侦察、逮捕、引渡和惩治战争罪犯和危害人类罪犯的国际合作原则》（Principles of International Cooperation in the Detection, Arrest, Extradition and Punishment of Persons Guilty of War Crimes and Crimes against Humanity），于1973年12月3日联合国第二十八届大会第2187次全体会议通过。全文由序言和9个条文组成。该决议遵照联合国宪章所规定的原则和宗旨宣告，侦察、逮捕、引渡和惩治战争罪犯和危害人类罪犯的国际合作，应遵循下列原则：（1）凡战争罪和危害人类罪，无论发生于何时何地，应该加以调查；对有证据证明犯此等罪行的人，应该加以追寻、逮捕、审判，如经判定有罪，应加以惩治。(2) 各国有权审判其本国国民所犯的战争罪和危害人类罪。(3) 各国应在双边和多边基础上相互合作，以期制止并防止战争罪和危害人类罪，并为此目的采取必要的国内和国际措施。(4) 各国应互相协助，以便侦察、逮捕和审判此等罪行的嫌疑犯。(5) 犯有此等罪行的被告人一应在犯罪地国家受审，为此，各国应在引渡此类罪犯的问题上予以合作。(6) 各国应互相合作，搜集和交换有助于使此类罪犯受到审判的资料和证据。(7) 对有重大理由可以认为犯有危害和平罪、战争罪或危害人类罪的人，各国不应给予庇护。(8) 各国不应采取任何有碍它们就侦察、逮捕、引渡和惩治战争罪犯和危害人类罪犯所承担的国际义务的立法或其他措施。(9) 各国在上述合作中应遵守联合国宪章和《关于各国依联合国宪章建立友好关系及合作之国际法原则的宣言》的规定。

（十一）《关于防止和惩处侵害应受国际保护人员包括外交代表的罪行的公约》

《关于防止和惩处侵害应受国际保护人员包括外交代表的罪行的公约》（Convention on the Prevention and Punishment of Crimes against Internationally Protected Persons, Including Diplomatic Agents），于1973年12月14日在纽约开放签字，1977年2月20日起生效。全文由联合国大会全体会议1973年12月14日通过该公约时的决议和其附件《关于防止和惩处侵害应受国际保护人员包括外交代表的罪行的公约》两部分组成，公约部分包括一个前言和20个条文，其正式文本为中文、英文、法文、俄文和西班牙文五种文本。

联合国大会深信就关于防止和惩处侵害外交代表和其他应

受国际保护人员的罪行的适当有效措施达成国际协议的重要性，因为这类犯罪行为严重威胁到国家间的友好关系和合作的维护和促进。在通过该公约时，联合国大会再次强调国际法上关于应受国际保护人员的不可侵犯与应受特别保护以及国家在这方面所负义务的规则的极度重要性。

该公约规定了侵害应受国际保护人员罪的定义和犯罪构成；要求每一缔约国都应把这类犯罪规定为其国内法上的犯罪；授予各有关缔约国对这类犯罪确立刑事管辖权。该公约还规定，各缔约国应采取一切切实可行的措施，以防止在本国领土内策划在其领土以内或以外实施这类犯罪；各缔约国之间应彼此交换情报，协调为防止这类罪行的发生而采取的适当行政或其他措施，密切合作，并就为实现对这类犯罪的惩处提供最大限度的司法协助。为保证该公约规定的犯罪受到应有的刑事追诉，该公约还规定了或引渡或起诉的原则，要求各缔约国对这类犯罪的嫌疑犯在不予引渡时应毫无例外地将案件交付主管当局，以便依照本国法律规定的程序提起刑事诉讼，不得不当稽延，并且，对嫌疑犯提起刑事诉讼的缔约国应将诉讼的最后结果送达联合国秘书长，通过联合国秘书长将有关资料转送其他缔约国。

(十二)《关于侵略定义的决议》

《关于侵略定义的决议》（"Definition of Aggression" Resolution），于1974年12月14日在联合国大会上通过。全文由决议案和《侵略定义》（共8条）组成。

侵略是国际社会公认的国际犯罪。但是究竟什么是侵略，各国众说纷纭。1933年2月6日，在日内瓦裁军会议上苏联代表曾向总务委员会提出了侵略定义草案。同年7月，苏联与阿富汗等12个国家分别签订了三个《侵略定义公约》。第二次世界大战后，苏联又在1950年11月召开的联合国大会第五届会议上提出对侵略一词作出定义的建议。1953年、1956年、1967年联合国大会曾三次设立侵略定义问题特别委员会。第三个特别委员会经过七届会议的讨论，拟定了《侵略定义》的草案，提交联合国大会审议，形成了《关于侵略定义的决议》。

该决议认为，侵略是非法使用武力的最严重、最危险的形式，特别是在大规模毁灭性武器存在的情况下，充满着可能发生世界冲突及其一切惨重后果的威胁，因此在现阶段订立侵略定义，是非常必要的。侵略定义的订立可对潜在的侵略者发生威慑作用，同时可以简化对侵略行为的认定，促进制止措施的执行，并且便利于对受害者权利和合法利益的保护以及对他们的援助。尽管侵略行为是否已经发生的问题，必须按照每一个别案件的全部情况来确定，但是制订若干基本原则，作为这种认定的指导，仍然是必要的。

按照该决议"侵略"的定义是："一个国家使用武力侵犯另一个国家的主权、领土完整或政治独立，或以本定义所宣示的与联合国宪章不符的任何其他方式使用武力。"该决议列举了构成侵略的7种行为，但是声明侵略行为并不局限于所列7种。安全理事会可以据联合国宪章断定某些其他行为也构成侵略行为。

该决议明确规定：侵略战争是破坏国际和平的罪行；不得以任何性质的理由，不论是政治性、经济性、军事性或其他性质的理由，为侵略行为辩护；因侵略行为而取得的任何领土或特殊利益，均不得亦不应承认为合法。

同时，该决议也特别声明，侵略的定义绝不妨碍各国依照联合国宪章建立友好关系和合作的国际法原则宣言里所述被强力剥夺了渊源于联合国宪章的自决、自由和独立权利的人民特别是殖民和种族主义政权或其他形态的外国统治下的人民取得这些权利,亦不妨碍这些人民按照宪章的各项原则和上述宣言的规定,为此目的而进行斗争并寻求和接受支援的权利。

(十三)《反对劫持人质国际公约》

《反对劫持人质国际公约》(International Convention against the Taking of Hostages),于1979年12月18日在纽约开放签字,1983年6月3日起生效。全文由前言和20个条文组成,其正式文本为阿拉伯文、中文、英文、法文、俄文和西班牙文六种文本。

该公约重申《联合国宪章》和《关于各国依联合国宪章建立友好关系和合作的国际法原则宣言》以及联合国大会其他有关决议所阐明的各国人民的平等权利和自决原则,深信迫切需要在各国之间发展国际合作,制订和采取有效措施,以防止作为国际恐怖主义表现的一切劫持人质行动,并对犯有这类罪行的人予以起诉和惩罚。为此,该公约明确规定了劫持人质罪的定义,要求每一缔约国按照该罪的严重性加以适当的惩罚;各缔约国之间应加强合作,采取一切实际可行的措施,以防止为在其领土内对进行这类犯罪而在其领土内所作的准备,包括禁止鼓励、煽动、筹划或参与劫持人质行为的个人、团体和组织在其领土内从事非法活动的措施,以及交换并协同采取行政和其他适当措施。

该公约不仅确认了各缔约国按照国家主权原则对这类犯罪行使刑事管辖的权利,而且授予每个在其境内发现这类犯罪的嫌疑犯的缔约国在不予引渡的场合采取必要措施对其行使刑事管辖的权利,并要求在其领土内发现这类犯罪的嫌疑犯的任何缔约国在进行刑事诉讼或引渡程序所需要的时间内扣留该嫌疑犯或者采取其他措施以保证其留在本国境内。这类犯罪,应视为可引渡的犯罪。该公约规定，对于这类犯罪，凡在适用于缔约国间的所有引渡条约中与本公约不相容的各项规定，在各缔约国之间均被修改。该公约要求各缔约国对就这类犯罪提起的刑事诉讼互相给予最大限度的协助，包括提供它们掌握的为诉讼程序所需的一切证据。

该公约还规定，罪犯在其领土内劫持人质的缔约国，应采取它认为适当的一切措施，以期缓和人质的处境，特别是设法使人质获得释放，并于人质释放后，如有必要，便利人质离开；对于已收管的罪犯因劫持人质而获得的物品，应尽快归还人质本人或其他所有人，或归还其适当当局；对于因劫持人质而被起诉的被告，应保证他在诉讼的所有阶段受到公平待遇，包括享有他所在地国家法律规定的一切权利和保障。

（十四）《核材料实物保护公约》

《核材料实物保护公约》（Convention on the Physical Protection of Nuclear Material），于1980年3月3日在维也纳开放签字，1987年2月8日生效。全文由前言和23个条文及2个附件组成，其正式文本为阿拉伯文、中文、英文、法文、俄文和西班牙文六种文本。

该公约认识到核材料转移的安全和实物保护国内使用、贮存和运输中的核材料的重要性，为了促进和平利用核能方面的国际合作、防止由非法取得和使用核材料所可能引起的危险，深信急需采取适当有效的措施以求防止、侦察和惩处与核材料有关的犯罪行为。

该公约适用于国际核运输中用于和平目的的核材料。国际核运输是指使用任何运输工具打算将一批核材料运至发货启运国国境以外的载运过程。从离开该国境内发货方设施开始，一直到抵达最后目的地的国境内收货方设施为止，均属该载运过程。核材料是指：除钚－238 同位素含量超过 80% 者以外的钚；同位素 235 或 233 浓缩的铀；非矿石或矿渣形式的含天然存在的同位素混合物的铀；任何含有上述一种或多种成分的材料。

该公约对国际核材料运输中的安全保护措施作了详细的规定。同时还规定了非法获取和使用核材料罪的犯罪构成；对这类犯罪的管辖原则；或引渡或起诉的原则和引渡规则；司法协助以及保证罪犯基本人权等。

该公约要求每一缔约国对非法获取和使用核材料罪应按其严重性给予适当惩罚；任何缔约国，如被控罪犯在其领土内，当判明情况有此需要时，应按照本国法律采取适当措施包括拘留，以确保该犯罪在进行起诉或引渡时随传随到；各缔约国对就这类犯罪行为而提起的刑事诉讼应彼此提供最大程度的协助，包括提供其所掌握的并为诉讼所必需的证据。在所有情况下，均适用被请求国的法律。

（十五）《禁止酷刑和其他残忍、不人道或有辱人格的待遇或处罚公约》

《禁止酷刑和其他残忍、不人道或有辱人格的待遇或处罚公约》（Convention against Torture and Other Cruel, Inhuman or Degrading Treatment or Punishment），简称《酷刑公约》，于 1984 年 12 月 10 日在联合国大会上通过，1987 年 6 月 26 日生效。全文由前言和 33 个条文组成，其正式文本为阿拉伯文、中文、英文、法文、俄文和西班牙文六种文本。

该公约为了保护人的基本权利和尊严，明确规定一切酷刑行为都是犯罪。每一缔约国都应将其定为触犯刑法之罪并按其性质的严重程度予以适当惩处。为了保证实施酷刑行为的人受到应有的刑事追究，该公约对酷刑罪规定了普遍管辖的原则，以及对犯有酷刑罪的嫌疑犯进行拘留、起诉或引渡、审判的规则。

该公约要求每一缔约国确保任何声称在其管辖的领土内遭到酷刑的个人享有向该国主管当局提出申诉的权利，确保酷刑受害者得到补偿并享有获得公平的、足够的赔偿的权利。并且，在任何诉讼程序中都不得援引确属酷刑逼供下作出的陈述作为证据。

该公约还规定，设立禁止酷刑委员会。该委员会由10位具有高尚道德品格和被公认为具有处理人权事务能力的专家组成，其职责是：（1）接受并审议缔约国提交的报告。该公约规定，缔约各国应在本公约对其生效后一年内，通过联合国秘书长向该委员会送交关于其履行公约规定之任务所采取的措施的报告；随后，缔约各国应每4年送交关于其所采取的新措施的补充报告以及委员会可能要求的其他此类报告。该委员会对这类报告进行审议并提出它认为适当的一般性评论意见，转交有关缔约国。（2）对发生在缔约国境内的酷刑行为进行调查，提出意见或建议，并在有关缔约国之间进行斡旋和调解。（3）根据缔约国的承认，接受和审议某一缔约国声称另一缔约国未履行本公约所规定的义务的来文；接受和审议在该国管辖下自称因该缔约国违反本公约的规定而受害的个人或其代表所送交的来文。该公约也规定，声明承认该委员会有权接受和审议上述来文的缔约国可以随时通知联合国秘书长撤销这种声明，但是这种撤销不得妨碍委员会对根据前述声明所受理的文书所载事项的审议。

（十六）《制止危及海上航行安全非法行为公约》

《制止危及海上航行安全非法行为公约》（Convention for the Suppression of Unlawful Acts against the Safety of Maritime Navigation），于 1988 年 3 月 10 日订于罗马。全文由序言和 22 个条文组成，其正式文本为阿拉伯文、中文、英文、法文、俄文和西班牙文六种文本。

该公约认为，危及海上航行安全的非法行为既危及人身和财产安全，严重影响海上业务的正常经营，又有损于世界人民对海上航行安全的信心，引起整个国际社会的深切关注，所以迫切需要在国家之间开展刑事合作，拟定和采取切实有效的措施，防止一切危及海上航行安全的非法行为，严惩这类犯罪分子。为此，该公约明确规定了危害海上航行安全罪的犯罪构成，要求缔约各国承诺制裁这类犯罪的义务，并就对这类犯罪的刑事管辖、引渡、司法协助等问题做了明确的规定。

（十七）《制止危及大陆架固定平台安全非法行为议定书》

《制止危及大陆架固定平台安全非法行为议定书》（Protocol for the Suppression of Unlawful Acts against the Safety of Fixed Platforms Located on the Continental Shelf），于 1988 年 3 月 10 日订于罗马。全文由序言和 10 个条文组成，其正式文本为阿拉伯文、中文、英文、法文、俄文和西班牙文六种文本。

该议定书是在各国正式代表签署《制止危及海上航行安全非法行为公约》的同时，基于同样的理由签订的。该议定书明确规定了危害大陆架固定平台安全罪的犯罪构成，在刑事管辖、引渡、司法协助、情报交换等方面援引了《制止危及海上航行安全非法行为公约》中的相应规定。

（十八）《联合国禁止非法贩运麻醉药品和精神药物公约》

《联合国禁止非法贩运麻醉药品和精神药物公约》（United Nations Convention against Illicit Traffic in Narcotic Drugs and Psychotropic Substances），于 1988 年 12 月 19 日订于维也纳，由联合国大会通过。全文由前言、34 个条文和附件组成。其正式文

本为阿拉伯文、中文、英文、法文、俄文和西班牙文六种文本。

《麻醉品单一公约》和《精神药物公约》对毒品罪作了禁止性规定，但是国际社会同毒品犯罪的斗争并未取得满意的效果。鉴于麻醉药品和精神药物的非法生产、需求及贩运的巨大规模和上升趋势构成了对人类健康和幸福的严重威胁，麻醉药品和精神药物的非法贩运日益严重地侵蚀着世界许多地区的各类群体，联合国认为有必要加强和补充有关公约中规定的措施，以便更有效地对付非法贩运麻醉药品和精神药物这种国际性犯罪活动，于是专门制定了该公约。

该公约的宗旨是促进缔约国之间的合作，使它们可以更有效地对付国际范围的非法贩运麻醉品和精神药物的各个方面。为此，需要缔结一项专门针对非法贩运的全面、有效和可行的国际公约，以顾及禁止非法贩运麻醉药品和精神药物问题的各个方面，尤其是现有的各项条约未曾设想到的那些方面。该公约确认联合国在麻醉药品和精神药物管制领域的主管职能，重申麻醉药品和精神药物领域现有各项条约的指导原则及其包含的管制制度，强调所有国家在制止非法贩运麻醉药品和精神药物中的共同责任以加强在国际范围内的协调行动。

该公约要求各缔约国采取必要措施将公约列举的罪行确定为其国内法中的刑事犯罪；并使这类犯罪受到充分顾及其严重性质的制裁，努力确保对这些罪行的执法措施取得最大成效，并适当考虑到需要对此类犯罪起到威慑作用。

该公约对毒品犯罪规定了普遍管辖的原则，对毒品犯罪的引渡、司法协助和国际合作等问题也作了详细具体的规定，并创设了专门用以对付非法贩运毒品的"控制下交付"手段，从而为世界各国及国际刑事警察组织破获跨国性毒品犯罪集团提供了有效的途径。

(十九)《前南斯拉夫国际刑事法庭规约》

《前南斯拉夫国际刑事法庭规约》,全称为《起诉应对 1991 年以来在前南斯拉夫境内所犯的严重违反国际人道法行为负责的人的国际法庭规约》(STATUTE OF THE INTERNATIONAL TRIBUNAL for the Prosecution of Persons Responsible for Serious Violations of International Humanitarian Law Committed in the Territory of the Former Yugoslavia since 1991),1993 年 5 月 25 日联合国安理会第 827 号决议通过。全文共 34 个条文。

该规约规定了联合国安理会设立的前南斯拉夫国际刑事法庭(即联合国安理会根据《联合国宪章》第七章设立的起诉应对 1991 年以来前南斯拉夫境内所犯的严重违反国际人道主义法行为负责的人的国际法庭)的职权范围、法律原则和法庭的组成及其审理程序。

该规约规定,设在海牙的前南斯拉夫国际刑事法庭,管辖的对象是"应对 1991 年以来前南斯拉夫境内所犯的严重违反国际人道主义法行为负责的人",管辖的罪行包含严重违反 1949 年各项《日内瓦公约》的情事、违反战争法和惯例的行为、灭绝种族和危害人类罪。规约规定前南斯拉夫国际刑事法庭的审判遵循个人刑事责任原则和一罪不二审原则,强调该国际法庭优先管辖的原则,即在诉讼程序的任何阶段,该国际法庭都可根据本规约及《国际法庭诉讼程序和证据规则》正式要求国内法院服从国际法庭的管辖。

(二十)《卢旺达国际刑事法庭规约》

《卢旺达国际刑事法庭规约》,全称为《起诉 1994 年 1 月 1 日至 12 月 31 日发生在卢旺达境内或卢旺达国民在邻国所犯灭绝种族和其他严重违反国际人道法行为的人的国际刑事法庭规约》(STATUTE OF THE INTERNATIONAL CRIMINAL TRIBU-

NAL for the Prosecution of Persons Responsible for Genocide and Other Serious Violations of International Humanitarian Law Committed in the Territory of Rwanda and Rwandan Citizens Responsible for Genocide and Other Such Violations Committed in the Territory of Neighbouring States between 1 January and 31 December 1994.），1994年11月8日联合国安理会第955号决议通过。全文共32个条文。

该规约规定了联合国安理会设立的卢旺达国际刑事法庭（即联合国安理会根据《联合国宪章》第七章设立的起诉应对1994年1月1日至1994年12月31日在卢旺达境内的种族灭绝和其他严重违反国际人道主义法行为负责者和应对这一期间邻国境内种族灭绝和其他这类违法行为负责的卢旺达公民的国际刑事法庭）的职权范围、法律原则和法庭的组成及其审理程序。

该规约规定，卢旺达国际刑事法庭的职权范围限于起诉"应对1994年1月1日至1994年12月31日在卢旺达境内的种族灭绝和其他严重违反国际人道主义法行为负责者和应对这一期间邻国境内种族灭绝和其他这类违法行为负责的卢旺达公民"，管辖的罪行灭绝种族和危害人类罪，以及严重违反1949年《日内瓦公约》的共同第三条和《第二附加议定书》的行为。规约规定卢旺达国际刑事法庭的审判遵循个人刑事责任原则和一罪不二审原则，强调该国际法庭与国内法院有并行管辖权，但卢旺达问题国际法庭优先于所有国家的国内法院，在诉讼程序的任何阶段，卢旺达国际刑事法庭都可根据本规约及《卢旺达问题国际法庭诉讼程序和证据规则》正式要求国内法院服从国际法庭的管辖。

(二十一)《国际刑事法院罗马规约》及其修正案

《国际刑事法院罗马规约》(Rome Statute of the International Criminal Court),国际刑事法院规约缔约国全权代表大会于1998年7月17日定于罗马。全文由序言和十三编128个条文组成,其正式文本为阿拉伯文、中文、英文、法文、俄文和西班牙文6种文本。2002年7月1日起生效。

该规约申明对于整个国际社会关注的最严重犯罪,绝不能听之任之不予处罚,为有效惩治罪犯,必须通过国家一级采取措施并加强国际合作;认识到这种严重犯罪危及世界的和平、安全与福祉,决心使这些犯罪的罪犯不再逍遥法外,从而有助于预防这种犯罪,为此目的并为了今世后代设立一个独立的常设国际刑事法院,与联合国系统建立关系,对整个国际社会关注的最严重犯罪具有管辖权。

该规约第一编"法院的设立",由4个条文组成(第1—4条),规定了国际刑事法院的性质、与联合国的关系、所在地及其法律地位和权力,强调国际刑事法院为常设机构,有权就本规约所提到的、受到国际关注的最严重犯罪对个人行使其管辖权,并对国家刑事管辖权起补充作用;第二编"管辖权、可受理性和可适用的法律",由17个条文组成(第5—21条),规定了国际刑事法院管辖权内的犯罪、犯罪要件、管辖权的性质和行使管辖权的先决条件、管辖权的行使、检察官的职权、案件的可受理性以及对对国际刑事法院的管辖权或案件可受理性的质疑与审查、一罪不二审原则、可适用的法律等;第三编"刑法的一般原则",由12个条文组成(第22—33条),规定了"法无明文不为罪""法无明文者不罚"、对人不溯及既往、个人刑事责任、官方身份无关性、指挥官和其他上级的责任、责任年龄、时效规则、心理要件、排除刑事责任的理由、事实错误和法律错误、上级命令和法律规定对个人刑事责任的影响等；第四编"法院的组成和行政管理"，由19个条文组成（第34—52条），规定了国际刑事法院的机构设置、法官及其任职资格和产生方式、院长会议、分庭的设置及其职责、法官的独立性、法官职责和免除和回避、检察官办公室的职权与运作、书记官处、工作人员，以及法院组成人员的宣誓、免职、纪律措施、特权和豁免、薪金、津贴和费用、工作语言，程序和证据规则、法院条例等；第五编"调查和起诉"，由9个条文组成（第53—61条），规定了国际刑事法院检察官调查的启动以及检察官在调查方面的义务和权力，在检察官调查期间的个人权利，预审分庭在调查中的作用、职能和权力，羁押国内的逮捕程序，在法院提起的初步程序等；第六编"审判"，由15个条文组成（第62—76条），规定了审判分庭的职能和权力、认罪案件的审理程序、被告人的权利、被害人和证人的保护及参与诉讼、证据、妨害司法罪、对被害人的赔偿、判刑以及被告人到庭原则和无罪推定原则等；第七编"刑罚"，由4个条文组成（第77—80条），规定了国际刑事法院可以适用的刑罚、量刑的原则、信托基金等；第八编"上诉与改判"，由5个条文组成（第81—85条），规定了对国际刑事法院的判决提出上诉的范围和条件、上诉案件的审理程序、变更判决的原则以及对被逮捕人或被判刑人的赔偿等；第九编"国际合作和司法协助"，由17个条文组成（第86—102条），规定了在国际刑事法院调查和起诉法院管辖的犯罪时缔约国予以合作的一般义务、合作的内容与程序、合作请求的竞合、合作的形式及合作过程中相关问题的处理规则、合作的费用、特定规则等；第十编"执行"，由9个条文组成（第103—111条），规定了国家在执行徒刑方面的作用、判刑的执行程序和规则以及服刑人在刑期满后的移送、罚金和没收措施的执行、法院对减刑的复查、对越狱的处理等；第十一编"缔约国大会"，由一个条文组成（第112条），规定了缔约国大会的职权和召开程序等；第十二编"财务事项"，由6个条文组成（第113—118条），规定了国际刑事法院的经费来源、管理条例和费用的支付方式等；第十三编"最后条款"，由10个条文组成（第119—129条），规定了争端的解决、保留、修正、对体制性规定的修正、规约的审查、过渡条款、签署、批准、接受、核准或加入、生效、退约以及作准文本等。

国际刑事法庭规约生效以后，根据规约第九条的规定，缔约国大会就国际刑事法院管辖范围内的犯罪通过了《犯罪要件终结案文》，对规约第六条规定的灭绝种族罪、第七条规定的危害人类罪和第八条规定的战争罪中各项罪行的构成要件作了具体的规定。

根据规约第五十一条的规定，缔约国大会通过了《程序和证据规则终结案文》。该案文由12章225项规则组成，详细规定了国际刑事法院的组成和行政管理、国际刑事法院的管辖权和可受理性、诉讼程序各阶段的规则、调查和起诉的规则、审判程序、刑罚、上诉和改判、妨害法院运作的犯罪和不当行为、对被逮捕人或被定罪人的赔偿、国际合作和司法协助、执行等方面的内容。

这两个案文作为《国际刑事法院罗马规约》的附件，与罗马规约一并实施，但是其与罗马规约冲突之处，以罗马规约为准。

罗马规约在规定国际刑事法院的管辖权时，由于对侵略罪的定义难以达成一致，规约第五条第二款规定："在依照第一百二十一条和第一百二十三条制定条款，界定侵略罪的定义，及规定本法院对这一犯罪行使管辖权的条件后，本法院即对侵略罪行使管辖权。"根据这个规定，2010 年 6 月 11 日，在乌干达首都坎帕拉召开的、有来自于 111 个规约缔约国以及政府间和非政府组织的约 4600 名代表出席的缔约国大会上，大会主席提交了《罗马规约》修正案，即关于侵略罪定义及其管辖权的决议草案。该修正案根据 1974 年联合国大会第 3314（XX-IX）号决议规定了侵略罪定义，同时还规定了法院对侵略罪行使管辖权的两个条件：一是法院仅可对 30 个缔约国批准或接受侵略罪修正案一年之后的侵略罪行实施管辖，二是需由缔约国在 2017 年 1 月 1 日之后作出一项启动侵略罪管辖权的决定。

2016 年 6 月，批准侵略罪修正案的国家达到 30 个，启动侵略罪管辖权的第一个条件得到满足。众多缔约国希望本届缔约国大会作为 2017 年 1 月 1 日后的首次缔约国大会，能作出第二个条件所要求的决定，最终启动侵略罪管辖权。

2017 年 12 月 15 日，在纽约举行的《国际刑事法院罗马规约》第 16 届缔约国大会上，经协商一致通过了《罗马规约》修正案，并决定"自 2018 年 7 月 17 日起，启动国际刑事法院对侵略罪的管辖权"。

该修正案包括三个方面的内容：一是规约第 8 条之二规约侵略罪的定义及附件规约侵略罪的犯罪要件的规定；二是规约第 15 条之二、之三关于侵略罪管辖权的规定；三是规约第 25 条第三款之二关于侵略罪主体的规定。

（二十二）《制止恐怖主义爆炸事件的国际公约》

《制止恐怖主义爆炸事件的国际公约》（International Convention for the Suppression of Terrorist Bombings），1997 年 12 月 15 日联合国大会通过，1998 年 1 月 12 日起在纽约联合国总部开放签署。全文由序言和 24 个条文组成，其正式文本为阿拉伯文、中文、英文、法文、俄文和西班牙文六种文本。2001年1月10日起生效。

该公约注意到世界各地一切形式和表现的恐怖主义行动不断升级，特别是以炸药或其他致死装置进行的恐怖主义袭击日益普遍，考虑到这种行为的发生是整个国际社会严重关切的问题，而现行多边法律规定不足以处理这些袭击，因此深信迫切需要在各国之间发展国际合作，制定和采取有效的和切实的措施，以防止这种恐怖主义行为，并对犯有此种行为者予以起诉和惩罚。

该公约明确规定了恐怖主义爆炸罪的定义和犯罪构成；要求每一缔约国应酌情采取必要措施，包括酌情制定国内立法，以确保本公约范围内的犯罪行为，特别是当这些罪行是企图或蓄意在一般公众某一群人或特定个人中引起恐怖状态时，在任何情况下都不可引用政治思想意识形态种族人种宗教或其他类似性质的考虑为之辩护，并受到与其严重性质相符的刑事处罚。公约明确规定了对恐怖主义爆炸罪的管辖原则，要求每一缔约国酌情采取必要法律措施，对这类犯罪确定管辖权。公约还明确规定了有关打击恐怖主义爆炸罪的国际合作事宜。

该公约规定，为了引渡或相互法律协助的目的，本公约所列的任何罪行不得视为政治罪行同政治罪行有关的罪行或由政治动机引起的罪行。因此，就此种罪行提出的引渡或相互法律协助的请求，不可只以其涉及政治罪行同政治罪行有关的罪行或由政治动机引起的罪行为由而加以拒绝。缔约国应特别通过下列方式，在防止本公约所列罪行方面进行合作：（1）采取一切切实可行的措施，包括在必要时修改其国内法律，防止和制止在其领土内为在其领土以内或以外犯罪进行准备工作，还包括采取措施禁止那些鼓励教唆组织蓄意资助或从事犯下本公约所列罪行的个人团体和组织在其领土内进行非法活动；（2）按照其国内法交换正确和经核实的情报，并协调旨在防止第 2 条所列罪行而采取的适当的行政及其他措施；（3）酌情研究和发展侦测炸药和其他可造成死亡或人身伤害的有害物质的方法，就制订在炸药中加添识别剂的标准以便在爆炸发生后的调查中查明炸药来源的问题进行协商，交换关于预防措施的资料，并且在技术设备和有关材料方面进行合作与转让。

该公约声明，本公约的任何规定均不影响国际法特别是联合国宪章的宗旨和原则与国际人道主义法规定的国家和个人其他权利义务和责任；武装冲突中武装部队的活动，按照国际人道主义法所理解的意义，由该法加以规定，不由本公约规定，而一国军队执行公务所进行的活动，由于是由国际法其他规则所规定的，本公约不加以规定。

该公约是由根据联合国大会 1996 年 12 月 17 日第 51/210 号决议所设的特设委员会和第六委员会工作组起草的，联合国大会在通过该公约时敦促所有国家签署和批准、接受核准或加入该公约。

（二十三）《制止向恐怖主义提供资助的国际公约》

《制止向恐怖主义提供资助的国际公约》（International Convention for the Suppression of the Financing of Terrorism），1999 年 12 月 9 日联合国大会通过。全文由序言和 28 个条文及附件组成，其正式文本为阿拉伯文、中文、英文、法文、俄文和西班牙文六种文本。2002 年 4 月 10 日起生效。

该公约回顾了联合国大会有关恐怖主义犯罪的所有有关决议，其中包括联合国会员国庄严重申毫不含糊地谴责恐怖主义的一切行为、方法和做法，包括那些危害国家间和民族间友好关系及威胁国家领土完整和安全的行为、方法和做法，不论在何处发生，也不论是何人所为，均为犯罪而不可辩护；吁请所有国家采取步骤，以适当的国内措施防止和制止为恐怖主义分子和恐怖主义组织筹集经费，无论这种经费是直接还是间接通过也具有或声称具有慈善、社会或文化目的或者也从事武器非法贩运、毒品买卖、敲诈勒索等非法活动，包括剥削他人来为恐怖主义活动筹集经费的组织提供，并特别酌情考虑采取管制措施，以预防和制止涉嫌为恐怖主义目的提供的资金的流动，但不得以任何方式妨碍合法资本的流动自由，并加强关于这种资金的国际流动的情报交流。考虑到向恐怖主义提供资助是整个国际社会严重关注的问题，并注意到国际恐怖主义行为的次数和严重性端赖恐怖主义分子可以获得多少资助而定，而现有的多边法律文书并没有专门处理这种资助，因此深信迫切需要增强各国之间的国际合作，制定和采取有效的措施，以防止向恐怖主义提供资助，并通过起诉及惩罚实施恐怖主义行为者来制止恐怖主义犯罪的蔓延。

该公约明确规定了向恐怖主义提供资助罪的定义和犯罪构成，界定了恐怖主义犯罪的范围；要求每一缔约国酌情采取措施在本国国内法中规定本公约所述罪行为刑事犯罪，并根据罪行的严重性质，以适当刑罚惩治这些罪行。该公约要求每一缔约国应根据其本国法律原则采取必要措施，以致当一个负责管理或控制设在其领土内或根据其法律设立的法律实体的人在以该身份犯下了本公约所述罪行时，得以追究该法律实体的责任，这些责任可以是刑事、民事或行政责任，并且承担这些责任不影响实施罪行的个人的刑事责任。该公约还规定，每一缔约国应酌情采取措施，包括适当时制定国内立法，以确保本公约范围内的犯罪行为，在任何情况下都不可引用政治、思想、意识形态、种族、族裔、宗教或其他类似性质的考虑因素为其辩解。

该公约对打击向恐怖主义提供资助罪的国际合作问题包括情报交换、引渡、司法协助、被羁押人或服刑人的移送等作了明确的规定，特别是就防止和遏制向恐怖主义提供资助的问题以及识别、侦查、冻结、扣押、没收任何用于恐怖主义犯罪的资金以及犯罪所得收益等问题，作了具体的规定。

附件列举了九个规定了恐怖主义犯罪的国际公约，其中包括：1970年12月16日在海牙签署的《关于制止非法劫持航空器的公约》；1971年9月23日在蒙特利尔签署的《关于制止危害民用航空安全的非法行为的公约》；1973年12月14日联合国大会通过的《关于防止和惩处侵害应受国际保护人员包括外交代表的罪行的公约》；1979年12月17日联合国大会通过的《反对劫持人质国际公约》；1980年3月3日在维也纳通过的《关于核材料的实物保护公约》；1988年2月24日在蒙特利尔签署的《补充关于制止危害民用航空安全的非法行为的公约的制止在为国际民用航空服务的机场上的非法暴力行为的议定书》；1988年3月10日在罗马签署的《制止危害航海安全的非法行为公约》；1988年3月10日在罗马签署的《制止危害大陆架固定平台安全非法行为议定书》；1997年12月15日联合国大会通过的《制止恐怖主义爆炸事件的国际公约》。这些公约中规定的犯罪都是该公约所规定的犯罪的上流犯罪。

（二十四）《联合国打击跨国有组织犯罪公约》

《联合国打击跨国有组织犯罪公约》（United Nations Convention against Transnational Organized Crime），2000年11月15日联合国大会通过。全文41个条文组成，其正式文本为阿拉伯文、中文、英文、法文、俄文和西班牙文六种文本。2003年9月29日起正式生效。

《联合国打击跨国有组织犯罪公约》是目前世界上第一项针对跨国有组织犯罪的全球性公约。它确立了通过促进国际合作，更加有效地预防和打击跨国有组织犯罪的宗旨，为各国开展打击跨国有组织犯罪的合作提供了法律基础。该公约对跨国有组织犯罪集团的概念作了明确的界定，要求各缔约国把参加有组织犯罪集团行为、洗钱行为、腐败行为，以及在涉及这些犯罪的诉讼中使用暴力、威胁或恐吓或许诺、提议给予或给予不应有的好处以诱使提供虚假证言或干扰证言或证据的提供的行为和使用暴力、威胁或恐吓，干扰司法或执法人员针对这些犯罪执行公务的行为规定为刑事犯罪，并确保针对这些犯罪的执法措施取得最大成效，并适当考虑到震慑此种犯罪的必要性。

该公约适用于对公约规定的跨国的且涉及有组织犯罪集团的犯罪的预防、侦查和起诉。公约规定了打击洗钱的措施以及确立对跨国有组织犯罪行使管辖权的原则，要求各缔约国加强在打击跨国有组织犯罪中的国际合作，并明确规定了国际合作的相关事项，并要求各缔约国均应指定一个中心当局，使其负责和有权接收司法协助请求并执行请求或将请求转交主管当局执行。该公约还对国家之间的联合侦查和特殊侦查手段，保护证人、被害人，与执法当局合作的措施，收集、交流和分析关于有组织犯罪的性质的资料，培训和技术援助，以及通过经济发展和技术援助执行公约等问题，作了明确的规定。

与《联合国打击跨国有组织犯罪公约》一起提交联合国大会讨论的还有两个附加议定书，即《关于预防、禁止和惩治贩运人口特别是妇女和儿童行为的补充议定书》和《关于打击陆、海、空偷运移民的补充议定书》。根据联合国大会第54/129号决议定，这两个附加议定书于2000年12月12日至15

日于意大利巴勒莫举行的高级别政治签署会议上开放供签署，与公约同时生效。

为了有效地打击跨国有组织犯罪，《联合国打击跨国有组织犯罪公约》通过以后，联合国打击跨国有组织犯罪公约特设委员会，根据跨国有组织犯罪的犯罪特点，针对跨国有组织犯罪的突出表现，又于 2002 年 3 月起草了第三个附加议定书，即《联合国打击跨国有组织犯罪公约关于打击非法制造和贩运枪支及其零部件和弹药的补充议定书》（ProtocolAgainst the Illicit Manufacture of and Trafficking in Firearms, Their Parts and Components and Ammunitions）（简称：《枪支议定书》（Firearms Protocol））。这些附加议定书的目的在于通过打击跨国有组织犯罪的常见类型的犯罪活动，加强国际社会在预防和打击跨国有组织犯罪方面的合作。

（二十五）《联合国反腐败公约》

《联合国反腐败公约》（United Nations Convention against Corruption），2003 年 10 月 31 日联合国大会通过。全文由序言和八章 71 个条文组成，其正式文本为阿拉伯文、中文、英文、法文、俄文和西班牙文六种文本。2005 年 12 月 14 日起正式生效。

该公约认为，腐败破坏民主体制和价值观、道德观和正义并危害着可持续发展和法治，对社会稳定与安全构成严重威胁，非法获得个人财富特别会对民主体制、国民经济和法治造成损害，特别是涉及巨额资产的腐败案件对国家的政治稳定和可持续发展构成威胁。腐败同其他形式的犯罪特别是同有组织犯罪和包括洗钱在内的经济犯罪之间具有密切的联系。并且，腐败已经不再是局部问题，而是一种影响所有社会和经济的跨国现象。因此，开展国际合作预防和控制腐败是至关重要的。

公约强调，预防和根除腐败是所有各国的责任，各国应当相互加强合作，特别是在更加有效地预防、查出和制止非法获得的资产的国际转移和资产追回方面的国际合作，应当提供技术援助以在增强国家有效预防和打击腐败的能力，应当采取综合性的、多学科的办法，应当妥善管理公共财产，在处理公共事务中应当坚持公平、尽责和法律面前平等各项原则以及维护廉正和提倡拒腐风气，应当有公共部门以外的个人和团体的支持和参与，例如民间社会、非政府组织和社区组织的支持和参与。

《联合国反腐败公约》的主要内容可以概括为确立了五大机制，即腐败犯罪的预防机制、对腐败犯罪的定罪和执法机制、惩治腐败犯罪的国际合作机制、资产追回机制、技术援助和信息交流机制。公约第一章"总则"，由 4 个条文组成（第 1—4 条），规定了公约的宗旨，"公职人员""外国公职人员""国际公共组织官员""财产""犯罪所得""冻结""扣押""没收""上游犯罪""控制下交付"等术语的含义，以及公约的适用范围和保护主权的原则；第二章"预防措施"，由 10 个条文组成（第 5—14 条），规定了预防性反腐败政策和做法、预防性反腐败机构、公共部门、公职人员行为守则、公共采购和公共财政管理、公共报告、与审判和检察机关有关的措施、私营部门、社会参与、预防洗钱的措施等；第三章"定罪和执法"，由 28 个条文组成（第 15—42 条），规定了 11 种腐败犯罪的罪名及其构成要件，法人责任，腐败犯罪的参与、未遂和中止以及作为犯罪要素的明知、故意或者目的，追诉时效，起诉、审判和制裁的原则，冻结、扣押和没收以及腐败行为的后果、犯罪记录、损害赔偿，证人、鉴定人和被害人、举报人的保护，打击腐败的专职机关、与执法机关的合作、国家机关之间的合作、国家机关与私营部门之间的合作，管辖权等；第四章"国际合作",由8个条文组成(第43—50条),规定了国际合作的一般原则、引渡、被判刑人的移管、司法协助、刑事诉讼的移交、执法合作、联合侦查以及特殊侦查手段等;第五章"资产的追回",由9个条文组成(第51—59条),规定了资产追回的一般原则、预防和监测犯罪所得的转移、直接追回财产的措施、通过没收事宜的国际合作追回资产的机制、没收事宜的国际合作包括特别合作、资产的返还和处分、金融情报机构、双边和多边协定和安排等;第六章"技术援助和信息交流",由3个条文组成(第60—62条),规定了培训和技术援助,有关腐败的资料的收集、交流和分析,以及通过经济发展和技术援助实施公约的其他措施;第七章"实施机制",由2个条文组成(第63、64条),规定了公约缔约国会议和秘书处;第八章"最后条款",由7个条文组成(第65—71条),规定了公约的实施,争端的解决,公约的签署、批准、接受、核准和加入以及生效、修正、退约,公约文本的保存人和语文等。

(二十六)《制止核恐怖主义行为国际公约》

《制止核恐怖主义行为国际公约》(International Convention for the Suppression of Acts of Nuclear Terrorism),2005年4月13日联合国大会通过。全文由序言和28个条文组成,其正式文本为阿拉伯文、中文、英文、法文、俄文和西班牙文六种文本。2007年7月7日起正式生效。

该公约注意到核恐怖主义行为可能带来最严重的后果并可能对国际和平与安全构成威胁,而现有多边法律规定不足以处理这些袭击,因此深信迫切需要在各国之间加强国际合作,制定和采取有效和切实的措施,以防止这种恐怖主义行为,并起诉和惩罚行为人。该公约也确认所有国家享有为和平目的发展和利用核能的权利及其从和平利用核能获得潜在益处的合法利益，注意到1980年《核材料实物保护公约》的规定，同时也注意到国家军事部队的活动由本公约框架以外的国际法规则规定，某些行动可能被排除在本公约适用范围之外。

该公约明确规定了核恐怖主义罪的定义和犯罪构成，界定了核材料的范围；要求每一缔约国酌情采取措施在本国国内法中规定本公约所述罪行为刑事犯罪，并根据罪行的严重性质，以适当刑罚惩治这些罪行，并对打击向恐怖主义提供资助罪的国际合作问题包括情报交换、引渡、司法协助、被羁押人或服刑人的移送等作了明确的规定。

该公约还就收缴持有、处置放射性材料、装置或核设施问题作了明确规定，要求持有这类物项的缔约国采取步骤使放射性材料、装置或核设施无害化，并确保按照可适用的国际原子能机构保障监督条款保管任何核材料，注意到国际原子能机构公布的实物保护建议以及健康和安全标准。

该公约要求缔约国应以符合各国主权平等和领土完整以及不干涉他国内政等原则的方式履行本公约规定的义务，并声明本公约的任何条款均不给予缔约国在另一缔约国境内行使管辖权和履行该另一缔约国当局根据其国内法拥有的专属职能的权利。

三、含有国际刑法规范的国际公约

除了专门就国际刑法中的某些问题而签订的国际条约之外，某些其他方面的国际公约也可能包含有关国际犯罪的规定。这类规定无疑是国际刑法规范的重要组成部分，因而规定这类刑法规范的公约，也应当视为国际刑法的渊源之一。

（一）日内瓦四公约及其附加议定书

1949年8月12日在日内瓦签订了四个公约，这四个公约

第二章 国际刑法的渊源

被称为日内瓦四公约。它们是：《改善战地武装部队伤者病者境遇的日内瓦公约》（第一公约）、《改善海上武装部队伤者病者及遇船难者境遇的日内瓦公约》（第二公约）、《关于战俘待遇的日内瓦公约》（第三公约）、《关于战时保护平民的日内瓦公约》（第四公约）(The Convention on (1) Amelioration of the Conditions of the Wounded and sick of Armed Forces in the Field; (2) Amelioration of the Condition of the Wounded, Sick, and Shipwrecked Members of Armed Forces at sea; (3) Treatment of Prisoners of War; (4) Protection of Civilian Persons in Time of War)。

日内瓦四公约是对19世纪以来国际社会公认的作战手段和方法的规则的编纂和补充。第一公约修订补充了1864年8月22日的《改善伤病员待遇的日内瓦公约》、1906年7月6日的《改善伤病员待遇的日内瓦公约》和1929年7月27日的《关于改善战时伤病员待遇的日内瓦公约》。第二公约是对1907年10月18日海牙第十公约即《关于日内瓦公约原则推行于海战的公约》的修订和补充。第三公约是对1929年7月27日《战俘待遇公约》的修订和补充。

1977年6月8日联合国大会通过了《关于重申和发展适用于武装冲突的国际人道主义法律的日内瓦议定书》，其中包括《一九四九年八月十二日日内瓦四公约关于保护国际性武装冲突受难者的附加议定书》（第一议定书）[Protocol Additional to the Geneva Conventions of August 12, 1949 relating to the Protection of Victims of International Armed Conflicts (Protocol)]和《一九四九年八月十二日日内瓦四公约关于保护非国际性武装冲突受难者的附加议定书》（第二议定书）[Protocol Additional to the Geneva Conventions of August 12, 1949 relating to the Protection of Victims of Non – international Armed Conflicts（Protocol）］。这是对日内瓦四公约所确认的战争法规则的新发展。

日内瓦四公约及其附加议定书，在规定交战主体的行为规则特别是区别对待交战者与平民的规则、禁止使用的作战工具和方法、武装冲突中最低限度应当遵守的准则的同时，对违反公约规则的战争罪行及其刑事责任做了明确的规定。这类规定，构成了有关战争犯罪方面的国际刑法规范的重要内容。

（二）有关贩卖和使用奴隶罪方面的国际公约

《废止奴隶制、奴隶贩卖及类似奴隶制之制度与习俗补崐充公约》（Supplementary Convention on the Abolition of Slavery, the Slave Trade, and Institutions and Practices Similar to Slavery）于1956年9月7日订于日内瓦，1957年4月30日起生效。全文由序言和六编14个条文组成，其正式文本为中文、英文、法文、俄文和西班牙文五种文本。

1926年9月25日，在国际联盟的主持下，国际联盟的会员国在日内瓦签订了《废除奴隶制及奴隶贩卖之国际公约》即著名的《禁奴公约》（Slavery Convention）。该公约全文由序言和12个条文组成，以英文文本和法文文本为正式文本。1927年3月9日起生效。该公约提出了奴隶制和奴隶贩卖的定义，并规定各缔约国应在其主权、管辖、保护、宗主权或监护权下之领导上防止并制止奴隶贩卖、逐步并尽速完全废除一切形式之奴隶制；在其领水内或悬挂本国国旗之船舶上采取一切适当措施，防止并制止装载、卸下或运输奴隶；为达到废除奴隶制及奴隶贩卖之目的，各缔约国应互相合作、相互援助；各缔约国应采取必要措施，对违反本公约的行为处以严厉惩罚。

1953年12月7日，联合国会员国在纽约签订了《关于修正废除奴隶制及奴隶贩卖之国际公约的议定书》（Protocol Amending the Slavery Convention Signed at Geneva on 25 September, 1926.），将以前由国际联盟依据 1926 年《禁奴公约》所负的若干职责交由联合国继续执行。

但是根据联合国专家委员会的调查，奴隶制和奴隶贩卖，特别是类似于奴隶制的制度和习俗在世界各地并未完全废除，禁止贩卖和使用奴隶仍需各国国内和国际方面的共同努力。于是签订了《废止奴隶制、奴隶贩卖及类似奴隶制之制度与习俗补充公约》。该公约对《禁奴公约》作了必要的补充，把类似奴隶制的制度和习俗如债务质役、农奴制等也列入了禁止之列。同时，该公约将贩卖奴隶和维持奴隶制和类似奴隶制的制度和习俗而残害奴隶或奴役身份的人或者诱人为沦的行为规定为刑事罪，要求缔约各国对实施这类行为的人给予严厉制裁。特别是对于贩卖奴隶罪，该公约要求有关缔约当事国之间相互交换情报、采取协调行动，共同取缔奴隶贩卖。任何奴隶一经逃避至本公约当事国所属任何船舶即当然获得自由。

（三）《消除一切形式种族歧视国际公约》

《消除一切形式种族歧视国际公约》（International Convention on the Elimination of All Forms of Racial Discrimination），于 1965 年 12 月 21 日在联合国大会上通过，1966 年 3 月 7 日在纽约签订，1969 年 1 月 4 日生效。该公约由序言和三个部分（25 个条文）组成，其正式文本为中文、英文、法文、俄文和西班牙文五种文本。

该公约在强调各民族一律平等，谴责和消除一切形式的种族歧视的同时，明文规定了种族歧视罪的构成，要求缔约各国严厉制裁这种犯罪。该公约还决定设立消除种族歧视委员会，审查和监督缔约各国为消除种族歧视采取的立法、司法、行政或其他措施及其贯彻情况。

(四)《麻醉品单一公约》

现行的麻醉品单一公约是指《经〈修正一九六一年麻醉品单一公约的议定书〉修正的一九六一年麻醉品单一公约》(Protocol Amending the Single Convention on Narcotic Drugs, 1961.)。该公约由联合国于 1972 年 3 月 25 日订于日内瓦, 1975 年 8 月 8 日生效。全文由弁言和 51 个条文组成, 其正式文本为中文、英文、法文、俄文和西班牙文五种文本。

防止麻醉品的滥用, 禁止毒品犯罪, 是国际社会普遍关心的问题之一。20 世纪以来, 世界各国在这方面做了许多努力, 先后签订了一系列国际条约。如 1912 年 1 月 23 日在海牙签订的《禁烟公约》; 1925 年 2 月 11 日在日内瓦签订的《关于熟鸦片的制造、国内贸易及使用的协定》; 1925 年 2 月 19 日在日内瓦签订的《国际鸦片公约》; 1931 年 7 月 13 日在日内瓦签订的《限制制造及调节分配麻醉品公约》; 1931 年 11 月 27 日在曼谷签订的《远东管制吸食鸦片协定》; 1953 年 6 月 23 日在纽约签订的《限制与调节罂粟的种植; 鸦片的生产、国际贸易、批发购售及其使用议定书》等。1961 年 3 月 30 日, 联合国大会通过了《麻醉品单一公约》。该公约将以前有关麻醉品管制方面的各种条约规范汇集在一起, 形成单一公约, 从而消除了麻醉品管制方面的混乱。该公约还把管制范围扩大到天然麻醉品原料的种植等方面, 同时创设了经济及社会理事会麻醉品委员会和国际麻醉品管制局。1972 年 3 月 6 日至 24 日, 联合国在日内瓦召开了会议审议 1961 年麻醉品单一公约的修正案。根据《修正一九六一年麻醉品单一公约的议定书》, 联合国秘书长重新编制了《麻醉品单一公约》的条文, 以《经〈修正一九六一的麻醉品单一公约的议定书〉修正的一九六一年麻醉品单一公约》为名, 提交各国批准。

该公约的宗旨是关怀人类的健康和福利，防止滥用麻醉品危害人类，主张麻醉品仅供医疗和科研使用。

该公约所称的麻醉品是指经世界卫生组织确认的下列物质：麻黄碱，麦角新碱，麦角胺，麦角酸，1-苯基-2-丙酮，伪麻黄碱，以及大麻、大麻植物、大麻脂、鸦片（罂粟）、古柯树、古柯叶、鸦片制剂等。该公约规定，麻醉品的生产、制造、输出、输入、分配、贸易、使用和持有，必须以专供医药及科学上的用途为限，并且必须受到联合国和各国主管当局的严格监督和管制，任何国家、团体和个人，都不得在本公约规定的范围之外生产、制造、输出、输入、贸易持有或使用麻醉品。

按照该公约的规定凡故意违反本公约的规定，非法种植、生产、制造、提制、调制、持有、供给、兜售、分配、购买、贩卖、以任何名义交割、经纪、发送、过境寄发、运输、输入及输出，以及任何其他违反本公约规定的行为，都是犯罪。该公约还规定，对于这类犯罪中的每一犯罪行为，包括故意参预、共谋实施、实施未遂以及与之有关的预备行为和财务活动，各缔约国都应在本国宪法和法律的范围内予以追诉和惩罚；对这类犯罪确定累犯时，犯罪人在他国受到的有罪宣告可以计及；这类犯罪应当由犯罪地的缔约国进行追诉，如果罪犯在另一缔约国而要求对其追诉的缔约国请求引渡但依被请求国法律不能予以引渡时，罪犯所在地的缔约国应当对其进行追诉。该公约还规定，对用于或拟用于实施本公约规定的犯罪的麻醉品、物质及器具，应予缉获并没收。对于滥用麻醉品者，该公约还提出了治疗、善后护理、恢复健康、教育等措施。这些规定，为在世界范围内同毒品犯罪作斗争，提供了必要的条约依据，从而构成国际刑法规范的组成部分。

(五)《一九七一年精神药物公约》

《一九七一年精神药物公约》(Convention on Psychotropic)，由联合国于1971年2月21日订于维也纳，1976年8月16日生效。全文由序文和33个条文组成，其正式文本为中文、英文、法文、俄文和西班牙文五种文本。

该公约的宗旨是关怀人类的健康和福利，预防和制止精神药物的滥用，主张精神药物仅供医疗和科学研究使用。该公约所称精神药物是指经世界卫生组织认定的任何具有能够引起成瘾之依药性、中枢神经系统的兴奋或抑郁，以致造成幻觉或对动作机能、思想、行为、感觉、情绪造成损害之性能的天然或合成物质及其天然材料。该公约认为，为了防止精神药物的滥用以至危害人类的健康，精神药物应当置于国际管制的严格管束之下。为此，该公约规定，除专供医疗和科学用途之外，禁止其一切使用、禁止其输出或输入，禁止利用广告向公众推销。对于供本公约认可的合法目的的制造、贸易、分配和使用，该公约也规定了严格的管理、监督措施。

该公约要求各缔约国在本国宪法、法律和行政制度的范围内采取全国性防止和查禁非法生产和销售精神药物的行动，并与其他缔约国及有关国际组织密切合作协力取缔跨国性非法生产和销售精神药物的活动，保障各主管机关间的国际合作和文书送达以迅捷方式进行。对于故意违反本公约规定者，每一缔约国都应在不违背本国宪法上的限制的前提下，将其作为可科处刑罚的犯罪行为予以刑事追究。在其领域内发觉犯有这类罪行的罪犯，如果缔约国不对其追诉和判决，应当将其引渡给要求对之进行追诉的国家。不论在是否以条约之存在或互惠为引渡条件的缔约国之间，违反本公约规定的犯罪都应当视为应予引渡之罪。这些规定，为制裁国际性的毒品犯罪，提供了必要的国际刑法规范。

（六）《万国邮政公约》

国际上先后出现过三个邮政公约，即1874年在伯尔尼签订的《国际邮政盟约》和1952年修订的《万国邮政公约》以及现在的《万国邮政公约》。现行的《万国邮政公约》是1979年10月26日在里约热内卢签订并于1981年7月1日起生效的。该公约规定国际邮政一般行为规则的同时，其中第十三条关于刑事上应采取的措施中规定了对非法使用邮件罪的制裁，从而构成国际刑法中禁止和惩罚非法使用邮件罪的法律依据。

（七）《消除对妇女一切形式歧视公约》

《消除对妇女一切形式歧视公约》（Convention on the Elimination of All Forms of Discrimination against Women），于1979年12月18日订于哥本哈根，1981年9月3日生效。该公约在保护妇女人身权利和劳动就业权利、反对对妇女的各歧视的同时，其中第六条规定：缔约各国同意采取一切适当措施，包括制定法律，以打击一切形式贩卖妇女和迫使妇女卖淫以进行剥削的行为。这一规定进一步补充了国际贩卖人口罪的立法。

（八）《公海公约》和《联合国海洋法公约》

《公海公约》（Convention on the High Seas），于1958年4月29日订于日内瓦；《联合国海洋法公约》（United Nations Convention on the Law of the Sea）于1982年12月10日订于蒙特哥湾。这两个公约在规定海上活动一般规则的同时，都明确规定了对海盗罪、海上贩运奴隶或毒品罪、破坏海底电缆等罪的禁止和制裁，从而成为国际刑法中有关这类犯罪的重要法律依据。

除了直接规定国际犯罪和国际刑事合作的条约构成国际刑法的渊源之外，还有许多国际条约，虽然没有直接规定国际刑法规范，但却对国际刑法的产生和发展具有重要的指导作用或者与某些国际刑法规范具有内在的联系。这类国际条约，可以视为间接的国际刑法渊源。例如《联合国宪章》（Charter of the United Nations）、《经济、社会及文化权利盟约》（Covenant on Economic, Social and Cultural Rights）、《公民及政治权利盟约》（Covenant on Civil and Political Rights）等，这些规范性文件，对国际刑法的发展具有直接的指导意义。又如 1961 年 6 月 23 日生效的《南极条约》（Antarctic Treaty）、1967 年 10 月 10 日生效的《关于各国探索和利用包括月球和其他天体在内的外层空间活动的原则条约》（Treaty on Principles Governing Activities of States in the Exploration and Use of Outer Space, Including the Moon and Other Celestial Bodies）、1975 年 3 月 26 日生效的《禁止细菌（生物）及毒素武器的发展、生产及储存以及销毁这类武器的公约》（Convention on the Prohibition of the Development, Production, and Stockpiling of Bacteriological (Biological) and Toxic Weapons and on Their Destruction）、1983 年 12 月 2 日生效的《禁止或限制使用某些可被认为具有过伤伤害力或滥杀滥伤作用的常规武器公约》（Convention on Prohibitions or Restrictions on the Use of certain Conventional Weapons which May Be Deemed to Be Excessively Injurious or to Have Indiscriminate Effects）等。这些公约中的某些禁止性规范，构成认定非法使用武器罪的重要法律依据。

第三章　国际刑事管辖

一、国际刑事管辖的意义

刑事管辖（criminal jurisdiction），即对刑事犯罪案件所进行的管理，是指对刑事犯罪进行侦查、起诉、审判和惩治的追诉活动。刑事管辖包括刑事立法管辖和刑事司法管辖两种。刑事立法管辖所要解决的是刑事管辖权的问题，亦即刑法的效力范围问题。刑事司法管辖所要解决的是刑事司法系统在管辖刑事犯罪案件上的分工与协作的问题。国际刑法中的刑事管辖主要是刑事立法管辖，主要是确立各国对国际犯罪的刑事管辖权并解决各国刑事管辖之间的冲突问题。

管理刑事案件，首先必须有对之进行管理的权力。因此，刑事管辖总是首先意味着刑事管辖权的确立与界定。特别是在现代，人们对法制的追求，使追诉犯罪的活动必须以严格的刑事管辖权为前提。只有拥有刑事管辖权的主体在自己的权力范围内所进行的追诉活动，才是合法的、有效力的。没有刑事管辖权或者逾越刑事管辖权的权力范围，任何刑事追诉活动，都是非法的和无效力的。正是基于这个理由，每个国家的刑法，总是明确规定自己的效力范围，确立自己对刑事犯罪的管辖权。

在国内刑法中，国家对刑事犯罪的管辖权具有普遍的效力。因为，刑事管辖权是国家主权的重要组成部分。国家主权对内表现为国家对其领域内的一切人和事以及领域外的本国人具有进行管辖的最高权力。只要是在本国国家主权所及的范围内、只要不违反国际社会公认的规则和惯例，任何国家通过国内刑事立法所确立的刑事管辖权，都是合法的、有效的，不会受到别国的反对和干涉；并且，这种权力在其管辖范围内具有统一的、普遍适用的效力。凡是本国刑法中规定的、本国国家主权所及范围内的犯罪，本国刑事司法系统都有对之行使管辖的权力。所以在本国刑法中，只要明确规定了本国刑法的适用范围，也就确立了刑事管辖权的效力范围，解决了刑事立法管辖的问题。在刑法规定的效力范围内，刑事管辖所剩下的也就仅仅是国内刑事司法系统内部各个主体之间的权限划分问题亦即刑事司法管辖的问题，往往使人们忽视了刑事管辖权在刑事管辖中的重要性。

国内刑法中确立的刑事管辖权，对于同国际犯罪作斗争，具有极为重要的意义。这是因为，国际犯罪的绝大多数都是在一定国家的领域内发生的，都是由具有一定国籍的人实施的，通过一定国家的刑事管辖权的行使，就可以制裁这类犯罪从而达到防止其发生的目的。离开了各个主权国家国内刑法中确立的刑事管辖权，就很难有效地同国际犯罪作斗争。并且，对国际犯罪的刑事管辖，在绝大多数场合也主要是通过各个国家国内刑法上的刑事管辖来实现的。没有国内刑法上的刑事管辖，对国际犯罪的刑事管辖就失去了必要的基础。

但是从另一方面来看，同国际犯罪作斗争，仅有各个国内刑法上的刑事管辖权，是远远不够的。这是因为，第一，每个国家国内刑法中确立的刑事管辖权，都是针对本国刑法中的犯

第三章　国际刑事管辖

罪规定的。它尽管完全适应同国内犯罪作斗争的需要，但是未必适应同国际犯罪作斗争的需要。特别是在现代，现代化交通运输工具和情报通讯工具的广泛使用，国际犯罪更具跨国性。仅仅依靠各个独立的国内刑法上的刑事管辖权，是无法适应同这类犯罪作斗争的需要的。第二，每个国家国内刑法中确立的刑事管辖权，都是以各自国家主权的自主性和排他性作为基础确立的。各个国家按照不同的管辖原则所确立的刑事管辖权，在追诉国际犯罪的过程中常常会出现管辖上的冲突。同一个国际犯罪案件，有的国家可能根据属地管辖原则对其主张刑事管辖，有的国家可能根据属人原则对其主张刑事管辖，有的国家还可能根据保护原则对其主张刑事管辖。在这种情况下，如果没有国际刑事管辖的协调与指导，仅仅依靠各自独立的国内刑法，便会出现在对国际犯罪的刑事管辖上无法解决的争执，以致对国际犯罪的追诉由于对国家主权的固守而搁置。第三，每个国家在国内刑法中确立刑事管辖权时的独立自主性，使各国所确立的管辖自成一体，而不可能构成一个相互衔接的统一整体。如果仅仅依靠各自独立的国内刑法确立的刑事管辖权，就可能使对国际犯罪的立法在管辖范围上出现空隙和漏洞，以致某些实施了国际犯罪的罪犯得不到应有的制裁，这于同国际犯罪作斗争是极为不利的。

因此，为了有效地同国际犯罪作斗争，有关国际公约在规定国际犯罪时总是同时作出对刑事管辖的规定。这类规定的总和，构成了国际刑事管辖的体系和原则。

国际刑事管辖的内容包括两个方面：一是确立管辖原则，二是确定管辖顺序。对于已经发生的国际犯罪，哪个国家具有刑事管辖的权利，是国际刑事管辖首先需要解决的问题。鉴于国际犯罪严重危害到国际社会的和平与人类的安宁，国际刑法规范中一般都对国际犯罪确立了普遍管辖的原则,要求缔约各国对于国际社会通过国际公约所确认的国际犯罪实行刑事管辖,并确认每个在其领土内发现这类犯罪人的主权国家都有权对其采取必要措施进行刑事管辖。由于每个主权国家都有权对国际犯罪行使刑事管辖权,所以当一个以上的国家主张对已经发生的国际犯罪实行刑事管辖的权利时,便会出现管辖上的冲突。因此,国际刑事管辖还需要明确规定管辖顺序,即在一个以上的国家同时主张对某一已经发生的国际犯罪实行刑事管辖时,哪个国家具有优先管辖的权利。只有正确恰当地解决了以上两个问题,才能建立起卓有成效的国际刑事管辖体系,才能克服国内刑事管辖在同国际犯罪作斗争中的不足和冲突,确保国际犯罪无论在世界上哪个地方发生,无论犯罪人逃到何处,都将及时受到必要的刑事制裁。

然而,正如我们下面将要分析的,这两个方面的问题在国际刑法中迄今为止并没有得到尽如人意的解决,仍有某些方面需要研究和改进。

二、国际刑事管辖的公约规定

20世纪中叶以来陆续出现的一系列国际刑法规范,都对国际犯罪的刑事管辖问题作出了明确的规定,从而构成了国际刑事管辖体系及其基本规则。这些规定主要有:

(一) 关于危害人类和平与安全罪的刑事管辖

1. 关于战争犯罪的管辖

《欧洲国际军事法庭宪章》第六条第一款规定:"依照本宪章第一条所提及之协定、为审判及处罚欧洲轴心国主要战争罪犯而设立之法庭,应有审判及处罚一切为轴心国之利益而以个人资格或团体成员资格犯有下列任何罪行之人员的权力。"

《远东国际军事法庭宪章》第五条第一款也规定:"本法庭

有权审判及惩罚被控以个人身份或团体成员身份犯有各种罪状包括破坏和平罪之远东战争罪犯。"

这种规定，意味着对于战争犯罪，可以组成国际军事法庭进行管辖。此外，联合国全体会议于1973年12月3日通过的《关于侦察、逮捕、引渡和惩治战争罪犯和危害人类罪犯的国际合作原则》，实际上也包含对战争犯罪和危害人类罪管辖问题的规定。其全文如下：

关于侦察、逮捕、引渡和惩治战争罪犯和危害人类罪犯的国际合作原则

（1973年12月3日联合国第28届大会第2187次全体会议通过）

大会，

忆及其1969年12月15日第2583号、1970年12月15日第2712号、1971年12月18日第2840号及1972年12月18日第3020号决议，

计及特别需要国际行动，以期确保对战争罪犯及危害人类罪犯的起诉和惩治，

已经审议了关于侦察、逮捕、引渡和惩治战争罪犯和危害人类罪犯的国际合作原则草案，

宣布联合国遵照宪章所规定关于增进各国人民间的合作，和维持国际和平与安全的原则和宗旨，宣告关于侦察、逮捕、引渡和惩治战争罪犯和危害人类罪犯的国际合作的下列原则：

一、凡战争罪和危害人类罪，无论发生于何时何地，应该加以调查；对有证据证明犯此等罪行的人，应该加以追寻、逮

捕、审判，如经判定有罪，应加以惩治。

二、各国有权审判其本国国民所犯战争罪和危害人类罪。

三、各国应在双边和多边基础上相互合作，以期制止并防止战争罪和危害人类罪，并为此目的，采取必要的国内和国际措施。

四、各国应互相协助，以便侦察、逮捕和审判此等罪行的嫌疑犯，如经判定有罪，应加以惩治。

五、一般原则是，有证据证明犯战争罪和危害人类罪的人应在犯罪地国家受审，如经判定有罪，由犯罪地国家加以惩治。为此，各国应在引渡此类罪犯的问题上合作。

六、各国应互相合作、搜集足可有助于使第四段所称一类人受到审判的资格和证据，并应交换此类资料。

七、根据1967年12月14日"领土庇护宣言"第一条，对有重大理由可认为犯有危害和平罪、战争罪或危害人类罪的人，各国不应给予庇护。

八、各国不应采取任何有碍它们就侦察、逮捕、引渡和惩治战争罪犯和危害人类罪犯所承担的国际义务的立法或其他措施。

九、各国为侦察、逮捕和引渡有证据证明犯战争罪和危害人类罪的人，并在判定有罪后惩治这类罪犯进行合作时，应遵守联合国宪章和"关于各国依联合国宪章建立友好关系及合作之国际法原则的宣言"的规定。

2. 关于非法获取和使用核材料罪的刑事管辖

《核材料实物保护公约》对非法获取和使用核材料罪的管辖问题作了如下的规定：

第八条

1. 每一缔约国应采取必要的措施，以便在下列情况下确立其对第七条所述犯罪行为方面的管辖权：

（a）犯罪行为发生于该国领土内或该国注册的船舶或飞机上；

（b）被控罪犯是该国国民。

2. 每一缔约国应同样采取必要措施，以便在被控罪犯在该国领土内而该国未按第十一条规定将其引渡给第1款所述任何国家时，对这些犯罪行为确立其管辖权。

3. 本公约不排除按照国家法律行使的任何刑事管辖权。

4. 除第1和第2款所述缔约国之外，任何缔约国亦可按照国际法，在该国作为国际核运输中的输出国或输入国时，确立其对第七条所述犯罪行为方面的管辖权。

3. 关于灭绝种族罪的刑事管辖

《防止及惩办灭绝种族罪公约》对灭绝种族罪的管辖问题的规定是：

第六条 凡被诉犯灭绝种族罪或有第三条所列行为之一者，应交由行为发生地国家之主管法院，或缔约国接受其管辖权之国际刑事法庭审理之。

（二）关于侵犯基本人权罪的刑事管辖

1. 对种族隔离罪的管辖规定

《禁止并惩治种族隔离罪行国际公约》对种族隔离罪规定了与其他国际犯罪不甚相同的管辖。该公约中规定：

第五条

被控犯本公约第二条所列举的行为的人，得由对被告取得管辖权的本公约任何一个缔约国的主管法庭，或对那些已接受其管辖权的缔约国有管辖权的一个国际刑事法庭审判。

第六条

本公约缔约国承诺遵照联合国宪章，接受和执行安全理事会为了预防、禁止和惩罚种族隔离罪行所作的决定,并协力执行联合国其他主管机关为达成本公约的目的所作的决定。

第七条

1. 本公约缔约国承诺就其为执行本公约的规定而采取的立法、司法、行政及其他措施,向第九条规定设置的小组,定期提出报告。

2. 报告的副本应送由秘书长转送种族隔离问题特别委员会。

第八条

本公约任何缔约国得请联合国任何主管机关依照联合国宪章,采取其认为适当的行动,以预防并禁止种族隔离罪行。

2. 对劫持人质罪的管辖规定

《反对劫持人质国际公约》中规定:

第五条

1. 每一缔约国应采取必要的措施来确立该国对第一条所称任何罪行的管辖权,如果犯罪行为是:

(a) 发生在该国领土内或在该国登记的船只或飞机上;

(b) 该国任何一个国民所犯的罪行,或经常居住于其领土内的无国籍人(如该国认为恰当时)所犯的罪行;

(c) 为了强迫该国作或不作某种行为;

(d) 以该国国民为人质,而该国认为适当时。

2. 每一缔约国于嫌疑犯在本国领土内,而不将该嫌疑犯引渡至本条第 1 款所指的任何国家时,也应采取必要措施,对第一条所称的罪行确立其管辖权。

3. 本公约不排除按照国内法行使的任何刑事管辖权。

3. 对酷刑罪的管辖规定

《禁止酷刑和其他残忍、不人道或有辱人格的待遇或处罚公约》中规定：

第五条

1. 每一缔约国对下列情况中的罪行应采取一些必要的措施，以确立第四条中所述的管辖权：

(a) 这种罪行发生在其管辖的任何领土内，或在该国注册的飞机或船只上；

(b) 被指控的罪犯是该国国民；

(c) 受害人是该国国民，而该国认为确系如此。

2. 每一缔约国同样应采取必要的措施，确立其对在下列情况中发生的罪行的管辖权：被指控的罪犯在该国管辖的任何领土内，该国不按第八条规定将他引渡至本条第 1 款所述的任何国家。

3. 本公约不排除依照国内法行使的任何刑事管辖权。

（三）关于破坏国际秩序罪的刑事管辖

1. 对国际恐怖主义犯罪的管辖规定

《制止恐怖主义爆炸事件的国际公约》对国际恐怖主义爆炸罪的管辖规定：

第六条

1. 在下列情况下，每一缔约国应酌情采取必要法律措施，对第 2 条所述罪行确定管辖权：

(a) 罪行在该国领土内实施；或

(b) 罪行的实施场所为在罪行实施时悬挂该国国旗的船舶或按该国法律登记的航空器；

或

(c) 罪行的实施者是该国国民

2. 在下列情况下，缔约国也可以对任何此种罪行确定管辖权：

(a) 犯罪的对象是该国国民；或

(b) 犯罪的对象是一国在国外的国家或政府设施，包括该国大使馆或其他外交或领事房地；或

(c) 罪行系由惯常居所在该国境内的无国籍人实施；或

(d) 犯罪的意图是迫使该国从事或不从事某种行为；或

(e) 罪行的实施场所为该国政府操作的航空器。

3. 每一缔约国在批准接收核准或加入本公约时，都应告诉联合国秘书长它根据国内法按照本条第 2 款确定的管辖权范围遇有修改，有关缔约国也须立即通知秘书长。

4. 如被指控的罪犯出现在某缔约国领土内，而该缔约国不将其引渡给根据本条第 1 款和第 2 款确定了管辖权的任何国家，该缔约国也应酌情采取必要措施，确定其对第 2 条所述罪行的管辖权。

5. 本公约不排除行使缔约国按照其国内法规定的任何刑事管辖权。

第七条

1. 缔约国收到实施第 2 条所列某一罪行的罪犯或被指控的罪犯可能出现在其领土内的情报时，应按照国内法酌情采取必要措施，调查情报所述的事实。

2. 罪犯或被指控的罪犯出现在其领土内的缔约国，在确信情况有此需要时，应根据国内法，采取适当措施，确保该人留在其国内，以便起诉或引渡。

3. 任何人，如对其采取本条第 2 款所述的措施，有权：

(a) 毫不迟延地与其国籍国或有权保护其权利的国家的最近的适当代表联系，或者，如其为无国籍人士，与其惯常居住地国家的此种代表联系；

(b) 接受该国代表探视；

(c) 获知其根据 (a) 和 (b) 项享有的权利。

4. 本条第3款所述权利应按照罪犯或被指控的罪犯所在地国的法律或规章行使，但这些法律和规章必须能使第3款所给予的权利的目的得以充分实现。

5. 本条第3和第4款的规定不得妨碍依照第6条第1款 (c) 项或第2款 (c) 项规定有管辖权的任何缔约国邀请红十字国际委员会与被指控的罪犯建立联系和前往探视的权利。

6. 当缔约国根据本条将某人羁押时，应立即直接或通过联合国秘书长将该人被羁押的事实和应予羁押的情况通知已按照第6条第1款和第2款确定管辖权的缔约国，并在认为适当时，应立即通知其他有关缔约国进行本条第1款所述调查的国家应迅速将调查结果通知上述缔约国，并应表明是否有意行使管辖权。

2. 对侵害应受国际保护人员罪的管辖规定

《关于防止和惩处侵害应受国际保护人员包括外交代表的罪行的公约》对侵害应受国际保护人员罪的管辖问题作了如下规定：

第三条

1. 每一缔约国应采取必要措施，以确定其在下列情况下对第二条第1款所列举的罪行的管辖权：

(a) 所犯罪行发生在本国领土之内或在本国登记的船只或飞机上时；

(b) 嫌疑犯是本国国民时；

(c) 所犯罪行是对因代表本国执行第一条所规定的职务而享有应受国际保护地位的人员所犯时。

2. 每一缔约国应同样采取必要措施，于嫌疑犯在本国领土内，而本国不依第八条规定将该犯引渡至本条第1款所指明的国家时,对这些罪行确定其管辖权。

3. 本公约并不排除依照国内法行使的刑事管辖权。

3. 对破坏国际航空秩序罪的管辖规定

(1)《关于在航空器内的犯罪和其他某些行为的公约》中规定:

第三条

一、航空器登记国对在该航空器内所犯的罪行和行为有权行使管辖。

二、每一缔约国应采取必要的措施,以实施其作为登记国对在该国登记的航空器内所犯的罪行的管辖权。

三、本公约不排斥按照本国法行使任何刑事管辖权。

第四条

非登记国的缔约国,不得为了对航空器内所犯的罪行行使其刑事管辖权而干预飞行中的航空器,但下列情况除外:

一、罪行在该国领土上具有后果;

二、罪行是由该国国民或在该国有永久居所的人所犯或者针对该国民或该人的;

三、罪行危及该国的安全;

四、罪行违反该国现行的有关航空器飞行或操作的任何规定或条例;

五、为确保该国遵守根据某项多边国际协定所承担的任何义务而有必要行使管辖权。

(2)《关于制止非法劫持航空器的公约》中规定:

第四条

一、在下列情况下,各缔约国应采取必要措施,对罪行和对被指称的罪犯对旅客或机组所犯的同该罪行有关的任何其他暴力行为,实施管辖权:

（甲）罪行是在该国登记的航空器内发生的；

（乙）在其内发生罪行的航空器在该国降落时被指称的罪犯仍在该航空器内；

（丙）罪行是在租来时不带机组的航空器内发生的，而承租人的主要营业地，或如承租人没有这种营业地，则其永久居所，是在该国。

二、当被指称的罪犯在缔约国领土内，而该国未按第八条的规定将此人引渡给本条第一款所指的任一国家时，该缔约国应同样采取必要措施，对这种罪行实施管辖权。

三、本公约不排斥根据本国法行使任何刑事管辖权。

(3)《关于制止危害民用航空安全的非法行为的公约》中规定：

第五条

一、在下列情况下，各缔约国应采取必要措施，对罪行实施管辖权：

（甲）罪行是在该国领土内发生的；

（乙）罪行是针对在该国登记的航空器，或在该航空器内发生的；

（丙）在其内发生犯罪行为的航空器在该国降落时被指称的罪犯仍在航空器内；

（丁）罪行是针对租来时不带机组的航空器，或是在该航空器内发生的，而承租人的主要营业地，或如承租人没有这种营业地，则其永久居所，是在该国。

二、当被指称的罪犯在缔约国领土内，而该国未按第八条的规定将此人引渡给本条第一款所指的任一国家时，该缔约国应同样采取必要措施，对第一条第一款（甲）、（乙）和（丙）项所指的罪行，以及对第一条第二款所列与这些款项有关的罪行实施管辖权。

三、本公约不排斥根据本国法行使任何刑事管辖权。

4. 对破坏公海秩序罪的管辖规定

(1)《制止危及海上航行安全非法行为公约》中规定：

第六条

1. 在下列情况下，每一缔约国应采取必要措施，对第三条所述的罪行确定管辖权：

（a）罪行发生时是针对悬挂其国旗的船舶或发生在该船上；或

（b）罪行发生在其领土内，包括其领海；或

（c）罪犯是其国民。

2. 在下列情况下，一缔约国也可以对任何此种罪行确定管辖权：

（a）罪行系由惯常居所在其国内的无国籍人所犯；或

（b）在案发过程中，其国民被扣押、威胁、伤害或杀害；或

（c）犯罪的意图是迫使该国从事或不从事某种行为。

3. 任何缔约国，在确定了第2款所述的管辖权后，应通知国际海事组织秘书长（以下称秘书长）。如该缔约国以后撤销该管辖权，也应通知秘书长。

4. 如被指称的罪犯出现在某缔约国领土内，而该缔约国又不将他引渡给根据本条第1和第2款确定了管辖权的任何国家，该缔约国应采取必要措施，确定其对第三条所述罪行的管辖权。

5. 本公约不排除按照国内法行使的任何刑事管辖权。

(2)《制止危及大陆架固定平台安全非法行为议定书》中规定：

第三条

1. 在下列情况下，每一缔约国应采取必要措施，确定其对第二条所述罪行的管辖权：

（a）罪行系针对位于其大陆架上的固定平台或罪行发生于该固定平台上；或

（b）罪行由其国民所犯。

2. 在下列情况下，缔约国亦可以对任何此种罪行确定管辖权：

（a）罪行系由惯常居所在其国内的无国籍人所犯；或

（b）在案发过程中，其国民被扣押、威胁、伤害或杀害；或

（c）犯罪的意图是迫使该国从事或不从事某种行为。

3. 任何缔约国，在确定了第2款所述的管辖权后，应通知国际海事组织秘书长（以下称秘书长）。如该缔约国以后撤销该管辖权，也应通知秘书长。

4. 如被指称的罪犯出现在某缔约国领土内，而该缔约国又不将他引渡给根据本条第1款和第2款确定了管辖权的任何国家，该缔约国应采取必要措施，确定其对第二条所述罪行的管辖权。

5. 本议定书不排除按照国内法所行使的任何刑事管辖权。

（四）关于危害人类共同利益罪的刑事管辖

（1）《联合国禁止非法贩运麻醉药品和精神药物公约》对毒品犯罪的管辖问题，作了如下规定：

第四条　管辖权

1. 各缔约国：

（a）在遇到下述情况时，应采取可能必要的措施，对其按第三条第1款确定的犯罪，确立本国的管辖权：

（一）犯罪发生在其领土内；

（二）犯罪发生在犯罪时悬挂其国旗的船只或按其法律注册的飞行器上；

（b）在遇到下述情况时，可采取可能必要的措施，对其按第三条第1款确定的犯罪，确立本国的管辖权：

（一）进行该犯罪的人为本国国民或在其领土内有惯常居所者；

（二）犯罪发生在该缔约国已获授权按第十七条规定对之采取适当行动的船舶上，但这种管辖权只应根据该条第4和第9款所述协定或安排行使；

（三）该犯属于按第三条第1款（c）项（四）目确定的罪行之一，并发生在本国领土外，而目的是在其领土内进行按第三条第1款确定的某项犯罪。

2. 各缔约国：

（a）当被指控的罪犯在其领土内，并且基于下述理由不把他引渡到另一缔约国时，也应采取可能必要的措施，对其按第三条第1款确定的犯罪，确立本国的管辖权：

（一）犯罪发生在其领土内或发生在犯罪时悬挂其国旗的船只或按其法律注册的飞行器上；或

（二）进行犯罪的人为本国国民；

（b）当被指控的罪犯在其领土内，并且不把他引渡到另一缔约国时，也可采取可能必要的措施，对其按第三条第1款确定的犯罪，确立本国的管辖权。

3. 本公约不排除任一缔约国行使按照其国内法确立的任何刑事管辖权。

（2）《联合国打击跨国有组织犯罪公约》对跨国有组织犯罪的管辖问题，作了如下的规定：

第三章 国际刑事管辖

第十五条 管辖权

1. 各缔约国在下列情况下应采取必要措施，以确立对根据本公约第5条、第6条、第8条和第23条确立犯罪的管辖权：

(a) 犯罪发生在该缔约国领域内；或者

(b) 犯罪发生在犯罪时悬挂该缔约国国旗的船只或已根据该缔约国法律注册的航空器内。

2. 在不违反本公约第4条规定的情况下，缔约国在下列情况下还可对任何此种犯罪确立其管辖权：

(a) 犯罪系针对该缔约国国民；

(b) 犯罪者为该缔约国国民或在其境内有惯常居所的无国籍人；或者

(c) 该犯罪系：

（一）发生在本国领域以外的、根据本公约第5条第1款确立的犯罪，目的是在本国领域内实施严重犯罪；

（二）发生在本国领域以外的、根据本公约第6条第1款(b)项（二）目确立的犯罪，目的是在其领域内进行本公约第6条第1款(a)项（一）目或（二）目或(b)项（一）目确立的犯罪。

3. 为了本公约第16条第10款的目的，各缔约国应采取必要措施，在被指控人在其领域内而其仅因该人系其本国国民而不予引渡时，确立其对本公约所涵盖的犯罪的管辖权。

4. 各缔约国还可采取必要措施，在被指控人在其领域内而其不引渡该人时确立其对本公约所涵盖的犯罪的管辖权。

5. 如果根据本条第1款或第2款行使其管辖权的缔约国被告知或通过其他途径获悉另一个或数个缔约国正在对同一行为进行侦查、起诉或审判程序，这些国家的主管当局应酌情相互磋商，以便协调行动。

6. 在不影响一般国际法准则的情况下，本公约不排除缔约国行使其依据本国法律确立的任何刑事管辖权。

联合国大会自 1997 年以来通过的《制止恐怖主义爆炸事件的国际公约》《制止向恐怖主义提供资助的国际公约》《制止核恐怖主义行为国际公约》《联合国反腐败公约》等国际公约，几乎都采取了与打击跨国有组织犯罪公约基本相同的规定模式来规定对有关国际犯罪的管辖问题。

从上述规定中可以看出，为了确保对于国际犯罪的刑事追究，每一个国际公约都要求缔约国对公约规定的犯罪采取必要措施确立管辖权；国际公约对国际犯罪确立的管辖原则包括属地管辖原则、属人管辖原则、保护管辖原则和普遍管辖原则；每一个国际公约都强调在不影响一般国际法准则的情况下，不排除缔约国对公约规定的犯罪行使其依据本国法律确立的任何刑事管辖权。

三、国际刑事管辖原则

（一）属地管辖原则

属地管辖原则（territorial jurisdiction；territorial principle）[1]，是指凡在本国领域内实施的犯罪，无论犯罪者是本国人还是外国人或无国籍人，也不论被害者是本国人还是外国人或无国籍人，都适用本国刑法。属地管辖原则，是以国家主权的域内效力为基础确立的刑事管辖原则。按照属地管辖原则，凡是在本国主权所及的领域内实施的行为，其是否构成犯罪、是否对其进行追诉，完全依照本国刑法的规定来确定。本国人也好，外国人或无国籍人也罢，只要是在本国领域之内犯罪，

---

[1] 有人将该原则称为"领土管辖"或"领土原则"，但是该原则所确立的管辖范围，实际上既包括领土，也包括领海和领空。所以这种称谓并不确切。

都得受本国刑法管辖。

所谓本国的"领域",包括:(1)本国主权所及的领陆——国境线以内的陆地及其以下的地层;(2)本国主权所及的领水——内水和领海及其以下地层;(3)本国主权所及的领空——领陆和领水之上的空间;(4)拟制领土(或称"浮动领土")——悬挂本国国旗或在本国登记的船舶或航空器。

所谓"在本国领域内实施的犯罪",按照现代国际社会所公认的原则,既包括犯罪行为全部在本国领域内完成的犯罪,也包括犯罪行为之一部分在本国领域内完成而另一部分在他国领域内完成的犯罪;既包括犯罪行为发生在本国领域内,也包括犯罪结果发生在本国领域内;既包括犯罪结果全部发生在本国领域内,也包括犯罪结果部分发生在本国领域内。

属地管辖原则是各国国内刑法中普遍采用的、最基本的刑事管辖原则,也是国际刑法公约中确立的基本管辖原则。例如,1973年《关于侦察、逮捕、引渡和惩治战争罪犯和危害人类罪犯的国际合作原则》规定:对战争罪和反人道罪行使管辖权的"一般原则是,有证据证明犯战争罪和危害人类罪的人应在犯罪地国家受审,如经判定有罪,由犯罪地国家加以惩治"。《防止及惩办灭绝种族罪公约》规定:"凡被诉犯灭绝种族罪或有第三条所列行为之一者,应交由行为发生地国家之主管法院,或缔约国接受其管辖权之国际刑事法庭审理之"。《核材料实物保护公约》规定:"每一缔约国应采取必要的措施,以便在下列情况下确立其对第七条所述犯罪行为方面的管辖权:(a)犯罪行为发生于该国领土内或该国注册的船舶或飞机上……"《关于防止和惩处侵害应受国际保护人员包括外交代表的罪行的公约》规定:"每一缔约国应采取必要措施,以确定其在下列情况下对第二条第1款所列举的罪行的管辖权:

(a) 所犯罪行发生在本国领土之内或在本国登记的船只或飞机上……"《关于在航空器内的犯罪和其他某些行为的公约》规定:"航空器登记国对在该航空器内所犯的罪行和行为有权行使管辖"。《反对劫持人质国际公约》规定:"每一缔约国应采取必要的措施来确立该国对第一条所称任何罪行的管辖权,如果犯罪行为是:(a) 发生在该国领土内或在该国登记的船只或飞机上……"《禁止酷刑和其他残忍、不人道或有辱人格的待遇或处罚公约》规定:"每一缔约国对下列情况中的罪行应采取一些必要的措施,以确立第四条中所述的管辖权:(a) 这种罪行发生在其管辖的任何领土内,或在该国注册的飞机或船只上……"《联合国禁止非法贩运麻醉药品和精神药物公约》规定:"在遇到下述情况时,应采取可能必要的措施,对其按第三条第 1 款确定的犯罪,确立本国的管辖权:(一) 犯罪发生在其领土内;(二) 犯罪发生在犯罪时悬挂其国旗的船只或按其法律注册的飞行器上……"《关于制止非法劫持航空器的公约》规定:"在下列情况下,各缔约国应采取必要措施,对罪行和对被指称的罪犯对旅客或机组所犯的同该罪行有关的任何其他暴力行为,实施管辖权:(甲) 罪行是在该国登记的航空器内发生的……"《制止危及海上航行安全非法行为公约》中规定:"在下列情况下,每一缔约国应采取必要措施,对第三条所述的罪行确定管辖权:(a) 罪行发生时是针对悬挂其国旗的船舶或发生在该船上;或 (b) 罪行发生在其领土内,包括其领海……"这些公约规定表明,国际刑法中不仅确认了属地管辖原则,而且都把属地管辖原则作为对国际犯罪行使管辖权的第一根据。

属地管辖原则的运用,在惩治国际犯罪的国际实践中,常常引起争议。因为国际犯罪的行为和结果,往往涉及一个以上的国家，如果有关各国都以属地管辖为由主张对同一犯罪行使管辖权，最终由哪个国家对该犯罪进行管辖，难免会出现意见分歧。这种争议出现时，有关各国应当从最有利于追究国际犯罪人的角度出发，协商解决。如果不能达成协议，应当提交国际法院仲裁，或者交由可能成立的国际刑事法院审判。

(二) 属人管辖原则

属人管辖原则 (nationality jurisdiction; principle of personality)[1]，是指凡本国国民或在本国有常住地的人犯罪，不论其在本国领域之内实施还是在本国领域之外实施，都适用本国刑法。按照属人管辖原则，只要是本国国民[2]，不论走到何地，都受本国主权的管辖，其行为是否构成犯罪、是否需要追诉刑事责任，应当按照本国的刑法来确定，并且应当由本国的刑事司法系统来确定。

属人管辖原则是以国家主权对本国国民的普遍效力即属人管辖权为基础确立的刑事管辖原则。这一原则，曾经是作为殖民统治的产物——"治外法权"而在殖民地盛行的。其目的是保护本国国民不受犯罪地法律的制裁，因而被一些国家所拒绝。但是在现代，这一原则受到属地管辖原则的限制，从而消除了"治外法权"的特性。其存在的根据在于：弥补属地管辖之不足，防止犯罪后逃亡他国的犯罪人逃避法律的制裁。

属人管辖原则，作为属地管辖原则的补充，在国际刑法公约中，也得到了确认。例如，《核材料实物保护公约》规定：

---

[1] 该原则最初只适用于拥有本国国籍的犯罪人，故称"国籍管辖"。但是在现代，该原则并不仅限于拥有本国国籍的犯罪人，而且适用于在本国有常住地的犯罪人。所以将其翻译为"属人管辖"，似乎比"国籍管辖"更为恰当。

[2] "本国国民"是按照本国的国籍法确定的。由于各国国籍法的规定不同，本国国民的确定标准可能会有差异。在承认双重国籍的国家，一个具有双重国籍的人实施了犯罪，就可能同时受两个国家的属人管辖。

"每一缔约国应采取必要的措施，以便在下列情况下确立其对第七条所述犯罪行为方面的管辖权：……（b）被控罪犯是该国国民。"《关于防止和惩处侵害应受国际保护人员包括外交代表的罪行的公约》规定："每一缔约国应采取必要措施，以确定其在下列情况下对第二条第 1 款所列举的罪行的管辖权：……（b）嫌疑犯是本国国民时"。《禁止酷刑和其他残忍、不人道或有辱人格的待遇或处罚公约》规定："每一缔约国对下列情况中的罪行应采取一些必要的措施，以确立第四条中所述的管辖权：……（b）被指控的罪犯是该国国民"。《关于在航空器内的犯罪和其他某些行为的公约》规定："非登记国的缔约国，不得为了对航空器内所犯的罪行行使其刑事管辖权而干预飞行中的航空器，但下列情况除外：……罪行是由该国国民或在该国有永久居所的人所犯"。《制止危及海上航行安全非法行为公约》规定："在下列情况下，每一缔约国应采取必要措施，对第三条所述的罪行确定管辖权：……（c）罪犯是其国民"。《反对劫持人质国际公约》规定："每一缔约国应采取必要的措施来确立该国对第一条所称任何罪行的管辖权，如果犯罪行为是：……（b）该国任何一个国民所犯的罪行，或经常居住于其领土内的无国籍人（如该国认为恰当时）所犯的罪行"。《联合国禁止非法贩运麻醉药品和精神药物公约》规定："……（b）在遇到下述情况时，可采取可能必要的措施，对其按第三条第 1 款确定的犯罪，确立本国的管辖权：（一）进行该犯罪的人为本国国民或在其领土内有惯常居所者……"这些规定表明，属人管辖原则作为属地管辖原则的补充，即第二位的管辖原则，已被国际刑法公约确认为可适用于国际犯罪的管辖原则之一；并且属人管辖原则在发展的过程中已经超出了国籍的范围，而被扩大到经常居住于其领土内的无国籍人或在其领土内有惯常〔永久〕居所的人。

属人管辖原则可以适用于以下四种情况：（1）本国国民在本国领域内实施犯罪并且犯罪之后仍然处在本国权力所及的范围之内时，完全由本国刑事司法系统依照本国刑法进行管辖；（2）本国国民在本国领域之内犯罪之后逃至国外时，通过引渡程序，将其引渡回国而后依照本国刑法对其进行刑事管辖；（3）本国国民在本国领域之外实施犯罪之后回到本国时，依照本国刑法对其进行管辖；（4）本国国民在本国领域之外犯罪并且仍在国外时，通过引渡程序，将其引渡回国而后依照本国刑法对其进行刑事管辖。

（三）保护管辖原则

保护管辖原则（protective jurisdiction），是指凡侵害本国国家利益或本国国民利益的犯罪，不论犯罪人是本国人还是外国人或无国籍人，也不论犯罪发生在本国领域之内还是本国领域之外，都适用本国刑法。

但是实际上，保护管辖原则[1]所指的，主要是对于外国人或无国籍人在外国实施的危害本国国家利益或本国国民利益的犯罪，本国有权进行起诉和审判。因为，如果是本国人，那么无论其在本国领域之内还是在本国领域之外实施犯罪，按照属人管辖原则，本国都有权进行刑事管辖；如果是在本国领域内发生的犯罪，那么无论是本国人还是外国人或无国籍人，按照属地管辖原则，本国亦有权进行刑事管辖。只有当外国人或无国籍人在国外实施了危害本国国家利益或本国国民利益的犯罪

---

[1] 有的学者把保护管辖称为"消极的属人管辖"。所谓"消极的属人管辖"，是指本国公民在国外遭受一定的犯罪侵害，为了保护本国公民而确定适用本国的刑法。这个原则也被称为保护本国公民原则。参见〔日〕森下忠著：《国际刑法入门》，中国人民公安大学出版社2004年版，第51页。

时，按照属人管辖原则和属地管辖原则都无法确立对其进行刑事管辖的权利，所以才需要确立保护管辖原则，按照保护管辖原则对其进行刑事管辖。因此，保护管辖原则，只能是属地管辖原则和属人管辖原则的补充。

保护管辖原则是以每个国家都有权维护本国国家和国民利益的一般国际法原则作为基础确立的刑事管辖原则，也是作为国家主权之一部分的国家自卫权在刑事法律领域中的体现，因而在各国刑法中对这一原则都有不同程度的规定。在国际刑法公约中，保护管辖原则也得到了一定的体现。例如，《关于防止和惩处侵害应受国际保护人员包括外交代表的罪行的公约》规定："每一缔约国应采取必要措施，以确定其在下列情况下对第二条第1款所列举的罪行的管辖权：……（c）所犯罪行是对因代表本国执行第一条所规定的职务而享有应受国际保护地位的人员所犯时。"《关于在航空器内的犯罪和其他某些行为的公约》规定："非登记国的缔约国，不得为了对航空器内所犯的罪行行使其刑事管辖权而干预飞行中的航空器，但下列情况除外：……三、罪行危及该国的安全。"制止危及海上航行安全非法行为公约》规定："在下列情况下，每一缔约国应采取必要措施，对第三条所述的罪行确定管辖权：（a）罪行发生时是针对悬挂其国旗的船舶……在下列情况下，一缔约国也可以对任何此种罪行确定管辖权：……（b）在案发过程中，其国民被扣押、威胁、伤害或杀害；或（c）犯罪的意图是迫使该国从事或不从事某种行为。"《制止危及大陆架固定平台安全非法行为议定书》规定："在下列情况下，每一缔约国应采取必要措施，确定其对第二条所述罪行的管辖权：（a）罪行系针对位于其大陆架上的固定平台……在下列情况下，缔约国亦可以对任何此种罪行确定管辖权：……（b）在案发过程中，其国民被扣押、威胁、伤害或杀害；或（c）犯罪的意图是迫使该国从事或不从事某种行为。"《反对劫持人质国际公约》规定："每一缔约国应采取必要的措施来确立该国对第一条所称任何罪行的管辖权，如果犯罪行为是：……（c）为了强迫该国作或不作某种行为；（d）以该国国民为人质，而该国认为适当时。"《禁止酷刑和其他残忍、不人道或有辱人格的待遇或处罚公约》规定："每一缔约国对下列情况中的罪行应采取一些必要的措施，以确立第四条中所述的管辖权：……（c）受害人是该国国民，而该国认为确系如此。"这些规定表明，保护管辖是对国际犯罪可以适用的管辖原则；这一原则是作为属地管辖原则和保人管辖原则的补充而被规定的，其适用是有条件的。

（四）普遍管辖原则

国际刑法公约关于对国际犯罪刑事管辖的规定，虽然因各个犯罪的不同特点而有所区别，但是在基本点上却存在着惊人的相似，这就是，不论对于哪种国际犯罪，在强调有关当事国的刑事管辖权的同时，都规定了普遍管辖的原则。

1. 普遍管辖原则的形成与发展

1625年，格老秀斯（Hugo Grotius 1583－1645）在他的名著《战争与和平法》（De Jure Belli ac Pacis）中提出了"或引渡或惩罚"（aut dedere aut punire）的名言。他认为，对于危害整个国际社会利益的犯罪行为，每个国家都应当把犯罪人引渡给有权并要求对其进行惩罚的国家，如果不予引渡，就应按照本国刑法对其进行惩罚。这就意味着对于某些犯罪，既不是犯罪地国，也不是犯罪人或被害人的国籍国的国家，也拥有对其进行管辖的权力。"或引渡或惩罚"原则的最初实践是当某个国家不同意把罪犯引渡给请求引渡的国家时同意按照本国刑法对其提起诉讼。所以该原则逐渐为"或引渡或起诉"（aut dedere aut judicare）所代替。"或引渡或起诉"，反映了要求对某些犯罪实行普遍管辖的呼声，但是在最初的 200 多年中，这个原则只是在例外情况下才予以采用，并没有为国际社会普遍接受。

19 世纪以来，世界各国在同发生在公海上的海盗行为作斗争中，逐渐形成了一种习惯国际法，即对于海盗罪，世界各国都有进行管辖的权力。由于海盗行为危害了人类的共同利益和世界各国的航海安全，所以国际法习惯将其宣布为"人类公敌"，并将实施这种犯罪的人排除在其国籍国的法律保护之外，视为"法外之人"。凡是在公海上犯有海盗罪行的人，任何国家都可以从保护全人类利益的需要出发，对其加以擒获；凡是被指控犯有海盗罪的人，任何国家在其权力可及时都可对其予以审判和惩罚。

20 世纪以来，制裁海盗罪的上述习惯国际法规则，开始在某些国际公约中得以体现。1922 年 2 月 6 日订于华盛顿的《关于在战争中使用潜水艇和有毒气体的条约》（未生效）第三条曾规定，服务于任何国家的任何人，在海战中如违犯对商船进行攻击、拿捕和破坏的现行法的人道规则，不论他是否奉有上级命令，一概认为是对战争法规的破坏，将按照海盗罪行受审判和惩罚，且该违法者在哪一个国家法律管辖的区域内被发现，即受哪一个国家的民事或军事法庭审判。这个规定对行使刑事管辖权的国家，没有按照属地管辖原则或属人管辖原则作出任何限制，只要是在其权力所及的范围内发现了犯有这种罪行的人，任何国家都可以对其进行审判。这实际上正是普遍管辖的蕴含。

1937 年 11 月 16 日订于日内瓦的《防止和惩治恐怖主义公

约》，在规定犯罪地国对恐怖主义罪行进行刑事管辖的权力的同时，规定了有限的普遍管辖，即在外国犯了恐怖主义罪行而在一缔约国领土上发现的外国人如同在该国领土内犯罪一样，以同样方式予以追诉和惩罚，如具备如下条件：（1）引渡的请求已经提出，但拒绝引渡的理由与犯罪事项本身无关；（2）庇护国法律承认对外国人在外国的犯罪有权管辖；（3）外国人如系对外国人在外国的犯罪承认有权管辖的国家所属的国民（第十条）。第二次世界大战期间，美国、英国、苏联三国外长在1943年10月30日发表的莫斯科宣言中声称，欧洲各轴心国的主要战犯，他们的罪行并无地理上之特别区分，而将受同盟政府联合决定所加于彼等之惩罚。第二次世界大战后，根据《关于控诉和惩处欧洲轴心国主要战犯的协定》及其附件《欧洲国际军事法庭宪章》组成的欧洲国际军事法庭，在审判德国主要战犯的过程中曾宣布：各国均可设立法庭，对犯有战争罪行的人进行审判和惩罚，只要该类罪犯处在受其实际控制的状态。而欧洲国际军事法庭则根据宪章拥有审判及惩罚一切为轴心国之利益而以个人资格或团体资格犯有战争罪行之人员的权力。这种管辖原则，为1946年12月11日联合国大会决议所确认。联合国战争罪犯委员会也曾明确指出，每个独立国家都有权像惩罚海盗罪那样惩罚战争罪犯。1949年8月12日的日内瓦四公约在规定战争犯罪的同时，均明确规定：各缔约国有义务搜捕被控为曾犯或曾令人犯战争罪行的人，并应将此种人，不分国籍，送交各该国法庭。这一规定，实际上已经把对战争犯罪的普遍管辖作为各缔约国的一种义务。1958年的日内瓦《公海公约》和1982年的《联合国海洋法公约》，进一步确认了习惯国际法对海盗罪的管辖原则，用公约的形式明确规定：所有国家应尽最大可能进行合作以制止在公海上或在任何国家管辖范围以外的任何地方的海盗行为；在公海上或在任何国家管辖范围之外的任何其他地方，每个国家均可扣押海盗船舶或飞机或为海盗所夺取并在海盗控制下的船舶或飞机，并逮捕船上、机上的罪犯，扣押船上、机上财物；扣押国的法院可判定应处的刑罚。20世纪70年代以后，随着现代科学技术的发展和交通运输的极为便利，国际犯罪日益增多并且严重危害到国际社会的和平与人类的安宁，从而产生了世界各国在刑事管辖上密切合作、共同对付国际犯罪的需要。这种需要，使以前仅仅适用于海盗犯罪和战争犯罪的普遍管辖原则通过国际公约的形式逐渐扩大适用于其他国际犯罪，成为国际社会公认的、普遍接受的国际刑法原则。

2. 普遍管辖原则的基本含义

普遍管辖原则是指世界上每个有刑事管辖权的主体都有权对国际犯罪实行刑事管辖，而不论这种犯罪发生在世界的哪个地方，不论这种犯罪是由哪个国家的国民或无国籍人实施，也不论这种犯罪侵害了哪个国家或其国民的利益。

关于普遍管辖原则，学术界有三种理解，由此产生三种不同的定义方式，即狭义的、广义的和最广义的。狭义的定义把普遍管辖原则理解为适用于国际犯罪的其他管辖原则的补充，即"对于即使不具有属人或属地因素的犯罪，所有国家仍有权审判罪犯"[1]。按照这种理解，普遍管辖是独立于属地管辖、属人管辖和保护管辖之外的一个管辖原则，并且是其他几个管辖原则的补充，只适用于按照其他管辖原则不能行使管辖权的场合。广义的定义把普遍管辖原则理解为对国际犯罪普遍适用

---

[1] 〔加〕威廉·A.夏巴斯著：《国际刑事法院导论》（第二版），黄芳译，中国人民公安大学出版社2006年版，第91页。

的、包含其他管辖原则在内的一个国际刑法原则,其宗旨是要防止国际犯罪分子逍遥法外。如:普遍管辖原则,"是指不论犯罪地、犯罪人或者被害人的国籍如何,对侵害世界法益的行为都适用本国刑法的原则"[1]。狭义的定义与广义的定义有时在一些学术著作中被混用。如有的著作采取广义的定义,而作狭义的理解,即一方面把普遍管辖原则定义为"不问犯罪地点属哪个国家,犯罪人和被害人的国籍如何,只要有犯罪行为在世界上发生,任何国家都有权根据本国的刑法加以惩罚";另一方面则认为,"普遍管辖原则的行使可能在一定程度上干扰了与案件有某种法律联系的有关国家依照属地管辖原则、属人管辖原则、保护管辖原则正常行使的刑事管辖权"[2]。最广义的定义把普遍管辖原则理解为对任何严重侵犯人权的犯罪,只要犯罪人在其领域内出现,每个国家都有权进行管辖。这种理解,把普遍管辖原则的适用范围扩大到国际犯罪以外的某些犯罪,其本身缺乏必要的法律依据,因而是不足取的。还有一种观点把普遍管辖理解为包含国家层面上的刑事管辖和国际层面上的刑事管辖,即"国际普遍管辖"(universal international jurisdiction)和"国家间的普遍管辖"(universal inter-state jurisdiction)。有的学者把这种理解也视为最广义的定义。

普遍管辖的对象是国际犯罪,即以国际公约的形式明确予以禁止的、危害国际社会共同利益的罪行。只有对于国际犯罪,才可以实行普遍管辖。因为这类犯罪危害了国际社会共同关注的重大利益。这类犯罪的实施,不仅仅是对某个国家、某个个人的侵犯,而且同时也是对全世界人民的共同利益的侵

---

[1] [日]森下忠著:《国际刑法入门》,阮齐林译,中国人民公安大学出版社2004年版,第75页。

[2] 参见贾宇著:《国际刑法学》,中国政法大学出版社2004年版,第61页。

犯，是对整个人类的安全和秩序的破坏。如果某种犯罪所侵犯的只是某个特定国家或个人的利益，而没有构成对整个国际社会的威胁以至未被国际公约宣布为国际犯罪，即纯粹的国内刑法上的犯罪，即使这种犯罪以跨国的形式出现，也不能对其实行普遍管辖。有人认为，普遍管辖原则的适用对象，不仅排除了非国际犯罪，而且也应当排除犯罪情节比较轻微的国际犯罪，因为普遍管辖原则确立的理论根据或者根本理由是这类犯罪严重危害了国际社会共同关注的人类最重要的利益。如果一个案件，虽然从性质上看，属于国际公约中规定的犯罪，但是由于犯罪情节比较轻微，因而对人类利益的危害并不严重，那就没有必要适用普遍管辖的原则。这种观点不无道理。

普遍管辖的依据是国际公约[1]。任何犯罪，只有当国际公约将其规定为国际犯罪并确立了对其进行普遍管辖的原则之后，有关国际或者实体才能按照公约的规定在自己的管辖范围内行使普遍管辖权。如果没有国际公约的规定，任何国际或者实体不能自行对任何犯罪确立普遍管辖的原则。特别是对于仅仅是国内法上的犯罪，任何国家都只能在自己的主权范围内按照属人管辖、属地管辖或者保护管辖的原则行使刑事管辖权，而不能擅自确立普遍管辖的原则。

普遍管辖原则要求每个有关国际公约的缔约国，实施了国际犯罪的罪犯在其领域内被发现时，如果犯罪地国按照属地管辖原则、犯罪人国籍国按照属人管辖原则、受害国或受害人所属国按照保护管辖原则，或者国际刑事法庭或国际刑事法院按

---

[1] 亦有人认为，普遍管辖的依据是国际共同利益。普遍管辖权，"是国际法根据罪行危及世界和平与安全、危害全人类共同利益的性质赋予国家的权利。换言之，由于犯罪的性质已经到了如此严重的程度，以致国际法允许罪犯所在地国可以不管犯的国籍如何和犯罪地在何处，对罪犯行使刑事管辖权"（参见王铁崖主编：《国际法》，法律出版社1995年版，第93页）。

照公约规定的管辖原则,要求引渡该罪犯以便对其进行起诉和审判时,罪犯在其领土之内的国家应当采取必要的刑事强制措施以便及时将罪犯引渡给请求引渡的国家;如果不将罪犯引渡给请求引渡的国家,在其领土内发现这类罪犯的国家,就应当毫无例外地对该罪犯进行起诉和审判,而不得推卸制裁国际犯罪分子的责任。这就意味着实施了国际犯罪的人,不论在世界上何地出现,都应当受到刑事追究,同时也意味着每个具有刑事管辖权的主体都可以对国际犯罪实行刑事管辖。正因为如此,普遍管辖原则构成了一种独具特色的管辖体系,克服了世界各国囿于国家主权,在同国际犯罪作斗争中可能出现的漏洞,从而在同国际犯罪作斗争的过程中发挥着重要的作用。

普遍管辖原则在具体适用中有一个例外,即不适用于享有外交特权和刑事管辖豁免权的外交代表。外交代表享有外交特权和刑事管辖豁免权,是国际法上的一项古老规则,也是1961年4月18日《维也纳外交关系公约》确认的一项国际交往规则。按照《维也纳外交关系公约》的规定,外交代表是指派遣国派遣到驻外使馆担任馆长职务的人和在驻外使馆中具有外交官级位的使馆职员。但是按照国际惯例和《关于防止和惩处侵害应受国际保护人员包括外交代表的罪行的公约》,享有外交特权和刑事管辖豁免权的人除外交代表之外,还包括在外国境内行使职责的一国元首包括行使国家元首职责的集体机构的成员、政府首脑、外交部长,政府间性质的国际组织的任何官员或其他代理人,以及与他们随行的家属。《维也纳外交关系公约》第二十九条规定:"外交代表人身不得侵犯:外交代表不受任何方式之逮捕或拘禁。接受国对外交代表应特示尊重,并应采取一切适当步骤以防止其人身、自由或尊严受到任何侵犯。"第三十一条中又明确规定:"外交代表对接受国之刑事管辖享有豁免"。这些规定表明，外交代表在驻在国犯罪时不受驻在国刑法的管辖。这些人的犯罪不仅包括触犯驻在国国内刑法的犯罪，而且包括构成国际犯罪的犯罪。因此，对于外交代表及其他享有外交特权和刑事管辖豁免权的人，不论犯罪地在哪个国家，驻在国都不能根据普遍管辖原则对其实行刑事管辖。当然，外交代表所犯之国际犯罪，虽不受驻在国的刑事管辖，但要受派遣国的刑事管辖，这也是《维也纳外交关系公约》所明文规定的。并且，外交代表一旦离开驻在国的领域，他就不能作为外交代表享受外交特权和刑事管辖豁免权，他所实施的国际犯罪就要受到其他国家按照普遍管辖原则的管辖。

3. 普遍管辖与国家主权

主权是国家的重要属性，它对任何一个国家来说，都是至关重要的。各个国家的政治制度不同，经济发展水平不同，文化背景亦不尽相同，以致各个国家的主权在阶级属性、行使方式等方面存在着很大的差异。但是各国的事情应当由各国自己独立自主地去解决，这是国家主权的基本要求。因此每个国家在处理它与其他国家的关系时都应当尊重对方的主权，这是整个国际关系的基础。尊重和维护各国的主权，是国际社会公认的、不可动摇的原则。

然而问题在于，普遍管辖是不是对国家主权的侵犯，是不是在实质上否认和取消了国家主权？笔者认为，在国际刑法中适用普遍管辖原则，与尊重和维护国家主权并不矛盾。首先，普遍管辖原则的确立是以国家主权为基础的。普遍管辖是以国际公约的形式对国际犯罪确立的管辖原则。这种国际公约本身，是世界上多数国家为了维护国际社会包括缔约各国在内的共同的重大利益而在平等自愿的基础上共同制定的，是各个国家行使国家主权的结果。其次，普遍管辖原则只能适用于世界各国共同认定的国际犯罪,而不是可以适用于任何犯罪,因而不会干预任何国家对域内犯罪的刑事管辖权。再次,普遍管辖原则只是规定每个国家可以在本国主权所及的范围内对实施国际犯罪的罪犯进行刑事管辖,而没有赋予任何国家在本国主权所及的范围之外去充当"世界宪兵"管辖国际犯罪的权力,所以普遍管辖原则并没有允许任何国家可以无视别国主权而在他国领域内进行追诉犯罪的活动;并不意味着任何可以凌驾于各国主权之上的特殊权力的确立和存在。而在本国主权所及的范围内依照国际公约的规定对实施了国际犯罪的罪犯进行刑事管辖,并不违背国际关系的基本原则,也不会构成对别国主权的侵犯。

4. 普遍管辖原则与其他管辖原则的关系

普遍管辖原则常常被人们解释为与属地管辖、属人管辖、保护管辖等原则并列的一种刑事管辖原则,甚至被认为是其他各项原则的补充,是在属地管辖、属人管辖、保护管辖等原则不能适用的场合才起作用的一项原则。这种理解,不无一定的道理。因为,对于国内刑法来说,普遍管辖原则,毕竟是在按照上述各项原则都无法实行管辖的情况下,基于特别的理由而确立的、适用于特定犯罪的刑事管辖原则。这种特别的理由,就是本国在缔结有关国际公约时所允诺承担的制裁相应国际犯罪的义务。所谓特定的犯罪,就是有关国际公约所禁止并要求缔约各国采取必要措施对其实行刑事管辖的国际犯罪。按照上述原则都无法实行管辖的情况,主要是指在其领域内发现犯罪人的国家,既不是犯罪地国,也不是犯罪人国籍国,同时也不是犯罪的受害国的情况。在这种情况下,在其领域内发现犯罪人的国家,既不能按照属地管辖原则对其进行刑事管辖(因为它不是犯罪行为地国或结果地国),不能按照属人管辖原则对其进行刑事管辖（因为它不是犯罪人的国籍国），也不能按照保护管辖原则对其进行刑事管辖（因为它也不是犯罪的受害国）。但是按照普遍管辖的原则，在上述情况下，在其领域内发现罪犯的国家就能够对其进行刑事管辖。因此，从这个意义上讲，可以把普遍管辖原则看作是其他管辖原则的补充和例外。

但是从国际刑法的角度看，普遍管辖原则对于世界各国确立对国际犯罪的刑事管辖权就具有高于其他管辖原则的效力，具有更为重要的意义。这主要表现为如下几个方面：

（1）普遍管辖是国际刑法的基本原则，也是国际刑法赖以产生和存在的基本前提之一。

国际社会之所以需要国际刑法，不仅是因为它明确地禁止某些严重危害国际社会共同利益的行为，而且也是因为它为世界各国联合制裁国际犯罪的实施者提供了统一行动的保障。

普遍管辖原则的产生，就是为了确保对国际犯罪的刑事追究，不因各国管辖原则的局限而有遗漏。因为普遍管辖的原则为世界上任何一个国家提供了当其在本国领域内发现国际犯罪分子时对其进行刑事管辖的国际刑法上的依据。根据这个原则，各国就可以合法地对出现在本国领域内的国际犯罪分子进行刑事管辖，从而使实施了国际犯罪的人不论走到世界上哪个国家，不致因为国度的界限和国家主权的独立性而逃脱其应受的刑事制裁。这正是国际刑法产生和存在的基本价值的一种表现形式。如果没有这一原则而仅仅依靠各国国内刑法中的属地管辖原则、属人管辖原则、保护管辖原则甚或折中主义原则，那就可能使那些在犯罪之后逃跑到第三国的国际犯罪分子得不到应有的刑事制裁。这既不利于同国际犯罪作斗争，也违背了国际刑法产生和存在的宗旨。因此，在国际刑法中确立普遍管辖原则，是在国际刑法的产生和发展过程中必须始终坚持的基本原则。

（2）在国际刑法中，普遍管辖原则实际上包容了其他管辖原则。

普遍管辖原则主张每个国家都有对国际犯罪实行刑事管辖的权利而不论犯罪地、犯罪人和受害者的国度。所以，它既可以包括按照属地管辖原则对在本国领域内实施的国际犯罪实行刑事管辖的场合，也可以包括按照属人管辖原则对在本国领域外实施国际犯罪的本国公民实行刑事管辖的场合；可以包括按照保护管辖原则对外国人或无国籍人在本国领域外实施针对本国国家或公民的国际犯罪实行刑事管辖的场合，还可以包括在本国领域内发现国际犯罪分子而按照上述三个原则都无法进行刑事管辖时对其实行刑事管辖的场合。因此，按照普遍管辖原则确立对国际犯罪的刑事管辖，不仅不排除和妨碍按照国家主权原则对国际犯罪进行刑事管辖的各项原则，而且可以包容属地管辖、属人管辖、保护管辖等原则适用于国际犯罪时的各种情况（但不包容这些原则适用于国内犯罪的情况），从而保障国际刑法对国际犯罪普遍适用的效力，使国际犯罪无论在何地发生、无论犯罪人逃至何方都会受到刑事制裁。

（3）普遍管辖原则在国际刑法中具有基本原则的地位。

在国际刑法中，由于普遍管辖原则适用于所有国际犯罪，因而也就自然而然地取得了基本原则的地位。普遍管辖原则作为制裁国际犯罪的"兜底性"管辖原则，具有重要的意义。它可以防止其他管辖原则在适用中可能出现的遗漏，从而保障对国际犯罪的有效制裁。当然，对于国际犯罪而言，属地管辖原则、属人管辖原则和保护管辖原则也是大量适用甚至优先适用的。

四、关于优先管辖原则的探讨

（一）优先管辖与并行管辖

按照普遍管辖原则对国际犯罪进行刑事管辖时往往会出现管辖权的冲突。因为，按照普遍管辖的原则，不仅犯罪地国有权对在其领域内实施的国际犯罪实行刑事管辖，国际犯罪分子的国籍国有权对其实行刑事管辖，受害国有权对其实行刑事管辖，而且在其领域内发现犯罪人的国家也有权对其实行刑事管辖。如果有权管辖的各国同时主张对同一国际犯罪的刑事管辖权，在两个以上国家之间就会出现究竟由哪个国家进行管辖的问题。[1]

为了解决这个问题，有关国际公约应当对管辖的顺序做出明确的规定，以便当两个以上国家同时主张对同一国际犯罪的管辖权时确定哪个国家具有优先管辖的权利。享有优先管辖权的国家，当罪犯在其实际控制之下时，可以径直对其进行起诉；被指控的罪犯不在其实际控制之下时，可以请求罪犯所在地国将其引渡给本国以便起诉，被请求国应当根据有关国际公约的规定首先考虑将被指控的罪犯引渡给享有优先请求权的国家。只有当享有优先管辖权的国家放弃管辖时，其他国家才可以依次提出引渡罪犯的请求，对其进行起诉和审判。

确立优先管辖原则对于解决国际刑事管辖的冲突，及时有效地制裁国际犯罪，是非常必要的。然而，令人遗憾的是，现有的国际刑法规范中并没有对之作出明确的规定。一些国家和一些国际法学者也不承认优先管辖原则的存在。他们认为，在

---

[1] 管辖权的冲突可能存在于两个层面：一是不同国家按照不同管辖原则主张对同一国际犯罪进行管辖时出现的管辖冲突；二是不同国家按照狭义的普遍管辖原则主张对同一国际犯罪进行管辖时出现的管辖冲突。主张狭义的普遍管辖原则的学者，往往只研究上述第二种情况，其实在实践中，出现较多的应该是第一种情况。

目前的国际环境下，确立优先管辖的原则是不切实际的，也是难以实行的。因为，优先管辖的实现在很大程度上取决于引渡的畅通，要想确立优先管辖的原则并保障其实施，就必须有一套具体的制度保障，当国际犯罪发生时罪犯能够被及时地引渡到享有优先管辖权的国家。而目前国际上通行的引渡规则是如无双边或多边含有对等义务条款的引渡条约，一般不予引渡。这种观点，不无道理。但是从同国际犯罪作斗争的需要来讲，确立优先管辖原则的必要性是国际社会所公认的。既然必要，世界各国就应当像规定普遍管辖原则那样在引渡国际犯罪的问题上做出必要的让步，以使优先管辖原则得以确立和奉行。这正是国际社会应当共同努力的一个方面。事实上，从现有国际刑法规范对有权管辖国家的规定方式上，也可以看出管辖顺序的排列。例如本章第二部分所引诸条款，对国际犯罪的刑事管辖权几乎都是在同一条中分别几款予以规定的。

关于这些规定，有些学者认为，它们所确立的是并行管辖体系，而无优先可言，因为这些国际公约都没有排除缔约各国依本国法行使的任何刑事管辖。但是在笔者看来，这些国际公约对管辖权的规定方式即分别不同情况在同一条文中予以规定本身就含有顺序上的先后，不排除依本国法行使的任何刑事管辖权并不意味着依本国法进行的刑事管辖在任何情况下都是允许的。例如，《东京公约》，虽然第三条第三款中明确规定本公约不排除依本国法行使的任何刑事管辖权，但是该公约第四条紧接着明文规定，"非登记国的缔约国不得为对机上犯罪行使刑事管辖权而干预飞行中的航空器，但下列情况除外……"这显然意味着，非登记国的缔约国对于航空器上犯罪的刑事管辖权虽然没有排除，但必须受公约规定的条件的限制。缺乏公约规定的条件，非登记国就不得干预飞行中的航空器，因而也谈不上对航空器上的犯罪行使刑事管辖权。所以笔者认为，上述公约关于管辖的规定，实际上包含着管辖的先后顺序。排在最前面的国家应当享有优先管辖的权力。

有的学者认为，优先管辖权应当赋予最有利于查明案件事实的国家。这样可以快速地保障刑事诉讼的进行，有利于及时惩治国际犯罪。由于各国固守主权原则，引渡犯罪嫌疑人需要的程序复杂，耗费的时间过长，由犯罪地国或犯罪人国籍国追诉犯罪有时难以进行，犯罪难以受到及时有效的追究。因此应当考虑主要证据和证人在哪个国家，由便于对犯罪进行审判的国家优先管辖。

从有关国际公约的规定中可以看出，国际公约在规定国际犯罪时，对国际犯罪的刑事管辖权大致是按照下列顺序授予的：

（1）犯罪地国。犯罪全部发生在其领域内（包括悬挂本国国旗或在本国登记的船舶或航空器内）的缔约当事国，或者主要犯罪行为发生在其领域内的缔约当事国，或者犯罪部分地发生在其领域内的缔约当事国。

（2）犯罪人国。犯罪人为其国民的缔约当事国，或者犯罪人的永久居所或主要营业地在本国的缔约当事国。

（3）受害国。受害者为其国家或公民的缔约当事国。

（4）在其领土内发现被指控的犯罪嫌疑人的其他国家。

对国际犯罪，首先享有管辖权的是犯罪地国。当犯罪全部或部分地发生在本国领土内或悬挂本国国旗的船只或在本国登记的飞机上时，该国就享有首先对这类犯罪实施管辖的权力。这就是属地管辖优先原则。

其次是根据犯罪的不同情况，有些公约把根据属人管辖原则取得的管辖权排列第二，而把根据保护管辖原则取得的管辖权排列第三；有些公约则恰好相反。根据属人管辖原则取得的管辖权，主要是罪犯为其国民的国家；当罪犯属于无国籍人时，罪犯的永久居所地国便据以获得对其进行刑事管辖的权利。根据保护管辖原则取得的管辖权，主要是受害人为其国民的国家，也包括受害者为其国家本身的国家，甚至包括受害者在其领土内经常居住的国家。当犯罪是通过对受害人的迫害而侵犯另一国家或公民的利益时，受侵犯的国家亦可根据保护管辖原则取得对其进行管辖的权利。

最后一个享有管辖权的国家是上述国家以外的在本国领域内发现被控实施了国际犯罪的人的国家。这是在按照其他管辖原则不能获得管辖权的场合按照普遍管辖原则获得的刑事管辖权。享有这种管辖权的国家，只有当享有优先管辖权的国家没有提出引渡的请求或者按照本国法律不能将罪犯引渡给请求国时，才应当对在本国领土内发现的国际罪犯实行刑事管辖。

按照优先管辖原则处在同一管辖序列的国家如果在同一国际犯罪案件中不止一个，那就会出现并行管辖的情况。在并行管辖的情况下，由哪个国家实际进行管辖，有关国际公约也应当予以明确规定。这种规定应当从最有利于起诉和审判的顺利进行出发进行设计。在属地管辖序列中，罪犯国籍国的犯罪地国应当优于其他犯罪地国实行管辖，主要犯罪地国应当优于次要犯罪地国实行管辖。在属人管辖序列中罪犯的国籍国应当优于其永久居所地国，主犯的国籍国应当优于从犯的国籍国（当共同罪犯中犯罪不属同一国家时）。同时，有关国际公约中也应当明确规定，在其领土内发现被指控犯有国际罪行的人的国家，应当首先将罪犯引渡给享有优先管辖权并要求引渡的国家，此等义务不应受双边引渡条约的有无及其内容的限制。

(二) 管辖顺序的新发展

在近年来联合国大会通过的一些国际刑法公约中,对国际犯罪的管辖问题,出现了新的动向。从1997年12月15日联合国大会通过的《制止恐怖主义爆炸事件的国际公约》开始,到2005年4月13日联合国大会通过的《制止核恐怖主义行为国际公约》,其间出现的五个国际刑法公约[1],都对管辖问题做出了大致相同而与传统的国际刑法公约的规定方式不同的规定。

传统的规定方式是把基于国家主权的管辖放在同一款中加以规定,而把基于普遍管辖原则的管辖分开规定。如《反对劫持人质国际公约》第五条第一款首先规定:"每一缔约国应采取必要的措施来确立该国对第一条所称任何罪行的管辖权,如果犯罪行为是:(a)发生在该国领土内或在该国登记的船只或飞机上;(b)该国任何一个国民所犯的罪行,或经常居住于其领土内的无国籍人(如该国认为恰当时)所犯的罪行;(c)为了强迫该国作或不作某种行为;(d)以该国国民为人质,而该国认为适当时"。然后,第二款再规定:"每一缔约国于嫌疑犯在本国领土内,而不将该嫌疑犯引渡至本条第1款所指的任何国家时,也应采取必要措施,对第一条所称的罪行确立其管辖权"。这种规定的方式,实际上是把基于国家主权原则确立的属地管辖、(积极的)属人管辖、保护管辖、(消极的)属人管辖都作为强制管辖,规定在同一序列。

新的规定方式是对基于国家主权的管辖进行分解,并区分强制管辖与任意管辖。例如,《联合国反腐败公约》第四十二

---

[1] 另外三个是《制止向恐怖主义提供资助的国际公约》、《联合国打击跨国有组织犯罪公约》和《联合国反腐败公约》。

条"管辖权"规定：

一、各缔约国均应当在下列情况下采取必要的措施，以确立对根据本公约确立的犯罪的管辖权：

（一）犯罪发生在该缔约国领域内；

（二）犯罪发生在犯罪时悬挂该缔约国国旗的船只上或者已经根据该缔约国法律注册的航空器内。

二、在不违背本公约第四条规定的情况下，缔约国还可以在下列情况下对任何此种犯罪确立其管辖权：

（一）犯罪系针对该缔约国国民；

（二）犯罪系由该缔约国国民或者在其领域内有惯常居所的无国籍人实施；

（三）犯罪系发生在本国领域以外的、根据本公约第二十三条第一款第（二）项第2目确立的犯罪，目的是在其领域内实施本公约第二十三条第一款第（一）项第1目或者第2目或者第（二）项第1目确立的犯罪；

（四）犯罪系针对该缔约国。

三、为了本公约第四十四条的目的，各缔约国均应当采取必要的措施，在被指控罪犯在其领域内而其仅因该人为本国国民而不予引渡时，确立本国对根据本公约确立的犯罪的管辖权。

四、各缔约国还可以采取必要的措施，在被指控罪犯在其领域内而其不引渡该人时确立本国对根据本公约确立的犯罪的管辖权。

五、如果根据本条第一款或者第二款行使管辖权的缔约国被告知或者通过其他途径获悉任何其他缔约国正在对同一行为进行侦查、起诉或者审判程序，这些缔约国的主管机关应当酌情相互磋商，以便协调行动。

六、在不影响一般国际法准则的情况下，本公约不排除缔约国行使其根据本国法律确立的任何刑事管辖权。

这样的规定表明，对国际犯罪的刑事管辖是分层次的。

第一层次的管辖是强制管辖，即各缔约国"均应当在下列情况下采取必要的措施，以确立对根据本公约确立的犯罪的管辖权"。这意味着，按照属地管辖原则对公约规定的国际犯罪进行管辖，是每个缔约国应当履行的公约义务，没有选择的余地。

第二层次的管辖则是选择性的管辖，即在不违背本公约第四条规定的情况下[1]，缔约国"还可以"在下列情况下对任何此种犯罪确立其管辖权。也就是说，缔约国按照属人管辖原则或者保护管辖原则确立本国对公约规定的国际犯罪的管辖权，并不是强制性的，而是可以进行选择的。缔约国首先要尊重犯罪地国的属地管辖，在这个前提下，可以决定是否对公约规定的国际犯罪进行管辖。按照《制止核恐怖主义行为国际公约》第九条的规定，缔约国如果确立第二层次的管辖权，就应当在批准、接受、核准或加入公约时通知联合国秘书长，并且国内法遇有修改，有关缔约国"应立即通知秘书长"。而按照第一层次确立管辖权，则没有这样的要求。

第三层次的管辖是狭义的普遍管辖，即被指控的罪犯在其领域内出现的国家，虽然该国既不是犯罪地国，也不是犯罪人国籍国或者被害人国籍国或受害国，它也可以对该犯罪进行管辖。第三层次的管辖尽管是公约规定的义务，但也存在一个选择的问题，即它可以把罪犯引渡给按照其他管辖原则主张管辖

---

[1] 第四条"保护主权"：一、缔约国在履行其根据本公约所承担的义务时，应当恪守各国主权平等和领土完整原则以及不干涉他国内政原则。二、本公约任何规定概不赋予缔约国在另一国领域内行使管辖权和履行该另一国本国法律规定的专属于该国机关的职能的权利。

权的国家，也可以不引渡而直接对其起诉。

此外，每个国际刑法公约都规定，"不排除缔约国行使其根据本国法律确立的任何刑事管辖权"。与以前的规定相比，新近出现的国际公约，在管辖权的问题上可以说采取了更加谨慎的态度，更强调犯罪地国对国际犯罪的刑事管辖权。

当然，在强制管辖、任意管辖、选择管辖的范围问题上，几个国际公约的规定并不完全相同。《联合国打击跨国有组织犯罪公约》和《联合国反腐败公约》规定的强制管辖只有犯罪地国，而打击恐怖主义犯罪的三个公约都把犯罪人国籍国（即"犯罪行为人是本国国民"或者"罪行的实施者是该国国民"）放在强制管辖的范围内。并且，在打击恐怖主义犯罪的三个公约中，对保护管辖又作了区分，即把犯罪的对象是本国国民的情况与犯罪的对象是本国在国外的国家或政府设施包括本国使馆或其他外交或领事馆舍的情况分别规定，突出对国民的保护，同时把"犯罪行为人是其惯常居所在本国境内的无国籍人"的情况从属人管辖中分离出来单独加以规定；把"犯罪发生在本国政府营运的航空器上"的情况从属地管辖中分离出来单独加以规定。这些规定，在一定程度上反映了国际刑法对普遍管辖原则研究的深入。

上述关于国际刑事管辖的原则和理论，都是针对国际刑法间接适用中的管辖顺序和规则提出的，旨在解决有关国家对国际犯罪都有管辖权的情况下，究竟由哪个国家实际行驶管辖权的问题。至于在国际刑法直接适用模式中，国际刑事法院对国际犯罪的管辖权，则有《国际刑事法院规约》加以规定（见本书第十章第二节国际刑事法院）。

第四章　国际犯罪及其刑事责任的一般原理

国际刑法是国际社会同国际犯罪（international crime）作斗争的产物。世界各国对国际犯罪及其危害性的共同认识、对禁止和惩治国际犯罪必要性的一致理解，是国际刑法得以产生的基础。因此，研究国际刑法，离不开对国际犯罪及其刑事责任的考察。本章试图通过对国际犯罪及其刑事责任一般原理的总体考察，奠定研究各类具体国际犯罪的基础。

一、国际犯罪的概念

"国际犯罪"这个术语，尽管与其他或更早历史的文化基础有关，但是首先出现在出版物中，是17世纪的事情。它是从在罗马帝国适用于个人的罗马法中发展起来的。[1]

国际犯罪是国际刑法中的基本范畴之一。但是由于法律制度和法律文化的不同，不论是在国家之间还是在学者之间，对国际犯罪的理解，都存在着许多明显的差异。

---

[1] Jordan J. Paust etc., International Criminal Law: Cases and Materials, Carolina Academic Press, 1996. P3.

第四章　国际犯罪及其刑事责任的一般原理

(一) 国际犯罪的定义与特征

在联合国范围内，就国际犯罪的定义，曾经出现过三次争论：

一是从 20 世纪 50 年代初起，联合国在试图制定一部《危害人类和平与安全罪法典》的努力中，关于犯罪定义的争论。按照联合国大会的要求，联合国国际法委员会于 1950 年提出了《关于危害人类和平与安全罪法典草案》(Draft Code of Offenses Against the Peace and Security of Mankind) 的第一个报告。在联合国大会指定的 15 人特别委员会充分讨论的基础上，国际法委员会曾于 1954 年正式提交联合国大会审议。此后，联合国大会又先后指定了三个特别委员会 (分别于 1954—1957 年；1959—1967 年；1967—1974 年) 修改该草案。1991 年 4 月 29 日，国际法委员会再次向联合国大会提交了一份《危害人类和平与安全罪法典草案》(Draft Code of Crimes Against the Peace and Security of Mankind)。该法典草案在 1993 年 5 月 3 日至 7 月 23 日召开的联合国大会第六委员会第 46 次会议上得到审议。在审议的过程中，各国的代表和有关方面的专家学者就犯罪的定义进行了激烈讨论。

该法典草案对危害人类和平与安全罪所下的定义是："本法典 (按照国际法) 定义的犯罪构成危害人类和平与安全罪"。《危害人类和平与安全罪法典草案》对"犯罪"曾经使用过两个不同的词，即"offenses"和"crimes"。对此，有的学者认为，这两个词在立法意图上没有实质的、明显的区别，但是，国际刑法领域的多数专家则认为，"crimes"比"offenses"更严重，使用"offenses"一词，可能把某些不太严重的国际犯罪甚至跨国性犯罪包括在内。[1]

该法典草案虽然没有对国际犯罪作出一个一般性的定义,但是一些学者认为,其对危害人类和平与安全罪所下的定义,包含了国际犯罪的一般定义,即"按照国际法构成的犯罪"。至于如何理解"按照国际法"(under international law)来认定犯罪,各国代表和专家们的看法亦有很大差异。

二是 20 世纪 70 年代末联合国在讨论《关于国家责任的条文草案》中关于犯罪定义的争论。1979 年 7 月,联合国国际法委员会向联合国大会提交了一个《关于国家责任的条文草案》(Draft of Articles on State Responsibility),并于 1980 年在联合国大会上通过一读。该草案第十九条中规定:一国的行为如构成违背国际义务,即为国际不当行为;一国所违背的国际义务对于保护国际社会的根本利益至关重要以致整个国际社会公认违背该项义务是一种罪行时,其因而产生的国际不当行为即构成国际罪行。对此,有的学者认为,这其中包含了国际犯罪的定义,即国际犯罪或称国际罪行,是指违背对于保护国际社会的根本利益至关重要的国际义务,以致整个国际社会公认其为一种罪行的国际不当行为。这个定义虽然有一定的根据,但是这只是就国家的刑事责任而言的,并不是国际犯罪的一般定义。

三是联合国在建立国际刑事法院的努力中与国际刑事法院管辖范围有关的犯罪定义的争论。在这个问题上争论的焦点是把国际犯罪定义为"一般国际法上的犯罪"(offenses against 'general international law')还是将其定义为"依照条约规定构成的犯罪"(crimes, established under or pursuant to the treaty

---

[1] Commentaries on the International Law Commission's 1991 Draft Code of Crimes against the Peace and Security of Mankind, edited by M. Cherif Bassiouni, 1993, p. 95 – 96.

provisions）。前一个定义实际上包含"习惯国际法上的犯罪"即国际社会接受或认可的国际法规范所包含的犯罪；而后一个定义则将国际犯罪严格限定在条约规定的范围内。

至于在学者们之间，关于国际犯罪的定义，更是广狭不一。巴西奥尼在其主持起草的《国际刑法典草案》中，将国际犯罪定义为"本法分则中规定的任何犯罪，或在国际公约中定义的犯罪行为"[1]。这是严格按照罪刑法定原则定义的国际犯罪。

但是日本学者对国际犯罪所下的定义则与之大相径庭。例如日本学者山手治之认为国际犯罪包括三种情况：（1）犯人及其罪行涉及几个国家时，从单纯的涉外性（国际性）犯罪的意义上来讲，称为国际犯罪；（2）海盗行为、买卖奴隶、买卖毒品等行为，称为国际犯罪；（3）上述两种行为以及对断定为侵害了国际社会一般权益的某种行为，以国际社会名义交由国际法院加以惩处时，从严格意义上说，可以称之为犯罪[2]。另一位日本学者山本草二则将国际犯罪分为"涉外性犯罪"（即具有"国际关联性"的犯罪：触犯一个以上国家的刑法；一个以上国家对之具有管辖权）、"国际法上的犯罪"（个人违反国际法的犯罪）、"国家的国际犯罪"（以国家的政治、行政体制或政策为非难对象的犯罪）三种类型[3]。日本著名的国际刑法学者森下忠则将国际犯罪分为最广义的、广义的和狭义的三种。其中，最广义的国际犯罪是指外国人在他国实施犯罪后逃回本国的犯罪。这种犯罪虽然属于国内犯，但是为了侦查，有

---

[1] M. C. Bassiouni, International Criminal Law – A Draft of International Criminal Law, 1980., p. 147.

[2] 参见〔日〕山手治之著：《国际法词典》（中译本），世界知识出版社1985年版，第489页。

[3] 〔日〕山本草二著：《国际刑事法》，三省堂1991年版，第4—21页。

必要依据国际调查协助及国际司法协助，从犯罪人的国籍国、居住地获取情报或者证据。广义的国际犯罪是指在国际上实施的犯罪。这种犯罪不仅包括具有国际规模的犯罪行为（如国际非法毒品交易），还包括跨越两国或者多国实施的犯罪行为。狭义的国际犯罪是指侵害人类共同法益的犯罪。因为制裁这类犯罪是文明国家的共同任务，为制裁这类犯罪而赋予国际合作的义务是缔结国际或区际条约的主要内容。[1] 这些看法，都是把国际犯罪与（含有涉外因素的）国内法上的犯罪相混淆。

我国学者对国际犯罪所下的定义也是不尽相同的。有的从国内刑法中的犯罪定义思维模式中来定义国际犯罪，如将其定义为："危害国际社会的利益，为国际刑法所禁止，并依照国际刑法应当承担刑事责任的行为"[2]。有的从国际法的角度来定义国际犯罪，如将其定义为："违反国际社会所公认的国际刑法规范，严重危害国际社会共同利益的不法行为"[3]。

与这种定义相联系，主张前一种定义的学者将国际犯罪的特征概括为三点，即"危害性"是指国际犯罪是危害国际社会的行为，或称严重危害国际社会或者违背国际义务；"刑事违法性"是指国际犯罪是国际刑法所禁止的行为，或称违犯国际性刑事法规或惯例；"应受刑罚处罚性"是指国际犯罪是依照国际刑法应当承担刑事责任的行为，或称应受到刑罚惩罚。[4] 主张后一种定义的学者则将国际犯罪的特征概括为两点，即国际犯罪必须是违反国际社会公认的国际刑法规范的不法行为；

---

[1] 参见〔日〕森下忠著：《国际刑法入门》，中国人民公安大学出版社2004年版，第6—7页。

[2] 邵沙平：《现代国际刑法教程》，武汉大学出版社1993年版，第88页。

[3] 陆晓光主编：《国际刑法概论》，中国政法大学出版社1991年版，第47页。

[4] 参见邵沙平著：《现代国际刑法教程》，武汉大学出版社1993年版，第88—93页；杨春洗等主编：《刑事法学大辞书》，南京大学出版社1990年版，第204页。

第四章 国际犯罪及其刑事责任的一般原理

国际犯罪是严重危害国际社会共同利益的不法行为。[1] 至于有的按照国内刑法犯罪定义的思维模式来定义国际犯罪，而又从国际法的角度来解释国际犯罪的特征[2]，其本身在逻辑上就是混乱的，在理论上更是难以自圆其说。

以上引述表明，关于国际犯罪的定义与特征，不论是从国际上看，还是从国内学者的研究中看，都还没有一个统一的公认的解释。这意味着如何理解国际犯罪的概念，特别是如何把握国际犯罪的本质，仍然是一个值得研究的课题。

笔者认为，国际犯罪是国际社会通过国际公约的形式予以明文禁止并确认其实施者应当受到刑事制裁的行为。这是国际社会在创设国际刑法规范、规定国际犯罪中表达共同愿望的基础，也是世界各国在对国际犯罪的各种不同理解中最基本的共同点。当然，国际社会之所以一致认为需要禁止这种行为，无疑是因为世界各国共同认识到这种行为对世界共同利益的危害。一种行为如果没有危害性，不论是在国内刑法还是在国际公约中，都不会成为被禁止的对象。这是不言而喻的。危害性可以说是一切犯罪的共同本质或共同属性。国际犯罪的危害性往往是最为严重的。正因为危害性是一切犯罪共同具有的属性，因而就不能说是国际犯罪的特征，因为我们通常论及国际犯罪，都是相对于国内犯罪而言的，而不是相对非犯罪行为而言的。所以，笔者把国际犯罪的主要特征概括为以下几点：

1. 国际犯罪是危害国际社会共同利益的行为

把某种行为宣布为国际犯罪，体现了缔约各国共同的国家意志。这种意志体现表现为规定国际犯罪的国际刑法规范必须

---

[1] 陆晓光主编：《国际刑法概论》，中国政法大学出版社1991年版，第47—50页。
[2] 参见刘亚平著：《国际刑法学》，中国政法大学出版社1992年版，第135—138页。

经过至少相当于签署联合国宪章的三分之一国家在平等自愿基础上独立自主地予以批准才能有效。如果仅仅是某一个或某几个国家确定的犯罪，就不能称之为国际犯罪[1]。

之所以某些行为会被世界各国共同宣布为国际犯罪，是因为这种行为危害到世界各国的共同利益。危害国际社会共同利益的标志是该行为被国际公约所禁止。国际社会公认的国际犯罪必须通过缔结国际公约的形式予以明文禁止。尽管对于公海上发生的海盗罪（Piracy on the high seas）最早是通过国际惯例和审判实践予以确认的，甚至对于战争犯罪的确认也是从习惯国际法上的犯罪即尚未在国际公约中出现而被各国普遍认可的犯罪发展而来的，但是这些都发生在国际刑法的孕育与形成阶段，都是国际刑法初创时代的产物。而在现代，国际刑法已经得到了充分的发展，国际犯罪的确认应当受到罪刑法定原则的限制，应当以国际公约中的明文规定为限。并且由于国际斗争的复杂性，由于人们对罪刑法定主义的固守，由于各国法律制度和法律文化背景的差异，特别是由于各国国家利益的不同，对于显然是严重危害国际社会共同利益的行为，各国在是否将其确认为国际犯罪时常常发生意见分歧。因此，国际犯罪必须通过缔结国际公约的形式来确认，这已经成为世界各国的共同要求。

因此，按照世界各国公认的罪刑法定原则，只有国际公约中明文禁止并确认为属于犯罪的行为，才能被认为是国际犯罪；没有在国际公约中明文禁止并被确认为是犯罪的行为，不构成国际犯罪。这也是世界各国在国际犯罪问题上共同坚持的

---

[1] 正是基于这种观点，本书中没有把某些打击犯罪的区际性公约视为国际刑法公约，也没有把这些公约中规定的犯罪视为国际犯罪。

原则立场。

2. 国际犯罪是在国际公约中规定了刑事制裁措施的行为

把某种行为宣布为犯罪,其根本目的是要用刑事制裁的手段来禁止这种行为的实施。这不仅是国内犯罪的一般原理,也是国际犯罪的一般原理。因此,国际犯罪必须是按照有关国际公约的规定能够引起其实施者的刑事责任的行为。在国际公约中仅有禁止性规定而没有伴随刑事制裁措施的行为,亦不构成国际犯罪。

国际犯罪的显著特征之一是国际公约对其规定了普遍管辖的原则。这种犯罪,无论在哪里实施,无论由什么人实施,无论犯罪人逃到哪里,都要受到刑事追究。刑事制裁的普遍性,是国际犯罪区别于国内犯罪的重要标志。因为单纯的国内犯罪都要受到本国管辖范围的限制,都只能是在本国主权管辖的范围内受到刑事制裁。即使其他国家可以根据条约或者互惠原则,应别国的请求,在打击国内犯罪方面提供协助,但是任何国家都不能追究他国国内犯罪的刑事责任。当然,国际刑法公约对国际犯罪所规定的刑事制裁措施,与国内刑法中规定的刑事制裁措施,并不完全相同。在国内刑法中,犯罪的实施者应当承担的刑事责任,往往直接表现为对某种具体的刑事制裁措施尤其是刑罚的明确规定。但在国际刑法公约中,对于国际犯罪的实施者应当承担的刑事责任,往往缺乏关于具体的刑事制裁措施的规定,而是在将其宣布为犯罪的同时要求各缔约国对其予以严厉惩罚或者要求各缔约国承诺将其规定为国内法上的犯罪,按照罪行的严重程度处以适当的刑罚。这是因为,目前世界上还没有统一的刑事司法系统和统一的刑罚制度,不可能无视各国刑法体系和刑罚制度的差异来规定统一刑罚。国际犯罪的实施者应当承担的刑事责任,只能通过各国国内刑法的适用来实现。即使在国际特别刑事法庭或者可能建立的常设国际刑事法院,对国际犯罪的实施者,恐怕也只能适用犯罪地的刑法中规定的刑罚。此外,对国际犯罪的刑事制裁措施,最重要的是国家之间的刑事合作。对此,每一个规定国际犯罪的国际公约都作出了明确规定。这是对国际犯罪进行刑事制裁的重要保障。

3. 国际犯罪通常也是国内刑法中规定的犯罪

国际刑法是以个人责任原则为基础的,国际刑法公约中规定的犯罪主要是个人实施的危害国际社会的共同利益的行为。而在绝大多数场合下,危害国际社会共同利益的行为,都必然会同时危害到各个国家的根本利益。因此,国际公约中规定的犯罪行为,在绝大多数场合下,同时也是各国国内刑法中规定的犯罪,是随着国际社会对其危害性的认识而从国内刑法中的犯罪发展为国际刑法中的犯罪。国际刑法公约所禁止的行为,即使国内刑法中没有规定,或迟或早,会成为国内刑法所禁止的行为。只有极个别涉及国家行为的国际犯罪,才不可能在国内刑法中被规定为犯罪。[1]

4. 国际犯罪通常涉及一个以上的国家

虽然在绝大多数的情况下,国际犯罪都会被国内刑法规定为犯罪,但是与单纯的国内犯罪相比,国际犯罪往往涉及一个以上的国家。有的是犯罪行为从准备到完成是在一个以上国家的领域内实施的;有的是实施犯罪行为的人是由一个以上国家

---

[1] 国内刑法中的某些犯罪与国际刑法中规定的某些犯罪相重合,意味着国内刑法体现了国际刑法的内容。一个行为,一旦在国际公约中被规定为国际犯罪,即使国内刑法中对该犯罪的规定先于国际公约,也应当将其视为国际刑法在国内刑法中的体现,特别是在包含涉外因素的场合。因为在追究这类犯罪的国际合作中,双方所依据的,并不完全是哪个国家的国内刑法,而首先是有关的国际刑法公约。

的国民所构成的；有的是犯罪人和被害人分别属于不同的国家；有的是犯罪人与犯罪地分别属于不同的国家。很少有不包含任何涉外因素的国际犯罪。因此，如果一个犯罪没有任何涉外因素，即使它与国际刑法公约所禁止的犯罪行为完全相同，通常也只是国内刑法中的犯罪，只能由有关的主权国家自行处罚，而不会将其作为国际犯罪，对之实行普遍管辖。

（二）国际犯罪与国内犯罪、跨国犯罪的联系与区别

与国际犯罪的概念相联系的是国内犯罪与跨国犯罪。对国内犯罪、跨国犯罪的标题理解，往往会影响到对国际犯罪的理解。因此，搞清楚国际犯罪、国内犯罪和跨国犯罪之间的联系与区别，有助于正确理解国际犯罪。

1. 犯罪概念的发展

国际犯罪是从国内犯罪（domestic crime）发展而来的。如果考察一下从国内犯罪到跨国性犯罪（transnational crime）再到国际犯罪的发展演变过程，就可以从中看到国际犯罪与国内犯罪和跨国性犯罪之间的联系和区别，从而更好地把握国际犯罪的本质特征。

犯罪在其产生的过程中，最初几乎毫无例外地都是国内刑法（domestic criminal law）上的犯罪。规定什么行为是犯罪以及对于犯罪者处以什么样的刑罚，完全是各国的内部事务和国内刑法中的内容。作为国内刑法上的犯罪，其侵害的对象也毫无例外地是本国国家的或统治阶级的利益，而很少包含对他国国家或公民的侵害行为。这是因为，所有的国内犯罪，都是由本国的统治者根据本国的利益所确认的。只有那些统治者所认识到的严重危害本国的国家利益、与国家利益相联系的统治阶级或阶层的利益以及国家统治的基本条件的行为，统治者才会把它作为严格禁止的对象或规定为受刑罚制裁的犯罪。某种行

为如果在统治者认为没有危害到国家所保护的重大利益,便不会被规定为犯罪。而在古代,由于国家是刚刚从氏族社会发展而来的,在氏族社会中形成的内部团结一致、共同抵御外族侵袭和自然灾害的整体观念,使各个国家不论内部矛盾和斗争多么剧烈,在对外关系上总是表现出惊人的一致性。在这种一致对外的氏族观念的支配下,各国刑法中规定的犯罪,只能是危害本国国家和统治阶级利益的行为,其中包括在抵御外国侵袭中贪生怕死、投敌叛变的行为,而不可能包括侵害他国国家或公民利益的行为。

随着国家的普遍建立和逐渐巩固,国家之间的交往逐渐增多,相邻国家的公民有了跨越国境的活动。在这种情况下,为了维持其与他国之间的正常关系,甚至是为了博取他国的欢心或者得到他国的宽容,个别国家开始将实施了侵害他国国家或公民利益的行为的本国公民或在本国境内的他国公民送交给对方,任对方对其进行惩罚。在这种国际实践中,被作为一种礼让友好或屈从的表示而送交他国处置的人所实施的行为,对于送交国来说,有时并不具有国内犯罪的意义,而是侵犯收受国国家或公民的利益从而构成收受国的国内刑法上的犯罪,是收受国国内犯罪的域外实施。另外,也出现了在本国实施犯罪之后逃跑到相邻国家的现象,出现了国家之间为了相互引渡逃亡到对方域内的本国犯罪公民的引渡条约。这两方面的实践的不断发展和逐渐增多,便出现了一种新的犯罪形式,即含有涉外因素的国内犯罪。

有些学者认为,含有涉外因素的犯罪(the offence containing external factors)就是国际犯罪。例如美国学者 R. A. 费伦兰德在其《恐怖主义与政治暴力》一文中所说的,杀人与绑架,虽然被所有国家国内法律制度视为犯罪,但其本身还不是

第四章 国际犯罪及其刑事责任的一般原理

国际犯罪，除非它含有下列因素之一：（1）是在一个以上国家的领域内发生的行为；（2）涉及一个以上国家的公民；（3）是针对受国际保护人员实施的行为；（4）是发生在国家专属管辖以外地区的行为；（5）是针对受国际保护财物（如飞机）实施的行为。如果符合这些条件中的一个或几个，这种行为就不再属于一般意义上的犯罪，而是影响世界公共秩序的新的犯罪即国际犯罪。按照这种观点，国内法上的犯罪只要涉及另一个国家而不论是否为国际公约所禁止，都可以构成国际犯罪。这是对国际犯罪的任意扩张解释。

事实上，含有涉外因素的国内刑法上的犯罪，不论它涉及几个国家，只要没有为国际公约所明文禁止和惩罚，它就仍然是国内刑法中的犯罪，而不能仅仅因其含有涉外因素就变为国际犯罪。这类犯罪所侵犯的，也主要是某个国家及其公民的利益，其犯罪的成立也是按照国内刑法所确定的。这类犯罪主要包括三种情况：（1）本国公民在本国领域内触犯了本国刑法之后，逃跑到相邻的另一个国家；（2）外国公民在所在国领域内实施了违反所在国刑法的犯罪之后，被所在国抓获；（3）外国公民在所在国领域内实施了违反所在国刑法的犯罪之后逃回国籍国。在这三种情况下，犯罪地国要按照本国刑法对罪犯进行刑事管辖，都会涉及国家之间的关系。例如在上述第（1）、第（3）项的情况下，犯罪地国要对在本国领域内犯了罪的人进行刑事追诉，就需要取得罪犯所在国的同意。只有当罪犯所在国同意引渡并且实际地把罪犯交付给犯罪地国时，犯罪地国才能按照本国刑法对该罪犯进行实际的审判。在上述（2）的情况下，犯罪地国虽然可以径直对罪犯进行刑事追诉，但是往往会受到罪犯国籍国按照属人管辖原则进行的干预。制裁这种含有涉外因素的国内犯罪的实践，迫使各国之间进行必要的刑事合作。

同时，各国刑法所保护的本国国家利益和公民利益中总是包含着某些共同的成分，这就是在任何社会制度下、任何民族传统下，作为人类，作为国家，对其存在和发展来说都是必不可少的条件。对这些共同的生存条件和国家存在的基础的维护，使各自独立的刑法之间存在着某些一致性，即某些行为，不仅在甲国被刑法规定为犯罪，而且可能在乙国、在丙国或其他某个或若干国家的刑法中也被规定为犯罪。例如杀人行为，不论在哪个国家，都被认为是触犯了刑法的犯罪。各国刑法之间在认定某些犯罪上的这种一致性，为各国之间在制裁含有涉外因素的国内犯罪中的刑事合作提供了根据，使得各国在制裁某些犯罪中有可能取得一致的意见。

随着交通运输工具的发展，人们之间跨越国境的活动日益增多，特别是随着现代化交通工具的出现，地域障碍对人们的行为及其结果的局限大大缩小。这便在犯罪领域导致了跨国性犯罪的出现和增多。

2. 跨国犯罪的概念

跨国性犯罪，亦即某些学者所称的国际性犯罪，是指犯罪过程跨越了两个或两个以上国度的犯罪。跨国性犯罪实际上也是一种包含涉外因素的犯罪形态，但是它与前述含有涉外因素的国内犯罪不同。含有涉外因素的国内犯罪是指其犯罪活动从准备、实施到危害结果发生，整个过程都发生在一个国家的领域之内，只是在制裁犯罪人时涉及另一个或几个国家。跨国性犯罪则是同一犯罪在从准备、实施到危害结果发生的犯罪过程中跨越了国度的界线，是犯罪本身涉及一个以上的国家，而不仅仅是处理时涉及一个以上的国家。

跨国性犯罪主要有如下几种情况：

（1）犯罪发生在一个国家之内，但危害到另一个国家的利益或者是针对另一个国家的公民实施。例如，在甲国领域内伪造乙国的货币或有价证券并在甲国进行兑换，或者在丙国境内劫持丁国的外交代表。这类犯罪，虽然其整个犯罪活动均在一国境内实施，但由于其直接侵害到另一国的利益，所以可视为危害结果发生在另一国家。

（2）在一国领域内实施的犯罪，其危害结果发生在另一国家。例如，在甲国发射炮弹击中相邻的乙国的民用住宅，或者在丙国境内在国际航行的飞机上安放定时炸弹，该炸弹在丁国的境内爆炸。

（3）犯罪行为本身在不同国家实施。例如，在戊国拐骗妇女将其运至己国卖给妓院迫其为娼，或者跨越多个国家贩运毒品。

（4）同一犯罪分别在不同的国家实施。例如，同一或不同国家的犯罪人或犯罪集团共同谋划实施某种犯罪之后，在不同国家分别或接续实施该犯罪，以达到预谋的犯罪结果。

跨国性犯罪往往同时触犯两个或两个以上国家的刑法，具有一定的国际性。在同跨国性犯罪作斗争中，世界各国逐渐发现，某些跨国性的犯罪并不仅仅是对有关国家的国家利益和公民利益的侵犯，而且是对整个人类的安全和安宁的威胁，是对国际公共秩序（world public order）的破坏。在这种认识的基础上，人们逐渐地把某些违反国内刑法的犯罪视为对整个国际社会的犯罪，要求世界各国对其实施普遍管辖，以制止这类犯罪的发生。这类犯罪便被称为国际犯罪。

3. 国际犯罪与国内犯罪、跨国犯罪的联系

国际犯罪与国内犯罪和跨国性犯罪具有密切的联系，但是又不完全等同于国内犯罪和跨国性犯罪。这种联系，使它具有

犯罪的普遍性品格，这种区别又使它独具特征。

国际犯罪具有犯罪的一般特性：

（1）国际犯罪与国内犯罪和跨国性犯罪一样，都具有行为性，都是由人所实施的某种表现其意志过程的行动。这种行为性，不仅可以表现为各种各样的积极作为的活动，而且可以表现为在各种应当作为的场合的不作为。

（2）国际犯罪也是危害一定社会利益的行为，具有危害性。具有严重的危害性是国际犯罪之所以被规定为犯罪的内在根据。不具有严重的危害性，国际社会就不会采取联合行动来制裁它。

（3）国际犯罪也是一种违反刑法规范的行为，具有违法性。罪刑法定主义的普遍要求，使国际犯罪和国内犯罪一样，必须是法律明文禁止的行为。不违反任何法律规范的行为，既不能构成国内犯罪，同样也不能构成国际犯罪。

（4）国际犯罪与国内犯罪一样，都是以个人责任为基础的，都具有有责性。如果是行为人不应当对其承担刑事责任的行为，或者行为人不具有承担刑事责任的能力，那么，这种行为就不应当归责于行为人，这种行为本身就既不能视为国内犯罪，也不能视为国际犯罪。正因为如此，国际犯罪不论与国家行为或集体行为或上级命令有无关系，其实施者都必须对其承担个人的刑事责任。行为性、危害性、违法性和有责性，是国际犯罪能够通过传统的刑事制裁程序和制裁手段予以禁止的基本前提，也是国际犯罪能够在各国的国内刑法中得以体现并作为国内犯罪之一部分予以禁止和制裁的根据。

国际犯罪如果不具有国内犯罪的这些一般特性，它就无法作为国内犯罪的一部分出现在各国的国内刑法中，对它的刑事管辖和制裁也就无以落实。

4. 国际犯罪与国内犯罪、跨国犯罪的区别

国际犯罪之所以能够作为一种独立的犯罪现象存在并受到国际社会的普遍关注，是因为它具有不同于一般的国内犯罪和跨国性犯罪的特点。

与一般的国内犯罪相比，国际犯罪具有国际性。这种国际性可以从国际犯罪的各个方面表现出来：

（1）从行为特征上看，国际犯罪的实施在多数场合都不只发生在一个国家，甚至有些国际犯罪本身就是由国际犯罪组织策划、组织和实施的，犯罪分子的活动从一个国家到另一个国家，在若干个国家范围内完成同一项犯罪计划，是国际犯罪常见的现象。国际犯罪在活动范围上的这种广阔性是国内犯罪所无法比拟的。

（2）从危害性质上看，国际犯罪是对全人类的犯罪，而不仅仅是对某个国家及其公民的犯罪。国际犯罪的危害性往往表现为对国际社会的和平与秩序的严重破坏，对人类共同的生存安全的严重威胁，对最基本的人身权利的侵犯，以及对其他国际社会公认的共同利益的危害。国际犯罪的这种危害性使它在本质上不同于国内犯罪，从而在主权独立的国际社会中能够超越国内刑法的界限成为国际社会公认的犯罪。国际犯罪的这种危害性，也是使对它的禁止和惩罚规范在各自独立的国内刑法中得到普遍认可的根据。正是对国际社会共同利益的关注，世界各国的代表才能够坐在一起共同研究防止和制裁危害国际社会共同利益的国际犯罪的措施。不具有国际危害性的行为，不可能受到国际社会的一致禁止，不可能构成国际犯罪。

（3）从禁止规范上看，国际犯罪所违反的不仅是有关国家的国内刑法，而且是国际社会通过缔约国际公约的形式制定的国际刑法规范。违反国际公约的禁止性规定，是国际犯罪区别

于国内犯罪的最显著的外部特征。只有被国际公约所禁止并确认为犯罪的行为才是国际犯罪，没有国际公约中的明文规定，即使是危害特别严重的行为甚至是对国际社会造成严重危害的行为，也不能认为是国际犯罪。国内刑法中的某些犯罪，可能在若干国家甚至世界上多数国家的国内刑法中都被规定为犯罪，但是这类犯罪，只要没有出现在国际公约的禁止性规范中，它就仍然只是国内刑法中的犯罪，而不能被视为国际犯罪。国际犯罪必须得到国际社会的公认，并且必须上升为国际公约的禁止规范的国际刑法规范，这是国际刑法的内在要求，也是由国际犯罪的本质属性所决定的，是确立对国际犯罪的普遍管辖原则的需要。

（4）从制裁规范上看，对国际犯罪的刑事制裁具有国际性，并且，制裁国际犯罪具有强制性。对国际犯罪的刑事制裁具有国际性，是指在国际刑法公约中，对每一个国际犯罪都实行普遍管辖原则，实施国际犯罪的罪犯，不论走到世界上的任何一个地方，不论在哪个国家被发现，都要受到刑事制裁。制裁国际犯罪具有强制性，是指按照国际刑法公约的规定，每一个国家都有义务制裁国际犯罪，并且都有义务与其他国家进行刑事合作，协助对国际犯罪行使管辖权的国家完成制裁国际犯罪的任务。所以，国际犯罪在世界各国都是可管辖之罪，这就不同于国内犯罪那样容易受到国内刑事管辖权的地域局限以至很难对犯罪后逃至国外的罪犯进行制裁。

国际犯罪不仅不同于一般的国内犯罪，而且也不完全等同于跨国性犯罪。跨国性犯罪是指犯罪过程跨越了两个或两个以上国度或者犯罪的结果影响到另一个国家的犯罪。跨国性犯罪不仅包括国际犯罪，而且也包括某些纯粹的国内刑法中的犯罪。例如为了谋杀自己的仇人，跟踪其到国外而后实施杀人行

第四章 国际犯罪及其刑事责任的一般原理

为。这种犯罪就符合跨国性犯罪的特征，但这是纯粹的国内刑法中的犯罪，而不是国际公约中规定的国际犯罪。

国际犯罪只是跨国性犯罪的一部分，是跨国性犯罪中由国际刑法予以禁止的那一部分，而不包括未被国际社会公认为国际犯罪的那些以跨国的方式实施的国内犯罪。同样地，有些国际犯罪，既可以是跨国性实施的犯罪，也可以是在一国领域之内所实施的犯罪。这类犯罪由于都是有关国际公约所禁止和惩罚的犯罪，所以不论是否具有跨国性，都是国际犯罪。

由于国际公约在规定国际犯罪的时候都要求各缔约国通过国内立法确立对这种犯罪的刑事管辖权，所以许多国际犯罪同时也是国内法上的犯罪。在实践中区分国际犯罪还是国内犯罪，需要从两个方面来把握：

第一，国际犯罪必须是国际公约中规定的犯罪。确认一种犯罪是否属于国际犯罪，首先要看国际公约中对这种行为是否具有刑事制裁性规定，是否将其规定为犯罪。一种行为，如果不是国际公约中明文规定的犯罪行为，就不能视之为国际犯罪。

第二，国际犯罪必须具有国际性。在实践中确认一种行为属于国际犯罪，仅有国际公约的规定还是不够的。一种行为，尽管在国际公约中被规定为犯罪，但是由于它在国内刑法中也被规定为犯罪，究竟属于国际犯罪还是国内犯罪，就必须考虑它实施的具体情况。在国际公约和国内刑法都将某种行为规定为犯罪的情况下，这种行为如果是跨国实施的，或者犯罪人或被害人涉及一个以上的国家，它就是国际犯罪，就要受国际公约确立的管辖原则的约束。但是如果这种行为完全是由一国国民在该境内所实施的，并且侵害的对象也是本国国家、实体或者国民个人的利益，即使它在国际公约中也是被禁止的行为，它仍然是纯粹的国内犯罪。对一个国民在本国领域内实施的犯罪，借口属于国际犯罪而主动行使管辖权，具有干涉他国内政之嫌。

二、国际犯罪的构成

尽管不同的法系乃至不同的国家对犯罪构成及其要件有着不尽相同的理解、要求和分类，但是对客观要件和主观要件的要求，却是所有刑法规范中犯罪构成的共性。这是因为，犯罪作为人的一种行为，只有当它在主观上能够反映人的危害意志，在客观上能够作用于一定的对象从而可能引起某种危害结果时，它才会被刑法纳入禁止和制裁的范围。如果不具有一定的主观要件，行为就无法归责于行为人，从而使其失去可罚性；如果不具有一定的外部行为及其危害，纯粹的主观臆想就失去了惩罚的客观依据和必要。因此，同时具备一定的客观要件和主观要件，是构成任何犯罪都必需的。国际犯罪当然也不例外。

（一）构成国际犯罪的客观要件

M.C.巴西奥尼在他拟制的国际刑法典草案中，把国际犯罪的构成要件规定为四个，其中可以视为客观要件的有三个，即实质要件（行为要件）（material element）、因果要件（causal element）和危害结果（harm）。但是实际上，因果要件是以在犯罪定义中必须包括物质性危害结果这一要件为前提的，如果犯罪定义本身并不包含必须有物质性危害结果的成分，因果要件就是多余的。

从现有的国际刑法规范来看，构成国际犯罪的客观要件，主要包括以下三个方面：

1. 危害行为

构成国际犯罪的危害行为，是指危害国际社会共同利益而为有关国际公约所禁止的行为。危害行为是所有国际犯罪都必须具备的要件。

危害行为作为人类的一种活动方式,具有客观性。它能够作用于一定的对象从而引起其物质形态、物理性能或者其所体现的社会关系的变化,产生某种有害的结果。因而,任何危害行为,都在客观上反映了它对法律所保护的社会关系的侵犯,反映了对其严格禁止的必要性。

必须具有危害行为才能构成犯罪,这不仅是构成国际犯罪的要求,而且是构成国内犯罪的要求。但是对危害行为的认定,其根据在国际犯罪和国内犯罪中是不同的。在国内犯罪中认定其危害行为的根据是国内刑法中有关各条的规定,而在国际犯罪中认定危害行为的有无必须以有关国际公约的明文规定为根据。也就是说,构成国际犯罪的危害行为,必须是国际刑法规范所明文禁止的行为。在国际刑法规范中没有明文禁止的行为,就不能认定为危害国际社会共同利益的行为,因而也就不具有构成国际犯罪所必须的客观要件。

危害国际社会共同利益从而构成国际犯罪客观要件的行为,从国际刑法规范的现有规定中看,主要有如下几种形态:

(1) 直接作用于特定客体(犯罪对象)的危害行为

直接作用于特定客体(犯罪对象)的危害行为,是指行为人在与特定客体(犯罪人在与犯罪对象)的直接接触中实施的能够直接引起危害国际社会共同利益的结果的行为。这种行为表现为有关国际公约在给各种具体国际犯罪下定义时明文禁止的行为。例如《关于防止和惩处侵害应受国际保护人员包括外交代表的罪行的公约》中规定的"对应受国际保护人员进行谋杀、绑架或其他侵害其人身或自由的行为""对应受国际保护人员的公用馆舍、私人寓所或交通工具进行暴力攻击,因而可能危及其人身或自由"的行为。又如《禁止并惩治种族隔离罪行国际公约》中规定的用杀害一个或一个以上种族成员等方式剥夺一个或一个以上种族团体的一个或一个以上成员的生命和人身自由权利的行为。这类行为，都是直接作用于特定人员或财物并对其造成某种侵害从而危害到国际社会共同利益的。这类行为，也是构成国际犯罪的最基本、最主要的行为类型。

直接作用于特定客体的危害行为，可以有既遂和未遂两种形态。在国内刑法中，犯罪构成的基本结构是以既遂为特征的，犯罪的未遂只是按照修正的构成要件才可以成立的犯罪。在国际刑法中，犯罪构成一般也是以既遂为基本构成要件，但是由于许多国际公约都把预谋行为作为犯罪定义所包含的行为的一种情况来加以规定，以至于使犯罪的预谋行为本身在这类犯罪中具有基本构成的要件功能。这种规定在逻辑上可以推定犯罪未遂也应当视为可以作为基本构成中的行为要件。事实上，有些国际公约也明确地把犯罪未遂规定为犯罪行为的一种形态。例如，《联合国禁止非法贩运麻醉药品和精神药物公约》就是把非法贩运麻醉药品或精神药物而未遂的行为作为非法贩运麻醉药品和精神药物罪之一种来加以规定的。

（2）以某种加害相威胁的危害行为（胁迫行为）

胁迫行为是使用各种恐吓方式迫使特定对象违背自己的意愿实施一定行为的危害国际社会共同利益的行为。胁迫行为，既可以是直接以实施某种可以造成严重危害结果的行为相要挟，迫使特定对象违背自己的意愿而按犯罪分子的要求实施某种行为；也可以是在已经实施了某种非法行为的基础上以进一步实施某种更严重的加害行为相要挟，迫使特定对象违背自己的意愿而按犯罪分子的要求实施某种行为。在前一种情况下，胁迫行为主要是以直接受其控制的受害人为胁迫对象的，而在

第四章 国际犯罪及其刑事责任的一般原理

后一种情况下,胁迫行为则往往是以第三者为胁迫对象的。前者如《关于制止非法劫持航空器的公约》中规定的用暴力威胁或用任何其他恐吓方式,非法劫持或控制航空器的行为;《核材料实物保护公约》中规定的"以武力威胁或使用武力或任何其他恐吓手段勒索核材料"的行为等。后者如《反对劫持人质国际公约》中规定的劫持或扣押并以杀死、伤害或继续扣押人质为威胁,以强迫第三方即某个国家、某个国际政府间组织、某个自然人或法人或某一群人,作或不作某种行为,作为释放人质的明示或暗示条件的行为;《核材料实物保护公约》中规定的用使用核材料引起任何人死亡或重伤或重大财产损害,或者进行盗窃或抢劫核材料的犯罪行为相威胁,以迫使一个自然人或法人、国际组织或国家作或不作某种行为。这种胁迫行为本身就严重地危害到国际社会的安宁,破坏了国际社会的正常秩序,所以被有关国际公约规定为有关国际犯罪的一种形式。

(3) 图谋进行某种国际犯罪的行为(预谋行为)

在国内刑法中,预谋行为一般属于犯罪预备的行为,因而通常不具备基本的犯罪构成要件所要求的行为的特征,它只是按照修正的犯罪构成才可以构成犯罪,甚至在许多场合,这种预谋行为本身不被刑法认为是犯罪行为。但是在国际刑法中,由于一些国际公约把预谋行为作为犯罪定义所包含的行为的一种情况加以规定,以至使预谋行为本身在这类犯罪中具有基本构成要件的功能。例如,《欧洲国际军事法庭宪章》中规定的计划、准备或发动侵略战争的行为;《反对劫持人质国际公约》中规定的"图谋劫持人质"的行为;《关于制止非法劫持航空器的公约》中规定的"企图从事"非法劫持航空器的行为;《关于防止和惩处侵害应受国际保护人员包括外交代表的犯罪行为的公约》中规定的"企图进行"任何侵害应受国际保护人员的行为；《核材料实物保护公约》中规定的"图谋进行"非法获取和使用核材料的行为等。

由于国际犯罪的严重危害性和严厉惩罚这种犯罪的必要性，许多国际公约都把预谋行为直接规定为公约所禁止和惩罚的犯罪行为的一种形态。但是这种预谋行为不应当理解为单纯的主观构想或思想活动，而应当理解为在相应的犯罪意志支配下实施的、已经通过一定的活动在客观外界表现出来的谋划或准备活动，它实际上是为实施某种犯罪、达到犯罪目的而做的准备活动。

(4) 煽动或教唆行为

严格说来，煽动和教唆行为也是预谋犯罪的一种活动。但是预谋行为主要是为自己进一步实施某种犯罪作准备的行为，而煽动或教唆行为则是企图假借他人之手来实现犯罪意图的行为。因此煽动或教唆的对象始终是煽动或教唆者之外的其他人。

在国际刑法中，有些国际公约把煽动或教唆行为作为基本构成要件的一种行为形态予以规定。例如《联合国禁止非法贩运麻醉药品和精神药物公约》就是把"以任何手段公开鼓动或引诱他人"非法贩运或非法使用麻醉药品或精神药物的行为规定为犯罪的一种行为类型。但是也有些国际公约把煽动或教唆行为作为基本构成要件之外的行为在犯罪定义之外另予规定。例如《防止及惩办灭绝种族罪公约》中规定的"直接公然煽动灭绝种族"的行为；《禁止并惩治种族隔离罪行国际公约》中规定的"直接煽动""直接教唆怂恿"犯种族隔离罪行的行为，就不具有基本构成要件的性质。这两种情况，在认定犯罪中应当区别对待。

(5) 参与行为

在共同犯罪中参与策划、协助实施国际犯罪的行为，以及为国际犯罪活动提供帮助的行为,是构成国际犯罪客观要件的一种行为形态。这类行为,虽然不是直接实施国际犯罪的行为或者不是国际犯罪活动中的主要行为,但是由于它与直接构成国际犯罪的主要实行行为具有共同犯罪的关系,是有关国际犯罪整个犯罪过程中的一个环节,因而作为有关国际犯罪的一部分构成相应犯罪的客观要件。

参与行为包括三种情况:

第一,从犯行为,即以直接实施有关国际犯罪的实行行为的方式参与共同犯罪,只是没有在该犯罪中起主要作用。例如《关于制止危害民用航空安全的非法行为的公约》中规定的犯有危害国际民用航空安全罪的人的同犯的行为;《联合国海洋法公约》中规定的明知船舶或飞机成为海盗船舶或飞机的事实而"自愿参加其活动的任何行为";《禁止并惩治种族隔离罪行国际公约》中规定的"参与"种族隔离罪行的行为;《核材料实物保护公约》中规定的"参与"任何非法获取和使用核材料犯罪行为的行为;《反对劫持人质国际公约》中规定的与实施劫持人质者"同谋而参与其事"的行为等。

第二,共同预谋行为,即在预谋阶段参与共同犯罪的行为。例如《关于制止非法劫持航空器的公约》中规定的"企图从事"任何非法劫持航空器罪行的人的同犯的行为;《反对劫持人质国际公约》中规定的与"图谋劫持人质者同谋而参与其事"的行为;《欧洲国际军事法庭宪章》中规定的参加为完成侵略战争之"共同计划或阴谋"的行为。

第三,帮助行为,即以为有关国际犯罪的顺利实施创造条件、提供帮助的行为。例如《联合国禁止非法贩运麻醉药品和精神药物公约》中规定的,明知财产得自非法贩运麻醉药品或精神药物的行为,"为了隐瞒或掩饰该财产的非法来源,或为了协助任何涉及此种犯罪的人逃避其行为的法律后果而转换或转让该财产","隐瞒或掩饰该财产的真实性质、来源、所在地、处置、转移、相关的权利或所有权","资助"非法贩运麻醉药品或精神药物的犯罪活动等行为;《联合国海洋法公约》中规定的"故意便利"海盗行为的任何行为。

2. 危害结果

危害结果并不是构成所有国际犯罪都必须具备的要件,但是在包含了危害结果的国际犯罪中,造成特定的危害结果就是指该种危害行为构成特定国际犯罪不可或缺的客观要件。没有特定的危害结果出现,已经实施的危害行为就只能构成犯罪的未遂。在这类国际犯罪中,犯罪构成的客观要件,实际上是由危害行为、危害结果以及它们之间的因果关系三个要素构成的。

这类国际犯罪,主要有以下三种:

(1) 日内瓦四公约及其附加议定书中规定的战争罪。例如日内瓦四公约分别在第五十条、第五十一条、第一百三十条、第一百四十七条中规定的故意使受保护人的身体及健康"遭受重大痛苦或严重伤害""无军事上之必要而以非法与暴乱之方式对财产之大规模的破坏与征收"。关于日内瓦四公约的第一议定书第八十五条中规定的违反本议定书的有关规定而故意"使平民居民或平民个人成为攻击的对象""使不设防地方和非军事化地带成为攻击的对象"使失去战斗力的人成为攻击的对象,或者"发动使平民居民或民用物体受影响的不分皂白的攻击",或者"发动对含有危险力量的工程或装置的攻击""并造成死亡或对身体健康的严重伤害"。在这类犯罪中,上述犯罪行为只有当其实际造成了死亡或身体健康的严重伤害的危害结果时,才完全符合该犯罪的客观要件。没有这种实际的危害结果，就不构成该犯罪。

（2）《关于制止危害民用航空安全的非法行为的公约》中规定的危害民用航空安全罪。该公约第一条中规定了五种危害民用航空安全的犯罪行为，并且同时规定了对危害结果的要求。例如："对飞行中的航空器内的人从事暴力行为"，必须是"将会危及该航空器的安全"；"破坏使用中的航空器或对该航空器造成损坏"的行为，必须是使该航空器"不能飞行或将会危及其飞行安全"；"用任何方法在使用中的航空器内放置或使别人放置"某种装置或物质，必须是"将会破坏该航空器对其造成损坏使其不能飞行或对其造成损坏而将会危及其飞行安全"的装置或物质；"破坏或损坏航行设备或妨碍其工作"的行为；必须是"将会危及飞行中航空器的安全"的行为；"传送他明知是虚假的情报"，必须是可以"危及飞行中的航空器的安全"的情报。这类犯罪的危害结果，实际上包含了两种，一是实际造成了危害民用航空安全的结果，如飞机坠毁、人员伤亡等；二是足以危及民用航空安全的结果，这种危害结果虽然只是一种可能的结果状态而尚未造成实际的损害，但却是行为实际引起的包含着特定危害内容的危险状态，这种危险状态具有发生进一步的危害结果的现实可能性，因而其本身就可以视为行为已经引起的危害结果。在这类犯罪中，如果没有造成实际的危害结果或者没有造成足以发生危害结果的危险状态，或者这种危害结果与其实际实施的危险行为之间没有因果关系，其行为就不构成该犯罪的客观要件。

（3）《核材料实物保护公约》中规定的非法获取或使用核材料罪中的某些行为。如该公约第七条中规定的"未经合法授权，收受、拥有、使用、转移、更换、处理或散布核材料"的行为，就必须是"引起或可能引起任何人死亡或重大损害"的行为。如果该类行为没有引起或者不可能引起任何人死亡或重大财产损害的结果，就不构成非法获取或使用核材料罪的客观要件。

应当说明的是，没有包含结果要素的国际犯罪，并不意味着这种行为不具有国际危害性。事实上，任何国际犯罪行为，都是对国际社会共同利益的侵害，都具有严重的国际危害性，只是这种国际危害性没有表现为物质性的损害罢了。并且在犯罪构成中不要求特定的结果要素，只是意味着在认定该类犯罪时不问是否实际发生了危害结果。至于对这类犯罪决定刑罚的时候，当然必须考察其是否造成了实际的危害结果。已经造成了实际的危害结果时，应当根据危害程度加重处罚。

3. 情势

在某些国际犯罪中，客观上存在的某种情况或态势，是危害行为构成国际犯罪的重要条件。没有这种特殊的情势，同样的危害行为可能构成国内法上的犯罪，但不能构成国际犯罪。因此，这种特殊的情势对于特定的危害行为构成国际犯罪而言，可以说是不可或缺的。例如，故意杀人、酷刑、强奸、奴役、劫持人质、毁坏财物等暴力行为，如果"属于广泛或有系统地针对平民人口进行的攻击的一部分"，就可能构成危害人类罪，但是如果不是在这种广泛或有系统地针对平民人口进行的攻击中实施的，虽然可能构成国内刑法中的犯罪，但不能构成国际刑法中的危害人类罪。同样地，如果这种行为是在国际武装冲突或者非国际性武装冲突的情况下发生并与该冲突有关，并且是针对受到一项或多项1949年《日内瓦公约》保护的人员或者财产实施的，就可能构成战争罪。构成侵略罪，则要求必须一国对他国实施了侵略行为即一国使用武力或以违反《联合国宪章》的任何其他方式侵犯另一国的主权、领土完整或政治独立的行为。只有在这种国家行为发生的情况下，个人在侵略行为过程中实施的策划、准备、发动或执行侵略行为的行为，才能构成侵略罪。

(二) 构成国际犯罪的主观要件

构成国际犯罪的主观要件或称心理要件（mental element），是指犯罪人在实施国际犯罪行为时对该行为或其结果的心理状态。

M.C. 巴西奥尼在其拟制的《国际刑法典草案》中认为，犯罪人在实施实质要件（即客观要件）时的心理要件应当包括故意（intent）、明知（knowledge）或过失（recklessness），除非犯罪定义指明这三者之一。也就是说，只要有关国际公约在规定相应国际犯罪的定义时没有明确指出该犯罪只能由某种特定的心理要素构成，那么，其主观要件就应当是既可以由故意或明知构成，也可以由过失构成。但是从现有国际刑法规范看，除破坏海底电缆、管道罪之外，几乎找不到可以由过失构成国际犯罪主观要件的情况；从国际犯罪本身的严重性质上来看，这类犯罪也不应当由过失构成。至于明知，如果作为故意的认识因素，无疑是所有故意犯罪都包含着的，即对犯罪行为及其可能引起的危害结果的认识。但是如果作为独立于犯罪故意之外的一种认识因素，则可能与故意并存。

关于国际犯罪的主观要件，有关国际公约在规定相应的国际犯罪时一般都有明确规定。其中包括：故意、明知、明知和故意。

1. 故意

故意是国际犯罪必备的心理要件。故意是有意实施某种构成国际犯罪的行为或者意图实现某种严重危害结果的心理状态。国际公约中对规约规定的方式主要有：

（1）明确指出该类犯罪行为必须是故意实施的

《关于制止危害民用航空安全的非法行为的公约》第一条规定，任何人如果非法地和"故意地"从事下述行为，即犯有罪行。日内瓦四公约及其附加议定书中也在有关犯罪行为前冠有"故意"的限制词，如"故意杀害""故意使……""违反本议定书有关规定而故意作出"，等等。《联合国禁止非法贩运麻醉药品和精神药物公约》第三条中规定：各缔约国应采取可能必要的措施将下列"故意行为"确定为其国内法中的刑事犯罪；各缔约国应在不违背其宪法原则和法律制度基本概念的前提下，采取可能必要的措施，在其国内法中将违反《一九六一年公约》、经修正的《一九六一年公约》或《一九七一年公约》的各项规定，"故意占有、购买或种植麻醉药品或精神药物以供个人消费的行为"，确定为刑事犯罪。又如，《关于防止和惩处侵害应受国际保护人员包括外交代表的罪行的公约》第二条中规定，"每一缔约国应将下列罪行定为国内法上的罪行，即故意：（a）对应受国际保护人员进行谋杀、绑架或其他侵害其人身或自由的行为……"

（2）明确规定该类犯罪的犯罪目的

《禁止并惩治种族隔离罪行国际公约》第二条中规定，所谓"种族隔离的罪行"，是指"为建立和维持一个种族团体对任何其他种族团体的主宰地位并且有系统地压迫他们，而作出的下列不人道行为"。又如《防止及惩办灭绝种族罪公约》第二条中规定，本公约内所称灭绝种族系指"蓄意全部或局部消灭某一民族、人种、种族或宗教团体，犯有下列行为之一者"。这种规定方式，虽然没有明确规定该行为必须是故意实施的，但是这种对犯罪目的的明确规定，就意味着该犯罪行为必须是以实现一定危害结果为目的并在这种目的支配下实施的，因而也必然是并且只能是直接故意的犯罪形态，必然包含着故意的主观要件。

（3）逻辑上只能由故意构成

有些国际公约在规定相应的国际犯罪时虽然没有明确指出主观上的故意，但是从其对行为客观方面的表述看，该犯罪行为在主观上必定是故意而为的。例如，《反对劫持人质国际公约》第一条中规定："任何人如劫持或扣押并以杀死、伤害或继续扣押另一个人（以下称'人质'）为威胁，以强迫第三方，即某个国家、某个国际政府间组织、某个自然人或法人或某一群人，作或不作某种作为，作为释放人质的明示或暗示条件，即为犯本公约意义范围内的劫持人质罪行"。从这一规定中看，构成劫持人质罪，必须有用加害人质的方式强迫第三方作或不作某种行为的行为。这种首先实施一定的行为劫持人质，然后以不进一步加害人质为条件要求第三者按照自己的要求作或不作某种行为并以不满足其要求就进一步加害人质相威胁的行为，只能是有预谋有计划地实施的直接故意犯罪，而不可能是过失行为，甚至也不可能是在间接故意的心理状态支配下实施的犯罪。又如，《关于制止非法劫持航空器的公约》第一条中规定，在飞行中的航空器内"用暴力或用暴力威胁，或用任何其他恐吓方式，非法劫持或控制该航空器，或企图从事任何这种行为"，即是犯有罪行。这种非法劫持或控制飞行中的航空器的犯罪行为，如果没有主观上的明确认识和积极追求，是不可能实施的。这一规定中虽然没有使用"故意地"这一词汇，但是谁也不会认为这种犯罪可以由过失构成。

作为国际犯罪构成的主观要件，这种犯罪故意应当是对构成该犯罪必须具备的客观要件的认识和追求的心理状态。因此，与国际犯罪构成要件的客观要件相结合，构成国际犯罪主观要件的故意，主要是指对有关公约中规定的危害行为的认识和对该行为实施终了的追求，而不包括对危害结果的心理状态，不问其对事后出现的危害结果有无认识、是否追求；只有在有关公约明确地把某种特定危害结果规定为该犯罪的客观要件的场合，其主观要件才应当同时包括对危害行为和危害结果的认识和追求。

2. 明知

除了故意之外，由于在行为实施的过程中某些客观情况的有无直接决定着该行为的性质，所以对这些情况的认识与否也直接影响到犯罪故意的成立与否。特别是在犯罪构成的客观要件中包含着某种情势时，对这种特定的情势是否明知，也是是否构成犯罪必要的心理要件。在这类犯罪中，作为犯罪构成的主观要件，在必须具有对危害行为（及其危害结果）的故意的同时，还必须具有对相关情况的明知。缺乏对这类相关情况的明知，即使是故意实施的行为，也不能构成相应的犯罪。例如，《联合国禁止非法贩运麻醉药品和精神药物公约》第三条第一款在指出"下列故意行为"为犯罪的同时，又在某些列举的行为中增加了"明知其用途或目的是非法种植、生产或制造麻醉药品或精神药物"；"明知财产得自按本款（a）项确定的任何犯罪或参与此种犯罪的行为"；"明知其被用于或将用于非法种植、生产或制造麻醉药品或精神药物"等。又如《1949 年 8 月 12 日日内瓦四公约关于保护国际性武装冲突受难者的附加议定书（第一议定书）》第八十五条第二款中规定的"知悉攻击将造成第五十七条第二款第一项第三目所规定的过分的平民生命损失、平民伤害或民用物体损害""知悉为失去战斗力的人"等。这类规定，不仅包含着对行为的故意的要求，而且包含着对行为过程中的有关情况（如有关物品的性质、用途或来源，行为可能造成的危害后果，行为对象的状况等）的认识。

3. 明知和故意

在通常情况下，故意本身就包含着对危害行为及其结果的明知。但是在《罗马规约》故意犯罪要件的附件中，明知和故意被列举为第三种心理要件，即国际刑事法院管辖的犯罪的心理要件，除了明知、故意作为，还包括"明知还故意"。这种类型的心理要件，是指在犯罪的客观方面必须包含对某种情势的要求时，行为人明知明知情况的存在并且意图制造某种犯罪的结果的情形。例如，在灭绝种族罪中，行为人在实施杀害一人或多人，或者致使一人或多人身体上或精神上遭受严重伤害，或者对一人或多人强加某种生活状况等行为时，不仅"明知"这些人为某一特定民族、族裔、种族或宗教团体的成员，并且意图全部或局部消灭该民族、族裔、种族或宗教团体。这种对特定情况的明知和对特定目的的追求相结合，才算具备了该罪的主观心理要件。

当然，犯罪的心理要件，特别是明知和故意，可以通过证据来证明，也可以从相关事实的情节中推断。

三、关于国际犯罪的主体问题

犯罪主体（criminal subject）是指实施犯罪行为并应依法对自己的犯罪行为承担刑事责任的人。任何国际犯罪，如同国内犯罪一样，都是由一定的主体实施的；任何主体实施了犯罪行为，都应对该犯罪承担刑事责任。因此，在国际犯罪中，也存在着一个主体问题，即谁、在什么条件下，应当对国际犯罪承担刑事责任。

在中国的刑法理论中，犯罪主体是作为犯罪构成的一个要件看待的。因为"任何犯罪行为，都是一定的犯罪主体实施的，没有犯罪主体，就不可能实施危害社会的行为，也不可能有危害社会的故意或过失，从而也就不会有犯罪。所以犯罪主体是犯罪构成不可缺少的要件"。[1]

但是在英美法系国家的刑法理论中，犯罪构成的要件只有主观要件——犯意（故意或者过失）和客观要件——犯罪行为（结果及其因果关系）。在他们看来，没有犯意就没有犯罪行为，包含着犯意的行为就是犯罪。至于实施犯罪行为的主体是否具备一定的条件，那是能否追究其刑事责任的问题，而不是是否构成犯罪的问题。

在大陆法系国家的刑法理论中，犯罪的成立是从构成要件、违法性、有责性三个方面加以考察的。在这种理论体系中，犯罪构成要件本身只是犯罪行为的客观形象，既不包含犯罪实施过程中的心理要素，更不包括犯罪主体本身。

在国际刑法中，为了把英美法系、大陆法系和社会主义法系的概念同已经发展成为法律的国际刑法的特点结合起来，巴西奥尼在他组织拟制的《国际刑法典草案》中把犯罪主体作为刑事责任的主体加以规定，而在国际犯罪要件中回避了这个问题。笔者认为，这种处理是恰当的。

（一）国际犯罪主体的界定

国际犯罪的主体，不仅意味着其已经实施了国际犯罪，而且还意味着该主体必须对自己所实施的国际犯罪承担刑事责任，应当受到有权管辖的法庭的刑事追究。因此，实施国际犯罪的主体，既是犯罪主体，也是承担刑事责任的主体；国际犯罪的主体问题，实质上是国际犯罪的刑事责任主体问题。

从这一立论出发，国际犯罪主体的界定，首先依赖于其行

---

[1] 高铭暄主编：《中国刑法学》，中国人民大学出版社1989年版，第110页。

为是否构成国际犯罪。如果其行为不构成国际犯罪,不包含国际犯罪的主观要件和客观要件,该主体就不能称之为国际犯罪主体。从这个意味上看,国际犯罪的构成实际上是认定国际犯罪主体的前提,没有国际犯罪的构成,就不存在国际犯罪的主体。

国际犯罪主体的界定,同时还依赖于某些责任要素,即在犯罪构成之外,行为主体是否还具备某些承担刑事责任的主体要件。主体如果不具备承担刑事责任的主体要件,也不能成为国际犯罪的主体。在国内刑法中,承担刑事责任的主体要件,主要是刑事责任能力,即主体是否达到了承担刑事责任的年龄、是否存在着承担刑事责任的某种心理障碍和生理障碍、是否具有某种特定的身份或职责等。在国际刑法中,承担刑事责任的主体要件,包括了有关国家国内刑法中规定的全部主体要件。

(二)国际犯罪的主体范围

国际犯罪是以个人的犯罪行为为基础的,国际犯罪的刑事责任是以"个人的刑事责任"(individual criminal responsibility)为基本原则的。因此,国际犯罪的主体主要是实施国际犯罪行为的个人,包括以个人的犯罪行为为基础的有组织犯罪中的犯罪组织。

国际犯罪的主体主要是个人国际犯罪的刑事责任主要是个人责任。这种观点,不仅源自现有国际刑法公约中规定的国际犯罪都是以个人的犯罪行为和个人的刑事责任为基础的,而且因为这一点在一系列官方的和非官方的国际文献中得到了充分的体现和反复的强调。在1945年的《欧洲国际军事法庭宪章》中就曾规定:对于战争犯罪,"犯人应负其个人责任"。1946年联合国大会确认的"纽伦堡原则"(Nuremberg Principle)第一条规定:任何人实施了按照国际法构成犯罪的行为,都应当承担责任并因此应当受刑罚处罚。这一原则也是创建前南斯拉夫特别法庭和卢旺达特别法庭的基础。1993年联合国大会通过的《前南斯拉夫国际刑事法庭法规》(the Statute of the International Criminal Tribunal for Former Yugoslavia) 第6条规定：国际刑事法庭依照本法规的规定对自然人 (natural persons) 有管辖权。第7条进一步对参与国际刑事法庭管辖范围内的犯罪确立了个人责任原则，明确地规定了个人的官方职务、上级的过失责任、上级命令等不得影响个人对其行为应负的责任。关于《前南斯拉夫国际刑事法庭法规》中"管辖权"的规定，联合国秘书长在其1993年5月3日向联合国安全理事会的报告中解释道：国际刑事法庭的管辖权和国际犯罪的刑事责任，是以个人为基础的 ("on the basis of individual")。联合国国际法委员会1994年向联合国大会提交的《国际刑事法院法规草案》，虽然没有像《前南斯拉夫国际刑事法庭法规》那样明确规定管辖范围是实施国际犯罪的个人，但是其中关于管辖权的规定，也包含着类似的内容。如《国际刑事法院法规草案》第21条"管辖权存在的前提"规定：本法院对实施本法规第20条规定的犯罪的人 (a person) 享有管辖权，如果关押犯罪嫌疑人的国家或者犯罪地国根据本法规第25条提出起诉。专家们认为，本法规草案中所说的"a person"只能是个人。正式通过的《国际刑事法院规约》第25条明确规定了"个人刑事责任"，即"本法院根据本规约对自然人具有管辖权""实施本法院管辖权内的犯罪的人，应依照本规约的规定负个人责任，并受到处罚"。因此个人刑事责任必须是任何国际刑事法院的基石，是对任何国际犯罪进行起诉的基础。[1]

---

[1] Christopher L. Blakesley: "Jurisdiction, Definition of Crimes and Triggering Mechanism", The international Criminal Court: Observations and Issues Before the 1997-98 Preparatory Committee; and Administrative and Financial Implications 1997. P. 183.

个人在以下情况下，可能成为国际犯罪的主体，亦即刑事责任的主体：

1. 以自己的作为或不作为行为实施或者参与实施国际刑法公约中规定的国际犯罪；

2. 组织、领导、指挥他人实施国际刑法公约中规定的国际犯罪行为；

3. 预谋、共谋、意图和准备实施国际刑法公约中规定的国际犯罪；

4. 教唆、怂恿、公然煽动他人实施国际刑法公约中规定的国际犯罪；

5. 以领导者、公务员等法定职务所享有的权力，命令他人实施国际刑法公约中规定的国际犯罪行为；

6. 依其身份或职责要求，根据或服从上级的命令、指示实施国际刑法公约中规定的国际犯罪；

7. 资助、帮助或便利他人实施国际刑法公约中规定的国际犯罪。

个人作为国际犯罪的主体，在具体案件中，可以是一个人，也可以是若干人。特别是在现代社会中，国际犯罪常常以有组织犯罪的形式出现。有组织犯罪的主体，从形式上看是犯罪组织，但实际上仍然是个人。因为有组织犯罪的犯罪行为是由建立在共同犯罪基础上的个人的犯罪行为来完成的，有组织犯罪的刑事责任是由参与犯罪的各个个人来承担的，犯罪组织只是个人犯罪的一种表现形式。当然，在有组织犯罪的场合，如同在其他共同犯罪的场合一样，个人的刑事责任要受到参与犯罪的其他人的犯罪行为的影响。

除了个人之外，组织（团体）或机构在某些情况下，也有可能成为国际犯罪的主体。这些组织（团体）或机构不同于犯罪组织。犯罪组织是个人之间以实施某种或某类犯罪为目的纠合在一起所形成的相对固定或稳定的集团，如国际恐怖主义组织、国际贩运毒品组织等。实施犯罪是其基本的活动宗旨或者是其活动的主要资金来源。犯罪组织的存在本身是非法的，犯罪组织的每一个成员，都是犯罪的主体，同时也都是承担刑事责任的主体。因此，犯罪组织只是个人作为犯罪主体的一种特殊表现形式，是国际犯罪主体的主要部分，而不是此处所说的组织（团体）或机构。

可以成为国际犯罪主体的组织（团体）或机构，是指以合法程序建立的组织（团体）或机构。这类组织（团体）或机构，在履行自己的合法职责或者在实现自己合法目的的过程中，如果通过集体决定实施某种国际犯罪；如果其领导机构成员在自己的职权范围内以该组织（团体）或机构的名义或者为了该组织（团体）或机构的利益，实施了国际犯罪；如果该组织（团体）所授权的其他人员在授权范围内以该组织（团体）或机构的名义实施了国际犯罪，该组织（团体）或机构即构成相应国际犯罪的主体。在这种情况下，不仅具体实施国际犯罪行为的个人，要对自己所实施的国际犯罪承担刑事责任，而且该组织（团体）或机构也要作为国际犯罪的主体对之承担刑事责任。

关于这种情况，现有国际刑法规范中并没有明确的规定，但是，《欧洲国际军事法庭宪章》第九条中曾规定，于审判任何团体或组织之任何分子个人时，本法庭得宣布该个人所属之团体或组织为犯罪组织；《禁止并惩治种族隔离罪行国际公约》中明确使用了"犯有种族隔离罪行的组织、机构"的用语。这些规定的精神，无疑意味着上述情况下该组织或机构即成为国际犯罪的主体。此外，在同非法制造和贩运毒品的国际犯罪作斗争的国际实践中，也可以看到这类情况的存在。

当然，在以一定组织为国际犯罪主体的场合，该组织所承担的刑事责任并不能替代有关个人作为犯罪主体应当承担的刑事责任。在这类国际犯罪中，有关组织和个人都应当作为犯罪的主体承担各自应负的刑事责任。

(三) 关于国家的刑事责任问题

在现有的国际刑法公约中，尚未出现过把国家作为国际犯罪主体的明文规定。但是按照《1907年10月18日海牙第四公约》即《陆战法规和惯例公约》及其附件《关于陆战法规和惯例的章程》，违反陆战法规和惯例的交战国，应在必要时负责赔偿，并应对其武装力量中任何人的一切行为（包括犯罪行为）负责。这就意味着国家在一定场合下可能成为承担刑事责任的主体。从第二次世界大战后审判战争罪犯的国际实践中来看，国家承担战争责任的方式，主要是赔款——具有惩罚性质的战争赔偿；限制主权——对发动侵略战争的国家实行军事占领和军事管制。在把进行战争作为国家权利和推行国家政策的工具的年代里，只要是战争中的胜利者，即使是侵略别国的国家，也可以"合法"地强迫战败国"赔款"，甚至割让领土。这种赔款并不具有对犯有侵略罪行的国家追究刑事责任的性质，因而不是国家刑事责任的一种承担方式。第二次世界大战后，国际社会对德国、意大利和日本的国际制裁，是否具有对国际犯罪实行刑事制裁的性质，始终是一个存有争议的问题。有的认为，这是审判国家的战争犯罪行为并要求国家对战争犯罪承担刑事责任的国际实践。但是也有人认为，这只是的发动侵略战争的国家的国际制裁，而不是追究国家的刑事责任，第二次世界大战之后对战争犯罪的审判，主要是追究犯有战争罪行的个人的刑事责任。

"国家刑事责任"的概念，首次出现在国际文献中，是联合国国际法委员会1979年起草的《关于国家责任的条文草案》。该条文草案第19条规定：（1）一国的行为如构成违背国际义务，即为国际不当行为，不论所违背的国际义务的主题如何。（2）一国所违背的国际义务对于保护国际社会的根本利益至关重要，以致整个国际社会公认违背该项义务是一种罪行时，其因而产生的国际不当行为构成国际罪行。（3）在第（2）款规定的限制下，并根据现行国际法规则，国际罪行除了别的以外，可以由于下列各项行为而产生：a. 严重违背对维护国际和平与安全具有根本重要性的国际义务，例如禁止侵略的义务；b. 严重违背对维护各国人民的自决权利具有根本重要性的国际义务，例如禁止以武力建立或维持殖民统治的义务；c. 大规模地严重违背对保护人类具有根本重要性的国际义务，例如禁止奴隶制度、灭绝种族和种族隔离的义务；d. 严重违背对维护和保全人类环境具有根本重要性的国际义务，例如禁止大规模污染大气层或海洋的义务。（4）任何国际不当行为之按照第（2）款的规定并非国际罪行者均构成国际不法行为。这一规定本身意味着国家可以成为国际犯罪的主体，因而被一些学者视为国家对自己的国际犯罪行为承担刑事责任的根据。

从这一观点出发，可以认为，国家在以下两种情况下可能成为国际犯罪的主体：一种是在战争犯罪的场合。当一国计划、准备、发动或从事对他国的侵略战争时，实行侵略战争的国家便成为侵略罪的主体，并应对其实行的侵略战争的后果承担刑事责任。在战争过程中，一国的武装部队如果违反战争法规或惯例，构成战争罪或反人道罪，该国亦应作为犯罪主体对其武装部队的这类国际犯罪行为承担刑事责任。此外，一国的权威人士代表、支持或以国家名义实施的国际犯罪，国家也应同时成为犯罪主体对之承担刑事责任。另一种场合是在国家不履行公约规定的国际义务从而以其不作为构成国际犯罪的场合。在这种场合下,国家径直成为国际犯罪的主体。

然而,值得注意的是,联合国国际法委员会起草的这个条文草案,至今都没有在联合国大会上得以通过,不能将其视为有效的国际刑法规范。并且,该条文草案所提出的国家刑事责任的主张,不论是在各国代表之间,还是在国际刑法领域的专家学者之间,都始终存在着争论。关于国家刑事责任的规定亦即认定国家可以成为国际犯罪主体的规定,迄今为止,尚未出现在任何生效的国际刑法公约中。

更值得注意的是,曾经提出过"国家刑事责任"概念的联合国国际法委员会,在其1991年4月29日提交报告并于1993年5月3日正式提交联合国大会讨论的《危害人类和平与安全罪法典草案》(Draft Code of Crimes against the Peace and Security of mankind)和其1994年9月1日提交给联合国大会的《国际刑事法院法规草案》(Draft Statute for an international Criminal Court)中,都放弃了、至少是没有明确使用"国家刑事责任"或"国家的国际罪行"或"国家的犯罪行为"之类的概念,没有把国家作为国际犯罪的主体来规定。例如,在上述《危害人类和平与安全罪法典草案》中,其第3条"责任与刑罚"第一款规定:犯有危害人类和平与安全罪的个人(an individual),应当负刑事责任,并且应当因此而受刑罚处罚。而在其第5条"国家的责任"中则规定:因危害人类和平与安全罪而对个人的起诉,不得免除国家因可归咎于它的作为或不作为而按照国际法所应当承担的任何责任(a State of any responsibility under international law)。这样措辞,意味着国家对于可归咎于它的国际犯罪行为,应当按照国际法承担责任,但是这种责任，未必是或者未必可以称之为刑事责任。对此，有的专家评论道：国际法委员会在此使用"国家的责任"（the responsibility of the state or 'any responsibility' of the state），而没有使用"国家的刑事责任"（criminal responsibility of the state），是十分谨慎的。国家按照国际法应当承担的责任，既区别于个人按照国际法应当承担的刑事责任，也区别于个人按照国内法应当承担的刑事责任。因为把国家作为罪犯的思想和"国家刑事责任"的观念，仍然是有争议的。[1] 当然，也有学者对此提出了批评，认为这一规定是含糊其词，回避了国家能否承担刑事责任这个实质问题。

与之类似的是，国际刑法领域的权威人士巴西奥尼教授，也是"国家刑事责任"的倡导者，但是在其主持起草的《国际刑事法庭法规草案》（Draft Statute of the International Criminal Tribunal）第12条"建立国际刑事法庭的目的"中，将建立国际刑事法庭的目的明确规定为两项：一是审断当事国之间在解释公约和习惯国际刑法中的犯罪时出现的冲突、争端或纠纷；二是审断当事国指控的违犯国际刑法和国内刑法的个人的刑事责任。在整部法规草案中，没有提及任何国家刑事责任的问题。

上述两个情况表明，即使是主张国家应当对自己的国际犯罪承担刑事责任的学者，也不能确信把国家作为国际犯罪的主体具有充分的理由，至少他们也承认并不是大多数人都能接受把国家作为国际犯罪主体的观点。

国家能否成为国际犯罪的主体、是否应当对可以归因于它

---

[1] Commentaries on the International Law Commission's 1991 Draft Code of Crimes against the Peace and Security of mankind, edited by M. Cherif Bassiouni; 1993. P. 129.

的国际犯罪承担刑事责任，主要是在国家行为构成国际犯罪的场合。然而，最能说明这个问题的侵略罪，在2017年12月15日《国际刑事法院罗马规约》缔约国大会通过的关于侵略罪定义及其管辖权的决议中，这个问题似乎有了明确的答案，即侵略罪虽然包含了一国对另一国实施的侵略行为，但侵略罪的犯罪主体只是策划、准备、发动或执行侵略行为的个人。国际刑事法院只对实施策划、准备、发动或执行侵略行为的个人行使管辖权，并不能追究实施侵略行为的国家的刑事责任。这应该说是对多年来有关国家刑事责任问题的一个非正式的回答。

国家不是国际犯罪的主体，不受国际刑事法院的管辖，并不意味着国家对自己违反国际法的行为不承担任何责任。《国际刑事法院规约》在规定个人刑事责任时，明确指出"本规约关于个人刑事责任的任何规定，不影响国家依照国际法所负的责任"。这意味着，国家依照国际法所承担的国际责任，与个人所承担的国际犯罪的刑事责任，是相互独立、并行不悖的。

四、国际犯罪的刑事责任

与国内刑法中的犯罪一样，国际犯罪的实施，必然要引起实施者的刑事责任问题。

（一）国际犯罪的刑事责任的称谓及其内容

关于国际犯罪的刑事责任，我国一些学者将其称为"国际刑事责任"[1]。这种提法主要来源于日本学者对国际犯罪的刑事责任的称谓。如日本学者山本草二在其所著的《国际刑事法》一书中，就将对实施国际犯罪的个人应当追究的刑事责任称为"个人的国际刑事责任"[2]。在西方国家，虽然也有使用

---

[1] 如赵永琛著：《国际刑法与司法协助》，法律出版社1994年版，第90页；林欣主编：《国际刑法问题研究》，中国人民大学出版社2000年版，第128页等。

[2] 参见〔日〕山本草二著：《国际刑事法》，三省堂1991年版，第83页。

"the international criminal responsibility"一词的，但是并不常见，并且不在正式文献中出现。

笔者认为，"国际刑事责任"的提法是一个容易引起歧义的、错误的用语，应当摒弃。因为第一，从用语习惯上来看，"个人刑事责任"（individual criminal responsibility）是指个人应当承担的刑事责任，"国家刑事责任"（the criminal responsibility of a state）是指国家应当承担的刑事责任。而"国际刑事责任"无论如何谁也不能将其解释为国际社会应当承担的刑事责任。显然，与作为同类术语的其他常用术语相比，"国际刑事责任"的提法，在语言逻辑上是讲不通的。第二，从实际内容上来看，按照我国学者的解释，"国际刑事责任"是指国际罪行的主体因其实施了为国际刑法所禁止的行为，严重违反了国际义务而承担的法律后果[1]；或者是指犯有国际罪行者对其所犯国际罪行依国际刑法的规定所承担的刑事责任[2]。如果按照这种解释，实施了国内刑法所禁止的行为，依照国内刑法所承担的刑事责任，岂不就可以称为"国家刑事责任"了？这种定义的方式，显然是违背常识。第三，现有的国际刑法规范中并没有关于国际犯罪的刑事责任具体内容和实现方式的规定，因而有关国际刑法公约都要求各缔约国依照本国宪法制定必要的法律对国际犯罪规定有效的惩罚，并要求各缔约国按照国内法律的规定防止和惩治国际犯罪。按照国际刑法公约的明确规定，对国际犯罪追究刑事责任，既要根据国际刑法的规定，又要依照有关国家国内刑法的规定。离开了有关国家国内刑法关于刑罚及其具体适用的规定，单纯依照国际刑法，是难以追究

---

[1] 赵永琛著：《国际刑法与司法协助》，法律出版社1994年版，第90页。
[2] 邵沙平著：《现代国际刑法教程》，武汉大学出版社1993年版，第101页。

第四章 国际犯罪及其刑事责任的一般原理

国际犯罪的刑事责任的。这本身就意味着，国际犯罪的刑事责任，并不是独立于国内刑法中规定的刑事责任之外的法律现象，不是与国内犯罪的刑事责任完全不同的责任类型。第四，从国际实践中看，对国际犯罪追究刑事责任，在绝大多数场合，也都是按照有关国家的国内刑法追究刑事责任的。依照国内刑法对实施国际犯罪的人追究刑事责任，与依照国内刑法对实施国内刑法上的犯罪的人追究刑事责任，别无二致。

事实上，实施国际犯罪的人依照国际刑法所承担的刑事责任，与实施国内刑法上的犯罪的人依照国内刑法所承担的刑事责任，在"刑事责任"这一点上，不论是刑事责任的法律性质，还是刑事责任的具体内容，抑或刑事责任的实现方式，都没有任何实质性的区别，甚至没有任何明显的差别。因此，对于国际犯罪的刑事责任，没有必要在"刑事责任"的概念之外加上一个"国际"的概念。所以说，"国际刑事责任"的提法，既不科学，也没有任何实际意义，并且还容易引起歧义。

国际犯罪的刑事责任，既不是"国际上的"刑事责任，也不是"国际性的"刑事责任，而是国际犯罪的主体依照国际刑法和有关国家的国内刑法，应当承担的刑事责任。这种刑事责任，与国内犯罪的刑事责任一样，都表现为接受刑事审判和承担刑罚处罚的法定义务。这种义务，既包括接受刑事审判（及其刑事诉讼中的强制措施、引渡等）的义务，也包括承受由自己的犯罪行为所带来的惩罚（刑罚及相关惩罚）的义务。

（二）国际犯罪的刑事责任原则

按照有关国际公约的规定，对于已经发生的国际犯罪，应当按照以下原则追究刑事责任：

1. 有罪必罚原则

任何人在任何地方实施了国际犯罪，都应当对之承担刑事责任，都应当受到刑事制裁。这是在追究国际犯罪的刑事责任时必须坚持的首要原则，也是国际刑法的内在生命。如果不能确保对于已经发生的国际犯罪追究刑事责任，国际刑法规范就会形同虚设，就无法发挥国际刑法在同国际犯罪作斗争中的应有作用，从而违背国际社会创建国际刑法的初衷。在国际刑法中，普遍管辖原则的确立，正是为了保障对于国际犯罪的有罪必罚原则的贯彻。对于国际犯罪，不得作为政治犯予以庇护，也是国际社会为了保障对犯有国际罪行的人的刑事追究而做出的努力。

2. 个人责任原则

任何具有刑事责任能力的个人，都必须对自己所实施的国际犯罪承担刑事责任，这是国际社会公认的并在国际刑法规范中得到体现的基本原则。个人责任原则包括两层含义：一是任何人都应当对自己所实施的犯罪行为承担刑事责任，而不能以任何借口推卸和逃避应当承担的刑事责任；二是任何人都只对自己所实施的犯罪行为承担刑事责任，而不对其他人的犯罪行为承担刑事责任。个人犯罪并不意味着仅仅是单个人的犯罪。不论是在一般共同犯罪的场合，还是在有组织犯罪的场合，都是以个人的犯罪行为为基础的，都是以个人为犯罪主体的。当然，在一般共同犯罪或有组织犯罪的场合，刑事责任的分担要受到共同犯罪或有组织犯罪的制约，每个人并不完全是根据其本人的独立的犯罪行为来确定应负的刑事责任。在共同犯罪中，特别是在有组织的犯罪中，上级的命令和指挥不能成为免除执行者个人刑事责任的理由。个人责任原则并不意味着只有具体实施的人才能对自己的犯罪行为承担刑事责任。国际犯罪的组织指挥者，虽然没有直接实施任何具体的犯罪行为，也要对他指挥下实施的国际犯罪承担刑事责任。特别是战争犯罪中的军事指挥官和以军事指挥官身份行事的人,在其有效指挥或者控制下的部队实施的战争犯罪行为,指挥者也要对其承担刑事责任。

关于个人责任原则,值得注意的是联合国国际法委员会1991年的《危害人类和平与安全罪法典草案》。该法典草案以个人责任原则为基础,对危害人类和平与安全罪的刑事责任作了一系列明确的规定。其中,第三条"责任与刑罚":犯有危害人类和平与安全罪的人,应当负刑事责任,并且应当因此而受刑罚处罚;帮助、教唆或为危害人类和平与安全罪的实施提供工具的人,或者共谋、直接促成危害人类和平与安全罪的实施的人,应当负刑事责任,并且应当因此而受刑罚处罚;其所实施的行为构成危害人类和平与安全罪的未遂的人,应当负刑事责任,并且应当因此而受刑罚处罚。第四条"动机":危害人类和平与安全罪的责任不受该罪定义所没有包含的被告人的动机的影响。第十一条"政府或上级的命令":被控犯有危害人类和平与安全罪的人依照政府或上级的命令而行事这一事实,不得免除他的刑事责任,如果按照当时的情况,他不遵守该命令是可能的。第十二条"上级的责任":危害人类和平与安全罪是由其部属实施的这一事实,不得免除其上司的刑事责任,如果按照当时的情况,他们知道或者有情报使他们能够断定其部属正在实施或准备实施该犯罪并且如果他们没有在其权力范围内采取可行的手段防止或阻止该犯罪。第十三条"官职与责任":实施危害人类和平与安全罪的官职,尤其是他作为国家或政府领导而行动这一事实,不得免除他的刑事责任。这些规定,是在总结国际社会惩罚战争犯罪的实践和国际社会公认的刑事责任原则的基础之上提出的,反映了适用于国际犯罪的个人刑事责任原则的主要内容。

3. 罪刑均衡原则

罪刑均衡原则是指每个人所承担的刑事责任的大小和其所受刑罚的轻重与其犯罪的严重程度，应当大致平衡。重罪应当适用重刑，轻罪则应适用轻刑。罪刑均衡是近代刑法中普遍倡导的原则，也是国际刑法中普遍认可的刑事责任原则。例如，《反对劫持人质国际公约》第二条专门规定："每一缔约国应按照第一条所称罪行的严重性处以适当的惩罚。"《关于防止和惩处侵害应受国际保护人员包括外交代表的罪行的公约》和《核材料实物保护公约》，也以类似条款，明确规定各缔约国应当按照犯罪的严重性质给予适当的惩罚。《联合国禁止非法贩运麻醉药品和精神药物公约》更进一步规定："各缔约国应使按本条第一款确定的犯罪受到充分顾及这些罪行的严重性质的制裁，诸如监禁或以其他形式剥夺自由，罚款和没收。"这些规定所确认和体现的，无疑是罪刑均衡原则。

罪刑均衡原则，尽管在国际刑法中得到普遍认可，但要在实践中真正贯彻甚为艰难。其主要原因在于，罪刑均衡原则要求在对同一犯罪的量刑上坚持相同的标准，从而使犯有相同罪行的人不论在哪里都能受到大致相等的刑事制裁。然而，在现有的国际刑法规范中，始终没有关于各种犯罪的最低刑和最高刑的规定，对各种国际犯罪确定刑罚，完全由各国自己决定，这就使罪刑均衡原则在实际贯彻中失去了共同的标准。在这种情况下，各国由于政治经济形势不同、社会秩序的状况不同，特别是由于法律传统和价值观念的不同，对犯罪危害程度的认识以及刑法中规定的刑罚轻重是很不相同的。例如，就死刑而言，有些国家已经废除了死刑，有些国家却存在着死刑扩大适用的趋势。因此，按照犯罪的严重性质决定对其应处的刑罚，虽然可能在一国刑法内做到罪刑均衡，但是作为国际犯罪，在国际范围内就很难保证各国所决定的惩罚之间的均衡。这就会使实施了相同性质的国际犯罪的人仅仅由于受审法院的国度不同而承担相去甚远的刑事责任，甚至在同一国际犯罪中由于各共同犯罪人的国籍国或受审法院的所属国的不同，从犯可能受到远远重于主犯的刑事制裁。这对国际刑法中的罪刑均衡原则是个极大的冲击。为了解决这个问题，有关国际公约在对国际犯罪规定惩罚的同时，应当尽可能地吸收各大法系中共同的东西，规定出世界各国可以普遍接受的刑罚尺度，要求各缔约国在对有关国际犯罪实行刑事管辖时，确保对认定犯有该罪行的人判处最低不轻于和最高不重于何种刑罚的刑罚。考虑到国际犯罪在不同案件中的实际危害，对刑罚幅度也分别可以若干情节予以规定。这是罪刑均衡原则之适用于国际犯罪的必要保障。

4. 双重责任原则

双重责任原则是个人责任原则的补充。在个人代表某个组织实施国际犯罪的场合，个人的犯罪行为既是其个人的行为，也是该组织的犯罪活动，该组织因此也就成为犯罪组织。对此，应当按照共同犯罪（犯罪集团的犯罪或法人犯罪）的原理来追究有关个人和组织的刑事责任。至于专为实施跨国性犯罪而形成或建立的跨国性犯罪集团，其中任何个人按照该组织的宗旨或指令实施的国际犯罪，该组织和实施者个人当然都应当对之承担刑事责任。

（三）国际犯罪刑事责任原则的新概括

关于国际犯罪的刑事责任，《国际刑事法院罗马规约》在全面编纂国际公约中有关国际犯罪刑事责任的规定，确认世界各国有关刑事责任的一般原则的基础上，对之作了完整的规定：

第二十二条　法无明文不为罪

（一）只有当某人的有关行为在发生时构成本法院管辖权内的犯罪，该人才根据本规约负刑事责任。

（二）犯罪定义应予以严格解释，不得类推延伸。涵义不明时，对定义作出的解释应有利于被调查、被起诉或被定罪的人。

（三）本条不影响依照本规约以外的国际法将任何行为定性为犯罪行为。

第二十三条　法无明文者不罚

被本法院定罪的人，只可以依照本规约受处罚。

第二十四条　对人不溯及既往

（一）个人不对本规约生效以前发生的行为负本规约规定的刑事责任。

（二）如果在最终判决以前，适用于某一案件的法律发生改变，应当适用对被调查、被起诉或被定罪的人较为有利的法律。

第二十五条　个人刑事责任

（一）本法院根据本规约对自然人具有管辖权。

（二）实施本法院管辖权内的犯罪的人，应依照本规约的规定负个人责任，并受到处罚。

（三）有下列情形之一的人，应依照本规约的规定，对一项本法院管辖权内的犯罪负刑事责任，并受到处罚：

1. 单独、伙同他人、通过不论是否负刑事责任的另一人，实施这一犯罪；

2. 命令、唆使、引诱实施这一犯罪，而该犯罪事实上是既遂或未遂的；

3. 为了便利实施这一犯罪，帮助、教唆或以其他方式协助实施或企图实施这一犯罪，包括提供犯罪手段；

4. 以任何其他方式支助以共同目的行事的团伙实施或企图实施这一犯罪。这种支助应当是故意的，并且符合下列情况之一：

（1）是为了促进这一团伙的犯罪活动或犯罪目的，而这种活动或目的涉及实施本法院管辖权内的犯罪；

（2）明知这一团伙实施该犯罪的意图；

5. 就灭绝种族罪而言，直接公然煽动他人灭绝种族；

6. 已经以实际步骤着手采取行动，意图实施犯罪，但由于其意志以外的情况，犯罪没有发生。但放弃实施犯罪或防止犯罪完成的人，如果完全和自愿地放弃其犯罪目的，不按犯罪未遂根据本规约受处罚。

（四）本规约关于个人刑事责任的任何规定，不影响国家依照国际法所负的责任。

第二十六条 对不满十八周岁的人不具有管辖权

对于实施被控告犯罪时不满十八周岁的人，本法院不具有管辖权。

第二十七条 官方身份的无关性

（一）本规约对任何人一律平等适用，不得因官方身份而差别适用。特别是作为国家元首或政府首脑、政府成员或议会议员、选任代表或政府官员的官方身份，在任何情况下都不得免除个人根据本规约所负的刑事责任，其本身也不得构成减轻刑罚的理由。

（二）根据国内法或国际法可能赋予某人官方身份的豁免或特别程序规则，不妨碍本法院对该人行使管辖权。

第二十八条 指挥官和其他上级的责任

除根据本规约规定须对本法院管辖权内的犯罪负刑事责任的其他理由以外：

（一）军事指挥官或以军事指挥官身份有效行事的人，如果未对在其有效指挥和控制下的部队，或在其有效管辖和控制下的部队适当行使控制，在下列情况下，应对这些部队实施的本法院管辖权内的犯罪负刑事责任：

1. 该军事指挥官或该人知道，或者由于当时的情况理应知道，部队正在实施或即将实施这些犯罪；和

2. 该军事指挥官或该人未采取在其权力范围内的一切必要而合理的措施，防止或制止这些犯罪的实施，或报请主管当局就此事进行调查和起诉。

（二）对于第一款未述及的上下级关系，上级人员如果未对在其有效管辖或控制下的下级人员适当行使控制，在下列情况下，应对这些下级人员实施的本法院管辖权内的犯罪负刑事责任：

1. 该上级人员知道下级人员正在实施或即将实施这些犯罪，或故意不理会明确反映这一情况的情报；

2. 犯罪涉及该上级人员有效负责和控制的活动；和

3. 该上级人员未采取在其权力范围内的一切必要而合理的措施，防止或制止这些犯罪的实施，或报请主管当局就此事进行调查和起诉。

第二十九条　不适用时效

本法院管辖权内的犯罪不适用任何时效。

第三十条　心理要件

（一）除另有规定外，只有当某人在故意和明知的情况下实施犯罪的物质要件，该人才对本法院管辖权内的犯罪负刑事责任，并受到处罚。

（二）为了本条的目的，有下列情形之一的，即可以认定某人具有故意：

1. 就行为而言，该人有意从事该行为；

2. 就结果而言，该人有意造成该结果，或者意识到事态的一般发展会产生该结果。

（三）为了本条的目的，"明知"是指意识到存在某种情况，或者事态的一般发展会产生某种结果。"知道"和"明知地"应当作相应的解释。

第三十一条　排除刑事责任的理由

（一）除本规约规定的其他排除刑事责任的理由外，实施行为时处于下列状况的人不负刑事责任：

1. 该人患有精神病或精神不健全，因而丧失判断其行为的不法性或性质的能力，或控制其行为以符合法律规定的能力；

2. 该人处于醉态，因而丧失判断其行为的不法性或性质的能力，或控制其行为以符合法律规定的能力，除非该人在某种情况下有意识地进入醉态，明知自己进入醉态后，有可能从事构成本法院管辖权内的犯罪的行为，或者该人不顾可能发生这种情形的危险；

3. 该人以合理行为防卫本人或他人，或者在战争罪方面，防卫本人或他人生存所必需的财产，或防卫完成一项军事任务所必需的财产，以避免即将不法使用的武力，而且采用的防卫方式与被保护的本人或他人或财产所面对的危险程度是相称的。该人参与部队进行的防御行动的事实，本身并不构成本项规定的排除刑事责任的理由；

4. 被控告构成本法院管辖权内的犯罪的行为是该人或他人面临即将死亡的威胁或面临继续或即将遭受严重人身伤害的威胁而被迫实施的，该人为避免这一威胁采取必要而合理的行动，但必须无意造成比设法避免的伤害更为严重的伤害。上述威胁可以是：

(1) 他人造成的；或

(2) 该人无法控制的其他情况所构成的。

(二) 对于审理中的案件，本法院应确定本规约规定的排除刑事责任的理由的可适用性。

(三) 审判时，除可以考虑第一款所列的排除刑事责任的理由外，本法院还可以考虑其他排除刑事责任的理由，但这些理由必须以第二十一条规定的适用的法律为依据。《程序和证据规则》应规定考虑这种理由的程序。

第三十二条 事实错误或法律错误

(一) 事实错误只在否定构成犯罪所需的心理要件时，才可以作为排除刑事责任的理由。

(二) 关于某一类行为是否属于本法院管辖权内的犯罪的法律错误，不得作为排除刑事责任的理由。法律错误如果否定构成犯罪所需的心理要件，或根据第三十三条的规定，可以作为排除刑事责任的理由。

第三十三条 上级命令和法律规定

(一) 某人奉政府命令或军职或文职上级命令行事而实施本法院管辖权内的犯罪的事实，并不免除该人的刑事责任，但下列情况除外：

1. 该人有服从有关政府或上级命令的法律义务；

2. 该人不知道命令为不法的；和

3. 命令的不法性不明显。

(二) 为了本条的目的，实施灭绝种族罪或危害人类罪的命令是明显不法的。

这些规定表明，国际刑事法院追究其管辖范围内的犯罪的刑事责任所坚持的基本原则有：第一，罪刑法定原则，法无明文不为罪，法无明文不处罚；第二，不溯及既往原则；第三，个人刑事责任原则;第四,官方身份无涉原则;第五,指挥官和其他上级不免责原则;第六,不适用时效原则;第七,罪过责任原则,即具有刑事责任能力的人在自己能够判断和控制的情况下基于故意或者过失而实施的国际犯罪行为,行为人应当承担刑事责任。这些原则,尽管在罗马规约中只是针对国际刑事法院管辖范围内的犯罪规定的,但是由于它包含了国际社会普遍认可的、世界各国刑法中广泛适用的追究严重犯罪的一般原则,所以应当适用于所有的国际犯罪。

五、国际犯罪的分类

国际犯罪的分类,涉及两个问题:一是究竟有哪些国际犯罪;二是对于这些国际犯罪如何进行分类。

(一)国际犯罪的种类

《危害人类和平与安全罪法典草案》是联合国国际法委员会从1949年起就开始起草的一部国际刑法典草案。在40多年的努力中,该法典草案几易其稿。其中对危害人类和平与安全罪的罪名也分别采取了几种不同的立法方式。其1993年正式提交给联合国大会的法典草案,将危害人类和平与安全罪分为12种加以规定,即侵略罪;侵略威胁罪、干涉别国内政罪;殖民统治及其他形式的外来统治罪;灭绝种族罪;种族隔离罪;有组织地或大规模地侵犯人权罪;特别严重的战争罪;招募、使用、资助、训练雇佣兵罪;国际恐怖活动罪;非法贩运麻醉药物罪;非法地严重危害环境罪。按照著名国际刑法学家巴西奥尼的说法,该法典草案虽然是编纂国际刑法的努力,但是囿于其名称的限制,并未包括所有现存的、公认的国际犯罪[1]。不

---

[1] Commentaries on the International Law Commission's 1991 Draft Code of Crimes against the Peace and Security of mankind, edited by M. Cherif Bassiouni: 1993. P. 2.

过，笔者认为，联合国国际法委员会起草该法典草案的初衷是编纂国际刑法，因而它所包含的国际犯罪应当是编纂者认定的主要的国际犯罪。特别是由于该法典草案把毒品犯罪和环境犯罪纳入其中，即表明它不是在狭义上使用"人类安全"这个概念的，而是在广义上即在与人类生存有关的意义上使用这一概念的。

但是，国际法委员会在其1994年9月1日正式提交给联合国大会的《国际刑事法院法规草案》，又将国际犯罪列举为十三种：其第二十条"国际刑事法院管辖的犯罪"中规定国际刑事法院依照本法规对下列犯罪享有管辖权：（1）灭绝种族罪；（2）侵略罪；（3）严重违犯可适用于武装冲突的法律和惯例的犯罪；（4）反人道罪；（5）依照条约规定构成的犯罪。其附件规定第二十条第五款所指依照条约构成的犯罪包括：（1）严重违犯1949年8月12日日内瓦四公约及其1977年附加议定书的犯罪；（2）1970年12月16日《关于制止非法劫持航空器的公约》第一条定义的非法劫持航空器罪；（3）1971年9月23日《关于制止危害民用航空安全的非法行为的公约》第一条定义的犯罪；（4）1973年11月30日《禁止并惩治种族隔离罪行国际公约》第二条定义的种族隔离及有关犯罪；（5）1973年12月14日《关于防止和惩处侵害应受国际保护人员包括外交代表的罪行的公约》第二条定义的犯罪；（6）1979年12月17日《反对劫持人质国际公约》第一条定义的劫持人质及有关犯罪；（7）依照1984年12月10日《禁止酷刑和其他残忍、不人道或有辱人格的待遇或处罚公约》第四条可惩罚的酷刑罪；（8）1988年3月10日《制止危及海上航行安全非法行为公约》第三条和1988年3月10日《制止危及大陆架固定平台安全非法行为议定书》第二条定义的犯罪；（9）1988

年12月20日《联合国禁止非法贩运麻醉药品和精神药物公约》第三条第一款规定的犯罪。

在巴西奥尼本人1979年主持拟制的《国际刑法典草案》中,曾把国际犯罪归纳为如下20种:(1)侵略罪;(2)战争罪;(3)非法使用禁用武器罪;(4)灭绝种族罪;(5)反人道罪;(6)种族隔离罪;(7)贩运和使用奴隶罪;(8)酷刑罪;(9)非法药物试验罪;(10)海盗罪;(11)危害国际航空罪;(12)侵害受国际保护人员罪;(13)劫持人质罪;(14)非法使用邮件罪;(15)毒品罪;(16)涂改、伪造货币罪;(17)盗窃国家珍贵文物罪;(18)贿赂外国官员罪;(19)干扰海底电缆罪;(20)国际贩运淫秽出版物罪。在其1987年主持起草并于1992年修订的《国际刑事法庭法规草案》附件中,他又将国际犯罪的种类增加为24种。其中新增加的是:危害海上航行安全罪(offenses against international maritime navigation)、环境污染罪(environmental violations)、盗窃核材料罪(theft of nuclear materials)、雇佣兵罪(mercenarism)。同时还对6个罪名作了修改,即将"非法使用禁用武器罪"改为"非法使用、产生和存储禁用武器罪"(unlawful use, production and stockpiling of certain prohibited weapons),将"非法药物试验罪"改为"非法人体试验罪"(unlawful human experimentation),将"危害国际航空罪"改为"非法劫持、破坏航空器及有关犯罪"(unlawful seizure of aircraft, sabotage and related crimes),将"毒品罪"改为"(国际性)毒品犯罪"(drug offenses [international]),将"涂改、伪造货币罪"改为"伪造货币罪"(counterfeiting [currency]),将"盗窃国家珍贵文物罪"改为"毁坏、盗窃国家珍贵文物和文化遗产罪"(destruction and/or theft of national treasures and cultural heritage)。他认为，这 24 种犯罪，既是国际社会所公认的，也是现存的国际公约中规定的国际犯罪。但是，对这 24 种国际犯罪的称谓，即使在巴西奥尼本人的著作中，也不尽相同。例如，在其1992年出版的《国际刑事法庭法规草案》和其 1993 年主编的《国际法委员会 1991 年危害人类和平与安全罪法典草案评注》中，就对一些犯罪使用了不同的称谓，如"非法使用武器罪"与"非法使用、产生和存储禁用武器罪"；"种族隔离罪"与"种族歧视与种族隔离罪"；"劫持航空器罪"与"非法劫持、破坏航空器及有关犯罪"；"对受国际保护人员威胁和使用武力罪"与"侵害受国际保护人员罪"；"破坏环境保护罪"与"环境污染罪"；"干扰海底电缆罪"与"破坏海底电缆罪"等。

上述现象表明，明确在国际刑法中有多少种国际犯罪以及这些国际犯罪的罪名如何确定，尚无结论性的解释。特别是随着国际刑法公约的不断出现，国际犯罪的种类也在增加。其中有些国际犯罪，究竟是作为一个罪名还是作为一类犯罪中的若干个具体罪名，学者之间的看法并不一致，而国际社会又没有统一的权威解释。这就为国际犯罪具体罪名的确定增加了一定的难度和公认度。

综合各方面的解释，笔者认为，目前已出现在国际刑法公约中的国际犯罪有以下 48 种，其罪名分别可以称之为：

（1）侵略罪；（2）战争罪；（3）危害人类罪；（4）非法使用武器罪；（5）灭绝种族罪；（6）种族隔离罪；（7）种族歧视罪；（8）贩卖和使用奴隶罪；（9）国际贩卖人口罪；（10）酷刑罪；（11）恐怖主义爆炸罪；（12）资助恐怖主义活动罪；（13）非法获取和使用核材料罪；（14）核恐怖主义罪；（15）劫持人质罪；（16）侵害国际受保护人员罪；（17）劫持航空器罪；（18）危害民用航空安全罪；（19）妨害国际航空

罪；（20）海盗罪；（21）危害海上航行安全罪；（22）危害大陆架固定平台安全罪；（23）破坏海底电缆、管道罪；（24）非法使用邮件罪；（25）非法生产毒品罪；（26）非法贩运毒品罪；（27）非法占有毒品罪；（28）非法销售毒品罪；（29）组织、参与跨国有组织犯罪集团罪；（30）跨国有组织贩运人口罪；（31）跨国有组织偷运移民罪；（32）跨国有组织非法制造、贩运枪支弹药罪；（33）向国家公职人员行贿罪；（34）国家公职人员受贿罪；（35）向外国公职人员和国际公共组织人员行贿罪；（36）外国公职人员和国际公共组织人员受贿罪；（37）侵吞公共财产罪；（38）影响力交易罪；（39）滥用职权罪；（40）巨额财产来源不明罪；（41）向私营部门人员行贿罪；（42）私营部门人员受贿罪；（43）侵吞私营部门财产罪；（44）国际洗钱罪；（45）妨害国际司法罪；（46）破坏环境罪；（47）伪造国家货币罪；（48）毁损、盗窃、非法转移国家珍贵文物和文化财产罪。

（二）按照不同标准进行的分类

对于国际犯罪，可以从不同的角度进行分类。分类的角度不同，采取的标准自然也就不同。按照不同的标准对国际犯罪进行划分的结果，必然会出现不同的类别。常见的分类主要有以下几种：

1. 按主体进行的分类

按照犯罪主体的不同，可以把国际犯罪分为国家的国际犯罪和个人的国际犯罪，或称与国家行为或国家政策有关的国际犯罪和个人从事的国际犯罪[1]，或称国家通过其官员侵犯个人

---

[1] 参见邵沙平著：《现代国际刑法教程》，武汉大学出版社1993年版，第125—226页。

人权的犯罪和个人侵犯国家保护的他人人权的犯罪两大类[1]。

2. 按照行为特征进行的分类

按照犯罪行为的外部特征,可以把国际犯罪分为战争犯罪、恐怖主义犯罪及其他犯罪。

3. 按照法律渊源进行的分类

按照犯罪的法律渊源,可以把国际犯罪分为战争法中的犯罪;国际人权法中的犯罪;航空法中的犯罪;海洋法中的犯罪;危害国际公共秩序罪;国际反恐怖主义法中的犯罪;国际环境法中的犯罪;国际经济法中的犯罪。[2]

4. 按照侵犯利益进行的分类

按照犯罪侵害的利益,可以把国际犯罪分为侵犯人类利益的犯罪;既侵犯人身权利又侵犯经济利益或世界公共秩序的犯罪;侵犯国际利益的犯罪。有些学者则根据侵害利益的标题把国际犯罪分为危害国际和平与安全的犯罪和危害国际社会公共利益的犯罪。

巴西奥尼教授在1986年编辑出版的《国际刑法》(International Criminal Law)(第一卷)"犯罪"(Crimes)中,把国际犯罪分为如下五类:(1)危害人类和平与安全的犯罪,(Offenses Against the Peace and Security of Mankind);(2)武装冲突和战争犯罪(Armed Conflict and War Crimes);(3)侵犯基本人权的犯罪(Crimes Against Fundamental Human Rights);(4)恐怖主义暴力罪(Crimes of Terror Violence);(5)侵犯社会利益的犯罪(Crimes Against Social Interests)。

日本学者森下忠在其所著的《国家刑事司法互助的理论》

---

[1] International Criminal Law, edited by M. Cherif Bassiouni, Transnational Publishers, Inc., 1986. V. 1. p. 18.

[2] 参见赵永琛著:《国际刑法与司法协助》,法律出版社1994年版,第44—89页。

中，以国家保护利益为基础，将国际犯罪分为九类：（1）保护和平方面的国际犯罪：侵略罪；（2）在武装冲突和非武装冲突中保护人权方面的国际犯罪：战争罪、非法使用武器罪和非法武器试验罪；（3）保护基本人权方面的国际犯罪：反人道罪、灭绝种族罪、种族歧视和种族隔离罪、奴隶制罪、酷刑罪、非法人体试验罪；（4）在反恐怖主义暴力中保护人权方面的国际犯罪：海盗罪、劫持航空器罪、使用武力或武力威胁国际受保护人员罪、劫持人质罪；（5）保护社会利益方面的国际犯罪：毒品犯罪、国际贩运淫秽出版物罪；（6）保护文化利益方面的国际犯罪：毁损、盗窃国家文物罪；（7）保护环境方面的国际犯罪：破坏环境保护罪、盗窃核材料罪；（8）保护通讯工具方面的国际犯罪：非法使用邮件罪、干扰海底电缆罪；（9）保护经济利益方面的国际犯罪：伪造国家货币罪、贿赂外国官员罪。美国学者亦有相同的分类。[1]

上述分类，都有一定的理由，因而也都有其合理的方面。但是都还在一定程度上存在着缺憾，或者过于概括以致达不到犯罪分类的目的，或者在一种分类标准中加入了另一种分类标准以致造成分类上的混乱，或者在分类中出现重复以致显得过于零碎。

其实，任何一种国际犯罪都是直接侵害人类共同利益的行为。人类共同利益，由于国际社会的共同关注而成为受保护的对象。这种受国际社会保护的人类共同利益，按照其具体内容，可以分为若干种类。按照国际犯罪所侵害的这种受保护利益的种类，便可以对国际犯罪进行分类。但是，绝大多数国际

---

[1] 参见该书成文堂1987年版，第41—42页；Jordan J. Paust etc., International Criminal Law: Cases and Materials, Carolina Academic Press, 1996. P11.

犯罪往往并不是只侵害一种具体的受国际保护的人类共同利益，而是可能同时侵害两种或更多种类的受保护利益。因此，对国际犯罪进行分类，应当以其侵害的受国际保护利益的主要方面为根据，并且，按照同一标准进行的分类不应当彼此交叉。

据此，本书把国际犯罪分为如下几类：（1）危害人类和平与安全的犯罪；（2）侵犯基本人权的犯罪；（3）破坏国际秩序的犯罪；（4）危害人类共同利益的犯罪；（5）危害国家利益的犯罪。

以下几章，将分别对这几类国际犯罪予以简要论述。

第五章　危害人类和平与安全的犯罪

　　危害人类和平与安全的犯罪（crimes against the peace and security of mankind）包括侵略罪、战争罪、危害人类罪、非法使用武器罪、灭绝种族罪等。

　　这类犯罪的突出特点有二：一是与战争有关。这类犯罪是通过发动侵略战争，或者在战争状态下实施反人道的行为或使用禁用武器等形式，打破了人类和平与安宁的状态，威胁到人类的生存与安全。二是对人类安全的危害最为严重。这类犯罪不仅危害某个具体个人的安全和生命，而且同时构成对不特定多数人安全的大规模地威胁，从而对整个人类的安全构成最为严重的威胁。人类安全，既包括不特定多数人的生命安全，也包括维护人类生存和发展的基本条件即生存环境的安全，同时也包括每个种族和民族生存和发展的安全，是许多国际犯罪都可能侵犯的客体。但是对人类安全的危害最为严重的，当数危害人类和平与安全罪。

　　世界各国，不论社会制度多么不同，每个国家都非常关切人类的和平与安宁，都强烈谴责和要求制裁危害人类和平与安全的犯罪。正由于此，在任何有关的国际文献中，以及在所有国际刑法著作中，危害人类和平与安全的犯罪总是被列在国际犯罪之首。

一、战争法与战争犯罪

(一) 战争与战争法

战争是两个或两个以上的敌对国家之间，相互之间为了制胜对方，以推行自己的国家政策，而使用武力所引起的武装冲突以及由此产生的法律状态。战争的主要特点是：(1) 因发生在相互敌对的主权国家之间，而与个人间的私斗以及一国的内战均不相同；(2) 任何一国参加这种斗争的终极目的在于击败对方，并使对方接受自己的和平条件，以实现本国的国家政策；(3) 为了达到这个目的，它可能运用各种手段和方法，但不应超出国际法所许可的范围；(4) 这种斗争不以武装部队为限，而可能涉及全体人民；(5) 敌对国家在这种斗争中的交战关系特称为"战争状态"(state of war)。[1] 在现代意义上，战争主要表现为国家之间的武装冲突，但是并非一切武装冲突都是战争。与战争相比，更普遍、更大量的是并没有按照规定程序进行的、不构成法律状态的武装冲突。因此在国际法中，人们习惯于把战争与武装冲突并提，并把调整战争和武装冲突的国际法规范通称为战争法。

战争法 (War Law) 是指以条约和惯例为形式、调整战争和武装冲突中交战国之间、交战国与中立国之间关系以及交战行为的原则、规则和制度。现代意义上的战争法，主要是指日内瓦四公约的第一议定书中所指出的"适用于武装冲突的国际法规则"，即冲突各方作为缔约各方订立的国际协定所载的适用于武装冲突的规则和适用于武装冲突的公认国际法原则和规

---

[1] 参见丘宏达主编：《现代国际法》，(台湾) 三民书局股份有限公司1986年版，第677—678页。

则。战争法旨在调整交战状态下有关国家之间的关系,限制战争手段和作战方法,保护平民、战争受难者和战斗人员,惩处战争犯罪。它对于反对侵略战争,维护世界的和平与安宁,具有积极的意义。

战争法的基本内容包括三个部分:

(1) 关于交战程序的规则,即调整战争或武装冲突开始和结束时的国家行为以及交战期间交战国之间、交战国与中立国或非交战国之间的法律关系的规则,如宣战、宣布中立等行为引起的法律后果。这类规则的适用对于战争状态和不具有法律上的战争状态的武装冲突是有区别的。

(2) 关于作战的规则,即调整交战过程中交战国家和交战人员的活动的规则,如关于作战手段和方法的限制、关于保护平民、战争受难者的规则、关于战俘待遇等。这类规则适用于一切武装冲突中。

(3) 关于违反战争法规则的责任,即制裁违反战争法的国家行为和个人行为的规则,如关于战争犯罪及其刑事责任的规定。

(二) 战争法的渊源与原则

战争法的渊源主要是国际社会通过条约形式制定的有关战争问题的规范性文件。这类规范性文件中最主要的有:1907年10月18日《第二次海牙和平会议公约与宣言》;1925年6月17日《关于禁用毒气或类似毒品及细菌方法作战的日内瓦议定书》;1945年8月8日《关于控诉和惩处欧洲轴心国主要战犯的伦敦协定》及其附件《欧洲国际军事法庭宪章》;1946年1月19日《远东盟军最高统帅总部宣布成立远东国际军事法庭的特别通告》及其附件《远东军事法庭宪章》;1946年12月11日《联合国大会确认纽伦堡宪章承认的国际法原则的决议》；1949年8月12日日内瓦四公约，即《改善战地武装部队伤病员待遇的日内瓦公约》《改善海上武装部队伤病员及遇船难者待遇的日内瓦公约》《关于战俘待遇的日内瓦公约》《关于战时保护平民的日内瓦公约》；1961年11月24日《禁止使用核及热核武器宣言》；1968年11月26日《战争罪及反人道罪不适用法定时效公约》；1972年4月10日《禁止细菌（生物）及毒素武器的发展、生产及储存以及销毁这类武器的公约》；1977年6月8日《关于重申和发展适用于武装冲突的国际人道主义法律的日内瓦协定书》包括《1949年8月12日日内瓦四公约关于保护国际性武装冲突受难者的附加议定书》和《1949年8月12日日内瓦四公约关于保护非国际性武装冲突受难者的附加议定书》；1980年10月10日《禁止或限制使用某些可被认为具有过分伤害力或滥杀滥伤作用的常规武器公约》；1993年1月13日《关于禁止发展、生产、储存和使用化学武器及销毁此种武器的公约》等。

战争法的基本原则，在国际法上一般认为有四项：（1）不得以"军事必要"为借口解除交战国遵守战争法的义务。交战国及其作战人员在任何情况下都必须履行战争法规规定的义务。（2）条约无明确规定时交战国亦应尊重战争法的一般义务。（3）不得使用禁用的作战手段、武器和方法。交战国应当尽量减低战争的残酷性和对人类的危害，而不应对敌方施加与作战目的不成比例的伤害。（4）作战时不得以平民和民用物体为攻击对象。对平民与武装部队、战斗员与非战斗员、战斗员与战争受难者应当区别对待。

战争法是国际社会公认的强行法之一，即国际社会全体接受并公认为不许损抑且仅有以后具有同等一般国际法规则始得更改的规则，它所包含的原则和规则被认为是已被上升为国际法规范的国际惯例。因此战争法不仅适用于已经批准或加入有关战争法的国际公约的国家,而且对于尚未批准或加入新公约的国家来说,被新公约修正或取代的旧公约仍然有效;即使对于连旧公约也没有参加的国家,战争法的基本原则作为国际社会的既定习惯也是有效力的。

(三) 战争犯罪

与战争法密切相连的是战争犯罪(War Crimes)。战争犯罪,亦称战争罪行,是指推行侵略政策、违反战争法规和惯例,严重危害人类和平与安宁而为国际社会严厉禁止的行为。

战争犯罪不是一个具体的罪名,而是一类犯罪的总称。它包括侵略罪、战争罪、反人道罪和非法使用武器罪。这些犯罪通常都是为了推行侵略政策、发动侵略战争而实施的,或者是发生在战争或武装冲突状况下的,都与即将发生或已经发生的战争有关,都严重地违反了有关调整交战国之间、交战国与中立国或非交战国之间的关系以及作战方法和手段的战争法规和惯例,因而统称为战争犯罪。

战争犯罪不论何时发生,都严重地危害到整个人类社会或人类某一部分的和平与安宁,而不仅是危害某个或某些特定的人和财产的安全,所以战争犯罪历来受到全世界人民的一致谴责,受到国际社会公认的国际法原则的禁止。第一次世界大战期间,德国军国主义者的野蛮罪行,造成了极为惨重的人身伤亡和财产损失。受害国人民强烈要求审判和惩处德皇威廉及其他罪魁祸首,并设立了调查破坏战争规则罪行的特别委员会。战争结束后,《凡尔赛和约》要求把威廉二世以及德国及其同盟国军队人员中严重破坏战争法规和惯例者分别交付国际法庭、各国单独或数国联合组成的混合军事法庭进行刑事制裁,由此开始了把战争犯罪作为国际犯罪进行刑事追诉的历史。第二次世界大战期间,纳粹德国的法西斯分子和日本的军国主义者严重违反战争法规和惯例的空前暴行,激起了全世界人民的义愤,从而促进了在国际社会中正式确立制裁战争犯罪的制度。1945年8月8日苏、美、英、法等国在伦敦签订了《关于起诉和惩处欧洲轴心国主要战犯的协定》及其附件《欧洲国际军事法庭宪章》;1946年1月19日,盟军最高统帅总部发布了宣布成立远东国际军事法庭的特别通告和《远东国际军事法庭宪章》,据以成立的欧洲(纽伦堡)国际军事法庭和远东(东京)国际军事法庭在10余个国家的合作下,成功地实现了对战争犯罪的审判和刑事制裁。纽伦堡审判和东京审判所提出的制裁战争犯罪的若干原则和规则,为1946年12月11日的联合国大会决议所确认,并在以后签订的一系列有关战争法规的国际条约中得到体现和发展。

战争犯罪是一种特殊的犯罪形态。它通常都不是由单个个人孤立实施的,而是在准备发动战争的过程中或者在战争状态下以集体决议、发布或执行命令、群体活动等形式出现的。但是个人的故意行为始终是这类犯罪得以发生的必要前提。因此纽伦堡审判中明确提出了个人责任原则,任何从事构成危害和平罪、战争罪和反人道罪的犯罪行为的人都应当承担个人责任并受刑罚惩罚。按照1945年的《欧洲国际军事法庭宪章》的规定以及联合国大会决议所确认的纽伦堡审判原则,这种"个人责任"意味着:第一,凡参与战争犯罪之共同计划或阴谋之决定或执行的领导者、组织者、教唆者与共犯者,对于执行此种计划之任何人所实施的一切行为,均应负责。第二,犯罪人的官职不能成为免除其刑事责任的理由,即任何人包括国家元首和政府各部门之负责官吏,不得以自己在犯罪时系代表国家或政府为借口,强调自己的行为是国家行为而不是个人行为,从而推卸其应当承担的个人责任。第三，具体实施战争犯罪行为的人不能因"遵令行事"而免除其实施者个人的刑事责任，即实际实施战争犯罪的人，即使是遵照其所属政府或某一上级或长官的命令而行动，也不能因为其行为是执行命令而免除其作为个人犯罪的刑事责任。第四，被告人的行为，并没有违反被告人所在国的国内法亦不能作为免除个人刑事责任的理由。当然，在这种情况下，可以考虑到犯罪时的实际情况而减轻其刑罚。

此外，战争犯罪通常是为了推行特定国家的国家政策或者是在推行国家政策的过程中发生的，因此它不仅涉及有关个人的刑事责任，而且也可能涉及有关国家的责任问题。但是，如何确定和追究有关国家的责任，国际社会至今尚无明确的规则和成功的实践。

战争犯罪的严重危害性，使得国际社会一致认识到对这类犯罪实行普遍管辖的必要性。为了确保对犯有这类罪行的人的刑事追究，1967年12月14日联合国大会通过的《领域庇护宣言》明确规定，犯有战争罪行的罪犯无权要求庇护。1968年11月26日联合国大会通过的《战争罪及反人道罪不适用法定时效公约》也规定，对这类犯罪的追诉不受法定时效或其他时效的限制。1973年12月3日联合国大会再次通过《关于侦查、逮捕、引渡和惩治战争罪犯和危害人类罪犯的国际合作原则》，强调在惩治战争犯罪方面的国际合作，以确保对犯有这类罪行的人的制裁。

二、侵略罪

侵略罪（the crime of aggression），亦称反和平罪、危害和平罪（crime against Peace），是战争犯罪的一种。1928年巴黎《非战公约》废弃了以战争作为推行国家政策的手段，即意味着任何国家使用武力侵犯他国的主权、领土完整的行为构成国际犯罪。第二次世界大战之后,据以审判欧洲轴心国和远东主要战犯的《欧洲国际军事法庭宪章》(第六条)、《远东国际军事法庭宪章》(第五条)都把反和平罪列为甲级战争犯罪。按照上述条款的规定,反和平罪就是计划、准备、发动或者实施侵略战争或违反国际条约、协定或保护之战争,或者参与为实现任何上述行为的共同计划或同谋的行为。

根据第二次世界大战后审判战争罪犯的实践和联合国宪章的精神,1974年12月14日联合国大会通过了《关于侵略定义的决议》。该决议认为,侵略是非法使用武力的最严重和最危险的形式。在一切类型大规模毁灭性武器存在的情况下,侵略行为充满着可能发生世界冲突及其一切惨烈后果的威胁。并且,维持国际和平与安全,采取有效的集体措施以防止并消除对于和平的威胁,制止侵略或其他破坏和平的行为,是联合国的基本宗旨之一。因此,订立侵略定义,严惩侵略罪行,对于潜在的侵略者将会发生威慑作用,并且可以简化对侵略行为的认定及其制裁措施的执行,便利对受害者的权利及合法利益的保护和对他们的援助。当然,侵略行为是否已经发生,必须按照每一个案件的全部情况来考虑,但是制定若干基本原则,作为认定侵略行为的指导,仍然是必要的。

按照《关于侵略定义的决议》的规定,侵略是指一个国家使用武力侵犯另一个国家的主权、领土完整或政治独立,或以本定义所宣示的与联合国宪章不符的任何其他方式使用武力。侵略罪在客观上表现为违反联合国宪章的规定而首先使用武力的下列各种行为:(1)一个国家的武装部队侵入或攻击另一个国家的领土;或因此种侵入或攻击而造成的任何军事占领,不论时间如何短暂;或使用武力吞并另一国家的领土或其一部

第五章 危害人类和平与安全的犯罪

分。(2) 一个国家的武装部队轰炸另一国家的领土；或一个国家对另一个国家的领土使用任何武器。(3) 一个国家的武装部队封锁另一国家的港口或海岸。(4) 一个国家的武装部队攻击另一个国家的陆、海、空军或商船和民航机。(5) 一个国家违反其与另一国订立的协定所规定的条件使用其根据协定在接受国领土内驻扎的武装部队，或在协定终止后延长该项武装部队在该国领土内的驻扎期。(6) 一个国家以其领土供另一个国家使用让该国用来对第三国进行侵略行为。(7) 一个国家或以其名义派遣武装小队、武装团体、非正规军或雇佣兵，对另一国家进行武力行为，其严重性相当于上述所列各项行为；或该国实际卷入了这些行为。(8) 联合国安全理事会根据联合国宪章认定的某些其他行为。

联合国国际法委员会1991年的《危害人类和平与安全罪法典草案》还将"侵略威胁"规定为犯罪。按照该法典草案第16条的规定，"侵略威胁"是指通过宣称、通告、武力示威或任何其他方式，使另一个国家的政府有理由相信本国正严重面临着他国的侵略。实施或命令实施侵略威胁的领导者或组织者应当被定罪，并应因此而受刑罚处罚。

应当注意的是，在国际法委员会授权起草《国际刑事法院罗马规约》（简称《罗马规约》）的过程中，关于侵略罪的定义，在国际社会始终没有达成一致的意见。按照《罗马规约》的规定，侵略罪的定义还有待以后的规约缔约国大会讨论通过。直到2017年12月15日，按照《罗马规约》的约定，缔约国大会才通过了《罗马规约》修正案即关于侵略罪定义的决议。其中规定：

《罗马规约》"第八条之二　侵略罪

(1) 为了本规约的目的，"侵略罪"是指能够有效控制或指挥一个国家的政治或军事行动的人策划、准备、发动或实施一项侵略行为的行为，此种侵略行为依其特点、严重程度和规模，须构成对《联合国宪章》的明显违反。

（2）为了第一款的目的，"侵略行为"是指一国使用武力或以违反《联合国宪章》的任何其他方式侵犯另一国的主权、领土完整或政治独立的行为。根据1974年12月14日联合国大会第3314号决议，下列任何行为，无论是否宣战，均应视为侵略行为：

（a）一国的武装部队对另一国的领土实施侵略或攻击，或此种侵略或攻击导致的任何军事占领，无论其如何短暂，或使用武力对另一国的领土或部分领土实施兼并；

（b）一国的武装部队对另一国的领土实施轰炸，或一国使用任何武器对另一国的领土实施侵犯；

（c）一国的武装部队对另一国的港口或海岸实施封锁；

（d）一国的武装部队对另一国的陆、海、空部队或海军舰队和空军机群实施攻击；

（e）动用一国根据与另一国的协议在接受国领土上驻扎的武装部队，但违反该协议中规定的条件，或在该协议终止后继续在该领土上驻扎；

（f）一国采取行动，允许另一国使用其置于该另一国处置之下的领土对第三国实施侵略行为；

（g）由一国或以一国的名义派出武装团伙、武装集团、非正规军或雇佣军对另一国实施武力行为，其严重程度相当于以上所列的行为，或一国大规模介入这些行为。"

按照这个定义，"侵略罪"是指能够有效控制或指挥一个国家的政治或军事行动的人，策划、准备、发动或执行的国家使用武力或以违反《联合国宪章》的任何其他方式，侵犯另一

第五章　危害人类和平与安全的犯罪

个国家主权、领土完整或政治独立的行为。

侵略罪的主体是能够有效控制或指挥实施侵略行为的国家的政治或军事行动并且实施了策划、准备、发动或执行侵略行为的人。侵略罪是绝对的领导型犯罪，只有能够有效掌有国家控制权或有权指挥一国政治或军事行动的个人，才有可能构成侵略罪的主体。不仅如此，侵略罪的主体还必须是在一国对他国实施的侵略行为中实际发挥了领导作用即实施了策划、准备、发动或执行侵略行为的个人。按照《国际刑事法院规约》第二十五条第三款之二的规定，国际刑事法院对侵略罪的管辖权，只适用于能够有效控制或指挥一国的政治或军事行动的人。

侵略罪是严重破坏国际和平的罪行。侵略行为无疑是一种国家行为，即一国使用武力或以违反《联合国宪章》的任何其他方式侵犯另一国的主权、领土完整或政治独立的行为。但是，作为国际犯罪的侵略罪，并不是指这种国家行为，而是指策划、准备、发动或执行侵略行为的个人行为。这种个人行为构成国际犯罪，除了主体要件之外，在客观上，还需要具备三个条件：一是本人实施了"策划、准备、发动或执行"侵略行为，即本人在本国发动的侵略行为中发挥了组织领导或积极参与的作用。二是他所领导或控制的国家实施了侵略行为，即一国的武装部队对另一国的领土实施侵略或攻击，或此种侵略或攻击导致的任何军事占领，或使用武力对另一国的领土或部分领土实施兼并；一国的武装部队对另一国的领土实施轰炸，或一国使用任何武器对另一国的领土实施侵犯；一国的武装部队对另一国的港口或海岸实施封锁；一国的武装部队对另一国的陆、海、空部队或海军舰队和空军机群实施攻击；动用一国根据与另一国的协议在接受国领土上驻扎的武装部队，但违反该协议中规定的条件,或在该协议终止后继续在该领土上驻扎;一国采取行动,允许另一国使用其置于该另一国处置之下的领土对第三国实施侵略行为;由一国或以一国的名义派出武装团伙、武装集团、非正规军或雇佣军对另一国实施武力行为,其严重程度相当于以上所列的行为,或一国大规模介入这些行为。三是这种行为足以侵犯到另一个国家的主权、领土完整或者政治独立。

此外,在主观方面,行为者本人不仅要有发动侵略行为的故意,并且必须是知道国家使用武力的行为明显违反《联合国宪章》的事实情况。

三、战争罪

战争罪(War crimes),亦称违反战争法规罪(crimes against the Law of war),是指在战争和武装冲突中违反国际社会公认的战争法规则,严重危害人类安全的行为。

(一)有关战争罪的公约规定

战争罪是1946年12月11日联合国大会决议所确认的《欧洲国际军事法庭宪章》第六条和《远东国际军事法庭宪章》第五条中规定的战争犯罪之一种(即乙级战争犯罪)。按照上述宪章的规定,战争罪是指违反战争法规和惯例的行为,此种违反应包括但不限于对所占领土内的平民之杀害、虐待,为使其从事奴隶劳役或其他任何目的的放逐,对战俘或海上人员之杀害、虐待,杀害人质劫掠公私财物,任意破坏城市、集镇或乡村,或从事非军事需要的其他蹂躏。

根据两次世界大战的实际经验,各国政府全权代表于1949年4月21日至8月12日在日内瓦正式外交会议上签订了日内瓦四公约,确立了在战争中改善战俘和伤病员待遇以及保护平民的原则;1978年12月7日生效的关于日内瓦四公约的两个

第五章 危害人类和平与安全的犯罪

附加议定书,进一步明确了保护国际性和非国际性武装冲突中受难者的原则,明确规定了战争罪的基本构成。

日内瓦四公约及其附加议定书关于战争罪的规定,是基于有关人道待遇的基本保证。缔约各国按照日内瓦四公约自愿承担的有关人道待遇的这种基本保证,构成了对战争罪和反人道罪追究刑事责任的基本根据。特别是其中的禁止性规范,与战争罪和反人道罪的基本构成具有密切的联系。日内瓦四公约关于人道待遇的基本保证中都有如下规定:[1]

"在一缔约国之领土内发生非国际性的武装冲突之场合,冲突之各方最低限度应遵守下列规定:

(一)不实际参加战事人员,包括放下武器之武装部队人员及因病、伤、拘留或其他原因而失去战斗力之人员在内,在一切情况下应予以人道待遇,不得基于种族、肤色、宗教或信仰、性别、出身或财力或其他类似标准而有所歧视。

因此,对于上述人员,不论何时何地,不得有下列行为:

(甲)对生命与人身施以暴力,特别如各种谋杀、残伤肢体、虐待及酷刑;

(乙)作为人质;

(丙)损害个人尊严,特别如侮辱与降低身分的待遇;

(丁)未经具有文明人类所认为必需之司法保障的正规组织之法庭之宣判而遽行判罪及执行死刑。……"

日内瓦四公约的两个附加议定书在基本保证中则分别使用了如下的用语:

"二、下列行为,在任何时候和任何地方,也不论是平民

---

[1]《改善战地武装部队伤者病者境遇的日内瓦公约》第3条、《改善海上武装部队伤者病者及遇船难者境遇的日内瓦公约》第3条、《关于战俘待遇的日内瓦公约》第3条、《关于战时保护平民的日内瓦公约》第3条。

或军人的行为,均应禁止:

(一)对人的生命、健康或身体上或精神上幸福的暴行,特别是:

1. 谋杀;
2. 各种身体上或精神上的酷刑;
3. 体刑;
4. 残伤肢体。

(二)对人身尊严的侵犯,特别是侮辱性和降低身分的待遇,强迫卖淫和任何形式的非礼侵犯;

(三)扣留人质;

(四)集体惩罚;

(五)以任何上述行为相威胁。……"[1]

"二、在不妨害上述规定的普遍性的条件下,对第一款所指的人的下列行为是禁止的,并在任何时候和在任何地方均应禁止:

(一)对人的生命、健康和身体上或精神上幸福的暴行,特别是谋杀以及虐待,如酷刑、残伤肢体或任何形式的体罚;

(二)集体惩罚;

(三)扣留人质;

(四)恐怖主义行为;

(五)对人身尊严的侵犯,特别是侮辱性和降低身分的待遇、强奸、强迫卖淫和任何形式的非礼侵犯;

(六)各种形式的奴隶制度和奴隶贩卖;

(七)抢劫;

---

[1]《1949年8月12日日内瓦四公约关于保护国际性武装冲突受难者的附加议定书(第一议定书)》第75条。

(八) 以从事任何上述行为相威胁。……"[1]

以这些基本保证作为基础，日内瓦四公约分别作了类似下列条款的规定：

"第一百四十六条　各缔约国担任制定必要之立法，俾对于本身犯有或令人犯有下条所列之严重破坏本公约之行为之人，予以有效的刑事制裁。

各缔约国有义务搜捕被控为曾犯或曾令人犯此种严重破坏本公约行为之人，并应将此种人，不分国籍，送交各该国法庭。该国亦得于自愿时，并依其立法之规定，将此种人送交另一有关之缔约国审判，但以该缔约国能指出案情显然者为限。

各缔约国应采取必要措施，以制止下条所列严重破坏本公约行为以外之一切违反本公约规定之行为。

在一切情况下，被告人应享有适当的审判及辩护之保障。此种保障不得次于1949年8月12日关于战俘待遇之日内瓦公约第一百零五条及其以下各条所规定者。

第一百四十七条　上条所述之严重破坏公约行为，应系对于受本公约保护之人或财产所犯之任何下列行为：故意杀害，酷刑及不人道待遇，包括生物学实验，故意使身体及健康遭受重大痛苦或严重伤害；将被保护人非法驱逐出境或移送，或非法禁闭，强迫被保护人在敌国军队中服务，或故意剥夺被保护人依本公约规定应享之公允及合法的审讯之权利，以人为质，以及无军事上之必要而以非法与暴乱之方式对财产之大规模的破坏与征收。

第一百四十八条　任何缔约国不得自行推卸，或允许任何

---

[1]《1949年8月12日日内瓦四公约关于保护非国际性武装冲突受难者的附加议定书（第二议定书）》第4条。

其他缔约国推卸,其本身或其他缔约国所负之关于上条所述之破坏公约行为之责任。"[1]

日内瓦四公约的第一议定书也规定:

"第八十五条 破坏本议定书的行为的取缔

一、各公约关于取缔破约行为和严重破约行为的规定,经本编加以补充,应适用于破坏和严重破坏本议定书的行为的取缔。

二、各公约所述的作为严重破约行为的行为,如果是对本议定书第四十四条、第四十五条和第七十三条所保护的在敌方权力下的人,或对受本议定书保护的敌方伤者、病者和遇船难者,或对在敌方控制下并受本议定书保护的医务或宗教人员、医疗队或医务运输工具作出的行为,即是严重破坏本议定书的行为。

三、除第十一条所规定的严重破约行为外,下列行为在违反本议定书有关规定而故意作出,并造成死亡或对身体健康的严重伤害时,应视为严重破坏本议定书的行为:

(一)使平民居民或平民个人成为攻击的对象;

(二)知悉攻击将造成第五十七条第二款第一项第三目所规定的过分的平民生命损失、平民伤害或民用物体损害,却发动使平民居民或民用物体受影响的不分皂白的攻击;

(三)知悉攻击将造成第五十七条第二款第一项第三目所规定的过分的平民生命损失、平民伤害或民用物体损害,却发动对含有危险力量的工程或装置的攻击;

(四)使不设防地方和非军事化地带成为攻击的对象;

---

[1] 见《关于战时保护平民的日内瓦公约》。其他参见:《改善战地武装部队伤者病者境遇的日内瓦公约》第49、50、51条;《改善海上武装部队伤者病者及遇船难者境遇的日内瓦公约》第50、51、52条;《关于战俘待遇的日内瓦公约》第129、130、131条。

（五）知悉为失去战斗力的人而使其成为攻击的对象；

（六）违反第三十七条的规定背信弃义地使用红十字、红新月或红狮与太阳的特殊标志或各公约或本议定书所承认的其他保护记号。

四、除上述各款和各公约所规定的严重破约行为外，下列行为于故意并违反各公约和本议定书作出时，应视为严重破坏本议定书的行为：

（一）占领国违反第四公约第四十九条的规定，将其本国平民居民的一部分迁往其所占领的领土，或将被占领领土的全部或部分居民驱逐或移送到被占领领土内的地方或将其驱逐或移送到被占领领土以外；

（二）对遣返战俘或平民的无理延迟；

（三）以种族歧视为依据侵犯人身尊严的种族隔离和其他不人道和侮辱性办法；

（四）如果没有证据证明敌方违反第五十三条第二款的规定，并在历史纪念物、艺术品和礼拜场所不紧靠军事目标的情形下，使特别安排，例如在主管国际组织范围内的安排所保护的，构成各国人民文化或精神遗产的公认历史纪念物、艺术品或礼拜场所成为攻击的对象，其结果使该历史纪念物、艺术品或礼拜场所遭到广泛的毁坏；

（五）剥夺各公约所保护或本条第二款所指的人受公正和正规审判的权利。

五、在不妨碍各公约和本议定书的适用的条件下，对这些文件的严重破坏行为，应视为战争罪。"

《国际刑事法院罗马规约》将战争罪明确规定为国际刑事法院管辖的犯罪，并对已有国际公约中有关战争罪的规定进行了系统的编纂，全面规定了战争罪的犯罪构成。其规定如下：

"第八条　战争罪

（一）本法院对战争罪具有管辖权，特别是对于作为一项计划或政策的一部分所实施的行为，或作为在大规模实施这些犯罪中所实施的行为。

（二）为了本规约的目的，"战争罪"是指：

1. 严重破坏1949年8月12日《日内瓦公约》的行为，即对有关的《日内瓦公约》规定保护的人或财产实施下列任何一种行为：

（1）故意杀害；

（2）酷刑或不人道待遇，包括生物学实验；

（3）故意使身体或健康遭受重大痛苦或严重伤害；

（4）无军事上的必要，非法和恣意地广泛破坏和侵占财产；

（5）强迫战俘或其他被保护人在敌国部队中服役；

（6）故意剥夺战俘或其他被保护人应享的公允及合法审判的权利；

（7）非法驱逐出境或迁移或非法禁闭；

（8）劫持人质。

2. 严重违反国际法既定范围内适用于国际武装冲突的法规和惯例的其他行为，即下列任何一种行为：

（1）故意指令攻击平民人口本身或未直接参加敌对行动的个别平民；

（2）故意指令攻击民用物体，即非军事目标的物体；

（3）故意指令攻击依照《联合国宪章》执行的人道主义援助或维持和平行动的所涉人员、设施、物资、单位或车辆，如果这些人员和物体有权得到武装冲突国际法规给予平民和民用物体的保护；

（4）故意发动攻击，明知这种攻击将附带造成平民伤亡或破坏民用物体或致使自然环境遭受广泛、长期和严重的破坏，其程度与预期得到的具体和直接的整体军事利益相比显然是过分的；

（5）以任何手段攻击或轰击非军事目标的不设防城镇、村庄、住所或建筑物；

（6）杀、伤已经放下武器或丧失自卫能力并已无条件投降的战斗员；

（7）不当使用休战旗、敌方或联合国旗帜或军事标志和制服，以及《日内瓦公约》所订特殊标志，致使人员死亡或重伤；

（8）占领国将部分本国平民人口间接或直接迁移到其占领的领土，或将被占领领土的全部或部分人口驱逐或迁移到被占领领土内或外的地方；

（9）故意指令攻击专用于宗教、教育、艺术、科学或慈善事业的建筑物、历史纪念物、医院和伤病人员收容所，除非这些地方是军事目标；

（10）致使在敌方权力下的人员肢体遭受残伤，或对其进行任何种类的医学或科学实验，而这些实验既不具有医学、牙医学或住院治疗有关人员的理由，也不是为了该人员的利益而进行的，并且导致这些人员死亡或严重危及其健康；

（11）以背信弃义的方式杀、伤属于敌国或敌军的人员；

（12）宣告决不纳降；

（13）摧毁或没收敌方财产，除非是基于战争的必要；

（14）宣布取消、停止敌方国民的权利和诉讼权，或在法院中不予执行；

（15）强迫敌方国民参加反对他们本国的作战行动，即使这些人在战争开始前，已为该交战国服役；

（16）抢劫即使是突击攻下的城镇或地方；

（17）使用毒物或有毒武器；

（18）使用窒息性、有毒或其他气体，以及所有类似的液体、物质或器件；

（19）使用在人体内易于膨胀或变扁的子弹，如外壳坚硬而不完全包裹弹芯或外壳经切穿的子弹；

（20）违反武装冲突国际法规，使用具有造成过分伤害或不必要痛苦的性质，或基本上为滥杀滥伤的武器、射弹、装备和作战方法，但这些武器、射弹、装备和作战方法应当已被全面禁止，并已依照第一百二十一条和第一百二十三条的有关规定以一项修正案的形式列入本规约的一项附件内；

（21）损害个人尊严，特别是侮辱性和有辱人格的待遇；

（22）强奸、性奴役、强迫卖淫、第七条第二款第六项所界定的强迫怀孕、强迫绝育或构成严重破坏《日内瓦公约》的任何其他形式的性暴力；

（23）将平民或其他被保护人置于某些地点、地区或军事部队，利用其存在使该地点、地区或军事部队免受军事攻击；

（24）故意指令攻击依照国际法使用《日内瓦公约》所订特殊标志的建筑物、装备、医疗单位和运输工具及人员；

（25）故意以断绝平民粮食作为战争方法，使平民无法取得其生存所必需的物品，包括故意阻碍根据《日内瓦公约》规定提供救济物品；

（26）征募不满十五岁的儿童加入国家武装部队，或利用他们积极参与敌对行动。

3. 在非国际性武装冲突中，严重违反1949年8月12日四项《日内瓦公约》共同第三条的行为，即对不实际参加敌对行动的人，包括已经放下武器的武装部队人员，及因病、伤、拘留或任何其他原因而失去战斗力的人员，实施下列任何一种行为：

（1）对生命与人身施以暴力，特别是各种谋杀、残伤肢体、虐待及酷刑；

（2）损害个人尊严，特别是侮辱性和有辱人格的待遇；

（3）劫持人质；

（4）未经具有公认为必需的司法保障的正规组织的法庭宣判，径行判罪和处决。

4. 第二款第三项适用于非国际性武装冲突，因此不适用于内部动乱和紧张局势，如暴动、孤立和零星的暴力行为或其他性质相同的行为。

5. 严重违反国际法既定范围内适用于非国际性武装冲突的法规和惯例的其他行为，即下列任何一种行为：

（1）故意指令攻击平民人口本身或未直接参加敌对行动的个别平民；

（2）故意指令攻击按照国际法使用《日内瓦公约》所订特殊标志的建筑物、装备、医疗单位和运输工具及人员；

（3）故意指令攻击依照《联合国宪章》执行的人道主义援助或维持和平行动的所涉人员、设施、物资、单位或车辆，如果这些人员和物体有权得到武装冲突法规给予平民和民用物体的保护；

（4）故意指令攻击专用于宗教、教育、艺术、科学或慈善事业的建筑物、历史纪念物、医院和伤病人员收容所，除非这些地方是军事目标；

（5）抢劫即使是突击攻下的城镇或地方；

（6）强奸、性奴役、强迫卖淫、第七条第二款第六项所界定的强迫怀孕、强迫绝育以及构成严重违反四项《日内瓦公约》共同第三条的任何其他形式的性暴力；

（7）征募不满十五岁的儿童加入武装部队或集团，或利用他们积极参加敌对行动；

（8）基于与冲突有关的理由下令平民人口迁移，但因所涉平民的安全或因迫切的军事理由而有需要的除外；

（9）以背信弃义的方式杀、伤属敌对方战斗员；

（10）宣告决不纳降；

（11）致使在冲突另一方权力下的人员肢体遭受残伤，或对其进行任何种类的医学或科学实验，而这些实验既不具有医学、牙医学或住院治疗有关人员的理由，也不是为了该人员的利益而进行的，并且导致这些人员死亡或严重危及其健康；

（12）摧毁或没收敌对方的财产，除非是基于冲突的必要；

6. 第二款第五项适用于非国际性武装冲突，因此不适用于内部动乱和紧张局势，如暴动、孤立和零星的暴力行为或其他性质相同的行为。该项规定适用于在一国境内发生的武装冲突，如果政府当局与有组织武装集团之间，或这种集团相互之间长期进行武装冲突。

（三）第二款第三项和第四项的任何规定，均不影响一国政府以一切合法手段维持或恢复国内法律和秩序，或保卫国家统一和领土完整的责任。"

（二）战争罪的构成

按照上述规定以及罗马规约缔约国大会通过的《犯罪要件》中关于战争罪构成要件的规定，构成战争罪，需要具备以下要件：

1. 实施包括命令他人实施了违反武装冲突国际法规的行为

武装冲突是指国家与国家之间使用武力，或者在一国国内政府当局与有组织的武装集团之间或武装集团相互之间存在着较长时间的武装暴力冲突。违反武装冲突国际法规的行为，是指在国际武装冲突或者非国际性武装冲突中实施的违反国际法规的行为。从行为表现上看，主要包括以下四个方面的行为：

（1）针对特定人员实施的行为。对受到 1949 年日内瓦四公约保护的受保护人、受保护战俘、受保护平民，保护的敌方伤者、病者或遇船难者，在敌方控制下并受保护的医务或宗教人员、医疗队，不实际参加敌对行动的人，包括已经放下武器的武装部队人员，及因病、伤、拘留或任何其他原因而失去战斗力的人员，依照《联合国宪章》执行人道主义援助或维持和平行动的所涉人员等，实施上述公约规定的任何杀害或者伤害行为。

（2）针对平民实施的行为。违反 1949 年日内瓦四公约及其附加议定书的规定，对没有参与武装冲突的平民实施上述公约规定的任何攻击行为并造成平民人口的死亡或身体的严重伤害，包括损害个人尊严特别是侮辱性和有辱人格的待遇、强奸、性奴役、强迫卖淫、强迫怀孕、强迫绝育等。

（3）针对特定物体或场所实施的行为。违反 1949 年日内瓦四公约及其附加议定书的规定，对下列特定物体实施攻击行为：非军事目标的民用物体；依照《联合国宪章》执行人道主义援助或维持和平行动并有权得到武装冲突国际法规给予平民和民用物体保护的设施、物资、单位或车辆；非军事目标的不设防城镇、村庄、住所或建筑物；并非军事目标的专用于宗教、教育、艺术、科学或慈善事业的建筑物、历史纪念物、医院和伤病人员收容所；依照国际法使用《日内瓦公约》所订特殊标志的建筑物、装备、医疗单位和运输工具等。

（4）使用禁用武器或禁止的作战方式。违反 1949 年日内瓦四公约及其附加议定书以及其他战争法规的规定，使用禁用武器，如：使用毒物或有毒武器；使用窒息性、有毒或其他气体，以及所有类似的液体、物质或器件；使用在人体内易于膨胀或变扁的子弹，如外壳坚硬而不完全包裹弹芯或外壳经切穿的子弹；使用已被全面禁止的具有造成过分伤害或不必要痛苦的性质或基本上为滥杀滥伤的武器、射弹、装备等。违反1949年日内瓦四公约及其附加议定书以及其他战争法规的规定，使用禁止的作战手段，如：无军事上的必要，非法和恣意地广泛破坏和侵占财产；强迫战俘或其他被保护人在敌国部队中服役；以断绝平民粮食作为战争方法，使平民无法取得其生存所必需的物品，包括故意阻碍根据《日内瓦公约》规定提供救济物品；征募不满15岁的儿童加入国家武装部队，或利用他们积极参与敌对行动；以背信弃义的方式杀、伤属敌对方战斗员。

随着科学技术的发展，国际社会对战争中禁止使用的武器非常重视。除日内瓦四公约之外，国际公约中禁止使用的武器包括三个方面：

一是核武器。

二是生化武器。生化武器（Biochemical Weapon）旧称细菌武器，是指利用生物或化学制剂，以细菌、病毒、毒素等使人、动物、植物致病或死亡的物质材料制成的武器。它包括生物武器和化学武器。1975年3月26日公约生效的《禁止生物武器公约》convention on prohibition of biological weapon 全称《禁止细菌（生物）及毒素武器的发展、生产及储存以及销毁这类武器的公约》规定：缔约国在任何情况下决不发展、生产、储存或以其他方法取得或保有其类型和数量超出预防、保护和其他和平用途范围的微生物或其他生物制剂或毒素，以及为敌对目的或在武装冲突中使用此类制剂或毒素而设计的武器、设备或运载工具。禁止将任何生物制剂、毒素、武器或运载工具直接或间接转让给任何接受者,并不得以任何方式协助、鼓励或引导任何国家、国家集团或国际组织制造或以其他方法取得上述任何生物制剂、毒素、武器或运载工具。

三是具有过分杀伤力的某些常规武器。常规武器是指除核武器、生化武器等具有有大规模杀伤破坏性的武器以外的武器,包括地面常规武器、航空常规武器和海上常规武器。地面常规武器包括地面突击武器、地面压制武器、地面防御武器、防空武器和轻武器。航空常规武器包括各种作战飞机、保障飞机和机载武器系统。海上常规武器包括舰艇和海军飞机以及舰载、机载武器系统和水中兵器。常规武器是战争中惯常使用的武器,但某些常规武器因具有过分的杀伤力,特别是当其被用于针对平民使用时,就威胁到人类社会的安全,因而被作为犯罪手段而予以禁止。1983 年 12 月 2 日生效的《禁止或限制使用某些可被认为具有过分伤害力或滥杀滥伤作用的常规武器公约》(包括公约正文及其所附的 3 项议定书),对此作出了明确的禁止性规定。按照该公约及其 3 项附加议定书的规定,战争中禁止使用的常规武器主要是:任何其主要作用在于以碎片伤人而其碎片在人体内无法用 X 射线检测的武器(第一附加议定书);设计成或性能为造成过度杀死或不必要痛苦的任何地雷(指布设在地面或其他表面之下、之上或附近并设计成人员或车辆出现、接近或接触时爆炸的弹药)、诱杀装置(指设计、制造或改装旨在致死或致伤而且在有人扰动或趋近一个外表无害的物体或进行一项看似安全的行动时出乎意料地发生作用的装置或材料)或者其他装置(指人工放置的,以致死、致伤或破坏为目的,用人工或遥控方式致动或隔一定时间后自动致动的包括简易爆炸装置在内的弹药或装置)(第二附加议定书);主要目的是使用一种通过化学反应在击中目标时引起火焰、热力或两者兼有的物质使击中的目的物燃烧或引起人员烧伤的燃烧武器(禁止对平民目的物或平民聚居的军事目标使用)(第三附加议定书)[1]。

应当注意的是,上述行为在国际武装冲突和非国际性武装冲突中,多数是完全相同的,但也有个别行为在不同性质的武装冲突中要求有所区别。

2. 这些行为是在国际武装冲突或者非国际性武装冲突的情况下实施的并且与该武装冲突有关

构成战争罪的行为,大多数都与在其他情况下实施的行为相似甚至相同。如故意杀害、酷刑或不人道待遇、非法禁闭;劫持人质、强奸等行为,都可能是在武装冲突情况下实施的,也可能是在非武装冲突的情况下实施的。如果是在平时实施这些行为,就可能独立地构成其他犯罪而不是战争罪。上述行为只有在国际武装冲突或者非国际性武装冲突的情况下实施,并且与武装冲突有关时,才可能构成战争罪。所谓国际武装冲突,是指国家之间的战斗或敌对行动,包括一国军队侵入另一个国家的领域发动战争,也包括一国的军队并没有跨越边界进入另一个国家境内的两个国家在边界上发生的武装冲突,还包括多国武装部队进入一个国家发生的武装冲突或军事占领。所谓非国际性武装冲突,是指一个国家的政府及其武装部队与在其领土内的一个或多个武装集团之间或者武装集团相互之间发生的持久的敌对情势。国际武装冲突的主体都是独立的主权国

---

[1] 第三类武器是禁止或限制使用,禁止或限制的范围是以1949年8月12日《日内瓦公约》共有的第二条、第三条以及该公约第一附加议定书第一条第4款所述的情况为限制范围。

家，而非国际性武装冲突的主体并不都是主权国家。由于武装冲突要求敌对行动的持久性，所以一国内部的动乱、紧张局势、孤立或不时发生的暴力行动，不构成国际法意义上的武装冲突。即使政府被迫动用警察部队和武装部队采取临时行动以恢复法律秩序，也不属于武装冲突。如果一国对发生在另一个国家境内的非国际性武装冲突进行干涉并达到一定的程度，或者对冲突一方进行控制，如对武装集团给予资助、训练和装备或提供支持，并在组织、协调或计划该武装集团的军事行动中起作用，非国际性武装冲突就可能转化为国际武装冲突。

所谓与武装冲突有关，是指这些行为的实施是为了推行有关的战争政策，或者是作为军事行动的组成部分而实施的，或者是在武装冲突的状态下或者过程中实施的。与武装冲突无关的伤害或侵犯他人的行为不构成战争罪。

3. 行为人具有战争犯罪的故意

对于战争犯罪行为，实施行为的人只要知道存在武装冲突的事实情况并且故意实施该行为，即符合战争罪的构成要件。只要知道存在武装冲突的事实情况，并不要求犯罪行为人对武装冲突系属国际性质还是非国际性质做出法律评价，不要求犯罪行为人知道确定冲突的国际性质或非国际性质的事实，只要求犯罪行为人知道据以确定存在武装冲突的事实情况。在针对受保护人员或者受保护物体实施的行为中，要求犯罪行为人知道确定该行为对象或者攻击目标属于受1949年日内瓦四公约保护对象的事实情况。在使用禁用武器或者禁止的作战方式时，犯罪行为人知道其违禁性质。

4. 战争罪的主体

战争罪的主体一般是自然人，即故意实施违反战争法规和惯例行为的有生命实体的个人。从两次世界大战的实践中来看，犯有战争罪的人主要是武装冲突方的政府或当局的官员、雇员及其他人员或者以文职或军人资格为这类政府或当局服务的人员，其中包括违反或遵照命令亲自实施这类犯罪的人员或者命令他人实施这类犯罪以及煽动、引诱、帮助或促使他人实施这类犯罪的人。但是，近20年来，非国际性武装冲突在世界某些地方不断发生。这些武装冲突的任何一方，尽管可能并不是或者不代表某个国家的政府，其下令实施战争罪行为的人员也不具有官方身份，但是都有可能成为战争罪的主体。此外，在某些情况下，武装冲突当事国也可能成为战争罪的主体。违反日内瓦四公约及其议定书规定的冲突一方，除应当按照情况所需负补偿责任之外，还应对组成其武装部队的人员所从事的一切战争犯罪行为负刑事责任。

战争罪的主体无论是国家还是某种实体或组织，目前对战争罪追究刑事责任的，仍然是个人。也就是说，在有关国家或者实体或者组织实施战争罪的场合，直接追究有关个人的刑事责任。

战争罪是严重危害人类生存和安全的国际犯罪。对于本身犯有或令人犯有战争罪行的罪犯，日内瓦四公约及其附加议定书的各缔约国都负有制定必要之立法，予以有效的刑事制裁的义务。各国不仅应当采取必要的措施来制止这类犯罪行为的发生，而且有义务搜捕被控为曾犯或曾令人犯这种罪行的人，并不论其国籍和犯罪地如何将其送交本国法庭审判或送交另一有关之缔约国审判。并且，对战争罪的审判，按照1970年11月11日生效的《战争罪及反人道罪不适用法定时效公约》的规定，不论犯罪日期，也不论战时或平时，均不适用各国关于法定时效和其他时效的规定。

四、危害人类罪

危害人类罪是在反人道罪的基础上发展而来的。

反人道罪（crimes against humanity）[1]，亦称违反人道罪、违背人道罪。它是指在战争发生前或战争进行中，因政治、种族或信仰关系，为执行侵略政策、实施战争犯罪而对平民施行的谋杀、灭绝种族、奴化、放逐或其他非人道迫害的行为。反人道罪也是1946年12月11日联合国大会决议所确认的《欧洲国际军事法庭宪章》第六条和《远东国际军事法庭宪章》第五条中规定的战争犯罪之一（即丙级战争犯罪）。从上述宪章的规定以及根据上述宪章所进行的纽伦堡审判和东京审判的实践来看，反人道罪主要是指对受保护平民以外的平民居民所进行的不人道的迫害，这种迫害是为了推行侵略政策和战争政策而基于某种政治上的考虑或种族、宗教歧视等原因进行的。因而在传统的国际法中，反人道罪通常被视为战争犯罪的一种。

战争罪与反人道罪，有许多共同之处。它们都是在战争准备和战争状态下实施的；都具有大规模的侵害人类共同利益、严重危害人类安全的性质；都是违犯日内瓦四公约及其附加议定书中规定的对人权的基本保证条款，严重侵犯人权的不人道行为。因此，它们被并列地视为战争犯罪。反人道罪实际上是战争罪在不同区域内的一种表现，是战争罪的补充。

但是，反人道罪又不能完全等同于战争罪。战争罪主要是

---

[1] "crimrs against humanity"一词，有时是在广义上，反人类罪包括所有国际犯罪，即所谓国际犯罪也被称为"反人类罪"——Jordan J. Paust etc., International Criminal Law: Cases and Materials, Carolina Academic Press, 1996. P3.；有时是在狭义上，仅指战争犯罪中的反人道罪；有时则在上述两种范围之间使用，如将战争犯罪中的反人道、灭绝种族罪、种族隔离罪、酷刑罪、危害人类和平与安全法典草案中规定的犯罪、奴隶制罪等统统放在该词定义的国际犯罪之中——M. C. Bassiouni, Crimes Against Humanity in International Criminal Law, Martinus Nijhoff Publishers, 1992.

针对战争和武装冲突中的他方或中立方受保护人员实施的，而反人道罪主要是针对行为者本国领土上的平民或自己一方领土上的平民实施的；战争罪的目的主要是不择手段地消灭对方，而反人道罪的目的主要是进行政治迫害；战争罪的行为方式主要是通过滥用战争手段来侵犯人权的；而反人道罪主要是通过非战争手段来侵犯人权的。所以，在有关国际刑法的规范中，反人道罪被作为独立于战争罪之外的一种国际犯罪来规定。

特别是在第二次世界大战之后，许多人呼吁，反人道罪不仅应当适用于战时，而且应当适用于平时。对于在和平时期基于社会、政治、人种、宗教或文化等理由而大规模实施的非人道的迫害行为，也应当作为反人道罪，追究其实施或教唆、命令他人实施者的刑事责任。联合国国际法委员会在其从1954年到1994年多次提交给联合国的《危害人类和平与安全罪法典草案》中，都将反人道罪作为既可能在战时实施、也可能在平时实施的一种国际犯罪加以规定。按照其1994年提交的法典草案第21条的规定，反人道罪被改写为危害人类罪，并被定义为"有组织地或大规模地侵犯人权罪"（Systematic or Mass Violations of Human Rights），即基于社会的、政治的、种族的、宗教的或文化的理由，而有组织地或大规模地实施或者命令他人实施谋杀，酷刑，建立或维持对人的奴隶地位、奴役状态或强迫劳动，起诉，或者驱逐或强迫转移人口等。

在这种认识的基础上，反人道罪逐渐被"危害人类罪"所取代。但是，如何定义危害人类罪，却存在着不同的观点。在1996—1998年联合国国际刑事法院筹备委员会的讨论中，危害人类罪成为反复争论的热点问题之一。虽然多数代表同意将危害人类罪作为国际刑事法院管辖的犯罪而规定在国际刑事法院规约中，但是在现存的国际文献中，关于危害人类罪始终没有

第五章　危害人类和平与安全的犯罪

可以普遍接受的定义。于是，专家们就危害人类罪的定义，提出了许多建议。这些建议的核心是根据《纽伦堡宪章》中的反人道罪、《前南斯拉夫国际刑事法庭规约》和《卢旺达国际刑事法庭规约》中规定的危害人类罪，以及《危害人类和平与安全罪法典草案》中有关危害人类罪的构成要素提出的。

国际刑事法院筹备委员会主席在其关于国际刑事法院法规草案的报告正文中，将危害人类罪定义为：

"在大规模地和（或）有组织地侵害平民居民中实施的、作为其部分的下列犯罪行为：

（a）谋杀；

（b）灭绝；

（c）奴役；

（d）放逐；

（e）监禁；

（f）酷刑；

（g）强奸；

（h）基于政治、种族、宗教理由的起诉；

（I）其他非人道行为。"

这个定义意味着，第一，危害人类罪不仅可以由一国的决策者或其他居于权威地位的人员构成，而且可以由任何执行国家政策而导致犯罪的人员构成；第二，危害人类的行为与国际或国内的武装冲突没有直接关系，因而危害人类罪既可以发生在战时，也可以发生在和平时期；第三，这个定义与《卢旺达国际刑事法庭规约》的规定[1]相同，而与《前南斯拉夫国际

---

[1]《卢旺达国际刑事法庭规约》第三条规定的危害人类罪是指"出于民族、政治、人种、种族或者宗教原因，在广泛的或有计划的攻击平民中"实施的谋杀、灭绝、奴役、驱逐出境、监禁、酷刑、强奸，基于政治、种族、宗教原因而进行迫害，以及其他不人道的行为。

刑事法庭规约》的规定[1]不同，认为"作为大规模地和有组织地侵害平民居民之部分而实施"是构成本罪的必要要件；第四，与卢旺达特别国际刑事法庭法规不同，这个定义没有把基于特定理由，诸如民族的、政治的、种族的、人种的或宗教的动机，作为"侵害"的进一步特征。[2]

在上述法规和研究的基础上，经过反复研究和磋商，《国际刑事法院罗马规约》在把危害人类罪规定为国际刑事法院管辖的犯罪的同时，对危害人类罪的定义做出了明确的规定。按照《国际刑事法院罗马规约》第七条的规定，危害人类罪是指在广泛或有系统地针对任何平民人口进行的攻击中，在明知这一攻击的情况下，作为攻击的一部分而实施的下列任何一种行为：

1. 谋杀；

2. 灭绝；

3. 奴役；

4. 驱逐出境或强行迁移人口；

5. 违反国际法基本规则，监禁或以其他方式严重剥夺人身自由；

6. 酷刑；

7. 强奸、性奴役、强迫卖淫、强迫怀孕、强迫绝育或严重程度相当的任何其他形式的性暴力；

8. 基于政治、种族、民族、族裔、文化、宗教、性别，或

---

[1]《前南斯拉夫国际刑事法庭规约》第五条规定的危害人类罪是指在"国际或国内武装冲突中""针对平民"实施的谋杀、灭绝、奴役、驱逐出境、监禁、酷刑、强奸，基于政治、种族、宗教原因而进行迫害，以及其他不人道的行为。

[2] 参见 The International Criminal Court: Observations and Issues Before the 1997 – 98 Preparatory Committee; and Administrative and Financial Implications, International Human Right Law Institute, DePaul University Chicago. 1996. p. 137 – 138.

根据公认为国际法不容的其他理由,对任何可以识别的团体或集体进行迫害,而且与任何一种其他危害人类罪的行为或任何一种国际刑事法院管辖权内的犯罪结合发生;

9. 强迫人员失踪;

10. 种族隔离罪;

11. 故意造成重大痛苦,或对人体或身心健康造成严重伤害的其他性质相同的不人道行为。

按照罗马规约的规定,构成危害人类罪,需要具备三个条件:

第一,实施了危害人类的犯罪行为。这种犯罪行为可以是下列行为中的任何一种或几种:(1)谋杀;(2)灭绝,包括故意施加某种生活状况,如断绝粮食和药品来源,目的是毁灭部分的人口;(3)奴役,即指对一人行使附属于所有权的任何或一切权力,包括在贩卖人口,特别是贩卖妇女和儿童的过程中行使这种权力;(4)驱逐出境或强行迁移人口,即指在缺乏国际法容许的理由的情况下,以驱逐或其他胁迫行为,强迫有关的人迁离其合法留在的地区;(5)违反国际法基本规则,监禁或以其他方式严重剥夺人身自由;(6)酷刑,即指故意致使在被告人羁押或控制下的人的身体或精神遭受重大痛苦,但酷刑不应包括纯因合法制裁而引起的,或这种制裁所固有或附带的痛苦;(7)强奸、性奴役、强迫卖淫、强迫怀孕、强迫绝育或严重程度相当的任何其他形式的性暴力,包括以影响任何人口的族裔构成的目的,或以进行其他严重违反国际法的行为的目的,非法禁闭被强迫怀孕的妇女;(8)基于政治、种族、民族、族裔、文化、宗教、性别,或根据公认为国际法不容的其他理由,对任何可以识别的团体或集体进行迫害,即违反国际法规定,针对某一团体或集体的特性,故意和严重地剥夺基本权利，而且与任何一种其他危害人类罪的行为或任何一种国际刑事法院管辖权内的犯罪结合发生；(9) 强迫人员失踪，即指国家或政治组织直接地，或在其同意、支持或默许下，逮捕、羁押或绑架人员，继而拒绝承认这种剥夺自由的行为，或拒绝透露有关人员的命运或下落，目的是将其长期置于法律保护之外；(10) 种族隔离罪，即指一个种族团体对任何其他一个或多个种族团体，在一个有计划地实行压迫和统治的体制化制度下，实施性质与第一款所述行为相同的不人道行为，目的是维持该制度的存在；(11) 故意造成重大痛苦，或对人体或身心健康造成严重伤害的其他性质相同的不人道行为。

第二，所实施的犯罪行为属于广泛或有系统地针对平民人口进行的攻击的一部分。谋杀、灭绝、奴役等行为，只有在广泛或有系统地针对平民人口进行的攻击这种背景下实施，才可能构成危害人类罪。如果不是在这种背景下并且作为这种攻击的一部分而实施，就不能构成危害人类罪。

所谓"广泛或有系统地针对平民人口进行的攻击"的前提，是存在着这样一个攻击平民人口的政策。这个政策可以是某个国家的，也可以是某个"组织"的。"攻击平民人口的政策"是指国家或组织积极推行或鼓励这种攻击平民人口的行为。"广泛"是指大量的、经常性的、大规模的、集体实施的，具有相当严重性和针对很多被害人的行为。"有系统"是指有组织地实施的行为。

所谓"针对任何平民人口进行的攻击"，是指根据国家或组织攻击平民人口的政策，或为了推行这种政策，针对任何平民人口多次实施上述行为的过程。

在为了推行这种政策而多次针对平民人口进行的攻击过程中，实施该罪犯罪定义中规定的任何行为都可能构成危害人类罪。

第三，行为人明知其行为系广泛或有系统地针对平民人口进行的攻击的一部分。

"明知"是构成危害人类罪的主观要件。在针对平民人口进行攻击的过程中，如果行为人不是明知自己的行为是这种攻击的一部分，就不构成该罪。但是，所谓"明知"，并不要求行为人知道攻击的所有特性，也不要求行为人知道国家或组织的计划和政策的详细情况，明知只是要求行为人知道或有意使自己的行为属于广泛或有系统地针对平民人口进行的攻击的一部分。如果广泛或有系统地针对平民人口进行的攻击是一种新出现的情况，犯罪行为人如果有意推行这种攻击，即具备该罪的心理要件。

危害人类罪是整个国际社会关注的最严重犯罪之一。它是独立于战争罪之外的一种国际犯罪。因此，某些在表现方式上完全相同或者基本相同的行为，如果是在国际武装冲突或者非国际性武装冲突的情况下实施的，就构成战争罪，而不应同时作为危害人类罪来追究[1]。

五、灭绝种族罪

灭绝种族罪（the crime of genocide），亦称灭种罪、灭绝人群罪。它是指蓄意全部或局部消灭某一民族、族裔、种族或宗教群体而实施的迫害行为。

"灭种"（genocide），是波兰法学家 R. 莱姆金（R. Lemkin）

---

[1] 在某些国家，一个行为可以同时构成数罪。但是在多数国家，一个行为只能构成实质上的一罪，尽管可能属于想象的数罪，结果只能按照一个罪来追究。《犯罪要件终结案文》中规定"一项行为可构成一罪或数罪"。这就意味着，在武装冲突情况下实施危害人类罪的犯罪行为，既可以构成战争罪，也可以构成危害人类罪。不过，按照中国的刑法理论，在这种情况下，应该属于想象的数罪，而不是实质上的数罪。此外，这里的"一项行为"应该理解为一个行为过程，而不是一个单一行为。

在其1944年出版的《轴心国在沦陷欧洲的统治》一书中创用的一个词汇，它高度概括了第二次世界大战期间德国纳粹分子在其统治区内肆意杀戮了800万本国人和外国人尤其是犹太人的罪行。与此同时，日本军国主义者在中国及其他亚洲国家对居民进行的残酷屠杀超过了1000万人。这种惨无人道的罪行激起了世界各国人民的强烈愤恨，欧洲国际军事法庭和远东国际军事法庭在审判战争犯罪时，都把这种罪行作为反人道罪的一种形式予以追诉。1946年12月11日的联合国大会决议也确认了对这种罪行作为国际犯罪进行追诉和惩罚的正义性。但是在《欧洲国际军事法庭宪章》和《远东国际军事法庭宪章》中，反人道罪都是作为战争犯罪予以惩罚的，它只适用于战争时期的灭绝种族行为。而灭绝种族行为并不是只在战争时期才能实施的犯罪，在和平时期也可能发生灭绝种族的行为，这种行为同样会严重威胁到人类的生存和安全。在和平时期禁止和惩治灭绝种族行为的需要，导致了1948年《防止及惩治灭绝种族罪公约》的产生。

《防止及惩治灭绝种族罪公约》中规定：

"第一条　缔约国确认灭绝种族行为，不论发生于平时或战时，均系国际法上之一种罪行，承允防止并惩治之。

第二条　本公约内所称灭绝种族系指蓄意全部或局部消灭某一民族、人种、种族或宗教团体，犯有下列行为之一者：

甲　杀害该团体之成员；

乙　致使该团体之成员在身体上或精神上遭受严重伤害；

丙　故意使该团体处于某种生活状况下，以毁灭其全部或局部之生命；

丁　强制施行办法意图防止该团体内之生育；

戊　强迫转移该团体之儿童至另一团体。

第三条　下列行为应予惩治：

甲　灭绝种族；

乙　预谋灭绝种族；

丙　直接公然煽动灭绝种族；

丁　意图灭绝种族；

戊　共谋灭绝种族。

第四条　凡犯灭绝种族罪或第三条所列行为之一者，无论其为依宪法负责之统治者、公务员或私人，均应惩治之。

第五条　缔约国承允各依照其本国宪法制定必要之法律以实施本公约各项规定，而对于犯灭绝种族罪或有第三条所列之行为之一者尤应规定有效之惩治。"

《国际刑事法院罗马规约》明确地将灭绝种族罪规定为国际刑事法院管辖的犯罪之首，并援引《防止及惩治灭绝种族罪公约》的规定，明确规定了灭绝种族罪的犯罪构成。罗马规约缔约国大会通过的《犯罪要件终结案文》进一步明确规定了灭绝种族罪的构成要件。

按照上述规定，灭绝种族罪在主观方面，必须具有灭绝种族的故意，即必须是意图全部或局部消灭某一民族、族裔、种族或宗教团体。主观上不具有这种故意的杀害行为，不能构成这种犯罪。

灭绝种族罪在客观方面表现为实施、预谋、直接公然煽动、意图或共谋实施下列行为之一：（1）杀害该群体之成员；（2）致使该群体之成员在身体上或精神上遭受严重伤害；（3）故意使该群体处于某种生活状况下，以毁灭其全部或局部之生命；（4）强制施行蓄意防止该群体生育的措施；（5）强迫转移该群体的儿童至另一群体。并且，这种行为是在明显针对该团体采取一系列类似行为的情况下发生的，或者是其本身足以造成这种消灭的行为。

灭绝种族罪的主体是具备该罪主观要件和客观要件的任何具有刑事责任能力的人。只要实施了或者预谋、直接公然煽动、意图或共谋实施灭绝种族的行为，无论其为依本国宪法负责之统治者、公务员或私人，均应受到刑事制裁。

《防止及惩治灭绝种族罪公约》还规定，灭绝种族罪作为一种国际犯罪，不得视为政治犯罪而享受庇护的权利。对于实施灭绝种族罪的罪犯，可以依照各当事国的法律或该公约予以引渡。

六、非法使用武器罪

非法使用武器罪（crimes of unlawful use of weapons），或称非法使用、生产和储存禁用武器罪（unlawful use, production and stockpiling of certain prohibited weapons），是指在和平时期或者在战争和武装冲突中首先使用禁用武器，或者在禁止放置的地区放置禁放武器，严重危害和威胁人类和平与安全的行为。

随着现代军事工业的发展，在武装冲突中出现了许多具有大规模破坏性和杀伤性的武器。这些武器，在用于军事目标的同时，往往会对非攻击目标造成伤害，从而危及无辜。它们的使用甚至是放置，构成了对人类安全的直接威胁。因此，禁止这类武器的使用和不当放置，是一切爱好和平的人们的共同要求，也是国际社会为保卫人类安全做出的重大抉择。

按照现有国际公约的规定，非法使用武器罪包括如下两个方面的犯罪行为：

1. 在和平时期或者在战争和武装冲突中使用禁用武器

在和平时期或者在战争和武装冲突中首先使用下列禁用武器：

（1）1868年12月11日《圣彼得堡宣言》所禁止使用的

第五章 危害人类和平与安全的犯罪

爆炸性和扩散性枪弹；

（2）1899年7月29日海牙第二宣言、1907年10月18日《海牙公约》、1925年6月17日日内瓦《关于禁止使用毒气或类似毒品及细菌方法作战议定书》中禁止使用的窒息性毒气；

（3）1961年11月24日联合国大会通过的《禁止使用核及热核武器宣言》中禁止使用的核及热核武器；

（4）1972年4月10日签署的《禁止细菌（生物）及毒素武器的发展、生产和储存以及销毁这类武器的公约》中禁止使用的化学武器和细菌武器；

（5）1980年10月10日签署的《禁止或限制使用某些可能认为具有过份杀害力或滥杀滥伤作用的常规武器公约中禁止使用和限制使用的地雷、水雷、饵雷及其他类似装置和燃烧武器；

（6）其他国际公约中明确禁止使用的武器。

2. 在禁止放置的地区非法放置核武器、大规模毁灭性武器和进攻性武器

禁止放置这类武器的地区包括：1959年12月1日的《南极公约》中规定的南极地带；1963年8月5日的《禁止进行大气、外层空间、水下核武器试验条约》、1967年1月27日的《关于各国探索和利用包括月球和其他天体在内外层空间活动的原则条约》、1971年2月11日《关于禁止在海床、洋底及其底土放置核武器和其他大规模毁灭性武器条约》中规定的外层空间、月球或其他天体，以及公海海底或固定于公海海底的永久性设施。在这些地区非法放置核武器、大规模毁灭性武器和进攻性武器，虽然不是非法使用禁用武器的行为，但是由于这种放置行为的目的是为以后使用这类武器，并且这种放置行为本身就构成了对人类安全的严重威胁，所以也被列入非法使用

武器罪之列。

　　非法使用武器罪通常是作为国家行为被实施的，因而它不仅涉及直接责任人员的个人刑事责任，而且往往涉及有关国家的责任问题。除了在战争和武装冲突中非法使用禁用武器作为战争罪进行追诉之外，对于这类犯罪，在没有国际刑事法院系统的现代国际社会中，很难予以追诉。但是把这类行为规定为国际犯罪，却是越来越多的国家和人民的强烈呼声，并得到了国际社会的一再确认。

第六章 侵犯基本人权的犯罪

一、《世界人权宣言》与国际人权保护

尊重和保护人的基本权利，是人类社会生存和发展的基本需要。特别是随着现代文明的发展，尊重和保护基本人权的问题，受到全世界人民和整个国际社会的高度重视。尽管尊重和保护人权的标准由于社会制度和经济文化背景的不同而在各国之间不尽一致，但是尊重和保护基本人权的原则立场却是世界各国所共同坚持的。

1945年6月26日订于旧金山的《联合国宪章》（Charter of the United Nations），重申了基本人权、人格尊严与价值以及男女平等权利的信念，把"发展国际间以尊重人民平等权利及自决原则为根据之友好关系""不分种族、性别、语言或宗教，增进并激励对于全体人类之人权及基本自由之尊重"作为联合国的宗旨，指导国家间的交往。

1948年12月10日联合国大会通过的《世界人权宣言》（Universal Declaration of Human Rights），明确规定了世界各国人民应当享有的基本权利。其全文如下：

世界人权宣言

(联合国大会1948年12月10日通过)

弁 言

兹鉴于人类一家,对于人人固有尊严及其平等不移权利之承认确系世界自由、正义与和平之基础;

复鉴于人权之忽视及侮蔑恒酿成野蛮暴行,至使人心震愤,而自由言论、自由信仰、得免忧惧、得免贫困之世界业经宣示为一般人民之最高企望;

复鉴于为使人类不致迫不得已铤而走险以抗专横与压迫,人权须受法律规定之保障;

复鉴于国际友好关系之促进,实属切要;

复鉴于联合国人民已在宪章中重申对于基本人权,人格尊严与价值,以及男女平等权利之信念,并决心促成大自由中之社会进步及较善之民生;

复鉴于各会员国业经誓愿与联合国同心协力促进人权及基本自由之普遍尊重与遵行;

复鉴于此种权利自由之共同认识对于是项誓愿之彻底实现至关重大;

大会爰于此颁布世界人权宣言,作为所有人民所有国家共同努力之标的,务望个人及社会团体永以本宣言铭诸座右,力求借训导与教育激励人权与自由之尊重,并借国家与国际之渐进措施获得其普遍有效之承认与遵行;会员国本身人民及所辖领土人民均各永享咸遵。

第一条

人皆生而自由;在尊严及权利上均各平等。人各赋有理性良知,诚应和睦相处,情同手足。

第二条

人人皆得享受本宣言所载之一切权利与自由,不分种族、肤色、性别、语言、宗教、政见或他种主张、国籍或门第、财产、出生或他种身分。

且不得因一人所隶国家或地区之政治、行政或国际地位之不同而有所区别,无论该地区系独立、托管、非自治或受有其他主权上之限制。

第三条

人人有权享有生命、自由与人身安全。

第四条

任何人不容使为奴役;奴隶制度及奴隶贩卖,不论出于何种方式,悉应予禁止。

第五条

任何人不容加以酷刑,或施以残忍不人道或侮慢之待遇或处罚。

第六条

人人于任何所在国有被承认为法律上主体之权利。

第七条

人人在法律上悉属平等,且应一体享受法律之平等保护。人人有权享受平等保护,以防止违反本宣言之任何歧视及煽动此种歧视之任何行为。

第八条

人人于其宪法或法律所赋予之基本权利被侵害时,有权享受国家管辖法庭之有效救济。

第九条

任何人不容加以无理逮捕、拘禁或放逐。

第十条

人人于其权利与义务受判定时及被刑事控告时，有权享受独立无私法庭之绝对平等不偏且公开之听审。

第十一条

一、凡受刑事控告者，在未经依法公开审判证实有罪前，应视为无罪，审判时并须予以答辩上所需之一切保障。

二、任何人在刑事上之行为或不行为，于其发生时依国家或国际法律均不构成罪行者，应不为罪。刑罚不得重于犯罪时法律之规定。

第十二条

任何人之私生活、家庭、住所或通讯不容无理侵犯，其荣誉及信用亦不容侵害。人人为防止此种侵犯或侵害有权受法律保护。

第十三条

一、人人在一国境内有自由迁徙及择居之权。

二、人人有权离去任何国家，连基本国在内，并有权归返其本国。

第十四条

一、人人为避迫害有权在他国寻求并享受庇身之所。

二、控诉之确源于非政治性之犯罪或源于违反联合国宗旨与原则之行为者，不得享受此种权利。

第十五条

一、人人有权享有国籍。

二、任何人之国籍不容无理褫夺，其更改国籍之权利，不容否认。

第十六条

一、成年男女，不受种族、国籍或宗教之任何限制，有权婚嫁及成立家庭。男女在婚姻方面，在结婚期间及在解除婚约时，俱有平等权利。

二、婚约之缔订仅能以男女双方之自由完全承诺为之。

三、家庭为社会之当然基本团体单位，并应受社会及国家之保护。

第十七条

一、人人有权单独占有或与他人合有财产。

二、任何人之财产不容无理剥夺。

第十八条

人人有思想、良心与宗教自由之权；此项权利包括其改变宗教或信仰之自由，及其单独或集体、公开或私自以教义、躬行、礼拜及戒律表示其宗教或信仰之自由。

第十九条

人人有主张及发表自由之权；此项权利包括保持主张而不受干涉之自由，及经由任何方法不分国界以寻求、接受并传播消息意见之自由。

第二十条

一、人人有和平集会结社自由之权。

二、任何人不容强使隶属于某一团体。

第二十一条

一、人人有权直接或以自由选举之代表参加其本国政府。

二、人人有以平等机会参加其本国公务之权。

三、人民意志应为政府权力之基础；人民意志应以定期且真实之选举表现之，其选举权必须普及而平等，并当以不记名投票或相当之自由投票程序为之。

第二十二条

人既为社会之一员，自有权享受社会保障，并有权享受个人尊严及人格自由发展所必需之经济、社会及文化各种权利之实现；此种实现之促成端赖国家措施与国际合作并当依各国之机构与资源量力为之。

第二十三条

一、人人有权工作，自由选择职业，享受公平优裕之工作条件及失业之保障。

二、人人不容任何区别，有同工同酬之权利。

三、人人工作时，有权享受公平优裕之报酬，务使其本人及其家属之生活足以维持人类尊严，必要时且应有他种社会保护办法，以资补益。

四、人人为维护其权益，有组织及参加工会之权。

第二十四条

人人有休息及闲暇之权，包括工作时间受合理限制及定期有休假之权。

第二十五条

一、人人有权享受其本人及其家属康乐所需之生活程度，举凡衣、食、住、医药及必要之社会服务均包括在内；且于失业、患病、残废、寡居、衰老、或因不可抗力之事故致有他种丧失生活能力之情形时，有权享受保障。

二、母亲及儿童应受特别照顾及协助。所有儿童，无论婚生与非婚生，均应享受同等社会保护。

第二十六条

一、人人皆有受教育之权。教育应属免费，至少初级及基本教育应然。初级教育应属强迫性质。技术与职业教育应广为设立。高等教育应予人人平等机会，以成绩为准。

二、教育之目标在于充分发展人格，加强对人权及基本自由之尊重。教育应谋促进各国、各种族或各宗教团体间之谅解、容恕及友好关系，并应促进联合国维系和平之各种工作。

三、父母对其子女所应受之教育，有优先抉择之权。

第二十七条

一、人人有权自由参加社会之文化生活，欣赏艺术，并共同襄享科学进步及其利益。

二、人人对其本人之任何科学、文学或美术作品所获得之精神与物质利益，有享受保护之权。

第二十八条

人人有权享受本宣言所载权利与自由可得全部实现之社会及国际秩序。

第二十九条

一、人人对于社会负有义务：个人人格之自由充分发展厥为社会是赖。

二、人人于行使其权利及自由时仅应受法律所定之限制，且此种限制之唯一目的应在确认及尊重他人之权利与自由并谋符合民主社会中道德、公共秩序及一般福利所需之公允条件。

三、此等权利与自由之行使，无论在任何情况下，均不得违反联合国之宗旨及原则。

第三十条

本宣言所载，不得解释为任何国家、团体或个人有权以任何活动或任何行为破坏本宣言内之任何权利与自由。

以后，联合国大会又陆续通过了《妇女政治权利公约》（1952 年 12 月 20 日通过）、《联合国消除一切形式种族歧视宣言》（1963 年 11 月 20 日通过）、《公民及政治权利国际盟约》（Covenant on Civil and 政治的 Rights）（1966 年 12 月 9 日在纽约开放签字）、《经济、社会、文化权利国际盟约》（Covenant on Economic Social and Cultural Rights）（1966 年 12 月 9 日在纽约开放签字），以及国际人权会议 1968 年 5 月 13 日宣布的《德黑兰宣言》等重要文件，重申和坚持《联合国宪章》的宗旨和《世界人权宣言》的精神，强调对基本人权的保护。

人权保护与侵犯人权，是相互对立的两个方面。为了实现上述国际文献中提出的基本要求，切实保护人的基本权利，就必须坚决有效地制止严重侵犯人权的行为。不能有效地制止侵犯人权的行为，人权保护就是一纸具文。因此，国际社会在强调保护基本人权的同时，先后签订了《禁止贩卖人口及取缔意图营利使人卖淫的公约》（1949 年 12 月 2 日）、《关于修正废除奴隶制及奴隶贩卖之国际公约的议定书》（1953 年 12 月 7 日订于纽约）、《废止奴隶制、奴隶贩卖及类似奴隶制之制度与习俗补充公约》（1956 年 9 月 7 日订于日内瓦）、《消除一切形式种族歧视国际公约》（1966 年 3 月 7 日订于纽约）、《禁止并惩治种族隔离罪行国际公约》（1973 年 11 月 30 日联合国大会通过）、《反对劫持人质国际公约》（1979 年 12 月 18 日在纽约开放签字）、《禁止酷刑和其他残忍、不人道或有辱人格的待遇或处罚公约》（1984 年 12 月 10 日联合国大会通过）。这些公约，明确地把某些严重侵犯基本人权的行为规定为国际犯罪，要求世界各国采取必要的措施，制止和惩罚这类犯罪。这是保护基本人权极为重要的措施。

按照上述公约的规定，侵犯基本人权的犯罪，包括种族隔离罪、种族歧视罪、劫持人质罪、贩卖和使用奴隶罪、贩卖人口罪、酷刑罪等。这些犯罪，严重侵犯了国际社会共同关心和保护的人的基本权利，对人类社会的共同生活和人类文明的发展造成了严重的危害，因而为国际社会所共同禁止。同这类犯罪作斗争，是世界人民的共同要求，也是世界各国义不容辞的义务。

除了上述犯罪之外,其他某些国际犯罪也可能构成对基本人权的严重侵犯。例如,战争罪和危害人类罪的所有罪行,几乎都是严重侵犯基本人权的犯罪;劫持航空器罪、侵害应受国际保护人员罪等,本身也是严重侵犯基本人权的犯罪。但是由于这些犯罪在严重侵犯基本人权的同时,构成了对国际社会同样关注的其他重大利益的侵害,所以本书分别将它们列入其他相关犯罪,而不再在侵犯基本人权的犯罪中加以论述。此外,对于非法医药(或人体)试验等严重侵犯基本人权的行为,有些学者将其视为独立的国际犯罪,并列入严重侵犯基本人权的犯罪之中。但是在有关国际文献中,非法医药(或人体)试验的行为已经被视为战争罪或危害人类罪的一种犯罪形式,而在其他国际刑法规范中又没有把这种行为规定为独立的犯罪。所以,笔者认为,这种犯罪行为仍应视为战争罪或者危害人类罪所包含的内容,而没有作为一种独立的侵犯基本人权的犯罪存在的根据和理由。

二、种族隔离罪

种族隔离罪(the crime of apartheid)是指为建立和维持一个种族群体对任何其他种族群体的主宰地位并有系统地压迫他们而强行实施种族隔离的行为。种族隔离是国际社会公认的一种国际犯罪。

种族隔离罪是从国际社会一致谴责南部非洲所推行的种族分离和种族歧视的类似政策和办法的过程中逐渐得到确认的。1948年南部非洲的白人政府为保持其种族主义统治,在白人居民与非白人居民之间采取了一种极端的种族歧视政策。这种政策,明显违背了1945年《联合国宪章》所规定的"不分种族、性别、语言或宗教,增进并激励对于全体人类之人权及基本自由之尊重"的宗旨,因而理所当然地受到了各国人民的谴责。

但是南非当局无视世界人民的反对，于 1950 年通过了《种族分区隔离法》，变本加厉地推行种族隔离政策，将数百万黑人赶到土地贫瘠、范围狭小的保留地区居住。对此，联合国大会曾多次谴责南非当局的罪行，要求其遵守《联合国宪章》，改变其种族隔离和种族歧视政策。鉴于南非当局无视世界人民的强烈谴责和联合国大会的决议，也鉴于类似政策和办法在世界其他地区推行的可能性，以及种族隔离及其继续扩大对国际和平与安全的严重扰乱和威胁，联合国大会于 1973 年通过了《禁止并惩治种族隔离罪行国际公约》，把种族隔离宣布为违反国际法原则的国际犯罪，要求世界各国采取有效措施以禁止和惩罚这种罪行。

该公约规定：

"第一条

1. 本公约缔约国宣布：种族隔离是危害人类的罪行，由于种族隔离的政策和办法与类似的种族分离和歧视的政策和办法所造成的不人道行为，如本公约第二条所规定者，都是违反国际法原则，特别是违反联合国宪章的宗旨和原则的罪行，对国际和平与安全构成严重的威胁。

2. 本公约缔约国宣布：凡是犯种族隔离罪行的组织、机构或个人即为犯罪。

第二条

为本公约的目的，所谓"种族隔离的罪行"，应包括与南部非洲所推行的种族分离和种族歧视类似的政策和办法，是指为建立和维持一个种族团体对任何其他种族团体的主宰地位，并且有系统地压迫他们，而作出的下列不人道行为：

（a）用下列方式剥夺一个或一个以上种族团体的一个或一个以上成员的生命和人身自由的权利：

（一）杀害一个或一个以上种族团体的成员；

（二）使一个或一个以上种族团体的成员受到身体上或心理上的严重伤害，侵犯他们的自由或尊严，或者严刑拷打他们或使他们受残酷、不人道或屈辱的待遇或刑罚；

（三）任意逮捕和非法监禁一个或一个以上种族团体的成员；

（b）对一个或一个以上的种族团体故意加以旨在使其全部或局部灭绝的生活条件；

（c）任何立法措施及其他措施，旨在防止一个或一个以上的种族团体参与该国政治、社会、经济和文化生活者，及故意造成条件，以阻止一个或一个以上这种团体的充分发展，特别是剥夺一个或一个以上种族团体的成员的基本人权和自由，包括工作的权利、组织已获承认的工会的权利、受教育的权利、离开和返回自己国家的权利、享有国籍的权利、自由迁移和居住的权利、自由主张和表达的权利以及自由和平集会和结社的权利；

（d）任何措施，包括立法措施，旨在用下列方法按照种族界线分化人民者：为一个或一个以上种族团体的成员建立单独的保留区或居住区，禁止不同种族团体的成员互相通婚，没收属于一个或一个以上种族团体或其成员的地产；

（e）剥削一个或一个以上种族团体的成员的劳力，特别是强迫劳动；

（f）迫害反对种族隔离的组织或个人，剥夺其基本权利和自由。

第三条

任何个人、组织或机构的成员、或国家代表，不论出于什么动机，如有下列行为，即应负国际罪责，不论是住在行为发生地的国家的领土内或其他国家：

（a）触犯、参与、直接煽动或共同策划本公约第二条所列举的罪行；

（b）直接教唆怂恿或帮同触犯种族隔离的罪行。

第四条

本公约缔约国承诺：

（a）采用必要的立法或其他措施来禁止并预防对于种族隔离罪行和类似的分隔主义政策或其表现的鼓励，并惩治触犯此种罪行的人；

（b）采取立法、司法和行政措施，按照本国的司法管辖权，对犯或被告发犯本公约第二条所列举的行为的人，进行起诉、审判和惩罚，不论这些人是否住在罪行发生的国家的领土内，也不论他们是该国国民抑或其他国家的国民，抑或是无国籍人士。"

按照《禁止并惩治种族隔离罪行国际公约》的上述规定，构成种族隔离罪，在主观上必须具有故意，并且必须是以建立和维持一个种族群体对任何其他种族群体的主宰地位并有系统地压迫他们为目的。不具有这种目的，就不构成种族隔离罪。

种族隔离罪在客观上必须是为建立和维持一个种族群体对任何其他种族群体的主宰地位并有系统地压迫他们而实施下列不人道行为之一：（1）用下列方式剥夺一个或一个以上种族团体的一个或一个以上成员的生命和人身自由的权利：杀害某个种族群体的成员；使某个种族群体的成员受到身体上或心理上的严重伤害，侵犯他们的自由或尊严，或者严刑拷打他们或使他们受残酷、不人道或屈辱的待遇或刑罚；任意逮捕和非法监禁某个种族群体的成员。（2）对某个种族群体故意加以旨在使其全部或局部灭绝的生活条件。（3）采取包括立法在内的任何措施或者故意造成条件,旨在阻止某个种族群体的充分发展和参与本国政治、社会、经济、文化生活,特别是否认该种族群体成员的基本人权和自由权利。(4) 旨在按种族划分或维护种族分离而采取包括立法在内的任何措施,为某个种族的人群建立单独的保留地或聚居区、禁止不同种族的成员通婚、没收属于某个种族成员的地产或者干涉某个种族的成员行使财产和经济权利。(5) 剥削某个种族群体的成员的劳力特别是强迫劳动。(6) 迫害反对种族隔离的组织或个人,剥夺其基本权利和自由。

种族隔离罪的主体可以是实施、参与、直接煽动或共同策划上述罪行或者直接教唆怂恿或帮助实施上述罪行的任何个人、组织或机构的成员,或国家代表。也就是说,不仅个人,而且国家也有可能构成种族隔离罪的主体。犯有种族隔离罪的人,不论出于什么动机,不论住在行为发生地的国家领土内或其他国家,都应对自己的犯罪行为承担刑事责任。

按照《禁止并惩治种族隔离罪国际公约》的规定,犯有种族隔离罪的人,可以由对被告取得管辖权的本公约任何一个缔约国的主管法庭审判,或者由对那些已接受管辖权的缔约国有管辖权的一个国际刑事法庭审判。对于这类犯罪人,任何国家均不得以政治犯为由予以庇护。

三、种族歧视罪

种族歧视罪(the crime of racial discrimination),是指煽动种族歧视或者实施、帮助种族主义活动的行为。

禁止种族歧视,是世界人权宣言的基本精神之一,也是《联合国消除一切形式种族歧视宣言》和《消除一切形式种族歧视国际公约》的基本内容。《联合国消除一切形式种族歧视宣言》指出,联合国大会认为,"人人有权享受平等保护以防任何歧视及防任何煽动此种歧视的行为""一切形式的种族歧视，尤其是基于种族优越偏见或种族仇恨的政府政策，除构成基本人权的侵害外，亦足以妨害人民间的友好关系、国家间的合作以及国际和平及安全"。该宣言指出："人与人间基于种族、肤色或人种的歧视系对人类尊严的凌辱，应视为否定联合国宪章原则、侵害世界人权宣言所宣布的人权与基本自由、妨碍国际友好和平关系及足以扰乱人民间和平与安全之事实，加以谴责"（第一条）。据此，《消除一切形式种族歧视国际公约》第四条规定：

"缔约国对于一切宣传及一切组织，凡以某一种族或属于某一肤色或民族本源之人群具有优越性之思想或理论为根据者，或试图辩护或提倡任何形式之种族仇恨及歧视者，概予谴责，并承诺立即采取旨在根除对此种歧视之一切煽动或歧视行为之积极措施，又为此目的，在充分顾及世界人权宣言所载原则及本公约第五条明文规定之权利之条件下，除其他事项外：

（子）应宣告凡传播以种族优越或仇恨为根据之思想，煽动种族歧视，以及对任何种族或属于另一肤色或民族本源之人群实施强暴行为或煽动此种行为者，又凡对种族主义者之活动给予任何协助者，包括筹供经费在内，概为犯罪行为，依法惩处；

（丑）应宣告凡组织及有组织之宣传活动与所有其他宣传活动之提供与煽动种族歧视者，概为非法，加以禁止，并确认参加此等组织或活动为犯罪行为，依法惩处；

（寅）应不准全国性或地方性公共当局或公共机关提倡或煽动种族歧视。"

根据上述规定，种族歧视罪实际上包括如下四种行为：（1）煽动种族歧视的行为，即以传播种族优越或种族仇恨为根据的思想，煽动种族歧视或者参与有组织的此类宣传活动的行为；（2）对任何种族或属于另一肤色或民族的人群实施强暴行为或煽动此种强暴行为；（3）协助种族主义活动的行为；（4）参加提倡和煽动种族歧视的组织及其活动的行为。

上述犯罪行为中所包容的"种族歧视"一词，按照该公约的解释，是指"基于种族、肤色、世系或原属国或民族本源之任何区别、排斥、限制或优惠，其目的或效果为取消或损害政治、经济、文化或公共生活及任何其他方面人权及基本自由在平等地位上之承认、享受或行使"。

种族歧视的行为，既可以是由个人实施的，也可以是由组织或国家实施的。但是按照上述公约的规定，只有个人或组织可以构成种族歧视罪的主体。全国性或地方性公共当局或公共机关提倡或煽动种族歧视的行为，虽为上述公约所禁止，但不构成种族歧视罪。不过，国家机关工作人员以全国性或地方性公共当局或公共机关的名义实施煽动种族歧视的行为，虽然该公共当局或机关不构成犯罪，但是这类行为的直接责任人员应以个人的身份构成该罪的主体受到惩罚。

四、贩卖和使用奴隶罪

贩卖和使用奴隶罪（the crimes of slavery and slave trade），亦称奴隶罪、奴隶制罪，是指故意违反国际社会公认的禁奴规范，进行跨国性奴隶贩运或者为维持奴隶制或类似奴隶制之制度或习俗而残害奴隶或奴役身份之人或诱人为奴的行为。也有人将该罪称为奴隶制或与奴隶制相关的犯罪（slavery and related crimes），并将其定义为"使他人处于受行为人主宰和任意行使权力的处境和地位或其他任何非法剥夺他人人身自由而强迫使其从事某种事务的行为"。[1]

奴隶是指处于他人可以对其行使属于所有权的任何一种或全部权力之地位或状况下的人。奴役身份之人是指处于债务质役、农奴制、婚姻奴役、儿童奴役等类似奴隶制的制度和习俗所产生的地位或状况下的人。

奴隶制是严重侵犯人的基本权利、自由和尊严而为现代社会所唾弃的一种野蛮残酷的社会制度。早在1814年至1815年的巴黎和会、1815年的维也纳大会、1841年的伦敦条约、1889年至1890年的布鲁塞尔会议总议定书、1889年的柏林总议定书、1919年的圣日尔曼—安雷伊公约等国际会议和文件中,国际社会就做出了废除奴隶制的努力。1926年9月12日订于日内瓦的《废除奴隶制及奴隶贩卖之国际公约》即著名的《禁奴公约》(Slavery Convention)更是明确规定,各缔约国应当采取一切必要措施,防止并制止奴隶贩卖,逐步并尽速完全废除一切形式的奴隶制,并且应当采取一切必要的措施防止强制或强迫劳动发展成类似奴隶制的情况。

按照《禁奴公约》中的定义,奴隶制是指一人所处之地位或情况使他人可对其行使属于所有权的任何权力或全部权力者。奴隶贩卖是指贩卖或运输奴隶之每一种行为,如一切涉及俘获、置有或处理某人,使其贬为奴隶的行为;一切涉及以出售或交换为目的而置有奴隶的行为;一切以出售或交换处理为出售或交换之目的而置有奴隶的行为。

1956年《废止奴隶制、奴隶贩卖及类似奴隶制之制度与习俗补充公约》(Supplementary Convention on the Abolition of Slavery, the Slave Trade, and Instantiations and Practices Similar to

---

[1] 参见陆晓光主编:《国际刑法概论》,中国政法大学出版社1991年版,第237页。

Slavery）认为，废除奴隶制，禁止奴隶贩卖，同时也应当完全废除和禁止严重侵犯人的基本权利和尊严的类似奴隶制的制度与习俗。

按照该公约的规定，类似奴隶制的制度与习俗是指：（1）债务质役：因债务人典质将其本人或受其控制之第三人之劳务充作债务之担保，所服劳务之合理估定价值并不作为清偿债务计算，或此种劳务之期间及性质未经分别限制及订明，所引起之地位或状况。亦即为担保债务而使本人或受其控制的第三人处于受奴役境遇的情况。（2）农奴制：土地承租人受法律、习惯或契约之拘束须在他人所有之土地居住及劳作，并向该他人提供有偿或无偿之若干固定劳务而不能自由变更其身份之状况。（3）婚姻奴役：女子的父母、监护人、家属或任何他人或团体受金钱或实物之报酬，将女子许配或出嫁，而女子本人无权拒绝；女子之丈夫、其夫之家属或部族有权取得代价或在其他情形下将女子转让他人；女子于丈夫亡故后可为他人继承等制度或习俗。（4）儿童奴役：儿童或未满18岁少年之生父母或两者之一或其监护人，不论是否为取得报酬，将儿童或少年交给他人以供利用或剥削其劳力之制度或习俗。

该公约规定：

"第三条

一、以任何运输方式将奴隶从一国运至他国之行为或企图，或为此等行为从犯之行为，应由本公约当事国法律规定为刑事罪；凡经判决之此等罪犯应受极严厉之刑罚。

二、（甲）当事各国应采取各种有效措施以制止准悬各该国旗帜之船舶与飞机从事运输奴隶，并将犯有此等罪行或为此目的利用该国国旗之人予以惩罚。

（乙）当事各国应采取各种有效措施务使其港口、飞机场及海岸不为运输奴隶之用。

三、本公约当事各国应交换情报以获致各国间就取缔奴隶贩卖所采措施之实际协调；并应将其所发现之每一贩卖奴隶及此项罪行未遂案件互相通知。

……

第五条

在奴隶制或本公约第一条所称之制度或习俗尚未完全废止或废弃之国家内，凡为表明其身份或为惩罚、或因任何其他理由对奴隶或奴役身份之人加以毁伤、烙印或他种标记之行为，或为此等行为从犯之行为，应由本公约当事国法律规定为刑事罪；凡经判决之此等罪犯应受处罚。

第六条

一、使他人为奴隶或引诱他人本身或其受赡养人沦为奴隶，或企图实施此等行为，或为此等行为从犯，或为实施此等行为共谋之当事人之行为，应由本公约当事国法律规定为刑事罪；凡经判决之此等罪犯应受处罚。

二、在不违背本公约第一条引言之规定下，本条第一款之规定，亦应适用于在第一条所称任一制度或习俗下，引诱他人本身或其受赡养人沦为奴役地位，或企图实施此等行为，或为此等行为从犯，或为实施此等行为共谋之当事人之行为。"

按照上述规定，贩卖和使用奴隶罪实际上包括贩卖奴隶和使用奴隶两种罪行。

贩卖奴隶罪包括意在使人沦为奴隶而掳获、取得或处置的行为；以转卖或交换为目的取得奴隶之一切行为；将以转卖或交换为目的所取得的人出卖或交换的一切处置行为；以任何运送方式将奴隶贩卖或运输的一切行为。这些行为都在禁止之列。但是作为国际犯罪予以刑事制裁的，只是其中具有跨国性的那一部分，即利用船舶、飞机及其他运输工具，通过各种运输方式，将奴隶从一国运至他国的行为，以及这种行为的未遂和共犯行为，其中包括利用悬挂本国国旗的船舶或飞机从事贩运奴隶的行为。

使用奴隶罪（亦称奴隶制罪）实际上是维护奴隶制及类似奴隶制之制度与习俗罪。这种行为从客观上看，是具有某种严重情节的使奴隶制及类似奴隶制之制度与习俗得以继续的行为；从主观上看，一般具有自己使用或基于某种动机（如获取金钱）供他人使用奴隶或奴役身份之人的目的。所以在学理上，人们习惯于把这种犯罪行为称为使用奴隶罪。按照上述公约的规定，使用奴隶罪包括如下行为：（1）为标明其身份或基于其他理由，对奴隶或具有奴役身份的人加以毁伤、烙印或其他标记的行为；（2）采取各种手段，迫使他人沦为奴隶的行为；（3）引诱他人，使其本身或受其赡养的人沦为奴隶或沦为受债务质役、农奴制、婚姻奴役或儿童奴役之地位的行为；（4）上述犯罪的未遂行为；（5）上述犯罪的共犯行为。

按照上述公约的规定，贩卖和使用奴隶罪应当由该公约各当事国法律规定为刑事罪予以追究，特别是对贩卖奴隶罪，凡经判决犯有这种罪行的罪犯，都应受到极为严厉的刑罚制裁。对于这类犯罪的案件，各缔约国应当相互交换情报，采取协调行动，共同予以取缔。

五、国际贩卖人口罪

与贩卖奴隶罪相类似，贩卖人口罪作为一种国际犯罪，也是在严重侵犯基本人权的条件下将他人从一国贩卖到另一国加以出售。这两种犯罪之间具有密切的联系。但是，贩卖奴隶罪是把被贩卖者作为奴隶出售，是以其奴役劳动为使用价值进行交换的，而贩卖人口罪则是以剥削为目的把他人从一个国家贩运到另一个国家的行为。传统的贩卖人口罪是以妇女为对象的犯罪，是为了强迫妇女卖淫而将其出售，并以其卖淫活动作为使用价值进行交换的。所以在国际刑警组织系统，贩卖人口罪通常被视为色情犯罪之一种，进行打击。

　　禁止贩卖妇女为娼，是国际社会的一致呼声，也是国际保护妇女儿童基本权利的一个重要方面。1904年5月18日，英、法、德、意、俄等12个国家就在巴黎签订了一项《禁止贩卖白奴国际协定》；1910年5月4日，巴西、法国、英国等32个国家又在巴黎签订了《禁止贩卖白奴国际公约》；1921年9月30日，巴西、中国、英国、德国等28个国家在日内瓦签订了《禁止贩卖妇孺国际公约》，这些国家还于1933年10月11日再次在日内瓦签订了《禁止贩卖成年妇女国际公约》。这些公约都禁止任何人为满足他人的情欲而以欺骗或使用暴力、胁迫、滥用权力或任何其他强迫手段，贩运、雇用、拐骗或引诱成年妇女或未成年女子从事卖淫活动。联合国成立后，为贯彻《联合国宪章》的宗旨，联合国大会曾于1947年10月20日、1948年12月3日两次分别核定修正了上述公约，确认了其中对国际贩卖人口使人卖淫行为的禁止规范和制裁规范，并且过去委托国际联盟执行的若干职权交由联合国执行。1949年12月2日，联合国大会又以第317（Ⅳ）号决议的形式批准了《禁止贩卖人口及取缔意图营利使人卖淫的公约》，进一步完善了同国际贩卖人口罪作斗争的国际立法。1979年12月18日订于哥本哈根的《消除对妇女一切形式歧视公约》，也要求缔约各国"采取一切适当措施，包括制定法律，以打击一切形式贩卖妇女和迫使妇女卖淫以进行剥削的行为"。

　　按照上述公约的规定，国际贩卖人口罪（the crime of transterritory abduct and sell people）是指跨国性贩卖人口使其卖淫的行为。

贩卖人口罪严重侮蔑被贩卖者的人格尊严和价值，危害个人、家庭及社会的幸福，侵犯受国际保护的基本人权，因而是一种国际犯罪。

贩卖人口罪作为一种国际犯罪，在主观上不仅具有营利的目的，而且具有满足他人情欲的意图。犯罪人正是意识到并且企图通过被贩卖者出卖肉体来满足他人的情欲，并以此为获取非法利润的条件。

贩卖人口罪在客观上表现为使用暴力、胁迫及其他强迫手段，剥夺或限制被害人的人身自由（即绑架妇女儿童），进而偷运到他国，出售给妓院或迫使其卖淫并从中获取非法利润的行为；或者采取各种欺骗手段，将被害人骗到国境外，然后出售给妓院或迫使其卖淫的行为。近年来，利用"劳动合同"招募异国妇女，假借提供工作，将妇女送往国外，然后再利用这类妇女在国外没有生活来源的困境迫使其从事卖淫活动或直接将其卖给妓院，从中牟利的犯罪形式更为常见。

为了有效地同国际贩卖人口的犯罪作斗争，《禁止贩卖人口及取缔意图营利使人卖淫的公约》要求各缔约国采取必要的国内立法惩处这类犯罪，并且要着力发现和防止这类犯罪在本国境内的发生。该公约中规定：

"第十七条　本公约缔约国担允对移入或移出人口迁动，依照本公约所规定之义务，采取或续施必需办法，取缔贩卖男女以卖淫为业。

各缔约国特为担允：

一、制定必要之规章，对移入国境或移出国境之人等尤其妇女儿童，在其抵境及离境地点与途中，予以保护；

二、设法为适当之宣传，晓喻民众，告以上述贩人卖淫之危险；

三、采取适当办法，于火车站、飞机场、海港、沿途以及其他公共场所，严为监督，以防止国际贩卖人口卖淫为业；

四、采取适当办法俾遇有显系从事此种贩卖之主犯及从犯或被害人抵境时，主管当局即能获悉。"

此外，为了保护被贩卖的人，该公约还规定：

"第十九条 本公约缔约国担允，依本国法律之规定，并在不妨碍因犯法而须予追诉或采取其他行动之情形下，尽可能：

一、在国际贩卖人口使操淫业之贫困被害者遣送回籍办法筹划竣事以前，对于此等人暂时妥予照料并维持其生活；

二、将第十八条所称之人自愿被送回籍者或由声明负责管理之人认领者，或依法判令驱逐出境者遣送回籍。遣送回籍应于获得送往国知悉被遣送人之形貌、国籍及抵达边境之地点、日期等事表示同意后始得为之。本公约各缔约国应予此等人以通过其领土之便利。

前项所称之人如无力自偿回籍费用，又无配偶、亲戚或监护人为之代付，则将其送至距向原籍国之最近边境或登船埠头或飞机场之回籍费用，应由其现居国家担负，至其余途中费用，则应由原籍国担负。"

由于国际贩卖人口罪是以使人卖淫为主要要件之一的犯罪，所以这种犯罪与单纯经营淫业的活动具有天然的联系。卖淫业的存在，直接刺激着国际贩卖人口的活动，使国际贩卖人口的活动具有了出卖被贩人口并从中牟取暴利的机会。因此，禁止贩卖人口必须同时取缔卖淫业。为此，《禁止贩卖人口及取缔意图营利使人卖淫的公约》首先规定：

"第一条 本公约缔约国同意：对于意图满足他人情欲而有下列行为之一者，一应处罚：

一、凡招雇、引诱或拐带他人使其卖淫，即使得本人之同意者；

二、使人卖淫，即使得本人之同意者。

第二条 本公约缔约国并同意对于有下列行为之一者，一应处罚：

一、开设或经营妓院，或知情出资或资助者；

二、知情而以或租赁房舍或其他场所或其一部供人经营淫业者。

第三条 第一条及第二条之未遂罪，以及犯有上二项罪之准备行为者，在当地法律所许可之范围内罚之。

第四条 故意共同犯上开第一条及第二条之罪者，亦应就当地法律所许可之范围内加以惩处。

为防止罪犯逃脱惩罚，遇有必要，在当地法律所许可之范围内，参加犯罪之行为，应作单独犯罪论。

第六条 本公约缔约国各同意采取一切必要措施，对于规定卖淫或有卖淫嫌疑者，须经特别登记，或须领取特别证件，或须遵守监督或通知之特别条件之现行法律、规程或行政规定，一律取消或废止之。"

按照这些规定，意图满足他人情欲而使人卖淫或经营淫业及其未遂犯和共犯的行为，都应构成刑事犯罪（经营淫业罪）。但是如果仅仅是经营淫业，而不与跨国性贩卖人口的行为相结合，一般就不具有跨国性，不构成独立的国际犯罪。只有与国际贩卖人口的行为构成共犯的经营淫业行为，才构成国际犯罪即国际贩卖人口罪的共同犯罪。

贩卖人口罪本身包含了贩卖儿童的犯罪行为。但是鉴于贩卖儿童罪行的猖獗，1989年11月20日联合国大会通过的《儿童权利公约》第35条专门规定："缔约国应采取一切适当的国家、双边和多边措施，以防止为任何目的或以任何形式诱拐、买卖或贩运儿童。"按照该公约的规定，跨国性贩卖儿童的行为，不论是否以"迫其卖淫"为目的，多构成作为一种国际犯罪的贩卖人口罪。

六、酷刑罪

酷刑罪是指公职人员为了某种特定的目的，故意非法实施使他人在肉体或精神上遭受剧烈疼痛或痛苦的行为。

酷刑罪通常是由本国的公职人员在本国境内对本国公民实施的，它在多数场合都不具有跨国性，因而严格说来，不属于国际犯罪。但是由于这种行为在世界许多国家都不同程度地存在着，特别是由于这种行为严重侵犯了人的基本权利和尊严，以至受到国际社会的普遍重视。1948年12月10日联合国大会通过的《世界人权宣言》就曾规定：任何人不容加以酷刑，或施以残忍、不人道或侮辱人格之待遇或处罚（第五条）。1966年12月9日在纽约开放签字的《公民及政治权利国际盟约》也规定，任何人不得施以酷刑，或予以残忍、不人道或侮辱之处遇或惩罚（第七条）。1975年12月9日联合国大会通过的《保护人人不受酷刑和其他残忍、不人道或有辱人格的待遇或处罚宣言》再次重申了禁止酷刑的主张。为了在全世界范围内更有效地开展反对酷刑和其他残忍、不人道或有辱人格的待遇或处罚的斗争，第39届联合国大会又于1984年12月10日通过了《禁止酷刑和其他残忍、不人道或有辱人格的待遇或处罚公约》（以下简称《禁止酷刑公约》），更是明确地将酷刑宣布为国际犯罪，要求缔约各国对之实行普遍管辖。

该公约规定：

"第一条

1. 就本公约而言，"酷刑"系指为了向某人或第三者取得情报或供状，为了他或第三者所作或被怀疑所作的行为对他加以处罚，或为了恐吓或威胁他或第三者，或为了基于任何一种歧视的任何理由，蓄意使某人在肉体或精神上遭受剧烈疼痛或痛苦的任何行为，而这种疼痛或痛苦又是在公职人员或以官方身份行使职权的其他人所造成或在其唆使、同意或默许下造成的。纯因法律制裁而引起或法律制裁所固有或随附的疼痛或痛苦则不包括在内。

2. 本条规定并不妨碍会有或可能会有适用范围更广的规定的任何国际文书或国家法律。

第二条

1. 每一缔约国应采取有效的立法、行政、司法或其他措施，防止在其管辖的任何领土内出现施行酷刑的行为。

2. 任何意外情况，如战争状态、战争威胁、国内政局不稳定或任何其它社会紧急状态，均不得作为施行酷刑之理由。

3. 上级官员或政府当局之命令不得作为施行酷刑之理由。

第三条

1. 如有充分理由相信任何人在另一国家将有遭受酷刑的危险时，任何缔约国不得将该人驱逐、推回或引渡至该国。

2. 为了确定是否有这样的根据，有关当局应该考虑到所有有关的因素，包括在适当情况下，考虑在有关国家内是否存在一贯严重、公然、大规模地侵犯人权的情况。

第四条

1. 每一缔约国应保证，凡一切酷刑行为均应定为触犯刑法罪。该项规定也应适用于有施行酷刑之意图以及任何人合谋或参与酷刑之行为。

2. 每一缔约国应根据其性质严重程度，对上述罪行加以适当惩处。"

根据《禁止酷刑公约》的规定，酷刑罪在主观上只能由故意构成，并且必须具有某种特定的目的，即必须是为了向受害人或者第三者取得情报或供状，或者为了因受害人或第三者所作或被怀疑所作的行为而对其加以处罚，或者为了恐吓或威胁受害人或第三者；或者为了基于任何一种歧视的任何理由。

酷刑罪在客观上表现为亲自或者唆使、同意或默许其他人非法实施各种残酷的刑罚以及其他残忍的、不人道的或有辱人格的行为并造成被害人在肉体上或精神上遭受剧烈疼痛或痛苦之结果，以及各种有施行酷刑之意图或合谋、参与酷刑的行为。如果是依照法定程序执行法律制裁，即使由于法律制裁所固有的或随附的性质而引起受到制裁的人肉体上或精神上的疼痛或痛苦，也不构成酷刑罪。按照日内瓦四公约及其议定书的规定，在战争和武装冲突的场合，对受该公约保护之人施用酷刑的行为构成战争罪，因而不再属于本节所述的酷刑罪。

酷刑罪的主体必须是国家公职人员或以官方身份行使职权的其他人员（即国家公务人员）。可能成为酷刑罪主体的，主要是刑事司法系统的工作人员，但是并不限于这类工作人员，可能参与拘留、审讯或处理遭到逮捕、扣押或监禁的人的民事执法人员、军事执法人员、医务人员及其他有关的公职人员，行政执法人员，基层管理人员等，都可能成为酷刑罪的主体。非公职人员如果是在公职人员的唆使、同意或默许下实施了酷刑行为，便会作为该公职人员所犯酷刑罪的共犯构成酷刑罪；如果没有得到公职人员的唆使、同意或默许，其所实施的类似行为便不构成酷刑罪，不属于国际刑法所禁止的对象，这类行为即使情节严重也只能构成国内法上的其他犯罪。

《禁止酷刑公约》要求第一缔约国保证将一切酷刑行为包括有施行酷刑之意图以及合谋或参与酷刑的行为规定为触犯刑

法的犯罪，使其受到与其性质的严重程度相适应的惩处，并采取有效的立法、行政、司法或其他措施防止在其管辖的任何领土内出现施行酷刑的行为。任何意外情况如战争状态、战争威胁、国内政局不稳定或任何其他社会紧急状态，上级官员或政府当局的命令等，均不得作为施行酷刑的理由。

对于酷刑罪，不仅这种罪行发生在其管辖的任何领土内或在本国注册的飞机或船只上的缔约国、被指控犯有这种罪行的罪犯是本国国民的缔约国、受害人是本国国民的缔约国，有权行使刑事管辖，而且被指控犯有这种罪行的罪犯在本国管辖的任何领土内的缔约国，如果不将罪犯引渡给有关国家，也有权并且应当对其行使刑事管辖。任何缔约国，如在其管辖的领土内发现犯有这类罪行的人，都应对其进行审查，并在确认根据情况有理由进行拘留时将其加以拘留或采取其他法律措施以确保对其进行调查、起诉或引渡、审判或处罚。缔约各国在对这类犯罪的刑事诉讼中应互相提供最大限度地援助包括提供所掌握的为诉讼所必需的一切证据，开展必要的司法协助。

此外，该公约还规定了缔约各国在禁止酷刑方面应当承担的义务。这些义务包括以下7条：

"第十条

1. 每一缔约国应保证，在对可能参与拘留、审讯或处理遭到任何形式的逮捕、扣押或监禁的人的民事或军事执法人员、医务人员、公职人员及其他人员的训练中，要充分进行关于禁止酷刑的教育和宣传。

2. 每一缔约国应将禁止酷刑列入就此类人员职责发出的规则或指示之中。

第十一条

每一缔约国应经常审查对在其管辖的领土内遭到任何形式

的逮捕、扣押或监禁的人的拘留和处理的审讯规则、指示、方法、做法和安排，以避免发生任何酷刑事件。

第十二条

每一缔约国应确保在有理由认为在其管辖的领土内有施用酷刑的行为时，其主管当局应立即对此进行公正的调查。

第十三条

每一缔约国应确保任何声称在其管辖的领土内遭到酷刑的个人有权向该国主管当局申诉，其案件应得到该主管当局迅速而公正的审查。应采取步骤确保申诉人和证人不因提出申诉或提供证据而遭受苛待或恐吓。

第十四条

1. 每一缔约国应在其法律体制内确保酷刑受害者得到补偿，并享有获得公平和足够赔偿（包括尽可能使其完全复原的费用）的可强行权利。如果受害者因受酷刑死亡，其受抚养人应享有获得赔偿的权利。

2. 本条任何规定均不得影响受害者或其他人按国家法律规定可能获得赔偿的任何权利。

第十五条

每一缔约国应确保在任何诉讼程序中不得援引任何确属酷刑逼供作出的陈述为证据，但这类陈述可引作对被控施用酷刑逼供者起诉的证据。

第十六条

1. 每一缔约国应保证防止公职人员或以官方身份行使职权的其他人在该国管辖的领土内施加、唆使、同意或默许未达到第一条所述酷刑程度的其他残忍、不人道或有辱人格的待遇或处罚的行为。特别是，第十、十一、十二、十三条所规定义务均应适用，唯酷刑一词应代之以其他形式的残忍、不人道或有辱人格的待遇或处罚等字。

2. 本公约各项规定不妨碍任何其他国际文书或国家法律中关于禁止残忍、不人道或有辱人格的待遇或处罚、或有关引渡或驱逐的规定。"

尽管有上述公约规定，并且在国际人权保护中对惩治酷刑罪的呼声很高，但是酷刑罪作为一种国际犯罪，仍然是有争论的。首先，酷刑罪作为一种国际犯罪，要不要受到一定条件的限制，是否对一切酷刑犯罪行为都应当实行普遍管辖？有的学者认为，作为国际犯罪实行普遍管辖的酷刑罪，应当是含有涉外因素的酷刑罪，而不是一切形式的酷刑罪。纯粹国内法上的酷刑犯罪，不应当将其作为国际犯罪实行普遍管辖。其次，应当区分作为制度性行为的酷刑犯罪和作为个人行为的酷刑犯罪。作为制度性行为的酷刑犯罪，对于基本人权的危害十分严重，因而应当成为国际刑法打击的对象。但是作为个人行为的酷刑犯罪，是在任何国家、任何社会制度下都难以避免的个别现象，对此应当由各国的国内法去管辖，而没有必要作为国际犯罪来对待。这种主张不无道理。

酷刑罪通常是在一国境内实施的，如果这种行为的实施既没有涉及其他国家的人员，也不是大规模实施的，就不应当作为国际犯罪来对待。但是有关国家在处理这种行为时应当遵循禁止酷刑公约的有关规定，确保使酷刑的实施者受到应有的刑事制裁。如果酷刑在一个国家的公职人员对另一个国家的人员实施的，就可能作为国际犯罪，引起国家之间就其管辖权的争议。在这种情况下，当然要按照《禁止酷刑公约》的规定，作为国际犯罪来对待。如果一个国家大规模或者制度性地使用酷刑，也会受到国际社会的干预，迫使该国（如果其是该公约的缔约国）按照《禁止酷刑公约》的规定制裁有关责任人员。

第七章　破坏国际秩序的犯罪

国际秩序（world order）是国际社会正常交往的基本保障。不论是国与国之间的相互交往，还是个人之间、法人及其他组织之间的相互交往，都需要一个良好的国际环境。没有良好的国际环境，没有有条不紊的正常状态和共同遵守的行动准则，人们的生命安全就得不到切实的保障，人们的正常活动也会陷入一片混乱之中，国家之间的交往乃至个人和组织之间的交往也就无法顺利进行。而良好的国际环境正是靠正常的国际秩序来建立和维持的。没有正常的国际秩序，也就没有良好的国际环境。因此，世界各国都非常重视维护正常的国际秩序，关注同破坏国际秩序的犯罪作斗争。

破坏国际秩序的犯罪（crimes of undermine international order），主要包括破坏国际交往秩序的犯罪、破坏国际航空秩序的犯罪、破坏海上公共秩序的犯罪和破坏国际邮政秩序的犯罪等。这些犯罪的共同特点是：都可能造成重大的人身伤亡和财产损失，从而在国际社会造成恐怖状况，扰乱人们的跨国性活动和人们之间、国家之间、组织之间正常的国际交往，给人类的生命、财产造成巨大损失，对人类社会的秩序和安宁构成严重的威胁。因而，同这类犯罪作斗争，对于维护整个人类的共同利益，对于维护国家之间的正常交往，至为重要。

一、惩治国际恐怖主义公约及其发展

1934年10月，法国外交部长巴都和南斯拉夫国王亚历山大一世在马赛被纳粹匪徒暗杀，法国遂向国际联盟行政院提出缔结反恐怖主义公约的建议。1937年11月16日，在国际联盟的主持下，27个国家的代表在日内瓦举行了旨在更有效地防止和惩治具有国际性质的恐怖主义的正式外交会议。会上签署了《防止和惩治恐怖主义公约》（Convention for the Prevention and Punishment of Terrorism）。该公约全文由前文和29个条文组成。

按照该公约的规定，恐怖活动是指直接反对一个国家而其目的和性质是在个别人士、个人团体或公众中制造恐怖的犯罪行为。它具体表现为：（1）故意危害国家元首、执行国家元首特权的人士、其法定继承人或指定继承人、上述人士的配偶、担任公职或负有公共任务的人士的生命、身体、健康或自由的行为；（2）故意毁灭或损害属于或在另一缔约国管辖下的公共财产或供公用的财产的行为；（3）故意造成共同危险足以危及生命的行为；（4）上列犯罪的未遂行为；（5）制造、获得、扣留或供给武器、军火、爆炸品或毒物以便在任何国家实施上述行为；（6）上列行为的共谋、既遂的教唆、直接和公开的煽动、故意参加、有意识地提供援助等。

该公约规定，缔约各国不仅要承担国家本身避免作出旨在鼓励反对另一国家的恐怖活动的任何事实之义务，而且要承担防止和惩治此类活动并为此目的相互协助的义务。为此，缔约各国应在各自的刑法中把本公约确认的恐怖行为规定为犯罪。对这类犯罪的惩罚，不论其是针对本国还是针对他国，应一律相同。各缔约国应承认并执行外国对该类犯罪的判决，并将外国根据本公约认定的有罪判决作为构成累犯的根据。这类犯罪，应当作为可引渡的犯罪，按照国际惯例和缔约当事国的法律，予以引渡；在不引渡的场合，任何缔约国都应当对在本国境内发现的在外国犯有这类罪行的本国人或外国人，如同在本国领土内犯罪一样，以同样的方式予以追诉和惩罚。并且，缔约各国有义务按照本国的法律、惯例和业已或将要缔约的国际公约，执行有关这类犯罪案件的司法委托；惩罚非法携带、持有、让与、出售或分配火器、弹药、爆炸物的行为以及伪造、篡改、非法获取和携带护照或其他同等文件的行为。

该公约签订后，由于第二次世界大战的爆发，未能获得多数签字国的批准，因而没有生效。但是，国际恐怖主义罪行对国际秩序的严重破坏，迫使世界各国不得不继续同国际恐怖主义作斗争而努力，寻求在全球范围内联手对付国际恐怖活动的有效途径。特别是20世纪60年代以来，随着国际恐怖主义活动的猖獗，世界各国针对严重破坏国际秩序的国际恐怖主义，先后签订了一系列国际公约，试图共同对付破坏国际秩序的犯罪。这些公约包括：1970年12月16日在海牙签署的《关于制止非法劫持航空器的公约》；1971年9月23日在蒙特利尔签署的《关于制止危害民用航空安全的非法行为的公约》；1973年12月14日联合国大会通过的《关于防止和惩处侵害应受国际保护人员包括外交代表的罪行的公约》；1979年12月17日联合国大会通过的《反对劫持人质国际公约》；1980年3月3日在维也纳通过的《关于核材料的实物保护公约》；1988年2月24日在蒙特利尔签署的《补充关于制止危害民用航空安全的非法行为的公约的制止在为国际民用航空服务的机场上的非法暴力行为的议定书》；1988年3月10日在罗马签署的《制止危害航海安全的非法行为公约》；1988年3月10日在罗马签署的《制止危害大陆架固定平台安全非法行为议定书》；1997年12

第七章 破坏国际秩序的犯罪

月15日联合国大会通过的《制止恐怖主义爆炸事件的国际公约》;1999年12月9日联合国大会通过的《制止向恐怖主义提供资助的国际公约》;2005年4月13日联合国大会通过的《制止核恐怖主义行为国际公约》等。同时也出现了某些区域性制裁恐怖主义的公约,如1971年2月2日通过的《美洲国家组织关于预防和惩治恐怖主义行为的公约》、1976年11月10日欧洲理事会部长会议批准的《惩治恐怖主义的欧洲公约》、2001年6月15日上海合作组织通过的《打击恐怖主义、分裂主义和极端主义的上海公约》。这些公约,在一定程度上都反映和发展了《防止和惩治恐怖主义公约》的内容和精神,为国际社会同国际恐怖主义作斗争,维持国际社会的正常秩序,提供了法律武器。

此外,联合国大会还于1999年12月9日通过了《消除国际恐怖主义的措施》,强烈谴责一切恐怖主义行为、方法和做法,重申为了政治目的而企图或蓄意在一般公众、某一群人或特定的人之中引起恐怖状态的犯罪行为,不论引用何种政治、思想、意识形态、种族、人种、宗教或其他性质的考虑作为理由,在任何情况下都是无可辩护的。该决议强调有必要进一步加强各国之间及国际组织和机构、区域组织安排同联合国之间的合作,以防止、打击和消除一切形式的恐怖主义,呼吁所有国家按照国际法包括国际人权法标准的有关规定采取进一步措施防止恐怖主义和加强打击恐怖主义的国际合作,呼吁所有国家为增进有关法律文书的有效执行,在适当情况下加强就与恐怖主义有关的事实交换信息,呼吁各国不要为恐怖主义活动提供资金、鼓励、培训或其他帮助。特别是在2001年9月11日在美国发生了令人发指的恐怖主义暴行之后,许多国家都响应联合国大会关于"紧急要求国际合作,预防和根除恐怖主义行为，并强调对凡是援助、支持或包庇这种行为的行凶者、组织者和发起者的人，定将追究责任"的呼吁，及时修改和完善了有关打击恐怖主义犯罪的国内立法。

值得注意的是，联合国国际法委员会在其1993年提交给联合国大会的《危害人类和平与安全罪法典草案》中，将国际恐怖活动作为危害人类和平与安全的一种具体犯罪加以规定（第24条：International Terrorism），并且将其作为一种国家行为来规定。对此，一些国家的代表和学者从不同方面提出了批评。[1] 笔者也认为，国际恐怖活动并不是一个具体的犯罪，而是一类犯罪的统称。这类犯罪的行为特征是在知名人士、特定人群或一般公众的精神上制造恐怖状态；其行为方式主要是暗杀、绑架、爆炸、破坏等足以在国际上引起恐惧的犯罪；其危害性主要表现为对国际公共秩序的破坏，因而它可以包括本章论述的各个国际犯罪。

二、破坏国际交往秩序的犯罪

破坏国际交往秩序的犯罪包括两个方面的犯罪：一是破坏各国人民之间交往安全的犯罪；二是破坏国家之间交往安全的犯罪。前者包括恐怖主义爆炸罪、资助恐怖主义活动罪、核恐怖主义罪、劫持人质罪等。后者主要是指侵害应受国际保护人员罪。

（一）恐怖主义爆炸罪

恐怖主义爆炸罪是1997年12月15日联合国大会通过的《制止恐怖主义爆炸事件的国际公约》中规定的犯罪。

按照该公约的规定，恐怖主义爆炸罪是指任何人非法和故

---

[1] 参见 Commentaries on the International Law Commission's 1991 Draft Code of Crimes against the Peace and Security of mankind, edited by M. Cherif Bassiouni: 1993. P. 277 – 284.

意在公用场所、国家或政府设施、公共交通系统或基础设施，或是针对公用场所、国家或政府设施、公共交通系统或基础设施投掷、放置、发射或引爆爆炸性或其他致死装置，故意致人死亡或重伤，或者故意对这类场所设施或系统造成巨大毁损，从而带来或可能带来重大经济损失的行为。

构成恐怖主义爆炸罪，在主观方面必须具有犯罪的故意。一方面，这些行为是故意实施的；另一方面，实施这些行为的目的是故意致人死亡或重伤，或者故意对这类场所设施或系统造成巨大毁损以带来或可能带来重大的经济损失。实施恐怖主义爆炸罪，通常都具有企图或蓄意在一般公众某一群人或特定个人中引起恐怖状态的目的，但是这种犯罪目的不是构成该罪的必要要件，因而它的有无不影响该罪的成立。这种行为的实施，无论是基于何种政治、思想、意识形态、种族、人种、宗教或其他类似性质的考虑，亦不影响恐怖主义爆炸罪的成立。

恐怖主义爆炸罪在客观方面表现为非法实施或者意图实施爆炸行为。这种行为在客观方面由四个要素构成：

第一，投掷、放置、发射或引爆爆炸性或其他致死装置。所谓爆炸性或其他致死装置，是指旨在致人死亡或重伤或造成大量物质损坏或具有此种能力的爆炸性或燃烧性武器或装置，或者旨在通过毒性化学品生物剂或毒素或类似物质或辐射或放射性物质的放散布或影响致人死亡或重伤或造成大量物质损坏或具有此种能力的任何武器或装置。

第二，这些装置能够致人死亡或重伤或者造成特定场所或系统的巨大毁损，从而带来或可能带来重大的经济损失。

第三，这些行为指向的目标是公用场所、国家或政府设施、公共交通系统或基础设施。公用场所是指任何建筑物土地街道水道或其他地点，长期定期或不定期供公众使用或向公众开放的部分,并包括以这种方式供公众使用或向公众开放的任何商业营业文化历史教育宗教政府娱乐消遣或类似的场所。国家或政府设施包括一国代表政府成员立法机关或司法机关或一国或任何其他公共当局或实体的官员或雇员或一个政府间组织的雇员或官员因公务使用或占用的任何长期或临时设施或交通工具。公共交通系统是指用于或用作公共服务载客或载货的一切公有或私有设施交通工具和其他工具。基础设施是指提供或输送公共服务,如供水排污能源燃料或通讯等的任何公有或私有设施。

第四,这些行为实施的方式既包括直接在现场实施,也包括借助其他物体和装置从别处向特定场所投掷、发射或者引爆爆炸性装置。

按照该公约的规定,不仅实施行为构成犯罪,而且意图实施上述行为的也构成犯罪。并且,组织或指使他人实施或者意图实施这些行为、共同实施,或者在知道其意图的情况下以任何其他方式协助该行为,都构成恐怖主义爆炸罪。

恐怖主义爆炸罪的主体,按照公约的规定,包括"任何人",也就是说,凡是达到刑事责任年龄、具有刑事责任能力的任何人,无论其身份、地位、种族和肤色,只要实施或意图实施恐怖主义爆炸行为,都可以构成该罪。但是,一国的武装部队在武装冲突中实施这些行为的,则不属于该公约管辖的范围,而是要按照国际人道主义法的有关规定进行追究。

恐怖主义爆炸罪是一种严重的国际犯罪,应当受到严厉的处罚。鉴于这种犯罪的实施往往具有一定的政治目的或政治背景,《制止恐怖主义爆炸事件的国际公约》特别强调:"每一缔约国应酌情采取必要措施,包括酌情制定国内立法,以确保本公约范围内的犯罪行为,特别是当这些罪行是企图或蓄意在一般公众某一群人或特定个人中引起恐怖状态时,在任何情况下都不可引用政治思想意识形态种族人种宗教或其他类似性质的考虑为之辩护,并受到与其严重性质相符的刑事罚"(第5条);为了引渡或相互法律协助的目的,本公约所列的任何罪行均不得视为政治罪行、同政治罪行有关的罪行或由政治动机引起的罪行。因此,就此种罪行提出的引渡或相互法律协助的请求,不可只以其涉及政治罪行、同政治罪行有关的罪行或由政治动机引起的罪行为由而加以拒绝(第11条)。

恐怖主义爆炸的犯罪行为一经实施,就会给国际社会造成严重的危害。所以预防这种犯罪的发生十分重要。而预防国际性的恐怖主义爆炸犯罪活动,仅仅依靠一国国家的力量是远远不够的。因此《制止恐怖主义爆炸事件的国际公约》特别强调各缔约国都应采取有效措施加强国际合作,积极开展引渡、司法协助和情报交流,共同打击这类犯罪。其第15条还专门规定了预防性的合作措施:缔约国应特别通过下列方式,在防止本公约所述的罪行方面进行合作:(1)采取一切切实可行的措施,包括在必要时修改其国内法律,防止和制止在其领土内为在其领土以内或以外犯罪进行准备工作,还包括采取措施禁止那些鼓励、教唆、组织、蓄意资助或从事犯下本公约所列罪行的个人团体和组织在其领土内进行非法活动;(2)按照其国内法交换正确和经核实的情报,并协调旨在防止本公约所列罪行而采取的适当的行政及其他措施;(3)酌情研究和发展侦测炸药和其他可造成死亡或人身伤害的有害物质的方法,就制订在炸药中加添识别剂的标准以便在爆炸发生后的调查中查明炸药来源的问题进行协商,交换关于预防措施的资料,并且在技术设备和有关材料方面进行合作与转让。切实遵守公约的这些规定,对于有效打击和预防恐怖主义爆炸犯罪活动,是非常重要的。

(二) 资助恐怖主义活动罪

资助恐怖主义活动罪是 1999 年 12 月 9 日联合国大会通过的《制止向恐怖主义提供资助的国际公约》中规定的犯罪。国际恐怖主义活动的谋划和实施，包括国际恐怖主义分子的招募和训练，需要巨额的资金。20 世纪 80 年代以来发生的一系列国际恐怖主义爆炸事件反复表明，国际恐怖主义活动的次数和严重性往往依赖于恐怖主义分子可以获得多少利益。因此，向恐怖主义提供资助是整个国际社会严重关注的问题。1996 年 12 月 17 日联合国大会通过的一个决议（第 51/210 号决议）中就吁请所有国家采取措施，以适当的国内措施防止和制止为恐怖主义分子和恐怖主义组织筹集经费，无论这种经费是直接还是间接通过也具有或声称具有慈善、社会或文化目的或者也从事武器非法贩运、毒品买卖、敲诈勒索等非法活动，包括剥削他人来为恐怖主义活动筹集经费的组织提供，并特别酌情考虑采取管制措施，以预防和制止涉嫌为恐怖主义目的提供的资金的流动，并加强关于这种资金的国际流动的情报交流。有鉴于此，联合国大会在通过《制止恐怖主义爆炸事件的国际公约》之后，又专门通过了《制止向恐怖主义提供资助的国际公约》，旨在增强各国之间的国际合作，制定和采取有效的措施，以防止向恐怖主义提供资助的行为。

按照该公约的规定，资助恐怖主义活动罪，是指任何人以任何手段，直接或间接地非法和故意地提供或募集资金，其意图是将全部或部分资金用于或者明知该资金将全部或部分地用于实施恐怖主义犯罪。

资助恐怖主义活动罪的下游犯罪，即资助的对象是恐怖主义犯罪。按照该公约的规定，作为资助恐怖主义活动罪所资助对象的犯罪，包括两个方面：一是该公约的附件所列举的9个公约中规定的犯罪。它们是：《关于制止非法劫持航空器的公约》中规定的劫持航空器罪；《关于制止危害民用航空安全的非法行为的公约》中规定的危害民用航空安全罪；《关于防止和惩处侵害应受国际保护人员包括外交代表的罪行的公约》中规定的侵害应受国际保护人员罪；《反对劫持人质国际公约》中规定的劫持人质罪；《关于核材料的实物保护公约》中规定的非法获取和使用核材料罪；《补充关于制止危害民用航空安全的非法行为的公约的制止在为国际民用航空服务的机场上的非法暴力行为的议定书》中规定的妨害国际航空安全罪；《制止危害航海安全的非法行为公约》中规定的危害海上航行安全罪；《制止危害大陆架固定平台安全非法行为议定书》中规定的危害大陆架固定平台安全罪；《制止恐怖主义爆炸事件的国际公约》中规定的恐怖主义爆炸罪。二是其他恐怖主义犯罪活动，即该公约第二条中提及的"意图致使平民或在武装冲突情势中未积极参与敌对行动的任何其他人死亡或重伤的任何其他行为，如这些行为因其性质或相关情况旨在恐吓人口，或迫使一国政府或一个国际组织采取或不采取任何行动"。这种活动需要根据其实施的具体情况来认定犯罪的性质，其最有可能构成的是危害人类罪或战争罪。只有资助的对象是恐怖主义犯罪活动，其资助行为才能构成资助恐怖主义活动罪。如果资助的是实施其他犯罪，则不构成该罪。

　　资助恐怖主义活动罪，在客观方面表现为提供或者募集资金的行为。"资金"系指所有各种资产。这种资产，不论是有形或无形资产、是动产还是不动产，不论以何种方式取得，也不论其是以何种形式存在。无论是以电子或数字的形式证明这种资产的产权或权益的法律文件或证书，还是以银行贷记、旅行支票、银行支票、邮政汇票、股票、证券、债券、汇票和信用证等形式证明这种资产的产权或权益，都不影响资金的提供和募集。按照该公约的规定，资助恐怖主义活动罪不仅可以由直接实施资助的行为构成，而且可以由意图实施资助的行为、组织或指使他人实施资助的行为、共同实施或者在知道其意图的情况下以任何其他方式协助的行为构成。

资助恐怖主义活动罪，在主观方面表现为故意，并且具有资助恐怖主义活动的目的。行为人必须是明知自己所提供或募集的资金全部或部分地用于或者将被用于进行恐怖主义犯罪活动。恐怖主义犯罪活动往往是以犯罪集团或者团伙的方式进行活动的。资助恐怖主义活动的人提供或募集资金的目的也是促进该犯罪集团或团伙犯罪活动的进行或犯罪目的的实现。构成资助恐怖主义活动罪，并不要求行为人明确地知道恐怖主义犯罪活动的行动计划、具体细节和目标，只要行为人知道对方是为了进行恐怖主义犯罪活动而自愿为其提供或募集资金，就符合资助恐怖主义罪主观方面的要件。资助恐怖主义活动罪，与恐怖主义犯罪一样，往往具有一定的政治目的或政治背景。但是由于其犯罪的严重性，公约规定，对于资助恐怖主义活动的犯罪行为，"在任何情况下都不可引用政治、思想、意识形态、种族、族裔、宗教或其他类似性质的考虑因素为其辩解"。

资助恐怖主义活动罪的主体，按照该公约的规定，是"任何人"。这就意味着，凡是达到刑事责任年龄、具有刑事责任能力的任何人，无论其身份、地位、种族和肤色，只要实施或意图实施资助恐怖主义活动的行为，都可以构成该罪。

资助恐怖主义活动罪是与国际恐怖主义犯罪密切相关的国际罪行，公约对其规定了普遍管辖，要求每一缔约国像对待恐怖主义犯罪一样，采取措施确立在下列情况下对其行使管辖权：罪行在该国境内实施，或罪行在案发时悬挂该国国旗的船只上或根据该国法律登记的航空器上实施，罪行为该国国民所实施；或者犯罪的目的或结果是在该国境内或针对该国国民实施恐怖主义犯罪，或犯罪的目的或结果是针对该国在国外的国家或政府设施，包括该国外交或领事房地实施恐怖主义犯罪，或犯罪的目的或结果是实施恐怖主义犯罪以迫使该国从事或不从事任何一项行为；或者罪行是由惯常居所在该国境内的无国籍人实施，或罪行是在该国政府营运的航空器上实施；即使不属于上述情况，但若犯罪嫌疑人身在其境内，而又不将该人引渡给有管辖权的任何缔约国，每一缔约国也应酌情采取措施，确立本国对该罪的管辖权。公约还要求各缔约国都应采取有效措施加强国际合作，积极开展引渡、司法协助和情报交流，共同打击这类犯罪。

此外，鉴于资助恐怖主义活动罪的特殊性，该公约还对预防资助恐怖主义活动，作了具体的规定。按照该公约第十八条的规定，各缔约国应合作防止发生资助恐怖主义活动的罪行，采取一切切实可行的措施，除其他措施外，还应包括在必要时修改其国内立法，防止和遏制在其境内为在其境内或境外实施这些罪行而进行的准备工作。这些措施包括：（1）采取措施禁止蓄意鼓励、怂恿、组织或从事实施资助恐怖主义活动的罪行的人和组织在其境内进行非法活动；（2）采取措施规定金融机构和从事金融交易的其他行业使用现行效率最高的措施查证其惯常客户或临时客户，以及由他人代其开立账户的客户的身份，并特别注意不寻常的或可疑的交易情况和报告怀疑为源自犯罪活动的交易。为此目的，缔约国应考虑：第一，订立条例禁止开立持有人或受益人身份不明或无法查证的账户，并采取措施确保此类机构核实此类交易真实拥有人的身份；第二，在法律实体的查证方面，规定金融机构在必要时采取措施，从公共登记册或客户，或从两者处取得成立公司的证明，包括客户的名称、法律形式、地址、董事会成员以及规定实体立约权力的章程等资料，以核实客户的合法存在和结构；第三，制定条例迫使金融机构承担义务向主管当局迅速报告所有并无任何明显的经济目的或显而易见的合法目的的、复杂、不寻常的巨额交易以及不寻常的交易方式，无须担心因诚意告发而承担违反披露资料限制的刑事或民事责任；第四，规定各金融机构将有关国内和国际交易的一切必要记录至少保存5年；第五，采取措施监督所有汇款机构，例如审批其营业执照等；第六，采取可行措施，以发现或监测现金和无记名可转让票据的实际越境交送，但须有严格的保障措施，以确保情报使用得当和资本的自由流通不受任何阻碍。同时，缔约国还应进一步合作，防止发生资助恐怖主义活动的罪行，按照其国内法交换经核实的准确情报，并协调为防止实施资助恐怖主义活动的罪行而酌情采取的行政及其他措施，特别是在各主管机构和厅处之间建立和维持联系渠道，以便就资助恐怖主义活动的罪行的所有方面安全、迅速交换资料，并相互合作就有理由怀疑是参与了这类犯罪的人的身份、行踪和活动以及同这类犯罪有关的资金的流动情况进行调查。这些措施，对于打击和预防资助恐怖主义活动的犯罪行为，是非常有价值的。

（三）非法获取和使用核材料罪

非法获取和使用核材料罪（the crimes of unlawful robbery and theft, use of nuclear materials）是指采取抢劫、盗窃等非法手段获取核材料，或者非法使用或胁迫他人非法使用核材料，可能引起死亡、重伤或重大财产损失的行为。

"核材料"是指：钚（钚-238同位素含量超过80%者除

外）；铀-233；同位素235或233浓缩的铀；非矿石或矿渣形式的含天然存在的同位素混合物的铀；任何含有上述一种或多种成分的材料。

"同位素235或233浓缩的铀"是指含有铀同位素235或233或两者总含量对同位素238的丰度比大于天然存在的同位素235对同位素238的丰度比的铀。

核材料的开发和利用，为人类和平利用核能创造了广阔的前景。但是核材料由于其本身拥有巨大的能量，一旦被用于军事目的，便会产生巨大的杀伤力和破坏力；一旦被用于犯罪目的或被不适当地加以使用，同样会对人类安全构成极大的威胁。所以，国际社会非常关注与核材料有关的犯罪行为。尽管这类犯罪目前在国际上并不多见，但是鉴于非法获得和使用核材料所可能引起的巨大危险，国际社会普遍认为，急需采取适当有效的措施，务求防止、侦察和惩处这类犯罪行为。

非法获取和使用核材料罪是1980年3月3日开放签字、1987年2月8日生效的《核材料实物保护公约》（Convention on the Physical Protection of Nuclear Material）中规定的一种国际犯罪。

该公约第七条规定：

"1、每一缔约国根据其国家法律，对下述蓄意犯罪行为应予以惩处：

（a）未经合法授权，收受、拥有、使用、转移、更换、处理或散布核材料，并引起或可能引起任何人死亡或重大财产损害；

（b）偷窃或抢劫核材料；

（c）盗取或以欺骗手段取得核材料；

（d）以武力威胁或使用武力或任何其它恐吓手段勒索核

材料；

(e) 威胁：

(I) 使用核材料引起任何人死亡或重伤或重大财产损害，或

(ii) 进行 (b) 项所述犯罪行为，以迫使一个自然人或法人、国际组织或国家作或不作某种行为；

(f) 图谋进行 (a)、(b) 或 (c) 项所述任何犯罪行为；和

(g) 参与 (a) 至 (f) 项所述任何犯罪行为。

2. 每一缔约国对本条所称犯罪行为应按其严重性质给予适当惩罚。"

按照该公约的规定，非法获取和使用核材料罪在主观上必须由故意构成。如果是在用于和平目的的国际核材料运输中，或者在国内合法使用、储存和运输核材料的过程中，由于自己的过失，造成核材料的丢失或不当使用从而造成严重的危害结果，则不构成作为国际犯罪之一的非法使用核材料罪。

非法获取和使用核材料罪在客观上表现为下列行为之一：(1) 未经合法授权，收受、拥有、使用、转移、更换、处理或散布核材料，并引起或可能引起任何人死亡或重大财产损害；(2) 偷窃或抢劫核材料；(3) 盗取或以欺骗手段取得核材料；(4) 以武力威胁或使用武力或任何其它恐吓手段勒索核材料；(5) 威胁他人使用核材料引起任何人死亡或重伤或重大财产损害，或者威胁他人偷盗或抢劫核材料以迫使一个自然人或法人、国际组织或国家作或不作某种行为；(6) 图谋 (1)、(2)、(3) 所列之任何犯罪行为，或参与上述各项犯罪行为。

非法获取和使用核材料罪的主体，可以是任何犯罪主体。国家、组织或个人，均可构成该罪的主体。但是从实践中看，

实施这类犯罪的，主要是国际恐怖主义组织和国际恐怖主义分子。

对于非法获取和使用核材料罪，《核材料实物保护公约》规定，每一缔约国都应按其严重性质给予适当的惩罚。每一缔约国都应采取必要的措施，以便在这类犯罪发生于本国领土内或在该国注册的船舶或飞机上或者被控罪犯是本国国民的情况下确立其对这类犯罪的管辖权。任何缔约国，如被控罪犯在其领土内，而该国不将该罪犯引渡给要求对之起诉的国家时，亦应当采取必要措施，对这类犯罪确立其管辖权，毫无例外地并不适当延迟地将案件送交该国主管当局，以便按照该国法律规定的诉讼程序提起公诉。此外，各缔约国还可按照国际法，在该国作为输出国或输入国参与国际核运输时，确立其对这类犯罪的管辖权。

（四）核恐怖主义罪

随着现代科学技术的发展，国际恐怖主义活动的不断升级，恐怖主义分子利用核材料进行恐怖活动的现象也在增加，核恐怖主义行为可能带来最严重的后果并可能对国际和平与安全构成巨大的威胁。打击利用核材料进行的恐怖主义犯罪，成为国际社会最为关注的问题之一。因此，联合国大会第51/210号决议设立一个特设委员会，拟订一项制止核恐怖主义行为国际公约补充现有的相关国际文书，并通过了《制止核恐怖主义行为国际公约》。该公约进一步扩大和完善了核材料实物保护的范围，补充了非法获取和使用核材料罪之不足。

《制止核恐怖主义行为国际公约》规定：

"第二条

一、本公约所称的犯罪是指任何人非法和故意：

（一）拥有放射性材料或制造或拥有一个装置：

1. 目的是致使死亡或人体受到严重伤害；

2. 目的是致使财产或环境受到重大损害；

（二）以任何方式利用放射性材料或装置，或以致使放射性材料外泄或有外泄危险的方式利用或破坏核设施；

1. 目的是致使死亡或人体受到严重伤害；

2. 目的是致使财产或环境受到重大损害；

3. 目的是迫使某一自然人或法人、某一国际组织或某一国家实施或不实施某一行为。

二、任何人实施以下行为也构成犯罪：

（一）在显示威胁确实可信的情况下，威胁实施本条第一款第（二）项所述犯罪；

（二）在显示威胁确实可信的情况下通过威胁，或使用武力，非法和故意索要放射性材料、装置或核设施。

三、任何人实施本条第一款所述犯罪未遂也构成犯罪。

四、任何人实施以下行为也构成犯罪：

（一）以共犯身份参加本条第一、第二或第三款所述犯罪；

（二）组织或指使他人实施本条第一、第二或第三款所述犯罪；

（三）以任何其他方式促进以共同目的行动的群体实施本条第一、第二或第三款所述犯罪；促进行动应当为故意的，并且是为了助长该群体的一般犯罪活动或目的，或明知该群体有意实施有关犯罪。

……

第五条

每一缔约国应酌情采取必要措施：

（一）在其国内法中将第二条所述犯罪定为刑事犯罪；

（二）根据这些犯罪的严重性质规定适当的刑罚。"

按照这个规定,核恐怖主义罪是指为了犯罪的目的而非法拥有、制造、利用、索要放射性材料、装置或核设施,或者破坏核设施,危害公共安全的行为。

"放射性材料"是指核材料和其他含有可自发蜕变(一个伴随有放射一种或多种致电离射线,如 α 粒子、β 粒子、中子和 γ 射线的过程)核素的放射性物质。此种材料和物质,由于其放射或可裂变性质,可能致使死亡、人体受到严重伤害或财产或环境受到重大损害。"核材料"是指钚,但钚-238 同位素含量超过 80% 者除外;铀-233;富集了同位素 235 或 233 的铀;非矿石或矿渣形式的铀,其中同位素的比例与自然界存在的天然铀同位素混合的比例相同;或任何含有一种或多种上述物质的材料;"富集了同位素 235 或 233 的铀"是指含有同位素 235 或 233 或兼含二者的铀,而这些同位素的总丰度与同位素 238 的丰度比大于自然界中同位素 235 与同位素 238 的丰度比。

"装置"是指:(1)任何核爆炸装置;(2)任何散布放射性物质或释出辐射的装置,此种装置由于其放射性质,可能致使死亡、人体受到严重伤害或者财产或环境受到重大损害。

"核设施"是指:(1)任何核反应堆,包括装在船舶、车辆、飞行器或航天物体上,用作推动这种船舶、车辆、飞行器或航天物体的能源以及用于其他任何目的的反应堆;(2)用于生产、储存、加工或运输放射性材料的任何工厂或运输工具。

核恐怖主义罪在客观方面表现为四种行为:一是非法拥有放射性材料,或者非法制造或非法拥有装置任何核爆炸装置或任何散布放射性物质或释出辐射的装置;二是利用放射性材料或装置包括以致使放射性材料外泄或有外泄危险的方式利用放射性材料或装置,或者破坏核设施,进行恐怖主义活动或者进行恐怖威胁；三是在显示威胁确实可信的情况下，威胁实施利用放射性材料或装置包括以致使放射性材料外泄或有外泄危险的方式利用放射性材料或装置，或者破坏核设施，进行恐怖主义活动；四是在显示威胁确实可信的情况下，通过威胁或使用武力，非法索要放射性材料、装置或核设施。实施这四种行为的任何一种，都符合核恐怖主义罪客观方面的要求。

核恐怖主义罪在主观方面表现为故意。上述行为首先必须是故意实施的，即行为人明知是可能致使死亡、人体受到严重伤害或财产或环境受到重大损害的放射性材料、装置和核设施，而实施非法拥有、利用、制造、破坏、索要等行为。就上述第一、二项行为而言，行为人还必须是具有特定的目的。其中，实施第一项行为的目的必须是"致使他人死亡或人体受到严重伤害"，或者是"致使财产或环境受到重大损害"；实施上述第二项行为的目的，除了"致使他人死亡或人体受到严重伤害"或"致使财产或环境受到重大损害"之外，还可以是"迫使某一自然人或法人、某一国际组织或某一国家实施或不实施某一行为"。

按照《制止核恐怖主义行为国际公约》的规定，任何人实施核恐怖主义犯罪的未遂行为、共犯行为或者组织或指使他人实施核恐怖主义行为，都构成核恐怖主义罪。任何人以任何其他方式，促进以共同目的行动的群体实施核恐怖主义行为，只要这种促进行动是故意的并且是为了助长该群体的一般犯罪活动或目的或明知该群体有意实施有关犯罪，即可构成核恐怖主义罪。

核恐怖主义罪作为一种严重危害国际社会共同利益的恐怖主义犯罪，为了防止犯罪分子逍遥法外，《制止核恐怖主义行为国际公约》对其规定了普遍管辖的原则。该公约同时强调：

"本公约的任何条款均不影响国际法特别是《联合国宪章》的宗旨和原则以及国际人道主义法规定的其他国家和个人的权利、义务和责任";本公约在犯罪构成要件中关于"非法"的规定"不得被解释为容许不合法行为或使不合法行为合法化,或禁止根据其他法律提出起诉"。同时,该公约也声明:"武装冲突中武装部队的活动,按照国际人道主义法所理解的意义,由国际人道主义法予以规定,不受本公约管辖;一国军事部队为执行公务而进行的活动,由国际法其他规则予以规定,因此不受本公约管辖。""本公约不以任何方式涉及,也不能被解释为以任何方式涉及国家使用核武器或威胁使用核武器的合法性问题。"

(五)劫持人质罪

劫持人质罪(the crime of taking of civilian hostages),亦称扣押人质罪,是指非法劫持或扣押并以杀死、伤害或继续扣押人质相威胁,强迫第三者作或不作某种行为并以此作为释放人质的条件的行为。

劫持人质罪既是一种严重侵犯人权的犯罪,也是一种严重扰乱国际社会正常秩序的犯罪,是国际社会公认的国际恐怖主义罪行之一种表现。1937年《防止和惩治恐怖主义公约》所列举的恐怖行为中就包括了可以以劫持人质的形式出现的故意危害国家元首、执行国家元首特权的人士、其法定或指定继承人以及他们的配偶、担任公职或执行公务的人员的生命、身体、健康或自由的行为。1949年日内瓦《关于战时保护平民公约》也明确禁止拘捕人质、集体惩罚和采取恫吓手段。1970年联合国大会宣告,利用非法劫持飞机的手段来获取人质以及非法扣留旅客和机组人员的行为应当受到谴责。1971年《美洲国家组织关于防止和惩治恐怖主义行为的公约》和1977年《欧洲制止恐怖主义公约》，都把劫持人质视为恐怖主义罪行之一予以禁止。同劫持人质的犯罪作斗争，既是保护被劫为人质的人的生命、健康和自由等基本人权的需要，保障有关国家、组织、法人和个人的自决权利而不受他人要挟的需要，也是维护国际社会的安宁和正常秩序的需要。

为了有效地制止和制裁这类犯罪，联合国大会组织拟制了《反对劫持人质国际公约》，对劫持人质罪作了明确地规定，从而为在国际范围内通过广泛、密切的刑事合作，反对和制裁劫持人质的犯罪活动提供了国际刑法依据。

该公约规定：

"第一条

1. 任何人如劫持或扣押并以杀死、伤害或继续扣押另一个人（以下称"人质"）为威胁，以强迫第三方，即某个国家、某个国际政府间组织、某个自然人或法人或某一群人，作或不作某种行为，作为释放人质的明示或暗示条件，即为犯本公约意义范围内的劫持人质罪行。

2. 任何人

（a）图谋劫持人质，或

（b）与实行或图谋劫持人质者同谋而参与其事，也同样犯有本公约意义下的罪行。

第二条

第一缔约国应按照第一条所称罪行的严重性处以适当的惩罚。"

按照上述规定，劫持人质罪在主观上必须由直接故意构成，并且必须有通过劫持人质的行为强迫某个国家、某个国际政府间组织、某个自然人或法人、某个群体实施或不实施某种行为的目的。这种目的通常是政治性的或经济性的，但是也可

第七章 破坏国际秩序的犯罪

以是政治要求或经济要求之外的其他要求。强迫第三者为或不为某种行为，是劫持人质罪直接追求的目的。这种目的本身就包含着对第三者的自决权的侵犯，因而它本身就是非法的。劫持行为如果没有强迫第三者满足自己非法要求的目的，就不能构成劫持人质罪。

劫持人质罪在客观上表现为通过各种非法手段劫持或扣押人质，进而以某种明示或暗示的方式强迫第三方实施或不实施某种行为以作为释放人质的条件，再声明如不答应其条件，将杀死、伤害或继续扣押人质的行为。这表明，劫持人质罪在客观方面是由两种行为构成的：其一是劫持或扣押人质的行为；其二是威胁第三方的行为。前一个行为是后一个行为的先决条件，后一个行为是实现犯罪目的的必要手段。这两种行为相互结合，才能构成劫持人质罪。劫持人质罪在犯罪目的没有达到的情况下，甚至有时在犯罪目的达到之后，犯罪分子会对人质采取野蛮残暴的屠杀、伤害、虐待行为，在严重侵犯人质的自由权利的同时，危害人质的生命和健康。不过，有没有这种伤害行为，并不影响本罪的成立。

此外，劫持人质罪作为一种国际犯罪，在客观上还必须具有跨国性，即劫持人质的犯罪行为从预谋到实施直至完成，是在一个以上国家的领土内进行的，或者犯罪人与人质或被强迫的第三方不是同一个国家及其所属的组织或公民，或者犯罪发生地不是犯罪人或人质的国籍国。如果劫持人质的行为仅仅发生在一个国家的领土之内，而人质和罪犯都是该国国民，且罪犯也是在该国领土内被发现的，那就不构成国际刑法中的劫持人质罪，而只构成国内刑法上的犯罪。劫持人质罪不仅包括其实行行为，而且包括其预谋行为和参与实施或预谋的行为。

《反对劫持人质国际公约》要求各缔约国之间加强国际刑

事合作，互相交换情报，采取协作行动，共同对付劫持人质的犯罪分子。对于这类犯罪，不论是否基于政治动机，都应视为可引渡的罪行，而不得给这类犯罪分子以庇护的权利。

（六）侵害应受国际保护人员罪

侵害应受国际保护人员罪（attacks against internationally protected persons），亦称对应受国际保护人员使用暴力和暴力威胁罪（threat and use of force against internationally protected persons），是指以暴力或暴力威胁手段严重侵害或危及应受国际保护人员的人身或自由的行为。

侵害应受国际保护人员罪是1973年12月14日《关于防止和惩处侵害应受国际保护人员包括外交代表的罪行的公约》中规定的一种国际犯罪。

该公约第2条规定：

"1、每一缔约国应将下列罪行定为其国内法上的罪行，即故意：

（A）对应受国际保护人员进行谋杀、绑架或其他侵害其人身或自由的行为；

（B）对应受国际保护人员的公用馆舍、私人寓舍或交通工具进行暴力攻击，因而可能危及其人身或自由；

（C）威胁进行任何这类攻击；

（D）继续任何这类攻击未遂；

（E）参与任何这类攻击为从犯。

2. 每一缔约国应按照这类罪行的严重性处以适当的刑罚。

3. 本条第一款及第二款并不在任何方面减除缔约国依据国际法采取一切适当措施，以防止应受国际保护人员的人身、自由或尊严受其他侵害的义务。"

按照该公约的规定，侵害应受国际保护人员罪的犯罪对象是国际社会公认的应受国际保护人员。具体包括：(1) 在外国境内的一国元首，包括依关系国宪法行使国家元首职责的一个集体机构的任何成员、政府首长或外交部长，以及他的随行家属；(2) 在侵害其本人或其办公用馆舍、私人寓所及其交通工具的罪行发生的时间或地点，按照国际法应受特别保护，以免其人身、自由或尊严受到任何攻击的一国的任何代表或官员或政府间性质的国际组织的任何官员或其他代理人，以及与其构成同一户口的家属。

侵害应受国际保护人员罪在客观方面表现为：(1) 对应受国际保护人员进行谋杀、绑架或其他侵害其人身或自由的行为；(2) 对应受国际保护人员的办公用馆舍、私人寓所或交通工具进行暴力攻击，因而可能危及其人身或自由的行为；(3) 以进行任何形式的类似行为相威胁的行为。

侵害应受国际保护人员罪在主观上必须具有故意，即行为人必须是明知其行为所侵害的是应受国际保护人员而有意实施该行为。

侵害应受国际保护人员罪，不仅严重危害应受国际保护人员个人的人身安全和自由权利，而且构成了对各国间进行正常交往和合作所必需的正常国际关系的严重威胁，是国际社会公认的恐怖主义罪行之一。因此，《关于防止和惩处侵害应受国际保护人员包括外交代表的罪行的公约》对这种犯罪做了严格的规定。按照该公约的规定，侵害应受国际保护人员罪，不仅其既遂行为应当受到刑事追究，而且其未遂行为和参与任何这类犯罪的从犯行为也应当受到刑事追究。该公约要求每一缔约国都应将侵害应受国际保护人员罪规定为其国内法上的犯罪，并应按照其罪行的严重性处以适当的刑罚。该公约还对这种犯罪规定了普遍管辖的原则和或引渡的或起诉原则，以保证在任何地方都不使这类犯罪分子逃脱刑事制裁。

三、破坏国际航空秩序的犯罪

破坏国际航空秩序的犯罪，包括劫持航空器罪、危害国际民用航空安全罪、妨害国际航空罪。这类犯罪，严重威胁到国际民用航空的安全，容易造成人们的恐惧和生命财产损失，所以对于国际航空秩序具有极为严重的危害性。有效地同这类犯罪作斗争，对于维持正常的国际航空秩序，保障航空运输安全具有重要的意义。

（一）劫持航空器罪

劫持航空器罪，亦称空中劫持罪、劫持飞机罪。它是指以暴力、暴力威胁或其他恐吓方式，非法劫持或控制飞行中的民用航空器的行为。

一般认为，飞机与航空器指的是同一对象。其实二者的含义是不完全相同的。飞机在英语中是 air plane，它只是指靠发动机提供动力的飞行工具；航空器在英语中是 air craft，它是指包括飞机在内、在空间航行的各种航空工具。因此，将该种犯罪称为劫持航空器罪，更为确切。

劫持航空器罪是一种严重破坏国际航空秩序，危害民用航空器及其所载人员和财产安全，妨害民用航空运输正常进行的国际犯罪。这类犯罪，虽然也可能在一国境内发生，但多数都涉及一个以上的国家，并且多数都发生在国际航班上，因而受到国际社会的普遍关注。

劫持航空器罪是随着现代化航空运输业的发展而出现的一种犯罪。一般认为，1947 年一名保加利亚叛逃者劫持该国飞机飞往西欧，是第一件劫持航空器案。但是这次劫机事件以及其后零星发生在东西欧之间的一些劫持航空器案，并没有引起国际社会的普遍重视。1958 年的《日内瓦公海公约》只是在要

第七章 破坏国际秩序的犯罪

求世界各国制止发生在公海上的海盗行为时,把劫持航空器视为海盗行为的一种情形加以规定。20 世纪 60 年代初,美国与古巴断绝外交关系后在加勒比区域开始出现了一股劫机浪潮,美国的飞机多次被劫持,于是在 1963 年制定《东京公约》时,美国和委内瑞拉的代表强烈要求写进"非法劫持航空器"一条。但是由于当时劫持航空器还主要是局部地区偶尔发生的现象,《东京公约》虽然专章(第四章第十一条)规定了非法劫持航空器的行为,但是并没有对劫持航空器规定特殊适用的规则,甚至没有明确将其规定为犯罪,只是援引国际海洋法中海滩救助的规则,规定了第一个降落地国有责任拘留劫持者,并恢复合法机长控制航空器的权力,使机上旅客和机组人员能尽快继续其旅程,将航空器及所载货物尽快归给其合法所有人。尽管如此,《东京公约》毕竟为制止劫持航空器的犯罪奠定了基础,使得劫持航空器的概念第一次出现在国际条约中,并且它所规定的空难救助规定也为后来的《海牙公约》《蒙特利尔公约》所重申,成为解决劫持航空器的犯罪案件的基本规则之一。60 年代末,劫持航空器案件连续发生,1968 年一年就发生了 30 起,1969 年竟达 91 起劫持航空器事件,并且从美国—古巴之间发展成为遍及世界五大洲各区域的现象,以至引起国际社会的普遍关注和各国人民的严重不满。于是,1969 年 10 月召开的第 24 届联合国大会作出了《关于强迫飞行中的民用航空器改变航线》的第 2551 号决议。第 2551 号决议认为,有必要采取有效措施,反对一切形式的劫持、非法控制民用航空器的行为,并号召各国采取一切适当措施,保证通过各自国内立法规定适当法律结构,以便为反对一切形式的、以武力或武力相威胁的非法干扰、劫持及其他不正当地控制飞行中民用航空器的行为,提供有效的法律措施。1970 年 9 月召开的第 25

届联合国大会再次通过《关于劫持航空器或干扰民航旅行》的第2645号决议,表示严重关切劫持航空器及其他非法干扰民用航空旅行的行为。第2645号决议要求世界各国毫无例外地制止一切以暴力或暴力威胁劫持飞机或其他干扰民用航空旅行的行为,而不论这种行为是发生在国际还是国内,号召各国采取适当的措施,在其管辖范围内,在此种行为实施的各阶段,制止并防止此种行为。在联合国的敦促下,国际民用航空组织于1970年12月1日在海牙召开包括所有航空大国的77个国家代表参加的正式外交会议。经过16天的激烈争论,于12月16日通过了《制止非法劫持航空器公约》(即《海牙公约》)。该公约不仅对劫持航空器罪规定了明确的定义,而且要求各缔约国承允以严厉刑罚惩治这类犯罪。为确保对这类犯罪人的制裁,该公约规定了普遍管辖的原则,要求任何在其境内发现这类犯罪人的缔约国如不将罪犯引渡给有权申请对之起诉的国家,就应当按照本国法律对之起诉。

关于劫持航空器的概念,1963年的《东京公约》中就已出现。《东京公约》曾设专章(即第四章)规定了"非法劫持航空器"。其中规定:"如航空器内有人使用暴力或暴力威胁,非法地干扰、劫持或以其他不正当方式控制了飞行中的航空器或准备采取此类行为时,缔约国应采取一切适当措施,恢复或维护合法机长对航空器的控制"。这个规定,并没有明确地把劫持航空器的行为宣布为一种国际犯罪,但是实际上已经指出了劫持航空器的概念。

1970年的《海牙公约》发展了《东京公约》中的这一规定,明确规定:

"第一条

凡在飞行中的航空器内的任何人:

（甲）用暴力或用暴力威胁，或用任何其他恐吓方式，非法劫持或控制该航空器，或企图从事任何这种行为，或

（乙）是从事或企图从事任何这种行为的人的同犯，即是犯有罪行（以下称为"罪行"）。

第二条

各缔约国承允对上述罪行给予严厉惩罚。

第三条

一、在本公约中，航空器从装载完毕、机仓外部各门均已关闭时起，直至打开任一机仓门以便卸载时为止，应被认为是在飞行中。航空器强迫降落时，在主管当局接管对该航空器及其所载人员和财产的责任前，应被认为仍在飞行中。

二、本公约不适用于军事、海关或警察用的航空器。

三、本公约仅适用于在其内发生罪行的航空器的起飞起点或实际降落地点是在该航空器登记国领土以外，不论该航空器是从事国际飞行或国内飞行。

四、对于第五条所指的情况，如在其内发生罪行的航空器的起飞地点或实际降落地点是在同一个国家的领土内，而这一国家又是该条所指国家之一，则本公约不适用。

五、尽管有本条第三、第四款的规定，如罪犯或被指称的罪犯在该航空器登记国以外的一国领土内被发现，则不论该航空器的起飞地点或实际降落地点在何处，均应适用第六、七、八条和第十条。"

这些规定，明确地把劫持航空器的行为宣布为一种国际犯罪，要求缔约各国承允对其给予严厉惩罚，同时也明确规定了劫持航空器罪的犯罪构成。

按照上述规定，劫持航空器罪的犯罪对象只能是正在飞行中的民用航空器。所谓"正在飞行中"，在正常情况下是指航

空器从装载完毕、机仓外部各门均已关闭时起，直至打开任一机仓门以便卸载时为止；航空器强迫降落时，在主管当局接管对该航空器及其所载人员和财产的责任前，应被认为仍在飞行中。所谓"民用航空器"，是指以载运乘客、货物、邮件等公共航空运输业务为宗旨的有人驾驶的航空器。它既不包括供军事、海关和警察部门使用的国家航空器，也不包括无人驾驶的航空器。

劫持航空器罪在客观方面表现为：（1）用暴力、暴力威胁或任何其他恐吓方式，非法劫持或控制正在飞行中的航空器的行为；（2）上述犯罪的预备行为或未遂行为；（3）帮助他人从事或准备上述犯罪的行为。劫持航空器罪的犯罪行为必须是在正在飞行中的民用航空器内实施的，并且该航空器的起飞地点或实际降落地点是在该航空器登记国的领土以外。也就是说劫持航空器罪在客观上必须具有跨国性，才能被视为一种国际犯罪。

劫持航空器罪在主观上应当是故意，即明知自己的劫持行为会破坏国际航空秩序、危害国际航空安全而利用这种危害性来劫持和非法控制航空器，以实现其犯罪目的。这种犯罪的特殊性使得劫持航空器罪不可能由过失构成。

劫持航空器罪的犯罪主体，按照上述公约的规定，可以是处在飞行中的航空器内的任何人。其中既包括处在正在飞行中的航空器内的乘客，也包括该航空器的机组人员。即使该航空器上的合法机长和驾驶人员，如果他们违背航行目的，为实现某种犯罪目的而改变预先声明的航线，也可以构成劫持航空器罪。因为这种行为同时破坏了国际航空的正常秩序。当然，这个问题还存在着进一步探讨的余地。

(二) 危害国际民用航空安全罪

就一般意义而言，劫持航空器本身也是一种危害国际民用航空安全的犯罪。但是鉴于劫持航空器的严重性，《海牙公约》已将其规定为一种独立的国际犯罪。所以，危害国际民用航空安全罪，实际上是劫持航空器罪以外的其他危害国际民用航空安全的犯罪行为。这种行为是由1971年《关于制止危害民用航空安全的非法行为的公约》（即《蒙特利尔公约》）和1988年《补充1971年9月23日在蒙特利尔签订的〈关于制止危害民用航空安全的非法行为的公约〉的制止在为国际民用航空服务的机场上的非法暴力行为的议定书》加以规定的。

《蒙特利尔公约》对危害国际民用航空安全罪作了专门的规定：

"第一条

一、任何人如果非法地和故意地从事下述行为，即是犯有罪行：

（甲）对飞行中的航空器内的人从事暴力行为，如该行为将会危及该航空器的安全；或

（乙）破坏使用中的航空器或对该航空器造成损坏，使其不能飞行或将会危及其飞行安全；或

（丙）用任何方法在使用中的航空器内放置或使别人放置一种将会破坏该航空器或对其造成损坏使其不能飞行或对其造成损坏而将会危及其飞行安全的装置或物质；或

（丁）破坏或损坏航行设备或妨碍其工作，如任何此种行为将会危及飞行中的航空器的安全；或

（戊）传达他明知是虚假的情报，从而危及飞行中的航空器的安全。

二、任何人如果他从事下述行为，也是犯有罪行：

（甲）企图犯本条第一款所指的任何罪行；或

（乙）是犯有或企图犯任何此种罪行的人的同犯。

第二条

在本公约中：

（甲）航空器从装载完毕、机仓外部各门均已关闭时起，直至打开任一机仓门以便卸载时为止，应被认为是在飞行中；航空器强迫降落时，在主管当局接管对该航空器及其所载人员和财产的责任前，应被认为仍在飞行中。

（乙）从地面人员或机组为某一特定飞行而对航空器进行飞行前的准备时起，直到降落后二十四小时止，该航空器应被认为是在使用中；在任何情况下，使用的期间应包括本条甲款所规定的航空器是在飞行中的整个时间。

第三条

各缔约国承允对第一条所指的罪行给予严厉惩罚。

第四条

一、本公约不适用于供军事、海关或警察用的航空器。

二、在第一条第一款（甲）、（乙）、（丙）和（戊）各项所指情况下，不论航空器是从事国际飞行或国内飞行，本公约均应适用，只要：

（甲）航空器的实际或预定起飞或降落地点是在该航空器登记国领土以外；或

（乙）罪行是在该航空器登记国以外的一国领土内发生的。

三、尽管有本条第二款的规定，在第一条第一款（甲）、（乙）、（丙）和（戊）项所指情况下，如罪犯或被指称的罪犯是在该航空器登记国以外的一国领土内被发现，则本公约也应适用。

四、关于第九条所指的各国，在第一条第一款（甲）、

（乙）、（丙）和（戊）项所指的情况下，如本条第二款（甲）项所指地点处于同一国家的领土内，而这一国家又是第九条所指国家＊之一，则本公约不应适用，除非罪行是在该国以外的一国领土内发生或罪犯或被指称的罪犯是在该国以外的一国领土内被发现。

五、在第一条第一款（丁）项所指的情况下，只有在航行设备是用于国际航行时，本公约才适用。

六、本条第二、三、四和五款的规定，也适用于第一条第二款所指的情况。"

《补充1971年9月23日在蒙特利尔签订的〈关于制止危害民用航空安全的非法行为的公约〉的制止在为国际民用航空服务的机场上的非法暴力行为的议定书》考虑到在用于国际民用航空服务的机场上发生的非法暴力行为危害或可能危害人身安全，危及机场的安全操作，损毁全世界人民对民用航空安全的信心，并扰乱各国民用航空的安全与正常经营，对《蒙特利尔公约》第1条第一款规定的危害国际民用航空安全罪的行为作了补充规定（第2条）：

"一之二、任何人使用任何装置、物质或武器非法并故意为下列行为，即构成犯罪：

（甲）在为国际民用航空服务的机场上，对任何人实施导致或可能导致其严重伤害或死亡的暴力行为；或

（乙）破坏或严重损坏为国际民用航空服务的机场设施或降停在机场上的飞机，或妨碍机场的营运，

如果该行为危害或可能危害机场的安全。"

按照《蒙特利尔公约》及其议定书的规定，危害国际民用航空安全罪在客观上包括下列犯罪行为：（1）对飞机中的航空器内的人实施可能危及航空器安全的暴力行为；（2）破坏或损

坏使用中的航空器而使其不能飞行或危及其飞行安全的行为；(3) 在使用中的航空器内放置具有破坏或损坏该航空器而使其无法飞行或危及其飞行安全的行为；(4) 破坏或损坏航行设备或妨碍其操作以至危及飞行中的航空器安全的行为；(5) 在国际机场上实施足以危害民用航空安全的暴力行为；(6) 传送明知虚假的、可能危及飞行中的航空器安全的情报的行为；(7) 上述犯罪的未遂行为；(8) 教唆、共谋或帮助上述犯罪的行为。

危害国际民用航空安全罪所侵犯的客体是国际民用航空的秩序和安全，因此该罪的犯罪行为必须是在正在飞行或使用中的国际民用航空器内实施的，或是针对这类航空器实施的，或是针对与国际航行直接有关的设施实施的。犯罪行为与这类航空器及其相关设施之间的联系，是这类犯罪对国际航空秩序和航空安全发生有害影响的契机。如果其行为不是针对这类航空器及其相关设施实施的，或者不是在这类航空器内实施的，它就不致危害到国际航空秩序和航空安全，因而也就不构成危害国际民用航空安全罪。

危害国际民用航空安全罪在主观上只能由故意构成。行为人在实施这类犯罪行为时应当对自己行为的性质及其危害性具有明确的认识，并且希望这种危害结果的发生。这种认识一般是概括的认识，即明确地知道这种行为可能危及国际民用航空的安全和秩序。至于是否清楚该行为实际造成的具体损害，则不在本罪的故意要件之列。如果是由于工作上的失误或其他合法行为中的过失，造成了危害国际民用航空安全和秩序的后果，则不构成危害国际民用航空安全罪。

(三) 妨害国际航空罪

妨害国际航空罪是指除劫持航空器罪、危害国际民用航空安全罪之外的其他破坏国际航空秩序的犯罪行为。

1963年的《东京公约》即《关于在航空器内的犯罪和其他某些行为的公约》，把在国际民用航空器内实施的"违反刑法的罪行"规定为一种国际犯罪。《东京公约》所称"违反刑法的罪行"，实际上包括了以后的《海牙公约》中规定的劫持航空器罪以及《蒙特利尔公约》中规定的"对飞行中的航空器内的人从事暴力"将会危及该航空器安全的某些行为。但是由于这两种行为已分别被这两个公约规定为独立的犯罪，所以《东京公约》中规定的犯罪，似乎应当理解为上述两个公约规定的犯罪之外的其他破坏国际航空秩序的犯罪。诸如在飞行中的航空器内实施不至危及该航空器安全的暴力（谋杀行为、伤害行为、绑架、劫持人质）的行为，严重妨害机组人员正常活动的行为等。这类犯罪，虽然不直接危及航空器的安全，但是直接破坏了国际民用航空的正常秩序，因而也是一种破坏国际民用航空秩序的犯罪。当然，这类犯罪，多数都是有关国家国内法上的犯罪。但是由于这类犯罪发生在正处于国际航空运输状态下的民用航空器内，或者发生在位于公海海面或不属于任何国家领土的地面上的航空器内，以至超出了任何国家排他性管辖的范围，因而应当视为一种国际犯罪，受有关国际刑法公约的管辖。

四、破坏海上公共秩序的犯罪

破坏海上公共秩序的犯罪，主要包括海盗罪、危害海上航行安全罪、危害大陆架固定平台安全罪和破坏海底电缆、管道罪。有人认为，破坏海上公共秩序的犯罪还应当包括海上贩运奴隶罪和海上贩运毒品罪，因为这两种犯罪，也是《联合国海洋法公约》中规定的罪行。但是，这两种犯罪已分别包含在贩卖奴隶罪和贩卖毒品罪之中，没有必要另作论述。

海上公共秩序是指通过国际海洋法建立和维持的世界各国人民跨国性海上活动的正常、安全、有序的状态。破坏海上公共秩序罪，不仅严重破坏了国际海洋法规则和惯例，而且严重威胁到海上活动的安全，容易危及和夺取无辜性命，危害人身和财产安全，以致造成国际社会的恐怖，严重影响海上运输业务和其他经济活动的正常进行，因而为国际社会所密切关注。禁止和惩罚这类犯罪，是全世界人民的共同呼声，也是维护国际社会共同利益的要求。因此，世界各国密切配合，坚决、有效地同这类犯罪作斗争，对于维持海上航行的正常秩序，保障海上活动的安全，维护世界各国的共同利益，具有重要的意义。

破坏海上公共秩序罪，多数发生在公海上。公海，在传统国际法中，一般是指各国领海以外的所有海域。1958 年《公海公约》也延用了传统的公海概念，它规定，"公海"一词是指不包括在一国领海或内水内的全部海域。但是当代国际海洋法对传统的公海概念做了进一步的划分，把专属经济区即国家管辖范围内有别于领海的特定海域排除在公海之外。按照 1982 年《联合国海洋法公约》第八十六条的规定，公海是指不包括在国家的专属经济区、领海或内水或群岛国的群岛水域内的全部海域。

除了公海之外，破坏海上公共秩序罪也可以是发生在任一国家的专属经济区或领海之内的犯罪，只要这类犯罪破坏了各国人民海上活动的正常秩序、危害到海上国际航行的安全。如果类似犯罪只涉及一个国家及其公民，则不属于作为国际犯罪的破坏海上公共秩序罪，对其进行的追诉活动，亦不受国际刑法规范的约束。

第七章 破坏国际秩序的犯罪

（一）海盗罪

海盗罪是指私人船舶或飞机的船员、机组人员或乘客为私人目的在公海或无管辖区对另一船舶或飞机以及其上的人或财物实施非法的暴力、扣留或其他掠夺的行为。

海盗罪是一种公认的、古老的国际犯罪，它严重地破坏了公海秩序，危害海上运输事业的安全和发展。防止和惩治公海上的海盗犯罪，是19世纪以来习惯国际法上的一贯主张。1958年4月29日在日内瓦签署的《公海公约》，把习惯国际法中惩治海盗的规则加以明确化，使之更具规范性。1982年《联合国海洋法公约》延用了《公海公约》关于海盗定义的规定，并要求所有国家尽最大可能进行合作，以制止在公海上或在任何国家管辖范围以外的任何其他地方的海盗行为。其规定如下：

"第一百条　合作制止海盗行为的义务

所有国家应尽最大可能进行合作，以制止在公海上或在任何国家管辖范围以外的任何其他地方的海盗行为。

第一百零一条　海盗行为的定义

下列行为中的任何行为构成海盗行为：

（a）私人船舶或私人飞机的船员、机组成员或乘客为私人目的，对下列对象所从事的任何非法的暴力或扣留行为，或任何掠夺行为：

（1）在公海上对另一船舶或飞机，或对另一船舶或飞机上的人或财物；

（2）在任何国家管辖范围以外的地方对船舶、飞机、人或财物；

（b）明知船舶或飞机成为海盗船舶或飞机的事实，而自愿参加其活动的任何行为；

(c) 教唆或故意便利 (a) 或 (b) 项所述行为的任何行为。

第一百零二条　军舰、政府船舶或政府飞机由于其船员或机组成员发生叛变而从事的海盗行为

军舰、政府船舶或政府飞机由于其船员或机组成员发生叛变并控制该船舶或飞机而从事第一百零一条所规定的海盗行为，视同私人船舶或飞机所从事的行为。

第一百零三条　海盗船舶或飞机的定义

如果处于主要控制地位的人员意图利用船舶或飞机从事第一百零一条所指的各项行为之一，该船舶或飞机视为海盗船舶或飞机。如果该船舶或飞机曾被用以从事任何这种行为，在该船舶或飞机仍在犯有该行为的人员的控制之下时，上述规定同样适用。

第一百零四条　海盗船舶或飞机国籍的保留或丧失

船舶或飞机虽已成为海盗船舶或飞机，仍可保有其国籍。国籍的保留或丧失由原来给予国籍的国家的法律予以决定。

第一百零五条　海盗船舶或飞机的扣押

在公海上，或在任何国家管辖范围以外的任何其他地方，每个国家均可扣押海盗船舶或飞机或为海盗所夺取并在海盗控制下的船舶或飞机，和逮捕船上人员并扣押船上财物。扣押国的法院可判定应处的刑罚，并可决定对船舶、飞机或财产所应采取的行动，但受善意第三者的权利的限制。

第一百零六条　无足够理由扣押的赔偿义务

如果扣押涉有海盗行为嫌疑的船舶或飞机并无足够的理由，扣押国应向船舶或飞机所属的国家负担因扣押而造成的任何损失或损害的赔偿义务。

第一百零七条　由于发生海盗行为而有权进行扣押的船舶

和飞

由于发生海盗行为而进行的扣押，只可由军舰、军用飞机或其他有清楚标志可以识别的为政府服务并经授权扣押的船舶或飞机实施。"

按照上述规定，海盗罪在主观上只能由故意构成，并且必须是为私人目的。所谓私人目的，是相对于政治目的而言的。在现代国际实践中，海盗行为有时被用来谴责某些国家的军舰奉命违反国际法攻击别国船只的行为，但是这种行为由于具有复杂的政治因素，因而不属于作为国际犯罪的海盗罪。海盗罪只是为了私人目的而实施的海盗行为。这种私人目的通常主要表现为意图抢劫和掠夺另一船只或飞机上的财物。

海盗罪通常是发生在公海上或无管辖区即任何国家管辖范围以外或者两个以上国家的海域上的犯罪行为。如果仅仅是发生在一个主权国家领海内的海盗行为，则不构成作为国际犯罪的海盗罪。海盗罪在客观上表现为对另一船舶或飞机以及其上的人或财物非法使用暴力，进行抢劫、扣留或掠夺的行为，自愿参加海盗活动的任何行为，以及教唆或故意便利海盗活动的任何行为。

海盗罪的主体必须是私人船舶或私人飞机的船员、机组人员或乘客。军舰、政府船舶或政府飞机上的船员或机组人员一般不能成为海盗罪的主体，但是军舰、政府船舶或政府飞机上的船员或机组人员在发生叛变并控制了该船舶或飞机而从事海盗行为时，可以视同私人船舶或飞机上的人员。在这种情况下，其犯罪的目的也被拟制为私人目的。

海盗罪的犯罪对象必须是另一只船舶或另一架飞机。只有当一只船舶或一架飞机上的人员对另一只船舶或另一架飞机以及其上的人员或财物实施非法的暴力抢劫、扣留或掠夺时，才构成海盗罪。如果是在同一只船舶上或同一架飞机内实施类似行为，则不属于海盗行为。

私人船舶或飞机曾被用以从事任何海盗行为并且该船舶或飞机仍在犯有盗窃罪行的人员的控制之下，或者处于主要控制地位的人员意图利用船舶或飞机从事海盗行为，该船舶或飞机即被视为海盗船舶或海盗飞机。按照《联合国海洋法公约》的规定，在公海上或其他任何无管辖区，每个国家均可扣押海盗船舶或海盗飞机或为海盗所夺取并在海盗控制下的船舶或飞机，可以逮捕船上人员并扣押船上财物。对于实施海盗罪的人员，扣押国的法院可以判定应处的刑罚，并可决定对船舶或飞机或财产所应采取的行动，但受善意第三者的权利的限制。当然，由于海盗行为而进行的扣押，只可由军舰、军用飞机或其他有清楚标志可以识别的为政府服务并经授权扣押的船舶或飞机实施。

（二）危害海上航行安全罪

危害海上航行安全罪是指故意地非法从事暴力、暴力威胁或其他恐怖活动，危害国际民用船舶航行安全，破坏海上航行秩序的行为。

危害海上航行安全罪是1988年《制止危及海上航行安全非法行为公约》中规定的一种国际犯罪。该公约第三条规定：

"1、任何人如非法并故意从事下列活动，则构成犯罪：

（a）以武力或武力威胁或任何其它恐吓形式夺取或控制船舶；或

（b）对船上人员施用暴力，而该行为有可能危及船舶航行安全；或

（c）毁坏船舶或对船舶或其货物造成有可能危及船舶航行安全的损坏；或

(d) 以任何手段把某种装置或物质放置或使之放置于船上，而该装置或物质有可能毁坏船舶或对船舶或其货物造成损坏而危及或有可能危及船舶航行安全；或

(e) 毁坏或严重损坏海上导航设施或严重干扰其运行，而此种行为有可能危及船舶的航行安全；或

(f) 传递其明知是虚假的情报，从而危及船舶的航行安全；或

(g) 因从事（a）至（f）项所述的任何罪行或从事该类罪行未遂而伤害或杀害任何人。

2. 任何人如从事下列活动，亦构成犯罪：

(a) 从事第 1 款所述的任何罪行未遂；或

(b) 唆使任何人从事第 1 款所述的任何罪行或是从事该罪行的同谋；或

(c) 无论国内法对威胁是否规定了条件，以从事第 1 款（b）项、（c）项和（e）项所述的任何罪行相威胁，旨在迫使某自然人或法人从事或不从事任何行为，而该威胁有可能危及船舶的航行安全。"

关于该公约的适用范围，其第二条和第四条作了明确的规定。其第二条规定："1. 本公约不适用于：（a）军舰；或（b）国家拥有或经营的用作海军辅助船或用于海关或警察目的的船舶；或（c）已退出航行或闲置的船舶。2. 本公约的任何规定不影响军舰和用于非商业目的的其它政府船舶的豁免权。"其第四条规定："1. 本公约适用于正在或准备驶入、通过或来自一个国家的领海外部界限或其与之相邻国家的领海侧面界限以外水域的船舶。2. 在根据第 1 款本公约不适用的情况下，如果罪犯或被指称的罪犯在非第 1 款所述国家的某一缔约国的领土内被发现，本公约仍然适用。"

按照上述规定，危害海上航行安全罪，在客观上表现为下列6种行为：（1）非法劫持船舶的行为，即以武力、武力威胁或任何其他恐吓形式夺取或控制船舶，迫使其改变航向或妨碍其正常航行的行为；（2）毁损船舶的行为，即毁坏船舶或对船舶或其运载货物造成可能危及船舶航行安全的损坏，或者通过某种装置或物质制造毁损船舶的事件，危及或可能危及海上航行安全的行为；（3）妨害航行的行为，即毁坏或严重损坏海上导航设施或者严重干扰其正常运行，可能危及船舶的航行安全，或者故意传递其明知是虚假的情报，危及船舶的航行安全的行为；（4）暴力行为，即对船上人员施用暴力，可能危及船舶航行安全的行为，以及因从事危害海上航行安全的犯罪而伤害或杀害他人的行为；（5）教唆、共谋危害海上航行安全罪行的行为；（6）胁迫第三者的行为，即为迫使某个自然人或法人从事或不从事任何行为而以对船上人员施用暴力或者毁损船舶、船上所载货物或海上导航设施等犯罪行为相威胁，可能危害船舶的航行安全的行为。

危害海上航行安全罪作为一种国际犯罪，它所破坏的是国际民用海上运输的正常秩序，所危害的是用于国际海上运输的民用船舶的安全。所以，该罪的犯罪行为，必须是在某种非永久依附于海床的、正在使用中的民用船舶包括动力支撑船、潜水器或其他水上船艇内或是针对这类船舶实施的，而不包括在军舰、国家拥有或经营并用作海军辅助船或用于海关或警察目的的船舶，或者已退出航行或闲置的船舶内或针对这类船舶实施的类似行为。此外，该罪犯罪行为所指向的船舶还必须是正在或准备驶入、通过或来自一个国家的领海外部界限或其与之相邻国家的领海侧面界限以外水域的船舶，亦即用于国际海上运输的船舶。如果类似犯罪行为发生在只在本国领水内航行的船舶上，则不构成作为国际犯罪的危害海上航行安全罪。

危害海上航行安全罪在主观上只能由故意构成。这种故意既包括对其犯罪行为可能造成的危害后果的认识，也包括对该行为的违法性的认识。如果不具有犯罪的故意，只是由于在工作中或日常生活中的过失，导致了危害海上航行安全的结果，则不构成危害海上航行安全罪。例如，由于他人的暗中利用，在不知情的情况下将危险装置或物质带上用于国际海上运输的船舶的行为，即使发生了该船舶爆炸或倾覆的结果，也由于不具有犯罪的故意而不构成危害海上航行安全的国际犯罪。

（三）危害大陆架固定平台安全罪

危害大陆架固定平台安全罪是指故意地非法从事暴力、暴力威胁或其他恐怖活动，危害大陆架固定平台安全，破坏公海秩序的行为。

危害大陆架固定平台安全罪是1985年《制止危及大陆架固定平台安全非法行为议定书》中规定的一种国际犯罪。该议定书第二条规定：

"1. 任何人如非法并故意从事下列活动，则构成犯罪：

（a）以武力或武力威胁或任何其它恐吓形式夺取或控制固定平台；或

（b）对固定平台上的人员施用暴力，而该行为有可能危及固定平台的安全；或

（c）毁坏固定平台或对固定平台造成可能危及其安全的损坏；或

（d）以任何手段将可能毁坏固定平台或危及其安全的装置或物质放置或使之放置于固定平台上；或

（e）因从事（a）项至（d）项所述的任何罪行或从事该类罪行未遂而伤害或杀害任何人。

2. 任何人如从事下列活动，亦构成犯罪：

（a）从事第 1 款所述的任何罪行未遂；或

（b）唆使任何人从事任何该类罪行或者从事该类罪行者的同谋；或

（c）无论国内法对威胁是否规定了条件，以从事第 1 款（b）项和（c）项所述的任何罪行相威胁，旨在迫使某自然人或法人从事或不从事某种行为，而该威胁有可能危及该固定平台的安全。"

从上述规定中可以看出，危害大陆架固定平台安全罪在犯罪构成上与危害海上航行安全罪有许多相同之外。所不同的是，危害海上航行安全罪是在用于国际民用海上运输的船舶内或针对这类船舶实施的，而危害大陆架固定平台安全罪则是在大陆架固定平台上实施或针对这类固定平台实施的。大陆架固定平台是指用于资源的勘探或开发或用于其他经济目的的永久依附于海床的人工岛屿、设施或结构。这类固定平台虽然只用于经济目的，但是在固定平台上或针对固定平台所犯的上述罪行，不仅严重侵犯有关国家的经济利益，而且严重妨碍世界各国人民在这些海域内的正常活动，容易造成海上活动的恐怖状态。所以把危害大陆架固定平台安全的罪行作为国际犯罪，动员世界各国加强刑事合作，同这类犯罪作斗争，是很有必要的。

（四）破坏海底电缆、管道罪

破坏海底电缆、管道罪，或称干扰海底电缆罪（Interference with Submarine Cables），是指破坏或损害海底电缆或管道，妨害公海秩序的行为。

1884 年 3 月 14 日《保护海底电缆的巴黎公约》，是禁止破坏海底电缆最早的国际公约。1907 年 10 月 18 日《陆战法规和惯例公崐约》（即海牙第四公约）中也规定对"占领地与中立领土相连接的海底电缆，除在绝对必要的情况下，不得予以夺取或毁坏"。1958年《公海公约》和1982年《联合国海洋法公约》，都重申了禁止破坏海底电缆的规定，并将其扩大到高压电缆和海底管道。

《联合国海洋法公约》第一百一十三条"海底电缆或管道的破坏或损害"规定："每个国家均应制定必要的法律和规章，规定悬挂该国旗帜的船舶或受其管辖的人故意或因重大疏忽而破坏或损害公海海底电缆，致使电报或电话通讯停顿或受阻的行为，以及类似的破坏或损害海底管道或高压电缆的行为，均为应予处罚的罪行。此项规定也应适用于故意或可能造成这种破坏或损害的行为。但对于仅为了保全自己的生命或船舶的正当目的而行事的人，在采取避免破坏或损害的一切必要预防措施后，仍然发生的任何破坏或损害，此项规定不应适用。"

按照这一规定，破坏海底电缆、管道罪，在客观上必须有破坏或损害海底电缆、管道的行为。所谓破坏，在广义上实际上已经包括了损害行为，但是从狭义上讲，它一般是指毁坏、中断、妨碍或转移等行为；损害一般是指割裂、击穿、碰撞等行为。破坏或损害海底电缆，即可以是破坏或损害铺设于公海或专属经济区海底的高压电缆，也可以是破坏或损害铺设于公海海底的电报或电话通讯电缆。但是如果是后者，该罪的客观方面就不仅要求有破坏或损害的行为，而且要求致使电报或电话通讯停顿或受阻的危害结果。尚未造成这种结果，一般不构成本罪。破坏或损害海底管道，一般是指破坏或损害铺设于公海或专属经济区海底的供气、供油、供水等管道。

破坏海底电缆、管道罪，在主观上既可以由故意构成，也可以由过失构成。这是与其他所有国际犯罪在主观方面不同的一种犯罪。因为国际犯罪通常都是由故意构成的犯罪。唯有此罪在主观上可以由过失构成。这是因为，在实践中，除了故意破坏之外，有些在公海或专属经济区海底从事正当活动的人，也可以由于重大疏忽而导致破坏或损害海底电缆、管道的行为发生。而不论故意还是过失，一旦发生破坏或严重损害海底电缆、管道的行为，通常都会造成重大的人身伤亡或严重的海水污染，对公海安全和秩序构成严重威胁。所以，即使出于过失发生了破坏或损害海底电缆、管道的行为，只要造成了严重的危害结果，也可以构成破坏海底电缆、管道罪。

当然，按照上述规定，基于紧急避险而造成这种破坏或损害的行为，不构成本罪。

五、破坏国际邮政秩序的犯罪

破坏国际邮政秩序罪主要是指非法使用邮件罪（unlawful use of the mails）。

非法使用邮件罪是指以暴力为目的，非法使用国际邮件的行为。非法使用邮件罪是《万国邮政公约》所禁止的一种国际犯罪。

《万国邮政公约》（Universal postal Union）是1874年成立的万国邮政联盟制定的重要法规。该公约于1891年7月4日签订、自1892年7月1日生效，此后每五年修订一次，所以与非法使用邮件罪有关的国际文献有40多个。

按照该公约的规定，通过国际邮件邮寄毒品、淫秽出版物，以及使用伪造的邮件票证，都是非法使用邮件的行为。但是由于这些行为都分别为各自独立的犯罪所包括，所以非法使用邮件罪实际上是除这些行为之外的非法使用邮件的行为。

按照《万国邮政公约》第五十九条规定，非法使用邮件罪在客观上表现为利用国际邮政系统或国内邮政系统，邮寄易

第七章 破坏国际秩序的犯罪

爆、易燃或危险物品或其他可能危及邮政安全的物品,伤害传递或接受邮件者的身体,危及邮政安全的行为;在主观上表现为故意利用邮件制造暴力事件的目的。因此,非法使用邮件罪实际上是国际恐怖主义活动的一种犯罪形式,它不仅危及有关人员的安全,违反国际邮政法规和惯例,而且严重破坏国际邮政秩序,妨害国际邮政业务的正常开展,因而受到世界各国共同关注和一致禁止。

第八章 危害人类共同利益的犯罪

一切国际犯罪都可以说是危害人类社会共同利益的犯罪，但是多数犯罪都是从某个特定方面来危害人类社会共同利益的，如对人类和平的破坏、对国际秩序的破坏、对基本人权的侵犯、对国家利益的侵犯等；并且，这些犯罪的危害性往往表现为直接对某种特定的受保护利益的损害或侵犯。而本章所述的犯罪则是通过威胁或破坏人类生存的基本条件如人体健康、社会环境等行为，危害不特定多数人共同利益的犯罪。它虽然并不直接针对任何特定的受国际保护的对象，亦不直接对任何权利构成侵犯，但却由于其行为主体或犯罪对象的特殊性，其行为的实施可以普遍性地危害整个人类的共同利益或共同信守的价值观，所以本书将其作为国际犯罪的一种类型加以论述。这类犯罪，主要是指毒品犯罪；跨国有组织犯罪；腐败犯罪；洗钱罪；妨害国际诉讼罪和破坏环境罪等。此外，也包括国际贩卖淫秽物品罪和国际贩卖侵权制品罪等。

一、毒品犯罪

毒品犯罪（drug offenses）既是各国国内法上的犯罪，也是国际刑法中的犯罪。作为国际犯罪，毒品犯罪是指违反国际法律规定，故意非法生产、贩运、占有和销售受国际管制的麻

第八章 危害人类共同利益的犯罪

醉药品和精神药物的行为。

毒品犯罪虽然并不直接侵犯个人权利,但是对人类的健康与安全构成了严重的威胁,因而是严重危害公众利益的犯罪。联合国国际法委员会1991年起草的《危害人类和平与安全罪法典草案》将非法贩运毒品的行为作为一种危害人类和平与安全的犯罪加以规定〔第25条〕。

(一) 毒品与国际禁毒立法

受国际管制的麻醉药品和精神药物是指经世界卫生组织认定的具有能够引起成瘾之依药性并能损害中枢神经系统之性能的天然或合成物质及其天然材料。这类物质包括:(1) 鸦片、海洛因、吗啡及其原植物—罂粟(催眠性罂粟种植物,Papaya Somniferous);(2) 大麻、大麻脂及其原植物—大麻植物(大麻属 Genus Cannabis)的任何植物;(3) 可卡因及其原植物—古柯树(红木属 Genus Erythrophylon)的任何植物;(4) 国际卫生组织认定的其他能够使人成瘾的麻醉药品和精神药物,如麻黄碱、麦角新碱、麦角胺、麦角酸、1－苯基－2－丙酮、伪麻黄碱、醋酸酐、丙酮、邻氨基苯甲酸、乙醚、苯乙酸、哌啶,以及上述物质可能存在的盐类等。这些麻醉药品和精神药物,在医药上具有催眠、镇静、安定和兴奋作用,有助于治疗疾病、从事医学和科学研究。但是这类物质的滥用或长期大剂量服用,容易引起神经系统的严重紊乱和人体其他器官机能的丧失,严重危害人类的身体健康,影响人们的正常思维判断,甚至导致昏厥和死亡。因此,世界各地通常都把这类物质俗称为毒品(drug)。

毒品以其在医药上的用途以及容易产生的依药性,极易为人们所接受;而毒品的滥用对每个民族乃至整个人类的健康,是个极大的威胁。特别是有组织的跨国性贩卖毒品的犯罪,在严重危害人类健康的同时，严重破坏国际秩序，侵犯各国管理本国海关、运输、金融等方面的主权，危及各国的稳定和安全。并且，这类犯罪容易获得巨额利润，一些犯罪集团通过毒品犯罪所获得的巨额利润和财富又反过来使他们有实力渗透、腐蚀各国政府机构、合法商业和金融企业以及社会各个阶层，对整个人类造成无法估量的危害。因此，实行毒品管制，禁止和严惩非法生产、贩卖毒品的犯罪，一直是世界各国共同关注的问题。

20世纪以前，禁止毒品犯罪特别是禁止毒品进口，主要是各国国内法中的规定和实践，例如中国1840年名扬全球的"禁烟运动"。20世纪以来，毒品犯罪逐渐受到国际社会的普遍关注。世界各国在这方面做了许多共同的努力，先后签订了一系列旨在禁止非法生产、贩运和销售毒品的国际公约。例如，1912年1月23日在海牙签订的《禁烟公约》；1925年2月11日在日内瓦签订的《关于熟鸦片的制造、国内贸易及使用的协定》；1925年2月19日在日内瓦签订的《国际鸦片公约》；1931年7月13日在日内瓦签订的《限制制造及调节分配麻醉品公约》；1931年11月27日在曼谷签订的《远东管制吸食鸦片协定》；1953年6月23日在纽约签订的《限制与调节罂粟的种植，鸦片的生产、国际贸易、批发购售及其使用议定书》等。特别是20世纪60年代以来，毒品犯罪日趋严重，并且出现了新的剧毒的麻醉品，其成瘾于个人为害之烈、对人类社会和经济危害之巨，使国际社会感到严重不安。为了更有效地同毒品犯罪作斗争，联合国组织编纂了以前有关麻醉品管制的各种条约规定，于1961年制定了《麻醉品单一公约》。该公约经1972年联合国组织正式外交会议修正，成为《经〈修正一九六一年麻醉品单一公约的议定书〉修正的一九六一年麻醉品单一公约》。与此同时,联合国又根据毒品犯罪的新情况制定了《一九七一年精神药物公约》;1988年又制定了《联合国禁止非法贩运麻醉药品和精神药物公约》。这三个公约,共同构成了管制麻醉药品和精神药物的国际法律制度,其中关于禁止和制裁毒品犯罪的一系列条款,成为国际社会同毒品犯罪作斗争的国际刑法规范。

此外,鉴于麻醉药品和精神药物的非法生产、需求和贩运的巨大规模和上升趋势,已构成对人类健康和幸福的严重威胁,并对社会的经济、文化和政治基础带来的不利影响,联合国大会于1984年通过了《管制麻醉品贩运和滥用宣言》,1987年召开了有138个国家3000名代表参加的麻醉品滥用和非法贩运问题部长级国际会议。1990年2月联合国举行了取缔毒品问题特别大会,通过了《政治宣言》和《全球行动纲领》,宣布1991年至2000年为联合国禁毒十年。1990年4月联合国又召开了世界部长级反毒大会,来自100多个国家的代表共同寻求更密切的国际合作方式,反对日益严重的毒品犯罪特别是有组织的毒品犯罪。

(二)毒品犯罪的构成和种类

毒品犯罪作为一种国际犯罪,是《经〈修正一九六一年麻醉品单一公约的议定书〉修正的一九六一年麻醉品单一公约》《一九七一年精神药物公约》和《联合国禁止非法贩运麻醉药品和精神药物公约》规定的。特别是《联合国禁止非法贩运麻醉药品和精神药物公约》,作为专门的国际刑法规范,对毒品犯罪作了甚为详细的规定,为世界各国同毒品犯罪作斗争提供了国际刑法上的依据。该公约中关于毒品犯罪的构成作了如下的规定:

"第三条 犯罪和制裁

1. 各缔约国应采取可能必要的措施将下列故意行为确定为其国内法中的刑事犯罪：

（a）

（一）违反《一九六一年公约》、经修正的《一九六一年公约》或《一九七一年公约》的各项规定，生产、制造、提炼、配制、提供、兜售、分销、出售、以任何条件交付、经纪、发送、过境发送、运输、进口或出口任何麻醉药品或精神药物；

（二）违反《1961年公约》和经修正的《1961年公约》的各项规定，为生产麻醉药品而种植#FF罂#FS粟、古柯或大麻植物；

（三）为了进行上述（一）目所列的任何活动，占有或购买任何麻醉药品或精神药物；

（四）明知其用途或目的是非法种植、生产或制造麻醉药品或精神药物而制造、运输或分销设备、材料或表一和表二所列物质；

（五）组织、管理或资助上述（一）、（二）、（三）或（四）目所列的任何犯罪；

（b）

（一）明知财产得自按本款（a）项确定的任何犯罪或参与此种犯罪的行为，为了隐瞒或掩饰该财产的非法来源，或为了协助任何涉及此种犯罪的人逃避其行为的法律后果而转换或转让该财产；

（二）明知财产得自按本款（a）项确定的犯罪或参与此种犯罪的行为，隐瞒或掩饰该财产的真实性质、来源、所在地、处置、转移、相关的权利或所有权；

（c）在不违背其宪法原则及其法律制度基本概念的前

第八章　危害人类共同利益的犯罪

提下，

（一）在收取财产时明知财产得自按本款（a）项确定的犯罪或参与此种犯罪的行为而获取、占有或使用该财产；

（二）明知其被用于或将用于非法种植、生产或制造麻醉药品或精神药物而占有设备、材料或表一和表二所列物质；

（三）以任何手段公开鼓动或引诱他人去犯按照本条确定的任何罪行或非法使用麻醉药品或精神药物；

（四）参与进行，合伙或共谋进行，进行未遂，以及帮助、教唆、便利和参谋进行按本条确定的任何犯罪。

2. 各缔约国应在不违背其宪法原则和法律制度基本概念的前提下，采取可能必要的措施，在其国内法中将违反《一九六一年公约》、经修正的《一九六一年公约》或《一九七一年公约》的各项规定，故意占有、购买或种植麻醉药品或精神药物以供个人消费的行为，确定为刑事犯罪。

3. 构成本条第 1 款所列罪行的知情、故意或目的等要素，可根据客观事实情况加以判断。

……"

从上述规定中，至少可以看出如下几点：

1. 毒品犯罪的基本构成

"毒品犯罪"一词，如同"战争犯罪"一词一样，是对一类犯罪的通称。从上述规定中可以看出，毒品犯罪实际上包括非法生产毒品罪、非法贩运毒品罪、非法占有毒品罪和非法销售毒品罪等四个罪名。

（1）非法生产毒品罪

非法生产毒品罪是指非法从事毒品生产活动的行为。在上述规定中，生产与种植，甚至与制造、提炼、配制等，是并列列举的。但是从"生产"一词的广义上看，它实际上包括了并且应当包括从原材料到成品的整个生产过程。因此本书试图用非法生产毒品罪来概括上述犯罪行为。该罪在客观上既包括非法种植毒品原材料（鸦片罂粟、古柯树、大麻等植物）的行为，也包括非法对毒品原料进行加工、从中提炼毒品或配制各种毒品制品的行为。该罪在主观上必须具有故意，即明知其为毒品而从事非法生产活动。如果不知其为毒品，误种毒品原材料，或者在他人欺骗下从事毒品制造，则不构成本罪。此外，生产毒品行为的目的，通常是进行非法销售以便从中获取暴利。如果仅仅是为了个人消费而从事生产毒品的行为，则不构成国际犯罪，至于是否构成国内法上的犯罪，可由各国国内刑法自行规定。

（2）非法贩运毒品罪

非法贩运毒品罪是指非法从事毒品贩运活动的行为。《联合国禁止非法贩运麻醉药品和精神药物公约》，在最广泛的意义上使用了"贩运"一词。该公约使用"贩运"一词，概括了与非法贩运毒品有关的各个方面的行为。但是严格说来，"贩运"一词不应当包括生产和占有等行为。所以作为一种具体的罪名，非法贩运毒品罪只应包括利用携带、邮寄等形式非法发送毒品的行为；非法进出口毒品（即毒品走私）的行为；以及利用各种交通工具非法运输毒品的行为。非法贩运毒品罪在主观上必须具有故意，即明知其为毒品而为之，并且，实施这种行为的目的是为直接或间接的进行毒品买卖进而从中获得巨额利润。如果是在不知其为毒品或在不知其中有毒品的情况下被他人假手从事了毒品的发送、走私或运输等活动，则不构成贩运毒品罪。

（3）非法占有毒品罪

非法占有毒品罪是指非法获取毒品并据为己有的行为。这种犯罪包括：（a）通过劫持、盗窃、抢夺、诈骗等犯罪手段从合法生产、拥有、储存、运输、使用麻醉药品和精神药物的单位或个人手中获取这类物质的行为；（b）通过上述犯罪手段从非法生产、拥有、储存、运输、使用毒品者手中获取这类物质的行为；（c）采取购买的方式获取毒品的行为；（d）由于他人的转让、托管等行为而占有毒品的行为。该罪在主观上也必须具有故意，并且非法占有毒品的目的必须是进行非法生产、贩运和销售毒品的任何活动。在上述（d）的情况下，犯罪的故意还包括对该物质被用于或将用于非法生产毒品的情况的明知。如果不具有这种目的，仅仅是为了供自己消费，则不构成作为国际犯罪的非法占有毒品罪。当然这种行为按照各国国内法上的规定，在某些国家也可能构成犯罪。

（4）非法销售毒品罪

非法销售毒品罪是指通过非法地有偿转让毒品获取高额利润的行为。该罪在客观上包括非法推销、批发、零售毒品的行为，以及在非法的毒品交易中充当经纪人的行为。该罪在主观上必须具有故意，并且一般具有牟取高额利润的目的。

上述犯罪行为都是非法进行的。所谓非法，是指违反旨在对麻醉药品和精神药物实行国际管制、防止麻醉药品和精神药物危害人类健康的上述国际公约的各项规定，未经任何国家权威当局合法批准或允许而进行麻醉药品和精神药物的生产、运输、占有和销售等活动的情形。在毒品犯罪中强调其非法性是非常必要的。因为除了采取犯罪手段非法获取毒品之外，生产、运输、占有和销售麻醉药品和精神药物的行为，都可能存在合法进行的情形。如果是经合法程序批准并且为了医药、科研等合法目的而进行这类行为，就是正当的生产、经营活动，而不存在犯罪的问题。因此，区分这类行为的合法与非法，对于正确认定毒品犯罪，具有重要的意义。

2. 共同毒品犯罪的特殊形式

毒品犯罪在绝大多数场合都是以共同犯罪的形式出现的，甚至许多重大毒品案件都是由跨国性毒品犯罪集团在严密组织的状态下实施的。因此，为了更加有效地同毒品犯罪作斗争，《联合国禁止非法贩运麻醉药品和精神药物公约》对毒品犯罪的共同犯罪问题作出了明确的规定。按照这些规定，毒品犯罪应当包括组织、管理或资助非法生产、贩运、占有和销售毒品的任何犯罪的行为；参与、合伙或共谋进行上述任何犯罪的行为；帮助、教唆、便利或参谋进行毒品犯罪的行为。这些行为，按照共同犯罪的原理，都是共同毒品犯罪的典型形式。其行为不仅在客观上与非法生产、贩运、占有或销售毒品的行为之间具有紧密的联系或者直接构成其一部分，而且在主观上都有共同犯罪的故意和相互合作的意识。其行为按照作用可以分别称之为毒品犯罪中组织犯的行为、实行犯的行为、教唆犯的行为、帮助犯的行为等。

除此之外，上述公约还针对毒品犯罪的特殊性和毒品犯罪的实际状况，规定了几种与毒品犯罪密切相关的犯罪。它们并不直接作用于毒品犯罪活动，但是对于毒品犯罪的成功及其犯罪目的的实现又具有重要的意义，所以视为毒品犯罪的特殊形式或者特殊的毒品犯罪。这类犯罪包括：

（1）转移毒品犯罪所得财产的行为（洗钱行为）

毒品犯罪的目的是牟取高额利润。在毒品犯罪活动中得到的非法资财，由于数额巨大，如果不转为合法资财，就很容易被发现其来源的犯罪性，同时这类资财也很难转变为或用于合法的投资或流通。因此，毒品犯罪分子往往需要借助某些金融机构或某些人员，将其毒品犯罪所得的巨额非法资财通过特殊的金融手段或其他手段转换成合法投资,或者通过形式上的转让使其变为合法资财,这种活动通常被称为"洗钱"活动,即"脏钱变干净"的活动。这种洗钱活动,虽然没有直接从事非法生产、贩运、占有或销售毒品的活动,但却是毒品犯罪目的实现的不可或缺的部分,与毒品犯罪具有密切的联系。因此,故意实施这种行为,被规定为毒品犯罪的一种特殊形式。

转移毒品犯罪所得财产的行为构成犯罪,在主观上必须具有故意,即必须是明知该财产得自非法生产、贩运、销售毒品的任何犯罪或参与这类犯罪的行为,并且为了隐瞒或掩饰该财产的非法来源,或者为了协助任何涉及此类犯罪的人逃避法律制裁。这种犯罪故意使转换或转让毒品犯罪所得财产的行为与毒品犯罪本身的行为之间发生了有机的不可分割的联系,从而使前者成为后者的组成部分,成为毒品犯罪的继续。因此,这种犯罪故意的有无,不仅是在类似行为中区分罪与非罪界限的一个重要标志,而且是转换或转让毒品犯罪所得财产的行为是否与获得该财产的毒品犯罪构成共同犯罪的一个关键。

(2) 藏匿毒品犯罪所得财产的行为

与上述行为相类似,明知其财产得自非法生产、贩运、销售毒品的犯罪或参与这类犯罪的行为,而故意隐瞒或掩饰该财产的真实性质、来源、所在地、处置、转移、相关的权利或所有权的行为,亦构成犯罪。这类犯罪的目的主要是帮助毒品犯罪分子藏匿毒品犯罪所得的财产,以便使其有可能逃避法律的制裁。

上述两种行为,与直接从事非法生产、贩运和销售毒品的行为之间的联系形式,既可以表现为事前有通谋,也可以表现为事前没有通谋。按照一般的共同犯罪理论,事前有通谋的,应当以共同犯罪论处;事前没有通谋的,应当视为独立的犯罪而不以共同犯罪论处。

（3）占有毒品犯罪资财罪

占有毒品犯罪资财罪是指故意获取、占有或使用与毒品犯罪有关的资财的行为。这种犯罪，在主观上表现为明知该资财得自或者用于或将用于非法生产、贩运或销售毒品的犯罪或参与这类犯罪的行为而故意将其据为己有；在客观上表现为通过各种犯罪手段（如劫持、盗窃、抢夺、欺骗等）或者正常手段（如接受转让、托管、赠与、抵债等），获取、占有或使用明知得自毒品犯罪或被用于或将用于毒品犯罪的财产或设备、材料及管制物质。

（4）诱人使用毒品罪

诱人使用毒品罪是指以任何手段公开鼓动或引诱他人非法使用毒品的行为。这种犯罪的目的通常是向他们推销毒品，因而往往是作为非法销售毒品罪的犯罪手段之一出现的。当然，这种犯罪也可能是基于其他目的，如故意损害其健康、谋取其财产、诱使其实施某种行为等。不论是基于何种犯罪目的，其在客观上都必须导致通过毒品来危害人体健康的结果，因而构成毒品犯罪的一种特殊形式。

至于以任何手段公开鼓动或引诱他人去犯非法生产、贩运、占有或销售毒品罪的行为，其本身就可以以教唆行为构成所教唆之罪的共同犯罪。所以即使含有诱人使用毒品的内容，也不再独立构成诱人使用毒品罪。

3. 情节严重的毒品犯罪

按照上述公约的规定，毒品犯罪具有下列情节之一的，便构成特别严重的毒品犯罪：

（1）毒品犯罪集团所从事的毒品犯罪，其中包括专门从事毒品犯罪活动的国际犯罪集团成员在该集团有组织的毒品犯罪中实施的以及其他与该集团有牵涉的毒品犯罪行为,也包括兼营毒品犯罪的犯罪集团成员所实施的与其所属犯罪集团活动有关的毒品犯罪行为。

(2) 牵涉其他有组织的国际犯罪的毒品犯罪,例如国际恐怖组织为了筹集犯罪活动经费组织其成员从事毒品犯罪等。

(3) 双料犯,即用毒品犯罪所得进行其他非法活动。例如利用毒品犯罪为国际贩运妇女儿童的活动提供经费,利用毒品犯罪所得开设赌场、妓院、贿赂官员等。

(4) 暴力毒品犯罪,即在各种毒品犯罪中使用武器或其他暴力,抗拒检查、扣押,阻止、恫吓他人告发其犯罪活动;或者使用暴力穿越国(边)境,进行毒品走私(即武装掩护毒品走私、贩运或制造);或者在不同犯罪组织成员之间使用暴力进行火并、侵吞、角逐等。

(5) 利用职务进行的毒品犯罪。担任某种公职的人员,利用自己职务上的便利,从事毒品犯罪或者为他人组织实施的毒品犯罪提供方便,与之共同进行毒品犯罪。

(6) 危害或利用未成年人的毒品犯罪,即引诱或强迫未成年人使用毒品,严重危害未成年人的身体健康;或者采取各种威胁、利诱的手段,或者在其不知情的情况下假借未成年人之手,进行毒品犯罪。

(7) 在某些特定场所进行毒品犯罪,例如,在监禁管教场所、教育机构、社会服务场所及其附近,在学龄儿童和学生进行教育、体育和社会活动的其他地方,进行毒品犯罪。这类毒品犯罪主要是销售毒品或引诱他人使用毒品的犯罪。

(8) 毒品犯罪的累犯,即因毒品犯罪被判过刑的人,又实施或参加毒品犯罪。

具有上述情节的毒品犯罪,都是特别严重的毒品犯罪,因而也是同毒品犯罪作斗争中重点打击的对象。

（三）对毒品犯罪的制裁措施

关于毒品犯罪的制裁，《联合国禁止非法贩运麻醉药品和精神药物公约》作了如下的规定：

"第三条 犯罪与制裁

……

4. （a）各缔约国应使按本条第1款确定的犯罪受到充分顾及这些罪行的严重性质的制裁，诸如监禁或以其他形式剥夺自由，罚款和没收。

（b）缔约国还可规定除进行定罪或惩罚外，对犯有按本条第1款确定的罪行的罪犯采取治疗、教育、善后护理、康复或回归社会等措施。

（c）尽管有以上各项规定，在性质轻微的适当案件中，缔约国可规定作为定罪或惩罚的替代办法，采取诸如教育、康复或回归社会等措施，如罪犯为嗜毒者，还可采取治疗和善后护理等措施。

（d）缔约国对于按本条第2款确定的犯罪，可以规定对罪犯采取治疗、教育、善后护理、康复或回归社会的措施，以作为定罪或惩罚的替代办法，或作为定罪或惩罚的补充。

5. 缔约国应确保其法院和拥有管辖权的其他主管当局能够考虑使按照第1款所确定的犯罪构成特别严重犯罪的事实情况，例如：

（a）罪犯所属的有组织的犯罪集团涉及该项犯罪；

（b）罪犯涉及其他国际上有组织的犯罪活动；

（c）罪犯涉及由此项犯罪所便利的其他非法活动；

（d）罪犯使用暴力或武器；

（e）罪犯担任公职，且其所犯罪行与该公职有关；

（f）危害或利用未成年人；

（g）犯罪发生在监禁管教场所，或教育机构或社会服务场，或在紧邻这些场所的地方，或在学童和学生进行教育、体育和社会活动的其他地方；

（h）以前在国外或国内曾被判罪，特别是类似的犯罪，但以缔约国国内法所允许的程度为限。

6. 缔约国为起诉犯有按本条确定的罪行的人而行使其国内法规定的法律裁量权时，应努力确保对这些罪行的执法措施取得最大成效，并适当考虑到需要对此种犯罪起到威慑作用。

7. 缔约国应确保其法院或其他主管当局对于已判定犯有本条第1款所列罪行的人，在考虑其将来可能的早释或假释时，顾及这种罪行的严重性质和本条第5款所列的情况。

8. 各缔约国应酌情在其国内法中对于按本条第1款确定的任何犯罪，规定一个长的追诉时效期限，当被指称的罪犯已逃避司法处置时，期限应更长。

9. 各缔约国应采取符合其法律制度的适当措施，确保在其领土内发现的被指控或被判定犯有按本条第1款确定的罪行的人，能在必要的刑事诉讼中出庭。

10. 为了缔约国之间根据本公约进行合作，特别包括根据第五、六、七和九条进行合作，在不影响缔约国的宪法限制和基本的国内法的情况下，凡依照本条确定的犯罪均不得视为经济犯罪或政治犯罪或认为是出于政治动机。

11. 本条规定不得影响其所述犯罪和有关的法律辩护理由只应由缔约国的国内法加以阐明以及此种犯罪应依该法予以起诉和惩罚的原则。"

"第五条 没收

1. 各缔约国应制定可能必要的措施以便能够没收：

(a) 从按第三条第 1 款确定的犯罪中得来的收益或价值相当于此种收益的财产；

(b) 已经或意图以任何方式用于按第三条第 1 款确定的犯罪的麻醉药品和精神药物、材料和设备或其他工具。

2. 各缔约国还应制定可能必要的措施，使其主管当局得以识别、追查和冻结或扣押本条第 1 款所述的收益、财产、工具或任何其他物品，以便最终予以没收。

3. 为执行本条所述的措施，各缔约国应授权其法院或其他主管当局下令提供或扣押银行记录、财务记录或商业记录。任一缔约国不得以保守银行秘密为由拒绝按照本款的规定采取行动。

4. (a) 在接到对按第三条第 1 款确定的某项犯罪拥有管辖权的另一缔约国依本条规定提出的请求后，本条第 1 款所述收益、财产、工具或任何其他物品在其领土内的缔约国应：

(一) 将该项请求提交其主管当局，以便取得没收令，如此项命令已经发出，则应予以执行；或

(二) 将请求国按本条第 1 款规定对存在于被请求国领土内的第 1 款所述收益、财产、工具或任何其他物品发出的没收令提交其主管当局，以便在请求的范围内予以执行。

(b) 在接到对按第三条第 1 款确定的某项犯罪拥有管辖权的另一缔约国依本条规定提出的请求后，被请求国应采取措施识别、追查和冻结或扣押本条第 1 款所述的收益、财产、工具或任何其他物品，以便由请求国，或根据依本款 (a) 项规定提出的请求，由被请求国下令最终予以没收。

(c) 被请求国按本款 (a) 项和 (b) 项规定作出决定或采取行动，均应符合并遵守其国内法的规定及其程序规则或可能约束其与请求国关系的任何双边或多边条约、协定或安排。

第八章　危害人类共同利益的犯罪

(d) 第七条第 6 至 19 款的规定可以比照适用。除第七条第 10 款所列情况外，按本条规定提出的请求书还应包含以下各项：

（一）如系按（a）项（一）目提出的请求，须附有足够的对拟予没收的财产的说明和请求国所依据的事实的陈述，以便被请求国能够根据其国内法取得没收令；

（二）如系按（a）项（二）目提出的请求，须附有该请求所依据的、由请求国发出的、法律上可接受的没收令副本，事实的陈述，和关于请求执行该没收令的范围的说明；

（三）如系按（b）项提出的请求，须附有请求国所依据的事实的陈述和对所请求采取的行动的说明。

(e) 各缔约国应向秘书长提供本国有关实施本款的任何法律和条例的文本以及这些法律和条例此后的任何修改文本。

(f) 如某一缔约国要求采取本款（a）项和（b）项所述措施必须以存在一项有关的条约为条件，则该缔约国应将本公约视为必要而充分的条约依据。

(g) 缔约国应谋求缔结双边和多边条约、协定或安排，以增强根据本条进行的国际合作的有效性。

5. (a) 缔约国按本条第 1 款或第 4 款的规定所没收的收益或 *

财产，应由该缔约国按照其国内法和行政程序加以处理。

(b) 缔约国按本条规定依另一缔约国的请求采取行动时，该缔约国可特别考虑就下述事项缔结协定：

（一）将这类收益和财产的价值，或变卖这类收益或财产所得的款项，或其中相当一部分，捐给专门从事打击非法贩运及滥用麻醉药品和精神药物的政府间机构；

（二）按照本国法律、行政程序或专门缔结的双边或多边协定，定期地或逐案地与其他缔约国分享这类收益或财产或由变卖这类收益或财产所得的款项。

6. （a）如果收益已转化或变换成其他财产，则应将此种财产视为收益的替代，对其采取本条所述的措施。

（b）如果收益已与得自合法来源的财产相混合，则在不损害任何扣押权或冻结权的情况下，应没收此混合财产，但以不超过所混合的该项收益的估计价值为限。

（c）对从下述来源取得的收入或其他利益：

（一）收益；

（二）由收益转化或变换成的财产；或

（三）已与收益相混合的财产，也应采取本条所述措施，在方式和程度上如同对待收益一样。

7. 各缔约国可考虑确保关于指称的收益或应予没收的其他财产的合法来源的举证责任可予颠倒，但这种行动应符合其国内法的原则和司法及其他程序的性质。

8. 本条各项规定不得解释为损害善意第三方的权利。

9. 本条任何规定均不得影响其所述措施应依缔约国的国内法并在该法规定的条件下加以确定和实施的原则。”

所有毒品犯罪，都应受到与其罪行的严重程度相适应的制裁，这是上述规定的基本内容之一。对毒品犯罪的制裁措施包括如下几点：

第一，严惩毒品犯罪。各缔约国应通过国内立法和司法，确保使毒品犯罪受到充分顾及其严重性质的刑事制裁，特别是要确保对于特别严重的毒品犯罪给予最严厉的惩罚。这种制裁应适当考虑对此类犯罪的威慑作用。

第二，严格控制早释或假释。对因毒品犯罪而判刑的人，在考虑对其提前释放或假释时，应当顾及这种罪行的严重性质和严重情节，严格控制，防止其再次实施毒品犯罪。

第三，延长追诉时效。对于毒品犯罪，各缔约国应酌情在其国内立法中规定一个较长的追诉时效期限，特别是对于逃避司法处置的罪犯，应当规定更长的追诉时效期限。

第四，没收犯罪资财。在对毒品犯罪分子决定刑罚的时候，应当同时判处没收其从毒品犯罪中得来的收益或价值相当于此种收益的财产、已经或意图以任何方式用于毒品犯罪的毒品、材料、设备或其他工具。并且为了使判处的没收财产得以执行，各缔约国应制定可能必要的措施，其中包括各种便于识别、追查、冻结或扣押所没收的财产、收益、工具及任何其他物品的措施和开展双边或多边国际合作的措施；各缔约国同时也应当与其他当事国密切配合，为执行这种没收提供可能的帮助。

此外，为了有效地同毒品犯罪作斗争，防止和减少毒品犯罪对人类健康的危害，在严惩毒品犯罪的同时，本着人道主义的精神，对于毒品犯罪分子中的嗜毒者，可以采取治疗、教育、善后护理、康复或回归社会等措施，以作为定罪或惩罚的替代办法或补充，助其戒毒。

为了更有效地同国际毒品犯罪作斗争，《联合国禁止非法贩运麻醉药品和精神药物公约》在总结世界各国同毒品犯罪作斗争成功经验的基础上，明确规定了"控制下交付"（Controlled delivery）这样一种专门对付非法贩运毒品犯罪的手段。

按照该公约的规定，"控制下交付"系指一种技术，即在一国或多国的主管当局知情或监督下，允许货物中非法隐匿或夹带的毒品运出、通过，或运入其领土，以期查明涉及毒品犯罪的人。对此，该公约规定：

"第十条 控制下交付

1. 在其国内法律制度基本原则允许的情况下，缔约国应在可能的范围内采取必要措施，根据相互达成的协定或安排，在国际一级适当使用控制下交付，以便查明涉及按第三条第1款确定的犯罪的人，并对之采取法律行动。

2. 使用控制下交付的决定应在逐案基础上作出，并可在必要时考虑财务安排和关于由有关缔约国行使管辖权的谅解。

3. 在有关缔约国同意下，可以拦截已同意对之实行控制下交付的非法交运货物，并允许将麻醉药品或精神药物原封不动地继续运送或在将其完全或部分取出或替代后继续运送。"

从上述规定中可以看出，"控制下交付"并不是简单地没收货主不明的、夹带着禁运毒品的货物和逮捕该货物所牵涉的运输商，而是通过国家之间的相互配合，在严密监视和控制下允许夹带着毒品的货物继续运输和交付，并依靠国际协助在适当的时候拘留和审查收货人，以便查明真正的犯罪者。这种手段的实际运用通常是在发现托运货物中夹带毒品时，经过主管当局的同意，采取维持原状或者用替代物替换其全部或一部分而不使非法贩运者发觉并使之符合海关搬运规则的方法，许可有关飞行器、船舶或车辆出入境，许可收货人领取装载货物的集装箱、行李包、药丸及其他物品或者代领或搬运，或者向收件人所在地区的邮政局退回小包邮件等，同时对该货物或邮件采取严密地监视和控制措施。这种措施的实际运用，可以有效地发现非法贩运毒品的幕后活动者，发现毒品犯罪的真正罪犯，对于国际非法贩运毒品的活动是一个极大的威慑。但是这种措施的实际运用，也需要有关国家权威当局的密切配合和及时的情报交换。没有有关国家的协同作战，这种手段就很难奏效。

二、跨国有组织犯罪

跨国有组织犯罪是一类犯罪的统称，不是一个单一的罪名。实际上，国际公约所规定的大多数犯罪都是跨国实施的，都具有跨国性的特征。而跨国性实施的国际犯罪通常也都是以有组织的方式进行的。单独的个人要亲自独立地完成跨国性国际犯罪，是很少的。《联合国打击跨国有组织犯罪公约》中所规定的跨国有组织犯罪，不是泛指跨国性的、有组织地实施的所有犯罪，而是特指某一类跨国性有组织实施的犯罪。这类犯罪，既区别于政治性质的犯罪，也区别于恐怖主义性质的犯罪。

（一）跨国有组织犯罪的基本构成

跨国有组织犯罪是指以直接或间接获取金钱或其他物质利益为目的组织起来的犯罪集团所实施的，危害人类共同利益的跨国性犯罪。

《联合国打击跨国有组织犯罪公约》及其附加议定书中规定的跨国有组织犯罪，具有以下几个基本特征：

1. 获取物质利益的目的性

跨国有组织犯罪是由犯罪集团实施的犯罪。该犯罪集团建立的目的是为了直接或间接地获取金钱或其他物质利益。该犯罪集团所从事的主要活动也都与直接或间接地获取金钱或其他物质利益有关。获得金钱或其他物质利益，是《联合国打击跨国有组织犯罪公约》中规定的跨国性有组织犯罪区别于其他跨国性犯罪集团，如恐怖主义组织、间谍组织等的一个显著标志。因此，跨国有组织犯罪的所有犯罪活动，最终都会直接或者间接地与非法获取巨额金钱或其他物质利益有关，都是为了追求物质利益而聚集在一起并进行活动的。这种犯罪的目的性并不排除其与恐怖主义犯罪等国际犯罪之间的联系。

2. 获取物质利益手段的犯罪性

跨国有组织犯罪获取物质利益的手段是进行各国法律所禁

止的犯罪活动。在现代社会，为了获取物质利益而建立的组织是多种多样的。之所以将其称为犯罪集团，是因为这类组织用以获取物质利益的主要手段是实施危害人类共同利益的犯罪手段。获取物质利益手段的犯罪性，是犯罪集团区别于一般经济组织的显著特点。作为一种国际犯罪，这种获取物质利益的手段的犯罪性，是根据国际社会共同签订的国际公约中的禁止性规定和各国法律中的禁止性规定认定的。由于跨国有组织犯罪用以获取物质利益的手段危害了人类社会的共同利益，因而被国际公约和世界各国的法律所禁止。正是这种手段的犯罪性决定了这些为了获取金钱或其他物质利益而建立的组织属于有组织犯罪集团。

3. 犯罪主体的组织性

跨国有组织犯罪是由三人或多人组成并在一定时期内存在的犯罪集团所实施的严重犯罪。该集团的内部必须具有一定的组织结构，即有一定的决策者、实施者，并通过一系列的联络方式和活动规则把所有成员联系起来。"有组织结构的集团"系指并非为了立即实施一项犯罪而随意组成的集团，但不必要求确定成员职责，也不必要求成员的连续性或完善的组织结构。犯罪主体之间的组织性，使得他们的犯罪活动不同于一般的结伙犯罪。跨国有组织犯罪的某些犯罪主体虽然可能并不具有连续性即不完全固定，但是组织性能够使他们之间的犯罪活动按照预定的计划和目标有条不紊地进行，并能保证其犯罪所得回到犯罪集团的控制之下。

4. 犯罪活动的跨国性

跨国有组织犯罪的一个显著特点是该犯罪集团成立时就约定实施跨国性的严重犯罪。所谓跨国性犯罪，是指犯罪的谋划、实施和完成涉及一个以上的国家。其中包括以下四种情形中的任何一种：（1）在一个以上国家实施的犯罪；（2）虽在一国实施，但其准备、筹划、指挥或控制的实质性部分发生在另一国的犯罪；（3）犯罪在一国实施，但涉及在一个以上国家从事犯罪活动的有组织犯罪集团；（4）犯罪在一国实施，但对于另一国有重大影响。所谓"严重犯罪"，是指构成可受到最高刑至少4年的剥夺自由或更加严厉处罚的犯罪的行为。

上述四个特征是跨国有组织犯罪区别于其他有组织犯罪的基本标志，也是对其适用《联合国打击跨国有组织犯罪公约》及其附加议定书的规定的必备条件。

（二）跨国有组织犯罪的主要形态

跨国有组织犯罪的表现形态是多种多样的。在《联合国打击跨国有组织犯罪公约》之前，就已经被国际公约规定为国际犯罪的，如毒品犯罪、贩卖人口的犯罪等，都可能以跨国有组织犯罪的形式进行，从而构成跨国有组织犯罪的表现形态。在《联合国打击跨国有组织犯罪公约》及其附加议定书中规定的犯罪，如腐败犯罪、洗钱犯罪等，如果以跨国有组织犯罪的形式进行，也是跨国有组织犯罪的表现形态。这些犯罪，如果是以有组织犯罪的形式跨国实施的，就应当以有关国际公约规定和《联合国打击跨国有组织犯罪公约》的规定，作为跨国有组织犯罪来惩处。

下面仅介绍《联合国打击跨国有组织犯罪公约》中规定的组织、参与跨国有组织犯罪集团罪和三个附加议定书中规定的跨国有组织贩卖人口罪，跨国有组织偷运移民罪和跨国有组织非法制造、贩运枪支弹药罪。

1. 组织、参与跨国有组织犯罪集团罪

组织跨国有组织犯罪集团罪，是指为直接或间接获得金钱或其他物质利益，与他人结成有组织结构的集团，约定实施跨国性严重犯罪的行为。一个犯罪集团必定是三人以上或多人，但是组织者可以是一人，也可以是多人。其组织的方式，可以是一个人发起，其他人参与；也可以是几个人共同商议、筹谋，先进行意思联络，分别准备，而后建立组织。组织跨国有组织犯罪集团的行为，必然包括确定犯罪集团的组织目标、制定活动方式、选择和联络组织成员等活动，也包括为犯罪集团的成立及其活动筹措活动经费等行为。虽然没有在该犯罪集团组织时参与筹划纠集活动，但是在该犯罪集团的犯罪活动起组织、指挥、决策协助、教唆、参谋作用的，也构成组织跨国有组织犯罪集团罪。

参与跨国有组织犯罪集团罪，是指明知是有组织犯罪集团而积极参与其犯罪活动的行为。其中包括下列情形中的任何一种：（1）明知是有组织犯罪集团而参加，并自愿服从该组织的规约，参与实施该集团组织的犯罪活动。这种参与行为往往使行为者本人成为该犯罪集团的骨干成员甚至核心成员。（2）明知有组织犯罪集团的目标及其一般犯罪活动或明知其实施有关犯罪的意图，而积极参与有组织犯罪集团的犯罪活动。（3）积极参与有助于实现该有组织犯罪集团犯罪目标的其他活动。这种方式的参与，往往是以该犯罪集团的外围人员参与其犯罪活动的。有的甚至是临时参加或帮助该犯罪集团完成犯罪活动的人员。明知、故意、目标、目的或约定可以从客观实际情况推定。

构成组织、参与跨国有组织犯罪集团罪，除了必须具有组织或者参与的行为之外，所组织或者参与的犯罪集团还必须符合下列条件才能构成：（1）该集团由三人或多人组成并在一定时期内存在。（2）该集团的内部具有一定的组织结构，即有一定的决策者、实施者，并通过一系列的联络方式和活动规则把所有成员联系起来。"有组织结构的集团"系指并非为了立即实施一项犯罪而随意组成的集团，但不必要求确定成员职责，也不必要求成员的连续性或完善的组织结构。（3）该集团建立的目的是为了直接或间接地获取金钱或其他物质利益。获得金钱或其他物质利益，是《联合国打击跨国有组织犯罪公约》中规定的跨国性有组织犯罪区别于其他跨国性犯罪集团如恐怖主义组织、间谍组织等的一个显著标志，因而是构成该罪的一个重要条件。（4）该集团成立时就约定实施跨国性的严重犯罪。

组织、参与跨国有组织犯罪集团罪的主体，不仅包括自然人，而且包括法人。法人单位组织、参与跨国有组织犯罪集团的，不仅有关的自然人构成该罪，法人单位本身也构成该罪，要承担法人的刑事责任。

2. 跨国有组织贩运人口罪

跨国有组织贩运人口罪是在传统的国际贩卖人口罪的基础上，由《联合国打击跨国有组织犯罪公约》的第一附加议定书（即《关于预防禁止和惩治贩运人口特别是妇女和儿童行为的补充议定书》）规定的跨国有组织犯罪的一种特殊形态。该罪与国际贩卖人口罪具有一定的竞合关系，但是比国际贩卖人口罪包含的范围更为广泛，在犯罪对象上不限于妇女，在行为上不限于贩卖人口迫其卖淫，在手段上不限于强迫。

构成跨国有组织贩运人口罪，首先必须符合跨国有组织犯罪的基本条件。也就是说，跨国有组织贩运人口罪是跨国有组织犯罪集团为了直接或间接获取金钱或其他物质利益而跨国实施的犯罪，具有获取金钱或其他物质利益的目的性、手段的犯罪性、主体的组织性、活动的跨国性等特征。该罪的犯罪主体是跨国有组织犯罪集团，这种犯罪集团既可以是自然人的组合，也可以是自然人依托或联合法人的组合。

按照第一附加议定书的规定，跨国有组织贩运人口罪在客观方面表现为把他人从一个国家贩运到另一个国家的行为。这种行为包含三个要素：（1）招募、运送、转移、窝藏或接收人员，包括18岁以下的儿童。（2）所使用的手段包括使用暴力威胁，使用暴力手段，或通过其他形式的胁迫；通过诱拐、欺诈、欺骗、滥用权力，或滥用脆弱境况；通过授受酬金或利益取得对另一人有控制权的某人的同意等手段。（3）如果使用了上述任何一种手段，则贩运人口活动中的被害人对贩运者所使用的手段是否同意，与贩运者的行为是否构成犯罪不相干；如果招募、运送、转移、窝藏或接收的是18岁以下的儿童，

则贩运者即使没有使用上述任何手段，也构成该罪。

跨国有组织贩运人口罪是一种故意犯罪，并且是以剥削为目的的犯罪。这种剥削的目的，既可能表现为直接通过人口的交换来获取金钱，也可能表现为通过对人口的使用制造剩余价值。剥削在客观上表现为但不限于以下三种方式：一是利用他人卖淫进行剥削或其他形式的性剥削；二是强迫劳动或服务奴役，或用类似奴役的做法强迫其劳役；三是切除人体器官以贩卖。

为了剥削被贩运的人口而实施的后续行为，可以进一步证明跨国有组织贩运人口活动的犯罪故意。但是犯罪集团只要实施了该罪客观方面的行为，并且通过其他证据能够证明犯罪的目的是获取金钱或其他物质利益，即使没有这些后续行为，同样可以构成跨国有组织贩运人口罪。

3. 跨国有组织偷运移民罪

跨国有组织偷运移民罪是《联合国打击跨国有组织犯罪公约》第二附加议定书（即《关于打击陆海空偷运移民的补充议定书》）中新规定的一种国际犯罪，是跨国有组织犯罪的一种

表现形态。有组织犯罪集团的偷运移民活动及其从事的其他有关犯罪活动，严重危及有关移民的生命或安全。这类活动的大量增加，给有关国家带来了重大危害，因此联合国大会 1998 年 12 月 9 日第 53/111 号决议决定设立的政府间特设委员会，在负责起草打击跨国有组织犯罪的综合性国际公约时就决定拟订一项处理包括海上方式在内的非法贩运和运送移民问题的国际文书。《联合国打击跨国有组织犯罪公约》缔约国深信以一项打击陆海空偷运移民的国际文书补充联合国打击跨国有组织犯罪公约将有助于预防和打击这项犯罪，因此，在公约的第二附加议定书中，对跨国有组织偷运移民罪作了专门的规定。

按照第二附加议定书的规定，跨国有组织偷运移民罪是指为直接或间接地获取经济或其他物质利益而故意实施的偷运移民及相关活动的行为。

构成跨国有组织偷运移民罪，首先必须符合跨国有组织犯罪的基本条件。也就是说，跨国有组织偷运移民罪是跨国有组织犯罪集团为了直接或间接获取金钱或其他物质利益而跨国实施的犯罪，具有获取金钱或其他物质利益的目的性、手段的犯罪性、主体的组织性、活动的跨国性等特征。

跨国有组织偷运移民罪在客观方面表现为以下三个方面：（1）偷运移民。所谓"偷运移民"，系指为直接或间接获取金钱或其他物质利益，安排非某一缔约国国民或永久居民的人非法进入该缔约国。所谓非法进入，系指以不符合合法进入接收国的必要规定的方式，越境进入该国。（2）为得以偷运移民而制作欺诈性旅行或身份证件，或者获取、提供或持有此种证件。欺诈性旅行或身份证件，系指有下列情形之一的任何旅行或身份证件：由经合法授权代表某国制作或签发旅行或身份证件的个人或机构以外的任何人，伪造或作实质性变造的旅行或身份证件；通过虚伪陈述、贿赂或胁迫或任何其他非法手段，不正当地得以签发或取得的、由合法持有者以外的人使用的旅行或身份证件。（3）使用欺诈性旅行或身份证件或任何其他非法手段，使并非有关国家国民或永久居民的人以不符合合法居留于该国的必要规定的方式居留于该国。

在符合跨国有组织犯罪基本特征的前提下，上述三种行为中的任何一种都可以独立构成跨国有组织偷运移民罪。

为了有效地打击跨国有组织偷运移民的犯罪活动，第二附加议定书规定：该罪的未遂也应追究刑事责任；组织、指挥他人实施该犯罪活动或者参与该犯罪活动的，也要作为共犯追究刑事责任。第二附加议定书还规定：危及或可能危及有关移民的生命或安全，或者使被偷运移民蒙受包括为剥削目的而实行的非人道或有辱人格的待遇，应当作为加重情节予以刑事追究。

4. 跨国有组织非法制造、贩运枪支弹药罪

跨国有组织非法制造、贩运枪支弹药罪是第三附加议定书中规定的犯罪。这种犯罪不仅危害每个国家、区域和整个世界的安全，而且威胁各民族的幸福及其社会和经济发展与和平生活的权利，因此被《联合国打击跨国有组织犯罪公约》第三附加议定书专门规定为国际犯罪，要求世界各国联合打击这种犯罪。跨国有组织非法制造、贩运枪支弹药罪，是跨国性有组织犯罪的一种，《联合国打击跨国有组织犯罪公约》中规定的各项制裁措施，均适用于该罪。

按照第三附加议定书的规定，跨国有组织非法制造、贩运枪支弹药罪是指为直接或间接获得金钱或其他物质利益，非法制造或者贩运枪支及其零部件和弹药，或者伪造或非法擦掉、消除或改动枪支标识的行为。

作为跨国有组织犯罪的一种，跨国有组织非法制造、贩运

枪支弹药罪是一种故意犯罪，并且具有直接或间接获得金钱或其他物质利益的犯罪目的。为实施恐怖主义犯罪而跨国性地非法制造或贩运枪支弹药的活动，属于恐怖主义犯罪的组成部分，因而应当区别于本罪。

跨国有组织非法制造、贩运枪支弹药罪的犯罪对象是枪支、枪支的零部件和弹药。其中，"枪支"系指利用爆炸作用的任何发射、设计成可以发射或者稍经改装即可发射弹丸、弹头或抛射物的便携管状武器，但不包括古董枪支或其复制品。古董枪支及其复制品应按照各国本国法律予以界定，但古董枪支无论如何不得包括 1899 年后制造的枪支。"零部件"系指专为枪支设计、而且对枪支操作必不可少的任何部分或更换部分，其中包括枪管、套筒座或机匣、套筒或转轮、枪机或枪闩及为枪支消音而设计或改装的机件。"弹药"系指枪支所用的整发子弹或其组成部分，包括弹壳、底火、发射药、弹头或枪支发射的抛射物，但这些组成部分本身须由各缔约国批准。

跨国有组织非法制造、贩运枪支弹药罪，在客观方面，由三种行为组成，其中的任何一种都可以独立构成本罪：（1）非法制造枪支及其零部件和弹药的行为。"非法制造"系指以下述情况下的制造或组装枪支、枪支零部件或弹药的行为：（a）利用非法贩运的零部件；（b）没有制造地或组装地缔约国主管当局签发的执照或许可证；或（c）制造时没有在枪支上打上标识。（2）非法贩运枪支及其零部件和弹药的行为。"非法贩运"系指从一个缔约国的领土或经过一个缔约国的领土进口、出口、获取、销售、交付、移动或转让枪支及其零部件和弹药而未经任何有关缔约国批准或未打上标识的行为。（3）伪造或非法擦掉、消除或改动枪支标识的行为。关于枪支标识，第三

331

议定书有明确的规定[1]，违反规定跨国贩运没有打上标识的行为，构成该罪，伪造或者非法擦掉、消除或改动枪支标识的行为，同样构成该罪。

跨国有组织非法制造、贩运枪支弹药罪的主体，既包括自然人，也包括法人。任何组织、指挥、协助、教唆实施非法制造或者非法贩运枪支及其零部件和弹药，或者伪造或非法擦掉、消除或改动枪支标识的个人和法人，都可以构成该罪。任何为跨国有组织非法制造、贩运枪支弹药提供便利或参谋的个人和法人，也都可以构成该罪。

（三）对跨国有组织犯罪的制裁措施

跨国有组织犯罪是对国家与社会的威胁，侵蚀了人类安全以及国家提供法律和秩序的根本责任。打击有组织犯罪具有双重意义，既可以减少对国家和人类安全的直接威胁，而且对于防止和解决内部冲突、打击武器扩散和防止恐怖主义的努力来说，也构成一个必要的步骤。因此，《联合国打击跨国有组织犯罪公约》及其附加议定书在总结制裁国际犯罪实践经验的基础上，为联合打击跨国有组织犯罪提供了一系列有力的制裁措施。其中包括：

1. 定罪处罚措施

为了有效地打击跨国有组织犯罪，公约及其附加议定书，

---

〔1〕《联合国打击跨国有组织犯罪公约关于打击非法制造和贩运枪支及其零部件和弹药的补充议定书》第8条 枪支的标识 1. 为了识别和追查每一枪支，缔约国应：（a）在每一枪支制造时，或者要求打上表示制造商名称、制造国或制造地和序号的独特标识，或者沿用由简单几何符号与数字密码和（或）字母数字混合密码组成的任何其他独特的、便于使用的标识，使所有国家即刻便能识别制造国；（b）要求在进口的每一枪支上打上适当的简明标识，以便识别进口国和在可能的情况下识别进口年份，并使该国主管当局能够追查该枪支，如果该枪支无独特标识，则还应当打上这类标识。本项的要求不必适用于出于可核实的合法目的临时进口的枪支；（c）确保在枪支从政府库存转为永久性民用时打上适当的独特标识，以使所有缔约国均能识别转让国。2. 缔约国应当鼓励枪支制造业研拟防止去除或更改标识的措施。

不仅要求所有缔约国采取必要的立法和其他措施将公约及其附加议定书中规定的故意行为规定为刑事犯罪，而且要求对实施这些行为的犯罪未遂或作为同犯参与这种犯罪的行为，以及组织、指挥、协助、教唆实施这些犯罪或者为这些犯罪提供便利或参谋的行为，按照本国法律制度的基本概念，对其按照刑事犯罪进行定罪。公约及其附加议定书还要求所有缔约国均应使规定的犯罪受到与其严重性相当的制裁。因公约规定的跨国有组织犯罪起诉某人而行使本国法律规定的法律裁量权时，各缔约国均应努力确保针对这些犯罪的执法措施取得最大成效，并适当考虑到震慑此种犯罪的必要性。

公约还规定，对于跨国有组织犯罪而言，各缔约国均应根据其本国法律并在适当考虑到被告方权利的情况下采取适当措施，力求确保所规定的与审判或上诉前释放的裁决有关的条件考虑到确保被告人在其后的刑事诉讼中出庭的需要；并确保其法院和其他有关当局在考虑早释或假释已被判定犯有跨国有组织犯罪的犯罪者的可能性时，顾及此种犯罪的严重性。公约要求各缔约国均应在适当情况下在其本国法律中对于任何跨国有组织犯罪规定一个较长的追诉时效期限，并在被指控犯罪的人逃避司法处置时规定更长的期限。

2. 没收和扣押措施

针对跨国有组织犯罪直接或间接以获取金钱或其他物质利益为目的的特点，《联合国打击跨国有组织犯罪公约》及其附加议定书都对跨国有组织犯罪规定了没收和扣押的强制性措施。

按照该公约的规定，缔约国应在本国法律制度的范围内尽最大可能采取必要措施，以便能够没收来自跨国有组织犯罪的犯罪所得或价值与其相当的财产；没收用于或拟用于跨国有组织犯罪的财产、设备或其他工具。该公约还要求缔约国应采取必要措施，辨认、追查、冻结或扣押应当没收的上述任何物品，以便最终予以没收；如果犯罪所得已经部分或全部转变或转化为其他财产，则应对此类财产适用辨认、追查、冻结或扣押等措施；如果犯罪所得已与从合法来源获得的财产相混合，则应在不影响冻结权或扣押权的情况下没收这类财产，没收价值可达混合于其中的犯罪所得的估计价值。对于来自犯罪所得、来自由犯罪所得转变或转化而成的财产或已与犯罪所得相混合的财产所产生的收入或其他利益，也应适用辨认、追查、冻结或扣押等措施，其方式和程度与处置犯罪所得相同。

该公约还规定，为了实现对犯罪所得和用于犯罪的财产的没收目的，各缔约国均应使其法院或其他主管当局有权下令提供或扣押银行、财务或商务记录。缔约国不得以银行保密为由拒绝按照公约规定采取行动。缔约国可考虑要求由犯罪的人证明应予没收的涉嫌犯罪所得或其他财产的合法来源，但此种要求应符合其本国法律原则和司法及其他程序的性质。当然，没收犯罪所得不得损害善意第三人的权利。

为了保证没收措施的实施，该公约要求缔约国在收到对任何一项具体的跨国有组织犯罪拥有管辖权的另一缔约国关于没收位于被请求国领土内的犯罪所得、财产、设备或其他工具的请求后，应在本国国内法律制度的范围内尽最大可能提供协助。这种合作包括：（1）将协助请求提交其主管当局，以便取得没收令并在取得没收令时予以执行。（2）将请求缔约国领土内的法院根据本公约签发的没收令提交主管当局，以便按请求的范围予以执行，只要该没收令涉及跨国有组织犯罪的、位于被请求缔约国领土内的犯罪所得、财产、设备或其他工具。（3）采取措施，辨认、追查和冻结或扣押跨国有组织犯罪的犯罪所得、财产、设备或其他工具，以便由请求缔约国或根据请求缔约国的请求由被请求缔约国下令最终予以没收。（4）提供与没收有关的资料。这些资料，除了司法协助请求书上载明的资料之外，还包括：关于拟予没收的财产的说明以及关于请求缔约国所依据的事实的充分陈述，以便被请求缔约国能够根据本国法律取得没收令；请求缔约国据以签发请求的、法律上可接受的没收令副本、事实陈述和关于请求执行没收令的范围的资料；请求缔约国所依据的事实陈述以及对请求采取的行动的说明等。

3. 国际合作措施

为了有效性打击跨国有组织犯罪，《联合国打击跨国有组织犯罪公约》及其附加议定书规定了一系列国际合作进行调查的措施。这些措施主要包括：

（1）联合调查

对于跨国有组织犯罪，缔约国应考虑缔结双边或多边协定或安排，以便有关主管当局可据以就涉及一国或多国刑事侦查、起诉或审判程序事由的事宜建立联合调查机构。如无这类协定或安排，则可在个案基础上商定进行这类联合调查。有关缔约国应确保拟在其境内进行该项调查的缔约国的主权受到充分尊重。

（2）特殊侦查手段

各缔约国均应在其本国法律基本原则许可的情况下，视可能并根据本国法律所规定的条件采取必要措施，允许其主管当局在其境内适当使用控制下交付并在其认为适当的情况下使用其他特殊侦查手段，如电子或其他形式的监视和特工行动，以有效打击有组织犯罪。为侦查跨国有组织犯罪，鼓励缔约国在必要时为在国际一级合作时使用这类特殊侦查手段而缔结适当的双边或多边协定或安排。此类协定或安排的缔结和实施应充分遵循各国主权平等原则，执行时应严格遵守这类协定或安排的条件。关于在国际一级使用这种特殊侦查手段的决定，应在个案基础上作出，必要时还可考虑到有关缔约国就行使管辖权所达成的财务安排或谅解。经各有关缔约国同意，关于在国际一级使用控制下交付的决定，可包括诸如拦截货物后允许其原封不动地或将其全部或部分取出替换后继续运送之类的办法。

（四）对跨国有组织犯罪的预防措施

为了防止跨国有组织犯罪的发生给国际社会造成的灾难性后果，《联合国打击跨国有组织犯罪公约》及其附加议定书针对跨国有组织犯罪的特点，规定了一系列预防措施。

1. 公约规定的预防措施

《联合国打击跨国有组织犯罪公约》规定的预防措施主要有两个方面：

（1）证人保护措施和帮助保护被害人的措施

该规定：各缔约国均应在其力所能及的范围内采取适当的措施，为刑事诉讼中就本公约所涵盖的犯罪作证的证人（包括作为证人的被害人）并酌情为其亲属及其他与其关系密切者提供有效的保护，使其免遭可能的报复或恐吓。在不影响被告人的权利包括正当程序权的情况下，对证人的保护措施可包括：制定向证人提供人身保护的程序，例如，在必要和可行的情况下将其转移，并在适当情况下允许不披露或限制披露有关其身份和下落的情况；规定可允许以确保证人安全的方式作证的证据规则，例如，允许借助于诸如视像连接之类的通信技术或其他适当手段提供证言。缔约国应考虑与其他国家订立有关转移证人的安排。公约还规定：各缔约国均应在其力所能及的范围内采取适当的措施，以便向本公约所涵盖的犯罪的被害人提供帮助和保护，尤其是在其受到报复威胁或恐吓的情况下；制定适当的程序，使本公约所涵盖的犯罪的被害人有机会获得赔偿和补偿；在符合其本国法律的情况下，在对犯罪的人提起的刑事诉讼的适当阶段，以不损害被告人权利的方式使被害人的意见和关切得到表达和考虑。

（2）犯罪预防措施

该规定：缔约国应努力开发和评估各种旨在预防跨国有组织犯罪的国家项目，并制订和促进这方面的最佳做法和政策，根据其本国法律基本原则，利用适当的立法、行政或其他措施努力减少有组织犯罪集团在利用犯罪所得参与合法市场方面的现有或未来机会。这些措施应着重于加强执法机构或检察官同包括企业界在内的有关私人实体之间的合作；促进制定各种旨在维护公共和有关私人实体廉洁性的标准和程序，以及有关职业，特别是律师、公证人、税务顾问和会计师的行为准则；防止有组织犯罪集团对公共当局实行的招标程序以及公共当局为商业活动所提供的补贴和许可证作不正当利用；防止有组织犯罪集团对法人作不正当利用，为此应当建立关于法人的建立、管理和筹资中所涉法人和自然人的公共记录；宣布有可能通过法院命令或任何适宜手段，在一段合理的期间内剥夺被判定犯有跨国有组织犯罪的人担任在其管辖范围内成立的法人的主管的资格；建立关于被剥夺担任法人主管资格的人的国家记录，并与其他缔约国主管当局交流这方面的资料。缔约国应努力提高公众对跨国有组织犯罪的存在、原因和严重性及其所构成的威胁的认识。可在适当情况下通过大众传播媒介传播信息，其中应包括促进公众参与预防和打击这类犯罪的措施。

2. 第一附加议定书规定的预防措施

第一附加议定书针对跨国有组织贩运人口罪，规定的预防措施主要有三个方面：

（1）制定综合政策、方案和其他措施

制定综合的政策、方案等措施，以便预防和打击人口贩运，并保护人口贩运活动被害人特别是妇女和儿童免于再度受害。缔约国应努力采取诸如研究、宣传和新闻媒体运动等措施并实行种种社会和经济举措，以预防和打击人口贩运。根据本条制定的政策、方案和其他措施，应酌情包括与非政府组织、其他有关组织和民间社会其他方面的合作。缔约国应采取或加强措施，包括通过双边或多边合作，以减缓使人特别是使妇女和儿童易遭贩运之害的各种因素，如贫困、不发达和缺乏平等机会等。缔约国应采取或加强立法或其他措施，如教育、社会或文化措施，包括通过双边或多边合作，以抑制那种助长对人特别是对妇女和儿童的剥削从而导致贩运的需求。

（2）边界管制措施

在不影响关于人员自由流动的国际承诺情况下，尽量加强可能必要的边界管制，以预防和侦查人口贩运活动。采取立法或其他适当措施，尽量防止商业承运人经营的运输工具被用于实施跨国有组织贩运人口的犯罪。在适当且不影响适用的国际公约的情况下，这类措施应包括规定商业承运人，包括任何运输公司或任何运输工具的拥有人或经营人有义务查明所有旅客都持有进入接收国所需的旅行证件，并对违反该规定的情形予以制裁。考虑采取措施，以便根据本国法律拒绝与跨国有组织贩运人口的犯罪行为有牵连的人员入境，或吊销其签证。通过建立和保持直接联系渠道等办法加强边境管制机构间的合作。

（3）确保证件安全、加强证件管制

各缔约国均应在力所能及的范围内采取必要的措施，以便确保由其签发的旅行或身份证件具有不易滥用和不便伪造或非法变造、复制或签发的特点，并确保由其或其代表机构签发的旅行或身份证件的完整和安全，并防止证件的非法印制、签发和使用。根据另一缔约国提出的请求，缔约国应当根据本国法律，在合理的时间内对以或似以本国名义签发的、涉嫌为人口贩运活动而使用的旅行或身份证件的合法性和有效性进行核查。

3. 第二附加议定书规定的预防措施

第二附加议定书除了规定与第一附加议定书大致相同的预防措施之外，还针对跨国有组织偷运移民罪的具体情况，特别规定了海上打击偷运移民的措施。这些措施主要是：缔约国如有正当理由怀疑某一悬挂其国旗或宣称在其境内注册的船只[1]、无国籍船只或虽悬挂外国国旗或拒不展示国旗而实际上为该缔约国国籍的船只正在从事海上偷运移民活动，可请求其他缔约国协助制止该船只用于此种目的。被请求缔约国应在其力所能及的范围内尽量提供这类协助。缔约国如有正当理由怀疑某一悬挂另一缔约国国旗或显示另一缔约国注册标志的船只在根据国际法行使航行自由时从事海上偷运移民活动，可将此情况通知船旗国，请其确认注册情况，并可在获得确认后请船旗国授权对该船采取适当措施。除其他事项外，船旗国还可授权请求国登船；搜查船只；以及如发现该船从事海上偷运移民活动的证据，按船旗国授权对该船只和船上人员及货物采取适当措施。采取任何措施的缔约国，应将所采取措施的结果迅速通知有关船旗国。缔约国应迅捷答复另一缔约国提出的关于确定某一声称在其境内注册或悬挂其国旗的船只是否有权这样做

─────────

〔1〕 该附加议定书规定："船只"系指用作或能够用作水上运输手段的任何水上运载装置，包括无排水量运载装置和水上飞机，但不包括由政府拥有或运营的目前仅用于政府非商业性服务的军舰、海军辅助舰只或其他船只。

的请求，并答复提出的授权请求。在符合根据国际海洋法尽可能充分地开展合作以预防和取缔海上偷运移民活动的情况下，船旗国可按其与请求国商定的条件授权，包括关于责任和拟采取的有效措施的范围等条件。未经船旗国明确授权，缔约国不应采取任何额外措施，但为使人员脱离紧急生命危险所必需的措施或参照有关双边或多边协定采取的措施除外。指定一个并在必要时指定多个当局，负责接收和答复关于要求协助、确认某一船只注册情况或悬挂其国旗的权利及授权采取适当措施的各种请求。缔约国如有合理理由怀疑某一船只正在从事海上偷运移民活动且该船只无国籍或与无国籍船相类似，可登船并对该船只进行搜查。如发现可证实这种怀疑的证据，该缔约国应根据有关的本国法律和国际法采取适当措施。

该附加议定书还规定了一些保障措施，如：缔约国对船只采取措施时应当确保船上人员的安全和人道待遇；适当注意不危及船只或其货物安全的需要；适当注意不损害船旗国或其他任何有关国家商业利益或合法利益的需要；在力所能及的范围内确保对该船只采取的任何措施无害于环境。如果证明所采取的措施并无事实根据，则应对该船只可能已受到的任何损失或损害进行赔偿，前提是该船只并未从事任何可证明所采取措施有理的行为。

4. 第三附加议定书规定的预防措施

第三附加议定书针对跨国有组织非法制造和贩运枪支弹药的犯罪，规定的预防措施主要包括：

（1）建立枪支弹药进出口执照或许可证制度

各缔约国均应对枪支及其零部件和弹药的转让建立或保持有效的进出口执照或许可证制度以及国际过境措施的有效制度。各缔约国在为运送枪支及其零部件和弹药签发出口执照或

第八章 危害人类共同利益的犯罪

许可证之前均应核查：（a）进口国已签发进口执照或许可证；（b）在不影响照顾内陆国双边或多边协议或安排的情况下，过境国在运送之前至少已书面通知说其对有关过境不持异议。进出口执照或许可证和附单中所载资料至少应包括签发地点和日期、到期日、出口国、进口国、最终收货人、枪支及其零部件和弹药的说明和数量，以及在过境情况下所涉及的过境国。应事先向过境国提供进口执照中所载资料。进口缔约国应根据请求将已收到所发运的枪支、枪支零部件或弹药的情况通知出口缔约国。各缔约国均应在力所能及的范围内采取必要措施，以确保发放执照或许可证程序的可靠性，并确保可以核查或验证执照或许可证文件的真伪。对于出于打猎、射击比赛、评价、展览或修理等可予核查的合法目的而临时进出口和过境转运枪支及其零部件和弹药，缔约国可实行简化程序。

（2）加强安全和预防措施

为了侦查、预防和杜绝枪支及其零部件和弹药的失窃、丢失或转移用途以及非法制造和贩运，各缔约国均应采取以下适当措施：（a）要求确保枪支及其零部件和弹药在制造、进口、出口和通过本国领土时的安全；（b）提高进口、出口和过境管制的有效性，在适当情况下还包括提高边境管制以及警方和海关跨境合作等方面的有效性。

（3）加强信息交流

缔约国应依照各自的本国法律和行政制度，就枪支及其零部件和弹药的特许制造商、经销商、进口商、出口商以及在可能情况下就其承运人等事项相互交换与具体案件有关的信息。缔约国应依照各自的本国法律和行政制度，就以下事项相互间交换有关信息：（a）已知参与或涉嫌参与非法制造或贩运枪支及其零部件和弹药的有组织犯罪集团；（b）非法制造或贩运枪支及其零部件和弹药中使用的隐藏手段和侦破方法；（c）从事非法贩运枪支及其零部件和弹药的有组织犯罪集团通常使用的方法和手段、发送点和目的地及路线；（d）与预防、打击和消除非法制造和贩运枪支及其零部件和弹药有关的立法经验、做法与措施。缔约国应当酌情相互提供或交换有助于执法当局的有关科学技术信息，以提高彼此在预防、侦查和调查非法制造和贩运枪支及其零部件和弹药并起诉参与这些非法活动的人员方面的能力。缔约国应当在追查可能是非法制造或贩运的枪支及其零部件和弹药方面开展合作。这种合作应包括在力所能及的范围内对协助追查此种枪支及其零部件和弹药的请求作出迅速的答复。各缔约国均应在符合本国法律制度基本概念或任何国际协定的情况下，保证对其根据本条规定从另一缔约国收到的任何信息，包括与商业交易有关的专利信息加以保密并遵守对使用这种信息的任何限制，只要提供此种信息的缔约国有此请求。如果不能保密，则应在公布信息前通知提供此种信息的缔约国。

三、腐败犯罪

腐败犯罪是指为了个人或单位的不正当利益而使公职人员违背其职责的本来性质行使职责所构成的犯罪。腐败犯罪必须是以某种不正当利益为基础，包括索取、获取、给予或许诺给予某种不正当利益，并且因为这种不正当利益致使或者可能导致职权的行使或职责的履行违背了该职权或职责本来的性质和要求。不涉及非法获取不正当利益的，不应当视为腐败犯罪。与公共权力或公共职责无关的行为，也不应当视为腐败犯罪。

腐败犯罪本来是国内刑法上的犯罪。但是由于《联合国打击跨国有组织犯罪公约》和《联合国反腐败公约》均将其规定为犯罪并要求各个缔约国对其确立普遍管辖的原则，因而成为

第八章 危害人类共同利益的犯罪

一种国际犯罪（尽管如此，如果在具体案件中不包含任何涉外的因素，它还是应当作为国内刑法上的犯罪对待）。

之所以要把腐败犯罪作为一种国际犯罪由世界各国共同来预防和惩治，是因为国际社会普遍认识到腐败犯罪所危害的绝不仅仅是某个具体国家的利益。在经济全球化的背景下，腐败犯罪破坏了民主体制，动摇了整个市场经济的根基和最基本的价值观、道德观和正义并危害着可持续发展和法治，腐败对社会稳定与安全所造成的问题和构成的威胁具有极大的严重性，并且腐败已经不再是局部的问题，而是一种影响所有社会和经济的跨国现象。因此，开展国际合作预防和控制腐败是至关重要的。

（一）腐败犯罪成为国际犯罪的背景

随着经济全球化趋势的出现，国际社会越来越重视国际经济交往活动中的腐败犯罪问题，从而出现了一系列共同谴责这类犯罪行为的国际文件。1975 年 7 月 10 日美洲国家组织通过了《关于跨国公司行为的决议》，其中明确规定跨国公司对外国官员行贿的行为是一种犯罪行为，需要加以预防、禁止和惩治。1975 年 12 月 15 日联合国大会在其通过的第 3514 号决议中特别谴责跨国公司和其他公司及其中间人和其他有关人员违法所在国的法律和条例而实施的包括贿赂在内的一切腐败行经，禁止由一些公司在国际谈判的场合进行一切贿赂活动。1976 年欧共体起草了一个有关欧共体官员和公务员贿赂的公约草案，其中规定，在每个成员国中，惩治本国国家公务员的受贿等犯罪的刑事规定，同样适用于欧洲经济共同体委员会的官员；对索贿、行贿进行制裁的国内法规定应当扩展适用于欧共体官员。

20 世纪 90 年代以来，随着经济全球化的进程，在国际经济交往活动中贿赂外国公职人员的行为，受到越来越多国家和地区的关注。联合国极力促进对国际经济交往中的腐败问题的国际认识和合作，连续通过了一系列决议，呼吁各国采取联合行动，遏制国际经济交往中的腐败犯罪。

1996 年 12 月 16 日，联合国大会通过了《联合国反对国际经济交往中的贪污贿赂行为宣言》。其中指出：联合国大会"深信为所有国家的国际经济交往提供稳定透明的环境是跨国界调动投资、金融、技术、技能和其他重要资源，是促进经济及社会发展和环境保护的基本条件"，"认识到在所有各级切实努力取缔和防止所有国家内的贪污贿赂是改善国际商业环境的基本因素，这些因素是加强国际经济交往中的公平性和竞争性，构成所有国家促进透明、负责的施政方法、经济及社会发展和环境保护的一个关键部分，并认识到在竞争日益激烈的全球化国际经济环境中尤其迫切需要作出这种努力"。

1997 年 12 月 12 日，联合国大会通过了题为《国际合作打击国际经济交往中的贪污贿赂行为》的决议。其中明确指出，联合国大会"不安地注意到在国际经济交往中他国的个人和企业向公职人员行贿的现象，确信这种行径因助长公共部门的腐败而会破坏国家机关的廉洁和削弱社会和经济政策，从而减损其威信"，"确信打击贪污腐败一定要有真诚的国际合作努力为基础"。

1998 年 12 月 15 日，联合国大会通过了题为《国际经济交往中的反贪污贿赂行动》的决议。决议再次强调联合国大会"关切腐败造成的问题的严重性，它可能危及社会的稳定与安全，破坏民主价值和道德并危害社会、经济和政治发展，不安地注意到在国际经济交往中有他国的个人和企业向公职人员行贿"，"吁请各会员国采取一切可能的措施进一步执行《联合国反对国际经济交往中的贪污贿赂行为宣言》"。

2000 年 1 月 15 日，联合国大会通过了《防止腐败行经和非法转移资金》的决议，决议中再次强调联合国密切关注腐败造成的问题的严重性，"谴责腐败、贿赂、洗钱和非法转移资金"；"要求进一步采取国际和国内措施打击在国际交易中的腐败行径和贿赂，并要求进行国际合作支持这些措施"；"请国际社会支持所有国家为加强防止腐败、贿赂、洗钱和非法转移资金的体制能力而作出的努力"。

除了联合国的努力之外，一些国际组织也注意到贿赂外国公职人员的行为对国际经济交往活动的严重危害，陆续通过了一些规范性文件，禁止在国际经济交往中贿赂外国公职人员的行为。如 1994 年 5 月 27 日，欧洲合作与发展组织提出了《打击官员在国际经济交往过程中的贿赂》的建议，号召各国预防和制裁出现在国际经济交往过程中的贿赂，尤其是对外国公职人员的贿赂。美洲国家组织在 1996 年 3 月 29 日通过了《美洲国家反腐败公约》，其中明确规定了关于禁止外国商业行贿的条款。国际商会专门制定了《打击国际经济交往中的勒索和贿赂的行为守则》。世界贸易组织为增强政府采购程序的透明度、公开性以及应当遵循的原则，制定了一系列规则。

1996 年，经济发展与合作组织提出了制定关于打击国际经济交往活动中贿赂外国公职人员罪的公约的建议，受到许多国家的响应。1997 年 11 月 21 日经济合作与发展组织在其全体会员大会上通过了《禁止在国际商业交易中贿赂外国公职人员公约》，同年 12 月 17 日经济合作与发展组织成员国和 5 个非成员国签署了该公约，1999 年 2 月 15 日该公约正式生效。联合国在其 1998 年 12 月 15 日通过的大会决议《国际经济交往中的反贪污贿赂行动》中，对经济合作与发展组织通过的《禁止在国际经济交往中贿赂外国公职人员公约》给予关注并表示欢迎。

此外，欧洲联盟理事会于1997年5月26日通过了《打击涉及欧洲共同体官员或欧洲联盟成员国官员的腐败行为公约》、欧洲委员会部长委员会于1999年1月27日通过了《反腐败刑法公约》、欧洲委员会部长委员会于1999年11月4日通过了《反腐败民法公约》，非洲联盟国家和政府首脑于2003年7月12日通过了《非洲联盟预防和打击腐败公约》。

这些决议和行动显示了世界各国打击腐败犯罪的决心和努力，对开展国际合作打击腐败犯罪，引导各国加强国内刑事立法，制裁国际经济交往中的腐败犯罪具有积极的推动作用。

2000年11月15日，联合国大会通过了《联合国打击跨国有组织犯罪公约》。该公约考虑到腐败犯罪同其他形式的犯罪特别是同有组织犯罪和包括洗钱在内的经济犯罪的联系，在打击有组织犯罪的同时，专门规定了腐败犯罪，要求各缔约国共同制裁跨国性的腐败犯罪。

正是在这种国际背景下，第55届联合国大会于2000年12月4日通过55/61号决议，决定设立一个特别委员会，起草一份预防和打击腐败的综合性国际法律文件。在完成一系列的准备工作后，从2002年2月开始至2003年10月，包括中国在内的107个国家及28个国际组织和非政府组织代表在维也纳，就《联合国反腐败公约》前后进行了7轮谈判，终于完成了公约的起草工作。2003年10月31日，第58届联合国大会对特别委员会提出的《联合国反腐败公约》草案进行了审议，并通过了该公约。2003年12月9日至11日在墨西哥梅里达召开高级别政治签署会议后，供各国开放签署。该公约于2005年12月14日起生效。

346

《联合国反腐败公约》在《联合国打击跨国有组织犯罪公约》第八条规定的腐败犯罪的基础上，对腐败犯罪作了系统的规定。

（二）腐败犯罪的种类与构成

腐败犯罪是一类犯罪的总称。其中包含了若干个具体的犯罪，每个犯罪都有特定的犯罪构成要素。

1. 腐败犯罪的具体类型

按照《联合国打击跨国有组织犯罪公约》和《联合国反腐败公约》的规定，腐败犯罪包括以下几类犯罪：

（1）向国家公职人员行贿罪

向国家公职人员行贿罪是指直接或间接向公职人员许诺给予、提议给予或者实际给予该公职人员本人或者其他人员或实体不正当好处，以使该公职人员在执行公务时作为或者不作为的行为。

（2）国家公职人员受贿罪

国家公职人员受贿罪是指公职人员为其本人或者其他人员或实体直接或间接索取或者收受不正当好处，以作为其在执行公务时作为或者不作为的条件的行为。

（3）向外国公职人员和国际公共组织人员行贿罪

向外国公职人员和国际公共组织人员行贿罪是指直接或间接向外国公职人员或者国际公共组织官员许诺给予、提议给予或者实际给予该公职人员本人或者其他人员或实体不正当好处，以使该公职人员或者该官员在执行公务时作为或者不作为，以便获得或者保留与进行国际商务有关的商业或者其他不正当好处的行为。

（4）外国公职人员和国际公共组织人员受贿罪

外国公职人员和国际公共组织人员受贿罪是指外国公职人

员或者国际公共组织官员直接或间接为其本人或者其他人员或实体索取或者收受不正当好处，以作为其在执行公务时作为或者不作为的条件的行为。

（5）侵吞公共财产罪

侵吞公共财产罪是指公职人员为了其本人的利益或者其他人员或实体的利益，贪污、挪用或者以其他类似方式侵犯其因职务而受托的任何财产、公共资金、私人资金、公共证券、私人证券或者其他任何贵重物品的行为。

（6）影响力交易罪

影响力交易罪是指利用国家公职人员的影响力为他人谋取不正当好处，并借机索取或者收受任何不正当好处的行为。其中包括两种情况：一是利用他人影响力进行交易的行为，即直接或间接向公职人员或者其他任何人员许诺给予、提议给予或者实际给予任何不正当好处，以使其滥用本人的实际影响力或者被认为具有的影响力，为该行为的造意人或者其他任何人从缔约国的行政部门或者公共机关获得不正当好处的行为。二是利用本人影响力进行交易的行为，即公职人员或者其他任何人员为其本人或者他人直接或间接索取或者收受任何不正当好处，以作为该公职人员或者该其他人员滥用本人的实际影响力或者被认为具有的影响力，从缔约国的行政部门或者公共机关获得任何不正当好处的条件的行为。

（7）滥用职权罪

滥用职权罪是指公职人员在履行职务时违反法律，滥用其职权或者地位，实施或者不实施一项行为，以为其本人或者其他人员或实体获得不正当好处的行为。

（8）巨额财产来源不明罪

巨额财产来源不明罪是指公职人员的资产显著增加，而本人无法以其合法收入作出合理解释的行为。

（9）向私营部门人员行贿罪

向私营部门人员行贿罪是指在经济、金融或者商业活动过程中，直接或间接向以任何身份领导私营部门实体或者为该实体工作的任何人许诺给予、提议给予或者实际给予该人本人或者他人不正当好处，以使该人违背职责作为或者不作为的行为。

（10）私营部门人员受贿罪

私营部门人员受贿罪是指在经济、金融或者商业活动过程中，以任何身份领导私营部门实体或者为该实体工作的任何人，为其本人或者他人直接或间接索取或者收受不正当好处，以作为其违背职责作为或者不作为的条件的行为。

（11）侵吞私营部门财产罪

侵吞私营部门财产罪是指在经济、金融或者商业活动中，以任何身份领导私营部门实体或者在该实体中工作的人员，侵吞其因职务而受托的任何财产、私人资金、私人证券或者其他任何贵重物品。

2. 腐败犯罪的基本构成

虽然每个腐败犯罪都有各自独立的犯罪构成要件，但是从总体上看，也还存在着某些共性。

按照《联合国反腐败公约》的规定，腐败犯罪中的"公职人员"是指以下三类人员：（1）无论是经任命还是经选举而在缔约国中担任立法、行政、行政管理或者司法职务的任何人员，无论长期或者临时，计酬或者不计酬，也无论该人的资历如何；（2）依照缔约国本国法律的定义和在该缔约国相关法律领域中的适用情况，履行公共职能，包括为公共机构或者公营企业履行公共职能或者提供公共服务的任何其他人员；（3）缔约国本国法律中界定为"公职人员"的任何其他人员。"外国公职人员"是指外国无论是经任命还是经选举而担任立法、行政、行政管理或者司法职务的任何人员，以及为外国，包括为外国的公共机构或者公营企业行使公共职能的任何人员。"国际公共组织官员"是指国际公务员或者经此种组织授权代表该组织行事的任何人员。

腐败犯罪不仅可以由自然人构成，而且某些腐败犯罪，如行贿罪、向外国公职人员和国际公共组织人员行贿罪等，也可以直接由法人构成。在某些只能由自然人构成的犯罪中，法人也可能作为共犯参与实施。因此，《联合国反腐败公约》规定，各缔约国均应当采取符合其法律原则的必要措施，确定法人参与根据本公约确立的犯罪应当承担的责任；在不违反缔约国法律原则的情况下，法人责任可以包括刑事责任、民事责任或者行政责任。法人责任不应当影响实施这种犯罪的自然人的刑事责任。各缔约国均应当特别确保使依照本条应当承担责任的法人受到有效、适度而且具有警戒性的刑事或者非刑事制裁，包括金钱制裁。

腐败犯罪是一种故意犯罪，所以公约在规定每一种腐败犯罪时，都强调其是"故意"实施的行为。没有犯罪的故意，就不能构成公约规定的上述犯罪。但是，对于作为腐败犯罪构成要件的主观要素，如明知、故意或者目的等要素，可以根据客观实际情况予以推定。

腐败犯罪在客观方面，除了利用职务上的便利直接侵吞公共财物之外，主要表现为私欲与公权力之间的交易。这种交易，一方面表现为给予包括许诺给予、提议给予或实际给予任何不正当好处，或者索取和收受不正当好处的行为；另一方面表现为要求或者应允利用公权力实施某种或某些作为或不作为的行为，以作为获取不正当好处的回报。

鉴于腐败犯罪的严重性，《联合国反腐败公约》不仅要求各缔约国惩罚直接实施犯罪行为的人，而且要求惩罚其他参与犯罪的人，即"各缔约国均应当采取必要的立法和其他措施，根据本国法律将以共犯、从犯或者教唆犯等任何身份参与根据本公约确立的犯罪规定为犯罪"；不仅要求惩罚犯罪的既遂，而且要求惩罚腐败犯罪的未遂、中止和预备行为，即"各缔约国均可以采取必要的立法和其他措施，根据本国法律将实施根据本公约确立的犯罪的任何未遂和中止规定为犯罪"，"各缔约国均可以采取必要的立法和其他措施，根据本国法律将为实施根据本公约确立的犯罪进行预备的行为规定为犯罪"。

（三）腐败犯罪的预防措施

腐败犯罪主要是公职人员在履行公务的过程中实施的犯罪，它的发生与公职人员的行为规范，与公共事务和公共财产的管理，具有密切的关系。通过改善公共管理来预防腐败，在惩治腐败中具有十分重要的地位。因此，《联合国反腐败公约》设专章规定了预防腐败犯罪的措施，试图构建一个系统而有效的腐败犯罪预防机制。这些预防性措施主要有：

1. 制定预防性反腐败政策和做法

各缔约国均应当根据本国法律制度的基本原则，制订和执行或者坚持有效而协调的反腐败政策，这些政策应当促进社会参与，并体现法治、妥善管理公共事务和公共财产、廉正、透明度和问责制的原则，并应当努力制订和促进各种预防腐败的有效做法。

2. 建立预防性反腐败机构

各缔约国均应当根据本国法律制度的基本原则，确保设有一个或酌情设有多个机构。通过诸如下列措施预防腐败：实施反腐败政策，并在适当情况下对这些政策的实施进行监督和协调；积累和传播预防腐败的知识。反腐败预防机构根据本国法律制度的基本原则，应当具有必要的独立性，使其能够有效地履行职能和免受任何不正当的影响。各缔约国均应当提供必要的物资和专职工作人员，并为这些工作人员履行职能提供必要的培训。

3. 改善公职人员的遴选管理制度

各缔约国均应当根据本国法律制度的基本原则，采取适当的立法和行政措施，就公职的人选资格和当选的标准作出规定，努力采用、维持和加强促进透明度和防止利益冲突的制度，酌情努力采用、维持和加强公务员和适当情况下其他非选举产生公职人员的招聘、雇用、留用、晋升和退休制度。这种制度，应当以效率原则、透明度原则和特长、公正和才能等客观标准原则为基础；对于担任特别容易发生腐败的公共职位的人员，设有适当的甄选和培训程序以及酌情对这类人员实行轮岗的适当程序；促进充分的报酬和公平的薪资标准，同时考虑到缔约国的经济发展水平；促进对人员的教育和培训方案，以使其能够达到正确、诚实和妥善履行公务的要求，并为其提供适当的专门培训，以提高其对履行其职能过程中所隐含的腐败风险的认识。

4. 制定公职人员行为守则

各缔约国均应当根据本国法律制度的基本原则，在本国公职人员中特别提倡廉正、诚实和尽责，尤其应当努力在本国的体制和法律制度范围内适用正确、诚实和妥善履行公务的行为守则或者标准。对违反这些守则或者标准的公职人员采取纪律措施或者其他措施。

5. 完善公共采购和公共管理制度

各缔约国均应当根据本国法律制度的基本原则采取必要步

骤，建立对预防腐败特别有效的以透明度、竞争和按客观标准决定为基础的适当的采购制度；采取适当措施，促进公共财政管理的透明度和问责制，并采取必要的民事和行政措施，以维持与公共开支和财政收入有关的账簿、记录、财务报表或者其他文件完整无缺，并防止在这类文件上作假。

6. 建立公共报告制度

各缔约国均应当根据本国法律的基本原则采取必要的措施，提高公共行政部门的透明度，包括酌情在其组织结构、运作和决策过程方面提高透明度。这些措施可以包括下列各项：施行各种程序或者条例，酌情使公众了解公共行政部门的组织结构、运作和决策过程，并在对保护隐私和个人资料给予应有考虑的情况下，使公众了解与其有关的决定和法规；酌情简化行政程序，以便于公众与主管决策机关联系；公布资料，其中可以包括公共行政部门腐败风险问题定期报告。

7. 加强私营部门的会计和审计

各缔约国均应当根据本国法律的基本原则采取措施，防止涉及私营部门的腐败，加强私营部门的会计和审计标准，并酌情对不遵守措施的行为规定有效、适度而且具有警戒性的民事、行政或者刑事处罚。

8. 社会参与

各缔约国均应当根据本国法律的基本原则在其力所能及的范围内采取适当的措施，推动公共部门以外的个人和团体，如民间团体、非政府组织和社区组织等，积极参与预防和打击腐败，并提高公众对腐败的存在、根源、严重性及其所构成的威胁的认识。同时要确保公众知悉相关的反腐败机构，并应当酌情提供途径，以便以包括匿名举报在内的方式向这些机构举报可能被视为构成根据本公约确立的犯罪的事件。

353

9. 加强反洗钱措施（见洗钱罪）

（四）腐败犯罪的惩治措施

《联合国反腐败公约》在规定腐败犯罪的同时，强调对腐败犯罪的制裁措施。其中包括：

1. 确立较长的时效

各缔约国均应当根据本国法律酌情规定一个较长的时效，以便在此期限内对根据本公约确立的任何犯罪启动诉讼程序，并对被指控犯罪的人员已经逃避司法处置的情形确定更长的时效或者规定不受时效限制。

2. 刑事制裁与行政制裁并用

各缔约国均应当使根据本公约确立的犯罪受到与其严重性相当的制裁，确保针对这些犯罪的执法措施取得最大成效，并适当考虑到震慑这种犯罪的必要性。要建立有关程序，使有关部门得以对被指控实施了根据本公约确立的犯罪的公职人员酌情予以撤职、停职或者调职；通过法院令或者任何其他适当手段，取消被判定犯罪人在本国法律确定的一段期限内担任公职及完全或部分国有的企业中职务的资格：各缔约国均应当根据本国法律制度和宪法原则采取必要措施以建立或者保持这样一种适当的平衡：既照顾到为公职人员履行其职能所给予的豁免或者司法特权，又照顾到在必要时对根据本公约确立的犯罪进行有效的侦查、起诉和审判的可能性。

3. 损害赔偿和剥夺腐败犯罪取得的利益

各缔约国均应当根据本国法律的原则采取必要的措施，确保因腐败行为而受到损害的实体或者人员有权为获得赔偿而对该损害的责任者提起法律程序，并应当在适当顾及第三人善意取得的权利的情况下，根据本国法律的基本原则采取措施，消除腐败行为的后果，即在法律程序中将腐败视为废止或者撤销合同、取消特许权或撤销其他类似文书或者采取其他任何救济行动的相关因素。

4. 冻结、扣押和没收犯罪所得

各缔约国均应当在本国法律制度的范围内尽最大可能采取必要的措施，以便能够没收来自腐败犯罪的犯罪所得或者价值与这种所得相当的财产，以及用于或者拟用于根据本公约确立的犯罪的财产、设备或者其他工具。各缔约国均应当采取必要的措施，辨认、追查、冻结或者扣押任何这类物品，以便最终予以没收。

四、国际洗钱罪

（一）国际洗钱罪概述

国际洗钱罪是指明知是国际犯罪所得的财产及其所产生的收益，为隐瞒或掩饰其非法来源或者为协助犯罪人逃避其行为的法律后果，而通过各种手段洗刷其犯罪性质的行为。

犯罪所得的"黑钱"，通过洗钱行为，便可以混迹于正常的国际经济流通之中。因此，洗钱犯罪，可以隐瞒和掩饰犯罪，使犯罪分子难以被查处，使犯罪所得的赃款容易隐藏。尤其是国际性的洗钱犯罪活动，极易使国际犯罪分子逍遥法外。可以说，国际洗钱犯罪是其他各种国际犯罪的天然盟友。洗钱犯罪也使犯罪所得的"黑钱"极易伪装成合法财产而进入国际金融市场，从而冲击国际经济秩序。这在经济全球化的进程中具有极大的危害性。所以，打击国际洗钱犯罪，越来越受到国际社会的关注和重视。

早在1988年的《联合国禁止非法贩运麻醉药品和精神药物公约》中，就有关于洗钱行为的规定。该公约在第三条"犯罪和制裁"第一款b项中规定："（一）明知财产得自按本款（a）项确定的任何犯罪或参与此种犯罪的行为，为了隐瞒或掩饰该财产的非法来源，或为了协助任何涉及此种犯罪的人逃避其行为的法律后果而转换或转让该财产；（二）明知财产得自按本款（a）项确定的犯罪或参与此种犯罪的行为，隐瞒或掩饰该财产的真实性质、来源、所在地、处置、转移、相关的权利或所有权。"这一规定，尽管只是针对毒品犯罪的洗钱行为做出的，但在国际刑法公约中为打击国际犯罪的洗钱行为开创了先例，奠定了基础。

在《联合国打击跨国有组织犯罪公约》中，洗钱行为被明确规定为一种国际犯罪。该公约第六条"洗钱行为的刑事定罪"中规定：

"一、各缔约国均应依照其本国法律基本原则采取必要的立法及其他措施，将下列故意行为规定为刑事犯罪：

（一）

1. 明知财产为犯罪所得，为隐瞒或掩饰该财产的非法来源，或为协助任何参与实施上游犯罪者逃避其行为的法律后果而转换或转让财产；

2. 明知财产为犯罪所得而隐瞒或掩饰该财产的真实性质来源、所在地、处置、转移、所有权或有关的权利；

（二）在符合其本国法律制度基本概念的情况下：

1. 在得到财产时，明知其为犯罪所得而仍获取、占有或使用；

2. 参与、合伙或共谋实施，实施未遂，以及协助、教唆、促使和参谋实施本条所确立的任何犯罪。

二、为实施或适用本条第一款：

（一）各缔约国均应寻求将本条第一款适用于范围最为广泛的上游犯罪；

（二）各缔约国均应将本公约第二条所界定的所有严重犯

罪和根据本公约第五条、第八条和第二十三条确立的犯罪列为上游犯罪。缔约国立法中如果明确列出上游犯罪清单，则至少应在这类清单中列出与有组织犯罪集团有关的范围广泛的各种犯罪；

（三）就（二）项而言，上游犯罪应包括在有关缔约国刑事管辖权范围之内和之外发生的犯罪。但是，如果犯罪发生在一缔约国刑事管辖权范围以外，则只有该行为根据其发生时所在国本国法律为刑事犯罪，而且若发生在实施或适用本条的缔约国时根据该国法律也构成刑事犯罪时才构成上游犯罪；

（四）各缔约国均应向联合国秘书长提供其实施本条的法律以及这类法律随后的任何修改的副本或说明；

（五）如果缔约国本国法律基本原则要求，则可以规定本条第一款所列犯罪不适用于实施上游犯罪的人；

（六）本条第一款所规定的作为犯罪要素的明知、故意或目的可根据客观实际情况推定。"

《联合国反腐败公约》第二十三条"对犯罪所得的洗钱行为"几乎完全援引了打击跨国有组织犯罪公约的规定。

按照这些公约的规定，国际洗钱罪的"上游犯罪"至少包括跨国性的毒品犯罪、腐败犯罪和有组织犯罪。

（二）国际洗钱罪的构成

国际洗钱罪在主观上必须具有犯罪的故意。国际洗钱犯罪是为了"洗刷"跨国性的毒品犯罪、腐败犯罪和有组织犯罪等国际犯罪的犯罪所得及其所产生的收益的犯罪性质而实施的，因而具有明确的犯罪故意。洗钱犯罪的故意，既包括对财产性质的"明知"，即行为人明知是某种国际犯罪所得，也包括特定的犯罪目的，即实施洗钱行为的目的是隐瞒或掩饰财产的犯罪性质或为了使与该财产有关的犯罪人逃避法律的制裁。因而，金融机构在正常的业务活动中，不知道某项资金来自国际犯罪所得，也不知道该项资金的流转是为了隐瞒或者掩饰财产的犯罪性质，而为其流转通过便利，导致犯罪分子得以实现洗钱活动的，不构成洗钱罪。但是，作为犯罪要素的明知、故意或目的可根据客观实际情况推定。

国际洗钱罪在客观方面，主要表现为下列三种行为：一是转换或转让国际犯罪所得财产及其收益的行为，即通过各种形式和途径把犯罪所得转换为合法投资或看似正常的资金往来，或者把犯罪所得作为合法财产予以转让，从而洗刷其犯罪性质。二是隐瞒或掩饰犯罪所得及其收益的真实性质来源、所在地、处置、转移、所有权或有关权利的行为，即明知是犯罪所得的非法财产及其所产生的收益，而将其隐藏、转移或者隐瞒其来源或者掩饰其真实关系，以掩盖其犯罪性质或与特定人之间的联系。三是明知其为犯罪所得而仍获取、占有或使用的行为，即在取得该财产时，明知其犯罪性质而仍然获取该财产，或者占有或使用该财产。

此外，对于参与、合伙或共谋实施洗钱犯罪行为的，实施洗钱犯罪行为未遂的，以及协助、教唆、促使他人实施和为他人实施洗钱犯罪行为作参谋的行为，都应当作为国际洗钱罪的共犯予以刑事制裁。

（三）对国际洗钱罪的制裁措施

为了有效打击国际洗钱犯罪，《联合国打击跨国有组织犯罪公约》还专门规定了打击洗钱活动的措施。这些措施包括：第一，各缔约国均应在其力所能及的范围内，建立对银行和非银行金融机构及在适当情况下对其他特别易被用于洗钱的机构的综合性国内管理和监督制度，以便制止并查明各种形式的洗钱。这种制度应强调验证客户身份、保持记录和报告可疑的交易等项规定；在不影响按照该公约开展司法协助和执法合作的情况下，确保行政、管理、执法和其他负责打击洗钱的当局（本国法律许可时可包括司法当局）能够根据其本国法律规定的条件，在国家和国际一级开展合作和交换信息，并应为此目的考虑建立作为国家级中心的金融情报机构，以收集、分析和传播有关潜在的洗钱活动的信息。第二，缔约国应当考虑采取切实可行的措施调查和监督现金和有关流通票据出入本国国境的情况，但须有保障措施以确保情报的妥善使用且不致以任何方式妨碍合法资本的流动。这类措施可包括要求个人和企业报告大额现金和有关流通票据的跨境划拨。第三，在建立本条所规定的国内管理和监督制度时，吁请缔约国在不影响本公约的任何其他条款的情况下将各种区域、区域间和多边组织的有关反洗钱倡议作为指南。第四，缔约国应努力为打击洗钱而发展和促进司法、执法和金融管理当局间的全球、区域、分区域和双边合作。

《联合国反腐败公约》进一步规定了反洗钱机制：（1）根据本国法律采取必要的措施，以要求其管辖范围内的金融机构核实客户身份，采取合理步骤确定存入大额账户的资金的实际受益人身份，并对正在或者曾经担任重要公职的个人及其家庭成员和与其关系密切的人或者这些人的代理人所要求开立或者保持的账户进行强化审查，以便监测可疑交易并向主管机关报告；（2）实行有效措施，以确保其金融机构在适当期限内保持大额账户实际受益人、正在或者曾经担任重要公职的个人及其家庭成员和与其关系密切的人或者这些人的代理人等人员的账户和交易的充分记录，记录中应当至少包括与客户身份有关的资料，并尽可能包括与实际受益人身份有关的资料；（3）采取适当而有效的措施，禁止设立有名无实和并不附属于受监管金融集团的银行，以预防和监测犯罪所得的转移；（4）根据本国法律对有关公职人员确立有效的财产申报制度，并应当对不遵守制度的情形规定适当的制裁；（4）采取必要的措施，要求在外国银行账户中拥有利益、对该账户拥有签名权或者其他权力的有关公职人员向有关机关报告这种关系，并保持与这种账户有关的适当记录，对违反情形规定适当的制裁等。

这些措施，可以说是对国际范围内打击洗钱犯罪实践经验的科学总结。金融机构在打击洗钱犯罪中确实扮演着十分重要的角色。如何充分发挥金融机构的监管作用，加强司法机关和行政执法机关与金融机构的合作，是防止犯罪所得的非法流动、及时发现和打击洗钱活动的有效措施。特别是在打击跨国性洗钱活动中，金融机构与执法机关的合作尤为重要。

五、妨害国际司法罪

妨害国际司法罪是指在针对国际犯罪的刑事诉讼中采取非法手段妨害诉讼进行的行为。

妨害国际司法罪首先是《罗马规约》中规定的一种犯罪。《罗马规约》的规定如下：

"第七十条 妨害司法罪

（一）本法院对故意实施的下列妨害司法罪具有管辖权：

1. 在依照第六十九条第一款承担说明真相的义务时提供伪证；

2. 提出自己明知是不实的或伪造的证据；

3. 不当影响证人，阻碍或干扰证人出庭或作证，对作证的证人进行报复，或毁灭、伪造证据或干扰证据的收集；

4. 妨碍、恐吓或不当影响本法院官员，以强迫或诱使该官员不执行或不正当地执行其职务；

5. 因本法院一名或另一名官员执行职务而对该一名官员进

行报复；

6. 作为本法院的官员，利用其职权索取或收受贿赂。

（二）本法院对本条所述的不法行为行使管辖权的原则和程序，应在《程序和证据规则》中加以规定。就有关本条的诉讼程序向本法院提供国际合作的条件，以被请求国的国内法为依据。

（三）被判有罪的，本法院可以判处五年以下有期徒刑，或根据《程序和证据规则》单处罚金，或并处罚金。

（四）

1. 对于本条所述的妨害司法罪，如果犯罪在一缔约国境内发生或为其国民所实施，该缔约国应将本国处罚破坏国内调查或司法程序完整性的不法行为的刑事法规扩展适用于这些犯罪；

2. 根据本法院的请求，缔约国在其认为适当时，应将有关案件提交本国主管当局，以便进行起诉。有关当局应认真处理这些案件，并提供充分资源，以便能够作出有效的处理。"

此后，在《联合国打击跨国有组织犯罪公约》中也规定了妨害司法的犯罪。该公约的规定是：

"第二十三条　妨害司法的刑事定罪

各缔约国均应采取必要的立法和其他措施，将下列故意行为规定为刑事犯罪：

（一）在涉及本公约所涵盖的犯罪的诉讼中使用暴力、威胁或恐吓，或许诺、提议给予或给予不应有的好处，以诱使提供虚假证言或干扰证言或证据的提供；

（二）使用暴力、威胁或恐吓，干扰司法或执法人员针对本公约所涵盖的犯罪执行公务。本项规定概不应影响缔约国制定保护其他类别公职人员的立法的权利。"

从这两个公约的规定看，妨害国际司法罪的目的是破坏对国际犯罪的刑事诉讼，防止国际刑事法院和有关国家对国际犯罪分子的有效追究，因而它只能是一种故意犯罪，即行为人明知被追究刑事责任的人犯有国际罪行，为了使其免受或少受刑事追究，而故意实施妨害诉讼顺利进行的行为。

妨害国际司法罪，在客观方面包括四个方面的行为：一是自己作伪证的行为，即"提出自己明知是不实的或伪造的证据"；二是妨害他人作证的行为，如"不当影响证人，阻碍或干扰证人出庭或作证，对作证的证人进行报复，或毁灭、伪造证据或干扰证据的收集"，"不当影响证人，阻碍或干扰证人出庭或作证，对作证的证人进行报复，或毁灭、伪造证据或干扰证据的收集"等；三是妨害司法人员在针对国际犯罪的刑事诉讼中执行公务的行为，如因国际刑事法院官员执行公务而对其进行报复，"使用暴力、威胁或恐吓，干扰司法或执法人员针对本公约所涵盖的犯罪执行公务"等；四是司法人员索取或者收受贿赂的行为。该罪在客观方面的表现也表明，该罪通常是在针对国际犯罪的刑事诉讼程序已经启动之后实施的。

这两个公约关于妨害国际司法罪的规定略有不同。《罗马规约》是为了保障国际刑事审判的顺利进行而规定妨害国际司法罪的，因而其要求比较严格、全面。将证人作伪证的行为和国际刑事法院官员索取和收受贿赂的行为都规定在妨害国际司法罪中。而《联合国打击跨国有组织犯罪公约》强调在缔约国法律框架内打击妨害对跨国有组织犯罪的刑事司法活动的行为，因而只规定了强迫或引诱他人作伪证的行为以及使用暴力手段干扰司法和执法人员在针对跨国有组织犯罪的刑事诉讼中执行公务的行为。

在针对其他国际犯罪的刑事诉讼中，采取暴力手段妨害诉讼进行的行为，如果涉及一个以上的国家或人员，能否作为妨害国际司法罪来对待，是一个值得研究的问题。按照国际社会公认的罪刑法定原则，既然其他有关国际公约中没有规定，在针对其他国际犯罪的刑事诉讼中出现的妨害诉讼的行为，就不能作为国际犯罪来对待，而只能按照有关国家国内刑法的规定追究有关人员的刑事责任。但是由于这种行为涉及一个以上的国家，没有有关国家的认可与配合，追究起来就比较困难。因此，有必要将妨害国际司法罪扩大适用到所有的国际犯罪中。关于这个问题还有待有关国际刑法公约的进一步完善。

六、破坏环境罪

破坏环境罪（Damage to the Environment），严格说来，并不是现有国际刑法公约中规定的犯罪。但是由于一系列国际公约中都包含着对严重危害环境的行为的禁止性规定，有的甚至明确要求各缔约国对这种行为给予刑事制裁。特别是自 1972 年 6 月 16 日《斯德哥尔摩宣言》（Stockholm Declaration）即《联合国会议关于人类环境的宣言》（The Declaration of the United Nations Conference on the Human Environment）发表以来，国际社会对把严重危害环境的行为规定为国际犯罪的呼声愈来愈烈，并且在有关国际组织起草的某些国际刑法公约草案中，已将严重危害环境的行为规定为国际犯罪。严重危害环境的行为，很有可能在不久的将来被正式规定为一种国际犯罪。所以本书暂且将其作为一种国际犯罪加以简述。

环境，在广义上，包括社会环境、人文环境和自然环境，但是对于社会环境和人文环境来说，由于每个国家的社会制度、经济利益、文化背景、历史传统的不同，以及每个人的利益、立场、观点、方法的不同，人们对其所持的态度差异很大，所以在有关保护环境的国际公约中，往往将其排除在外，而是仅指自然环境。

自然环境是指地球（包括其生物群、岩石圈、地水层和大气层）或外层空间的动态、组成或结构，其中包括海洋、空气、气候、森林、动物、植物及其他生态要素。自然环境是人类生存和发展必不可少的外部条件，它对任何国家、任何民族、任何个人都具有同等重要性。因此对自然环境的保护，历来受到国际社会的普遍重视。例如，1911 年 7 月 7 日通过、1911 年 12 月 15 日生效的《在北大西洋上保护海豹的公约》（Convention for the Preservation of Fur Seals in the North Atlantic）；以 1931 年 9 月 24 日通过、1935 年 1 月 16 日生效的《捕鲸规则公约》（Convention for the Regulation of Whaling）以及 1937 年 6 月 8 日通过、1938 年 5 月 7 日生效的《捕鲸规则国际协定》（International Agreement for the Regulation of Whaling）及其议定书为基础的 1946 年 12 月 2 日通过、1948 年 11 月 10 日生效的《捕鲸规则国际公约》（International Convention for the Regulation of Whaling）；1954 年 5 月 12 日通过、1958 年 7 月 26 日生效的《防止海洋石油污染的国际公约》（International Convention for the Prevention of Pollution of the Sea by Oil）；1973 年 11 月 2 日通过的《防止船舶造成污染的国际公约》（International Convention for the Prevention of Pollution from Ships）及其 1983 年 10 月 2 日生效的《1978 年议定书》（Protocol of 1978 to the International Convention for the Prevention of Pollution from Ships）；1977 年 5 月 18 日开放签字、1978 年 10 月 5 日生效的《禁止为军事或其他任何敌对目的使用改变环境的技术的公约》（Convention on the Prohibition of Military or Any Other Hostile Use of Environmental Modification Techniques）；1979 年 11 月 13 日通过、1983 年 3 月 16 日生效的《远距离跨界大气污染公约》

（Convention on Long – Range Transboundry Air Pollution）等国际公约中，都有关于保护生态环境、防止海洋污染和大气污染的禁止性规定。

特别是1977年关于日内瓦四公约的第一议定书，对国际性武装冲突中使用破坏环境的作战方法或手段，作了明确的禁止性规定。该议定书第35条"基本原则"第三项规定："禁止使用旨在或可能对自然环境引起广泛、长期而严重损害的作战方法或手段"；第55条专门规定"对自然环境的保护"："一、在作战中，应注意保护自然环境不受广泛、长期和严重的损害。这种保护包括禁止使用旨在或可能对自然环境造成这种损害从而妨害居民的健康和生存的作战方法或手段。二、作为报复对自然环境的攻击，是禁止的。"

《公海公约》和《联合国海洋法公约》也多次对保护海洋环境作了明确规定。1982年12月10日签订的《联合国海洋法公约》用46个条文（第192—237条）的篇幅，专门规定海洋环境的保护和保全问题。该公约要求各国采取一切必要措施，防止、减少和控制任何来源的海洋环境污染。所谓"一切必要措施"，当然包括刑事制裁措施。所以，该公约在规定"提起司法程序的暂停和限制"（第228条）时，特别强调："本条的规定不妨碍船旗国按照本国法律采取任何措施，包括提起加以处罚的司法程序的权利"；在规定"对外国船只在领海内所犯违反关于防止、减少和控制海洋环境污染的国内法律和规章或可适用的国际规则和标准的行为，仅可处以罚款"时，特别强调"但在领海内故意和严重地造成污染的行为除外"（第230条）。这就意味着对于"故意和严重地造成污染的行为"不仅是处以罚款的问题。

1989年3月22日签订的《控制危险废物越境转移及其处

置巴塞尔公约》，基于对危险废物及其他废物越境转移对人类健康和环境所造成的威胁日益严重的关注，明确规定"各缔约国认为危险废物或其他废物的非法运输我犯罪行为"；"各缔约国应采取适当的法律、行政和其他措施，以期实施本公约的各项规定，包括采取措施以防止和惩办违反本公约的行为"（第4条3、4）。

根据上述公约的规定，联合国国际法委员会在其1979年起草的《关于国家责任的条文草案》第十九条中，把严重违背对维护和保全人类环境具有根本重要性的国际义务如禁止大规模污染大气层或海洋的义务，作为构成国际罪行的行为特征之一。联合国国际法委员会又在其1991年提交的《危害人类和平与安全罪法典草案》中，将故意严重破坏环境的行为作为危害人类和平与安全罪的犯罪之一（第26条）。

按照该法典草案的规定，破坏环境罪是指故意引起或者使人引起大范围、长时间、严重破坏自然环境的行为。

首先，破坏环境罪是一种故意犯罪。尽管在国内法上，过失造成重大环境污染的行为，也可能构成犯罪，但是作为国际犯罪，严重危害环境的行为，必须是故意实施的。

其次，破坏环境罪必须是违反国际禁止规范的行为。没有违反有关国际公约的禁止性规范，不应当构成本罪。

再次，破坏环境罪的行为特征表现为下列三种行为之一：（1）超过国际标准向海洋、国际河流、大陆、大气层和外层空间排放、倾倒、泄漏严重污染环境的污染物；（2）使用旨在或可能对自然环境引起广泛、长期而严重损害的作战方法或手段；（3）其他严重破坏生态平衡的行为。

最后，破坏环境罪在客观上必须是造成了严重破坏环境的危害后果，其中包括造成大规模的环境污染、严重破坏自然环境的生态平衡、改变自然环境以致造成人类生存条件的恶化等。

当然，破坏环境罪最终能否成为一种国际刑法中明文规定的国际犯罪，以及如何规定这种犯罪的构成要件，还有待于有关国际公约的正式规定。

第九章　危害国家利益的犯罪

任何国际犯罪，都可能危害到某个特定国家的利益。特别是像侵略罪、战争罪等国际犯罪，更是严重危害国家利益的犯罪。但是由于这些犯罪并不仅仅是危害哪一个国家利益的犯罪，而是危害到整个人类的和平与安全，或者破坏了国际社会的某种秩序，因而本书将其分别归入上述几章论述的犯罪之中。

本章所述作为国际犯罪一种类型的危害国家利益的犯罪，是指违犯国际刑法公约的明文规定，直接危害特定国家某个方面的国家利益的行为。这类犯罪的特点在于，其犯罪行为的直接指向不是国际社会的整体利益或不特定人的生命安全和健康，而是主要表现为对特定国家或国际组织的某种利益的危害。

这类犯罪，虽然其直接危害的是有关国家的国家利益，但是由于这种利益是国际社会所共同关注的、这种犯罪是以跨国形式出现的从而可能危及世界各国，因而被国际公约明确规定为国际犯罪。

危害国家利益的国际犯罪，目前主要有伪造国家货币罪、盗运国家珍贵文物罪等。

第九章　危害国家利益的犯罪

一、妨害国家货币罪

妨害国家货币罪（counterfeiting）是指故意伪造、变造国家的流通货币以及与之有关的行为。妨害国家货币的犯罪，是各国刑法中普遍规定的一种犯罪，也是一种古老的犯罪。但是作为一种国际犯罪，妨害国家货币罪，主要是指跨国性有组织实施的，或者大规模实施的、以伪造货币和使伪造的货币得以流通为特征的犯罪。

妨害国家货币罪，作为一种国际犯罪，是 1929 年 4 月 20 日签订、1931 年 2 月 22 日生效的《防止伪造货币国际公约》（International Convention for the Suppression of Counterfeiting Currency）所规定的犯罪。

《防止伪造货币国际公约》第三条规定：

"下列行为应作为普通刑事罪行受惩罚：

（1）伪造或变造货币，不论用什么方法；

（2）用欺骗的方法流通伪造的货币；

（3）为供流通之用而将明知其为伪造的货币引进一个国家，或者收受或取得明知其为伪造的货币；

（4）上列各项的未遂罪和故意参与上述罪行；

（5）伪造、收受或取得特别适用于伪造或变造货币的器械或其他物品。"

按照该公约的规定，妨害国家货币罪在客观方面实际上包含了三种行为，即伪造、变造国家货币的行为，使伪造的货币得以流通的行为即收受、取得、使用或进出口明知是伪造的货币的行为，伪造、收受或取得造伪设备的行为；构成该罪可以有三种情况，既包括完成状态的犯罪，也包括未遂状态的犯罪和共犯。

妨害货币罪的犯罪对象是国家货币。按照该公约第二条的规定，"货币"是指纸币（包括钞票）、金属钱币和法定的通货。

妨害国家货币罪在主观方面必须是故意，即明知是伪造、变造国家货币的行为而故意为之；或者明知是伪造的货币而使其得以流通；或者明知是专门用于伪造货币的器械或物品而故意伪造、收受或取得。

对于妨害国家货币罪，《防止伪造货币国际公约》作了许多具体的制裁规定。如在不同国家所犯的妨害国家货币罪，应被认为是各个单独的罪行（第 3 条）；对妨害国家货币各项罪行的量刑标准，应不以其伪造的是本国货币还是外国货币而有所区别（第 5 条）；凡不承认引渡本国国民的国家，对于它的国民在国外犯妨害国家货币罪后返回本国的，应像该罪行是在本国所犯那样惩罚，即使该犯罪人是在犯罪后才取得本国国籍的，亦应如此处理（第 8 条）；各缔约国不得对公约第 3 条所列罪行宣告无罪，但是本公约不影响各缔约国按照国内法的规定，对妨害国家货币的罪行进行起诉和惩罚（第 18 条）等。

有组织地伪造国家货币的犯罪，在第一次世界大战和第二次世界大战前后，曾经十分猖獗。所以，《防止伪造货币国际公约》得到了许多国家的重视和参加，并沿用至今。该公约也是国际刑警组织在国际范围内打击这类犯罪活动的主要依据。但是随着各国在印制货币方面的防伪技术的不断提高，作为国际犯罪的大规模、有组织地伪造货币的犯罪，已经大大减少。并且，随着国际金融体系的发展变化，原有曾猖獗一时的妨害国家货币的犯罪，正在逐渐被新的犯罪类型如信用卡诈骗、国际洗钱活动等所代替。

二、毁坏、盗窃、非法转移国家珍贵文物和文化财产罪

毁坏、盗窃、非法转移国家珍贵文物和文化财产罪，（destruction or theft or unlawful transfer of national treasures Cultural

Property），严格说来，并不是一个具体的国际犯罪的罪名，而是对有关国际公约中规定的这类犯罪行为的概括。

对国家珍贵文物和文化财产的保护，既是各国经济文化利益的要求，也是国际社会特别是联合国教育、科学及文化组织密切关注的问题之一。因为国家珍贵文物和文化财产是构成人类文明和民族文化的一大基本要素，它对于丰富各国人民的文化生活，增进对人类文明的认识，激发各国之间的相互尊重和了解，起着重要的作用。而盗窃、在秘密挖掘中毁坏、非法出口国家珍贵文物和文化财产，或者非法转让其所有权的活动，对国家珍贵文物和文化财产构成了极大的威胁，只有各国在国家和国际范围上进行组织，密切合作，才能有效保护文化财产。因此，在国际社会的一些专门的和可能涉及的公约中，反复强调各国要采取一切可能的手段包括通过立法来禁止和处罚毁坏、盗窃、非法转移国家珍贵文物和文化财产的行为。

例如，1954 年 5 月 14 日签订、1956 年 8 月 7 日生效的《在武装冲突中保护文化财产的公约》（Convention for the Protection of Cultural Property in the Event of Armed Conflict）；1970 年 11 月 14 日签订、1972 年 4 月 24 日生效的《关于禁止和防止非法进口、出口和转移文化财产所有权公约》（Convention on the Means of Prohibiting and Preventing the Illicit Import，Export and of Ownership of Cultural Property）；1970 年 11 月 14 日通过的《非法转移艺术财宝公约》；1972 年 11 月 23 日签订、1975 年 12 月 17 日生效的《保护世界文化和自然遗产公约》（Convention Concerning the Protection of the World Cultural and Natural Heritage）；1982 年《联合国海洋法公约》等，都要关于保护文化财产，禁止毁坏、盗窃和非法进出口的规定。特别是 1990 年联合国预防犯罪和罪犯待遇大会通过的《防止侵犯各民族动

产形式文化遗产罪行示范条约》和 1991 年联合国教科文组织起草的《关于盗窃和非法出口文物的公约草案》，对毁坏、盗窃、非法转移国家珍贵文物和文化财产的犯罪行为，作了明确的规定。

按照上述公约和国际文件的有关规定，毁坏、盗窃、非法转移国家珍贵文物和文化财产罪的犯罪对象是国家珍贵文物和文化财产。对于其具体的范围，《关于禁止和防止非法进口、出口和转移文化财产所有权公约》作出了明确规定：

"第一条

为了本公约的目的，"文化财产"一词系指每个国家，根据宗教的或世俗的理由，明确指定为具有重要考古、史前史、历史、文学、艺术或科学价值的财产并属于下列各类者：

（a）动物群落、植物群落、矿物和解剖以及具有古生物意义的物品的稀有收集品和标本；

（b）有关历史，包括科学、技术、军事及社会史、有关国家领袖、思想家、科学家、艺术家之生平以及有关国家重大事件的财产；

（c）考古发掘（包括正常的和秘密的）或考古发现的成果；

（d）业已肢解的艺术或历史古迹或考古遗址之构成部分；

（e）一百年以前的古物，如铭文、钱币和印章；

（f）具有人类学意义的文物；

（g）有艺术价值的财产，如：

（1）全部是手工完成的图画、绘画或绘图，不论其装裱框座如何，也不论所用的是何种材料（不包括工业设计图及手工装饰的工业产品）；

（2）用任何材料制成的雕塑艺术和雕刻的原作；

（3）版画、印片和平板图的原件；

（4）用任何材料著集或拼集的艺术品原件；

（h）稀有手稿和古版书籍，有特殊意义的（历史、艺术、科学、文学等）古书、文件和出版物，不论是单本的或整套的；

（I）邮票、印花税票及类似的票证，不论是单张的或整套的；

（j）档案，包括有声、照相和电影档案；

（k）一百年以前的家具物品和古乐器。"

联合国预防犯罪和罪犯待遇大会通过的《防止侵犯各民族动产形式文化遗产罪行示范条约》第一条对"文化遗产"所规定的范围，基本上与上述公约规定的范围相同。

此外，按照《在武装冲突中保护文化财产的公约》第一条对"文化财产"所下的定义，"文化财产"，不问其来源或所有权如何，应当包括三个部分：（1）对各国人民的文化遗产具有重大意义的动产或不动产，例如建筑、艺术或历史上的纪念物，不论是宗教性的还是世俗性的；考古遗址；具有历史或艺术价值的整套建筑物；艺术品；手稿、书籍和其他具有艺术、历史或考古价值的其他物品；以及科学珍藏和书籍或档案的重要珍藏或者上述各物的复制品。（2）其主要目的为保存或展览（1）款所述可以移动的文化财产的建筑物，例如博物馆、大型图书馆或档案库，以及发生武装冲突时准备用以掩护（1）款所述可以移动的文化财产的保藏所。（3）用以存放大量的（1）、（2）两款所述文化财产的纪念物中心站等。

毁坏、盗窃、非法转移文化财产罪，在客观方面，是由一系列非法行为构成的。这些行为主要包括：（1）毁坏文化财产的行为，包括在战争或武装冲突中故意毁坏他国文化财产的行为，在非法挖掘文物的过程中故意或过失地造成文物毁坏的行为，以及其他毁坏文物的行为；（2）盗窃文化财产的行为，包括在战争或武装冲突中有组织地掠夺被占领国的文化财产的行为，平时窃取、抢劫、抢夺文化财产等行为；（3）通过走私或其他方法，非法进出口具有重要价值的和有关国家严格禁止进出口的文化财产的行为；（4）通过其他方法非法转移文化财产所有权的行为。

对于毁坏、盗窃、非法转移文化财产罪，现有的国际公约并没有规定明确的制裁规范。但是，《在武装冲突中保护文化财产的公约》第28条"制裁"中规定："缔约各方承允在其普通刑事管辖系统内对违犯或教唆违犯本公约的任何人，不论该人属何国籍，采取一切必要步骤予以追诉并施以刑罚或纪律制裁。"《关于禁止和防止非法进口、出口和转移文化财产所有权公约》第8条也规定：本公约缔约国承担：对触犯公约所列的禁止规定负有责任者予以处罚或行政制裁。这些规定意味着，各国应当在其国内法中规定这类犯罪，并按照国内刑法的规定，追究这类犯罪的刑事责任。

第十章 国际刑法的适用

一、国际刑法的适用模式

国际刑法作为禁止和制裁国际犯罪的法律规范，它只有实际运用于制裁国际犯罪的实践，只有对实际发生的国际犯罪产生效力，才能发挥其在国际社会生活中的作用，体现其自身存在的价值。国际刑法规范是在国际社会意思表示一致的基础上形成的，而国际社会又是由政治利益不同、经济发展水平各异、社会结构和文化传统亦不尽相同的各个各自独立的国家组成的，因此国际刑法的产生是极其艰难的。然而，已经形成的国际刑法规范，如果不能有效地适用于已经发生的国际犯罪，不能在禁止和制裁国际犯罪的实践中发生作用，它的存在就将形同虚设，它的前景也将暗淡无光。因此，对国际刑法的关注必然包含着对其适用情况的关注，对国际刑法的研究亦不能不研究它的适用问题。

国际刑法在其发展过程中，出现过两种适用模式。它们都已为国际刑法学者和国际法学者们注意到了。这两种适用模式就是欧洲国际军事法庭和远东国际军事法庭在审判第二次世界大战中的战争罪犯中所预示的直接适用模式（the direct enforcement schemes）和各国国内刑事司法中审判国际犯罪分子所表现出的间接适用模式（the indirect enforcement schemes）。

375

正是这两种模式的不断演进，促进了国际刑法的形成和发展。

（一）直接适用模式

直接适用模式是指由一个内部协调一致的刑事司法系统直接把国际刑法的制裁性规范适用于实施了国际犯罪的主体。

第一次世界大战以后，国际社会就试图建立一个国际性的特别刑事法庭来审判违反战争法规和习惯的战争罪犯。1919 年 6 月 28 日签订的《协约及参战各国对德和约》即《凡尔赛和约》规定把德国皇帝威廉二世作为主要战犯交付国际法庭审判；德国及其同盟国的军队人员中严重破坏战争法规和惯例者交由各国单独或数国联合组成的军事法庭进行刑事制裁。为了该项规定的执行，协约国专门设立了调查破坏战争规则罪行的特别委员会即关于战争发动者刑事责任和刑罚执行委员会。但是由于威廉逃到荷兰，而荷兰政府拒绝引渡，以致对威廉二世的国际审判成为泡影。同时由于德国拒不接受《凡尔赛和约》中关于由协约国单独或联合审判犯有战争罪行的德国军人的规定，协约国不得不与德国达成妥协，同意由德国法院来审判德国有关人员。其结果，协约国提交审判的 900 名战争罪行的犯罪嫌疑人，只有 12 人最终受到了审判，其中一些还被宣告无罪。

第二次世界大战以后，欧洲国际军事法庭在纽伦堡进行的审判[1]和远东国际军事法庭在东京进行的审判[2]，使由一个

---

〔1〕 纽伦堡审判（the Nuremberg Trial）由美、英、法、苏四个国家选派的法官、助理法官和主诉检察官组成国际军事法庭，自 1945 年 11 月 20 日始，至 1946 年 10 月 1 日止，对纳粹德国的战争罪行进行了审判。法庭共起诉了 24 名纳粹德国主要战犯，其中 12 人被判处绞刑，4 人被判处终身监禁，3 人被判处 10—20 年有期监禁，3 人被宣告无罪，另有 1 人在审判前自杀，1 人被转交其他法庭审判。法庭还判决纳粹党政治领袖集团、党卫队、盖世太保三个组织为犯罪组织。

〔2〕 东京审判由澳、美、中、英、苏、加、法、荷及新西兰、印度、菲律宾等 11 个国家的法官、检察官组成远东国际军事法庭，自 1946 年 4 月 19 日通告成立，先后对 28 名战争罪犯进行了审判。1948 年 11 月 12 日对其中 25 名被告人宣告判处甲级战犯东条英机等 7 人绞刑、甲级战犯荒木真夫等 16 人无期徒刑、甲级战犯 2 人 7—20 年有期徒刑（另有 3 人因在关押期间病死或患有精神病而被法庭撤销或中止了审判）。

权威的国际司法机构审判战争罪犯的构想成为现实。这两个国际法庭的审判活动，为建立常设的国际刑事司法系统进行了尝试，并提供了经验。但是也应当看到，这两个法庭的审判都是在战争取得胜利的前提下进行的非常规的审判，审判的成功在很大程度上借助了军事手段。

20世纪末，按照联合国安理会的决议，特设了两个国际刑事法庭，即前南斯拉夫问题国际刑事法庭和卢旺达问题国际刑事法庭。前者是为了起诉"应对1991年以来前南斯拉夫境内所犯的严重违反国际人道主义法行为负责的人"而特设的，其管辖的罪行包含严重违反1949年各项《日内瓦公约》的情事、违反战争法和惯例的行为、灭绝种族和危害人类罪。后者是为了起诉"应对1994年1月1日至1994年12月31日期间在卢旺达境内的种族灭绝和其他严重违反国际人道主义法行为负责者和应对这一期间邻国境内种族灭绝和其他这类违法行为负责的卢旺达公民"而特设的，其管辖的罪行包含灭绝种族和危害人类罪，以及严重违反1949年《日内瓦公约》的共同第三条和《第二附加议定书》的行为。这两个特设的国际刑事法庭，与"二战"后设立的两个国际军事法庭相比，具有一定的优越性。它是国际社会依据已有的国际公约进行的审判，而不是由战胜国单方面对战败国所进行的审判，因而具有国际刑法适用的意义。但是这两个法庭对联合国的依赖过多，以致其独立性受到质疑。并且，其效率低下而成本巨大，难以成为国际刑法适用的理想模式。

在现代法治社会，国际刑法规范通过独立的国际刑事司法系统直接适用于罪犯的模式，仍然面临着许多困难。直接适用模式首先意味着在国际社会上建立一个超越各国主权的、独立的刑事司法系统，它对国际犯罪追究刑事责任的活动不受国度的限制。否则，它就无法确保对国际犯罪直接追究其刑事责任。而这种独立于各国主权的国际刑事司法系统在客观上缺乏运行的空间，难以脱离主权国家而存在。其次，直接适用模式也意味着建立统一的国际刑事司法制度。没有统一的国际刑事司法制度，国际刑事司法系统就没有可资遵循的活动规则。尽管近年来出现了一些相关国际法律文件，但是作为一种司法制度，还缺乏完整性。再次，直接适用模式还意味着建立统一的刑罚体系和行刑制度。因为世界各国在刑罚体系和行刑制度上始终存在的明显差别，使得对任何一个国际犯罪确定的刑事责任几乎都无法同时符合各个国家的国内刑法。要直接把国际刑法适用于国际犯罪，就必须在各国的刑罚体系之外建立起独立统一的刑罚体系。然而，直接适用模式的上述三个要求，其中任何一个都意味着对作为国家主权重要组成部分的刑事管辖权的削弱甚至破坏，都需要有关国家在一定程度上放弃或出让自己的刑事管辖权。这在固守国家主权的现代国际社会中是很难行得通的。

尽管如此，建立国际刑法直接适用模式的尝试仍在进行。一方面，这是惩罚危害国际社会和人类共同利益的客观需要；另一方面，国际社会已有的实践为人们实现这种构想提供了信心和勇气。特别是国际刑事法院的建立，使人们在一定程度上看到了国际刑法直接适用模式的曙光。

（二）间接适用模式

间接适用模式是指通过各个国内刑法和国内刑事司法系统把国际刑法的制裁性规范适用于实施国际犯罪的主体。国际刑法在国际社会具有普遍适用的效力，但是这种普遍适用的效力，由于没有统一的超越国度的国际刑事司法系统，因而无法直接适用于实施国际犯罪的主体。通过各个国内刑法和国内刑事司法系统的媒介和转换作用，使国际刑法适用于实施国际犯罪的主体，从而具有了间接性。

间接适用模式是目前国际社会上适用国际刑法的基本模式。一方面，国际刑法规范是国际社会在共同意愿、共同协商的基础上制定的，反映了世界各国的共同要求，也设定了各个缔约国的义务。每个缔约国都有义务将国际刑法规范作为本国法律制度的组成部分，通过国内的刑事司法系统适用于国际犯罪。另一方面，国际刑法所规定的国际犯罪本身都是危害世界各国和各国人民共同利益的行为，各个国家无论是在道义上还是在利益需求上都应该发挥国内刑事司法系统的功能来惩治国际犯罪。同时，国内刑事司法系统在惩治发生在其国内的或者罪犯出现在其领域内的国际犯罪方面，具有很大的优越条件，能够比较顺利地进行追诉活动。因此，利用各个国家的国内刑事司法系统惩治国际犯罪，应该成为国际刑法适用的主要和常规模式。

关于这种适用模式，M. C. 巴西奥尼教授在其《国际刑法及国际刑法典草案》中指出了它的缺点。他认为，这种适用模式的缺点是："（1）把按条约义务行动的全部责任归诸各国；（2）对各国遵守条约义务没有规定权威性监督；（3）没有为各国间发生冲突提供解决办法；（4）对成为各国合作事项的客体的个人，没有规定保护措施；（5）没有全面综合结构；（6）未提供草拟具体规范的标准或一般规则；（7）没有适用于特定违法行为的专门条款的统一标准或一般规则；（8）没有犯罪学政策；（9）没有一套保证执行机构遵守的制度；（10）它的适用和执行是不稳定的，并且执行机构易受其国内政治因素的影响。"[1] 巴西奥尼教授指出的这些缺点，有些是间接适用模式在国际刑法的发展中可以逐渐克服的，有些则是间接适用模式本身所无法克服的。间接适用模式在目前的国际环境下，可以说是比较可行的适用模式。但是，也应该承认，上述缺点的存在，在一定程度上妨碍了国际刑法的发展。

间接适用模式包含着两个不可分割的方面：一是国际刑法的国内适用；二是国家之间的刑事合作。在国际社会尚无统一的国际刑事司法系统的情况下，国际刑法只有通过各国的国内刑事司法系统才能有效地适用于各个国际犯罪。离开了各个国内刑事司法系统在本国主权范围内的具体适用，国际刑法就只能是纸上谈兵，而难以成为广泛的国际实践，难以在惩治国际犯罪中发挥应有的作用。同时，国内刑事司法系统在适用国际刑法制裁国际犯罪的过程中，即使国际刑法规范已经变成国内刑法的一部分，由于国际犯罪的特殊性，也往往受到他国主权的限制或者与他国的刑事管辖权发生冲突。在这种情况下，离开了国家之间的刑事合作，国际刑法的适用也是难以实现的。因此，国际刑法的适用和发展，在很大程度上依赖于这两个方面的完善和强化。

二、国际刑事法院

如上所述，国际刑法的直接适用模式依赖于一个独立的国际刑事司法机构（an international machinery of criminal justice）的建立。于是，建立国际刑事法院（the international criminal court）或国际刑事法庭（the international criminal tribunal），便成为一些热衷于直接适用模式的组织和学者不断努力的目标。

---

〔1〕 参见 M. C. Bassiouni, International Criminal Law – A Draft of International Criminal Law, Sijthoff & Noordhoff International Publishers 1980. P23.；M. C. Bassiouni, A Draft International Criminal Code and Draft Statute for an International Criminal Tribunal, Martinus Nijhoff Publishers, p70.

第十章　国际刑法的适用

（一）建立国际刑事法院的努力

建立国际刑事法院的努力始于第一次世界大战后。[1] 在第一次世界大战中，欧洲公众对记录在案的诸如虐待战俘、不严格限制海底战和屠杀亚美尼亚人等暴行表现出极大的愤慨。战后，不少人呼吁惩罚战争罪犯。1919 年 1 月 25 日，由战胜国的代表组成十人委员会，以追究战争犯罪的责任和行使惩罚权。该委员会同意由轴心国对第一次世界大战负责，并且认定他们使用野蛮和不合法的战争方法违犯了战争法、侵犯了人权。然而，在哪个个人为这些战争犯罪负责任以及用何种机制制裁战争罪犯的问题上，委员会内部产生了分歧。欧洲国家的观点是不考虑主权问题，所有人都应当对国际社会负责，当他们违反了战争法、战争惯例并侵犯了基本人权时，就应受到惩罚。他们同意成立一个由战胜各国组成的高级法庭审判德国皇帝威廉姆二世。美国和日本则认为，按照国际法，审判主权国家的领导人没有根据。虽然按照 1919 年签署的凡尔赛条约第 227—230 条，欧洲观点占主导地位，作出了惩罚和审判个人包括德国皇帝的决定并使德国皇帝在一个由来自战胜国的五名法官组成的特殊法庭上以严重违反国际道德和条约的神圣性的准犯罪受到指控，但由于荷兰政府不同意引渡威廉二世而未能成功。

有人则认为，建立国际刑事法院的第一次努力，出现在 1937 年 11 月 16 日国际遏制恐怖主义大会最后文件第二部分《建立国际刑事法院公约》（the Convention for Creation of an International Criminal Court）中。该公约以 56 个条文的篇幅，全面构想了国际刑事法院的管辖范围、法庭组成、活动方式的规

---

〔1〕 亦有人认为，世界上第一个国际刑事法院建立于 1474 年罗马帝国〔M. C. Bassiouni, Draft Statute International Criminal Tribunal，9 Novellas Etudes Penales 1992.，p29〕。不过，这与现在我们所说的国际刑事法院不具有同一意义。

则、被告人的权利，以及国际刑事法院与《防止和惩治恐怖主义公约》的关系等。但是该公约与《防止和惩治恐怖主义公约》一样，未能生效。[1]

第二次世界大战以后，纽伦堡军事法庭和远东军事法庭审判战争罪犯的实践，使建立国际刑事法庭从构想走向现实。

1946 年 12 月 11 日联合国大会通过的第 95（1）号决议肯定了由纽伦堡国际军事法庭宪章和判决所确定的国际刑法原则，将建立国际刑事法院的尝试从一战后的失败推向新的前景。1947 年联合国建立了国际法委员会，界定纽伦堡宪章和判决所确定的法律原则并起草侵犯人类和平与安全犯罪的草案以确认该原则。1948 年，联合国大会要求国际法委员会研究建立国际刑事司法机构的必要性和可行性。当时，国际法委员会任命了两个专门汇报人——埃弗和桑斯道姆研究建立国际刑事法院。埃弗 1950 年提交了一份报告，认为国际刑事法典必须由有强制措施的刑事法庭实施。桑斯道姆则认为建立这样的法庭时机还未成熟。当时大多数人持这种观点。但国际法委员会向大会提交的报告认为建立这样的法院是可行的和必要的。

鉴于国际法委员会的报告，联合国安理会成立了一个专门委员会起草建立国际刑事法院的规则。1951 年该委员会向安理会提交了一份报告和《国际刑事法院法规草案》（Draft Statute for an International Criminal Court）。该草案设想将国际刑事法院作为一种常设机构，但只能审理提交给它的案件。1953 年，安理会又建立了一个专门委员会进一步研究和重新审查 1951 年草案。第二个委员会修订了草案并提交了报告。但是由于"冷

———————————

〔1〕 International Criminal Law, edited by M. Cherif Bassiouni, Transnational Publishers, Inc., 1986. V. 1. p. 6 - 7.

战"的出现,这个报告被搁置了。

然而联合国在它通过的一些国际刑法公约中并未放弃将来建立国际刑事法院或国际刑事法庭的设想。在联合国大会 1948 年 12 月 9 日通过的《防止及惩治灭绝种族罪公约》(第六条)和 1973 年 11 月 30 日通过的《禁止并惩治种族隔离罪行国际公约》(第五条)中,都提到由一个国际刑事法庭(international penal tribunal)审判这类犯罪的设想。

此外,为了倡导国际刑法的直接执行模式,一些国际法学者和国际组织一直在讨论和建议建立国际刑事法院。例如,赖特 1952 年在美国国际法杂志上提出的"国际刑事法院议定书";J. 斯通和 R. 沃特泽尔 1970 年出版的《接近可行的国际刑事法院》;科斯－拉伯塞威泽－朱布考斯基 1977 年在加拿大国际法年鉴上发表的"国际刑事法院的创设与国际司法管辖",特别是巴西奥尼 1987 年提出的《国际刑法典和国际刑事法院法规草案》等。国际法学会、国际刑法学协会等学术团体以及联合国的一些内设机构,一直在研究建立国际刑事管辖权和国际刑事法庭的问题,特别是对付某种犯罪的国际刑事司法机构,如对付反和平罪和反人道罪、毒品犯罪等。在此背景下,1989 年,联合国大会要求国际法委员会提交一份关于建立国际刑事法院以起诉从事国际贩卖毒品的人。国际法委员会第六委员会于 1992 年底向联合国大会提交了一份报告,就建立一个国际刑事法院以确立对跨国境非法贩卖毒品及其他跨国性犯罪活动的管辖权。1992 年联合国大会审议国际法委员会关于起草惩治反人类和平与安全罪法典草案的工作时,在 1992 年 11 月 25 日第 47/33 号决议中,要求国际法委员会详尽阐述常设国际刑事法院法规草案。

值得一提的是,1991 年以后,在前南斯拉夫地区发生了长时间的诸如大规模屠杀、种族灭绝等严重侵犯人权的暴行。这促使联合国安理会于 1993 年 5 月 25 日通过成立前南国际刑事法庭的决议，以审判在前南斯拉夫地区实施的犯罪。[1] 1994年，安理会又按照同一程序建立了卢旺达国际刑事法庭，审判在卢旺达国内及周边国家实施的犯罪。

前南斯拉夫国际刑事法庭和卢旺达国际刑事法庭的建立及其理由，促使联合国再次提出了建立国际刑事法院的动议。1996 年 12 月 17 日联合国大会通过了关于建立国际刑事法院的决议〔U. N. GENERAL ASSEMBLY RESOLUTION ON THE ESTABLISHMENT OF AN INTERNATIONAL CRIMINAL COURT (U. N. Doc. A/51/627)〕。按照该决议，1998 年 6 月 15 日—7月 17 日在意大利首都罗马召开了一个联合国全权代表外交会议。参加这次会议的有联合国会员国、联合国专门机构会员国、国际原子能机构会员国共 160 个国家的代表，另有 17 个政府间组织、14 个联合国专门机构和基金会、124 个非政府间组织的代表与会。会议审议并通过了国际刑事法院筹备委员会提交的《国际刑事法院规约草案》和《关于建立国际刑事法院的最后文件》。

（二）国际刑事法院规约起草过程中的争论

原国际刑法学协会主席的巴西奥尼教授，于 1987 年组织

---

〔1〕 1991 年到 1993 年，前南斯拉夫地区发生了种族清洗事件。根据联合国决议，前南斯拉夫国际刑事法庭 1993 年 11 月 17 日正式成立，2017 年 12 月 31 日正式关闭。其间，共起诉了 161 名涉嫌在前南斯拉夫战争中犯下灭绝种族罪、危害人类罪和战争罪的嫌疑人。

起草的《国际刑事法院规约草案》[1]，由 10 章 55 个条文和 3 个附录组成。第一章定义（Definitions），共有 11 条，分别规定了"公约""法规""国际刑事法庭""法院""常设委员会""检察官""秘书处""法官""检察长""秘书长""犯罪"等用语的含义。第二章一般规定（General Provisions），共有 2 条，包括国际刑事法庭的宗旨、性质和地址。第三章法庭组织（Organs of Tribunal），共有 5 条，规定了法院、检察官、秘书处、常设委员会等机构的设置。第四章管辖与可适用的法律（Jurisdiction and Applicable Law），共有 3 条，规定了法庭管辖的基础、可适用的法律和制裁。第五章法庭的公正程序和规则（Procedures and Rules of the Fairness of the Tribunal），有 1 条，规定了法庭可适用的程序和规则的标准。第六章法庭的刑事诉讼（The Penal Processes of the Tribunal），共有 7 条，分别规定了诉讼的一般原则、诉讼的开始、预先审查程序、法庭审理、判决、上诉、判决的监督等。第七章一般制度（General Institutional Matters），共有 5 条，规定了法院制定规则的权力、法院组成人员的豁免、私人律师、宣誓、预算的批准等。第八

---

〔1〕 1976 年，国际刑法学协会理事会委托当时任协会秘书长巴西奥尼（现为国际刑法学协会主席）起草国际刑法典草案。巴西奥尼经过三年的努力从 100 多年以来 32 个国家的 1800 多种国际法文件和著作中筛选出有关国际刑事规范性质的资料加以分类整理和分析评价，并根据他自己对国际刑事的基本认识和国际刑法学协会的主流意识，起草了一个《国际刑法典草案》。1984 年 5 月，国际刑事科学高级研究所召开了一个来自 30 个国家大约 130 位学者参加的会议，就发展国际刑法这一问题进行了深入的讨论。与会者在肯定该草案的研究成果的同时，建议作者草拟一个包含建立国际刑事法庭在内的新文本。根据这次会议的建议，巴西奥尼又在《国际刑法典草案》的基础上增加了有关国际刑事法庭规则的内容，以《国际刑法典及国际刑事法庭规约草案》（A Draft International Criminal Code and Draft Statute for an International Criminal Tribunal）为名，于 1987 年 7 月用英文公开出版。1992 年，巴西奥尼根据国际刑法的发展，进一步修改了他先前起草的草案，以《国际刑事法庭规约草案》（Draft Statute International Tribunal）为名提出了一个新的规约草案。此外，巴西奥尼也是联合国国际刑事法院筹备委员会规约起草委员会的主席。

章司法协助及其他形式的国际合作（Judicial Assistance and Other Forms of International Cooperation），共有 9 条，分别规定了司法协助的申请与性质、与非缔约国的合作、司法协助与合作的一般规则、或引渡或起诉原则等。第九章公正的基本原则（Basic Principles of Fairness），有 1 条，规定了个人的权利。第十章一般条约条款（General Treaty Provisions），共有 11 条，分别规定了争端的解决、保留、签署等有关国际刑事法院法规的公约的一般事项。三个附录分别规定了国际刑事法庭根据不同情况行使管辖权的犯罪种类。

国际法委员会 1994 年起草的《国际刑事法院规约草案》，由 8 个部分 60 个条文和一个附录组成。第一部分"国际刑事法院"（The Court），共有 4 条，规定了国际刑事法院的建立、法院和联合国的关系、法院的所在地、法院的地位、法院判决的法律依据和效力等。第二部分"法院的组成和管理"（Composition and Administration of the Court），共有 15 条，分别规定了法院的机构、法官的资格和选举、空缺和补选、法院的领导机构、合议庭、法官的独立性、法官资格的取消和辩解、检察机构的组成与职责、注册处的组成及其运作、法官及法院其他官员的就职宣言、职务的罢免、特权与豁免、津贴与费用、工作语言和法庭规则等。第三部分"法院的管辖权"（Jurisdiction of the Court），共有 5 条，规定了法院管辖权的犯罪、管辖的前提、管辖的受理、安理会的起诉权、法院行使管辖权的责任。第四部分"侦查与起诉"（Investigation and Prosecution），共有 7 条，分别规定了控告、侦查、起诉的实施、逮捕、审前拘留或释放、起诉通知书、起诉援助人的指定。第五部分"审判"（The Trial），共有 16 条，分别规定了审判地、援引的法律、法院可采纳的事项、诉讼程序、开庭审理、合议庭的作用和权力、罪刑法定原则、无罪推定、被告的权力、一事不再理，被告人、被害人和证人的保护，证据、法官的法定人数与判决、宣判、可适用的刑罚等。第六部分上诉与重审（Appeal and Review），共有 3 个条文，规定了不服裁定或判决的上诉、上诉的程序、重审等。第七部分"国际合作和司法协助"（International Cooperation and Assistance），共有 7 条，分别规定了当事国与法院的合作与司法协助、临时措施、将被告移交法院、或引渡或起诉的义务、社会性规则、与非当事国的合作、通讯与文件。第八部分"执行"（Enforcement），共有 3 条，规定了判决的认可、判决的执行、赦免、假释和减刑等。此外还有一个附录（Annex），规定了条约规定的犯罪。

从 1996 年 12 月到 1998 年 1 月，国际刑事法院筹备委员会组成 8 个专门工作小组，对国际法委员会起草的《国际刑事法院规约草案》反复进行了多次广泛、深入地讨论，提出了许多修改补充建议。其中，争议较大的主要有：国际刑事法院管辖的犯罪范围及其定义；国际刑事法院与国内司法系统的所谓"互补性"；引起国际刑事法院管辖权的途径；刑法的一般原则；程序问题；公正审判与被告人的权利；国际合作及司法协助等。[1]

1. 关于国际刑事法院的管辖权问题

关于国际刑事法院的管辖权，主要涉及两个问题：

第一，管辖权的范围问题，即国际刑事法院可以对哪些犯

---

〔1〕 Mauro Politi, "The Establishment of an International Criminal Court at a Crossroads: Issues and Prospects After the First Session of the Preparatory Committee", The International Criminal Court: Observations and Issues Before the 1997 – 98 Preparatory Committee; and Administrative and Financial Implications, International Human Right Law Institute, DePaul University Chicago. 1996. p115.

罪行使管辖权？

按照国际法委员会起草的规约草案，国际刑事法院可以对以下 5 个方面的犯罪行使管辖权：（1）灭种罪（the crime of genocide）；（2）侵略罪（the crime of aggression）；（3）严重违犯可适用于武装冲突的法律和惯例的犯罪（serious violations of the laws and customs applicable in armed conflict）；（4）反人道罪（crimes against humanity）；（5）条约犯罪（treaty crimes），即按照条约条款构成的犯罪（crimes, established under or pursuant to the treaty provisions）。

但是按照巴西奥尼起草的规约草案，国际刑事法院的管辖权要区分四种不同的情况，分别解决：（1）解决当事国之间的争端（Resolution of disputes between State - parties）：就国际刑法公约可适用的犯罪（附录一所列的犯罪），有关当事国在或引渡或起诉的义务、刑事管辖冲突、引渡、多边法律援助及刑事合作等方面发生冲突时，国际刑事法院可进行裁决；（2）原始管辖（Original jurisdiction）：对于当事国已经同意的自然人实施的附录二所列犯罪，国际刑事法院可直接对其进行起诉、审判和执行判决；（3）并存管辖（Concurrent jurisdiction）：以一方当事国明示或默示同意为基础，或者以刑事诉讼的移转为基础，国际刑事法院可对自然人实施的附录三所列犯罪进行审判、起诉或执行判决；（4）特别管辖（Ad Hoc jurisdiction）：一方当事国愿意提交国际刑事法庭管辖的自然人实施的附录一所列犯罪，国际刑事法院可直接对其进行起诉、审判和执行判决。

对管辖范围的不同界定，反映了上述两个法规草案对国际刑事法院管辖权的不同理解。这种不同理解，在筹备委员会组织的讨论中得到进一步地争论。其中包括[1]：（1）国际刑事法院的管辖权中要不要包括侵略罪？国际刑事法院管辖的是侵略行为还是侵略战争？国际刑事法院所要追究的是个人的刑事责任还是国家的刑事责任？不论是在国际法委员会的专家们中间还是在各国的代表们中间，都存在着截然不同的观点。（2）条约规定的犯罪是否全部包括在国际刑事法院的管辖权范围内？代表们的观点也是不尽相同的。（3）国际刑事法院的管辖权中是否包括毒品犯罪？包括哪些毒品犯罪？有些国家的代表认为，国际刑事法院的管辖权中不仅应当包括毒品犯罪，而且国际刑事法院的检察官应当干预对毒品犯罪的国内调查；国际社会同意的毒品犯罪应当作为一个整体由国际刑事法院管辖。有的认为，只有当一个国家已经决定放弃对某个毒品犯罪的管辖时，国际刑事法院才有权管辖该案件。有些国家强烈反对国际刑事法院拥有对毒品犯罪的管辖权。

第二，引起国际刑事法院管辖权的途径，即国际刑事法院受理案件的来源问题。

按照国际法委员会起草的法规草案，国际刑事法院只能对成员国的控诉和安理会交办的案件行使管辖权。也就是说，国际刑事法院管辖的案件只能来自有关国家或者联合国的控诉或提议。具体地说，这种控诉必须由联合国的成员国提出；在灭种罪案件中，控诉方必须是 1948 年灭种罪公约的成员国；在其他犯罪中，国家的定义必须是国际法上规定的有管理权和国界的实体，并且同意国际刑事法院的管辖权。国际刑事法院的

---

〔1〕 Leila Sadat Wexler, First Committee Report on Jurisdiction, Definition of Crime and Complementarity, The International Criminal Court: Observations and Issues Before the 1997 - 98 Preparatory Committee; and Administrative and Financial Implications, International Human Right Law Institute, DePaul University Chicago. 1996. p164 - 168.

检察官只能根据有关国家的控诉或者联合国的提议，进行调查和起诉。

对此，有些国家的代表提出了不同意见，认为这一规定剥夺了国际刑事法院直接的刑事管辖权。巴西奥尼提出的法规草案也主张根据不同情况来解决国际刑事法院的案件来源。

2. 关于国际刑事法院管辖的国际犯罪

管辖问题争议的实质是如何定义国际犯罪。关于国际犯罪的定义，实际上也涉及两个问题：

（1）国际犯罪的范围问题

国际刑事法院管辖的犯罪只限于国际刑法公约中规定的国际犯罪，还是也包括国际条约以外的犯罪？这是在国际刑事法院管辖问题上激烈争论的问题之一。

国际法委员会起草的规约草案关于国际刑事法院管辖的案件的规定，使用了"严重违犯可适用于武装冲突的法律和惯例的犯罪"（serious violations of the laws and customs applicable in armed conflict）的用语，这实际上包括了习惯国际法（customary international law）或一般国际法（general international law）中的犯罪。这个问题在讨论中引起了激烈的争论。有的引用审判战争犯罪的国际实践和前南斯拉夫国际法庭的规定以及国际人权法的要求，论证这个规定的根据。但是有的引用法规草案中确认的一般法律原则即罪刑法定原则来否定这个规定存在的合理性，认为这个规定使犯罪的定义过分含糊，使犯罪的构成要件难以把握。

（2）国际犯罪的定义问题

由于一般国际法和习惯国际法没有关于犯罪要件的明确规定，所以，反对国际刑事法院管辖一般国际法和习惯国际法上的犯罪的理由之一，便是强调罪刑法定原则关于犯罪定义的明确性，要求国际刑事法院法规草案就国际刑事法院管辖的犯罪明确规定犯罪定义。有的要求明确区分条约规定的不法行为与犯罪行为；有的要求划清条约禁止的行为与条约规定可给予刑事制裁的行为的界限。特别是对国际公约中作为类犯罪规定的犯罪究竟包括哪些具体犯罪，各国代表争论激烈。有的引用前南斯拉夫特别法庭宪章第5条的规定，认为只要是在武装冲突中直接针对任何居民实施的谋杀、灭绝、奴役、放逐、监禁、酷刑、强奸，基于政治、种族、宗教原因的起诉，以及其他非人道行为，不论其特征是国际的还是国内的，都构成反人道罪，国际刑事法院都有权对实施这类行为的责任人员进行起诉。但是有观点认为，这种观点对反人道罪的定义过于宽泛，超出了日内瓦四公约的范围。尤其是"其他非人道行为"，缺乏明确的定义和明文规定的构成要件，违背了罪刑法定原则的基本要求。

3. 国际刑事法院与联合国的关系问题

关于国际刑事法院与联合国的关系，是国际刑事法院规约起草过程中争论的重大问题之一。一种观点认为，国际刑事法院虽然不是联合国的一个分支机构，但与联合国的紧密关系是必须的。国际刑事法院在某些问题上应当接受联合国的指令。有些人甚至期待用正式的文件确立这种关系，甚至有人认为起草有关这种关系的协议应当在1998年全权大使会议上和国际刑事法院法规一起批准。但是也有人强调国际刑事法院应当独立于联合国安理会，认为它与联合国的关系主要是交换情报和文件，以及在主要问题上进行合作，不能把国际刑事法院作为联合国解决政治问题的工具。还有观点认为，国际刑事法院应当成为联合国的一个专门的、独立的常设机构。[1] 国际刑事法院和联合国的关系应像国际海洋法庭或国际原子能机构同联合国那样的一种特殊关系。这个问题争论的实质是国际刑事法院的管辖权是否受制于联合国。

国际刑事法院与联合国安理会的关系，是一个复杂的问题。虽然国际刑事法院被描述为是独立于联合国的一个机构，但是，按照国际法委员会提出的规约草案，国际刑事法院的管辖权在下列三种情况下要受到联合国安理会的限制：（1）安理会提出或指令国际刑事法院受理的案件；（2）安理会已经处理过的案件，国际刑事法院不能受理；（3）如果控诉的是侵略行为，在安理会对该种行为定性之前，国际刑事法院不能受理。对此，有些国家的代表认为，这种规定剥夺了国际刑事法院管辖权的有效性。他们认为安理会和国际刑事法院是不同的实体，履行着不同的职责。安理会依其权力作出决定，而法院是以事实和法律作判决。国际刑事法院的管辖权及其审理结果，不应受制于联合国。

这个问题也涉及国际刑事法院中检察官的地位。按照该规约草案，检察机构是国际刑事法院的一个独立机构，它依该规约对起诉行为进行调查并对检察行为负责，规约禁止检察官寻求或接受任何外部指令。但是，规约中又规定，只有以下机构有权向国际刑事法院提出控告：（1）有关种族灭绝罪，只有既是法院成立大会的成员国又是 1948 年 12 月 9 日《防止及惩治灭绝种族罪公约》成员的国家才有权提出控告。（2）有关规约禁止的其他犯罪，只有法院成立会议的成员国并接受法院对指

---

〔1〕 M. C. Bassiouni, Draft Statute International Criminal Tribunal, 9 Novellas Etudes Penales 1992. p. 51.

控犯罪的管辖权的国家才有权提出指控。（3）安理会。显然，检察官虽然被描述为独立主体，但却没有提起案件的权力。有观点认为，国际法尚未发展到将国际社会作为一个整体而允许存在一个独立的检察机构的阶段。虽然国家有义务配合国际刑事法院调查，但是对于检察机构，大多数国家不支持其直接起诉的权力。因此，国际刑事法院审理的案件，应当是当事国或者联合国安理会提起的案件。但也有人认为检察官没有必要依附于国际上的任何国家利益。确定国际刑事法庭的管辖，应当将国际社会作为一个整体，主要从保护国际社会的整体利益出发。而国家不可能一直依据国际社会的利益行事，因为国家利益与国际社会的整体利益有时并不一致。给予检察官独立的调查权将阻止各国通过有效地施加抱怨将法庭作为解决政治仇恨的工具。因此建议，国际刑事法院的检察官应当享有类似于南斯拉夫和卢旺达特别法庭检察官那样的权力，可以以个人名义直接向国际刑事法院提起案件。

4. 国际刑事法院与国家的关系

国际刑事法院法规草案在序言中指出，国际刑事法院与国家之间的关系是一种"互补"（complementarily）关系，即"国际刑事法院是国内刑事司法体系的补充，它审理各国国内法院无法审理或审理效果不好的案件"。这意味着国际刑事法院不排除各国国内法院管辖权的存在，也不取代现存的引渡制度和国际司法协助。这种关系保证国际刑事法院仅审理性质特别严重的、侵犯国际社会整体利益的犯罪。但这方面也存在许多问题，如在缺乏明确标准的情况下，国际刑事法院如何判断何为国内法院不能有效行使管辖权？这可能会导致管辖权的冲突。

（三）《国际刑事法院规约》

按照 1996 年联合国大会决议的规定，1998 年 6 月 15 日——

7 月 17 日在意大利首都罗马召开了一个联合国全权代表外交会议，即罗马外交会议。参加这次会议的有联合国会员国、联合国专门机构会员国、国际原子能机构会员国共 160 个国家的代表，另有 17 个政府间组织、14 个联合国专门机构和基金会、124 个非政府间组织的代表与会。会议审议并通过了国际刑事法院筹备委员会提交的《国际刑事法院规约草案》。

罗马会议通过的《关于建立国际刑事法院的最后文件》的规定，《国际刑事法院规约》（即《罗马规约》）于 1998 年 7 月 17 日在罗马联合国粮农组织总部对所有国家开放签字；然后在罗马意大利外交部继续开放签字到 1998 年 10 月 17 日；此后，在纽约联合国总部开放签字到 2000 年 12 月 31 日；《国际刑事法院规约》将于联合国秘书长收到第 60 份交存的批准、接受、核准或加入的文件之日起 60 天后的首日生效。该规约已于 2002 年 7 月 1 日生效。

《国际刑事法院规约》的主要内容有：

1. 国际刑事法院的性质、地位和权力

强调国际刑事法院是具有国际法律人格并享有为行使其职能和实现其宗旨所必需的法律行为能力的常设机构，有权就本规约所提到的、受到国际关注的最严重犯罪对个人行使其管辖权，国际刑事法院根据本规约的规定，可以在任何缔约国境内，或以特别协定在任何其他国家境内，行使其职能和权力。国际刑事法院的管辖权对国家刑事管辖权起补充作用。

2. 国际刑事法院行使管辖权的范围、条件和适用的法律

按照规约的规定，国际刑事法院只能对规约规定的四种最严重的国际犯罪行使管辖权，并且必须符合一定的条件，具有可受理性。国际刑事法院可适用的法律，首先，是本规约、《犯罪要件》和国际刑事法院的《程序和证据规则》；其次，

可根据情况适用可予适用的条约及国际法原则和规则，包括武装冲突国际法规确定的原则；在无法适用上述法律时，适用国际刑事法院从世界各法系的国内法包括适当时从通常对该犯罪行使管辖权的国家的国内法中得出的一般法律原则，但是这些原则不得违反本规约、国际法和国际承认的规范和标准。此外，国际刑事法院还可以适用其以前的裁判所阐释的法律原则和规则。

3. 国际刑事法院可适用的刑法一般原则

这些一般原则主要是法无明文不为罪的原则，法无明文不为罪的原则，个人刑事责任原则，对不满 18 周岁的人不具有管辖权的原则，官方身份无关性原则，不适用时效原则等。规约还规定了不负刑事责任的若干事由。

4. 国际刑事法院的组成和行政管理规则

按照规约的规定，国际刑事法院由四个机关组成，即由下列机关组成：院长会议；上诉庭、审判庭和预审庭；检察官办公室；书记官处。院长会议由院长和第一及第二副院长组成，其职能是适当管理本法院除检察官办公室以外的工作，并履行依照本规约赋予院长会议的其他职能。上诉庭由院长和 4 名其他法官组成，审判庭由至少 6 名法官组成，预审庭也应由至少 6 名法官组成，分别履行国际刑事法院的司法职能。检察官办公室负责接受和审查提交的情势以及关于本法院管辖权内的犯罪的任何有事实根据的资料，进行调查并在本法院进行起诉。检察官办公室由检察官领导，检察官（在一名或多名副检察官的协助下）全权负责检察官办公室包括办公室工作人员、设施及其他资源的管理和行政事务。书记官处在不妨碍检察官职责和权力的情况下负责本法院非司法方面的行政管理和服务。书记官长领导书记官处的工作。书记官长在本法院院长的权力下行事。规约还规定了国际刑事法院法官、检察官的任职资格、产生方式及其职务保障等。

5. 程序和证据规则

规约对国际刑事法院在调查、起诉、审判其管辖范围内的犯罪时应当遵循的程序规则和证据规则，以及上诉、刑罚执行等程序规则，作了明确的规定。

6. 对被害人的赔偿和对犯罪人处刑实体规范

按照规约的规定，国际刑事法院应当制定赔偿被害人或赔偿被害人方面的原则。国际刑事法院可以应请求，或在特殊情况下自行决定，在裁判中确定被害人或被害人方面所受的损害、损失和伤害的范围和程度，并说明其所依据的原则；可以直接向被定罪人发布命令，具体列明应向被害人或向被害人方面作出的适当赔偿，包括归还、补偿和恢复原状；可以酌情命令被定罪人向用于援助本法院管辖权内的犯罪的被害人及其家属的信托基金交付判定的赔偿金。规约规定，对于被判实施了国际刑事法院管辖范围内的某项犯罪的人，可以判处的主刑罚有有期徒刑（最高刑期不能超过 30 年）和无期徒刑（以犯罪极为严重和被定罪人的个人情况而证明有此必要的情形为限）。在判处主刑罚的同时，还可以判处罚金（处罚标准由《程序和证据规则》规定）或没收直接或间接通过该犯罪行为得到的收益、财产和资产（但不妨害善意第三方的权利）。

7. 国际合作和司法协助

规约详细规定了国际合作和司法协助问题，强调缔约国应当依照规约的规定，在国际刑事法院调查和起诉其管辖权内的犯罪方面，同国际刑事法院进行充分的合作，并就合作的内容、要求和程序作了明确的规定。

8. 缔约国大会及其他事项

规约明确规定了缔约国大会的设置、权力及其行使方式，争端的解决方式，以及规约的审查、修正、生效等事项。

（四）国际刑事法院的管辖权

1. 国际刑事法院管辖的范围

按照规约第五条的规定，国际刑事法院的管辖权限于整个国际社会关注的最严重犯罪。国际刑事法院根据其规约，只对下列犯罪具有管辖权：

（1）灭绝种族罪；

（2）危害人类罪；

（3）战争罪；

（4）侵略罪。

这些犯罪的构成及其要件，由规约第6—9条及缔约国大会规定的《犯罪要件》具体规定。

对于规约规定的前三种犯罪，国际刑事法院的管辖权在国际刑事法院成立后即可行使。但是对于侵略罪，在规约起草和审议过程中并没有达成一致意见。根据第二次世界大战后审判战争罪犯的实践和联合国宪章的精神，1974年12月14日联合国大会曾经通过一个《关于侵略定义的决议》。在讨论《国际刑事法院规约草案》的过程中，有的代表主张以此来定义侵略罪。但是有的代表认为，这个定义是关于侵略战争的定义，而不是关于侵略行为的定义。国际刑事法院管辖的应当是侵略行为，而不是侵略战争。[1] 由于对侵略罪的定义始终不能形成较

---

〔1〕 Leila Sadat Wexler, First Committee Report on Jurisdiction, Definition of Crime and Complementarity, The International Criminal Court: Observations and Issues Before the 1997 – 98 Preparatory Committee; and Administrative and Financial Implications, International Human Right Law Institute, DePaul University Chicago. 1996. p166 – 168.

为一致的看法，而又普遍认为国际刑事法院的管辖权应当包括对侵略罪的管辖权，所以最后通过的《国际刑事法院规约》在确认国际刑事法院对侵略罪享有管辖权的同时没有对侵略罪作出定义性的规定，只是在其第五条中规定"一旦根据本规约第121条和第123条界定侵略罪以及确定本法院应对此罪行行使管辖的条文通过，本法院应对侵略罪行使管辖权"。

2010年，根据规约第121条和第123条的规定，在《国际刑事法院规约》生效7年后，缔约国大会讨论了对规约的修正案，即关于侵略罪定义及其管辖权的决议草案。2017年12月15日，缔约国大会最终通过了《国际刑事法院规约》修正案，并决定"自2018年7月17日起，启动国际刑事法院对侵略罪的管辖权"。

按照修正案的规定，国际刑事法院对侵略罪的管辖权分别两种情况行使：一是在缔约国提交案件并由国际刑事法院检察官自行开始调查的情况下，国际刑事法院可根据规约第十三条第一项和第三项的规定对侵略罪行使管辖权。但这种管辖权要受到修正案规定条件的限制，如国际刑事法院"仅可对修正案获得三十个缔约国批准或接受一年后发生的侵略罪行使管辖权"；根据规约第十五条之二"对侵略罪行使管辖权，但需由缔约国在2017年1月1日后以通过本规约修正案所需的同样多数作出一项决定"；"可以根据第十二条，对因一个缔约国实施的侵略行为导致的侵略罪行使管辖权，除非该缔约国此前曾向书记官长作出声明，表示不接受此类管辖。此类声明可随时撤销，且缔约国须在三年内考虑撤销此类声明"；"对于本规约非缔约国，法院不得对该国国民或在其领土上实施的侵略罪行使管辖权"；"如果检察官认为有合理根据对侵略罪进行调查，他（她）应首先确定安全理事会是否已认定有关国家实施了侵略行为。检察官应将法院处理的情势，包括任何有关的资料和文件，通知联合国秘书长"；"如果安全理事会已作出此项认定，检察官可对侵略罪进行调查"；"如果在通知日后六个月内没有作出此项认定，检察官可对侵略罪进行调查，前提是预审庭已根据第十五条规定的程序授权开始对侵略罪进行调查，并且安全理事会没有根据第十六条作出与此相反的决定"；国际刑事法院"以外的机构认定侵略行为不妨碍法院根据本规约自行得出的结论"等。二是在联合国安全理事会提交案件的情况下，国际刑事法院根据规约第十三条第二项对侵略罪行使管辖权。这种管辖权的行使仅受两个条件的限制："仅可对修正案获得三十个缔约国批准或接受一年后发生的侵略罪行使管辖权"；"需由缔约国在 2017 年 1 月 1 日后以通过本规约修正案所需的同样多数作出一项决定"。

关于国际刑事法院管辖权的时间效力，《国际刑事法院规约》规定，国际刑事法院只对本规约生效后实施的上述犯罪有管辖权。如果一国在本规约生效后成为本规约的缔约国，国际刑事法院只对在本规约对该国生效后实施的犯罪有管辖权，但是该国按照本规约第十二条第三款规定声明接受管辖的除外。

2. 国际刑事法院管辖权的行使

《国际刑事法院规约》第十三条规定，国际刑事法院可以在下列三种情况下按照本规约的规定对第五条规定的犯罪行使管辖权：

（1）缔约国按照第十四条向国际刑事法院的检察官提出一个或更多的这类犯罪已经实施的情势；

（2）安理会根据《联合国宪章》第七章向国际刑事法院的检察官提出一个或更多的这类犯罪已经实施的情势；

（3）检察官按照第十五条已经对这类犯罪进行了调查。

按照规约第十五条的规定，检察官可以基于其所掌握的关于国际刑事法院管辖范围内的犯罪的信息自动发起调查。检察官应当严肃认真地分析所收到的信息。为此目的，他（或她）可以从各个国家、联合国组织、政府间或非政府间组织或者他（或她）认为适当的可靠来源收集进一步的信息，可以在本法院所在地接受书面的或口头的证词。如果检察官根据其所掌握的情况认为有合理依据进入调查程序，他（或她）可以向预审法庭提出授权调查的请求并附其所收集到的资料。如果预审法庭在审查检察官提出的请求和资料之后认为有进入调查程序的合理依据，并且属于法院管辖范围内的案件，法院将授权启动调查程序。此等授权不影响法院就管辖权和案件的可接受性继后作出的决定。预审法庭拒绝授权调查的决定不排斥检察官基于对同一情势掌握的新的事实和证据再次提出调查的请求。如果在对根据第十五条第一、二款提出的情势进行初步审查之后，检察官认为所提供的信息不构成调查的合理依据，他（或她）应通知提供信息的人。不启动调查程序的决定不影响检察官就同一情势根据提供给他（或她）的新的事实和证据作出进一步的判断。

这一规定，意味着国际刑事法院的检察官在很大程度上享有直接启动调查程序的主动权。

3. 对国际刑事法院管辖权的异议及其解决方式

国际刑事法院的管辖权是作为国家管辖权的补充而出现的，因而对于国际刑事法院管辖范围内的案件，一个国家也有可能享有管辖权。在国际刑事法院的管辖权启动之后，有关国家可能对国际刑事法院的管辖权提出异议。

按照规约第十九条的规定，对于国际刑事法院行使管辖权的案件，下列人员或国家可以就国际刑事法院的管辖权或案件的可接受性提出异议：

（1）被告人或已对其发出逮捕证或出庭传票的人员；

（2）一个对该案享有管辖权且正在对该案进行调查或起诉或者已进行调查或起诉的国家；

（3）一个需要接受国际刑事法院管辖权的国家。

当有关国家或个人对案件的可接受性提出异议时，按照规约第十八条的规定，国际刑事法院的检察官要对这些异议进行初步裁定。在初步裁定的基础上，检察官可以就管辖权问题或可接受性问题要求法院裁定。

5. 国际刑事法院行使管辖权的法律原则

由于各国法律制度和法律文化传统之间的差异，国际刑事法院在行使管辖权的时候，必然会出现法律观念上的冲突。为了防止在解释和适用法律上的争议，规约在第三部分专门规定了适用法律的一般原则，以指导国际刑事法院在行使管辖权时正确地适用有关法律。这些原则是：

（1）罪刑法定原则。

（2）不溯及既往的原则。

（3）个人刑事责任原则。

（4）官职不影响刑事责任原则。

（5）领导责任原则。

（6）不适用法定时效原则。

（7）排除客观归罪原则。

（8）合理免责原则。

（五）国际刑事法院的检察官

国际刑事法院的检察官，在国际刑事法院行使管辖权的过程中，起着十分重要的作用。

国际刑事法院是一个综合性的国际刑事司法机构，在其组织结构上实行检法一体，即检察官办公室是国际刑事法院的组成部分，检察官和法官同属法院官员。但是，与法官相比，检察官在国际刑事法院具有更大的独立性。这种独立性，主要表现在以下几个方面：（1）身份的独立性。国际刑事法院的检察官、副检察官都是由缔约国大会成员进行无记名投票，以绝对多数直接选举产生的。这种产生方式决定了检察官的身份不受制于其他任何组织和个人。（2）机构的独立性。检察官办公室虽然是国际刑事法院的一个组成部分，但是作为一个独立机构，并不受国际刑事法院院长会议的领导和管理。（3）管理的独立性。检察官全权负责检察官办公室，包括办公室工作人员、设施及其他资源的管理和行政事务"；"检察官办公室成员不得寻求任何外来指示，或按任何外来指示行事"。（4）行使职权的独立性。检察官办公室应作为本法院的一个单独机关独立行事，负责接受和审查提交的情势以及关于本法院管辖权内的犯罪的任何有事实根据的资料，进行调查并在本法院进行起诉。（5）对外的独立性。国际刑事法院的检察官，以自身的名义对外独立。

检察官在国际刑事法院的运作过程中居于极为重要的地位。为了保证检察官作用的发挥，《罗马规约》赋予了国际刑事法院检察官一系列重要的职权。这些职权主要有：（1）调查权。调查权是罗马规约赋予国际刑事法院检察官的一项极为重要的权力。国际刑事法院的管辖权只能由检察官来启动，而调查是检察官启动国际刑事法院管辖权的必经程序。检察官的调查权包括初步调查权、正式调查权和特别调查权。（2）中止权。国际刑事法院检察官享有中止诉讼的权力。这种权力包括两个方面：一是决定不调查和中止调查的权力；二是决定不起诉的权力。（3）起诉权。检察官经过调查，认为某人犯有国际刑事法院管辖范围内的罪行并且应当予以追诉时，有权以书面形式向国际刑事法院预审分庭提出准备提请审判的指控。检察官对自己提出的指控，具有修改、变更和撤销的权力。（4）出庭权。检察官对于自己提出指控的案件，在国际刑事法院审判分庭开庭审理的时候，具有出席法庭的权力。（5）上诉权。检察官作为追诉犯罪的主体，可以基于下列任何一种理由，对审判分庭作出的实体裁判提出上诉：（a）程序错误；（b）认定事实错误；（c）适用法律错误。检察官为了履行客观义务，可以作为被定罪人的代表，基于下列任何一种理由提出上诉：（a）程序错误；（b）认定事实错误；（c）适用法律错误；（d）影响到诉讼程序或裁判的公正性或可靠性的任何其他理由。检察官作为诉讼当事人的一方，可以对国际刑事法院各个分庭作出的程序性裁判提出上诉：（a）关于管辖权或可受理性的裁判；（b）准许或拒绝释放被调查或被起诉的人的裁判；（c）预审分庭根据第五十六条第三款（即在紧急情况下，检察官应当采取措施保全证据二没有采取措施时）自行采取行动的决定；（d）涉及严重影响诉讼的公正和从速进行或审判结果的问题的裁判，而且预审分庭或审判分庭认为，上诉分庭立即解决这一问题可能大大推进诉讼的进行。检察官作为制约主体，有权对预审分庭的任意性授权裁判提出上诉。（6）刑罚执行中的知情权和发表意见的权利。（7）制定和修改规则方面的话语权。

检察官的职权，特别是检察官的调查权，被认为是非常广泛的和极易被滥用的权力。为了防止检察官调查权的滥用，《罗马规约》从多方面设置了制约机制。其中主要有：（1）明确规定检察官在调查方面的义务。检察官在调查中，应当遵守以下义务：（a）为查明真相，调查一切有关的事实和证据，以评估是否存在本规约规定的刑事责任。进行调查时，应同等地调查证明有罪和证明无罪的情节；（b）采取适当措施，确保有效地对本法院管辖权内的犯罪进行调查和起诉。进行调查时，应尊重被害人和证人的利益和个人情况，包括年龄、第七条第三款所界定的性别、健康状况，并应考虑犯罪的性质，特别是在涉及性暴力、性别暴力或对儿童的暴力的犯罪方面；（c）充分尊重本规约规定的个人权利。（2）明确限定检察官行使职权的范围。国际刑事法院检察官行使职权的范围仅限于国际刑事法院管辖范围内的整个国际社会关注的四种最严重犯罪，即灭绝种族罪；危害人类罪；战争罪；侵略罪[1]。并且这些犯罪必须是在《罗马规约》生效后实施的。[2]（3）明确规定检察官行使职权的条件。《罗马规约》明确规定了国际刑事法院行使管辖权的先决条件和不可受理的情况。这些先决条件和不可受理的情况都是对检察官行使职权的限制性条件。（4）通过预审分庭制约检察官。在国际刑事法院，检察官行使职权在很大程度上要受到预审分庭的制约。（5）联合国安理会的牵制。检察官开始调查的案件，完全有可能因为联合国安理会的干预而中止调查。（6）设置具体的争议解决机制。《罗马规约》所设置的争议解决机制，在很大程度上是对检察官自行调查权的牵制。（7）规则的制约。检察官行使职权的活动必须受《罗马规约》所规定的"一罪不二审"原则和刑法一般原则的制约，必须遵循《程序与证据规则》所规定的规则。

---

〔1〕 对《罗马规约》规定的妨害司法罪的调查是一种例外。

〔2〕 《罗马规约》第126条规定：规约自第60份批准书、接受书、核准书或加入书交存联合国秘书长之日起第60天后的第一个月份第一天开始生效。罗马规约实际生效时间为2002年7月1日。但是对于在第60份批准书、接受书、核准书或加入书交存后批准、接受、核准或加入本规约的每一个国家而言，罗马规约应在该国交存其批准书、接受书、核准书或加入书之日起60天后的第一个月份第一天对该国开始生效。

（六）关于国际刑事法院与缔约国之间的合作问题

国际刑事法院行使管辖权的活动依赖于有关国家的合作。第一次世界大战后协约国对德国皇帝威廉二世进行国际审判的决定因为有关国家的不合作而未能实现。这种历史的教训，以及国际刑事法院行使管辖权的有限性，使国际刑事法院规约的起草者们以及所有关注国际刑事法院的国家和人员都十分重视缔约国与国际刑事法院的合作问题。在一定意义上可以说，离开了有关国家的合作，国际刑事法院将一事无成。有鉴于此，规约设专编（第九编"国际合作和司法协助"）详细规定了缔约国与国际刑事法院的合作问题。

1. 国际刑事法院请求合作的权力

规约在规定缔约国应依照本规约的规定在国际刑事法院调查和起诉其管辖权内的犯罪方面提供充分合作的一般义务的基础上，明确规定了国际刑事法院在请求合作方面的权力。

按照规约的规定，国际刑事法院有权向任何缔约国提出合作请求，缔约国不得拒绝提供合作（"只有在要求提供的文件或披露的证据涉及其国家安全的情况下，缔约国才可以全部或部分拒绝协助请求"）。如果缔约国未按本规约的规定行事，不执行国际刑事法院的合作请求，致使本法院无法行使本规约规定的职能和权力，本法院可以在认定存在这一情况后将此事项提交缔约国大会，或在有关情势系由安全理事会提交本法院的情况下，提交安全理事会。

国际刑事法院可以邀请任何非本规约缔约国的国家，根据特别安排、与该国达成的协议或任何其他适当的基础，按规约的有关规定提供协助。如果非本规约缔约国的国家已同国际刑事法院达成特别安排或协议，但没有对根据任何这种安排或协议提出的请求给予合作，国际刑事法院可以通知缔约国大会，或在有关情势系由安全理事会提交本法院的情况下，通知安全理事会。

国际刑事法院可以请求任何政府间组织提供资料或文件。国际刑事法院也可以请求有关组织依照国际刑事法院与其达成的协议，按其主管或职权范围提供其他形式的合作和协助。

这些规定表明，国际刑事法院在请求合作方面拥有广泛的超国家的权力。这种权力对缔约国而言，具有一定的强制性，没有特别的理由，缔约国不能拒绝提供合作与协助。国际刑事法院同时还可以向任何非缔约国和任何政府间国际组织请求合作。这种合作虽然不具有强制性，但是国际刑事法院具有一定的主动性，并且可以通过缔约国大会向对方施加一定的影响。

2. 请求合作的内容

国际刑事法院请求合作的内容包括两个方面：

第一，逮捕并移交[1]某人。逮捕包括三种情况：一是逮捕并移交预审分庭对其已经发出逮捕证的人，以便对其进行审判；二是逮捕并移交已被定罪的人，以便交付执行刑罚；三是临时逮捕，即在紧急情况下，国际刑事法院可以在提出移交请求书及其辅助文件之前，请求临时逮捕被要求的人。国际刑事法院可以将逮捕并移交某人的请求书递交给该人可能在其境内的任何国家，请求该国合作，逮捕并移交该人。缔约国应依照规约的规定及其国内法所定程序，执行逮捕并移交的请求。如果被要求移交的人根据一罪不二审原则向国内法院提出质疑，被请求国应立即与国际刑事法院协商，以确定国际刑事法院是否已就可受理性问题作出相关裁定。案件可予受理的，被请求国应着手执行请求。可受理性问题尚未裁定的，被请求国可以

---

〔1〕 "移交"在此仅指依照该规约的规定，一国向国际刑事法院递解人员。

推迟执行移交该人的请求，直至国际刑事法院就可受理性问题作出断定。为了保障按照请求向国际刑事法院移交被逮捕的人，缔约国应根据国内程序法，批准另一国通过其国境递解被移交给国际刑事法院的人。

第二，其他形式的合作。国际刑事法院在调查和起诉方面可以请求缔约国提供下列协助，

缔约国应依照规约及其国内法程序的规定，执行国际刑事法院的请求：（1）查明某人的身份和下落或物品的所在地；（2）取证，包括宣誓证言，及提供证据，包括本法院需要的鉴定意见和报告；（3）讯问任何被调查或被起诉的人；（4）送达文书，包括司法文书；（5）为有关人员作为证人或鉴定人自愿到本法院出庭提供便利；（6）根据第七款规定临时移送人员；（7）勘验有关地点或场所，包括掘尸检验和检查墓穴；（8）执行搜查和扣押；（9）提供记录和文件，包括官方记录和文件；（10）保护被害人和证人，及保全证据；（11）查明、追寻和冻结或扣押犯罪收益、财产和资产及犯罪工具，以便最终予以没收，但不损害善意第三方的权利；（12）被请求国法律不禁止的其他形式的协助，以便利调查和起诉本法院管辖权内的犯罪。

3. 请求竞合的处理原则

请求竞合是指缔约国在接到国际刑事法院提出的关于移交某人的请求时，另外接到任何其他国家针对构成国际刑事法院要求移交该人所依据的犯罪之基础的同一行为要求引渡同一人的请求。

按照规约的规定，解决请求竞合的基本原则是：国际刑事法院享有优先权。这种优先权主要表现在以下几个方面：

首先，缔约国在接到国际刑事法院提出的关于移交某人的

请求时，如果另外接到任何其他国家的请求，针对构成国际刑事法院要求移交该人所依据的犯罪之基础的同一行为要求引渡同一人，该缔约国应将此情况通知国际刑事法院和请求国。

其次，如果请求国是缔约国，被请求国应优先考虑国际刑事法院的请求。在国际刑事法院断定，移交请求所涉及的案件可予受理，而且这一断定考虑到请求国已就其引渡请求进行的调查或起诉的情况下，被请求国应优先考虑国际刑事法院的请求；在国际刑事法院未有作出这种断定以前，被请求国可以酌情着手处理请求国提出的引渡请求，但在国际刑事法院断定案件不可受理以前，不得将该人引渡给请求国。

再次，如果请求国是非本规约缔约国的国家，被请求国更要充分考虑国际刑事法院的请求。在请求国是非本规约缔约国的国家的情况下，被请求国若没有向请求国引渡该人的国际义务，则在国际刑事法院断定案件可予受理的情况下，被请求国应优先考虑国际刑事法院提出的移交请求；如果国际刑事法院断定案件不可受理，被请求国才可以酌情着手处理请求国提出的引渡请求。即使被请求国有向非本规约缔约国的请求国引渡该人的现行国际义务，被请求国在决定向国际刑事法院移交该人还是向请求国引渡该人时，也应考虑所有相关因素，其中包括：各项请求的日期；请求国的权益，根据情况包括犯罪是否在其境内实施、被害人的国籍和被要求引渡的人的国籍；以及国际刑事法院与请求国此后相互移交该人的可能性。

此外，缔约国接到本法院的移交请求时，如果另外接到任何其他国家针对构成本法院要求移交该人所依据的犯罪之基础的行为以外的其他行为要求引渡同一人的请求，在被请求国没有向请求国引渡该人的现行国际义务的情况下，被请求国应优先考虑本法院的请求；在被请求国有向请求国引渡该人的现行国际义务的情况下，被请求国应决定向本法院移交该人还是向请求国引渡该人。作出决定时，被请求国应考虑所有相关的因素，特别是要考虑所涉行为的相对性质和严重程度。

4. 合作请求的执行

对于国际刑事法院提出的其他形式的合作请求，被请求缔约国应当尽最大努力执行。

提供协助的请求，应依照被请求国的法律所规定的有关程序，在该国法律不禁止的情况下，以请求书指明的方式执行，包括按照请求书列出的任何程序执行，或允许请求书所指定的人在执行程序中到场并提供协助。遇紧急请求，经国际刑事法院要求，答复的文件或证据应紧急发送。

为了顺利执行一项无需采取任何强制性措施即可以执行的请求，尤其是在自愿基础上与某人面谈或向该人取证，包括为执行请求而确有必要时，在被请求缔约国当局不在场的情况下进行上述活动，以及为了在未经变动的条件下检查公共现场或其他公共场所，国际刑事法院检察官在必要时可以依照下列规定直接在一国境内执行这种请求：（1）如果被请求缔约国是被控告的犯罪在其境内发生的国家，而且国际刑事法院已就案件的可予受理作出断定，检察官可以在与被请求缔约国进行了一切可能的协商后直接执行这种请求；（2）在其他情况下，检察官可以在与被请求缔约国协商后，按照该缔约国提出的任何合理条件或关注执行这种请求。如果被请求缔约国发现根据本项规定执行请求存在问题，该缔约国应立即与本法院磋商，解决问题。

如果基于一项普遍适用的现行基本法律原则，被请求国不能执行请求中详述的一项协助措施时，被请求国应从速与国际刑事法院协商，力求解决问题。协商过程中，应考虑是否能以其他方式或有条件地提供协助，只有在要求提供的文件或披露的证据涉及其国家安全的情况下，缔约国才可以全部或部分拒绝协助请求。在拒绝一项协助请求以前，被请求国应考虑是否可以在特定条件下提供协助，或是否可以延后或以其他方式提供协助。被请求的缔约国如果拒绝协助请求，应从速将拒绝理由通知国际刑事法院或其检察官。

如果立即执行请求会妨碍正在对请求所涉案件以外的案件进行的调查或起诉，被请求国可以在同本法院商定的期限内推迟执行请求。但推迟的期限不应超出被请求国完成有关调查或起诉所必需的时间。在决定推迟执行请求以前，被请求国应当考虑是否可以依照某些条件立即提供协助。

如果缔约国收到国际刑事法院提出的请求后，但发现请求中存在问题，可能妨碍或阻止请求的执行，应立即与国际刑事法院磋商，以解决问题。这些问题可以包括：执行请求所需的资料不足；在请求移交的情况下，尽管作出了最大努力，仍然无法找到要求移交的人，或进行的调查确定在羁押国的有关个人显然不是逮捕证所指的人；执行目前形式的请求，将使被请求国违反已对另一国承担的条约义务。

如果被请求国执行国际刑事法院的一项移交或协助请求，将会使该国违背对第三国的个人或财产的国家或外交豁免权所承担的国际法义务，国际刑事法院就不得提出该项请求，除非国际刑事法院能够首先取得该第三国的合作，由该第三国放弃豁免权。如果被请求国执行国际刑事法院的一项移交请求，将会使该国违背依国际协定承担的义务，而根据这些义务，向国际刑事法院移交人员须得到该人派遣国的同意，国际刑事法院亦不得提出该项移交请求，除非国际刑事法院能够首先取得该人派遣国的合作，由该派遣国同意移交。

第十章　国际刑法的适用

5. 国际刑事法院向缔约国提供的合作

如果一缔约国正在就构成国际刑事法院管辖权内的犯罪的行为，或就构成其国内法规定为严重犯罪的行为，进行调查或审判，国际刑事法院可以根据该缔约国的请求，同该国合作，提供协助。协助的内容包括：（1）递送国际刑事法院在调查或审判期间获得的陈述、文件或其他种类的证据；（2）讯问国际刑事法院下令羁押的人。但是，如果文件或其他种类的证据是在一国协助下获得的，递送这些证据须得到该国的同意；如果陈述、文件或其他种类的证据是由证人或鉴定人提供的，递送这些证据要受保护被害人和证人的安全、身心健康、尊严和隐私等规定的限制。

国际刑事法院也可以根据上述条件，同意非本规约缔约国的国家提出的协助请求。

（七）国际刑事法院的运行

国际刑事法院根据《罗马规约》，于 2002 年 7 月 1 日正式成立。国际刑事法院设有 18 位法官，1 个检察官办事处，1 个预审庭，1 个审判庭和 1 个上诉庭。自成立以来，已经有三个缔约国（刚果民主共和国、乌干达和中非共和国）主动向国际刑事法院提交案件，一个非缔约国（科特迪瓦）自愿就其境内有关情势接受法院的管辖，联合国安理会也于 2005 年 3 月就苏丹达尔富尔情势通过第 1593 号决议首次向法院提交案件。

按照国际刑事法院网站上公布的数据[1]，国际刑事法院自成立以来，至 2018 年 12 月 31 日，一共受理了 28 个案件。这些案件分别是：

────────

〔1〕　Https：//www. icc－cpi. int/pages/case. aspx#.

1. Abu Garda（苏丹）案

被告人系联合抵抗阵线前主席兼军事调度总指挥。

国际刑事法院检察官以战争罪对其提出指控（对生命与人身施以暴力；故意指令攻击依照《联合国宪章》执行维持和平行动所涉人员、设施、物资、单位或车辆；抢劫抢劫即使是突击攻下的城镇或地方）。国际刑事法院第一预审庭 2009 年 10 月 19 日—30 日对该案举行庭审。2010 年 1 月 8 日，因检察官指控的证据不足，第一预审庭做出否决对 Abu Garda 关于战争罪指控的决定。被告人已释放。

2. Al Bashir（苏丹）案

被告人系苏丹共和国前总统。

国际刑事法院检察官以反人类罪（谋杀；灭绝；强行迁移人口；酷刑；强奸）、战争罪（故意指令攻击平民人口本身或未直接参加敌对行为的个别平民；抢劫即使是突击攻下的城镇或地方）和种族灭绝罪（杀害该团体成员；致使该团体成员在身体或精神上遭受严重伤害；故意使该图案以处于某种生活状况下，毁灭其全部或局部生命）对其提出指控，并于 2009 年 3 月 4 日；2010 年 7 月 12 日二次对其签发逮捕令。但因被告人在逃，该案尚未进入庭审阶段。

3. Al Mahdi（马里）案

国际刑事法院检察官以战争罪（作为共犯，教唆、帮助实施战争犯罪：故意指令攻击专用于宗教的建筑物和历史纪念物，包括 9 个陵园和 1 个清真寺）对其提出指控。该被告于 2015 年 9 月 18 日被逮捕；2015 年 9 月 26 日被押送至海牙。国际刑事法院预审庭于 2015 年 9 月 30 日第一次开庭审理；2016 年 3 月 1 日确认指控；2016 年 3 月 24 日作出确认指控的决定。审判庭于 2016 年 8 月 22 日—24 日开庭审理；2016 年 9 月 27

日作出有罪判决，判处有期徒刑 9 年；2017 年 8 月 17 日作出赔偿判决，判决赔偿 270 万欧元。

4. Al Werfalli（利比亚）案

被告人系 Al – Saiqa Brigade 前少校。

国际刑事法院检察官以战争罪（在非国际武装性冲突中，违反《日内瓦公约》对生命与人身施以暴力）对其提出指控，并于 2017 年 8 月 15 日对其签发逮捕令。但因被告人在逃，该案尚未进入庭审阶段。

5. Banda（苏丹）案

被告人系"公平正义运动"（联合抵抗阵线部门之一）前总指挥。

国际刑事法院检察官以战争罪（在非国际性武装冲突中，严重违反《日内瓦公约》对生命施以暴力；故意指令攻击依照《联合国宪章》执行维护和平行动的所涉人员、设施、物资、单位或车辆；抢劫即使是突击攻下的城镇或地方）对其提出指控，并于 2009 年 8 月 27 日对其签发传票。该被告于 2010 年 6 月 17 日自愿出庭。国际刑事法院预审庭于 2010 年 12 月 8 日开庭审理确认指控；2011 年 3 月 7 日作出确认指控的决定。国际刑事法院检察官与 2014 年 9 月 11 日签发逮捕令。但因被告人在逃，该案尚未进入庭审阶段。

6. Barasa（肯尼亚）案

国际刑事法院检察官以妨害司法罪（通过或试图通过贿赂的方式不当影响证人，阻碍或干扰证人出庭或作证）对其提出指控，并于 2013 年 8 月 2 日对其签发逮捕令。但因被告人在逃，该案尚未进入庭审阶段。

7. Bemba（中非）案

国际刑事法院检察官以反人类罪（谋杀；强奸）和战争罪

（谋杀；强奸；抢劫即使是突击攻下的城镇或地方）对其提出指控，并于 2008 年 6 月 10 日对其签发逮捕令。该被告人于 2008 年 7 月 3 日被押送海牙。国际刑事法院预审庭于 2009 年 1 月 12 日—15 日开庭审理，并作出确认指控的决定。审判庭于 2010 年 11 月 22 日开庭审理；2014 年 11 月 12 日—13 日作出结案陈词；2016 年 3 月 21 作出有罪判决；2016 年 6 月 21 日作出刑期判决，判处被告人有期徒刑 18 年。2016 年 7 月 22 日被告人和检察官同时对刑罚判决提出上诉。2018 年 6 月 8 日上诉庭作出二审判决。上诉庭认为原判决确有错误（认定被告的某些罪行超出了案件范围，其他指控的犯罪行为根据《罗马规约》第二十八条也并不能定罪），遂于 2018 年 6 月 12 日撤销原判，将被告无罪释放。

8. Bemba 案（5 人）

国际刑事法院检察官指控 Bemba（刚果民主共和国）、Musamba（比利时）、Kanbogo（刚果民主共和国）、Arido（中非）、Wandu（刚果民主共和国）等 5 人犯有妨害司法罪（提出自己明知是不实的或伪造的证据；不当影响证人作证），并于 2013 年 11 月 20 日对其签发逮捕令。2013 年 11 月 27 日，国际刑事法院预审庭开庭审理，5 名被告人首次出庭；2014 年 11 月 11 日预审庭作出确认指控的决定。2015 年 9 月 29 日审判庭开始庭审；2016 年 10 月 19 日作出有罪判决；2017 年 3 月 22 日作出刑罚判决：Jean‑Pierre Bemba Gombo 判处有期徒刑 1 年，并处罚金 30 万欧元；Aimé Kilolo Musamba 判处有期徒刑 2 年 6 个月，并处罚金 3 万欧元；Jean‑Jacques Mangenda Kabongo 判处有期徒刑 2 年；Narcisse Arido 判处有期徒刑 11 个月；Fidèle Babala Wandu 判处有期徒刑 6 个月。该案被告人和检察官提出上诉后，上诉庭于 2018 年 3 月 8 日作出判决，认可了大部分一审判决，但是否定了 Bemba、Kilolo 和 Mangenda 关于做伪证的罪名，驳回了 Bemba、Babala 和 Arido 关于刑罚的上诉请求。但上诉庭认可了检察官的抗诉，要求原审法庭对 Bemba，Mangenda 和 Kilolo 的刑罚部分重新作出判决。原审法庭遂于 2018 年 9 月 17 日作出如下判决：Bemba 判处有期徒刑 1 年，并处罚金 30 万欧元；Mangenda 和 Kilolo 分别判处有期徒刑 11 个月；Kilolo 并处罚金 3 万欧元（Babala 和 Arido 的刑罚部分已执行完毕）。

9. Gaddafi（利比亚）案

被告人系 Gaddafi 国际慈善发展基金名誉主席、前利比亚实际总理。

国际刑事法院检察官以反人类罪（谋杀；迫害）对其提出指控，并于 2011 年 6 月 27 日对其签发逮捕令。但因被告人在逃（利比亚政府拒绝配合），该案尚未进入庭审阶段。

10. Gbagbo and Ble Goude（科特迪瓦）案（2 人）

国际刑事法院检察官以反人类罪（谋杀；强奸；故意造成重大痛苦，或对人体或身心健康造成严重伤害的其他性质相同的不人道行为；迫害）对二被告人提出指控，并于 2011 年 11 月 23 日对 Gbagbo 签发逮捕令（2011 年 11 月 30 日被押送海牙，2011 年 12 月 5 日预审庭开庭审理，被告人首次出庭，2014 年 6 月 12 日预审庭作出确认指控的决定）；2011 年 11 月 21 日对 Ble Goude 签发逮捕令（2014 年 3 月 22 日被押送海牙，2014 年 3 月 27 日预审庭开庭审理，被告人首次出庭，2014 年 9 月 29 日—10 月 2 日预审庭作出确认指控的决定）。2015 年 3 月 11 日预审庭决定对 Ble Goude 与 Gbagbo 并案审理。2016 年 1 月 28 审判庭开庭审理。2019 年 1 月 15 日审判庭释放了二被告人，法院判决书正在制作中，检察官表示判决书下达后不排除抗诉的可能。

11. Gicheru and Bett（肯尼亚）案

国际刑事法院检察官以妨害司法罪（不当影响证人）对其提出指控，并于 2015 年 2 月 9 日检察官提出逮捕申请；2015 年 3 月 10 日作出申请决定。该案尚处在等待被告人押送至海牙中。

12. Harun and Ali Kushayb（苏丹）案（2 人）

国际刑事法院检察官以反人类罪（谋杀；迫害；强迫人口迁移；强奸；不人道行为；监禁或以其他方式严重剥夺人身自由；酷刑）和战争罪（在非国际性武装冲突中，违反《日内瓦公约》谋杀；攻击平民；摧毁或没收敌方财物；强奸；抢劫即使突击攻下的城镇或敌方；损害个人尊严）对二被告人提出指控，并于 2007 年 4 月 27 日对其签发逮捕令。但因二被告人在逃，该案尚未进入庭审阶段。

13. Hussein（苏丹）案

国际刑事法院检察官以反人类罪（谋杀；迫害；强迫人口迁移；强奸；不人道行为；监禁或以其他方式严重剥夺人身自由；酷刑）和战争罪（在非国际性武装冲突中，违反《日内瓦公约》谋杀；攻击平民；摧毁或没收敌方财物；强奸；抢劫即使突击攻下的城镇或敌方；损害个人尊严）对其提出指控，并于 2012 年 3 月 1 日对其签发逮捕令。但因被告人在逃，该案尚未进入庭审阶段。

14. Katanga（刚果金）案

国际刑事法院检察官以反人类罪（谋杀；强奸；性奴役）和战争罪（谋杀；攻击平民；摧毁敌方财物；抢劫即使突击攻下的城镇或敌方；强奸、性奴役；征募不满 15 岁的儿童加入国家武装部队）对其提出指控，并于 2007 年 7 月 2 日对其签发逮捕令。2007 年 10 月 17 日被告人被押送海牙。2008 年 3 月 10 日预审庭决定对 Katanga 与 Ngudiolo Chui 案并案审理；2008 年 6 月 27 日—7 月 2 日预审庭对二被告人进行开庭审理，2008 年 9 月 26 日预审庭作出确认指控的决定。2009 年 11 月 24 日审判庭开庭审理；2012 年 5 月 15 日—23 日作出结案陈词；2012 年 11 月 21 日审判庭作出对该案与 Ngudiolo Chui 案分案处理的决定；2014 年 3 月 7 日审判庭对被告人作出有罪判决，但是认定强奸、性奴役和征募儿童的罪行因证据不足而认定不成立，并将指控中对被告人的主犯责任认定为从犯；2014 年 5 月 23 日作出刑罚判决，判处被告人 12 年有期徒刑；2017 年 3 月 24 日作出赔偿决定，要求被告人对 275 名受害者象征性每人赔偿 250 美元。

15. Kenyatta（肯尼亚）案

被告人系肯尼亚前总统。

国际刑事法院检察官以反人类罪（谋杀；驱逐出境或强迫迁移人口；强奸；迫害；其他不人道行为）对其提出指控，并于 2011 年 3 月 8 日对其签发出庭传票；2011 年 4 月 8 日预审庭开庭审理，被告人首次出庭；2011 年 9 月 21 日—10 月 5 日确认指控听审；2012 年 1 月 23 日作出确认指控的决定；2014 年 12 月 4 日检察官基于证据不足，提出撤诉申请；2015 年 3 月 13 日审判庭作出同意撤诉的决定。

16. Khalde（利比亚）案

被告人系利比亚军队前陆军中将、前利比亚内部安全机构（the ISA）头目。

国际刑事法院检察官以反人类罪（违反国际法基本原则的监禁；酷刑；其他不人道行为；迫害）和战争罪（在非国际性武装冲突中，对未实际参加敌对行为的人施加酷刑；进行虐待；损害个人尊严）对其提出指控，并于 2013 年 4 月 18 日对其签发逮捕令。但因被告人在逃，该案尚未进入庭审阶段。

17. Kony（乌干达）案

国际刑事法院检察官以反人类罪（谋杀；奴役；性奴役；强奸；故意造成痛苦，或严重伤害身体的其他非人道行为）和战争罪（在非国际性武装冲突中，对不实际参加敌对行为的人实施谋杀；虐待；故意指令攻击平民人口本身；抢劫即使是突击攻下的城镇或地方；诱奸；征募儿童加入武装部队或集团）对其提出指控，并于 2005 年 7 月 8 日对其签发逮捕令。但因被告人在逃，该案尚未进入庭审阶段。

18. Lubanga（刚果金）案

国际刑事法院检察官以战争罪（招募不满 15 岁儿童加入武装部队或团体，并利用他们积极参加敌对行动）对其提出指控，并于 2006 年 2 月 10 日对其签发逮捕令。被告人于 2006 年 3 月 16 日被押送海牙。2006 年 11 月 9 日—28 日预审庭开庭审理；2007 年 1 月 29 日作出确认指控的决定；2009 年 1 月 26 日审判庭开庭审理；2012 年 3 月 14 日作出有罪判决；2012 年 7 月 10 日作出刑罚判决，判处被告人有期徒刑 14 年；2014 年 12 月 1 日上诉庭作出判决，维持原判。

19. Mbarushimana（刚果金）案

国际刑事法院检察官以反人类罪（谋杀；酷刑；强奸；不人道行为；迫害）和战争罪（攻击平民人口本身；谋杀；残伤肢体；强奸；虐待；摧毁财产；抢劫即使是突击攻下的城镇或地方）对其提出指控，并于 2010 年 9 月 28 日对其签发逮捕令。2011 年 1 月 25 日被告人被押送海牙。2011 年 1 月 28 日预审庭开庭审理，被告人首次出庭；2011 年 9 月 16 日—21 日预审庭作出对检察官指控的罪名不予支持的决定；2011 年 12 月

16 日检察官提交新证据后预审庭作出新的确认指控的决定。

20. Mudacumura（刚果金）案

国际刑事法院检察官以战争罪（谋杀；残伤肢体；虐待；酷刑；损害个人尊严；攻击平民人口本身；抢劫即使是突击攻下的城镇或地方；抢劫；摧毁财产）对其提出指控，并于 2012 年 7 月 13 日对其签发逮捕令。但因被告人在逃，该案尚未进入庭审阶段。

21. Ngudjolo Chui（刚果金）案

国际刑事法院检察官以反人类罪（谋杀；性奴役；强奸）和战争罪（在国际武装冲突中，利用未满 15 岁儿童积极参与敌对行动；在国际武装冲突中，故意指令攻击平民人口本身或未直接参加敌对行动的个别平民；故意杀害《日内瓦公约》规定保护的人；在国际武装冲突中，摧毁敌方财产；国际武装冲突中，抢劫即使是突击攻下的城镇或敌方；国际武装冲突中，实施强奸；国际武装冲突中，实施性奴役）对其提出指控，并于 2007 年 7 月 6 日对其签发逮捕令。被告人于 2008 年 2 月 7 日被押送至海牙。2008 年 3 月 10 日预审庭决定对 Ngudjolo Chui 与 Katanga 案并案处理；2008 年 6 月 27 日到 7 月 16 日预审庭开庭审理；2008 年 9 月 26 日作出确认指控的决定。2009 年 11 月 24 日审判庭开庭审理；2012 年 5 月 15 日—23 日作出结案陈词；2012 年 11 月 21 日作出与 Katanga 案分案处理的决定；2012 年 12 月 18 日审判庭作出无罪判决；2012 年 12 月 21 日将被告人释放。2012 年 12 月 20 日检察官提出抗诉；2015 年 1 月 27 日上诉庭作出判决，维持原判。

22. Naganda（刚果金）案

被告人系刚果解放爱国军前组织部副部长。

国际刑事法院检察官以反人类罪（谋杀，企图谋杀；强奸；性奴役；迫害；强制迁移人口）和战争罪（谋杀，企图谋杀；攻击平民；强奸；性奴役平民；抢劫即使是突击攻下的城镇或地方；袭击受保护的目标物；摧毁敌方财产；征募和利用未满 15 岁儿童加入武装部队或积极参与敌对行动）对其提出指控，并于 2006 年 8 月 22 日对其签发逮捕令；2012 年 7 月 13 日再次对其签发逮捕令；2013 年 3 月 22 日自愿被押送至海牙关押。2013 年 3 月 26 日预审庭开庭审理，被告人首次出庭；2014 年 1 月 10 日至 14 日再次开庭审理；2014 年 6 月 9 日预审庭作出确认指控的决定。2015 年 9 月 2 日审判庭开庭审理。2018 年 8 月 28 日至 30 日审判庭作出结案陈词。

23. Ongwen（乌干达）案

国际刑事法院检察官以战争罪（攻击平民人口；谋杀和企图谋杀；强奸；性奴役；酷刑；虐待；损害人格尊严；摧毁敌方财物；抢劫即使是突击攻下的城镇或敌方；利用未满 15 岁儿童积极参与敌对行动）和反人类罪（谋杀和企图谋杀；酷刑；性奴役；强奸；奴役；以非人道的方式强迫结婚；迫害；其他非人道行为）对其提出指控，并于 2005 年 7 月 8 日对其签发逮捕令。被告人于 2015 年 1 月 21 日被押送至海牙。2015 年 1 月 2 日预审庭开庭审理，被告人首次出庭；2016 年 1 月 21 日—27 日预审庭再次开庭审理；2016 年 3 月 26 日预审庭作出确认指控的决定。2016 年 12 月 6 日审判庭开庭审理。2018 年 9 月 18 日辩方进行陈词，2018 年 10 月 1 日开始出示辩方证据。

24. Ruto and Sang（肯尼亚）案（2 人）

被告人 Ruto 系肯尼亚前副总统；被告人 Sang 系肯尼亚内罗比 Kass 电台前运行总监。

国际刑事法院检察官以反人类罪（谋杀；驱逐出境或强迫人口迁移；迫害）对二被告人提出指控，并于 2011 年 3 月 8

日对二被告人签发传票。2011 年 4 月 7 日预审庭开庭审理，二被告人首次出庭；2011 年 9 月 1 日—8 日预审庭再次开庭审理；2012 年 1 月 23 日作出确认指控的决定。2013 年 9 月 10 日审判庭开庭审理，2016 年 4 月 5 日审判庭作出终止庭审的决定，对二被告人的指控不予支持。

25. Simone Gbagbo（科特迪瓦）案

国际刑事法院检察官以反人类罪（谋杀；强奸和性暴力；迫害；其他非人道行为）（从犯）对其提出指控，并于 2012 年 1 月 29 日对其签发逮捕令。2013 年 10 月 1 日，科特迪瓦政府向国际刑事法院提出：被告已经因同一罪行在国内受到审判，因此不应再次接受国际刑事法院审判。2014 年 12 月 11 日，国际刑事法院预审庭作出驳回科特迪瓦政府申请的决定，因为科特迪瓦政府并未充分证明两次审判的是同一罪行。但因被告人在逃，该案尚未进入庭审阶段。

26. Al – Hassan（马里）案

国际刑事法院检察官以危害人类罪（酷刑；强奸和性奴役；迫害；其他不人道行为）和战争罪（酷刑；有辱人格的待遇；未经具有公认为必需的司法保障的正规组织的法庭宣判，径行判罪和处决；故意指令攻击专用于宗教和历史纪念的建筑物；强奸和性奴役）对其提出指控，并于 2018 年 3 月 27 日对其签发逮捕令。被告人于 2018 年 3 月 31 日被押送至海牙；2018 年 4 月 4 日国际刑事法院预审庭开庭审理，被告人首次出庭；2019 年 5 月 6 日预审庭将再次开庭以确认指控是否成立。

27. Alfred Yekatom（中非）案

国际刑事法院检察官以危害人类罪（谋杀；驱逐出境或强行迁移人口；监禁或以其他方式严重剥夺人身自由；酷刑；强迫人员失踪；其他非人道行为）和战争罪（谋杀；残伤肢体；

酷刑及虐待；故意攻击平民人口；故意攻击专用于宗教的建筑物；征募不满 15 岁的儿童加入国家武装部队，或利用他们积极参与敌对行动；迁移平民人口；摧毁敌对方财产）对其提出指控，并于 2018 年 11 月 11 日对其签发逮捕令。国际刑事法院预审庭 2018 年 11 月 23 日开庭审理，被告人首次出庭。预审庭将于 2019 年 4 月 30 日再次开庭，以确认指控是否成立。

28. Nga？ssona（中非）案

被告人系前反 Balaka 运动指挥官。

国际刑事法院检察官以危害人类罪（谋杀和企图谋杀；灭绝；驱逐出境或强行迁移人口；监禁或以其他方式严重剥夺人身自由；酷刑；迫害；强迫人员失踪；其他不人道行为）和战争罪（谋杀和企图谋杀；酷刑和残酷待遇；残害身体；故意指令攻击平民人口；故意指令攻击进行人道主义援助的所涉人员、设施、物资、单位或车辆；故意指令攻击专用于宗教的建筑物；抢劫；征募不满 15 岁的儿童加入国家武装部队，或利用他们积极参与敌对行动；迁移平民人口；摧毁或没收敌对方财产）对其提出指控，并于 2018 年 12 月 7 日对其签发逮捕令。被告人于 2019 年 1 月 23 日被押送至海牙；2019 年 1 月 25 日国际刑事法院预审庭开庭审理，被告人首次出庭；预审庭将于 2019 年 6 月 18 日再次开庭，以确认指控是否成立。

这些案件的审理情况表明，国际刑事法院成立以来，按照《罗马规约》的规定，国际社会给予了高度关注，缔约国也给予了最大可能的支持，国际刑事法院本身也作出了很大的努力。但是，国际刑事法院运行的状况并不尽如人意。其所受理的 28 个案件中，进入庭审程序（以预审庭开庭审理确认指控为准）的，只有 16 个案件（国际刑事法院检察官启动追诉程序，但因犯罪嫌疑人在逃等原因，无法将其送上法庭的有 12

个案件）。在进入庭审程序的 16 个案件中，检察官撤诉的 1件，预审庭不支持起诉的 2 件，审判庭不支持起诉的 1 件 2 人，一审判无罪的 2 件（3 人），一审判决有罪二审改判无罪的 1件。经法庭审理，最终判处被告人有罪的只有 4 件 8 人（其中1 件 5 人以妨害司法罪被判有罪），庭审正在进行中的 5 件。这就意味着，国际刑事法院成立后的 16 年中，经过审判，真正以反人类罪和战争罪判处有罪的仅 3 件 3 人（2 件 2 人构成战争罪，1 件 1 人构成反人类罪和战争罪）。

此外，从犯罪嫌疑人所在的国家看，国际刑事法院受理的25 个案件（不含妨害司法罪的 3 件 8 人）中，28 名犯罪嫌疑人的国籍分别为：苏丹 6 名、马里 2 名、利比亚 3 名、肯尼亚3 名、中非 3 名、科特迪瓦 3 名、刚果金 6 名、乌干达 2 名。

2016 年，布隆迪、南非、冈比亚、俄罗斯相继宣布退出国际刑事法院。这恐怕在一定程度上，与对国际刑事法院运行状况的不满意有关。

三、国际刑法的国内适用

在目前的国际环境下，国际刑法的适用，只有通过各国国内刑事司法系统在本国主权所及范围内追诉国际犯罪的活动即国内适用才能实现。关于国际刑法的国内适用，有许多问题值得研究。在此，仅就以下两个问题作以简要的论述：（1）国际刑法规范在国内刑法中的确认和体现；（2）国际刑法国内适用中的几个共性问题。

（一）国际刑法规范在国内刑法中的确认和体现

通过各个国内刑事司法系统来适用国际刑法，首先就必须是国际刑法规范在形式上变成国内刑法的一部分，即在国内刑法中确认和体现国际刑法的基本内容。因为，国内刑事司法系统作为主权国家的国内执法系统，其职能活动必须以国内法作为依据。特别是在追究犯罪的活动中，如果缺乏国内法上的依据，通常都被认为是无效的。从这个意义上说，国际刑法规范在国内刑法中的确认，是国际刑法国内适用的首要前提，也是国际刑法发生效力的基础。因此，正确认识和切实适用国际刑法，首先依赖于对国际刑法规范在国内刑法中的确认的正确理解。

1. 在国内刑法中确认和体现国际刑法规范的根据

（1）国际刑法与国内刑法的紧密联系是国际刑法规范能够在国内刑法中得以体现的理论根据

国际刑法是不同于国内刑法的独立的法律体系，但是这并不意味着国际刑法与国内刑法毫不相关。事实上，国际刑法的许多规范，都是从各国国内刑法适用的实践中发展而来的，都是各国国内刑法中的某些共性因素在国际实践中为国际社会普遍认可的结果。特别是国际刑法中的国际犯罪，在形式上通常都是各国国内刑法中的犯罪由于其向国际化的方向发展以至危害到整个国际社会共同关心的利益而为国际刑法所禁止的，它们在本质上一般都同时具有各国国内刑法中的犯罪的基本特征；国际刑法中的制裁规范，几乎照搬了国内刑法制裁规范的基本内容。国际刑法与国内刑法的密切联系和共通之点，为国际刑法在国内刑法中得以确认和体现，在形式上成为国内刑法的一部分，奠定了坚实的基础。

从另一方面看，国内刑法的本质和任务也要求它确认和体现国际刑法规范。各国的国内刑法，是本国的统治阶级、统治集团禁止和惩罚危害本国国家和人民利益的犯罪的意志表现。其基本任务都是维护本阶级、本集团在政治上、经济上的统治地位，保护和维持国家存在和发展的基本条件。刑法的这种基本属性促使每个国家都适时地把严重危害本国生存和发展的基本条件从而需要动用刑罚予以禁止的行为宣布为犯罪，予以刑事制裁。国际刑法中规定的犯罪，都是严重危害国际社会共同利益的行为。但是对于每个有关国际公约的缔约国来说，国际犯罪所危害的，并不仅仅是与已无关的他国的利益，而是为统治者所认识到了的同时危害本国国家和人民利益、危害本国存在和发展的基本条件的行为。如果说缔结和参加有关国际公约是各个主权国家制裁有关犯罪的意志的对外表现，那么，在国内刑法中禁止和制裁这类犯罪、确认和体现国际刑法规范，就应当是各个主权国家的同一意志的对内表现，是保护和维持本国国家和人民利益的一致要求。

（2）国际刑法的产生意味着各个主权国家对国际刑法规范的确认

国际刑法是世界各国在独立自主的原则基础上、在意思表示一致的情况下，通过缔约国际公约的形式制定的。尽管在国际刑法产生的过程中，各个主权国家之间往往存在着激烈的争论和重大的分歧，但是每个主权国家缔结和参加有关国际刑法规范的国际公约的行为，除了保留条款之外，总是意味着该国承认公约所指出的国际罪行是一种严重危害包括本国在内的国际社会共同利益的、应当受到刑事制裁而严格禁止的犯罪，同时也意味着该国愿意通过自己的努力包括国内刑事立法和司法活动、通过国家之间的刑事合作同这类犯罪作斗争。因此，确认自己缔结和参加的国际公约中规定的国际犯罪同时也是本国国内刑法中的犯罪，并保证通过国内刑事司法系统在本国领土上追究这类犯罪的刑事责任，应当是每个主权国家缔结和参加有关国际公约的行为本身的逻辑要求。

（3）在国内刑法中确认和体现国际刑法规范也是有关缔约国应尽的国际义务

在专门规定禁止和惩治国际犯罪的国际公约中，几乎都毫无例外地规定着缔约各国采取必要措施确保对国际犯罪的制裁的义务。例如，《关于防止和惩处侵害应受国际保护人员包括外交代表的罪行的公约》第二、三条中规定："每一缔约国应将下列罪行定为其国内法上的罪行"；"每一缔约国应采取必要措施，以确立其在下列情况下对第二条第一款所列举的罪行的管辖权"。《联合国禁止非法贩运麻醉药品和精神药物公约》第三条中规定："各缔约国应采取可能必要的措施将下列故意行为确定为其国内法中的刑事犯罪"。《关于制止非法劫持航空器的公约》和《关于制止危害民用航空安全的非法行为的公约》，也都表明：各缔约国承允对本公约规定的罪行给予严厉的惩罚，并明确规定，"各缔约国应采取必要措施"，对公约规定的犯罪实行管辖。这些公约中规定的"必要措施"，显然都包含着立法措施即通过国内立法把公约中规定的国际犯罪确认为国内刑法中的犯罪并对之规定相应的刑罚。

按照这些公约的规定，在国内刑法中确认和体现国际刑法规范，使之取得与国内相关法律规范同等的法律效力，并保障国际刑法的国内适用，就不仅仅是各个主权国家的权利，而且是有关国际公约的缔约国根据公约规定承担的条约义务。

在国内刑法中确认和体现国际刑法规范，既是国际刑法在自身发展中必然遇到的问题，也是国际刑法学者们十分关注的问题之一。1989年在维也纳召开的国际刑法学协会第14届代表大会，曾就"国际犯罪与国内刑法"问题形成过一个决议。该决议认为，"包含刑事条款的国际条约给我们提出了一个重要任务，那就是要使某些条款在国内立法上刑事化"；"缔约国应尽最大努力将国际条约中所包含的刑法条款纳入本国法律"。这种观点，反映了国际刑法学者中的主流认识。

第十章 国际刑法的适用

2. 在国内刑法中确认和体现国际刑法规范的方式

关于国际法在国内的适用，世界各国存在着不尽相同的看法和不同的实践方式。所以，如何在国内刑法中确认和体现国际公约中规定的国际刑法规范，各国的做法也不尽相同。

在某些英美法系国家，国际法通常被认为是国内法的一部分崛。凡是国会批准缔结和参加的国际条约，其中设定的法律规范，只要不与国会制定的基本法律相抵触，并且该条约本身没有明示或暗示必须有进一步的立法使之生效，它就自然成为本国法律的一部分，可直接由国内司法系统依其职权予以适用。有的国家甚至赋予这类法律高于国内法的地位。例如美国宪法第四条第二款中规定：条约是"美国最高法律"，它"优于国内法"。对于这些国家来说，概括的立法或者长期的实践，已经确认了本国缔结和参加的国际条约在国内的法律地位，有关国际公约中的国际刑法规范可以直接通过国内刑事司法系统予以适用。因而只要是对本国生效的国际公约，其中的国际刑法规范就自然表现为本国国内刑法的一部分。

但是在多数国家，都确认国内司法系统的职责是执行国内法，涉及国际法的问题则认为是外交范围内的事务。因此，本国国会批准缔结和参加的国际条约中出现的法律规范，通常都需要通过具体的国内立法加以明确的规定，才能变成国内法的一部分，从而为国内司法系统所适用。对于这些国家来说，它在有关国际公约中承诺的制裁国际犯罪的义务，就必须通过立法的形式在国内刑法中加以确认和体现，使之成为国内刑法的一部分，才能为国内刑事司法系统所适用。

在中国，通常认为国际法可以优于国内法适用。1992 年 11 月 7 日第七届全国人民代表大会常务委员会通过、自 1993 年 7 月 1 日起施行的《中华人民共和国海商法》第十四章第二百六十八条第一款规定："中华人民共和国缔结或者参加的国际条约同本法有不同规定的，适用国际条约的规定；但是，中华人民共和国声明保留的条款除外。"关于这一规定，国务院法制局局长杨景宇在向人大作说明时指出：这是我国处理国内法与国际法关系的一条基本准则。

笔者认为，不论是直接确认国际刑法规范的国内法律效力，还是通过立法形式确认和体现国际刑法规范，都应当在国内刑法中加以明确规定和具体化。因为第一，国际刑法规范与各国的国内刑法体系之间总是或多或少地存在着差异。只有通过进一步的明确立法，才能解决国际刑法与国内刑法的衔接和协调问题，使国际刑法规范有可能更好地为国内刑事司法系统适用。第二，目前现有的国际刑法中关于国际犯罪的规定，都是只规定犯罪构成和应受刑罚处罚，而没有规定具体的刑罚尺度。在这种情况下，如果只承认国际刑法的效力而不通过国内立法为国际犯罪规定具体的法定刑，国际刑法就很难由本国的国内刑事司法系统来适用。因此，只有通过国内立法，在确认国际刑法法律效力的同时，在国内刑法中作出具体明确的规定，才能为国内刑事司法系统适用国际刑法创造必要的、便利的条件。

在这方面，国际刑法学协会第 14 届代表大会的决议中也指出："目前，国际刑法尚处在发展阶段，国家以立法的方式颁布特别法令，将国际条约的刑法条款纳入本国法律是为上策"；"最好的方法莫过于制定新的刑事法规。就战争犯罪而言，至少对严重践踏日内瓦公约的罪行应尽快地在国内立法上得到反映"。这种观点，应该说是有其现实意义的。

3. 在国内刑法中确认和体现国际刑法规范的若干现实问题

在国内刑法中确认和体现国际刑法规范，首先，遇到的问题是国际刑法规范与本国已有刑法原则或制度的冲突问题。如果一国缔结或参加的国际公约中设定的刑法规范，其基本精神、逻辑含义或者某个方面与本国已有刑法原则或具体规定发生冲突，在国内刑法中径直确认和体现国际刑法规范，就会给国内刑事司法系统在具体适用中造成困难。在立法上解决这种冲突，应当本着国际公约中的刑法条款优于国内法律规定的原则，修改有关的国内法律规则。因为任何一个国家，对于它所缔结或参加的国际公约，都负有切实履行的国际义务，如果违反这种国际义务，它就得对之负国际责任。并且，同国际犯罪作斗争，往往关系到世界各国共同关心的重大利益，这种重大利益对于每个缔约当事国来说也必然是重要的。为了更有效地同这类犯罪作斗争而变更国内法律规则，应当说是值得的。从另一方面看，不仅国内刑法是本国最高权力机关制定的，而且国际公约中的刑法条款也是本国最高权力机关参与制定或批准的，所以它们在根本点上一般是不矛盾的。如果某项国际公约中包含着与本国国内法律制度根本不同的内容，最高权力机关就不会批准加入。至于在缔结或参加有关国际公约时予以保留的条款，由于缔约国并不承认它的效力，它对缔约国也不具有约束力，所以有关缔约国自然不会在本国的国内刑法中确认和体现这些条款的内容。这也是为国际社会认可的。

其次，国际刑法规范始终是世界各国在同国际犯罪作斗争中相互合作、相互斗争而又相互妥协的结果，因而它必然是高度概括的原则性规定。在国内刑法中确认和体现国际刑法规范，应当使之具体化。但是在这种具体化的过程中，必然涉及有关国际刑法规范的引申问题，而如何理解有关国际刑法规范的蕴含，以作出标准衡量其没有被歪曲，在世界各国，恐怕很难取得一致的看法。各国在国内刑法中对国际刑法规范的不同程度的体现和具体化，也会对各国之间在适用国际刑法中的刑事合作造成障碍。因此，在国内刑法中确认和体现国际刑法规范，应当在遵循本国立法习惯和表达方式的同时，保证不通过国内立法任意扩大或缩小有关国际公约中所称罪行的范围。

再次，由于各国的法律传统和文化传统以及社会政治经济状况的不同，各国刑法中规定的刑罚在轻重程度上存在着很大的差别，甚至在刑罚种类上都不尽相同。当国际刑法规范体现于各国国内刑法之中时，对同一国际犯罪所规定的刑罚种类和尺度，在不同国家之间会呈现出畸轻畸重的状况，以至破坏罪刑均衡的公平原则。如何解决这个矛盾，也是在国内刑法中确认和体现国际刑法规范时可能遇到的一个难题。

这些问题的解决，不仅有待于各国在国内刑法中确认和体现国际刑法规范的经验的积累和各国之间的合作，而且有待于国际刑法在自身发展中的不断完善。

（二）国际刑法国内适用中的几个共性问题

世界各国通过国内刑事司法系统适用国际刑法的实践，是不尽相同的。各国在适用国际刑法中可能遇到的问题也不完全一样，但是有些问题恐怕是共同的。

1. 在国内刑事司法系统中应由哪一级的司法机关具体适用国际刑法，从事制裁国际犯罪的活动

每个国家的刑事司法系统，都是由不同等级的刑事司法机关组成的。这些不同等级的刑事司法机关按照一定的组织原则在自己的职权范围内从事追诉犯罪的活动。当国内刑事司法系统从事适用国际刑法追诉国际犯罪的时候，每一等级的刑事司法机关是否也拥有与追诉国内犯罪相同的职权，这是每个国家在适用国际刑法中首先遇到的问题。笔者认为，对于追诉国际犯罪的刑事司法活动，应当提出更高的要求。因为国际犯罪一

般都包含着一定的涉外因素，如果刑法适用的不当，就可能引起国家之间的争端；并且，任何国际犯罪都是对国际社会共同关心的重大利益的危害，对国际犯罪的追诉活动自然也受到世界各国的关注。有关国家在追诉国际犯罪的过程中，理应予以高度的重视，配备执法水平较高的力量，谨慎地适用国际刑法。因此，追诉国际犯罪的权限，在每个国家，都应当较之追诉相应国内犯罪的权限，提高一定的档次。对于一般的国际犯罪，应当由有权管辖一般国内犯罪的司法机关的上级机关即有权管辖较为严重的国内犯罪的司法机关管辖；对于严重的国际犯罪，应当由更高一级的司法机关直接管辖。这样可以保障国际刑法适用的质量，减少由于执法水平不高造成的对国际刑法的滥用。

2. 国内刑事司法系统适用国际刑法，是否应遵守相同的规则

国内刑事司法系统适用国际刑法不应当是任意性的，而应当是强制性的。因为，承认国际刑法的法律效力，并在本国权力所及的范围内适用国际刑法，是每个有关国际公约的缔约国自愿承诺的国际义务，国内刑事司法系统在本国领土内适用国际刑法正是代表自己的国家履行其已经承诺的国际义务。对这种义务的切实履行，当然不应当是可以随心所欲的。每个国家的国内刑事司法系统在适用国际刑法的时候，都应当遵守以下规则：

（1）有罪必究

凡是发生在本国领土内的犯罪或在本国领域内发现实施了国际犯罪的罪犯的国家，其有权管辖的刑事司法系统应当采取一切可能的必要措施，保障其在国内或国外受到应有的刑事制裁，而不应采取选择性追诉的做法。

（2）程序合法

在本国领土内追诉国际犯罪，应当按照本国法律规定的程序，合法公正的进行，不得因为被告不是本国公民或者犯罪不是针对本国实施的或其他原因，而违反本国法律规定的正当程序，使罪犯受到不公正的待遇。

（3）判决适当

对于实施了国际犯罪的罪犯定罪，应当在证据确凿的基础上，严格按照有关国际公约规定的罪行的范围来认定；决定刑罚，应当根据其具体罪行的轻重程度，确定与本国刑法中侵犯同样受保护利益的犯罪相同程度的刑罚。这样做，即使仍然可能在各国之间的横向比较中表现出刑罚轻重上的不均衡，但是在国际刑法尚未统一刑罚尺度的情况下，至少可以在一国范围内保持相对的平衡。如果仅仅因为是国际犯罪，而脱离本国刑法的具体规定，任意加重或减轻刑罚，那就有可能使被告人成为滥用权力的受害人，并且也无助于在世界范围内预防国际犯罪。

3. 如何对待政治因素对国际刑法国内适用的干预

这是国际刑法国内适用中普遍遇到的难题。任何一个国家的刑事司法系统适用国际刑法，都可能涉及本国与有关当事国之间的关系，因而都有可能受到政治因素的干预。基于政治斗争的需要或者基于国家关系上的考虑，是否应当要求本国的刑事司法系统放弃对有权管辖的国际犯罪的管辖权，或者在本国法律规定的范围之外或者在本国法律规定的范围之内带有倾向性地追诉国际犯罪？国内刑事司法系统能否抵制本国权力机关或行政部门基于政治因素而对追诉国际犯罪的活动的干预？笔者认为，这种干预足以影响到国际刑法的正确适用，因而是不应当的。但是排除这种干预又是许多国家的刑事司法系统难以做到的，因为一国的刑事司法系统的活动往往不可能不服从于本国国家政策的需要。这是国际刑法在自身发展中面临的一个难题。

此外，任何国家国内刑事司法系统在本国领土内适用国际刑法，都可能涉及与其他有关当事国之间的刑事合作问题。这个问题的恰当解决，对于国际刑法的国内适用，具有极为重要的意义。本书设专章进行研讨。

第十一章　国际刑事合作

一、国际刑事合作的意义

国际刑事合作是国际刑法赖以实现的基本保障。由于国际犯罪通常都涉及到一个以上的国家，仅靠一个国家的国内刑事司法系统，很难实现对国际犯罪的制裁。可以说，在追诉国际犯罪的过程中，各国之间的刑事合作，是国际刑法得以适用的基本条件，也是国际社会公认的打击国际犯罪的有效方法。特别是随着国际犯罪的猖獗和犯罪国际化趋势的出现，加强国际刑事合作已成为国际社会在同国际犯罪作斗争中关注的热点问题之一。

（一）国际刑事合作的基本含义

国际刑事合作（International Cooperation in Criminal Matters）是指世界各国之间在刑事问题上进行的各种形式的配合与协作。国际刑事合作可作广义、狭义之分。广义的国际刑事合作，包括国家之间在追诉国际犯罪以及各种含有涉外因素的国内犯罪的过程中所进行的各种形式的相互协助与配合。狭义的国际刑事合作，仅指世界各国在追诉和防止国际犯罪的过程中进行的各种合作，诸如通过缔结国际公约的方式来确认国际犯罪，确立和认可对国际犯罪的普遍管辖原则，确立引渡国际

434

第十一章 国际刑事合作

犯罪行为人的制度，开展侦查、通缉和逮捕国际犯罪等方面的司法协助，承认和执行外国法院对国际犯罪人所做出的有效判决，甚至在必要的时候联合组成国际刑事法庭审判国际罪犯，共同研究探讨预防国际犯罪的对策，彼此交换犯罪情报以至采取制止和打击国际犯罪的联合行动等。

因此，国际刑事合作可以在如下三种意义上使用：一是国际刑法直接适用模式中的刑事合作。这种意义上的国际刑事合作，主要是指世界各国共同提供人力、物力和财力资源，组成联合对付国际犯罪的国际特别刑事法庭或者国际刑事法院；各国提请国际特别刑事法庭或者国际刑事法院审理有关国际犯罪的案件并提供有关国际犯罪的情报；国际特别刑事法庭或者国际刑事法院为了调查、起诉、审判其管辖范围内的犯罪，或者为了使其作出的判决得以执行，而请求有关国家特别是有关当事国提供证据、协助调查、移交罪犯、送达文书或者执行判决；有关国家按照这种请求进行协助，以及有关国家之间应上述法庭或法院的请求相互配合帮助其实现追诉犯罪的任务而进行的相互合作等。二是国际刑法间接适用模式中的刑事合作。在单一国家按照有关国际公约的规定和国内法的规定追诉国际犯罪的场合，国际刑事合作意味着各个国家之间，为了实现追诉国际犯罪的目的，按照国际公约的规定，相互进行的协助与配合，即一国应他国的请求，根据国际刑法公约的有关规定，提供追诉国际犯罪所需要的各种法律上的帮助，以帮助一国实现对国际犯罪的有效追究。国际刑法中所称的国际刑事合作，在大多数场合，都是指这种意义上的合作。三是国内刑法适用中的刑事合作。在各国依照其国内法追诉各种含有涉外因素的国内犯罪的过程中，国际刑事合作意味着一个国家为了实现制裁某个国内犯罪的目的，按照事前签订的双边或多边条约的约

435

定，或者按照互惠原则，请求他国提供某种法律上的帮助；被请求国依据同一条约或原则，应其请求提供所需帮助而进行的相互合作。此外，从国际刑事合作的实践中看，在对付含有涉外因素的犯罪方面的国际刑事合作亦即国内刑法中的刑事合作，比对付国际犯罪方面的刑事合作，范围还要广泛。

（二）国际刑事合作的基本特点

尽管国际刑事合作可以在上述不同层次上进行，然而，作为同一术语使用的时候，国际刑事合作还是具有某些共同的特点。这些特点可以归纳为对象的特定性、作用的辅助性和合作的义务性。

1. 对象的特定性

对象的特定性，是指国际刑事合作所指向的对象，只能是合作各方共同认可的犯罪。在上述第一、二层意义上进行国际刑事合作时，不论是国际刑事法院和法庭，还是各个主权国家，都只能就追诉国际条约中规定的国际犯罪提出协助或配合的请求。被请求国通常也是只在国际条约规定的范围内，就追诉通过国际条约而共同认可的国际犯罪的有关问题，提供协助。不是条约规定的国际犯罪，被请求国就有权拒绝合作。

在上述第三层意义上进行国际刑事合作时，合作所涉及的犯罪更应当是彼此国内法都认为是犯罪的行为，即所谓的"双重犯罪原则"。如果一方提出的合作请求所涉及的犯罪，按照被请求国的法律不认为是犯罪，被请求国就不会予以合作。

2. 作用的辅助性

作用的辅助性，是指国际刑事合作中的合作事项，对于追诉犯罪来说，只起到辅助作用。不论是在追诉国际犯罪的场合，还是在追诉国内犯罪的场合，追诉活动都是以一方为主进行的。国际合作只是对所追诉的犯罪有管辖权的一方，在追诉犯罪的过程中，请求他国给予协助或配合的活动。所以，请求合作的事项，在追诉犯罪的过程中，不具有主导意义；被请求国应对方请求所给予的合作，亦不构成追诉犯罪活动的主要部分或刑事司法的主要内容。因而国际刑事合作不会构成对主权国家刑事管辖权的干预。

3. 合作的义务性

合作的义务性，是指国际刑事合作对于被请求国来说，通常是一种义务。在追诉国际犯罪的过程中，一方请求另一方给予合作，往往是基于国际条约的明文规定。所以，对被请求国来说，由于其所承担的条约义务，给予合作是必须的。如果被请求国没有加入有关国际条约或者没有允诺承担合作的义务，他就可以不予合作。

同样地，在追诉国内犯罪的过程中，如果没有双边的或多边的条约约定，并且也没有双方允诺的互惠条件，被请求国就没有义务提供协助或配合，刑事合作亦难以进行。

所以，进行合作的义务性规定，往往是国际刑事合作的必要前提。

（三）国际刑事合作的必要性

国际刑事合作的存在是由各国刑事管辖的局限性和管辖冲突所决定的，也可以说是由刑事司法本身的特点和现状决定的。刑事司法是通过剥夺或者限制犯罪人的生命、自由、财产或其他权利来制裁犯罪的活动。一方面，刑事司法的发动，是以其对某种特定犯罪具有刑事管辖权为前提的；另一方面，刑事司法的活动，必须在一定的空间内进行。刑事管辖权作为国家主权的一项重要权能，通常只能在本国领土内行使，没有他国的同意和协助，就不能及于本国领土之外。并且由于国家主权的独立性，任何国家都不容许他国在自己的领土上从事刑事

437

司法活动。时至今日，国际上始终没有形成一个能够超越国界的统一的国际刑事司法系统，也没有任何一个国家的刑事司法系统可以超越国家主权的管辖范围，在他国领土上自由地进行追诉犯罪的活动。但是，刑事司法所要对付的国际犯罪，又常常是跨国界实施的，国际犯罪分子往往故意利用国家主权所造成的刑事管辖上的空隙，在不同国家之间组织、策划和完成犯罪，或者通过跨国境的活动来逃避特定国家的追诉。即使是含有涉外因素的国内法上的犯罪，由于其犯罪行为和结果发生在一个以上的国家，或者犯罪人或被害人属于一个以上的国家；或者犯罪人与被害人不属于同一个国，或者犯罪地与犯罪人所在地不属于同一个国家，单纯依靠本国的刑事司法系统，也是很难对其进行追诉的。

各国刑事管辖的这种局限性，使得每个国家在对任何含有涉外因素的犯罪进行追诉时，都需要取得其他有关国家的支持、帮助和协作，才能及时获取定罪和量刑所需的全部证据、了解案件的全部事实，才能有效控制犯罪人、保障其到庭受审，才能保障审判的顺利进行和判决的切实执行。离开了有关当事国的合作，任何一个国家的刑事司法系统都很难顺利地进行追诉国际犯罪和其他跨国性犯罪的司法活动。不仅如此，各国在追诉犯罪的长期实践中已经形成了属地管辖、属人管辖、保护管辖等原则，而这些原则在适用于含有涉外因素的犯罪时必然会引起管辖冲突。这种现实，促使世界各国在追诉国际犯罪和其他各种含有涉外因素的犯罪时不得不谋求与其他国家的合作。可以说，国际刑事司法合作，既是国际社会联手对付日益严重的国际犯罪特别是有组织犯罪所必需的，也是每个主权国家依照本国刑法追诉各种含有涉外因素的犯罪所必需的。

二、国际刑事合作的公约规定

为了保障国际刑事合作的顺利进行，有关国际公约在这方面都有明确的规定。这些规定，使有关国家之间在追诉国际犯罪中的彼此合作成为各缔约国应尽的国际义务，从而为国家间的刑事合作提供了必要的法律保障。

有关这方面的规定，可以摘录如下：

（一）《废止奴隶、奴隶贩卖及类似奴隶制之制度与习俗补充公约》

第八条

一、本公约当事国承允互相并与联合国合作实行上述规定。

二、当事国承允将所有为实施本公约规定而制定或施行之法律、条例及行政措施之副本送交联合国秘书长。

三、秘书长应将依本条第二款所收到之情报转递其他当事各国，并送交经济暨社会理事会，以供该理事会今后就废止奴隶制、奴隶贩卖或本公约所议各项制度与习俗作进一步之建议而从事讨论时所用文件之一部分。

（二）《关于在航空器内的犯罪和其他某些行为的公约》

第五条

一、本章规定不适用于登记国领空、公海上空或不属于任何国家领土的任何其他地区上空飞行的航空器内的人所犯的或将要犯的罪行和行为，除非前一起飞地点或预定的下一降落地点不在登记国领土上，或该航空器随后在非登记国领空内飞行而该人仍在航空器内。

二、尽管有第一条第三款的规定，在本章内，航空器从装载完毕、机仓外部各门均已关闭时起，直至打开任一机仓门以便卸载时为止，应被认为是在飞行中。航空器强迫降落时，本章规定应继续适用于在航空器内发生的罪行和行为，直至一国主管当局接管对该航空器及其所载人员和财产的责任时为止。

第六条

一、机长在有适当的理由认为某人在航空器内犯了或将要犯第一条第一款所指的罪行或行为时，可以对此人采取必要的合理措施，包括看管措施，以便：

（一）保护航空器或所载人员或财产的安全；

（二）维持航空器内的良好秩序和纪律；

（三）使他能够按照本章的规定将此人移交主管当局或使此人下机。

二、机长可以要求或授权其他机组成员进行协助，并可以请求或授权（但不得强求）旅客给予协助，来看管他有权看管的任何人。任何机组成员或旅客，无须经过上述授权，也可采取合理的预防性措施，如果他有适当的理由认为为了保护航空器或所载人员或财产的安全，必须立即采取此种行动。

第七条

一、按照第六条对某人采取的看管措施，不得在航空器降落地点以外的任何地点继续采取，除非有下列情形：

（一）此降落地点是在一个非缔约国的领土上，并且该国当局不同意此人下机，或者已经按照第六条第一款（三）项对此人采取了措施，以便将此人移交给主管当局；

（二）航空器作强迫降落，而机长不能将此人移交给主管当局；或

（三）此人同意在受看管的情况下被继续向前运送。

二、机长应尽速和在可能的情况下，在载有按照第六条规定而加以看管的人的航空器在一国领土上降落前，将该航空器内有人受到看管的事实及其理由通知该国当局。

第十一章 国际刑事合作

第八条

一、如机长有适当的理由认为某人在航空器内已犯或将犯第一条第一款（二）项所指的某种行为时，他可以使该人在航空器降落的任何国家的领土内下机，只要这是为实施第六条第一款（一）项或（二）项所必需。

二、机长在按照本条规定使某人在一国领土内下机时，应将其下机的事实和理由通知该国当局。

第九条

一、如机长有适当的理由认为任何人在航空器内犯了他认为按照航空器登记国刑法构成严重罪行的行为时，他可以将该人移交给航空器降落所在地的任何缔约国的主管当局。

二、机长按照上款规定，拟将航空器内的一人移交给某一缔约国时，应尽速和在可能的情况下，在载有该人的航空器降落于该国领土前，将他要移交此人的意图和理由通知该国当局。

三、机长依照本条规定，将任何嫌疑犯移交给某一当局时，应向该当局提供其依据航空器登记国的法律合法具有的证据和情报。

第十条

对于依据本公约所采取的行动，无论是航空器机长、任何机组成员、任何旅客、航空器所有人或经营人，或本次飞行是为其利益而进行的人，在由于采取了上述行动使人蒙受损失而引起的任何诉讼中，概不承担责任。

……

第十二条

任何缔约国应准许在另一缔约国登记的航空器的机长，按照第八条第一款的规定使任何人下机。

441

第十三条

一、任何缔约国应接受航空器机长按照第九条第一款的规定移交给它的任何人。

二、任何缔约国在判明情况有此需要时，应采取拘留或其他措施，以保证被怀疑犯了第十一条第一款所指的行为的任何人和移交给它的任何人留在境内。这种拘留和其他措施应符合该国的法律规定，但是只有在为了提出刑事诉讼或引渡程序所必要的合理时间内，才可继续保持这些措施。

三、对依照前款予以拘留的任何人应向其提供协助，以便其立即与其本国最近的合格代表联系。

四、在按照第九条第一款将某人移交给任何缔约国时，或在发生了第十一条第一款所指的行为后航空器在该缔约国降落时，该缔约国应立即对事实进行初步调查。

五、当一国根据本条规定将某人拘留时，它应将拘留该人和应予拘留的情况立即通知航空器登记国和被拘留人的国籍所属国，如果认为适当，并通知其他有关国家。按照本条第四款规定进行初步调查的国家，应尽速将调查结果通知上述各国，并说明它是否意欲行使管辖权。

第十四条

一、凡按照第八条第一款下机的人，或依照第九条第一款予以移交的人，或在犯了第十一条第一款所指的行为后而下机的人，在他不能或不愿继续旅行而航空器降落国又拒绝予以接受时，如果此人不是该国的国民或在该国无永久居所，该国可以将他送回到他的本国，或到他有永久居所的国家，或到他开始空中旅行的国家。

二、无论是下机、移交、或第十三条第二款规定的拘留或其他措施，或是当事人的遣返，就有关缔约国关于人的入境或

第十一章　国际刑事合作

许可入境的法律而论，都不得视为准予入境，并且本公约的规定也不影响缔约国关于将人驱逐出境的法律。

第十五条

一、在不妨碍第十四条规定的情况下，凡按照第八条第一款下机的人，或按照第九条第一款予以移交的人，或在犯了第十一条第一款所指的行为后而下机的人，如愿继续其旅行时，可以尽速前往他所选择的任何目的地，但依据航空器降落国法律，为进行引渡或刑事起诉而要求他留在境内者不在此限。

二、在不妨碍缔约国关于入境、许可入境和引渡、驱逐出境的法律的情况下，缔约国对于按照第八条第一款在其领土内下机的人，或按照第九条第一款移交的人，或已下机并被怀疑犯了第十一条第一款所指的行为的人，在保护和安全方面所给予的待遇不得低于在类似情况下给予其本国国民的待遇。

第十六条

一、在某一缔约国登记的航空器内所犯的罪行，为引渡的目的，应看作不仅是发生在所发生的地点，而且也是发生在航空器登记国领土上。

二、在不妨碍前款规定的情况下，本公约的任何规定不得解释为同意给予引渡的义务。

第十七条

在对航空器内所犯的任何罪行采取调查或逮捕措施，或以其他方式行使管辖权时，各缔约国应适当考虑航行的安全和其他利益，并应避免对航空器、旅客、机组或货物造成不必要的延误。

第十八条

如缔约各国成立航空运输联营组织或国际经营机构，而其使用的航空器未向任何一国登记，上述国家应根据具体情况，指定其中一国，作为本公约所指的登记国，并应将此项指定通

443

知国际民用航空组织，由该组织将上述通知转告本公约所有缔约国。

（三）《关于制止非法劫持航空器的公约》

第五条

如缔约各国成立航空运输联营组织或国际经营机构，而其使用的航空器需进行联合登记或国际登记时，则这些缔约国应通过适当方法在它们之间为每一航空器指定一个国家，该国为本公约的目的，应行使管辖权并具有登记国的性质，并应将此项指定通知国际民用航空组织，由该组织将上述通知转告本公约所有缔约国。

第六条

一、罪犯或被指称的罪犯所在的任一缔约国在判明情况有此需要时，应将该人拘留或采取其他措施以保证该人留在境内。这种拘留和其他措施应符合该国的法律规定，但是只有在为了提出刑事诉讼或引渡程序所必要的期间内，才可继续保持这些措施。

二、该国应立即对事实进行初步调查。

三、对根据本条第一款予以拘留的任何人应向其提供协助，以便其立即与本国最近的合格代表联系。

四、当一国根据本条规定将某人拘留时，它应将拘留该人和应予拘留的情况立即通知航空器登记国、第四条第一款（丙）项所指国家和被拘留人的国籍所属国，如果认为适当，并通知其他有关国家。按照本条第二款规定进行初步调查的国家，应尽速将调查结果通知上述各国，并说明它是否意欲行使管辖权。

第七条

在其境内发现被指称的罪犯的缔约国，如不将此人引渡，则不论罪行是否在其境内发生，应无例外地将此案件提交其主管当局以便起诉。该当局应按照本国法律以对待任何严重性质的普通罪行案件的同样方式作出决定。

第八条

一、前述罪行应看作是包括在缔约各国间现有引渡条约中的一种可引渡的罪行。缔约各国承允将此种罪行作为一种可引渡的罪行列入它们之间将要缔结的每一项引渡条约中。

二、如一缔约国规定只有在订有引渡条约的条件下才可以引渡，而当该缔约国接到未与其订有引渡条约的另一缔约国的引渡要求时，可以自行决定认为本公约是对该罪行进行引渡的法律根据。引渡应遵照被要求国法律规定的其他条件。

三、缔约各国如没有规定只有在订有引渡条约时才可引渡，则在遵照被要求国法律规定的条件下，承认上述罪行是它们之间可引渡的罪行。

四、为在缔约各国间的引渡的目的，罪行应看作不仅是发生在所发生的地点，而且也是发生在根据第四条第一款要求实施其管辖权的国家领土上。

第九条

一、当第一条（甲）款所指的任何行为已经发生或行将发生时，缔约各国应采取一切适当措施以恢复或维护合法机长对航空器的控制。

二、在前款情况下，航空器或其旅客或机组所在的任何缔约国应对旅客和机组继续其旅行尽速提供方便，并应将航空器和所载货物不迟延地交还给合法的所有人。

第十条

一、缔约各国对第四条所指罪行和其他行为提出的刑事诉讼，应相互给予最大程度的协助。在任何情况下，都应适用被要求国的法律。

二、本条第一款的规定，不应影响因任何其他双边或多边条约在刑事问题上全部地或部分地规定或将规定的相互协助而承担的义务。

第十一条

各缔约国应遵照其本国法尽快地向国际民用航空组织理事会就下列各项报告它所掌握的任何有关情况：

（甲）犯罪的情况；

（乙）根据第九条采取的行动；

（丙）对罪犯或被指称的罪犯所采取的措施，特别是任何引渡程序或其他法律程序的结果。

（四）《关于制止危害民用航空安全的非法行为的公约》

第六条

一、罪犯或被指称的罪犯所在的任一缔约国在判明情况有此需要时，应将该人拘留或采取其他措施以保证该人留在境内。这种拘留和其他措施应符合该国的法律规定，但是只有在为了提出刑事诉讼或引渡程序所必要的期间内，才可继续保持这些措施。

二、该国应立即对事实进行初步调查。

三、对根据本条第一款予以拘留的任何人，应向其提供协助，以便其立即与其本国最近的合格代表联系。

四、当一国根据本条规定将某人拘留时，它应将拘留该人和应予拘留的情况立即通知第五条第一款所指国家和被拘留人的国籍所属国，如果认为适当，并通知其他有关国家。按照本条第二款规定进行初步调查的国家，应尽速将调查结果通知上述各国，并说明它是否意欲行使管辖权。

第七条

在其境内发现被指称的罪犯的缔约国，如不将此人引渡，则不论罪行是否在其境内发生，应无例外地将此案件提交其主管当局以便起诉。该当局应按照本国法律，以对待任何严重性质的普通罪行案件的同样方式作出决定。

第八条

一、前述罪行应看作是包括在缔约各国间现有引渡条约中的一种可引渡的罪行。缔约各国承允将此种罪行作为一种可引渡的罪行列入它们之间将要缔结的每一项引渡条约中。

二、如一缔约国规定只有在订有引渡条约的条件下才可以引渡，而当该缔约国接到未与其订有引渡条约的另一缔约国的引渡要求时，可以自行决定认为本公约是对该罪行进行引渡的法律根据。引渡应遵照被要求国法律规定的其他条件。

三、缔约各国如没有规定只有在订有引渡条约下才可引渡，则在遵照被要求国法律规定的条件下，应承认上述罪行是它们之间可引渡的罪行。

四、为在缔约各国之间引渡的目的，每一罪行应看作不仅是发生在所发生的地点、而且也是发生在根据第五条第一款（乙）（丙）和（丁）项要求实施其管辖权的国家领土上。

第九条

如缔约各国成立航空运输联营组织或国际经营机构，而其使用的航空器需要进行联合登记或国际登记时，则这些缔约国应通过适当方法在它们之间为每一航空器指定一个国家，该国为本公约的目的，应行使管辖权并具有登记国的性质，并应将此项指定通知国际民用航空组织，由该组织将上述通知转告本公约所有缔约国。

第十条

一、缔约各国应根据国际法和本国法，努力采取一切可能

447

的措施，以防止发生第一条所指的罪行。

二、当由于发生了第一条所指的一种罪行，使飞行延误或中断，航空器、旅客或机组所在的任何缔约国应对旅客和机组继续其旅行尽速提供方便，并应将航空器和所载货物不迟延地交还给合法的所有人。

第十一条

一、缔约各国对上述罪行所提出的刑事诉讼，应相互给予最大程度的协助。在任何情况下，都应适用被要求国的法律。

二、本条第一款的规定，不应影响因任何其他双边或多边条约在刑事问题上全部地或部分地规定或将规定相互协助而承担的义务。

第十二条

任何缔约国如有理由相信将要发生第一条所指的罪行之一时，应遵照其本国法向其认为是第五条第一款所指的国家，提供其所掌握的任何有关情况。

第十三条

一、每一缔约国应遵照其本国法尽快地向国际民用航空组织理事会就下列各项报告它所掌握的任何有关情况：

（甲）犯罪的情况；

（乙）根据第十条第二款采取的行动；

（丙）对罪犯或被指称的罪犯所采取的措施，特别是任何引渡程序或其他法律程序的结果。

（五）《关于防止和惩处侵害应受国际保护人员包括外交代表的罪行的公约》：

第四条

各缔约国应特别以下列方式进行合作，以防止第二条所列举的罪行：

（a）采取一切切实可行的措施，以防止在各该国领土内策划在其领土以内或以外实施这些罪行；

（b）交换情报，并协调为防止这些罪行发生而采取的适当行政或其他措施。

第五条

1. 境内发生第二条所列举的任何罪行的缔约国如有理由相信嫌疑犯已逃离其领土，应将有关所发生罪行的一切事实及可以获得的一切关于嫌疑犯身分的情报，直接或经由联合国秘书长送达所有其他有关国家。

2. 遇有对应受国际保护人员发生第二条所列举的任何罪行时，拥有关于受害人和犯罪情况的情报的任何缔约国应设法按照其国内法所规定的条件，充分和迅速地将此种情报递送该受害人代表执行职务的缔约国。

第六条

1. 嫌疑犯所在地的缔约国确信情况有此需要时，应采取其国内法所规定的适当措施保证嫌疑犯留在其领土内，以便进行起诉或引渡。这种措施应该立即直接或经由联合国秘书长通知：

（a）犯罪地国家；

（b）嫌疑犯隶籍的一国或数国，如为无国籍人士时，其永久居住地国；

（c）有关的应受国际保护人员隶籍的一国或数国，或其代表执行职务的国家；

（d）所有其他有关国家；

（e）有关的应受国际保护人员充任官员或代理人的国际组织。

2. 对任何人员采取本条第 1 款规定的措施时，此种人员有权：

（a）立即与其隶籍国，或有权保护其权利的其他国家，或如为无国籍人时经其请求而愿意保护其权利的国家距离最近的适当代表取得联络；

（b）并由该国代表前往探视。

第七条

缔约国于嫌疑犯在其领土内时，如不予以引渡，则应毫无例外，并不得不当稽延，将案件交付主管当局，以便依照本国法律规定的程序提起刑事诉讼。

第八条

1. 在各缔约国之间的任何现行引渡条约未将第二条所列举的罪行列为应该引渡的罪的范围内，这些罪行应视为属于应该引渡的罪。缔约国承允将来彼此间所订的每一引渡条约中都将这些罪行列为应该引渡的罪。

2. 以订有条约为引渡条件的缔约国从未与该缔约国订立引渡条约的另一缔约国接到引渡要求时，如果决定引渡，得视本公约为对这些罪行进行引渡的法律根据。引渡须依照被要求国法律所规定的程序和其他条件办理。

3. 不以订有条约为引渡条件的缔约国应承认这些罪行为彼此间应该引渡的罪，但须依照被要求国法律所规定的程序和其他条件办理。

4. 为便于各缔约国之间进行引渡起见，每一罪行应视为不但发生于实际犯罪地点，而且发生于依照第三条第1款规定必须确定其管辖权的国家的领土内。

第九条

任何人因第二条所列举的任何罪行而被提起诉讼时，应保证他在诉讼的一切阶段中受到公平待遇。

第十条

1. 各缔约国应就为第二条所列举的罪行提起的刑事诉讼彼此提供最大限度的协助，包括供给缔约国所有而为诉讼所必需的一切证据。

2. 本条第 1 款的规定不影响任何其他条约所载关于互相提供司法协助的义务。

第十一条

对嫌疑犯提起刑事诉讼的缔约国应将诉讼的最后结果送达联合国秘书长。联合国秘书长应将这项资料转送其他缔约国。

（六）《反对劫持人质国际公约》

第三条

1. 罪犯在其领土内劫持人质的缔约国，应采取它认为适当的一切措施，以期缓和人质的处境，特别是设法使人质获得释放，并于人质获释后，如有必要，便利人质离开。

2. 如缔约国已将罪犯因劫持人质而获得的物品收管，该缔约国应尽快将该物品归还人质本人或第一条所称第三方，或归还其适当当局。

第四条

各缔约国应合作防止第一条所称罪行，特别是：

（a）采取一切实际可行的措施，以防止为在其领土内外进行此等犯罪行为而在其领土内所作的准备，包括禁止鼓励、煽动、筹划或参与劫持人质行为的个人、团体和组织在其领土内从事非法活动的措施。

（b）交换情报并协同采取行政和其他适当措施，以防止此等罪行的发生。

第六条

1. 任何缔约国，如嫌疑犯在其领土内，当判明情况有此需要时，应按照该国法律，在进行刑事诉讼或引渡程序所需要的时间内扣留该人或采取其他措施，以保证其留在该国境内。该缔约国应立即进行初步调查，以查明事实。

2. 本条第 1 款所指的扣留或其他措施，应立即直接通知或经由联合国秘书长通知：

（a）犯罪地国家；

（b）被强迫或被图谋强迫的国家；

（c）被强迫或被图谋强迫的自然人或法人为该国国民的国家；

（d）人质为该国国民的国家，或人质在该国领土内经常居住的国家；

（e）嫌疑犯为该国国民的国家，如为无国籍人时，嫌疑犯在该国领土内经常居住的国家；

（f）被强迫或被图谋强迫的国际政府间组织；

（g）其他任何有关国家。

3. 凡依本条第 1 款被采取措施的任何人有权：

（a）毫不迟延地与最近的本国或有权与其建立联系的国家的适当代表取得联系，如为无国籍人时，则与其经常居住地国家的适当代表取得联系；

（b）受到上述国家代表的探视。

4. 本条第 3 款所指权利的行使，应符合嫌疑犯所在国的法律规章，但以这些法律规章能充分实现本条第 3 款给予这种权利的原定目的为限。

5. 本条第 3 款和第 4 款的规定不得妨碍依第五条第 1 款（b）项规定有管辖权的任何缔约国邀请红十字国际委员会与嫌疑犯建立联系和前往探视的权利。

6. 进行本条第 1 款所规定的初步调查的国家，应尽速将调

第十一章　国际刑事合作

查结果通知本条第 2 款所指的国家或组织，并说明它是否有意行使管辖权。

第七条

对嫌疑犯提起公诉的缔约国，应按照其法律将诉讼的最后结果通知联合国秘书长。联合国秘书长应将此项资料转送其他有关国家和有关国际政府间组织。

第八条

1. 领土内发现嫌疑犯的缔约国，如不将该人引渡，应毫无例外地而且不论罪行是否在其领土内发生，通过该国法律规定的程序，将案件送交该国主管机关，以便提起公诉。此等机关应按该国法律处理任何普通严重罪行案件的方式作出判决。

2. 任何人因第一条所称任何罪行而被起诉时，应保证他在诉讼的所有阶段受到公平待遇，包括享有他所在地国家法律规定的一切权利和保障。

第九条

1. 依照本公约提出引渡某一嫌疑犯的要求不得予以同意，如果收到此项要求的缔约国有充分理由相信：

（a）以第一条所称罪行为理由而提出引渡要求，但目的在于因某一人的种族、宗教、国籍、民族根源或政治见解而予以起诉或惩罚；或

（b）该人的处境可能因以下理由而受损害：

（一）本款（a）项所述的任何理由，或

（二）有权行使保护权利的国家的适当机关无法与其联系。

2. 关于本公约所述的罪行，凡在适用于缔约国间的所有引渡条约和办法中与本公约不相容的各项规定，在各缔约国之间均被修改。

第十条

453

1. 第一条所称各项罪行，均应视为缔约国间现有任何引渡条约已经列为可以引渡的罪行。各缔约国承诺在以后彼此间缔结的所有引渡条约中将此种罪行列为可以引渡的罪行。

2. 以订有条约为引渡条件的缔约国，如收到尚未与该缔约国订立引渡条约的另一缔约国的引渡要求，被请求国得自行决定将本公约视为就第一条所称罪行进行引渡的法律根据。引渡应依照被请求国法律所规定的其他条件进行。

3. 不以订有条约为引渡条件的各缔约国应承认第一条所称罪行为彼此之间可以引渡的罪行，但须符合被请求国法律所规定的条件。

4. 为了缔约国间引渡的目的，第一条所称罪行应视为不仅发生在实际发生地，而且也发生在按照第五条第1款的规定须确立其管辖权的国家的领土内。

第十一条

1. 各缔约国对就第一条所称罪行提起的刑事诉讼应互相给予最大限度的协助，包括提供它们掌握的为诉讼程序所需的一切证据。

2. 本条第1款的规定不应影响任何其他条约中关于互相提供司法协助的义务。

（七）《核材料实物保护公约》

第五条

1. 各缔约国应彼此直接或经由国际原子能机构指明并公布国家主管当局和联系单位，它们各自负责实物保护核材料并在核材料未经许可而被移动、使用或更换、或确实受到此种威胁时负责协调追回和采取对策行动。

2. 各缔约国在核材料被偷窃、抢劫或任何非法盗取、或确实受到此种威胁时，应依照本国法律尽可能向任何提出请求的国家提供合作和协助，以追回和保护这种材料。特别是：

（a）缔约国应在核材料被偷窃、抢劫或其它非法盗取、或确实受到此种威胁时采取适当步骤，尽快通知它认为有关的其它国家，并在合适的场合时通知国际组织；

（b）有关缔约国应于适当时相互或同国际组织交换情报，以便保护受到威胁的核材料，核查装运容器的完整性或追回被非法盗取的核材料，并应：

（i）经由外交和其它商定途径协调彼此的工作；

（ii）于接到请求时给予协助；

（iii）保证归还因上述事件而被偷走或遗失的核材料。

执行这种合作的方法应由各有关缔约国决定。

3. 各缔约国在条件许可时，应彼此直接或经由国际组织进行合作和协调，以便指导核材料国际运输实物保护系统的设计、维护和改进。

第六条

1. 各缔约国应采取符合其国家法律的适当措施，以保护由于本公约的规定而从其它缔约国得到的或经由参与执行本公约的活动而秘密得到的任何情报的机密性。缔约国如向国际组织秘密提供情报，则应采取步骤，以确保此种情报的机密性。

2. 本公约不要求缔约国提供按照国家法律不准披露或将危及有关国家的安全或核材料的实物保护的任何情报。

第九条

任何缔约国，如被控罪犯在其领土内，当判明情况有此需要时，应按照本国法律采取适当措施，包括拘留以确保该罪犯在进行起诉或引渡时随传随到。按照本条采取的措施，应立即通知需要按照第八条确立管辖权的国家，在合适的场合应通知所有其它有关国家。

第十条

任何缔约国，如被控罪犯在其领土内，而该国不将该罪犯引渡，则应无例外地并无不适当延迟地将案件送交该国主管当局，以便按照该国法律规定的诉讼程序，提起公诉。

第十一条

1. 第七条所称各项犯罪行为应被视为属于缔约国之间任何现有引渡条约中的可引渡的犯罪行为。各缔约国保证将各种犯罪行为作为可引渡的犯罪行为列于今后彼此缔结的每一引渡条约内。

2. 以条约的存在为引渡条件的缔约国，如收到未与其订有引渡条约的另一缔约国提出的引渡要求，可以选择本公约作为引渡这些罪犯的法律依据。引渡应符合被请求国法律所规定的其它条件。

3. 不以条约的存在为引渡条件的缔约国应承认各项犯罪行为是彼此之间可以引渡的犯罪行为，但应符合被请求国法律所规定的各项条件。

4. 为了缔约国之间进行引渡的目的，每项犯罪行为应被视为不仅发生于犯罪行为地，而且也发生于需要按照第八条第1款确立其管辖权的缔约国领土内。

……

第十三条

1. 各缔约国对就第七条所称犯罪行为而提出的刑事诉讼应彼此提供最大程度的协助，包括提供其所掌握的并为诉讼所必需的证据。被请求国的法律应适用于一切场合。

2. 第一款的规定不应影响全部或部分地处理或今后处理刑事互助事宜的任何其它双边或多边条约下的义务。

第十四条

第十一章　国际刑事合作

1. 每一缔约国应将其执行本公约的法律和规章通知保存人，保存人应定期将此种情报传送所有缔约国。

2. 对被控罪犯提起公诉的缔约国，应尽可能首先将诉讼的最后结果通知直接有关的各国。该缔约国还应将最后结果通知保存人，由他通知所有国家。

3. 与国内用于和平目的的、储存或运输的核材料有关的犯罪行为，而被控罪犯和核材料均仍在犯罪行为发生于其境内的缔约国领土内时，本公约的任何规定不应被解释为要求该缔约国提供与因该犯罪行为提出刑事诉讼有关的情报。

（八）《禁止酷刑和其他残忍、不人道或有辱人格的待遇或处罚公约》

第六条

1. 任何缔约国如在其管辖的领土内有被指控犯有第四条所述罪行的人，在对向其提供的情况进行审查并确认根据情况有理由进行拘留时，应将此人加以拘留，或采取其他法律措施以确保他到场。拘留和其他法律措施应合乎该国法律的规定，但延续时间只限于完成任何刑事诉讼或引渡手续所必须的时间。

2. 该缔约国应立即对事实进行初步调查。

3. 按照本条第 1 款受拘留的任何人，应得到协助，以期立即与地理位置最近的其本国适当代表联系，如该人无国籍，则应得到协助，与其通常居住国家的代表联系。

4. 任何国家按照本条将某人拘留时，当立即将此人已受拘留及构成扣押理由的情况通知第五条第 1 款所指国家。进行本条第 2 款提到的初步调查的国家，应迅速将调查结果告知上述国家，并说明是否打算行使管辖权。

第七条

1. 缔约国如在其管辖的领土内发现有被指控犯有第四条所

述任何罪行的人，属于第五条提到的情况，倘不进行引渡，则应把该案件交由主管当局进行起诉。

2. 主管当局应根据该国法律，以审理情节严重的普通犯罪案件同样方式作出决定。对第五条第 2 款所指案件，起诉和定罪的证据标准决不应宽于第五条第 1 款所指案件的标准。

3. 任何人因第四条所述的任何罪行被起诉时，应保证他在诉讼的所有阶段都得到公平的待遇。

第八条

1. 第四条所述各种罪行应视为属于各缔约国间现有的任何引渡条约所列的可引渡罪行。各缔约国有义务将此种罪行作为可引渡罪行列入将来互相之间缔结的所有引渡条约。

2. 以订有条约为引渡条件的缔约国，如收到未与其签订引渡条约的另一缔约国的引渡请求，可将本公约视为对此种罪行要求引渡的法律根据。引渡应遵守被请求国法律规定的其他条件。

3. 不以订有条约为引渡条件的缔约国，应在互相之间承认此种罪行为可引渡罪行，但须遵守被请求国法律规定的各种条件。

4. 为在缔约国之间进行引渡起见，对此种罪行的处理应将其当作不仅发生在犯罪地，而且发生在按照第五条第 1 款要求确立其管辖权的国家的领土内。

第九条

1. 缔约各国在对第四条所述的任何罪行提出刑事诉讼方面，应相互提供最大程度的援助，包括提供它们所掌握的为诉讼所必需的一切证据。

2. 缔约各国应依照它们之间可能订有的关于相互提供司法协助的条约来履行本条第 1 款规定的义务。

（九）《联合国禁止非法贩运麻醉药品和精神药物公约》

第二条　公约的范围

1. 本公约的宗旨是促进缔约国之间的合作，使它们可以更有效地对付国际范围的非法贩运麻醉药品和精神药物的各个方面。缔约国在履行其按本公约所承担的义务时，应根据其国内立法制度的基本规定，采取必要的措施，包括立法和行政措施。

2. 缔约国应以符合各国主权平等和领土完整以及不干涉别国内政原则的方式履行其按本公约所承担的义务。

3. 任一缔约国不得在另一缔约国的领土内行使由该另一缔约国国内法律规定完全属于该国当局的管辖权和职能。

第六条　引　渡

1. 本条应适用于缔约国按照第三条第 1 款所确定的犯罪。

2. 本条适用的各项犯罪均应视为缔约国之间现行的任何引渡条约应予包括的可引渡的犯罪。各缔约国承诺将此种犯罪作为可予引渡的犯罪列入它们之间将要缔结的每一引渡条约之中。

3. 如某一缔约国要求引渡须以存在一项条约为条件，在接到与之未订有引渡条约的另一缔约国的引渡请求时，它可将本公约视为就本条适用的任何犯罪进行引渡的法律依据。缔约国若需具体立法才能将本公约当作引渡的法律依据，则应考虑制定可能必要的立法。

4. 不以存在一项条约为引渡条件的缔约国应承认本条所适用的犯罪为其相互间可予引渡的犯罪。

5. 引渡应遵守被请求国法律或适用的引渡条约所规定的条件，包括被请求国可据以拒绝引渡的理由。

6. 被请求国在考虑根据本条提出的请求时，如果有充分理由使其司法或其他主管当局认为按该请求行事就会便利对任何人因其种族、宗教、国籍或政治观点进行起诉或惩罚，或使受该请求影响的任何人由于上述任一原因而遭受损害，则可拒绝按该请求行事。

7. 对于本条所适用的任何犯罪，缔约国应努力加快引渡程序并简化对有关证据的要求。

8. 被请求国在不违背其国内法及其引渡条约各项规定的前提下，可在认定情况必要且紧迫时，应请求国的请求，将被要求引渡且在其领土上的人予以拘留，或采取其他适当措施，以确保该人在进行引渡程序时在场。

9. 在不影响行使按照其国内法确立的任何刑事管辖权的情况下，在其领土内发现被指控的罪犯的缔约国，

（1）如果基于第四条第 2 款（1）项所列理由不引渡犯有按第三条第 1 款确定的罪行的人，则应将此案提交其主管当局以便起诉，除非与请求国另有协议；

（2）如果不引渡犯有此种罪行的人并按第四条第 2 款（2）项规定对此种犯罪确立其管辖权，则应将此案提交主管当局以便起诉，除非请求国为保留其合法管辖权而另有请求。

10. 为执行一项刑罚而要求的引渡，如果由于所要引渡的人为被请求国的国民而遭到拒绝，被请求国应在其法律允许并且符合该法律的要求的情况下，根据请求国的申请，考虑执行按请求国法律判处的该项刑罚或未满的刑期。

11. 各缔约国应谋求缔结双边和多边协定以执行引渡或加强引渡的有效性。

12. 缔约国可考虑订立双边和多边协定，不论是特别的或一般的协定，将由于犯有本条适用的罪行而被判处监禁或以其他形式剥夺自由的人移交其本国，使他们可在那里服满其

刑期。

第七条 相互法律协助

1. 缔约国应遵照本条规定，在对于按第三条第 1 款所确定的刑事犯罪进行的调查、起诉和司法程序中相互提供最广泛的法律协助。

2. 按照本条规定，可为下列任何目的提出相互法律协助的请求：

（1）获取证据或个人证词；

（2）送达司法文件；

（3）执行搜查及扣押；

（4）检查物品和现场；

（5）提供情报和证物；

（6）提供有关文件及记录的原件或经证明的副本，其中包括银行、财务、公司或营业记录；

（7）识别或追查收益、财产、工具或其他物品，以作为证据。

3. 缔约国可相互提供被请求国国内法所允许的任何其他形式的相互法律协助。

4. 缔约国应根据请求，在符合其国内法律和实践的范围内，便利或鼓励那些同意协助调查或参与诉讼的人员，包括在押人员，出庭或在场。

5. 缔约国不得以保守银行秘密为由拒绝提供本条规定的相互法律协助。

6. 本条各项规定不得影响依任何其他全部或局部规范或将规范相互刑事法律协助问题的双边或多边条约所承担的义务。

7. 本条第 8 至 19 款应适用于有关缔约国不受一项相互法律协助条约约束时根据本条规定提出的请求。如果上述缔约国受此类条约约束，则该条约相应条款应予适用，除非缔约国同意适用本条第 8 至 19 款以取代之。

8. 缔约国应指定一个当局或在必要时指定若干当局，使之负责和有权执行关于相互法律协助的请求或将该请求转交主管当局加以执行。应将为此目的指定的当局通知秘书长。相互法律协助请求的传递以及与此有关的任何联系均应通过缔约国指定的当局进行；这一要求不得损害缔约国要求通过外交渠道以及在紧急和可能的情况下，经有关缔约国同意，通过国际刑警组织渠道传递这种请求和进行这种联系的权利。

9. 请求应以被请求国能接受的语言文字书面提出。各缔约国应以所能接受的语言文字通知秘书长。在紧急情况下，如有关缔约国同意，这种请求可以口头方式提出，但应尽快加以书面确认。

10. 相互法律协助的请求书应载有：

（1）提出请求的当局的身份；

（2）请求所涉的调查、起诉或诉讼的事由和性质，以及进行此项调查、起诉或诉讼的当局的名称和职能；

（3）有关事实的概述，但为送达司法文件提出的请求除外

（4）对请求协助的事项和请求国希望遵循的特殊程序细节的说明；

（5）可能时，任何有关人员的身份、所在地和国籍；

（6）索取证据、情报或要求采取行动的目的。

11. 被请求国可要求提供补充情报，如果这种情报系按照其国内法执行该请求所必需或有助于执行该请求。

12. 请求应根据被请求国的国内法予以执行。在不违反被请求国国内法的情况下，如有可能，还应遵循请求书中列明的程序。

13. 请求国如事先未经被请求国同意，不得将被请求国提供的情报或证据转交或用于请求书所述以外的调查、起诉或诉讼。

14. 请求国可要求被请求国，除非为执行请求所必需，应对请求一事及其内容保密。如果被请求国不能遵守这一保密要求，它应立即通知请求国。

15. 在下列情况下可拒绝提供相互法律协助：

（1）请求未按本条规定提出；

（2）被请求国认为执行请求可能损害其主权、安全、公共秩序或其他基本利益；

（3）若被请求国当局依其管辖权对任何类似犯罪进行调查、起诉或诉讼时，其国内法禁止执行对此类犯罪采取被请求的行动；

（4）同意此项请求将违反被请求国关于相互法律协助的法律制度。

16. 拒绝相互协助时，应说明理由。

17. 相互法律协助可因与正在进行的调查、起诉或诉讼发生冲突而暂缓进行。在此情况下，被请求国应与请求国磋商，以决定是否可按被请求国认为必要的条件提供协助。

18. 同意到请求国就一项诉讼作证或对一项调查、起诉或司法程序提供协助的证人、专家或其他人员，不应由于其离开被请求国领土之前的行为、不行为或定罪而在请求国领土内受到起诉、拘禁、惩罚或对其人身自由施加任何其他限制。如该证人或专家或个人已得到正式通知，司法当局不再需要其到场，自通知之日起连续十五天或在缔约国所议定的任何期限内有机会离开，但仍自愿留在该国境内，或在离境后又出于自己的意愿返回，则此项安全保障即停止。

19. 执行请求的一般费用应由被请求国承担，除非有关缔约国另有协议。如执行该请求需支付巨额或特殊性质的费用，有关缔约国应相互协商，以确定执行该请求的条件以及承担费用的办法。

20. 缔约国应视需要考虑缔结旨在实现本条目的、具体实施或加强本条规定的双边或多边协定或安排的可能性。

第八条　移交诉讼

缔约国应考虑对于按第三条第 1 款确定的犯罪的刑事起诉相互移交诉讼的可能性，如果此种移交被认为有利于适当的司法处置。

第九条　其他形式的合作和培训

1. 缔约国应在符合其各自国内法律和行政制度的情况下，相互密切合作，以期增强为制止按第三条第 1 款确定的犯罪而采取的执法行动的有效性。缔约国特别应根据双边或多边的协定或安排：

（1）建立并保持其主管机构和部门之间的联系渠道，以利于安全而迅速地交换关于按第三条第 1 款确定的犯罪的各个方面的情报，如有关缔约国认为适当，包括与其他犯罪活动的联系的情报；

（2）相互合作，对于按第三条第 1 款确定的带有国际性质的犯罪，进行有关下述方面的调查：

（一）嫌疑涉及按第三条第 1 款确定的犯罪的人的身份、行踪和活动；

（二）得自此种犯罪的收益或财产的转移情况；

（三）用于或意图用于进行此类犯罪的麻醉药品、精神药物、本公约表一和表二所列物质以及工具的转移情况；

（3）在适当的案件中并在不违背其国内法的前提下，建立

第十一章 国际刑事合作

联合小组执行本款规定，同时应考虑到必须保护人员安全和执法活动的安全。参加联合小组的任何缔约国官员均应按拟在其领土上进行执法活动的缔约国有关当局的授权行事；在所有这些情况下，所涉缔约国应确保充分尊重拟在其领土上进行执法活动的缔约国的主权；

（4）酌情提供必要数量的某些物质供分析或调查之用；

（5）便利其主管机构和部门之间的有效协调，并促进人员和其他专家的交流，适当时包括派驻联络官员。

2. 各缔约国应在必要的范围内提出、制订或改进对其负责制止按第三条第1款确定的犯罪的执法人员和其他人员，包括海关人员的具体培训方案。此种方案应特别包括下述方面：

（1）对于按第三条第1款确定的犯罪的侦查和制止方法；

（2）嫌疑涉及按第三条第1款确定的犯罪的人使用的路线和技术，特别是在过境国使用的路线和技术，以及适当的对付办法；

（3）对麻醉药品、精神药物和表一和表二所列物质进出口情况的监测；

（4）对来自按第三条第1款确定的犯罪的收益和财产的转移情况，以及用于或意图用于此种犯罪的麻醉药品、精神药物和表一和表二所列物质和工具的转移情况的侦查和监测；

（5）转让、隐瞒或掩饰这类收益、财产和工具的方法；

（6）证据的收集；

（7）在自由贸易区和自由港的管制技术；

（8）现代化执法技术。

3. 缔约国应相互协助计划和实施旨在交流本条第2款所述各领域专门知识的研究与培训方案，为此目的，还应酌情利用区域和国际会议及研讨会，促进合作和促使讨论共同关心的问

465

题，包括过境国的特殊问题和需要。

第十条　国际合作与援助过境国

1. 缔约国应直接或通过主管国际组织或区域组织进行合作，通过关于拦截和其他有关活动的技术合作方案，尽可能协助和支援过境国，特别是需要这种协助和支援的发展中国家。

2. 缔约国可直接或通过主管国际组织或区域组织，承诺向这些过境国提供财政援助，以便充实和加强为有效控制和预防非法贩运所需的基础设施。

3. 缔约国可缔结双边或多边协定或安排，增强依本条规定进行的国际合作的有效性，并可考虑这方面的财务安排。

……

第十七条　海上非法贩运

1. 缔约国应尽可能充分合作，依照国际海洋法制止海上非法贩运。

2. 缔约国如有正当理由怀疑悬挂其国旗或未挂旗或未示注册标志的船只在进行非法贩运，可请求其他缔约国协助，以制止将该船用于此种目的。被请求的缔约国应尽其所能提供此种协助。

3. 缔约国如有正当理由怀疑悬挂另一缔约国国旗或显示该国注册标志的船只虽按照国际法行使航行自由但却在从事非法贩运，可将此事通知船旗国，请其确认注册情况，并可在注册情况获得确认后，请船旗国授权对该船采取适当措施。

4. 按照本条第3款，或按照请求国和船旗国之间有效的条约，或按照其相互达成的任何其他协议或安排，除其他事项外，船旗国还可授权请求国：

（1）登船；

（2）搜查船只；

（3）如查获涉及非法贩运的证据，对该船只、船上人员和货物采取适当行动。

5. 如依本条采取行动，有关缔约国应适当注意不得危害海上生命安全，该船只和货物的安全，也不得损害该船旗国或任何其他有关国家的商业和法律利益。

6. 只要符合本条第 1 款所规定的义务，船旗国可使其授权服从它与请求国之间相互议定的条件，包括关于责任的条件。

7. 为本条第 3 和第 4 款的目的，缔约国应以迅捷的方式答复另一缔约国要求确定悬挂其国旗的船只是否有此权利的请求，并答复根据第 3 款规定提出的授权请求。各缔约国在成为本公约缔约国时，应指定一个机构，或必要时指定若干机构接受并答复这类请求。这类指定应在指定后一个月内通过秘书长通知其他所有缔约国。

8. 已按照本条采取了任何行动的缔约国，应将行动的结果迅速通知有关船旗国。

9. 缔约国应考虑达成双边和区域协定或安排，以执行本条各项规定或增强其有效性。

10. 根据本条第 4 款采取的行动只能由军舰或军用飞机、或具有执行公务的明显可识别标记并获得有关授权的船舶或飞机进行。

11. 根据本条采取任何行动均应适当注意有必要不干预或影响沿海国依国际海洋法具有的权利和义务及其管辖权的行使。

……

第十九条　邮件的利用

1. 缔约国应按照其依万国邮政联盟各项公约所承担的义务，并按照其本国法律制度的基本原则，采取措施制止利用邮件进行非法贩运，并应为此目的相互合作。

2. 本条第 1 款所述措施应特别包括：

（1）采取协调行动以预防和取缔利用邮件进行非法贩运；

（2）由经授权的执法人员采用并实施旨在侦测邮件中非法付运的麻醉药品、精神药物及表一和表二所列物质的调查和控制技术；

（3）采取立法措施，以便能够使用适当手段获得司法程序所需的证据。

第二十条　应由缔约国提供的情报

1. 缔约国应通过秘书长向麻委会提供关于在其领土内执行本公约的情报，特别是：

（1）为实施本公约而颁布的法律和法规的文本；

（2）在其管辖范围内发生的非法贩运案件中缔约国认为因其涉及所发现的新趋势、所涉及的数量、获得有关物质的来源或从事非法贩运的人使用的手段而具有重要性的案件的详情。

2. 缔约国应依照麻委会可能要求的方式和日期提供此种情报。

（十）《制止危及海上航行安全非法行为公约》

第七条

1. 罪犯或被指称的罪犯出现在其领土内的任何缔约国，在确信情况有此需要时，应根据其法律，将罪犯或被指称的罪犯拘留或采取其它措施，确保其在提起刑事诉讼或引渡程序所必要的时间内留在其国内。

2. 该缔约国应按照本国法律立即对事实作初步调查。

3. 任何人，如对其采取第 1 款所述的措施，有权：

（1）及时地与其国籍国或有权建立此种联系的国家的最近的适当代表联系，或者，如其为无国籍人时，与其惯常居所地国的此种代表联系；

（2）接受该国代表探视。

4. 第 3 款所述权利应按照罪犯或被指称的罪犯所在地国的法律和规章行使，但这些法律和规章必须能使第 3 款所给予的权力的目的得以充分实现。

5. 当缔约国根据本条将某人拘留时，应立即将该人被拘留的事实和应予拘留的情况通知已按照第六条第 1 款确定管辖权的国家，在认为适当时，应立即通知其他有关国家。进行本条第 2 款所述初步调查的国家应迅速将调查结果报告上述国家，并应表明它是否有意行使管辖权。

第八条

1. 缔约国（船旗国）船舶的船长可以将其有正当理由相信已犯下第三条所述的某一罪行的任何人移交给任何其他缔约国（接收国）当局。

2. 船旗国应确保其船长有义务，在船上带有船长意欲根据第 1 款移交的任何人员时，只要可行和可能，在进入接收国的领海前将他要移交该人员的意向和理由通知接收国当局。

3. 除非有理由认为本公约不适用于导致移交的行为，接收国应接受移交并按第七条规定进行处理，如拒绝接受移交，应说明拒绝的理由。

4. 船旗国应确保其船舶的船长有义务向接收国当局提供船长所掌握的与被指称的罪行有关的证据。

5. 已按第 3 款接受移交的接收国可以再要求船旗国接受对该人的移交。船旗国应考虑任何此类要求，若同意，则应按第七条进行处理。如船旗国拒绝此要求，则应向接收国说明理由。

······

第十条

1. 在其领土内发现罪犯或被指称的罪犯的缔约国，在第六条适用的情况下，如不将罪犯引渡，则无论罪行是否在其领土内发生，应有义务毫无例外地立即将案件送交其主管当局，以便通过其国内法律规定的程序起诉。主管当局应以与处理本国法中其它严重犯罪案件相同的方式作出决定。

2. 对因第三条所述任何罪行而被起诉的任何人，应保证其在诉讼的所有阶段均能获得公平对待，包括享有所在国法律就此类诉讼规定的一切权利与保障。

第十一条

1. 第三条所述罪行应被视为包括在任何缔约国之间任何现有引渡条约中的可引渡的罪行。缔约国承允将此类罪行作为可引渡的罪行列入他们之间将要缔结的每一个引渡条约中。

2. 以订有条约为引渡条件的缔约国，如收到未与其订有引渡条约的另一缔约国的引渡要求，被要求国可以根据自己的选择以本公约为就第三条所述罪行进行引渡的法律依据。引渡应符合被要求国法律规定的其他条件。

3. 不以订有条约为引渡条件的缔约国，在符合被要求国法律规定的条件下，应把第三条所述的罪行作为他们之间可引渡的罪行。

4. 必要时，为了缔约国间引渡的目的，第三条所述的罪行应被视为不仅发生在罪行的发生地，而且发生在要求引渡的缔约国管辖范围内的某个地方。

5. 如一缔约国接到按第七条确定管辖权的多个国家的一个以上的引渡要求，并决定自己不起诉，在选择将罪犯或被指称的罪犯引渡的国家时，应适当考虑罪行发生时船舶悬挂其国旗的缔约国的利益和责任。

6. 在考虑按照本公约引渡被指称的罪犯的要求时，被要求国应适当考虑第七条第 3 款所述的被指称的罪犯的权利是否能在要求国中行使。

7. 就本公约所规定的罪行而言，在缔约国间适用的所有引渡条约的规定和安排，只要与本公约不符的，均视为已在缔约国间作了修改。

第十二条

1. 缔约国应就对第三条所述罪行提起的刑事诉讼相互提供最大程度的协助，包括协助收集他们所掌握的为诉讼所需的证据。

2. 缔约国应按照他们之间可能存在的任何相互协助条约履行第 1 款的义务。如无此类条约，缔约国应按照各自的国内法相互提供协助。

第十三条

1. 缔约国应特别通过下列方式在防止第三条所述的罪行方面进行合作：

（a）采取一切切实可行的措施，防止在其领土内为在其领土以内或以外犯罪进行准备工作；

（b）按照其国内法交换情报，并协调旨在防止第三条所述罪行而采取的适当的行政及其他措施。

2. 如因发生第三条所述的罪行，船舶航行被延误或中断，船舶或旅客或船员所在的任何缔约国应尽力使船舶及其旅客、船员或货物免遭不适当的扣留或延误。

第十四条

任何缔约国在有理由确信第三条所述的某项罪行将要发生时，应按照其国内法向其认为是已按第六条确定管辖权的国家尽快提供其所掌握的任何有关情报。

第十五条

1. 各缔约国应根据其国内法，尽快向秘书长提供所掌握的任何下列有关情报：

（a）犯罪的情况；

（b）按照第十三条第 2 款所采取的行动；

（c）对罪犯或被指称的罪犯采取的措施，尤其是任何引渡程序或其他法律程序的结果。

2. 对被指称的罪犯起诉的缔约国应根据其国内法，将诉讼的最后结果通知秘书长。

3. 按第 1 款和第 2 款所提供的情报应由秘书长通知所有缔约国、国际海事组织（以下称本组织）的会员国、其他有关国家和适当的政府间国际组织。

（十一）《联合国打击跨国有组织犯罪公约》

第十三条　没收事宜的国际合作

一、缔约国在收到对本公约所涵盖的一项犯罪拥有管辖权的另一缔约国关于没收本公约第十二条第一款所述的、位于被请求国领土内的犯罪所得、财产、设备或其他工具的请求后，应在本国国内法律制度的范围内尽最大可能：

（一）将此种请求提交其主管当局，以便取得没收令并在取得没收令时予以执行；

（二）将请求缔约国领土内的法院根据本公约第十二条第一款签发的没收令提交主管当局，以便按请求的范围予以执行，只要该没收令涉及第十二条第一款所述的、位于被请求缔约国领土内的犯罪所得、财产、设备或其他工具。

二、对本公约所涵盖的一项犯罪拥有管辖权的另一缔约国提出请求后，被请求缔约国应采取措施，辨认、追查和冻结或扣押本公约第十二条第一款所述犯罪所得、财产、设备或其他工具，以便由请求缔约国或根据本条第一款所述请求由被请求缔约国下令最终予以没收。

三、本公约第十八条的规定可经适当变通适用于本条。除第十八条第十五款规定提供的资料以外，根据本条所提出的请求还应包括：

（一）与本条第一款（一）项有关的请求，应有关于拟予没收的财产的说明以及关于请求缔约国所依据的事实的充分陈述，以便被请求缔约国能够根据本国法律取得没收令；

（二）与本条第一款（二）项有关的请求，应有请求缔约国据以签发请求的、法律上可接受的没收令副本、事实陈述和关于请求执行没收令的范围的资料：

（三）与本条第二款有关的请求，应有请求缔约国所依据的事实陈述以及对请求采取的行动的说明。

四、被请求缔约国根据本条第一款和第二款作出的决定或采取的行动，应符合并遵循其本国法律及程序规则的规定或可能约束其与请求缔约国关系的任何双边或多边条约、协定或安排的规定。

五、各缔约国均应向联合国秘书长提供有关实施本条的任何法律和法规以及这类法律和法规随后的任何修改的副本或说明。

六、如果某一缔约国以存在有关条约作为采取本条第一款和第二款所述措施的条件，则该缔约国应将本公约视为必要而充分的条约依据。

七、如果请求中所涉犯罪并非本公约所涵盖的犯罪，缔约国可拒绝提供本条所规定的合作。

八、不得对本条规定作损害善意第三人权利的解释。

九、缔约国应考虑缔结双边或多边条约、协定或安排，以增强根据本条开展的国际合作的有效性。

第十六条 引渡（略）

第十七条 被判刑人员的移交（略）

第十八条 司法协助（略）

第十九条 联合调查

缔约国应考虑缔结双边或多边协定或安排，以便有关主管当局可据以就涉及一国或多国刑事侦查、起诉或审判程序事由的事宜建立联合调查机构。如无这类协定或安排，则可在个案基础上商定进行这类联合调查。有关缔约国应确保拟在其境内进行该项调查的缔约国的主权受到充分尊重。

第二十条 特殊侦查手段

一、各缔约国均应在其本国法律基本原则许可的情况下，视其可能性并根据本国法律所规定的条件采取必要措施，允许其主管当局在其境内适当控制下交付并在其认为适当的情况下使用其他特殊侦查手段，如电子或其他形式的监视和特工行动，以有效地打击有组织犯罪。

二、为侦查本公约所涵盖的犯罪，鼓励缔约国在必要时为在国际一级合作时使用这类特殊侦查手段而缔结适当的双边或多边协定或安排。此类协定或安排的缔结和实施应充分遵循各国主权平等原则，执行时应严格遵守这类协定或安排的条件。

三、在无本条第二款所列协定或安排的情况下，关于在国际一级使用这种特殊侦查手段的决定，应在个案基础上作出，必要时还可考虑到有关缔约国就行使管辖权所达成的财务安排或谅解。

四、经各有关缔约国同意，关于在国际一级使用控制下交付的决定，可包括诸如拦截货物后允许其原封不动地或将其全部或部分取出替换后继续运送之类的办法。

第二十一条　刑事诉讼的移交（略）

第二十七条　执法合作

一、缔约国应在符合本国法律和行政管理制度的情况下相互密切合作，以加强打击本公约所涵盖的犯罪的执法行动的有效性。各缔约国尤其应采取有效措施，以便：

（一）加强并在必要时建立各国主管当局、机构和部门之间的联系渠道，以促进安全、迅速地交换有关本公约所涵盖犯罪的各个方面的情报，有关缔约国认为适当时还可包括与其他犯罪活动的联系的有关情报；

（二）同其他缔约国合作，就以下与本公约所涵盖的犯罪有关的事项进行调查：

1. 涉嫌这类犯罪的人的身份、行踪和活动，或其他有关人员的所在地点；

2. 来自这类犯罪的犯罪所得或财产的去向；

3. 用于或企图用于实施这类犯罪的财产、设备或其他工具的去向；

（三）在适当情况下提供必要数目或数量的物品以供分析或调查之用；

（四）促进各缔约国主管当局、机构和部门之间的有效协调，并加强人员和其他专家的交流，包括根据有关缔约国之间的双边协定和安排派出联络官员；

（五）与其他缔约国交换关于有组织犯罪集团采用的具体手段和方法的资料，视情况包括关于路线和交通工具，利用假身份、经变造或伪造的证件或其他掩盖其活动的手段的资料；

（六）交换情报并协调为尽早查明本公约所涵盖的犯罪而酌情采取的行政和其他措施。

二、为实施本公约，缔约国应考虑订立关于其执法机构间直接合作的双边或多边协定或安排，并在已有这类协定或安排的情况下考虑对其进行修正。如果有关缔约国之间尚未订立这类协定或安排，缔约国可考虑以本公约为基础，进行针对本公约所涵盖的任何犯罪的相互执法合作。缔约国应在适当情况下充分利用各种协定或安排，包括国际或区域组织，以加强缔约国执法机构之间的合作。

三、缔约国应努力在力所能及的范围内开展合作，以便对借助现代技术实施的跨国有组织犯罪作出反应。

第二十八条　收集、交流和分析关于有组织犯罪的性质的资料

一、各缔约国均应考虑在同科技和学术界协商的情况下，分析其领域内的有组织犯罪的趋势、活动环境以及所涉及的专业团体和技术。

二、缔约国应考虑相互并通过国际和区域组织研究和分享与有组织犯罪活动有关的分析性专门知识。为此目的，应酌情制定和适用共同的定义、标准和方法。

三、各缔约国均应考虑对其打击有组织犯罪的政策和实际措施进行监测，并对这些政策和措施的有效性和效果进行评估。

第二十九条　培训和技术援助

一、各缔约国均应在必要时为其执法人员，包括检察官、进行调查的法官和海关人员及其他负责预防、侦查和控制本公约所涵盖的犯罪的人员开展、拟订或改进具体的培训方案。这类方案可包括人员借调和交流。这类方案应在本国法律所允许的范围内特别针对以下方面：

（一）预防、侦查和控制本公约所涵盖的犯罪的方法；

（二）涉嫌参与本公约所涵盖的犯罪的人所使用的路线和

第十一章　国际刑事合作

手段，包括在过境国使用的路线和手段，以及适当的对策；

（三）对违禁品走向的监测；

（四）侦查和监测犯罪所得、财产、设备或其他工具的去向和用于转移、隐瞒或掩饰此种犯罪所得、财产、设备或其他工具的手法，以及用以打击洗钱和其他金融犯罪的方法；

（五）收集证据；

（六）自由贸易区和自由港中的控制手段；

（七）现代化执法设备和技术，包括电子监视、控制下交付和特工行动；

（八）打击借助计算机、电信网络或其他形式现代技术所实施的跨国有组织犯罪的方法；

（九）保护被害人和证人的方法。

二、缔约国应相互协助，规划并实施旨在分享本条第一款所提及领域专门知识的研究和培训方案，并应为此目的酌情利用区域和国际会议和研讨会，促进对共同关心的问题，包括过境国的特殊问题和需要的合作和讨论。

三、缔约国应促进有助于引渡和司法协助的培训和技术援助。这种培训和技术援助可包括对中心当局或负有相关职责的机构的人员进行语言培训、开展借调和交流。

四、在有双边和多边协定的情况下，缔约国应加强必要的努力，在国际组织和区域组织的范围内以及其他有关的双边和多边协定或安排的范围内，最大限度地开展业务及培训活动。

第三十条　其他措施：通过经济发展和技术援助执行公约

一、缔约国应通过国际合作采取有助于最大限度优化本公约执行的措施，同时应考虑到有组织犯罪对社会，尤其是对可持续发展的消极影响。

二、缔约国应相互协调并同国际和区域组织协调，尽可能作出具体努力：

（一）加强其同发展中国家在各级的合作，以提高发展中国家预防和打击跨国有组织犯罪的能力；

（二）加强财政和物质援助，支持发展中国家同跨国有组织犯罪作有效斗争的努力，并帮助它们顺利执行本公约；

（三）向发展中国家和经济转型期国家提供技术援助，以协助它们满足在执行本公约方面的需要。为此，缔约国应努力向联合国筹资机制中为此目的专门指定的账户提供充分的经常性自愿捐款。缔约国还可根据其本国法律和本公约规定，特别考虑向上述账户捐出根据本公约规定没收的犯罪所得或财产中一定比例的金钱或相应的价值；

（四）根据本条规定视情况鼓励和争取其他国家和金融机构与其一道共同努力，特别是向发展中国家提供更多的培训方案和现代化设备，以协助它们实现本公约的各项目标。

三、这些措施应尽量不影响现有对外援助承诺或其他多边、区域或国际一级的财政合作安排。

四、缔约国可缔结关于物资和后勤援助的双边或多边协议或安排，同时考虑到为使本公约所规定的国际合作方式行之有效和预防、侦查与控制跨国有组织犯罪所必需的各种财政安排。

（十二）《联合国反腐败公约》

《联合国反腐败公约》设专章（第四章）规定了国际合作问题。其中规定：

第四十三条　国际合作

一、缔约国应当依照本公约第四十四条至第五十条的规定在刑事案件中相互合作。在适当而且符合本国法律制度的情况下，缔约国应当考虑与腐败有关的民事和行政案件调查和诉讼中相互协助。

二、在国际合作事项中，凡将双重犯罪视为一项条件的，如果协助请求中所指的犯罪行为在两个缔约国的法律中均为犯罪，则应当视为这项条件已经得到满足，而不论被请求缔约国和请求缔约国的法律是否将这种犯罪列入相同的犯罪类别或者是否使用相同的术语规定这种犯罪的名称。

第四十四条　引渡（略）

第四十五条　被判刑人的移管（略）

第四十六条　司法协助（略）

第四十七条　刑事诉讼的移交（略）

第四十八条　执法合作

一、缔约国应当在符合本国法律制度和行政管理制度的情况下相互密切合作，以加强打击本公约所涵盖的犯罪的执法行动的有效性。缔约国尤其应当采取有效措施，以便：

（一）加强并在必要时建立各国主管机关、机构和部门之间的联系渠道，以促进安全、迅速地交换有关本公约所涵盖的犯罪的各个方面的情报，在有关缔约国认为适当时还可以包括与其他犯罪活动的联系的有关情报；

（二）同其他缔约国合作，就下列与本公约所涵盖的犯罪有关的事项进行调查：

1. 这类犯罪嫌疑人的身份、行踪和活动，或者其他有关人员的所在地点；

2. 来自这类犯罪的犯罪所得或者财产的去向；

3. 用于或者企图用于实施这类犯罪的财产、设备或者其他工具的去向；

（三）在适当情况下提供必要数目或者数量的物品以供分析或者侦查之用；

（四）与其他缔约国酌情交换关于为实施本公约所涵盖的犯罪而采用的具体手段和方法的资料，包括利用虚假身份、经变造、伪造或者假冒的证件和其他旨在掩饰活动的手段的资料；

（五）促进各缔约国主管机关、机构和部门之间的有效协调，并加强人员和其他专家的交流，包括根据有关缔约国之间的双边协定和安排派出联络官员；

（六）交换情报并协调为尽早查明本公约所涵盖的犯罪而酌情采取的行政和其他措施。

二、为实施本公约，缔约国应当考虑订立关于其执法机构间直接合作的双边或多边协定或者安排，并在已经有这类协定或者安排的情况下考虑对其进行修正。如果有关缔约国之间尚未订立这类协定或者安排，这些缔约国可以考虑以本公约为基础，进行针对本公约所涵盖的任何犯罪的相互执法合作。缔约国应当在适当情况下充分利用各种协定或者安排，包括利用国际或者区域组织，以加强缔约国执法机构之间的合作。

三、缔约国应当努力在力所能及的范围内开展合作，以便对借助现代技术实施的本公约所涵盖的犯罪作出反应。

第四十九条　联合侦查

缔约国应当考虑缔结双边或多边协定或者安排，以便有关主管机关可以据以就涉及一国或多国侦查、起诉或者审判程序事由的事宜建立联合侦查机构。如无这类协定或者安排，可以在个案基础上商定进行这类联合侦查。有关缔约国应当确保拟在其领域内开展这种侦查的缔约国的主权受到充分尊重。

第五十条　特殊侦查手段

一、为有效地打击腐败，各缔约国均应当在其本国法律制度基本原则许可的范围内并根据本国法律规定的条件在其力所能及的情况下采取必要措施，允许其主管机关在其领域内酌情使用控制下交付和在其认为适当时使用诸如电子或者其他监视形式和特工行动等其他特殊侦查手段，并允许法庭采信由这些手段产生的证据。

二、为侦查本公约所涵盖的犯罪，鼓励缔约国在必要情况下为在国际一级合作时使用这类特殊侦查手段而缔结适当的双边或多边协定或者安排。这类协定或者安排的缔结和实施应当充分遵循各国主权平等原则，执行时应当严格遵守这类协定或者安排的条款。

三、在无本条第二款所述协定或者安排的情况下，关于在国际一级使用这种特殊侦查手段的决定，应当在个案基础上作出，必要时还可以考虑到有关缔约国就行使管辖权所达成的财务安排或者谅解。

四、经有关缔约国同意，关于在国际一级使用控制下交付的决定，可以包括诸如拦截货物或者资金以及允许其原封不动地继续运送或将其全部或者部分取出或者替换之类的办法。

（十三）《制止核恐怖主义行为国际公约》

第七条

一、缔约国应以下列方式进行合作：

（一）采取一切切实可行的措施，包括在必要时修改其国内法，防止和制止在其境内为在其境内或境外实施第二条所述犯罪进行准备包括采取措施禁止鼓励唆使组织、故意资助或故意以技术协助或情报支助，或从事实施这些犯罪的个人、团体和组织在其境内进行非法活动；

（二）依照其国内法，以本条规定的方式及遵照本条规定的条件，交换准确和经核实的情报，并协调酌情采取的行政及其他措施，以便侦查、防止、制止和调查第二条所述犯罪，以及对被控实施这些犯罪的人提起刑事诉讼。缔约国特别应采取适当措施，不加迟延地将有人实施第二条所述犯罪的情况，以及该国所了解的有关实施这些犯罪的准备活动通知第九条所述的其他国家，并斟酌情况通知国际组织。

二、缔约国应采取符合其国内法的适当措施，以保护由于本公约的规定而从另一缔约国得到的，或经由参与为执行本公约而进行的活动而得到的任何保密情报的机密性。如果缔约国向国际组织提供保密情报，应采取步骤确保保护此种情报的机密性。

三、本公约不应要求缔约国提供国内法规定不得传送或可能危及有关国家安全或核材料实物保护的任何情报。

四、缔约国应将本国负责发送和接收本条所述情报的主管机关和联络点告知联合国秘书长。联合国秘书长应将有关主管机关和联络点的信息通知所有缔约国和国际原子能机构。这些主管机关和联络点必须可随时联系。

第十三条

一、第二条所述犯罪应被视为包括在任何缔约国之间在本公约生效前已有的任何引渡条约中的可引渡罪行。缔约国承诺将此类犯罪作为可引渡罪行列入缔约国间以后缔结的每一项引渡条约中。

二、以订有条约为引渡条件的缔约国，在收到未与其订有引渡条约的另一缔约国的引渡请求时，被请求国可以自行选择，以本公约为就第二条所述犯罪进行引渡的法。

三、不以订有条约为引渡条件的缔约国，在符合被请求国法律规定的条件下，应视第二条所述犯罪为它们之间的可引渡罪行。

四、为缔约国间引渡的目的，必要时应将第二条所述犯罪视为不仅在发生地实施，而且也在依照第九条第一和第二款的规定确立管辖权的国家的境内实施。

五、缔约国间关于第二条所述犯罪的所有引渡条约和安排的规定，凡是与本公约不符的，应视为已在缔约国间作了修改。

第十四条

一、对于就第二条所述犯罪进行的调查和提起的刑事诉讼或引渡程序，缔约国应相互提供最大程度的协助，包括协助取得本国所掌握的诉讼或引渡程序所需证据。

二、缔约国应按照它们之间可能存在的关于相互司法协助的任何条约或其他安排履行本条第一款规定的义务。如无此类条约或安排，缔约国应按照其国内法规定相互提供协助。

第十五条

为了引渡或相互司法协助的目的，第二条所述的任何犯罪不得视为政治罪、同政治罪有关的犯罪或由政治动机引起的犯罪。因此，就此种犯罪提出的引渡或相互司法协助的请求，不可只以其涉及政治罪、同政治罪有关的犯罪或由政治动机引起的犯罪为由而加以拒绝。

第十六条

如果被请求的缔约国有实质理由认为，请求为第二条所述犯罪进行引渡或请求就此种犯罪提供相互司法协助的目的，是为了基于某人的种族、宗教、国籍、族裔或政治观点而对该人进行起诉或惩罚，或认为接受这一请求将使该人的情况因任何上述理由受到损害，则本公约的任何条款均不应被解释为规定该国有引渡或提供相互司法协助的义务。

第十七条

一、被某一缔约国羁押或在该国境内服刑的人，如果被要求到另一缔约国作证、进行辨认或提供协助以取得调查或起诉本公约规定的犯罪所需的证据，在满足以下条件的情况下可予移送：

（一）该人自由表示知情同意；和

（二）两国主管当局均同意，但须符合两国认为适当的条件。

二、为本条的目的：

（一）受移送国应有权力和义务羁押被移送人，除非移送国另有要求或授权；

（二）受移送国应不加迟延地履行其义务，按照两国主管当局事先商定或另行商定的方式，将被移送人交回移送国羁押；

（三）受移送国不得要求移送国为交回被移送人提起引渡程序；

（四）被移送人在受移送国的羁押时间应折抵其在移送国所服刑期。

三、除非获得依照本条规定作出移送的缔约国的同意，无论被移送人国籍为何，不得因其在离开移送国国境前的行为或判罪而在受移送国境内受到起诉或羁押，或受到对其人身自由的任何其他限制。

第十八条

一、遇发生第二条所述犯罪，在收缴或以其他方式获得放射性材料、装置或核设施后，持有上述物项的缔约国即应：

（一）采取步骤使放射性材料、装置或核设施无害化；

（二）确保按照可适用的国际原子能机构保障监督条款保管任何核材料；和

（三）注意到国际原子能机构公布的实物保护建议以及健

第十一章　国际刑事合作

康和安全标准。

二、在与第二条所述犯罪有关的诉讼结束后，或按照国际法规定于结束之前，经与有关缔约国特别是就归还和储存的方式进行协商，任何放射性材料、装置或核设施，应归还其所属缔约国，或拥有这些放射性材料、装置或设施的自然人或法人为其国民或居民的缔约国，或物项在其境内被盗窃或非法获取的缔约国。

三、（一）如果国内法或国际法禁止某一缔约国归还或接受这些放射性材料、装置或核设施，或有关缔约国以符合本条第三款第（二）项规定的方式达成协议，则持有放射性材料、装置或核设施的缔约国应继续采取本条第一款所述步骤；这些放射性材料、装置或核设施应只用于和平目的；

（二）如果持有放射性材料、装置或核设施的缔约国依法不得持有这些物项，该国应确保尽快将其移交给可以合法持有并已酌情同该国磋商，提出了符合本条第一款的保证的国家，以使之无害化；这些放射性材料、装置或核设施应只用于和平目的。

四、如果本条第一和第二款所述放射性材料、装置或核设施不属于任何缔约国或缔约国国民或居民所有，或并非在某一缔约国境内被盗窃或非法获取，或没有国家愿意按照本条第三款的规定予以接受，则应在有关国家与任何相关国际组织协商后，另行作出处置的决定，但须符合本条第三款第（二）项的规定。

五、为本条第一、第二、第三和第四款的目的，持有放射性材料、装置或核设施的缔约国可请求其他缔约国，特别是有关缔约国，以及任何相关国际组织，特别是国际原子能机构给予协助和合作。鼓励缔约国和相关国际组织按照本款规定尽量

485

提供协助。

六、根据本条规定参与处置或保存放射性材料、装置或核设施的缔约国应将这些物项的处置或保存方式通知国际原子能机构总干事。国际原子能机构总干事应将此种信息转送其他缔约国。

七、如果第二条所述犯罪涉及任何散布情况，本条的规定不影响规定核损害责任的国际法规则或其他国际法规则。

这些规定，反映了世界各国联合制裁国际犯罪的共同要求，提出了各国之间在同国际犯罪作斗争中进行刑事合作的基本规则和方式，并且通过国际公约的形式把各国在制裁国际犯罪中进行刑事合作作为国际义务规定下来，从而为国际刑法的适用提供了必要的条件，也为世界各国进行刑事合作提供了必要的法律依据。特别是进入二十一世纪以来出现的国际刑法公约，针对国际犯罪的特殊性，进一步加强了打击国际犯罪方面的国际合作，扩大了合作的范围。

三、国际刑事合作的主要内容

从上述公约的规定中可以看出，在追诉国际犯罪方面，各国之间进行国际刑事合作的内容，主要包括以下几个方面：

（一）按照普遍管辖原则确立对国际犯罪的管辖权

通过国内立法以及采取其他必要措施，确立对国际犯罪的普遍管辖权。通过刑事立法将公约中规定的犯罪规定为国内刑法中的犯罪，同时也包括追诉犯罪的程序方面和国际刑事司法系统可以适用的刑事强制措施方面的立法，以及具体实施制裁措施的细则性规定。

在国内法中确立对国际犯罪的管辖权，有两种方式：一是传统意义上的刑事立法方式，即把国际公约中规定的犯罪，通过国内立法规定为国内刑法中的犯罪，从而使国内的刑事司法系统可以直接按照国内刑法的规定对其行使管辖权；二是并不对国际公约中规定的国际犯罪在国内刑法中一一作出明确具体的规定，而是在通过国内立法或者在国内刑法中笼统地规定，对于本国缔结和参加的国际公约中规定的犯罪，在公约规定的范围内本国行使管辖权。第二种方式，虽然与传统做法不同，但也表明了国家立法机关的态度，可以为本国的刑事司法系统对公约规定的国际犯罪行使管辖权提供法律依据。当然，与传统的做法相比，第二种做法所提供的，只是一种概括的管辖权，实际操作时会面临一定的困难。

（二）采取必要的应急措施和强制措施

当公约规定的国际犯罪在本国领域内准备或发生时，缔约各国应采取它认为适当的一切措施，制止该犯罪的实际发生或者减少其可能造成的损害，妥善处理犯罪所牵涉的事项，保护受害人员和受侵犯物体的安全和正常活动，并及时逮捕罪犯，进行初步调查取证，没收和扣押犯罪工具及其他物品；或者与其他有关当事国联合采取必要的侦查措施，控制罪犯；在收缴或以其他方式获得放射性材料、装置或核设施后，即采取步骤使放射性材料、装置或核设施无害化，并确保按照可适用的国际原子能机构保障监督条款保管任何核材料等。

实施了国际犯罪的罪犯或被指称实施了国际犯罪的罪犯在其领土内出现的其他缔约国，在确信情况有此需要时，应根据本国法律采取必要的刑事强制措施诸如拘留罪犯、监视居住和活动，确保该罪犯在提起刑事诉讼或引渡程序所必要的时间内留在其国内。

（三）开展执法合作

开展执法合作，特别是开展直接联合执法，是增强打击国际犯罪有效性的重要举措，也是国际刑事合作发展的一个新动向。这种执法合作主要有三种形式：

1. 加强联系渠道

在符合本国法律和行政管理制度的情况下，相互密切合作，建立各国主管机关、机构和部门之间的直接联系渠道，以便安全、迅速地交换有关公约所涵盖犯罪的各个方面的情报，安排直接联合执法事项，以增强打击国际犯罪的执法行动的有效性。诸如建立有效的协调机制；按照相互执法合作的行动；交换有关犯罪手段和方法的资料，包括利用虚假身份或经变造、伪造及假冒的证件和其他旨在掩饰犯罪活动的手段的资料；开展人员和专家交流包括安排互派联络官员；通报为查明国际犯罪而采取的行政或其他措施等。

缔约国之间应当考虑签订关于其执法机构之间直接合作的双边或多边协定或者安排，并以这类协定或安排作为基础，或者以有关的国际公约作为基础，进行针对国际犯罪的各种执法合作，充分利用各种协定或安排，包括利用国际组织和区域组织，加强缔约国执法机构之间的合作。

2. 联合调查

联合调查是指就与国际刑法公约中涵盖的犯罪有关的事项，有关国家的执法机关与其他有关缔约国的执法机关进行合作，就国际犯罪的有关事项联合进行调查的活动。这种调查，包括就犯罪嫌疑人的身份、行踪和活动，以及其他有关人员的所在地点进行调查；就来自犯罪的犯罪所得或者财产的去向进行调查；就用于或者企图用于实施犯罪的财产、设备或者其他工具的去向进行调查；提供必要数目或数量的物品以供分析或调查之用等。

3. 联合侦查

有关国家之间可以建立联合侦查机构，对国际犯罪进行联

第十一章 国际刑事合作

合侦查

联合侦查包括缔约国之间根据相互缔结的双边或多边协定或者安排，以便就涉及一国或多国侦查、起诉或者审判程序事由的事宜建立联合侦查机构，也包括在没有这类协定或安排的情况下，在个案基础上商定进行联合侦查。当然，在联合侦查中，有关缔约国应当确保拟在其领域内开展这种联合侦查的缔约国的主权受到充分尊重。并且应当在个案的基础上进行。为此，在必要时，有关缔约国之间应当就行使管辖权达成财务安排或者谅解，以便保证其顺利进行。

联合侦查也包括缔结适当的双边或多边协定或者安排，以便在国际一级，使用诸如电子或者其他监视形式和特工行动等特殊侦查手段，或者酌情使用"控制下交付"等措施，包括拦截货物或资金，以及允许其原封不动地继续运送，或将其全部或部分取出或替换等办法。

联合侦查的对象是国际公约中规定的国际犯罪。其联合侦查的依据是有关国际公约中规定的缔约国的义务，也包括缔约国之间签订的双边或多边条约、协定或者已经作出的安排。

应当注意的是：执法合作是国际刑事合作的一种特殊形态，不同于传统意义上的司法协助。第一，司法协助在刑事诉讼中具有辅助性的特点，是一国在他国为追诉犯罪而进行的刑事诉讼过程中，应他国的请求而代为进行的某些诉讼行为。相对于追诉犯罪的请求国，提供协助的国家所进行的所有协助行为，都是辅助性的帮助行为，而不是独立的刑事诉讼行为。执法合作特别是联合侦查，是双方共同进行的具有实质意义的刑事诉讼行为，因此与传统意义上的司法协助是完全不同的。第二，司法协助是一个主权国家在自己的领域内，应他国的请求而独立进行的司法行为。而执法合作是不同国家的执法机构之间相互直接进行合作的形式，是不同国家的司法机关共同完成的某个刑事诉讼行为。执法合作行为在一定意义上，打破了国家主权所设定的刑事司法堡垒，使执法行为超越了国界的限制。第三，司法协助提供的是司法活动的结果，即一个国家向另一个国家所提供的司法协助，是本国的司法机关在本国领域内独立完成协助请求所要求实施的行为之后，将结果通报或者移送给请求国。执法合作强调执法行为本身的联合，是双方共同完成某些执法行为。因此，在《联合国打击跨国有组织犯罪公约》和《联合国反腐败公约》中，执法合作都是作为国际合作的一项专门内容，独立于"司法协助"条款之外，加以规定的。

（四）引渡罪犯

引渡罪犯是国际刑事合作中一个十分重要的内容，本书将专章进行论述（见本书第十二章）。

（五）开展刑事司法协助

刑事司法协助是国际刑事合作中最常见、广泛的合作方式，本书将专章进行论述（见本书第十三章）。

（六）刑事诉讼的转管

刑事诉讼的移管，与对外国刑事判决的承认和执行，具有一定的关联性，本书将设专章对这些问题一并进行论述（见本书第十四章）。

（七）没收的国际合作

早在《联合国禁止非法贩运麻醉药品和精神药物公约》中就有关于没收犯罪所得和与犯罪有关财产的规定。在《联合国打击跨国有组织犯罪公约》和《联合国反腐败公约》中，不仅对没收作了进一步的明确规定，而且对没收的国际合作作了专门的规定。

第十一章　国际刑事合作

按照《联合国打击跨国有组织犯罪公约》第二条的规定，没收是指"根据法院或其他主管当局的命令对财产实行永久剥夺"的法律措施。其中"财产"的范围包括"各种资产，不论其为物质的或非物质的、动产或不动产、有形的或无形的，以及证明对这些资产所有权或权益的法律文件或文书"。没收的对象，按照上述公约的规定，包括：（1）"犯罪所得"即"直接或间接地通过犯罪而产生或获得的任何财产"，或价值与其相当的财产；（2）"用于或拟用于本公约所涵盖的犯罪的财产、设备或其他工具"。可见，上述公约所规定的没收，并不包括作为一种刑罚的"没收财产"刑。此外，在侦查的过程中，为了保证没收的顺利进行，作为一种侦查措施，可以先行"冻结"或"扣押"可以没收的财产。"冻结"或"扣押"系指根据法院或其他主管当局的命令暂时禁止财产转移、转换、处置或移动或对之实行暂时性扣留或控制。

按照《联合国打击跨国有组织犯罪公约》第十二条和《联合国反腐败公约》第三十一条关于没收和扣押的规定，缔约国应在本国法律制度的范围内尽最大可能采取必要措施，以便能够没收：（a）来自本公约所涵盖的犯罪的犯罪所得或价值与这种所得相当的财产；（b）用于或拟用于本公约所涵盖的犯罪的财产、设备或其他工具。缔约国应采取必要措施，辨认、追查、冻结或扣押应当没收的任何物品，以便最终予以没收。如果犯罪所得已经部分或全部转变或转化为其他财产，则应对此类财产适用本条所述措施。如果犯罪所得已与从合法来源获得的财产相混合，则应在不影响冻结权或扣押权的情况下没收这类财产，没收价值可达混合于其中的犯罪所得的估计价值。并且，对于来自犯罪所得、来自由犯罪所得转变或转化而成的财产或已与犯罪所得相混合的财产所产生的收入或其他利益，也应适用上述措施，其方式和程度与处置犯罪所得相同。

为了没收的有效进行，各缔约国均应使其法院或其他主管当局有权下令提供或扣押银行、财务或商务记录。缔约国不得以银行保密为由拒绝按照本款规定采取行动。缔约国可考虑要求由犯罪的人证明应予没收的涉嫌犯罪所得或其他财产的合法来源，但此种要求应符合其本国法律原则和司法及其他程序的性质。

按照上述公约的规定，在没收事项上进行国际合作，主要涉及到以下几个问题：

1. 合作的事实条件

对跨国有组织犯罪和腐败犯罪进行没收时，需要国际合作的情况通常有：

（1）犯罪行为发生在一个以上的国家。当犯罪在一个以上的国家领域内进行或者犯罪行为发生在一个国家而犯罪结果发生在另一个国家时，为了收集证据查明犯罪事实，或者为了获取犯罪所得，一国对犯罪行使管辖权时，就需要另一个缔约国的合作。在腐败犯罪中，这种情况主要发生在国际经济交往中，一国个人或实体通过国际支付渠道与另一国的公职人员或国际组织的公务员进行贿赂犯罪的场合，当然也可能发生在同一国家的个人或实体与本国的公职人员进行贿赂犯罪时通过国际支付渠道支付或收受贿赂的场合。

（2）犯罪嫌疑人分别在一个以上的国家。无论犯罪是在一国领域内完成还是在一个以上国家之间进行，犯罪嫌疑人都可能涉及到一个以上的国家。犯罪嫌疑人涉及到一个以上的国家，既包括在共同犯罪中共同犯罪人涉及到一个以上的国家，如在腐败犯罪中，一个以上国家的个人或实体合谋侵吞某个国家或国际组织或跨国公司的财产；也包括在对合犯罪中双方分别在不同的国家，如在跨国性贿赂犯罪中，行贿人是一个国家的个人或实体，而受贿人可能是另一个国家的个人或实体。在这种情况下，无论是一国对犯罪行使管辖权还是一个以上的国家都要求对犯罪行使管辖权，都需要其他有关国家的合作。

（3）犯罪人与犯罪对象分别属于不同的国家。在一国的个人或实体非法侵吞另一个国家的财产或者其国民或实体的财产的情况下，或者在一国的个人或实体向另一个国家的个人或实体行贿或索取贿赂的情况下，其中任何一国行使管辖权，都需要得到另一个国家的合作与协助。

（4）犯罪嫌疑人在另一缔约国的领域内被发现。无论犯罪是在一国领域内完成的还是在一个以上国家之间进行的，当犯罪嫌疑人在非犯罪地的另一国被发现时，犯罪地国要对该犯罪行使管辖权，就离不开犯罪嫌疑人所在国的合作，无论犯罪嫌疑人是否属于该国国民。

（5）应当没收的财产被转移到另一缔约国。犯罪嫌疑人在犯罪过程中有意识地使犯罪所得进入非犯罪地国，如在贿赂犯罪中，受贿人要求行贿人将贿赂款直接存入另一国的银行，在侵吞、挪用等犯罪中，犯罪人通过商业活动将意图侵吞或挪用的财产转移到另一国，以便侵吞或挪用；或者犯罪人在取得赃款之后，为了洗钱或挥霍犯罪所得，而将犯罪所得转移到另一国，都可能使应当没收的财产在另一缔约国被发现。

2. 合作的法律条件

对于在一国领域以外的犯罪所得和用于犯罪的财产进行没收，必须得到该财产所在国的合作，而这种合作必须在国际法律框架内进行。合作双方必须都是有关国际公约的缔约国，根据缔约国应当承担的公约义务并按照公约规定的方式，对有关犯罪享有管辖权的缔约国可以请求另一缔约国提供合作。有关国家也可以根据双方签订的双边或多边条约或协定，在条约义务的范围内进行合作。

此外，这种合作还必须符合有关各国国内法上的规定。无论是请求国还是被请求国，在提出或接受没收的国际合作请求时，都必须具有国内法上的根据，都应当按照本国法律的规定，履行必要的法律手续并制作必要的法律文书。如果在国内法上没有充分的法律根据，或者没有履行必要的法律手续，就不能提出国际合作的请求，被请求国亦有权拒绝接受请求。请求合作的事项还必须符合被请求国的法律规定。但是由于各国法律制度的不同包括法律用语上的差别，为了保证国际合作的顺利进行，被请求国应当根据法律的基本精神和法律规则在实质上的一致性来决定是否接受请求和是否应当提供合作，而不应当拘泥于法律条文和法律文书的字面含义或表达方式。

3. 合作的内容

按照《联合国打击跨国有组织犯罪公约》第十三条"没收事宜的国际合作"和《联合国反腐败公约》关于资产追回的有关规定，没收事宜的国际合作应当包括如下内容：

（1）合作的对象必须是针对有关国际公约或条约、协定规定的犯罪的。如果请求合作的没收事宜不是基于有关公约或条约或协定所规定的犯罪，被请求国就有权拒绝提供合作。

（2）合作的义务。缔约国在收到对国际刑法公约中涵盖的一项犯罪拥有管辖权的另一缔约国关于没收公约所述的、位于被请求国领域内的犯罪所得、财产、设备或其他工具的请求后，应在本国国内法律制度的范围内尽最大可能将这种请求提交本国的主管当局，以便取得没收令，并在取得没收令时下令没收这类外国来源的财产；或者将请求缔约国领域内的法院根据公约规定签发的没收令提交本国的主管当局，以便按请求的

第十一章　国际刑事合作

范围予以执行，只要该没收令涉及公约所述的、位于被请求缔约国领域内的犯罪所得、财产、设备或其他工具。

对公约所涵盖的一项犯罪拥有管辖权的另一缔约国提出请求后，只要请求缔约国提供了合理的根据，被请求缔约国就应采取措施，辨认、追查和冻结或扣押公约所述犯罪所得、财产、设备或其他工具，以便由请求缔约国或根据公约规定由被请求缔约国下令最终予以没收。

（3）提出请求时应当提供的资料。

一国就没收国际犯罪所得或有关资产向他国提出请求时，协助没收的请求书应载有：提出请求的当局；请求所涉的侦查、起诉或审判程序的事由和性质，以及进行此项侦查、起诉或审判程序的当局的名称和职能；有关事实的概述，但为送达司法文书提出的请求例外；对请求协助的事项和请求缔约国希望遵循的特定程序细节的说明；可能时，任何有关人员的身份、所在地和国籍；索取证据、资料或要求采取行动的目的。

请求被请求国主管当局签发没收令以便执行没收时，应有关于拟予没收的财产的说明以及关于请求缔约国所依据的事实的充分陈述，以便被请求缔约国能够根据本国法律取得没收令；

请求根据请求国法院签发的没收令并按照请求的范围执行没收时，应有请求缔约国据以签发请求的、法律上可接受的没收令副本、事实陈述和关于请求执行没收令的范围的资料；

请求辨认、追查和冻结或扣押本公约所述犯罪所得、财产、设备或其他工具以便最终执行没收时，应有请求缔约国所依据的事实陈述以及对请求采取的行动的说明。

被请求缔约国根据公约义务和请求国的请求作出的决定或采取的行动，应符合并遵循其本国法律及程序规则的规定或可能约束其与请求缔约国关系的任何双边或多边条约、协定或安排的规定。

4. 关于没收的犯罪所得或财产的处置

《联合国打击跨国有组织犯罪公约》第十四条"没收的犯罪所得或财产的处置"和《联合国反腐败公约》第五十七条"资产的返还和处分"都就没收的犯罪所得或财产如何处理问题作出了规定。这些规定是国际合作的重要内容。按照这些规定，没收的犯罪所得或财产，在扣除在这类犯罪的侦查、起诉或者审判程序中发生的合理费用之后，应当按照以下原则处理：

（1）缔约国依照公约没收的犯罪所得或财产应由该缔约国根据其本国法律和行政程序予以处置，即在没有其他缔约国提出请求的情况下，一国在追究国际犯罪刑事责任的过程中没收的犯罪所得或财产，由该国根据其国内法的规定处置。

（2）根据本公约的规定，应另一缔约国请求采取行动的缔约国，应在本国法律许可的范围内，根据请求，优先考虑将没收的犯罪所得或财产交还请求缔约国，以便请求国对犯罪被害人进行赔偿，或者将这类犯罪所得或财产归还原合法所有人。这就意味着，对于没收的财产，首先应当考虑其原合法所有人的权益。在一国应他国请求没收犯罪所得或财产的情况下，应当区分没收财产的来源和性质，对于犯罪分子采取侵吞、盗窃、骗取、挪用或索取等犯罪手段所取得的国家财产、私人财产或其他实体的财产，经被害国请求而没收的，被请求国应当将这些财产返还财产来源国，以便将其归还财产的原合法所有者或对犯罪被害人进行赔偿，而不应对其进行任何其他处置。

（3）一缔约国应另一缔约国请求，按照公约的规定采取行动时，可特别考虑就下述事项缔结协定或安排：将与这类犯罪

第十一章　国际刑事合作

所得或财产价值相当的款项，或变卖这类犯罪所得或财产所获款项，或这类款项的一部分捐给为向发展中国家和经济转型期国家提供技术援助而由联合国筹资机制所指定的账户，或者捐给专门从事打击有组织犯罪工作的政府间机构；或者根据本国法律或行政程序，经常地或逐案地与其他缔约国分享这类犯罪所得或财产或变卖这类犯罪所得或财产所获款项。这种安排的对象，应当是财产原合法所有人以外的财产，即犯罪活动本身所产生或形成的财产，如（在一般的跨国有组织犯罪中常见的）通过走私以及贩卖毒品、军火、妇女儿童等活动获得的财产，或者用于犯罪的财产，如用于制造毒品的原料、设备、工具，以及用于行贿、洗钱的财产等。对于这类财产，才应当考虑通过协定或安排，将其全部或部分捐给有关专门机构，或者与其他缔约国分享这类财产或变卖这类财产所获款项。

（八）相互交换情报

在同国际犯罪作斗争的过程中，各国之间彼此交换有关情报，是保障国际刑法适用的重要条件。这是因为，国际犯罪使任何一个国家仅仅依靠国内刑事司法系统都很难有效地同其作斗争。特别是在现代，交通运输工具的发达，人们之间跨国交往的便利和频繁，给国际犯罪分子从事跨国犯罪或者在犯罪之后迅速逃离犯罪地国，提供了诸多条件。但是另一方面，国际社会囿于国家主权，任何一国的刑事司法系统，都无法在本国主权所及的范围之外行使刑事管辖权。这种状况，对同国际犯罪作斗争造成了严重的障碍。为了弥补这种障碍所带来的不便，强调各国之间在同国际犯罪作斗争中互通情报，是非常必要的。尤其是在同国际恐怖主义活动和国际贩运毒品的犯罪活动作斗争中，各国之间及时地互相交换情报，对于有关国家采取有效措施，预防和控制该类犯罪，减少不必要的损失，更为

497

重要。

但是，在国际实践中，各国之间交换情报时往往是十分慎重的。由于情报内容和情报来源的机密性，每个国家都不会毫无保留地将自己掌握的情报提交给他国或国际组织。因此，在国际刑事合作中，交换情报的内容和范围，就是一个值得研究的问题。

按照上述公约的规定，各国之间应当及时交换的情报，主要有以下几个方面：

1. 有关犯罪活动的情况

交换有关国际犯罪活动情况的情报，是国际刑事合作中情报交换的最主要内容。许多国际刑法公约都对之作了明确规定。关于犯罪活动情况，主要是指国际犯罪的谋划、准备、实施过程的情况，犯罪分子的身份、简历、社会关系以及有关犯罪组织的情况，犯罪手段、工具和技能运用的情况等。尤其是对于在本国境内谋划和准备而将在他国境内实施的国际犯罪，获取情报的缔约国应主动及时地把这类情报提供给有关国家，以便有关国家及时采取有效的预防性措施。在《联合国打击跨国有组织犯罪公约》中，关于情报交换，特别强调交换关于有组织犯罪集团采用的具体手段和方法的资料，包括关于路线和交通工具，以及利用假身份、经变造或伪造的证件或其他掩盖犯罪活动的手段的资料。

2. 有关犯罪对象的情况

在侵害应受国际保护人员和劫持人质的国际犯罪案件中，拥有关于受害人的情报的任何缔约国，应设法按照其国内法规定的条件，充分和迅速地将这种情报提供给受害人的国籍所属国或代表执行职务的缔约国。在非法获取核材料和非法贩运毒品的国际犯罪案件中，有关缔约国除交换有关犯罪活动的情报外，还应相互交换有关核材料和毒品的情况，以便采取必要的保护措施，准确识别犯罪对象。

3. 保护性措施的情况

当某一国际犯罪发生后，犯罪地国根据有关国际公约的规定采取必要的保护性措施时，应将这些措施及时通知有关当事国。如在制止危害民用航空安全和海上航行安全的国际犯罪的过程中，飞行或航海延误或中断的航空器或船舶、旅客、机组或船员所在的缔约国，应将所采取的保护性措施以及继续其旅行的情况，及时通知有关国家。在制止非法贩运毒品的国际犯罪的过程中，实行"控制下交付"的国家应迅速将这种情况通知毒品过境国和目的地国，以便有关国家配合行动。

4. 有关刑事强制措施的情况

某一缔约国在对国际犯罪分子或其嫌疑犯依照本国法律采取刑事强制措施如拘留、逮捕、引渡罪犯，扣押或没收犯罪工具、资金之后，应将这种情况及其结果及时通知其他对之有管辖权的国家。

5. 嫌疑犯的情况

境内发生国际犯罪的缔约国，如有理由相信嫌疑犯已逃离其领土，应将有关所发生罪行的一切事实及可以获取的一切关于嫌疑犯身份的情报，及时通知有关国家。

6. 犯罪证据

一国对已经发生某一国际犯罪进行审判时，其他有关国家应当在审判地国提出要求时将自己所掌握的、与该犯罪有关的资料和证据提供给审判地国，以便确保审判地国获取对国际犯罪分子进行诉讼所需的一切证据。从国际刑事合作的实践中看，交换犯罪证据最难的是作为犯罪证据的赃款赃物的移交问题。如果赃款赃物本身包含一定的经济价值，获取这些赃款赃物的国家，谁也不愿意将这些赃款赃物移交给对犯罪行使管辖权的国家，以致常常因此而使追诉犯罪的证据陷于缺憾。

7. 审判结果

对国际犯罪进行审判的国家，应当在审判结束时，将审判的情况和判决的结果，及时通知有关国家或联合国秘书长。

8. 公约要求的其他情况

有些公约根据所规定的国际犯罪的特殊情况对情报交换提出了某些特殊要求。如《废止奴隶制、奴隶贩卖及类似奴隶制之制度与习俗补充公约》中要求当事国向联合国秘书长送交的所有为实施本公约规定而制定或施行的法律、条例及行政措施之副本；《核材料实物保护公约》中要求每一缔约国向本公约保存人即国际原子能机构总干事提供其执行本公约的法律和规章。又如《联合国禁止非法贩运麻醉药品和精神药物公约》中规定：某一缔约国根据自己掌握的情报，如认为需要将某一物质列入该公约附表一或表二，或者应将其从附表一或表二中删除，或者应将其从一个表转到另一个表，则应将这种认识及其所依据的情报同时通知联合国秘书长；缔约国如有正当理由怀疑悬挂另一缔约国国旗或显示该国注册标志的船只虽按照国际法行使航行自由但却在从事非法贩运毒品时，可将此事通知船旗国，以便确认注册情况，采取适当措施；缔约国应通过联合国秘书长向麻委会提供在其领土内执行本公约的情报，特别是为实施本公约而颁布的法律和法规的文本以及有关重要案件的详情。

交换情报如何进行，也是一个不能不研究的问题。按照上述公约的规定，各国之间相互提供有关同国际犯罪作斗争的情报，可以径直进行，也可以（在某些场合必须）通过联合国秘书长或有关国际组织进行。但是相互交换情报，必须符合各自国家有关法律的规定，并且任何国家不得要求他国提供可能威胁到被要求国安全的情报，不得利用他国提供的情况进行同有关国际犯罪作斗争以外的活动。如果没有这种保障，任何国家、任何国际组织，都难以从他国取得情报。

此外，相互交换情报的目的是为了有效地同国际犯罪作斗争，在预防、控制和侦查国际犯罪的联合行动中彼此交换的情况，每个国家都应当采取有效措施，确保它的机密性，严防泄密。否则，同国际犯罪作斗争的联合行动，就可能因泄密而功亏一篑。

近年来，在执行有关国际公约，联合打击国际犯罪中，情报交换的准确性越来越受到关注，相关部门要求所提供的情报应当是确实可靠的。这对情报的利用，特别是在打击恐怖主义犯罪中，对于及时有效地采取行动，具有特别重要的意义。

（九）开展技术援助

开展技术援助是国际刑事合作的一个新领域，也是在开展国际刑事合作中许多国家越来越感到重要的一个问题。由于各国法律制度之间的差异性，在打击国际犯罪的国际合作中，因为不了解其他国家的具体规定而难以实现国际合作的情况屡屡发生。特别是发展中国家和经济转型期国家的执法人员，由于不熟悉发达国家法律制度的具体规定和实际运作方式，难以满足其对合作请求法律文件的要求。因此在一些国际公约中，明确规定了技术援助事项，要求加强对发展中国家和经济转型期国家的技术援助。

按照《联合国打击跨国有组织犯罪公约》和《联合国反腐败公约》的规定，技术援助主要包括三个方面：

1. 人员培训

除了各缔约国均应为本国负责预防和打击国际犯罪的人员

启动、制定或者改进具体培训方案之外，其他缔约国应当根据各自的能力，为彼此特别是发展中国家提供培训以及相互交流有关的经验和专门知识。

这些培训的内容主要有：预防、监测、侦查、惩治和控制犯罪的有效措施，包括使用取证和侦查手段；对其他国家主管机关按公约的要求提出司法协助请求技能；监测和冻结犯罪所得和财产以及检测违禁品走向的方法；监控犯罪所得、财产、设备或其他工具的流动情况和这类财产的转移、窝藏或者掩饰方法，以及打击洗钱和其他金融犯罪的方法；便利返还犯罪所得的适当而有效的法律和行政机制及方法；打击借助于计算机、电信网络或其他形式现代技术所实施的跨国有组织犯罪的方法；用以保护与司法机关合作的被害人和证人的方法；国际条例以及语言方面的培训等。此外还包括打击犯罪的战略性政策制定和规划方面的能力建设；评估和加强体制、公职部门管理、包括公共采购在内的公共财政管理，以及私营部门等技能的培训。

缔约国应当在必要时加强努力，在国际组织和区域组织内并在有关的双边和多边协定或者安排的框架内最大限度地开展业务和培训活动。

2. 技术资料援助

缔约国之间应当相互并通过国际和区域组织发展和共享统计数字、有关腐败的分析性专门知识和资料，以及有关预防和打击腐败的最佳做法的资料，以便拟订共同的定义、标准和方法；应当考虑利用分区域、区域和国际性的会议和研讨会促进合作和技术援助，并推动关于共同关切的问题的讨论，包括关于发展中国家和经济转型期国家的特殊问题和需要的讨论；应当相互协助，根据请求对本国腐败行为的类型、根源、影响和代价进行评价、分析和研究，以便在主管机关和社会的参与下制定反腐败战略和行动计划。

3. 技术设备等物质援助

缔约国应当相互协调，并同国际或区际组织协调，加强财政和物质援助，以支持发展中国家为有效预防和打击腐败而作出的努力，并帮助它们顺利实施本公约。缔约国应当努力向联合国筹资机制中为此目的专门指定的账户提供充分的经常性自愿捐款，以便向发展中国家和经济转型期国家提供技术援助，协助它们满足在实施本公约方面的需要；鼓励和争取其他国家和金融机构参与技术援助，特别是通过向发展中国家提供更多的现代化设备，以协助它们实现公约的各项目标。

这些规定，在一定意义上，为发达国家设定的向发展中国家和经济转型期国家提供技术援助的国际义务。这是保障国际刑事合作顺利进行所必需的，也是国际刑事合作本身应当包含的重要内容。

（十）遵守国际条约中规定的其他义务性规范和禁止性规范

国际刑法公约除了规定共同对付国际犯罪的各种合作事项之外，还针对国际实践中由于各国利益和法律观念的不同可能引起的分歧，规定了一些义务性规范和禁止性规范。切实遵守这些义务性规范和禁止性规范，是广泛开展刑事合作，有效地预防和制裁国际犯罪，维护国际社会共同利益的必然要求。

四、国际刑事警察组织

在开展国际刑事合作方面，国际刑事警察组织做了大量积极有益的工作，促进了各国之间在刑事问题上的合作，并在同国际犯罪及其他跨国犯罪作斗争中发挥了重要的作用。因此，研究国际刑事合作，不能不重视国际刑事警察组织的活动。

国际刑事警察组织（International Criminal Police Organization，简写：Interpol，缩写：ICPO），简称国际刑警组织，是各成员国政府间在侦查跨国刑事案件、缉捕国际罪犯等刑事警察事务上进行合作的国际性组织。

国际刑事警察组织起源于 1914 年在摩纳哥举行的国际刑事警察会议。在摩纳哥公国普林茨·阿尔贝特一世的倡议下，英国、法国、比利时等 14 个国家的代表于 1914 年 4 月 14 日至 18 日在摩纳哥举行了第一次国际刑事警察会议，会议讨论了制定快速缉捕罪犯的制度、改进个人识别方法、设立国际刑事犯罪情报中心、统一引渡方法等问题，倡议创立一个以搜集情报和进行合作为宗旨的国际刑事警察机构。1923 年 9 月 3 日至 7 日在维也纳举行的第二次国际刑事警察会议决定正式成立国际刑事警察委员会，并在维也纳设立了常设秘书处，负责日常工作。1946 年 6 月 6 日至 9 日，比利时、法国、英国等 17 个国家的代表在布鲁塞尔召开的国际刑事警察委员会会议决定把该组织的总部从维也纳迁往巴黎，同时制定了新的章程，选举了领导机构成员。1956 年 6 月 7 日至 13 日，国际刑事警察委员会在维也纳举行第 25 届年会，决定将该组织正式更名为国际刑事警察组织。

国际刑事警察组织章程第二条规定，该组织的宗旨是在各国现行法律的限度之内并本着世界人权宣言的精神，保证和促进各国刑事警察当局之间尽可能广泛的相互支援，并建立和发展可能有助于预防和镇压普通刑事犯罪的各种制度。为了有助于这个宗旨的实现，章程第三条明确规定："严禁本组织进行任何政治、军事、宗教和种族性质的干预或活动。"国际刑事警察组织在其内部奉行各会员国法律地位一律平等的原则、与各国合作不违反本国法律的原则和自愿合作的原则。按照该组织章程的规定，加入国际刑事警察组织的主体必须是主权国家。没有国家主权的区域，只能附属于主权国家，作为主权国家国家中心局的分支提出申请，而没有独立的会员国资格。

加入国际刑事警察组织，必须由申请国适当的政府当局向秘书长提出申请，并且必须经国际刑事警察组织全体大会三分之二的代表投票通过，方可取得会员国资格。国际刑事警察组织的会员国在本组织内享有代表权、表决权、请求权以及其他根据章程而获得的权利，同时应当承担按照执行委员会依据公平原则确定的数额缴纳会费、执行全体大会和执行委员会的决议、在刑事警察合作中相互支援等义务。

国际刑事警察组织设有全体大会、执行委员会、秘书处、国家中心局和顾问等五个机构。全体大会由本组织各成员国委派的代表组成，是本组织的最高权力机构，决定本组织的一切重大问题。其职权是履行章程规定的各项职责；为实现本组织的宗旨确定适当的原则和制定基本措施；审议和批准秘书长制定的下一年度总的活动计划；决定其他必要的规章制度，选举履行章程所提出的各项职权的人员；对本组织应该处理的事务作出决议和向会员国提出建议；决定本组织的财经政策；审查和批准拟与其他组织做出的协议。全体大会每年举行一次例会。在全体大会上，每个成员国只能有一个表决权。执行委员会由出自不同国家的主席、3 位或 4 位副主席、9 位代表组成。其职责是监督大会决议的实施；筹备大会各次会议的议事日程，向大会提交工作计划或认为有用的方案，监督秘书长的行政工作，行使大会授予的一切权力。执行委员会的主席每四年选举一次，副主席和委员 3 年选举一次，不能连任。秘书处由秘书长和受委托办理本组织工作的技术人员和行政人员组成，是国际刑事警察组织负责管理和从事实际业务活动的常设单位。秘书长由全体大会以无记名投票方式选举产生，任期 5

年，可以连选连任，但年龄到达 65 岁时必须辞职。秘书处的职责是：实施全体大会和执委会的决议；担任与犯罪作斗争的国际中心；担任技术和情报中心；保证本组织进行有效的行政工作；与国家的或国际的有关当局保持联系；编印有用的出版物；组织和进行大会、执委会以及其他机构的会议秘书工作；草拟下一年度的工作计划；尽可能保持与本组织的主席进行经常的联系。为了完成以上职责，秘书处设有行政处、警察事务处、研究部、组织发展部等四个职能部门。行政处下辖安全部、内勤科、财务科、人事科、通讯科、文书科等。警察事务处下辖国际通讯组、刑事记录组、鉴定与检验科、人身和财产犯罪对策科、经济和金融犯罪对策科、缉毒科。研究部下辖法律和技术研究科、文件和图书馆科。国际刑事警察组织的日常事务工作和情报工作，主要是通过秘书处来完成的。所以章程要求各成员国都应当尽力协助秘书处及其工作人员执行任务，而不得影响他们执行任务。国家中心局是由各成员国权威当局指定的办事机构，它既是国际刑事警察组织的法定机构，又是各成员国国内警察系统的一个机构。其职责是：在办理国际性犯罪案件中指挥协调本国的警察行动；负责与国际刑事警察组织总部和其他成员国的联系；接受总部或其他成员国的委托从事侦查破案工作。各成员国的国家中心局一般设在本国警察系统的最高当局。中国国家中心局设在中华人民共和国公安部。顾问由执委会根据全体大会的选举委托，任期 3 年。顾问一般是在某个方面具有国际声誉的人员，其职责是负责有关科学技术方面的咨询工作。

国际刑事警察组织不是一个超国家的权力机构，它不能在其章程规定的范围之外进行活动。它的活动范围是在其章程和各成员国法律许可的范围内、在同国际犯罪和跨国犯罪作斗争中进行刑事警察事务上的合作。它所应对的犯罪主要有：谋杀、绑架、火并、劫持人质等各种形式的暴力犯罪、恐怖活动，各类诈骗、走私、经济和工业间谍、贿赂、贪污等跨国性经济犯罪，毒品犯罪、跨国盗窃犯罪、各种伪造犯罪、劫持航空器罪、跨国色情犯罪等。它所对付的重点是各种有组织的跨国刑事犯罪。

国际刑事警察组织通过迅速有效地搜集各种刑事犯罪情报、经常研究各类犯罪的变化趋势，准确及时地向有关成员国发出预防性通报；通过协调手段在世界范围内通缉、搜捕刑事犯罪分子；在需要引渡罪犯的时候，积极充当居间人，促成引渡工作的顺利进行，从而在维护国际社会的安宁、促进各国刑事警察之间的合作中发挥了重要的作用，被国际社会普遍视为国际刑事犯罪情报咨询与服务中心，对各成员国来说，它也是刑事犯罪情报传递与交流、刑事警察业务合作与司法协助的服务中心。

国际刑事警察组织在同国际犯罪和跨国犯罪作斗争中，虽然充当了重要的角度，但是它并没有独立完整的刑事管辖权，不能超越各有关国家的主权对刑事犯罪实行普遍管辖。它只能从各个成员国的自愿委托（自愿承认其章程，接受其约束而产生的委托）和即时委托（出于办理某个具体案件的需要临时委托其协助侦查破案或从事其他司法协助）中获得部分刑事管辖权，并且这种有限的刑事管辖权也只能在国际刑事警察组织的成员国范围内、在有关国家法律许可的限度内行使。

第十二章 引渡

引渡（Extradition）是国家间在制裁国内犯罪中进行刑事合作的一种形式，同时也是现代国际社会在制裁危害各国共同利益的国际犯罪中普遍接受的一种刑事合作形式。

国家间在制裁国内犯罪中引渡罪犯的实践，可以追溯到公元前13世纪。[1] 但是，"引渡"一词，作为在官方文件中使用的术语，最早出现是在1791年2月19日法国发给美国的一个法律裁决中；在条约或公约中出现，则是1828年以后的事〔但在1759年3月26日法国与沃特木堡（Wurtemberg）签订的引渡条约中，在1765年9月29日法国与西班牙签订的引渡条约中，在1783年7月5日法国与西班牙、葡萄牙签订的引渡公约中，都使用了与引渡的含义大致相同的术语如"交还"（restituter，restore），"送还"（remettre，to send back）等〕。[2] 也就是说，现代意义上的引渡，是18世纪以来逐渐形成的。特别是20世纪以来，引渡的实践随着国际合作事业的发展和人们跨国

---

〔1〕 M. C. Bassiouni, International Extradition in U. S. Law and Practice, Vol. 1, 1983. p. 1 – 7.

〔2〕 Christopher L. Blakesley, "The Law of International Extradition: A Comparative Study", International Review of Penal Law Vol. 62, p. 381 – 382.

界活动的增多迅速发展，以至出现了许多的多边引渡条约，如1933年美洲国家间的《引渡公约》、1952年的阿拉伯联盟引渡协定、1957年的《欧洲引渡公约》、1962年北欧五国条约和1966年英联邦国家《关于引渡逃犯的制度》等。20世纪中叶以来，在同国际犯罪作斗争中，引渡条款又屡屡出现在国际公约中。引渡在其自身的形成和发展过程中逐渐形成了一些国际社会普遍接受的规则，它不仅体现在世界各国的国内法中，而且在控制和制裁国际犯罪中已被公认为各国间进行刑事合作的一种重要手段。

一、引渡的概念、特征与分类

在传统意义上，引渡是指一国应他国的请求，将当时在其境内而被该外国指控犯有某种罪行或已被判刑的人移交给该外国以便起诉或执行刑罚的活动。有的学者将引渡定义为一种法律手续（the legal process），认为它是指基于条约、互惠、礼让或国内法，一国将被指控或判定犯有违犯请求国法律或违犯国际刑法的犯罪的人移交给另一国，以便使该人就请求书中指明的犯罪在请求国受到审判或惩罚。[1] 有的学者认为，引渡是一种司法让与（the judicial rendition），即一个主权国家将被指控犯有可引渡之罪的逃犯让与给另一个主权国家以便审判，或者将已被定罪的逃犯让与给另一个主权国家以便惩罚。[2] 也有学者认为，引渡是一种法律制度，"是由犯罪人所在国（被请求国）为了对犯罪人进行追诉或执行刑事制裁而引渡给请求国的

---

〔1〕 M. C. Bassiouni，"Extradition: the United States Model"，International Review of Penal Law Vol. 62，p. 470.

〔2〕 Christopher L. Blakesley，"The Law of International Extradition: A Comparative Study"，International Review of Penal Law Vol. 62，p. 381.

制度"。[1] 这些观点，都在一定程度上，反映了引渡的属性和基本内容，只是对其下定义的侧重点不同而已。引渡，从其实质上讲，是一方把特定的人移交给另一方的活动，但是由于这种移交活动是在不同的法律主体之间进行的，所以必然要履行一定的法律手续，必然要按照一定的法律程序进行，而这种手续和程序又必然是通过一定的法律制度来规定的。因此，说引渡是一种法律手续或法律制度都没有错误。问题是，最能反映引渡的实质的是法律活动，是一方把犯罪人移交给另一方的法律活动。

随着国际刑法和各国国内刑法的发展，引渡的主体和范围也有所扩展，引渡的概念也需要随之充实。在现代，引渡是为了实现对犯罪的制裁，拥有刑事管辖权的一方应请求将犯罪人移交给另一方，以便进行刑事诉讼或者执行刑罚的法律活动。

（一）引渡的法律特征

从引渡的法律实践和有关引渡的法律、条约和公约的规定来看，引渡具有如下的法律特征：

1. 引渡的主体是国家或其他拥有刑事管辖权的实体

引渡制度得以确立的基本前提是刑事管辖权的地域界限。每个国家都具有刑事管辖权，但是这种管辖权只能在自己的领域内实施，而不能逾越地域的界限。然而实施犯罪的人的活动范围却不受这种地域的限制。当在一国境内实施犯罪的人逃亡到另一个国家时，犯罪地国要对犯罪人追究刑事责任，就不得不请求在其境内发现了犯罪人的国家引渡该犯罪人。显然，只有具有刑事管辖权的主体才有资格提出引渡罪犯的请求，同样

---

〔1〕〔韩〕李万熙著：《引渡与国际法》，马相哲译，黄河、黄芳审校，法律出版社2002年版，第5页。

地，只有有刑事管辖权的主体才有可能逮捕犯罪人并将其引渡给他国。因此，在以往的国际实践中，引渡一直被视为国家行为，是国家之间进行的一种刑事合作。

引渡的主体是国家，意味着引渡的请求只能由拥有主权的国家提出，并且提出引渡请求的国家必须对引渡请求所涉及的犯罪享有刑事管辖权；被请求的国家必须是同样拥有主权的国家，并且必须是所指控的犯罪人在其境内的国家。这是引渡所必需的主体条件。

有的学者认为，随着国际合作的扩大，引渡的主体也在扩充，引渡已不完全限于国家之间。同一主权国家不同法域之间也存在着"引渡罪犯"的问题。这种"准引渡主体"的出现是引渡制度的新发展。[1]

其实，真正可以称得上新发展的，是国际特别刑事法庭和已经建立的国际刑事法院。这种国际特别刑事法庭和国际刑事法院，在审判犯罪人时，必然存在一个引渡犯罪人的问题。在这种情况下，提出引渡请求的主体一方就不是主权国家，而是享有不完整的刑事管辖权的政治实体。对此，可以解释为国际特别刑事法庭和国际刑事法院的刑事管辖权是以各个主权国家的刑事管辖权作为基础的，是各个主权国家通过公约的形式授予的。并且只有在公约授予的管辖权范围内，国际特别刑事法庭和国际刑事法院的管辖权才是有效的。国际特别刑事法庭和国际刑事法院只能在其管辖范围内提出引渡请求。

2. 引渡的对象是犯罪人

引渡请求只能是针对犯罪人提出的。正是这一点决定了引

---

〔1〕 周建海、慕亚平：《引渡制度的新问题与我国引渡制度之健全》，载《政法论坛》1997年第5期，第102页。

渡的性质，决定了任何引渡都必须以刑事管辖权的存在为前提。

在引渡实践中，"犯罪人"可能包括三种情况：一是犯罪嫌疑人，即有证据怀疑其实施了犯罪行为的人；二是被指控犯罪的人（被告人），即在一国的刑事诉讼中有权指控犯罪的主体向审判机关指控其犯有某种罪行的人；三是被定罪和（或）被判刑人，即已经被一国的刑事审判机关经过法定程序认定犯有某种罪行、被判处一定刑罚的人。不是上述三种情况下的犯罪人，如民事诉讼或者行政诉讼的当事人，证人或鉴定人等，就不能对其进行引渡。

引渡的对象如果不是犯罪人，被请求国就有权拒绝引渡请求。

在引渡请求中，除了"人的引渡"之外，往往会涉及到所谓"物的引渡"问题。这种"物的引渡"，即移交犯罪人在犯罪过程中所使用的工具、所获取的财物及其他用于犯罪的物品，必须受引渡对象即犯罪人的限制。只有对与所要引渡的犯罪人有关的物品才能提出引渡请求，并且这类物品还必须是所要引渡的犯罪人在作为引渡请求的被指控的犯罪中使用和获取的物品。与所要引渡的犯罪人及其被指控的犯罪无关的物品，不能作为引渡的对象，不能对之提出引渡的请求。

这种所谓的"物的引渡"是附属于"人的引渡"的。只有在被请求引渡的人是可引渡之人的情况下，"物的引渡"才是可行的。如果引渡请求所涉及的犯罪人不符合引渡的条件，就不存在"物的引渡"问题。通常，"物的引渡"必须与"人的引渡"同时进行。只有在被请求引渡人虽然符合引渡的条件，但由于其已经死亡或不在被请求国境内时，"物的引渡"才可以单独进行。

512

第十二章　引渡

3. 引渡的目的是追究犯罪人的刑事责任

尽管引渡制度的产生，既是为了协助请求国行使刑事管辖权以保护其利益，也是为了防止被请求国成为罪犯的避难所而危及被请求国的社会治安，但是引渡犯罪人的直接目的总是被限定为追究被请求引渡人的刑事责任。为了其他目的而请求引渡，是不允许的。

追究刑事责任，既包括对犯罪人进行侦查、起诉和审判等刑事诉讼活动，以便通过刑事诉讼由审判机关最终确认其有罪并对其判处刑罚，也包括对已经被司法机关判处刑罚的犯罪人执行已经生效的有罪判决或尚未执行的刑罚。

4. 引渡的表现形式是一方将犯罪人移交给另一方

引渡不同于驱逐出境。引渡作为国际间进行刑事合作的一项活动，具体表现为一方应另一方的请求，将犯罪人移交给对方。为了保证移交的顺利进行，移交犯罪人的一方往往要先对犯罪人即被请求引渡人进行扣押。因此被请求方就要求请求方对被请求引渡人发出逮捕令或作出生效的有罪判决，以此作为扣押被请求引渡的犯罪人的根据。请求方必须是对被请求引渡的犯罪人具有刑事管辖权的主体，请求必须以双方认可的方式提出并且必须符合一定的条件。

(二) 引渡的种类

根据引渡本身的不同特性，或者根据研究问题的不同方式，学者们对引渡进行了各种各样的分类。

有的学者把引渡分为"人的引渡"与"物的引渡"。所谓"物的引渡"（handing over of property），是指以从外国当局引渡作为内国刑事诉讼中的证据的物为对象的国际刑事司法协助。物的引渡包括物的附带引渡和物的独立引渡两种类型。物的附带引渡是指伴随着犯罪人的引渡而进行的物的引渡。物的

513

独立引渡是指不与犯罪人的引渡相伴随，而独立进行的物的引渡。[1]

有的学者把引渡分为"主动引渡""被动引渡""提议引渡""应允引渡""诉讼引渡""执行引渡""简易引渡""附带引渡""部分引渡""附条件引渡""补充引渡""再引渡""重新引渡""延迟引渡""临时引渡""过境引渡""事实引渡""伪装引渡"等。[2] 这种分类，实际上是对引渡过程中各种可能出现的情况的反映，并不完全是引渡的类型。如"主动引渡"与"被动引渡"，即一国请求将犯罪嫌疑人、被告人或被判刑人引渡回国的活动与一国向请求国引渡犯罪嫌疑人、被告人或被判刑人的活动，这是引渡过程中必然出现的两个活动，没有一方的请求，就不会有引渡的实践；没有另一方的移交，同样不会实现引渡的实践。这两个活动的结合构成一个引渡的实践活动，缺少任何一个方面，都不是完整意义上的引渡。因此很难说它们是两种不同的引渡。同样地道理，"提议"与"应允"也很难说是引渡的两种类型。至于"附带引渡""部分引渡""附条件引渡""补充引渡"等，只是对引渡过程中有关情况的处理问题，更不能视为引渡的一种类型。

人们可以对任何事物进行多角度的分类，但是分类总得有一个标准。缺乏统一的标准，抓住事物一个枝节末梢，就认为是该事物的一个类型，很难说是科学的。按照相同的分类标准，笔者认为，可以对引渡的种类作如下的分类：

1. 诉讼引渡和执行引渡

按照引渡目的的不同，可以把引渡分为诉讼引渡和执行

---

〔1〕 参见〔日〕森下忠著：《新しぃ国际刑法》，信山社 2002 年版，第 134 页。

〔2〕 参见黄风、凌岩、王秀梅著：《国际刑法学》，中国人民大学出版社 2007 年版，第 191—216 页。

第十二章　引渡

引渡。

　　诉讼引渡是指为了实现对犯罪嫌疑人或被告人的刑事追诉而进行的引渡。诉讼引渡始于刑事立案之时。在对刑事案件拥有管辖权的主体通过法定程序对某人进行立案之后，直到对该人定罪判刑之前，如果该人逃亡到另一个刑事管辖区，已经对其立案的主体都可以根据一定的法律规则提出引渡的请求。从国际实践看，诉讼引渡通常发生在侦查或者起诉阶段。司法机关在已经查明某人犯有严重罪行，但是由于其潜逃境外，不能直接将其抓捕归案的情况下，为了将该人交付法庭审判，而不得不向犯罪嫌疑人或被告人所在的国家或地区拥有刑事管辖权的主体提出引渡该人以便进行追诉的请求。因此，在诉讼引渡中，被请求的一方往往要求提出请求的一方提供该人犯罪事实的证据材料，以及对该人采取刑事强制措施的法律文书，以确信该人应该被送到请求方接受审判。

　　执行引渡是指为了对已经被判处刑罚的人执行刑罚而进行的引渡。执行引渡的对象是已经被拥有刑事管辖权的主体经过正当的法律程序判定有罪并且判处了刑罚的人。执行引渡有两种情况：一种是将罪犯引渡到判刑国执行刑罚。由于该人在执行刑罚之前或者执行过程中潜逃，以致对其判处刑罚的国家或地区无法执行已经判处的刑罚或者无法执行完刑罚，为了确保使犯罪受到应有的惩罚，为了保障法律的严肃性，对其作出刑事判决的国家或地区提出请求，请求罪犯所在的国家或地区将该人移交给请求方，以便执行刑罚。另一种情况是将罪犯引渡到非对其作出刑事判决的国家或地区。犯罪人在非国籍国或非常驻地国被定罪判刑，或者被国际特别刑事法庭或国际刑事法院定罪判刑之后，为了便于刑罚的执行或者为了有利于对犯罪人的教育改造，犯罪人的国籍国或者常驻地国可以提出请求，

515

请求对其作出刑事判决的一方将该人移交给本国或本地区，以便执行刑罚。由于执行引渡的前提是被引渡人已经被有刑事管辖权的主体经过正当法律程序判定为有罪，所以在引渡实践中通常不再要求请求方提供对该人采取刑事强制措施的法律文书和证明该人犯罪事实的证据材料。

2. 国家间的引渡和国家与国际组织间的引渡

按照引渡主体的不同，可以把引渡分为国家间的引渡和国家与国际组织间的引渡。

国家间的引渡包括国家与国家、国家与享有独立的刑事管辖权的地区以及这些地区之间的移交犯罪人的活动。国家间的引渡，可以是诉讼引渡，也可以是执行引渡。国家间的引渡是双向的、互惠的。无论是奉行条约前置主义的国家，还是非以条约为引渡条件的国家，在引渡问题上都坚持互惠原则，都强调引渡活动的双向性。一方可以请求对方移交犯罪人，另一方也可以请求对方移交犯罪人，并且双方在移交犯罪人的问题上所适用的原则和坚持的条件是相同或者说是对等的。这是国际关系中平等原则的必然要求和具体体现。

国家与国际组织间的引渡是引渡的一种特殊形态，是随着国际特别刑事法庭和国际刑事法院的出现而出现的引渡类型。国家与国际组织间的引渡是国际特别刑事法庭或者国际刑事法院在对国际犯罪行使管辖权的过程中，为了保证犯罪嫌疑人或被告人到庭接受审判，要求犯罪嫌疑人或被告人所在的国家或地区将该人移交给国际特别刑事法庭或国际刑事法院的活动，或者是国际特别刑事法庭或国际刑事法院对实施了国际犯罪的人作出有罪判决并判处刑罚之后，将该人移交给有关国家或地区执行刑罚的活动。这种引渡不具有双向性，也不是按照互惠原则进行的。这种引渡的依据是有关国际特别刑事法庭或国际刑事法院的国际公约，因此它只适用于缔约国，并且只适用于有关国际公约中规定的犯罪。

3. 国际犯罪的引渡和国内犯罪的引渡

按照引渡的客体不同可以把引渡分为对国际犯罪的引渡和对国内犯罪的引渡。

对国际犯罪的引渡是指为了有效制裁国际犯罪而对实施了国际犯罪的人进行移交的活动。引渡的目的既可以是为了对其进行侦查、起诉和审判，也可以是为了对其执行已经判处的刑罚。这种引渡可以表现为国家间的引渡，也可以表现为国家与国际组织间的引渡。对国际犯罪的引渡所依据的是相关的国际公约，因而这种引渡在缔约国之间具有一定的强制性。一方向另一方提出的引渡请求，如果没有公约规定的特别理由，被请求方不得拒绝引渡；即使具有公约规定的特别理由，一方可以不引渡被请求引渡人，被请求方也必须对该人行使刑事管辖权，及时对其进行追诉。

对国内犯罪的引渡是指为了实现对实施了国内法上的犯罪的人的有效制裁而进行的引渡。这种引渡可以表现为诉讼引渡，也可以表现为执行引渡。但是这种引渡所依据的是国家之间签定的引渡条约或者互惠原则，因而没有像对国际犯罪的引渡那样的强制性。特别是在拒绝引渡的情况下，被请求方没有对被请求引渡人进行刑事追诉的义务。

当然，关于国际犯罪与国内犯罪的界定，因为有些犯罪，既可以是国际犯罪，也可以是国内犯罪，特别是在国际犯罪通过国内立法将其转化为国内犯罪的情况下，究竟是适用有关国内犯罪的规定还是适用有关国际犯罪的规定，可能会出现不同的认识。如一个人因行贿而获取了巨额不法利益后潜逃另一个国家，犯罪人国籍国提出引渡请求，而犯罪人所在国与国籍国之间又没有引渡条约，在这种情况下，如果按照国际犯罪，被请求国就应该适用《联合国反腐败公约》的规定，将犯罪人引渡给请求国，如果不引渡，就有义务对该人进行审判。但是如果将其视为国内犯罪，被请求国如果不引渡，则没有对该人进行审判的义务。

笔者认为，在国际刑事合作中，国际公约具有更高的法律效力。凡是国际公约中规定为犯罪的行为，都应该对之适用国际公约的规定。被引渡的人所实施的犯罪，只要符合国际公约的规定，无论国际刑法中有无规定和如何规定，都应该优先适用国际公约的规定，即按照国际犯罪的引渡来对待。

二、引渡的基本原则

引渡是由双方的行为构成的。只有任何一方单方面的活动，是不能实现引渡的。为了规范双方的行为，保障引渡的有效进行，同时也为了防止引渡权的滥用，在国际社会的引渡实践中逐渐形成了一些规范和限制引渡行为的规则。这些规则，通过有关国际公约的确认，体现为国际刑法的一般原则，同时也通过各国之间签订的引渡条约的确认以及各国引渡实践的认可，成为各个国家在引渡犯罪人时共同信守的基本规则。

按照有关国际公约和双边或多边引渡条约的明文规定，引渡的基本原则，主要有以下几个方面：

（一）双重犯罪原则

双重犯罪原则（Double Criminality）是指国家间引渡犯罪人时，作为引渡理由的犯罪必须是双重犯罪。所谓双重犯罪，是指被请求引渡人所实施的行为，按照请求国和被请求国各自的国内法，或者按照请求国和被请求国共同参加的国际刑法公约的规定，均构成犯罪，均应当受到刑罚处罚。也就是说，可以引渡的犯罪人，必须是其行为不仅按照引渡请求国的刑法构

第十二章 引渡

成了犯罪，而且同一行为按照被请求国的刑法或者双方共同参加的国际公约，也构成了犯罪。只有符合双重犯罪的原则，犯罪人才可以被一个国家引渡给另一个国家。有的学者将该原则表述为"双罚性原则"。所谓双罚性原则，是指请求引渡的行为，依据请求国和被请求国双方的法律，都必须具有可罚性。[1] 这种双罚性原则从可罚性的角度强调双重犯罪原则，与双重犯罪原则并没有实质上的区别。

双重犯罪原则的提出，既是为了相互尊重国家主权，也是为了保护被请求引渡人的基本人权。引渡的目的是为了按照请求国的法律追究犯罪人的刑事责任，被请求国同意给予引渡，是尊重请求国并协助请求国执行其法律。但是被请求国应请求国的请求引渡犯罪人时，首先必需对被请求引渡的犯罪人进行逮捕并予以羁押，才能保证引渡的顺利进行。而这种逮捕并羁押犯罪人的活动是在被请求国的领土上进行的，所以必须符合被请求国的法律。如果无视被请求国的法律规定，一味强调被请求引渡人的行为按照请求国的法律已经构成了犯罪而要求被请求国引渡犯罪人，就可能构成对被请求国法律的践踏。另一方面，一个国家如果把按照本国法律并不认为其行为构成犯罪的人引渡给他国追究刑事责任，在道义上将被认为是无视被请求引渡人的基本人权的做法。因此，引渡犯罪人，必须遵守双重犯罪的原则，既是对请求国的要求，也是对被请求国的要求。并且，这一原则在有关引渡的一系列双边或多边引渡条约以及国际公约中，都得到了充分地体现。

双重犯罪原则一般是针对国内法上的犯罪而言的。对于国

---

〔1〕 参见〔韩〕李万熙著：《引渡与国际法》，马相哲译，黄河、黄芳审校，法律出版社 2002 年版，第 44 页。

际犯罪来说，这一原则是不言而喻的。因为国际犯罪本身是国际社会通过条约立法共同认定的危害共同利益的犯罪，当有关当事国均为缔约国时它必然同时触犯两个以上国家共同认可的刑法原则；同时，国际刑法在规定国际犯罪的时候，也总是把它宣布为可引渡之罪，总是要求缔约各国通过国内立法承担制裁国际犯罪的义务。因此，一种行为，如果被认为构成了国际犯罪，在有关缔约国之间，它就符合双重犯罪的要求。当然在个别情况下，对国际犯罪的引渡也会在双重犯罪问题上发生争议。例如，请求国和被请求国一方加入了把涉讼行为规定为国际犯罪的国际公约，而另一方并没有加入该公约。在这种情况下，涉讼行为如果在尚未加入有关国际公约的一方国内刑法中不认为是犯罪，而该国又不愿受有关公约条款的拘束，被引渡人的行为就不构成双重犯罪。

联合国大会通过的《引渡示范条约》，采用了多数国家在签订引渡条约时的做法，即规定：在确定某一犯罪行为是否构成违反缔约国双方法律的犯罪行为时，不应计较缔约国法律是否将构成该防止的作为或不作为列入同一犯罪类别或者是否对该罪行采取同一用语。这种规定，也反映了学术界主张的"实质类似"（substantially similar）的观点。这种观点认为，作为请求引渡理由的行为，在请求国法律和被请求国法律之间，只要是以实质类似的犯罪（substantially similar offence）为基础的，就符合所谓双重犯罪的原则。实质类似的犯罪是指每个国家都寻求禁止的犯罪行为。[1]

关于双重犯罪原则，还有一个问题，即作为引渡理由的犯

---

[1] Gregory B. Richardson, "Double Criminality and Complex Crimes", International Review of Penal Law Vol. 62, p80.

第十二章 引渡

罪受不受法定最低刑的限制？在以往的引渡实践中，通常没有这个限制，只要被请求引渡的犯罪人所实施的犯罪行为按照请求国法律和被请求国法律均构成犯罪即可。但是在现代，基于保护人权的需要，一些学者认为，作为引渡理由的犯罪应当受到一定的限制。对于犯罪性质或者犯罪情节比较轻微的，虽然双方法律都认为是犯罪，但不应作为可引渡之罪；就执行刑罚提出的引渡请求，其未服刑期太短的，也不应予以引渡。这种主张有助于在引渡问题上减少不必要的人力物力的浪费，符合诉讼经济的原则，所以为多数国家所接受。在《欧洲引渡公约》[1]（第2条）中，将可引渡之罪规定为：按照请求国和被请求国法律，最重本刑为1年以上有期徒刑或应科处剥夺自由之保安处分之罪。[2] 对此，《引渡示范条约》规定：可予引渡之犯罪行为系指按照缔约国双方法律规定可予监禁或以其他方式剥夺其自由最长不少于1—2年或应受到更为严厉惩罚的任何犯罪行为；有关引渡的请求如果是为了被请求引渡人执行生效判决，则未服刑期至少应当有4—6个月。

此外，有的国家以保护人权作为借口，提出如果按照请求国法律，被请求引渡的犯罪人可能因为作为引渡请求原因的罪行被判处死刑，除非该国作出不对被请求引渡人判处死刑或者即使判处死刑也不会予以执行的保证，被请求国可以拒绝引渡。有的国家甚至认为这种限制应当扩大到判处终身刑或不定期刑。一些学者认为，这是引渡问题上人权保护的新发展；是

---

〔1〕《欧洲引渡公约》（European Convention on Extradition），1957年12月13日对外开放签字，1960年4月18日生效；以后，该公约又增加了两个附加议定书，分别于1979年8月20日、1983年6月5日生效。

〔2〕 值得注意的是，1996年9月27日制订的《欧盟成员国间引渡公约》修改了《欧洲引渡公约》的规定，将可引渡之罪从可受到至少为12个月剥夺自由刑或羁押令的惩罚修改为至少6个月剥夺自由刑，并且规定可被判处罚金的犯罪，也可以作为可引渡之罪。

521

双重犯罪原则在双罚问题上的必然要求。但是，这种主张对于打击严重危害国际社会共同利益的国际犯罪是极为不利的。尽管各个国家之间由于发展水平和法律传统的不同，刑法中对同一犯罪规定的法定刑受到国别的限制而有所差别，但是国际犯罪对人类社会共同利益的危害是没有这种限制的，国际犯罪人对整个国际社会的危险性的存在是不受这种限制影响的。各国法律制度上的差异不应当成为国际社会联合制裁国际犯罪的障碍。不仅如此，在每个国家的刑法体系中，对各种犯罪判处什么样的刑罚，要受统一的价值评判体系的制约，不可能仅仅为了引渡的需要而破坏这种统一的价值评判体系，对个别犯罪人网开一面。在许多国际刑法公约中，也都明确规定：每一缔约国应按照本公约所称罪行的严重性处以适当的刑罚。如果是为了所谓人权保护的需要，要求在刑法中规定死刑的国家作出不对被请求引渡的犯罪人适用死刑的承诺，实际上是在要求他国放弃罪刑相适应的原则，在法定刑以下对被请求引渡的犯罪人作出判决。这显然是与有关国际刑法公约规定的精神相悖的。[1]

（二）政治犯不引渡原则及其例外

在引渡实践中，对于政治犯是否给予引渡，各国总是基于本国的利益的考虑而决定的，总是带有很强的政治色彩，无法形成一致的看法和公认的标准。有鉴于此，1834年比利时与法国签订的引渡条约中明文规定政治犯不引渡。1883年比利时又在本国实体刑法中规定政治犯不引渡的原则。此后，英国、美

---

〔1〕 在引渡实践中，一些国家要求保留和适用死刑的国家在提出引渡请求时作出对被请求引渡人不适用死刑的保证或承诺，并以此为同意引渡的条件，而一些保留和适用死刑的国家在提出引渡请求时也同意作出这样的保证或承诺，从而达到成功引渡犯罪人的目的。这种做法，不失为一种妥协的解决方案。

国、法国、瑞士、俄国、奥地利等国家相继在本国签署的有关罪犯引渡的条约中规定了这一原则，使之逐渐发展为一种公认的引渡规则。

1. 政治犯不引渡的含义

按照 1957 年欧洲引渡公约的规定，政治犯不引渡原则（The Political Offense Exception to Extradition），是指"凡请求引渡的犯罪为被请求国视为政治犯罪或与政治有联系的犯罪者，不应予以引渡"；"凡被请求国有重大理由相信，以普通罪名义请求引渡，其目的在于因该人的种族、宗教、国籍或政治见解而起诉或判刑者，或者可能以任何理由损害他的地位者"，亦不予引渡。

关于"政治犯不引渡原则"中的"政治犯"，在有关的公约、条约和法律中存在着多种表述，如"政治犯罪""具有政治性质的犯罪""因政治原因的犯罪""与政治有关的犯罪"等。对此，学术界把"政治犯"分为四类：（1）绝对的政治犯罪或纯粹的政治犯罪，即以对国家安全或生存进行直接攻击为内容的犯罪；（2）复合政治犯罪，即基于政治动机，侵害个人法益的犯罪，或者说是绝对的政治犯罪和普通犯罪相重合的犯罪；（3）关联性政治犯罪，即为了进行或更容易地实施绝对政治犯罪、复合政治犯罪，或者为了保护上述犯罪行为而实施的犯罪；（4）相对政治犯罪，即在政治性质明显的情况下实施的普通犯罪，或者与政治行为密切关联的普通犯罪。[1]

但是在国际刑法公约中，对所有国际犯罪均不认为是政治犯罪，即使是某些在国内刑法中明确规定为政治犯罪的罪行，如果被国际刑法公约规定为国际犯罪，无论其是否具有政治的

---

〔1〕 参见〔韩〕李万熙著：《引渡与国际法》，马相哲译，黄河、黄芳审校，法律出版社 2002 年版，第 46—49 页。

目的，均不得援引政治犯不引渡的原则而拒绝引渡。

2. 庇护权

政治犯不引渡原则是与国家的庇护权紧密相联的。庇护权为一个国家不引渡政治犯提供了理论上的根据。

庇护是指国家对于因被外国当局追诉或迫害而来避难的外国人允许其入境和居留，并视情况对其予以保护。庇护可以分为域内庇护、域外庇护、外交庇护和刑事庇护。域内庇护是一般意义上的庇护，即在本国领土上给予外国人以受庇护权。域外庇护是一个国家在别国领土内给人以庇护的情况。在这种情况下，受庇护人往往出现于给予庇护的国家的驻外使馆或停泊在外国港口的军舰等场所。外交庇护是外国使馆给予驻在国国民以庇护的情况。刑事庇护是从不予引渡中反推出来的庇护，因为庇护的逻辑含义有拒绝引渡的内容。按照引渡的规则，在没有引渡条约的情况下，或虽有引渡条约，但请求引渡的罪犯所犯之罪不符合双边罪的原则或属于未列入条约的犯罪，被请求国就可以不予引渡。如果不具备上述理由而拒绝引渡，以使其逃避请求国的刑事追诉，就可以视为是对被指称的罪犯的一种刑事庇护。

在国际实践中，一国给予他国公民以庇护，在多数情况下都是出于政治原因。给予庇护的国家往往是认为受庇护的人在他国由于政治原因而受到迫害或不公正的追诉，以至无法保障其基本人权，因而需要予以保护，从而拒绝他国的引渡请求的。因此，庇护虽然与政治犯不引渡原则是两个不同的概念，但是在实际实施中总是相互交叉的。不过，与政治犯不引渡相比，庇护不仅包含不接受请求国的引渡请求，不将受庇护人移交给请求国，而且包含准许其入境、过境和在境内安居，不将其驱逐出境，并在必要的时候采取适当的措施，主动予以保护；庇护的对象不仅是实施了政治犯罪的罪犯，而且可以是没有构成犯罪但是可能或正在受到某种迫害的人。

政治犯不引渡和庇护，其目的都是为了保护基本的人权，防止对持不同政见者进行政治迫害和不公正的审判。但是在实践中，对于某些基于一定的政治目的或原因而实施了严重危害人类共同利益以至被国际社会公认为应受严厉的刑罚惩罚的犯罪的人，有些国家也出于某种考虑而给予受庇护的权利。因此，对于庇护权，如果不加以限制，就会造成滥用，危害国际社会的共同利益。

3. 政治犯不引渡的例外

有鉴于此，有关国际公约明确规定，国际犯罪不得视为政治犯；各国不得给予犯有国际罪行的人以受庇护的权利。1948年《世界人权宣言》第十四条第二款规定：在真正由于非政治性犯罪或违背联合国宗旨和原则的行为而被起诉的情况下，不能援用受庇护的权利。由此形成了政治犯不引渡的例外规则。

1967年联合国大会通过的《领土庇护宣言》中规定：凡有重大理由可以认为犯有国际文献用专条加以规定的危害和平罪、战争罪或危害人类罪的人，不得请求及享受庇护。据此，1973年联合国大会通过的《关于侦察、逮捕、引渡和惩治战争罪犯和危害人类罪犯的国际合作原则》，再次重申了"对有重大理由可认为犯有危害和平罪、战争罪或危害人类罪的人，各国不应给予庇护"的原则。按照上述公约和国际文献的规定，犯有公约规定的国际犯罪的人，即使基于某种政治目的，有关国家也不得给予其受庇护的权利，不得以政治犯为理由而拒绝将其引渡给有权管辖的引渡请求国。

（三）特定原则

引渡中的特定原则（The Principle of Speciality），也称引渡目的特定原则，是指对引渡到请求国的犯罪人，只能就引渡请求所指控的犯罪进行审判或者就提出引渡请求时已经作出的判决执行刑罚。特定原则实际上是要求引渡的请求国在提出引渡请求时必须保证，在引渡之后，对被请求引渡的犯罪人只就引渡请求中指明的犯罪追究刑事责任或者执行引渡请求提出时生效判决所判处的刑罚。

1. 确立特定原则的必要性

一个国家请求引渡某一犯罪人，总是基于一定的目的，或者是为了审判该犯罪人所犯的某一特定罪行，或者是为了执行已经判决的某一特定刑罚。而这种目的的确立和提出，又总是基于一定的理由，即有足够的证据可以证明该犯罪人实施了被指控的犯罪或者已经被有权管辖的法院判处了一定的刑罚。但是在国际实践中，有的国家为了使自己的引渡请求能够得到被请求国的接受，有时会在引渡请求中掩盖自己的真实意图，以有关条约中规定的可引渡之罪提出引渡请求，而在引渡之后，对被引渡的犯罪人以其他犯罪追究刑事责任，或者在引渡请求所涉及的犯罪之外，增加其他犯罪。特别是在坚持政治犯不引渡的情况下，为了掩饰审判政治犯的目的，有的国家以普通刑事犯罪的罪名请求引渡，一旦引渡成功，就对其曾经实施的政治犯罪进行审判。这种做法，既违反了相互尊重主权的原则，也损害了引渡的正当性，可能构成对被引渡人权利的不当侵害。还有一种可能，就是当得知身处外国的本国公民因犯罪被第三方要求引渡时，为了保护本国公民不受他方的刑事追诉，而提出引渡请求，一旦将犯罪人引渡回国，就以其他罪名进行刑事诉讼以便第三方不能对其定罪判刑。这种做法，也背离了引渡制度的初衷，不利于打击国际犯罪分子。

因此，在引渡犯罪人时，各国普遍坚持特定原则。请求国应当明确提出引渡的目的及其理由，并且应当承诺该犯罪人被引渡到本国之后，本国只就引渡请求中申明的事项进行审判，或者仅就引渡请求中申明的刑罚予以执行，而不在引渡请求申明的目的和理由之外审判该犯罪人或对其执行刑罚。因此可以说，在引渡中确立特定原则的目的，一方面是为了保障双重犯罪原则的贯彻，以防止个别国家假借可引渡之罪，对被引渡人的其他行为进行审判或政治迫害；另一方面，也是为了保证对被请求引渡人的确实有效的刑事追诉，防止犯罪分子因其国籍国的庇护而逃避法律的制裁。

2. 特定原则的具体规则

引渡中的特定原则，包含了三个具体规则：

第一，对于被引渡的人只能就引渡请求之前实施的犯罪进行起诉和审判，而不得就该人在引渡之前所实施的其他犯罪进行刑事诉讼。未经被请求国的同意，不得因作为引渡请求理由的犯罪之外的任何其他犯罪，对被引渡人进行追诉、判刑或者为执行刑罚或羁押令而予以拘禁。

第二，就诉讼引渡而言，引渡请求国对被引渡的人，只能就引渡请求所指称的犯罪进行起诉和审判，亦即只能 就准予引渡的犯罪进行诉讼。与之相联系，被请求国所提供的证据，只能用于对请求引渡之罪的诉讼。

第三，就执行引渡而言，引渡请求国对被引渡的人，只能就引渡请求所列举的生效判决书所判处的刑罚执行刑罚，不能对被引渡的人执行引渡请求中没有列明的刑罚。

3. 特定原则的新发展

在引渡中实行特定原则，有利于尊重被请求国的主权，也有利于保护被请求引渡人的人权。但是由于引渡情况的复杂性，如果完全严格地固守特定原则，在某些情况下，会使引渡请求国在刑事诉讼中难以完全按照请求引渡时所指控的犯罪追究被引渡人的刑事责任，不利于有效地惩罚犯罪。例如，一国以抢劫罪将被引渡人引渡回国，但是在其后针对该人的刑事诉讼中，经过法庭审理查明，引渡请求中指控该人实施的抢劫犯罪实际上并不是普通的抢劫犯罪，而是基于特殊目的抢劫国家机密文件。对其按照普通抢劫罪追究刑事责任，既不符合本国法律的规定，也不利于追究其他涉案人员的刑事责任。在这种情况下，如果完全坚持严格的特定原则，既不利于引渡目的的实现，也不利于有效地打击犯罪。

随着引渡实践的发展，特别是随着打击严重国际犯罪的需要，特定原则出现了一些新的动向。这些新的动向构成特定原则的例外。这些例外主要有四个方面：

第一，放松对特定性的要求。请求国在对被引渡的犯罪人就引渡请求中申明的罪行进行起诉或审判的过程中，随着侦查活动的深入和证据的变化，如果基于引渡请求所指称的犯罪事实构成引渡请求书所列之外的其他犯罪，或者引渡请求书中指称的犯罪所包括的同一系列事实中包含了其他犯罪，请求国就这些犯罪作出判决或者改变指控的罪名，并不违背特定原则。但是变更后新定性的犯罪必须是依其构成要素属于作为引渡依据的公约、条约或协定中规定的可引渡之罪。

第二，因同意而排除对特定的要求。在对被引渡人的起诉和审判过程中，如果发现该人在引渡之前还犯有其他罪行，请求国可以将这些情况通报给被请求国。如果被请求国同意请求国对被请求引渡的犯罪人作为引渡理由的犯罪之外的犯罪追究刑事责任，请求国对引渡之罪之外的犯罪进行追诉就不违背特定原则。这种情况往往发生在请求国对被引渡人基于已知的犯罪追究刑事责任时，发现了该人在引渡之前还犯有其他严重罪行，按照该国法律，必须对其追究刑事责任。在这种情况下，请求国应当及时告知被请求国，征得被请求国的同意。这是在尊重被请求国主权的基础上，对特定原则的变通适用。

第三，超过保护期的追诉不受特定原则的限制。为了给特定原则设定必要的保护期限，有关国际公约和条约规定，被引渡人在可以自由离开请求引渡国的一定期间没有离开，该国如果重新对其进行追诉，就不受特定原则的限制。例如，《欧洲引渡公约》第十四条中规定的：被引渡人"在其最终获释后四十五天以内，有机会离开其被移交到的缔约方领域而未离开，或离开后又返回"的，属于特定规则的例外，不受特定规则的约束。

第四，引渡之后实施的犯罪不适用特定原则。被引渡人在被引渡之后，如果又实施了其他犯罪，请求国可以自主地决定对该犯罪是否进行追诉，而不受特定原则的约束。因为这种犯罪已经超出了特定原则确立的两个价值即尊重被请求国的主权和保护被引渡人的人权的范围。

（四）本国公民不引渡原则

请求引渡的对象不仅应当是其行为符合双重犯罪要求的犯罪人，而且该犯罪人应当是请求国的国民或者是第三国的国民或者是无国籍人。许多国家认为，一个国家对本国国民在本国领域外实施的犯罪享有管辖权；如果向外国引渡本国的公民，有损国家尊严，并且是与国家保护其公民的义务相悖的。

本国国民不引渡原则（Non – Extradition of Nationals），最早出现在 1909 年法国与美国签订的引渡条约中。该条约规定：按照本条约的约定，双方均没有将其本国国民引渡给对方的义务。这个规定，反映了许多大陆法系国家的主张。第二次世界大战以后，随着对刑事诉讼中人权保护呼声的日益高涨，一些国家担心本国国民在外国接受审判可能会受到不公正的待遇、其人权得不到保障，因而不愿将明知在外国犯了罪的国民引渡给犯罪地国。由此促进了本国国民不引渡原则的发展。

按照这一原则，即使请求国对作为引渡请求原因的犯罪具有管辖权，但是如果被请求引渡的犯罪人是被请求国的国民，引渡请求国不能对其提出引渡的请求。这个原则，在一定程度上妨碍了引渡制度的发展，使一些域外犯罪的犯罪人有可能借助这一原则逃避应受到的惩罚。特别是一些犯罪分子借用本国公民不引渡原则，在犯罪之后逃到另一个国家并申请加入该国国籍从而取得不引渡的特权，以逃避应有的法律制裁。因此，对于本国公民不引渡原则，长期存在着两种不同的主张。

赞成不引渡本国公民的主张认为，把本国公民引渡给其他国家并让其在外国接受审判，是对本国尊严的损害，同时也违背了国家保护其公民的义务。反对引渡本国公民，在一定程度上，也隐含着对外国诉讼制度和司法状况的不信任，担心本国公民被引渡给其他国家之后会受到不公正的待遇。

反对本国公民不引渡的主张认为：（1）如果犯罪人国籍国或居住地国作为被请求国进行裁判，就会出现追诉费用增加，证据收集不能进行，尤其是诉讼需要更多的时间等诸多不便。（2）在犯罪人的国籍国或居住地国，由于追诉当局不认真追诉，就有宣告无罪判决或较轻处罚的可能性。当这种可能性成为现实时，请求国就会对被请求国的刑事司法产生不信任感。（3）除了条约明文规定的情况，不能肯定被请求国会对拒绝引渡的案件进行追诉。事实上，拒绝引渡本国公民的被请求国常常不一定在国内对本国公民起诉。[1]

---

〔1〕〔韩〕李万熙著：《引渡与国际法》，马相哲译，黄河、黄芳审校，法律出版社 2002 年版，第 52 页。

第十二章　引渡

随着国际刑事合作的拓展和加强，这个原则出现了新的动向。一些国家开始在一定程度上放松对本国公民不引渡原则的固守，同意将本国公民引渡给请求国进行追诉；一些国家在双方签定的引渡条约中明确规定，在不违反本国法律体系时可以引渡本国公民。《联合国打击跨国有组织犯罪公约》和《联合国反腐败公约》对于引渡本国公民的问题，作出了新的规定。《联合国打击跨国有组织犯罪公约》第十六条"引渡"第十一、十二项分别规定："如果缔约国本国法律规定，允许引渡或移交其国民须以该人将被送还本国，就引渡或移交请求所涉审判、诉讼中作出的判决服刑为条件，且该缔约国和寻求引渡该人的缔约国也同意这一选择以及可能认为适宜的其他条件，则此种有条件引渡或移交即足以解除该缔约国根据本条第 10 款所承担的义务"；"如为执行判决而提出的引渡请求由于被请求引渡人为被请求缔约国的国民而遭到拒绝，被请求国应在其本国法律允许并且符合该法律的要求的情况下，根据请求国的请求，考虑执行按请求国本国法律作出的判刑或剩余刑期"。《联合国反腐败公约》第四十四条第十二、十三项也作了几乎完全相同的规定。

这些规定表明，国际社会对引渡本国公民持允许和鼓励的态度。一方面，在被请求国提出一定要求作为引渡本国公民的条件时，国际公约要求请求国尽可能满足这些要求，以促进被请求国引渡本国公民；另一方面，如果被请求国同意附条件地引渡本国公民，国际公约就解除其对被请求引渡人进行追诉的义务。

（五）或引渡或起诉原则

或引渡或起诉原则（The Principle of aut dedere aut judicare）是与普遍管辖相联系并作为拒绝引渡后的一种补救措施而

531

出现的。"或引渡或起诉",是根据格老秀斯1625年在其《战争与和平法》一书中提出的"或引渡或处罚"的名言发展而来的。该原则的确立,旨在通过国家间的刑事合作,使每个实施国际犯罪的人,不论逃到世界的哪个地方,都无法逃避应受的刑事制裁。或引渡或起诉原则,既是普遍管辖原则的逻辑要求,也是引渡制度的必要补充。没有这个原则的制约,在被请求国不同意引渡犯罪人的情况下,国际社会联合对付国际犯罪的努力就会付之东流。因此,这个原则是引渡制度中的一个不可或缺的原则,在同国际犯罪作斗争中,发挥着重要的作用。

或引渡或起诉原则,在国际刑法公约中的一般表述为:在其境内发现被指称的罪犯的缔约国,如不将此人引渡,则不论罪行是否在其境内发生,应毫无例外地并无不适当延迟地将案件提交其主管当局以便起诉,该主管当局应当按照本国法律以对待任何严重性质的普通罪行案件的同样方式作出决定。

或引渡或起诉原则,主要是适用于国际犯罪的引渡制度中的一项基本原则。该原则在适用国内刑法中的犯罪时,可能会遇到两个方面的障碍:一是缺乏管辖权。对于国内法上的犯罪,由于并不存在国际社会公认的普遍管辖原则,所以被请求国通常要求请求引渡犯罪人的国家必须对被请求引渡的犯罪人及其犯罪行为享有刑事管辖权。如果请求国对被请求引渡的犯罪人及其犯罪行为没有刑事管辖权,即使请求国与被请求国之间签有引渡条约,被请求国也有权拒绝引渡请求。例如,当犯罪行为在第三国境内实施并且犯罪人亦不是请求国国民时,被请求国就可能因为请求国对被请求引渡的犯罪人没有刑事管辖权,而不同意引渡该人。二是不存在双重犯罪。由于各国法律规定的不同,按照请求国法律构成犯罪的行为,有时可能按照被请求国的法律并不构成犯罪,从而因为不符合双重犯罪原则

第十二章 引渡

而使引渡请求被被请求国所拒绝；有时也可能因为构成犯罪的行为，按照被请求国的法律处刑太轻，以致不符合可引渡之罪对最低刑期的要求，从而使引渡请求被被请求国拒绝。在上述两种情况下，被请求国在拒绝引渡请求时，并不负有起诉的义务。因为在这种情况下，被请求国本身可能也不享有对被请求引渡的犯罪人及其犯罪行为的刑事管辖权；或者它在任意管辖中选择了不管辖。因此，或引渡或起诉原则，只有在一定条件下，才适用于国内法上的犯罪。

对于或引渡或起诉原则，《联合国打击跨国有组织犯罪公约》和《联合国反腐败公约》作出了新的规定。《联合国打击跨国有组织犯罪公约》第十六条"引渡"第十项规定："被指控人所在的缔约国如果仅以罪犯系本国国民为由不就本条所适用的犯罪将其引渡，则有义务在要求引渡的缔约国提出请求时，将该案提交给其主管当局以便起诉，而不得有任何不应有的延误。这些当局应以与根据本国法律针对性质严重的其他任何犯罪所采用的方式相同的方式作出决定和进行诉讼程序。有关缔约国应相互合作，特别是在程序和证据方面，以确保这类起诉的效果"。《联合国反腐败公约》第四十四条第十一项也作了几乎完全相同的规定。这些规定，明显加强了对不引渡本国公民的被请求国义务性的规定。被请求国如果因为被请求引渡人是其公民而拒绝引渡，该国不仅有义务"在要求引渡的缔约国提出请求时，将该案提交给其主管当局以便起诉"，而且"不得有任何不应有的延误"。这种义务只有在同意附条件引渡其公民的情况下才可以解除。

（六）一事不再理原则

一事不再理原则（ne bis in iden），又被称为"一事不二罚原则""禁止双重危险原则"，在刑事诉讼中，是指对同一个人

533

的同一行为，司法机关已经作出具有法律效力的裁判之后，除法律规定的特殊情况之外，不得对其再行追诉，更不得对其再次判处刑罚。

一事不再理原则是大陆法系国家长期奉行的诉讼原则。确立这个原则，一方面是为了维护司法裁判的权威性和节省司法资源，另一方面也是为了避免犯罪人因同一个犯罪行为而两次或多次陷于被追诉的危险地位。1957 年的《欧洲引渡公约》第九条明确规定了这一原则：如果被请求方主管机关已经对被请求引渡人就引渡请求所针对的犯罪作出最终判决，则不得准予引渡。如果被请求方主管机关已就相同犯罪决定不予起诉或终止诉讼，可拒绝引渡。1990 年《联合国引渡示范条约》第三条在拒绝引渡之强制性理由中也规定：在被请求国已因作为引渡请求原因的罪行对被要求引渡者作出终审判决时，引渡不被允许。1998 年通过的《国际刑事法院罗马规约》第二十条（一罪不二审）对该原则进一步作了规定：

"（一）除本规约规定的情况外，本法院不得就本法院已经据以判定某人有罪或无罪的行为审判该人。

（二）对于第五条所述犯罪，已经被本法院判定有罪或无罪的人，不得因该犯罪再由另一法院审判。

（三）对于第六条、第七条或第八条所列的行为，已经由另一法院审判的人，不得因同一行为受本法院审判，除非该另一法院的诉讼程序有下列情形之一：

1. 是为了包庇有关的人，使其免负本法院管辖权内的犯罪的刑事责任；或

2. 没有依照国际法承认的正当程序原则，以独立或公正的方式进行，而且根据实际情况，采用的方式不符合将有关的人绳之以法的目的。"

按照这些规定，"一事不再理原则"是拒绝引渡的强制性理由。但是，如何理解这个原则的含义，在法治程度、文化传统都存在差异的国家之间，也还存在着不同的看法。

一般认为，作为拒绝引渡强制性理由的"一事不再理原则"，包含以下三个方面的含义：第一，一方的主管机关对某人的犯罪行为依照法定程序已经进行追诉时，他方不得就相同的犯罪行为对该人请求引渡。第二，一方的主管机关对某人的犯罪行为已经作出具有法律效力的裁判之后，他方不得就该人的相同犯罪行为对其请求引渡。第三，第三方对某人的犯罪行为已经依照法定程序进行追诉并作出具有法律效力的裁判，他方不得就该人的相同犯罪行为向其所在国提出引渡该人的请求。

但是就这三个方面，无论是在理论上还是在实践中，都还存在着某些争论。就第一层含义而言，《国际刑事法院罗马规约》明确提出了新的主张，即一国的法院对某人进行的审判是为了包庇有关的人，使其免负国际刑事法院管辖权内的犯罪的刑事责任；或者没有依照国际法承认的正当程序原则，以独立或公正的方式进行，而且根据实际情况，采用的方式不符合将有关的人绳之以法的目的，国际刑事法院就可以不受"一事不再理原则"的约束而再次对该人进行追诉。就第二、三层含义而言，也存在着两个问题：一是如何理解"具有法律效力的裁判"或"最终判决"。"最终判决"，一般认为是有管辖权的法院最终作出的具有法律效力的裁定或者判决，这种判决既包括有罪并判处刑罚的判决，也包括无罪判决和有罪但免除刑罚的判决。但是，对案件具有侦查权的主管机关作出的撤案的决定，特别是对案件具有裁量权的检察机关依照法律的授权和法定程序作出的不起诉的决定，在许多国家的法律制度中都是具有法律效力的最终决定，也应当包括在"具有法律效力的裁判”之中。而在一些国家，则不承认这种行为的法律效力，不认为是具有法律效力的最终裁判，甚至不认为是“裁判”。二是在一方的主管机关就同一案件作出了具有法律效力的裁判之后，另一方的主管机关就相同案件发现了新的犯罪证据，能否就该案件中的当事人向已经对该案件作出具有法律效力的裁判的一方提出引渡犯罪人的请求？从理论上讲，对于这种情况，当然应当允许另一方引渡该犯罪人，而不能受一事不再理原则的约束。因为，第一，在实践中对同一个案件因为发现新的犯罪证据而再审是常有的。由于先前的追诉受到各种因素的影响而未能获取足够的证据，当新的犯罪证据出现时，对案件重新进行审查和追诉，并不意味着不尊重先前审理该案的主管机关，更不意味着对他国国家主权的无视，因而不存在违背一事不再理原则的问题。第二，引渡犯罪人是为了有效地追诉犯罪，维护社会的安全和法律秩序。既然发现了新的犯罪证据，证明某人犯有罪行甚至是更为严重的罪行，引渡该人并对其进行追诉，完全符合引渡制度的宗旨。特别是在追诉国际犯罪的问题上，一旦发现新的犯罪证据，一方完全有理由向犯罪人所在的国家请求引渡该人。正如有的学者所指出的：在发现新证据的情况下，“仍然承认一事不再理原则的国际适用而拒绝引渡的请求，在正义和衡平的角度上来看，就会产生不合理的结果”[1]。

此外，有的学者认为，互惠主义也是引渡的基本原则。所谓互惠主义（principle of reciprocity），是指“相互性的原则”，即要求请求国曾经提供或者承诺提供对等的引渡合作。为此，有的国家坚持“条约前置主义”，强调只有在双方签定了相互

---

〔1〕〔韩〕李万熙著：《引渡与国际法》，马相哲译，黄河、黄芳审校，法律出版社2002年版，第55页。

536

引渡的条约的前提下，才同意引渡请求。有的国家采取就个案进行磋商的方式决定是否同意引渡，只要对方承诺在类似情况下给予相同的对待就同意引渡。

应该说，互惠主义是国际关系中的平等互利原则的体现，有利于互相尊重主权，有利于在平等的基础上解决引渡问题。但是也应当看到，互惠主义在一定程度上不利于有效地追诉犯罪，不利于正义的实现。因此，1969 年在罗马召开的国际刑法大会决议中，对互惠主义原则提出了否定："互惠性的要件不是以正义的必要为根据而要求的。希望不要将这个要件作为引渡法的严格原则采取"。[1] 联合国近年来通过的一系列国际刑法公约，都强调无论是以条约为引渡条件的国家还是不以条约为引渡条件的国家，都应当根据公约的规定，保障引渡的顺利进行。

三、引渡的程序

引渡是一方应他方的请求将犯罪人移交给请求方，以便依法追究其刑事责任的法律行为，不仅涉及到国家（地区）之间的关系、国家与国际组织之间的关系，而且也涉及到法律的遵守和实施特别是国际刑法的实施问题，因此，引渡的进行，除了应当遵循法律、条约和国际公约中规定的基本原则之外，还必须符合一定的法律程序。这些程序，有的规定在引渡条约和国际刑法公约中，有的规定在国内的法律制度中。引渡的各方，不仅要遵守条约或公约的规定，而且要遵守本国法律的有关规定。

（一）引渡请求的提出

引渡的发生，首先必须有某个国家通过正式的外交途径或

---

〔1〕 参见〔韩〕李万熙著：《引渡与国际法》，马相哲译，黄河、黄芳审校，法律出版社 2002 年版，第 42 页。

司法途径提出把某个犯罪人移交给本国的请求。

1. 提出引渡请求的主体

按照各国之间签订的引渡条约和国际刑法公约中的规定，可以提出引渡请求的主体首先必须是对请求引渡的犯罪人享有刑事管辖权的国家（地区）。这些国家（地区）通常是：犯罪人的国籍所属国（根据属人管辖原则）、犯罪行为地国（根据属地管辖原则）、受害国及犯罪结果地国（根据保护原则）。根据《东京公约》《海牙公约》《蒙特利尔公约》的规定，对于破坏国际航空秩序的犯罪，除了犯罪人国籍所属国、犯罪行为地国、受害国及犯罪结果地国可以提出引渡请求之外，在其上发生犯罪的航空器登记国、降落地国以及该航空器承租人的主要营业地国或永久居所地国，对这类犯罪都具有刑事管辖权，因而也可以提出引渡请求。

此外，根据有关国际公约的规定，国际特别刑事法庭和国际刑事法院，就各自管辖权范围内的犯罪，在对其行使管辖权的时候，也有权向犯罪人所在的国家提出引渡的请求。这种请求对于缔约国而言，具有一定的强制性。

2. 提出引渡请求的根据

提出引渡请求的根据，首先，是请求国的法律。只有当一国根据本国法律认为尚处在他国领土上的某人实施了按照本国法律应当追究刑事责任的犯罪行为时，才会向他国提出引渡请求，要求将该犯罪人引渡给本国进行审判。同样地，只有当一个国家根据本国法律作出了生效的刑事判决而被判刑人不在本国领域内时，才会提出引渡请求以便执行已经判处的刑罚。

其次，引渡请求的提出也是根据被请求国的法律。只有当请求引渡的犯罪人按照被请求国的法律，其行为也构成可引渡之罪时，被请求国才可能接受请求。引渡请求如果不符合被请求国的法律，就会因为缺乏根据而被被请求国拒绝。

此外，提出引渡的请求，还必须根据请求国和被请求国之间事先签订的双边条约或协议、双方参加的多边引渡条约或国际公约中的有关规定。没有这种条约根据，亦不能提出引渡罪犯的请求。尽管在以往的国际实践中，没有相互签订条约的国家之间，可以按照互惠原则进行引渡，但是随着国家关系和国际条约的发展，单纯按照互惠原则进行引渡的情况已经十分少见。

对于国际犯罪而言，由于有关国际公约常常将其所禁止的国际犯罪明确规定为包括在缔约国之间现有的或将要缔约的引渡条约中的一种可引渡之罪，所以如果某一缔约国规定只有在订有引渡条约的条件下才可以引渡犯罪人，而当该缔约国接到未与其订有引渡条约的另一缔约国的引渡请求时，有关国际公约便可以被视为对该犯罪进行引渡的法律根据。

3. 引渡的优先请求权

在引渡国际犯罪的犯罪人的场合，由于这类犯罪人的犯罪活动常常涉及到一个以上的国家，或者按照不同的管辖原则，可能出现一个以上的国家都有权按照上述根据提出引渡请求的情况。在这种情况下，如果有一个以上的国家同时提出引渡同一罪犯的请求，便会引起引渡请求上的冲突。这种冲突，如果得不到妥善的解决，便会影响到引渡的顺利进行。因此，为了解决这种冲突，国际社会逐渐形成了引渡请求优先权的规则。这些规则，在前章引用的公约条款中得到了充分体现。按照这些规定，各请求国依下列顺序具有请求优先权：

（1）犯罪地国，即犯罪行为全部或局部发生在其领域内的缔约当事国。如果被请求引渡的犯罪人实施了几项可引渡的罪行，则依被请求国法律罪行最重的犯罪地国有优先权。

539

（2）犯罪人国籍国，即被请求引渡的犯罪人为其国民的缔约当事国。

（3）受害国，即可引渡犯罪的受害人为其国家或其国民的缔约当事国。

（4）在其领域内发现犯罪人的其他缔约当事国。

具有优先请求权的国家提出引渡请求时，被请求国应当优先考虑将犯罪人引渡给该国。但是如果被请求国根据双方签订的条约或者有关国际公约的规定，认为不宜将被请求引渡的犯罪人引渡给该国时，他可以拒绝有优先请求权的国家的引渡请求，而将犯罪人引渡给另一个提出引渡请求的国家。

4. 引渡请求书的主要内容

一方向另一方提出引渡犯罪人的请求，应当以书面形式提出。通常应当通过外交途径提出，即由请求方的外交机关向被请求方的外交机关提交引渡请求书。

引渡请求书中应当包含以下内容：

（1）关于被请求引渡人的情况介绍，包括其姓名、国籍、居所，其他已知的与身份有关的情况或资料（如身份证件、职业、爱好、技能、阅历、在被请求国可能的联系人等），以及能够进行人身识别的身体特征（如形象、体格、指纹、头发及眼球的颜色、伤痕等）；

（2）关于犯罪事实的说明，包括被指控的犯罪发生的时间、地点以及犯罪造成的物质损失等，以及能够证明犯罪确实发生和犯罪系被请求引渡人所为的证据材料；

（3）关于认定犯罪及该项犯罪所处刑罚的法律规定及其说明，包括符合双重犯罪条件和可引渡之罪的法律特征、追诉时效、可能判处的刑罚等情况的说明；

（4）请求国法院或其他主管的司法当局签发的逮捕该人逮

捕证或经核证之副本；

（5）如果被请求引渡人是已被判处刑罚的人，请求书中还应当包括已经发生法律效力的判决书的原件或其副本。

引渡请求及所附文件均应经主管机关正式盖章，并应附有以被请求国官方语言文字或其可以接受的另一种语言文字书写的译文。

被请求国如果认为引渡请求所附材料不够充分，可以要求请求国在指定的时间内提交补充材料。如果请求国未在被请求方限定的期限内提交补充材料，就可能被视为自动放弃请求。

（二）引渡请求的受理

当一国收到他方提出的引渡请求时，被请求方首先要按照国内法律规定的程序对引渡请求进行审查，以便决定是否接受这种请求把尚在本国境内的被请求引渡人移交给请求方。是否接受引渡请求是各个主权国家自行决定的，特别是当几个国家对同一犯罪人基于同一犯罪行为提出引渡请求时，最终把罪犯移交给哪个国家，更是取决于主权国家权威当局的意志。因此，对引渡请求的审查程序，只能由各个国家自行规定。有的国家规定了十分烦琐的审查程序，有的国家则规定了相对灵活、简便的审查程序。在一般情况下，一国收到他方的引渡请求后，都会由外交机关移送给司法机关进行法律审查，司法机关认为符合法律规定，应当同意引渡后，再把引渡请求移送行政机关进行行政审查，由最高行政机关根据国际关系决定是否给予引渡。

1. 引渡请求的接受

一国接受他国的引渡请求，一般是基于以下几种考虑之一：

（1）为了履行自己所缔结或参加的双边、多边条约或国际公约的义务；

（2）为了执行本国法律中的有关规定；

（3）为了恪守国际交往中的对等原则（在没有条约根据的情况下按照对等原则将犯罪人移送给请求国，通常称之为"让渡"）；

（4）为了表示对请求国的友善和礼让。

但是，在绝大多数情况下，引渡请求都是根据条约义务而被接受的。因为，引渡虽然是一种国家行为，是国家主权的体现，但是是否接受引渡请求，并不完全是任意行为。作为国家间相互交往的规则，每个国家都应当按照自己在签订双边或多边引渡条约或在批准或加入国际公约时所承允的义务将犯罪人引渡给依照条约提出引渡请求的国家。通常，在有关引渡的条约中，都规定有可引渡的犯罪的范围。请求引渡的犯罪人所实施的犯罪如果是有关条约中规定的可引渡之罪，被请求国一般都会接受引渡请求；如果不属于作为引渡根据的条约规定的引渡范围，即使双方签有引渡条约，被请求国通常也不予引渡。

2. 拒绝引渡的理由

按照各国之间签订的引渡条约，可以拒绝引渡请求的理由有两类：一类是强制性理由，即国际社会公认的、每个国家都有权据以拒绝他国的引渡请求的情形；另一类是任择性理由，即是否据以拒绝引渡请求，各个国家可以自行决定并通过国家之间的条约加以约定。

作为拒绝引渡的强制性理由，各国公认的情形主要有以下几种：

（1）被请求国认为，作为引渡请求原因的犯罪行为属于政治性犯罪。但是具有政治性质的犯罪不包括国际犯罪。无论国际公约是否明文规定"本公约确立的任何犯罪均不应当视为政治犯罪"，凡是在国际公约中规定的、缔约国在不引渡的情况

第十二章 引渡

下有义务对其进行追诉的犯罪，都不应当以政治犯罪为由拒绝引渡。缔约国同意在引渡问题上不将其视为政治犯罪的，也不能以政治犯罪为由拒绝引渡。

（2）被请求国有充分的理由确信，请求方提出的引渡请求旨在对被请求引渡人因其种族、宗教、国籍、政治见解等原因而提起刑事诉讼或者执行刑罚，或者被请求引渡人在司法程序中的地位将会因上述原因受到损害。

（3）作为引渡请求原因的犯罪是属于军事性质的犯罪，而普遍刑法中并不包括该行为。军事犯罪是指因特殊身份而违反军事义务所构成的犯罪。军事犯罪以保护国家的国防利益为限。因此，由军人实施的普通犯罪，不能以军事犯罪为由拒绝引渡。并且，国际公约中规定的战争罪，也不能以军事犯罪为由拒绝引渡。

（4）在收到引渡请求时，被请求方对被请求引渡人就作为引渡请求原因的同一犯罪已经决定不予追诉，或者已经对其作出了终审判决或已经终止诉讼。

（5）在收到引渡请求时，根据缔约任何一方的法律，被请求引渡人已经获得了追究和审判豁免权，或根据包括时效或豁免的法律，获得了免于刑罚的豁免权。

作为拒绝引渡的任择性理由，主要有以下几种情况：

（1）被请求引渡人为被请求国的国民。有些国家把不引渡本国国民作为拒绝引渡的强制性理由，但是有些国家则将其作为引渡的任择性理由。不过，各国普遍认为，如果拒绝引渡本国国民，而作为引渡请求原因的犯罪行为符合双重犯罪原则的要求，被请求国就应根据引渡请求国的请求，将该案件提交其主管机关以便起诉。

（2）被请求国正在或即将对被请求引渡人就同一犯罪进行

543

追诉。

（3）作为引渡请求原因的犯罪属于财税方面的犯罪[1]。财税方面的犯罪是指与税收、海关、金融、货币等国家财政和经济监管政策和活动有关的犯罪。有些国家把本国法律中没有规定与请求国法律相同的赋税、关税或外汇管制作为拒绝对该类犯罪人进行引渡的理由，但是有些国家则认为，一个国家不应以其法律没有规定征收与请求国法律规定的同样种类的赋税或关税为理由而拒绝引渡。但是，《联合国打击跨国有组织犯罪公约》和《联合国反腐败公约》都明文规定，对于本公约确立的犯罪，"缔约国不得仅以犯罪也被视为涉及财税事项而拒绝引渡"。这意味着，该公约中规定的跨国有组织犯罪和腐败犯罪，无论是否被缔约国法律认为属于财税犯罪，都不得仅以财税犯罪为由而拒绝引渡。

（4）根据被请求国法律，作为引渡请求原因的犯罪被视为全部或部分发生在被请求国境内或发生在挂有本国国旗的船舶或依本国法律登记的飞机上。被请求国如果据此拒绝引渡请求，则应在对方提出请求的情况下将此案交由其本国主管当局审理，以便就作为引渡请求原因的犯罪行为进行追诉。

（5）作为引渡请求原因的犯罪发生在请求国和被请求国双

---

〔1〕 关于财税犯罪不引渡的问题，过去在《欧洲引渡公约》中有明确规定。该公约第五条"财税犯罪"规定："对于有关税收、税务、关税和汇兑方面的犯罪，只在缔约方就上述任何犯罪或上述种类的犯罪同意引渡的情况下，才能根据本公约的规定准予引渡。"但是在1978年3月17日签定的《欧洲引渡公约第二附加议定书》中对之作了修改。该附加议定书第二条规定："下列规定取代公约第五条：'财经犯罪'一、对于有关税收、税务、关税和汇兑方面的犯罪，如果根据被请求方法律，请求引渡所针对的犯罪相当于公约中的某同类犯罪，应根据公约的规定准予在缔约方间引渡。二、不得因被请求成员国法律与请求成员国法律相比，未规定征收相同类型的税，或未包含相同类型的税收、税务、关税或汇兑法规，拒绝引渡。"这些规定，可以说是对财税犯罪被引渡的一个重大冲击。它在很大程度上否定了以所引渡的罪行属于财税犯罪为由拒绝引渡的做法。

544

方领土以外，而被请求国的法律没有对其境外的这种犯罪规定管辖权。这种情况仅适用于国内法上的犯罪，以及该国没有加入有关国际公约的情况。如果该国是有关国际公约的缔约国，他就不能以此为由拒绝对实施了公约规定的国际犯罪的人的引渡请求。

（6）被请求国认为，虽然考虑到作为引渡请求原因的犯罪的严重性以及请求国的利益，但是在该案的具体情况下，由于被请求引渡人的年龄、健康或其他个人情况，引渡不符合人道主义精神；如果同意引渡将与本国法律的一些基本原则相抵触。

拒绝引渡的理由，是引渡原则的具体化，是国际社会公认的以及引渡条约规定的政治犯不引渡原则及其例外、双重犯罪原则、或引渡或起诉原则、本国国民不引渡原则，以及作为一般刑法原则的一事不再理原则，在引渡实践中的具体运用。拒绝引渡的强制性理由，对于各个国家的引渡实践具有普遍的意义，并且任何国家据以拒绝引渡请求时，都能得到其他国家的认可。而拒绝引渡的任择性理由，则在各国之间存有不同看法，容易引起争议，因而需要各国之间在引渡条约中加以明确的规定。

（三）引渡的执行

引渡请求一旦获得被请求方的批准，就涉及到一个如何执行即如何移交被请求引渡人的问题。执行引渡主要涉及到以下三个问题：

1. 拘禁被请求引渡人

为了保证引渡的顺利进行，被请求方需要拘禁被请求引渡人，以便在同意引渡时，能够确保被请求引渡人在场并将其移交给请求方。

拘禁被请求引渡人包括三种情况：

一是引渡拘禁。在被请求方作出同意引渡的决定之后，被请求方的主管机关应当根据请求将被请求引渡人拘留并羁押，以便将该人移交给请求方。对此，几乎所有的国际公约和引渡条约中都有明确的规定。当然，这种拘禁措施的适用，不能违背被请求国法律的规定，并且必须按照被请求国法律规定的程序进行。关于拘禁被请求引渡人，《联合国打击跨国有组织犯罪公约》和《联合国反腐败公约》中都规定："被请求缔约国在不违背本国法律及其引渡条约规定的情况下，可以在认定情况必要而且紧迫时，根据请求缔约国的请求，拘留被请求缔约国领域内的被请求引渡人，或者采取其他适当措施，确保该人在进行引渡程序时在场。"

二是预先拘禁。由于每个国家在收到请求方提出的引渡请求时，都需要经过行政审查和司法审查的程序才能最后决定是否同意引渡，因此，从审查到决定引渡，期间通常都有一个较长的时间间隔。在这段时间内，为了防止被请求引渡人逃亡以致以后可能作出的引渡决定无法执行，被请求方应当采取有效措施确保被请求引渡人在本国主管机关的控制之下。这些措施，当然包括监视居住等非羁押的措施，但是更多更经常的是羁押的措施。特别是在紧急情况下，即在被请求引渡人有可能逃向第三国或者可能因隐匿而下落不明、可能实施新的犯罪或者可能自杀等情况下，被请求国更应当采取有效措施，先行拘留并羁押被请求引渡人，以确保以后的引渡能够顺利进行。

三是临时拘禁。在请求方来不及通过正式的外交途径提出引渡请求而有必要拘禁被请求引渡人的情况下，如果请求方提出拘禁被请求引渡人的请求，被请求方可以按照本国法律的有关规定，临时拘留并羁押该人。如果在一定期限内，请求方没有正式提出引渡请求，被请求方就可以释放该人；如果请求方在一定期限内正式提出了引渡请求，被请求方则应当继续拘禁该人，直到作出引渡或者不予引渡的决定。

2. 移交被请求引渡人

被请求方一旦决定同意请求方的引渡请求，就应及时通知请求方，并与请求方磋商移交被请求引渡人的时间、地点和方式。如果双方约定了移交被请求引渡人的时间，被请求方应当在约定时间将被请求引渡人押解到约定的地点并移交给请求方；请求方更应当按照约定的时间和地点，派人前去接收被请求引渡人，并应采取必要的保护措施，确保被请求引渡人进入请求方的控制之下，进而确保对该人的刑事诉讼或执行刑罚。如果请求方在合理的时间内没有接收被请求引渡人，就可能导致引渡活动的终止。

关于移交被请求引渡人的程序，《国际刑事法院罗马规约》作了详细的规定：

"第五十九条　羁押国内的逮捕程序

（一）缔约国在接到临时逮捕或逮捕并移交的请求时，应依照本国法律和第九编规定，立即采取措施逮捕有关的人。

（二）应将被逮捕的人迅速提送羁押国的主管司法当局。该主管司法当局应依照本国法律确定：

1. 逮捕证适用于该人；

2. 该人是依照适当程序被逮捕的；和

3. 该人的权利得到尊重。

（三）被逮捕的人有权向羁押国主管当局申请在移交前暂时释放。

（四）在对任何上述申请作出决定以前，羁押国主管当局应考虑，鉴于被控告的犯罪的严重程度，是否存在暂时释放的迫切及特殊情况，以及是否已有必要的防范措施，确保羁押国能够履行其向本法院移交该人的义务。羁押国主管当局无权审议逮捕证是否依照第五十八条第一款第1项和第2项适当发出的问题。

（五）应将任何暂时释放的请求通知预审分庭，预审分庭应就此向羁押国主管当局提出建议。羁押国主管当局在作出决定前应充分考虑这些建议，包括任何关于防止该人逃脱的措施的建议。

（六）如果该人获得暂时释放，预审分庭可以要求定期报告暂时释放的情况。

（七）在羁押国命令移交该人后，应尽快向本法院递解该人。"

"第八十九条　向法院移交有关的人

（一）本法院可以将逮捕并移交某人的请求书，连同第九十一条所列的请求书辅助材料，递交给该人可能在其境内的任何国家，请求该国合作，逮捕并移交该人。缔约国应依照本编规定及其国内法所定程序，执行逮捕并移交的请求。

（二）如果被要求移交的人依照第二十条规定，根据一罪不二审原则向国内法院提出质疑，被请求国应立即与本法院协商，以确定本法院是否已就可受理性问题作出相关裁定。案件可予受理的，被请求国应着手执行请求。可受理性问题尚未裁定的，被请求国可以推迟执行移交该人的请求，直至本法院就可受理性问题作出断定。

（三）1. 缔约国应根据国内程序法，批准另一国通过其国境递解被移交给本法院的人，除非从该国过境将妨碍或延缓移交；

2. 本法院的过境请求书应依照第八十七条的规定转递。过境请求书应包括下列内容：

（1）说明所递解的人的身份；

（2）简述案件的事实及这些事实的法律性质；并

（3）附上逮捕并移交授权令；

3. 被递解的人在过境期间应受羁押；

4. 如果使用空中交通工具递解该人，而且未计划在过境国境内降落，则无需申请批准。

5. 如果在过境国境内发生计划外的降落，该国可以要求依照第 2 项规定提出过境请求。过境国应羁押被递解的人，直至收到过境请求书并完成过境为止；但与本项有关的羁押，从计划外降落起计算，不得超过九十六小时，除非在这一时限内收到请求书。

（四）如果被要求移交的人，因本法院要求移交所依据的某项犯罪以外的另一项犯罪在被请求国内被起诉或服刑，被请求国在决定准予移交后应与本法院协商。"

"第九十条　竞合请求

（一）缔约国在接到本法院根据第八十九条提出的关于移交某人的请求时，如果另外接到任何其他国家的请求，针对构成本法院要求移交该人所依据的犯罪之基础的同一行为要求引渡同一人，该缔约国应将此情况通知本法院和请求国。

（二）如果请求国是缔约国，在下列情况下，被请求国应优先考虑本法院的请求：

1. 本法院依照第十八条和第十九条断定，移交请求所涉及的案件可予受理，而且这一断定考虑到请求国已就其引渡请求进行的调查或起诉；或

2. 本法院接到被请求国依照第一款发出的通知后作出第 1 项所述的断定。

（三）如果未有第二款第 1 项所述的断定，在等候本法院根据第二款第 2 项作出断定以前，被请求国可以酌情着手处理请求国提出的引渡请求，但在本法院断定案件不可受理以前，不得引渡该人。本法院应从速作出断定。

（四）如果请求国是非本规约缔约国的国家，被请求国又没有向请求国引渡该人的国际义务，则在本法院断定案件可予受理的情况下，被请求国应优先考虑本法院提出的移交请求。

（五）如果本法院断定第四款所述的案件不可受理，被请求国可以酌情着手处理请求国提出的引渡请求。

（六）在适用第四款的情况下，如果被请求国有向非本规约缔约国的请求国引渡该人的现行国际义务，被请求国应决定向本法院移交该人，还是向请求国引渡该人。作出决定时，被请求国应考虑所有相关因素，除其他外，包括：

1. 各项请求的日期；

2. 请求国的权益，根据情况包括犯罪是否在其境内实施、被害人的国籍和被要求引渡的人的国籍；和

3. 本法院与请求国此后相互移交该人的可能性。

（七）缔约国接到本法院的移交请求时，如果另外接到任何其他国家的请求，针对构成本法院要求移交该人所依据的犯罪之基础的行为以外的其他行为要求引渡同一人：

1. 在被请求国没有向请求国引渡该人的现行国际义务时，被请求国应优先考虑本法院的请求；

2. 在被请求国有向请求国引渡该人的现行国际义务时，被请求国应决定向本法院移交该人，还是向请求国引渡该人。作出决定时，被请求国应考虑所有相关因素，除其他外，包括第六款列明的各项因素，但应特别考虑所涉行为的相对性质和严重程度。

第十二章 引渡

（八）如果本法院接到本条所指的通知后断定某案件不可受理，向请求国引渡的请求随后又被拒绝，被请求国应将此决定通知本法院。"

"第九十一条 逮捕并移交的请求的内容

（一）逮捕并移交的请求应以书面形式提出。在紧急情况下，请求可以通过任何能够发送书面记录的方式提出，但其后应通过第八十七条第一款第 1 项规定的途径予以确认。

（二）为了请求逮捕并移交预审分庭根据第五十八条对其发出逮捕证的人，请求书应载有或附有下列资料：

1. 足以确定被要求的人的身份的资料，以及关于该人的可能下落的资料；

2. 逮捕证副本；和

3. 被请求国的移交程序所要求的一切必要文件、声明或资料，但这些要求不得比该国根据同其他国家订立的条约或安排而适用于引渡请求的条件更为苛刻，而且考虑到本法院的特殊性质，应在可能的情况下减少这些要求。

（三）为了请求逮捕并移交已被定罪的人，请求书应载有或附有下列资料：

1. 要求逮捕该人的逮捕证副本；

2. 有罪判决书副本；

3. 证明被要求的人是有罪判决书所指的人的资料；和

4. 在被要求的人已被判刑的情况下，提供判刑书副本，如果判刑为徒刑，应说明已服刑期和剩余刑期。

（四）经本法院请求，缔约国应就根据第二款第 3 项可能适用的国内法的要求，同本法院进行一般性协商，或对具体事项进行协商。协商过程中，缔约国应将其国内法的具体要求告知本法院。"

551

"**第九十二条 临时逮捕**

（一）在紧急情况下，本法院可以在依照第九十一条规定提出移交请求书及其辅助文件以前，请求临时逮捕被要求的人。

（二）临时逮捕的请求应以任何能够发送书面记录的方式发出，并应载有下列资料：

1. 足以确定被要求的人的身份的资料，以及关于该人的可能下落的资料；

2. 关于要求据以逮捕该人的犯罪的简要说明，以及被控告构成这些犯罪的事实的简要说明，并尽可能包括犯罪的时间和地点；

3. 已对被要求的人发出逮捕证或作出有罪判决的声明；和

4. 移交被要求的人的请求书将随后送交的声明。

（三）如果被请求国未在《程序和证据规则》规定的时限内收到第九十一条规定的移交请求书及其辅助文件，可以释放在押的被临时逮捕的人。但在被请求国法律允许的情况下，在这一期间届满前，该人可以同意被移交。在这种情况下，被请求国应尽快着手将该人移交给本法院。

（四）如果移交请求书及其辅助文件在较后日期送交，已根据第三款释放在押的被要求的人的事实，不妨碍在其后逮捕并移交该人。"

缔约国在向国际刑事法院移交被请求引渡人时，应当遵守这些规定。

在国家之间的引渡实践中，虽然并不完全具有缔约国向国际刑事法院移交被引渡人时所具有的那种强制性，但是如果同意引渡，其移交的程序也应该是相同的。因为这些规定本身是国家之间引渡实践经验的总结，反映了引渡的一般规律。

3. 移交与被请求引渡人有关的物

由于逃亡的犯罪人往往持有对刑事诉讼有所帮助的证据，或者拥有犯罪所得的财物，因而引渡犯罪人的时候，有时就会伴随着物的移交。

关于物品的附带移交，《欧洲引渡条约》第二十条"财物移交"作出了明确的规定："一、被请求方应在其法律允许的范围内，根据请求方的请求，扣押并移交下列物品：（一）可能被要求作为证据的财物；或（二）犯罪所获得的财物，以及在逮捕时或其后被发现由被请求引渡人持有的财物。二、即使由于被请求引渡人死亡或逃脱，已同意的引渡不能执行，本条第一款所提及的财物仍应予以移交。三、如果上述财物应在被请求方境内受到扣押或没收，被请求方可在未决刑事诉讼中临时留置该财物或在应予返还的条件下予以移交。四、被请求方或第三人就上述财物所取得的任何权利应予以保留。如果存在上述权利，则在审判后应尽快将该财物免费返还给被请求方。"

在各国缔结的双边引渡条约中，也往往就物的移交问题，作为引渡的附带问题加以规定。而在《联合国打击跨国有组织犯罪公约》和《联合国反腐败公约》中，对于物的扣押、没收和移交问题，更是专门详细地作了规定。

四、引渡的新动向

近年来，国际刑法公约中关于引渡问题的规定，出现了一些新的动向，需要特别予以重视。这突出表现在三个方面：

（一）强调引渡的有效性

《联合国打击跨国有组织犯罪公约》和《联合国反腐败公约》都明文规定："对于本条所适用的任何犯罪，缔约国应在符合本国法律的情况下，努力加快引渡程序并简化与之有关的证据要求""在不违背本国法律及其引渡条约规定的情况下，被请求缔约国可在认定情况必要而且紧迫时，应请求缔约国的请求，拘留其境内的被请求引渡人或采取其他适当措施，以确保该人在进行引渡程序时在场""被指控人所在的缔约国如果仅以罪犯系本国国民为由不就本条所适用的犯罪将其引渡，则有义务在要求引渡的缔约国提出请求时，将该案提交给其主管当局以便起诉，而不得有任何不应有的延误。这些当局应以与根据本国法律针对性质严重的其他任何犯罪所采用的方式相同的方式作出决定和进行诉讼程序。有关缔约国应相互合作，特别是在程序和证据方面，以确保这类起诉的效果""被请求缔约国在拒绝引渡前应在适当情况下与请求缔约国磋商，以使其有充分机会陈述自己的意见和介绍与其指控有关的资料"。

这些规定，进一步强调了在打击国际犯罪的引渡合作方面，每个缔约国都应从打击犯罪的有效性出发，加强引渡合作，确保使犯罪分子得到应有的法律制裁，而不应不适当地拖延引渡请求的审查和进行。这是针对在以往引渡实践中，引渡的程序过于复杂，引渡往往被长期拖延的实际情况提出的，旨在保障引渡的及时有效进行。

如果要拒绝引渡请求，也应当在拒绝前与请求国进一步磋商，以便双方有一个就是否应当引渡进行对话的机会。这是对拒绝引渡的限制性要求。

（二）强调对被引渡人权利的保护

《联合国打击跨国有组织犯罪公约》和《联合国反腐败公约》都规定："在对任何人就本条所适用的犯罪进行诉讼时，应确保其在诉讼的所有阶段受到公平待遇，包括享有其所在国本国法律所提供的一切权利和保障""如果被请求缔约国有充分理由认为提出该请求是为了以某人的性别、种族、宗教、国籍、族裔或政治观点为由对其进行起诉或处罚，或按该请求行事将使该人的地位因上述任一原因而受到损害，则不得对本公约的任何规定作规定了被请求国的引渡义务的解释"。《制止核恐怖主义行为国际公约》第十二条也有类似的规定："应保证根据本公约被拘留或对其采取任何其他措施或被起诉的人获得公平待遇，包括享有一切符合其所在国法律和包括国际人权法在内可适用的国际法规定的权利与保障"。《制止恐怖主义爆炸的国际公约》进一步规定："任何人，如对其采取本条第 2 款所述的措施，有权：（a）毫不迟延地与其国籍国或有权保护其权利的国家的最近的适当代表联系，或者，如其为无国籍人士，与其惯常居住地国家的此种代表联系；（b）接受该国代表探视；（c）获知其根据（a）和（b）项享有的权利。"

这些规定，都强调在引渡过程中应当尊重和保护被引渡人的权利，并确保其受到公正的待遇。这也是近年来人权保障的呼声在国际司法领域的反映。

（三）简易引渡程序

在欧盟成员国之间还出现了简易引渡程序公约，进一步加强了引渡的国际合作。这对改进引渡实践具有重要的意义。

1993 年 9 月 28 日，在利麦莱特召开的欧盟成员国部长级会议上，欧盟各成员国的司法部长就制定方针以改进成员国之间的引渡问题达成共识并发表了一个声明。该声明强调审查引渡的条件应当更为可行，以及简化和加快引渡程序，以使其在一定程度上与成员国国内法律程序的基本原则相一致。为此，欧盟委员会起草了《欧盟成员国间简易引渡程序公约》，并获欧盟成员国的通过。

该公约的基本原则是，在被请求引渡人同意且被请求国主管机关批准的情况下，无需提交引渡请求书，也不适用正式的引渡程序；引渡可以直接在被请求国主管机关和请求国主管机关之间进行，无需通过外交途径；在被请求引渡人同意后，从提出引渡请求到移交被引渡人，最长不超过 40 天。

简易引渡程序的出现，反映了引渡实践的客观需要，更有利于引渡目的的实现和被引渡人权利的保护。由于传统的正式的引渡程序往往需要较长的时间和烦琐的手续，在被请求引渡人被移交给请求国主管机关之前，请求国针对被请求引渡人的刑事诉讼程序处于停止状态或者至少进展缓慢。这一方面不利于及时有效地追究犯罪人的刑事责任，特别是不利于打击国际犯罪，法律正义难以及时实现，被犯罪所打破的法律关系难以及时修复；另一方面也不利于被请求引渡人权利的保护。由于从临时羁押开始，被请求引渡人就处于被羁押的状态，而引渡程序的过分拖延，无疑使得被请求引渡人长时间处于限制自由的状态。然而刑事诉讼的最终结果也可能证明被请求引渡人是无罪的。如是，对被请求引渡人因引渡程序的复杂冗长而长时间的羁押，就丧失了正当性。因此，简化引渡程序，缩短引渡时间，是实现刑事诉讼效率目的的客观需要，也是保护被请求引渡人正当权利的客观需要。在联合打击国际犯罪的引渡实践中，更应当提倡这种简化引渡程序的做法。

第十三章　国际刑事司法协助

由于人们之间的跨国界活动，对某些刑事犯罪的追诉很难在一国主权所及的范围内顺利完成全部诉讼活动，以致进行追诉的国家时常不得不依据条约或协议委托有关国家的刑事司法当局予以协助。而应委托协助他国代为履行某些刑事诉讼行为，既是发展国家间友好往来的需要，也是互惠互助地完成追诉活动的需要，特别是在追诉国际犯罪的情况下更是维护世界各国共同利益的需要。因此，广泛开展国家间的刑事司法协助，是国际刑事合作的主要表现之一，因而受到世界各国的普遍承认。在相关国际刑法公约中，都普遍规定："各缔约国对就本公约所称犯罪行为提起的刑事诉讼应互相给予最大限度的协助，包括提供它们掌握的为诉讼程序所需的一切证据。"这类规定本身也意味着，在对国际犯罪提起的刑事诉讼中，各国之间彼此提供刑事司法协助，是每个缔约国应尽的国际义务。

一、对国际刑事司法协助的不同理解

国际刑事司法协助（international judicial assistance in criminal matters；international legal assistance in criminal matters）是指国家（地区）之间、国家（地区）与国际组织之间根据公约、条约或协议，应委托代为履行某些刑事诉讼行为的活动。

（一）关于司法协助的概念之争

关于国际刑事司法协助的定义，学术界存在着三种不同的理解，即狭义、广义、最广义之分。狭义的国际刑事司法协助，是指各国之间在询问证人、鉴定人，移交物证，检验证件，送达文书，提供情况，以及办理有关刑事诉讼手续等方面所进行的相互帮助与合作。广义的国际刑事司法协助，是在狭义的国际刑事司法协助的基础上增加了引渡犯罪人的内容。最广义的国际刑事司法协助，是指狭义的国际刑事司法协助、引渡、刑事诉讼的移管，以及外国刑事判决的承认和执行等[1]。这种不同理解，不论是在英美法系国家，还是在大陆法系国家，或在亚洲国家，都有反映。例如，1990 年 12 月 14 日联合国大会通过的《刑事互助示范条约》所规定的，就是狭义的国际刑事司法协助的内容；而美国学者、国家刑法学协会主席 M. C. 巴西奥尼主持起草的《国际刑事法庭法规草案》，则是以最广义的国际刑事司法协助为基础的[2]。我国与外国签订的有关刑事司法协助的条约，都是狭义的国际刑事司法协助的内容，但是我国一些学者的著作则反映了广义的国际刑事司法协助的观点[3]。

国际刑事司法协助，是在引渡实践的基础上发展起来的。国家之间在刑事问题上进行合作，最初的实践是引渡在一国境内实施了犯罪之后逃亡到另一个国家的逃犯。在引渡逃犯的实践中，人们逐渐发现了刑事合作的另一种形式，即相互代为送达刑事诉讼文书和委托另一个国家在其境内代为调查取证。按

---

〔1〕 〔日〕森下忠：《国际刑事司法协助的理论》，成文堂 1983 年版，第 1 页。

〔2〕 M. C. Bassiouni, Draft Statute International Criminal Tribunal, A. I. D. P. Novellas Etudes Penales, 1992. No. 9, p123—126.

〔3〕 赵永琛：《国际刑法与司法协助》，法律出版社 1994 年版，第 159—167 页。

照外国学者的研究，引渡逃犯的制度最早出现在公元前1280年埃及法老与赫梯王缔结的同盟条约中，而司法协助的实践最早则出现在公元前3世纪罗马法官嘱托其他城邦国家的法官代为询问证人的制度。[1] 即使在现代，各国之间也是先有引渡条约，随后在引渡条约中增加与引渡犯罪人有关的犯罪调查和文书送达，尔后才出现司法协助条约，再后出现刑事诉讼的转移管辖、外国刑事判决的承认和外籍囚犯的移交等。以欧洲为例，欧洲引渡条约缔结于1957年，欧洲刑事司法互助条约缔结于1959年，欧洲缓刑者与假释者监管条约缔结于1964年，欧洲刑事判决国际效力条约缔结于1970年。这个历史事实表明，国家之间的刑事合作是在引渡犯罪人的基础上逐渐发展起来的，刑事合作的范围逐渐地从单一向多元化发展。对刑事司法互助的理解从狭义到广义再到最广义，正是国际刑事合作的范围不断扩大这一历史事实的反映。

单纯从字面上看，协助与合作并没有实质性区别。但是由于在国际刑事合作的历史发展中，不论是英语国家、法语国家、德语国家，还是俄语国家、汉语国家，都对之使用了不同的术语，并且在各国之间签订的有关条约中都对刑事司法协助赋予了特定的含义，因而有必要在狭义上使用"国际刑事司法协助"一词，而将最广义的国际刑事司法协助留给更为合适的词汇——"国际刑事合作"。这样界定"司法协助"（legal assistance）与"刑事合作"（cooperation in criminal maters）的范围，有助于专门术语的科学性。

特别是近年来，联合国通过的一系列国际公约，都是明确地用"刑事合作"来概括联合打击国际犯罪的各种合作，而把

---

〔1〕〔日〕森下忠：《国际刑事司法协助的研究》，成文堂1981年版，第2—3页。

"司法协助"作为国际合作的一种形式，与"引渡""刑事诉讼的移管""执法合作"等合作形式相并列，从而使国际刑事司法协助仅限于一国（一方）应他国（他方）的请求，代为进行某些刑事诉讼行为，以保障请求方能够顺利实现追诉犯罪目的的活动，不再与广义的国际刑事合作的范围相混淆。例如，《联合国反腐败公约》第四章"国际合作"中对"引渡""被判刑人的移管""司法协助""刑事诉讼的移交""执法合作"等事项，都是分条加以规定的。《联合国打击跨国有组织犯罪公约》也作了类似的规定。这些规定，不仅意味着，"司法协助"的概念越来越固定在其狭义的范围内使用，不再是一个可以与"国际合作"互换使用的概念，而且意味着司法协助的范围，仅限于某些特定的程序性的司法行为，不包括诸如引渡、执法合作等实质性的司法行为。这些国际刑法公约中的明确规定，使国际刑事司法协助的概念更加明确，使司法协助成为国际刑事合作中一个独立的重要的组成部分。

通过以上分析，可以看出，狭义上的国际刑事司法协助，亦即国际公约和条约中使用的"刑事司法协助"，仅仅是指为了实现刑事诉讼的目的而在调查取证和文书送达等方面相互提供帮助而言的；这种帮助的实质是一方代替另一方履行某些从属性的刑事诉讼行为；并且，这种相互提供帮助的活动，是依照双方之间签订的或者多边条约或协议并应对方的请求进行的。

（二）关于司法协助的分类

日本学者认为，司法协助有"积极的"（active）与"消极的"（passive）之分。积极的司法协助是指一国应他国的请求通过一定的司法活动所提供的帮助；消极的司法协助则是默许他国在本国境内完成某些刑事诉讼行为而不以官方身份提供帮助。并且认为，这种积极的司法协助与消极的司法协助的区分，是大陆法系国家与英美法系国家之间由于法院在证据收集方式上的差异和准据法上的差异引起的两种不同的司法协助制度。[1] 我国大陆学者和台湾学者亦有人持这种观点。

这种观点是值得商榷的。其一，"积极"与"消极"在这种区分中失去了其本来的含义。从字面上讲，"积极的"司法协助是指主动提供的司法协助，然而实际上，任何司法协助都是应对方的请求提供的，没有一方的请求，就不可能有另一方的协助行为。从这个意义上讲，司法协助只能是消极的、被动的，而不可能是积极的、主动的。所以"积极"与"消极"的区分，在此并不是其本来意义上的区分。其二，所谓的"消极的司法协助"并不是司法协助。"协助"意味着提供帮助，不提供任何帮助，就不存在协助问题。只是默许他国在本国境内完成某些刑事诉讼行为而不对之提供任何帮助，就不是本来意义上的司法协助，进而也就不存在与司法协助划分种类的问题。

国际刑事司法协助只能是应对方的请求而通过积极作为的方式提供的司法上的帮助。这种帮助，从行为方式上讲，只能是积极的，因为它必须通过一定的作为行为才能完成；从动因上讲是消极的，因为其只有在对方提出请求的情况下才会产生。因此，任何一个司法协助行为，都无法将其区分为"积极的"还是"消极的"。

（三）关于司法协助的强制性

国际刑事司法协助，与引渡一样，并不仅仅适用于制裁国际犯罪的场合，而是在制止和追诉任何含有涉外因素的犯罪中

---

〔1〕〔日〕森下忠：《国际刑事司法协助的理论》，成文堂1983年版，第27—66页。

都广为适用的一种国际刑事合作形式。并且，从其产生的渊源和实际适用的情况看，国际刑事司法协助主要还是出现在追诉含有涉外因素的国内犯罪的场合。但是在国际刑法中，引渡和国际刑事司法协助都具有特殊的意义。它是国际刑法实际适用的有效保障之一，没有引渡和国际刑事司法协助，国际刑法的适用就难以实现。并且，在同国际犯罪作斗争的过程中，国家间引渡罪犯和进行刑事司法协助，不像在追诉国内犯罪的场合那样完全是各国自己的事情，而是有关缔约各国必须履行的国际义务。因为在有关制裁国际犯罪的公约中，几乎都毫无例外地规定：缔约各国对本公约规定罪行所提起的诉讼，应当相互提供最广泛的司法协助。这类规定，使每个缔约国在他国就追诉国际犯罪中的若干事项请求司法协助时提供可能的协助成为应尽的法律义务，而不仅仅是一种互惠行为。

就国内刑法上的犯罪而言，相互提供司法协助是在条约或友好关系的基础上进行互助的一种形式，因而其依据往往是国家之间签订的条约或双方的关系。一国给予另一个国家的协助，并不一定要惠及第三国。司法协助的内容，也可以因国家关系的不同，特别是因一国对他国法律制度认可程度的不同而有所区别。

但是对于国际犯罪而言，相互提供司法协助则不应当有这些区别。无论是否认可对方的国家制度、法律传统甚至包括某些做法，在打击国际犯罪方面，任何一个缔约国，都应当按照所缔结的国际公约的规定和要求，毫无保留的（加入时声明保留并且公约允许保留的条款除外）按照请求方的请求提供司法协助，而不应当一味强调国家主权而随意拒绝提供司法协助。从这个意义上讲，在打击国际犯罪过程中应他方请求提供司法协助，对缔约国而言，具有强制性。

二、联合国示范条约的基本内容

1990 年 12 月 14 日，联合国大会通过了《刑事互助示范条约》。该示范条约，根据目前国际上存在的双边或多边有关司法协助的条约以及国际刑法公约中有关司法协助的条款，考虑到国际社会普遍接受的程度，并结合国际刑事司法协助发展的趋势，为各国之间签订有关司法协助问题的国际条约，提供了范本。通过该示范条约所规定的内容，可以看出国际刑事司法协助中的一些基本原则和操作规则。

该示范条约第一条"适用范围"，包括三项内容：

1. 一般范围：缔约国应按本条约规定，对于在提出请求时其刑罚属于请求国司法当局管辖范围的罪行，就其调查或审判程序相互提供尽可能广泛的协助。

2. 协助的具体内容：按照本条约相互提供协助的内容可以包括：

（1）向有关人员收集证词或供述；

（2）协助提供被关押者或其他人作证或协助调查工作；

（3）递送司法文件；

（4）执行搜查或查封；

（5）检查物件和场地；

（6）提供资料和证据；

（7）提供有关文件和记录的原件或经核证之副本，包括银行、财务、公司或商务记录。

3. 排除事项：本条约不适用于：

（1）逮捕或关押某人以便予以引渡；

（2）在被请求国执行在请求国内作出的刑事判决，但被请求国法律和本条约《任择议定书》许可者除外；

（3）转送在押犯使之服刑；

563

（4）刑事诉讼的转移。

示范条约规定的协助范围，与欧洲刑事司法协助条约以及其他双边或多边刑事司法协助条约相比，其范围是基本一致的，但是内容更为具体。

第二条"其他安排"，规定了本条约的制约力，即：除非缔约国另作规定，本条约不得影响缔约国之间按照其他条约或安排或在其他方面承担的义务。这一规定实际上是允许各国司法机关之间或者与某些国际组织在联合打击犯罪方面所作的某些安排的存在或继续保持已有的非正式的合作关系。

第三条"指定主管当局"，规定了司法协助的主体，即缔约国应各自指定并相互通报应由其提出或接受为本条约目的而作成的请求书的当局。

第四条"拒绝协助"，分五项规定了有关拒绝协助的事项：

1. 被请求国在下列情况下，可以拒绝提供协助：

（1）被请求国认为如准许该请求，会损害其主权、安全、公共秩序或其他根本的公共利益；

（2）被请求国认为该罪行属政治性罪行；

（3）有充分理由确信，提出协助请求是因某人的种族、性别、宗教、国籍、族裔本源或政治见解等原因而欲对其进行起诉，或确信该人的地位会因而受到损害；

（4）该项请求涉及某项被请求国正在进行调查或起诉的罪行，或在请求国对该罪行进行起诉将不符合被请求国一事不二审的法律；

（5）所请求的协助需要被请求国如该罪行在其管辖范围内受到调查或起诉，进行不符合其本国法律和惯例的强制性措施；

（6）该行为系军法范围内的罪行，而并非普通刑法范围内的罪行。

2. 不得完全以银行或类似金融机构的保密为由拒绝提供协助。

3. 如该项请求的立即执行将干涉被请求国内正在进行的调查或起诉，被请求国可推迟执行请求。

4. 被请求国在拒绝或推迟某项请求之前，应考虑是否按某些条件准予提供协助。如请求国同意按这些条件接受协助，它应遵守这些条件。

5. 凡拒绝或推迟提供协助，均应说明理由。

这些规定，全面体现了国际刑事合作中世界各国普遍坚持的一些原则。如排除政治犯罪、军事犯罪的原则；一事不再理原则；不违背本国法律的原则等。同时，该条还就推迟协助的问题作了规定，这是国际刑事司法协助的新发展。

第五条"请求书之内容"，对请求书及有关文件的内容作了具体规定：

1. 要求提供协助的请求书应包括下列内容：

（1）请求机构的名称和进行该调查所涉及的调查或起诉的主管当局的名称；

（2）该项请求的目的和所需协助的简短说明；

（3）除请求递送文书的情况外，应叙述据称构成犯罪的事实以及关于相关法律的陈述或文本；

（4）必要情况下收件人的姓名和地址；

（5）请求国希望遵循的任何特定程序或要求的理由和细节，包括说明是否要求得到经宣誓和证实的证词或陈述；

（6）对希望在任何期限内执行有关请求的说明；

（7）妥善执行请求所必须的其他资料。

2. 依照本条约提出的请求书、佐证文件及其他函件应附有

565

以被请求国语言文字或该国可接受的另一种语言文字提出的译文。

3. 如被请求国认为请求书中载列的资料不足以处理该项请求，它可要求提供补充资料。

第六条"请求之执行"，对提供协助提出了要求，即：要求提供协助的请求应依照被请求国的法律和惯例加以立即执行，但须遵照本条约有关费用的规定。只要符合其法律和惯例，被请求国应按请求国要求的方式执行请求。

第七条"将材料退还被请求国"，规定了请求协助的目的实现以后退还有关材料的义务：按本条约交给请求国的任何财产以及记录或文件原件，均应尽快退还给被请求国，除非后者放弃其退还权。

第八条"使用之限制"，对执行协助中的资料运用作了限制性规定：请求国不经被请求国同意不得将被请求国提供的资料或证词使用或转让于非请求书中陈述的调查或起诉。但在变更指控时，只要该项指控罪行是根据本条约可为之提供协助的罪行，则即可使用所提供的材料。

第九条"保守机密"，对执行协助中的保密问题作了规定。即，接到请求后：

1. 被请求国应对提出协助的请求、请求书内容及其佐证文件以及准许此种协助的事实，尽力保守机密。如该项请求的执行必须打破其机密性，则被请求国应将此种情况通知请求国，请求国应随机决定是否仍应执行该请求；

2. 请求国应对被请求国提供的证词和资料保守机密，但需用于请求书中所述调查和起诉的证词和资料除外。

第十条"递送文件"，规定了文书送达的要求。

其内容包括两个方面：

第十三章　国际刑事司法协助

1. 被请求国应递送请求国为此目的发送给它的文件。

2. 递送传票的请求应在要求某人出庭之日以前至少……天内向被请求国提出。在紧急情况下，被请求国可放弃该时限要求。

第十一条"取证"，规定了司法协助中取证的基本规则。内容包括两项：

1. 被请求国应按照其本国法律并根据请求，获取有关人员经宣誓或证实的证词，或以其他方式获取供述，或要求他们拿出证据以便转送请求国。

2. 经请求国的请求，请求国内相关诉讼程序的当事方，他们的法律代表以及请求国的代表可遵照被请求国的法律和程序，在进行此程序时到场。

第十二条"拒绝举证之权利或义务"，规定了举证人拒绝举证的权利义务，内容包括两项：

1. 在下述任一情况下，被要求在被请求国或请求国国内举证的人可拒绝举证：

（1）被请求国法律允许或要求该人对于在被请求国提起诉讼的类似情况拒绝举证；或

（2）请求国法律允许或要求该人对于在请求国提起诉讼的类似情况拒绝举证。

2. 如某人声称他按照对方的法律有权利或义务拒绝举证，该人所在的国家对于该情况应将对方主管当局出示的证明作为该项权利或义务是否存在的凭据。

第十三条"提供在押人员举证或协助侦查"，规定了转移在押人员举证的有关事项，内容包括三项：

1. 经请求国的请求，如被请求国同意且其法律许可，可在本人同意情况下，将被请求国内在押人员暂时转移到请求国，

567

以便举证或协助调查。

2. 在对该转移人员按被请求国法律须加以关押的情况下，请求国应对该人维持关押，并在寻求转移的有关事件结束时或在不需要其出庭的更早时候，将该在押人员送还被请求国。

3. 被请求国如告知请求国不再要求继续关押该转移人员，应将该人释放并作为本条约规定的其他举证或协助侦查的人员对待。

第十四条"提供其他人员举证或协助侦查"，规定了邀请某人到请求国举证或协助侦查的有关事项，内容包括四项：

1. 请求国可请被请求国协助邀请某人：

（1）在请求国有关刑事案件的诉讼程序中出庭，但其为被控告者除外；

（2）协助在请求国内有关刑事案件的调查。

2. 被请求国应邀请该人作为证人或专家在诉讼程序中出庭或协助调查。被请求国应酌情查实已为该人的安全作出令人满意的安排。

3. 请求书或传票应注明可由请求国支付的大约数额的津贴及旅费和生活费。

4. 被请求国经请求可给予该人预支款项，该笔预支应由请求国偿还。

第十五条"安全保证"，规定了到请求国举证或协助侦查的人员权利保护的有关事项，内容包括：

1. 在不违反本条第二款规定的情况下，某人是依照本条约第十三条或第十四条规定提出的请求而来到被请求国者：

（1）不得因其离开被请求国之前的任何作为或不作为对其进行关押、起诉、惩罚或对其人身自由施加任何其他形式的限制；

（2）在未征得本人同意的情况下，不得要求该人在有关请求所涉及之诉讼程序或调查之外的任何程序中举证或协助任何调查。

2. 如该人可自由离境，但在其被正式告知或通知不再需要其出庭后连续 15 天内，或有关缔约国另行商定的任何更长期限内，仍未离开请求国，或离开后出于自己的意愿回返者，本条第一款的规定应停止适用。

3. 若某人不同意依第十三条规定提出的请求或不接受依第十四条规定提出的邀请，尽管在请求书号传票中有任何相反的陈述，他不应因此而受到任何惩罚或遭受任何强制性措施。

第十六条"提供公开文件及其他记录"。该条规定：

1. 被请求国应提供作为公开记录之一部分或以其他方式向公众开放的或任由公众购买或查阅的文件或记录的副本。

2. 被请求国可根据向其本国执法和司法当局提供文件或记录的同样条件，提供任何其他文件或记录的副本。

第十七条"搜查和没收"。该条规定：被请求国应在其法律允许范围内，执行有关搜查和没收以及将任何材料送交请求国作为证据的请求，但善意第三方的权利需受到保护。

第十八条"证明和认证"。该条规定：提供协助的请求书及其佐证文件以及应此请求而提供的文件或其他材料，均无需证明和认证。

第十九条"费用"，规定了协助的费用负担问题：除缔约国另有协议外，执行请求的一般费用应由被请求国负担。如执行该项请求将需涉及大笔或特殊性质的开支，缔约国应事先进行协商，确定执行该项请求的条件或承付费用的方式。

第二十条"协商"：缔约国应根据任何一方的请求，迅速就本条约一般的或针对某一案件的解释、适用或执行进行协商。

第二十一条"最后条款",规定了该条约的批准、接受或文书的交换以及条约生效的有关事项。

从上述规定中可以看出,刑事司法协助示范条约的内容主要包括三个方面:一是国际刑事司法协助的范围及主体(第1—3条);二是国际刑事司法协助的一般规则和基本要求,其中包括拒绝协助的理由(第4条),请求协助的程序和要求(第5、6条),文书送达及其规则(第7、8、9、10、16、18条),调查取证及与之有关的事项(第11—15、17条);三是协助中有关问题的处理(第19、20条)。

从联合国大会提供的《刑事互助示范条约》的上述规定看,国际刑事司法协助通常是指狭义的刑事司法协助,而不包括刑事合作的全部内容。它在范围上只限于刑事案件的侦查、起诉和审判程序中的相互协助,不包括刑事判决的执行,甚至也不包括刑事诉讼中的引渡和刑事诉讼的转移管辖;在内容上主要是文书送达和调查取证的有关活动。这与1959年4月8日签订的《欧洲刑事司法协助公约》所规定的协助范围是基本一致的,也与中国与外国签订的有关刑事司法协助方面的条约所规定的协助范围基本一致。

联合国《联合国刑事事件互助示范条约》,是在吸收欧洲刑事司法协助条约以及其他双边或多边刑事司法协助条约基本内容的基础上,根据国际社会在开展刑事司法协助时普遍坚持的基本原则制定的。其所规定的内容基本上涵盖了国际刑事司法协助的各个方面,对于各国之间签订刑事司法协助条约起到了示范作用。

三、国际刑事司法协助的新发展

刑事司法协助,既是发展国家间友好往来的需要,也是互惠互助地完成涉外刑事案件追诉活动的需要。特别是在惩治国际犯罪的情况下，刑事司法协助更是维护世界各国共同利益、保证刑事诉讼顺利进行的需要。因此，广泛开展国家间的刑事司法协助，无论是在国际刑法公约中，还是在各国之间签订的刑事司法协助条约中，以及在各国之间开展刑事司法协助的实践中，都越来越受到重视。正是这种重视，促进了国际刑事司法协助的新发展。这种新发展主要表现在以下三个方面：

（一）刑事司法协助的范围进一步扩大

司法协助范围的扩大，主要表现在四个方面：

1. 从侦查、起诉阶段延伸到审判阶段，从自然人犯罪延伸到法人犯罪

联合国《刑事互助示范条约》第一条"适应范围"中明确规定，"就其侦查或起诉"相互提供"尽可能广泛"的互助。但是按照《联合国反腐败公约》的提法，缔约国应当在对本公约所涵盖的犯罪进行的"侦查、起诉和审判程序中"相互提供"最广泛的"司法协助。《联合国打击跨国有组织犯罪公约》甚至进一步规定："缔约国应在对第3条规定的本公约所涵盖的犯罪进行的侦查、起诉和审判程序中相互提供最大程度的司法协助；在请求缔约国有合理理由怀疑第3条第1款（a）项或（b）项所述犯罪具有跨国性时，包括怀疑此种犯罪的被害人、证人、犯罪所得、工具或证据位于被请求缔约国而且该项犯罪涉及一有组织犯罪集团时，还应对等地相互给予类似协助。"这两个公约的规定与《联合国刑事事件互助示范条约》的规定相比，一是把司法协助的范围扩大到审判程序中；二是进一步强调了提供司法协助的广泛性。

以往的司法协助主要是针对自然人犯罪的。根据各国国内刑法的犯罪，特别是许多国家在刑法中明确规定法人犯罪的实

际，国际刑法公约也将法人犯罪纳入司法协助的范围。《联合国反腐败公约》和《联合国打击跨国有组织犯罪公约》都明确规定了法人犯罪的司法协助问题。如《联合国打击跨国有组织犯罪公约》第十八条第二款规定："对于请求缔约国根据本公约第 10 条[1]可能追究法人责任的犯罪所进行的侦查、起诉和审判程序，应当根据被请求缔约国的有关的法律、条约、协定和安排，尽可能充分地提供司法协助。"由于法人犯罪的复杂性，特别是各国对法人犯罪的不同看法，把法人犯罪纳入司法协助的视野，不仅扩大了司法协助的范围，在一定程度上也增加了协助的难度。

司法协助范围的扩大，是近年来联合打击国际犯罪的呼声越来越高在国际刑事司法协助方面的反映，表达了各国要求扩大司法协助的共同意愿，同时也是加强国际刑事合作的客观需要。

2. 从有限协助扩展到全方位协助

按照联合国《刑事互助示范条约》的规定，司法协助的内容主要包括三个方面：一是协助送达司法文书，如送达请求方司法机关制作的传唤有关诉讼当事人、证人、鉴定人出庭的通知，拘留或逮捕通知书，起诉书，刑事裁定书、刑事判决书等；二是协助调查取证，如向有关人员收集证词或供述，协助提供被关押者或其他人作证或协助调查工作，执行搜查或查封，检查物件和场地等；三是提供有关资料，如提供有关文件

---

〔1〕 第 10 条 法人责任 1. 各缔约国均应采取符合其法律原则的必要措施，确定法人参与涉及有组织犯罪集团的严重犯罪和实施根据本公约第 5 条、第 6 条、第 8 条和第 23 条确立的犯罪时应承担的责任。2. 在不违反缔约国法律原则的情况下，法人责任可包括刑事、民事或行政责任。3. 法人责任不应影响实施此种犯罪的自然人的刑事责任。4. 各缔约国均应特别确保使根据本条负有责任的法人受到有效、适度和劝阻性的刑事或非刑事制裁，包括金钱制裁。

和记录的原件或经核证之副本，包括银行、财务、公司或商务记录等。

根据国际刑事司法协助的实践和追诉国际犯罪的需要，以及国际刑法理论的发展，在近年来通过的国际刑法公约中，司法协助的内容不再局限于这三个方面，而是强调"任何其他形式的协助"，从而把国际司法协助刑事司法的各个方面。

《联合国打击跨国有组织犯罪公约》第十八条"司法协助"，在强调缔约国应在对本公约所涵盖的犯罪进行的侦查、起诉和审判程序中相互提供最大程度的司法协助的基础上，明确规定缔约国可以在 9 个方面请求给予司法协助，其中包括"不违反被请求缔约国本国法律的任何其他形式的协助"。

《联合国反腐败公约》第四十六条"司法协助"在强调缔约国应当在对本公约所涵盖的犯罪进行的侦查、起诉和审判程序中相互提供最广泛的司法协助的基础上，列举了缔约国可以请求给予司法协助的十一项内容。

与联合国《刑事互助示范条约》规定的内容相比，上述两个公约所规定的司法协助，显然增加了"为取证目的而辨认或者追查犯罪所得、财产、工具或者其他物品"，"为有关人员自愿在请求缔约国出庭提供方便"，"不违反被请求缔约国本国法律的任何其他形式的协助"为追回资产而"辨认、冻结和追查犯罪所得"，"追回资产"等内容。

这些内容，既是针对近年来国际犯罪的新动向即犯罪分子利用各国之间的经济堡垒将大量犯罪所得转移国外以逃避追赃的实际情况而增加的，也是进一步加强国际刑事合作所必需的。特别是这些公约强调缔约国之间为了达到追诉公约所规定的犯罪的目的应当开展不违反被请求国法律的"任何其他形式的协助"，从而使国际刑事司法协助的范围扩大到尽可能广泛

573

的刑事诉讼领域。

新增加的司法协助内容，虽然从条文上看，增加的量并不大，但是实际上，由于"辨认、冻结和追查犯罪所得"，"追回资产"等行为，不同于一般性协助的程序性诉讼行为，需要做大量的工作才能完成。所以，就其实际内容看，应该说，司法协助的内容大大增加了。

3. 从提供个人资料扩展到提供政府资料

联合国《刑事互助示范条约》规定的"提供资料"和"提供有关文件和记录的原件或经核证副本"，主要是指犯罪嫌疑人和有关个人的资料以及"银行、财务、公司或商务记录"。而《联合国打击跨国有组织犯罪公约》和《联合国反腐败公约》均将提供资料的范围扩大到政府的记录、文件或资料。并且规定："被请求缔约国：（一）应当向请求缔约国提供其所拥有的根据其本国法律可以向公众公开的政府记录、文件或者资料；（二）可以自行斟酌决定全部或部分地或者按其认为适当的条件向请求缔约国提供其所拥有的根据其本国法律不向公众公开的任何政府记录、文件或者资料"。

4. 从被动协助扩展到主动协助

以往的国际司法协助，无论是公约规定还是具体实践，都是一方应另一方的请求进行的，只有在他方提出请求的情况下，另一方会根据公约或条约的规定提供协助。但是，在《联合国打击跨国有组织犯罪公约》和《联合国反腐败公约》中，都明确规定了主动协助的内容，即："缔约国主管机关如果认为与刑事事项有关的资料可能有助于另一国主管机关进行或者顺利完成调查和刑事诉讼程序，或者可以促成其根据本公约提出请求，则在不影响本国法律的情况下，可以无须事先请求而向该另一国主管机关提供这类资料"。这个规定，意味着，在司法协助的过程中，一个国家在对方没有提出请求的情况下，或者在请求的范围之外，可以主动提供协助，以帮助其他国家顺利地完成旨在追究国际犯罪刑事责任的刑事诉讼。

这些规定，进一步扩大了国家之间开展刑事司法协助的范围和形式，进一步适应了同国际犯罪作斗争的需要。

（二）限制性条款进一步减少

联合国《刑事互助示范条约》对提供协助和适用所提供的协助作出了明确的限制性规定。这些规定包括两个方面：一是授权被请求国可以据以拒绝提供协助，如被请求国认为如准许该请求，会损害其主权、安全、公共秩序或其他根本的公共利益；被请求国认为该罪行属政治性罪行；有充分理由确信，提出协助请求是因某人的种族、性别、宗教、国籍、族裔本源或政治见解等原因而欲对其进行起诉，或确信该人的地位会因此受到损害；该项请求涉及某项被请求国正在进行调查或起诉的罪行，或在请求国对该罪行进行起诉将不符合被请求国一事不二审的法律；所请求的协助需要被请求国就该罪行在其管辖范围内受到调查或起诉，进行不符合其本国法律和惯例的强制性措施；该行为系军法范围内的罪行，而并非普通刑法范围内的罪行。二是对请求国的限制性要求，如请求国在请求协助的目的实现以后，被请求国按本请求交给请求国的任何财产以及记录或文件原件，均应尽快退还给被请求国，除非后者放弃其退还权；请求国不经被请求国同意不得将被请求国提供的资料或证词使用或转让于非请求书中陈述的调查或起诉；请求国应对被请求国提供的证词和资料保守机密，但需用于请求书中所述调查和起诉的证词和资料除外等。但是，近年来出现的一些国际刑法公约，对司法协助的限制性条款有所减少。这主要表现在四个方面：

1. 拒绝提供协助的理由有所放松

在拒绝提供司法协助的理由中，"被请求国认为该罪行属政治性罪行"与"有充分理由确信，提出协助请求是因某人的种族、性别、宗教、国籍、族裔本源或政治见解等原因而欲对其进行起诉，或确信该人的地位会因此受到损害"，不再被确认为拒绝提供协助的法定理由。特别是对于国际刑法公约中规定的犯罪，有关公约都明确规定不得将其视为政治犯罪而拒绝提供协助。此外，银行保密也被明确排除在拒绝提供协助的理由之外。《联合国反腐败公约》《联合国打击跨国有组织犯罪公约》以及《制止向恐怖主义提供资助的国际公约》都明确规定："缔约国不得以银行保密为理由拒绝提供本条所规定的司法协助"。

2. 双重犯罪的要求有所放松

在"双重犯罪"的问题上，过去一直认为双重犯罪原则是进行司法协助的前提，不符合双重犯罪原则，被请求国就可以拒绝提供协助。

但是，《联合国反腐败公约》和《联合国打击跨国有组织犯罪公约》中，都对双重犯罪原则作了一定的限制。如《联合国反腐败公约》第四十六条第九款规定："（一）被请求缔约国在并非双重犯罪情况下对于依照本条提出的协助请求作出反应时，应当考虑到第一条所规定的本公约宗旨。（二）缔约国可以以并非双重犯罪为理由拒绝提供本条所规定的协助。然而，被请求缔约国应当在符合其法律制度基本概念的情况下提供不涉及强制性行动的协助。如果请求所涉事项极为轻微或者寻求合作或协助的事项可以依照本公约其他条款获得，被请求缔约国可以拒绝这类协助。（三）各缔约国均可以考虑采取必要的措施，以使其能够在并非双重犯罪的情况下提供比本条所规定的更为广泛的协助。"这个规定，显然意味着，即使不符合双重犯罪原则的要求，被请求国也应当考虑"更加高效而有力地预防和打击"犯罪的宗旨，尽可能地提供司法协助，而不能简单地以不符合双重犯罪原则为由而拒绝司法协助。当然这种司法协助应当在符合被请求国法律制度基本概念的前提下进行，并且这种协助不涉及强制性的行动。

3. 对执行司法协助的限制有所松动

《关于制止非法劫持航空器的公约》中明确规定：缔约各国对公约所指罪行和其他行为提出的刑事诉讼，应相互给予最大程度的协助，但是这种协助"在任何情况下，都应适用被请求国的法律"。联合国《刑事互助示范条约》也规定：要求提供协助的请求，应依照被请求国的法律和惯例加以执行。

但是，《联合国打击跨国有组织犯罪公约》和《联合国反腐败公约》都规定："请求应当根据被请求缔约国的本国法律执行。在不违反被请求缔约国本国法律的情况下，如有可能，应当按照请求书中列明的程序执行。"这就意味着，在提供司法协助时，只要不违反被请求国法律，被请求国就应当尽可能地按照请求书的要求执行协助，而不能完全局限于本国法律的规定。

4. 对请求国使用司法协助的限制有所减少

联合国《刑事互助示范条约》中要求"请求国应对被请求国提供的证词和资料保守机密，但需用于请求书中所述侦查和起诉的证词和资料除外"。

但是，《联合国反腐败公约》明确规定："接收资料的主管机关应当遵守对资料保密的要求，即使是暂时保密的要求，或者对资料使用的限制。但是，这不应当妨碍接收缔约国在其诉讼中披露可以证明被控告人无罪的资料。在这种情况下，接收缔约国应当在披露前通知提供缔约国，而且如果提供缔约国要求，还应当与其磋商。如果在特殊情况下不可能事先通知，接收缔约国应当毫不迟延地将披露一事通告提供缔约国。"这就使请求国在使用被请求国提供的资料时必须遵守的保守机密的要求，受到一定程度的限制，请求国可以经事先通知甚至在特殊情况下未经通告而在刑事诉讼中披露被请求国提供的可以证明被控告人无罪的机密资料。

（三）司法协助的程序进一步具体化

国际刑法公约在总结世界各国开展刑事司法协助实践经验的基础上，对司法协助的程序和要求，作出了更为明确具体的规定。

1. 明确规定中央机关的职责任务

联合国《刑事互助示范条约》虽然对司法协助的程序作了规定，但是这些规定都比较原则化。如《刑事互助示范条约》第三条规定："缔约国应各自指定并相互通报应由其提出或接受为本条约目的而作成的请求书当局。"

《联合国打击跨国有组织犯罪公约》和《联合国反腐败公约》分别在第十八条第十三款、第四十六条第十三款规定："各缔约国均应当指定一个中央机关，使其负责和有权接收司法协助请求并执行请求或将请求转交主管机关执行。如果缔约国有实行单独司法协助制度的特区或者领域，可以另指定一个对该特区或者领域具有同样职能的中央机关。中央机关应当确保所收到的请求迅速而妥善地执行或者转交。中央机关在将请求转交某一主管机关执行时，应当鼓励该主管机关迅速而妥善地执行请求。各缔约国均应当在交存本公约批准书、接受书、核准书或者加入书时，将为此目的指定的中央机关通知联合国秘书长。司法协助请求以及与之有关的任何联系文件均应当递交缔约国指定的中央机关。这项规定不得影响缔约国要求通过外交渠道以及在紧急和可能的情况下经有关缔约国同意通过国际刑事警察组织向其传递这种请求和联系文件的权利"。

与《刑事互助示范条约》相比，这两个公约，一是完善了关于中央机关的规定，除了明确要求各缔约国指定中央机关之外，还要求在存在单独司法协助制度的特区或者领域的国家，再指定一个对该特区或者领域具有同样职能的中央机关，并且要求各缔约国均应当在交存本公约批准书、接受书、核准书或者加入书时，将为此目的指定的中央机关通知联合国秘书长，以便备查。二是明确了中央机关的职责，即"司法协助请求以及与之有关的任何联系文件均应当递交缔约国指定的中央机关"；中央机关"负责和有权接收司法协助请求并执行请求或将请求转交主管机关执行"；三是规定了中央机关的义务，即"应当确保所收到的请求迅速而妥善地执行或者转交"；"在将请求转交某一主管机关执行时，应当鼓励该主管机关迅速而妥善地执行请求"。

2. 变通接受和执行司法协助请求的方式

与传统的仅接受书面请求的方式相比，近年来出现的国际刑法公约适应打击国际犯罪的需要和科学技术发展的状况，在接受和执行协助请求方面，规定了一些变通的方式。

《联合国打击跨国有组织犯罪公约》和《联合国反腐败公约》都明确规定："请求应当以被请求缔约国能够接受的语言以书面形式提出，或者在可能情况下以能够生成书面记录的任何形式提出，但须能够使该缔约国鉴定其真伪。各缔约国均应当在其交存本公约批准书、接受书、核准书或者加入书时，将其所能够接受的语言文字通知联合国秘书长。在紧急情况下，如果经有关缔约国同意，请求可以以口头的方式提出，但应当立即加以书面确认""被请求缔约国应尽快执行司法协助请求，并应尽可能充分地考虑到请求缔约国提出的、最好在请求中说明了理由的任何最后期限。被请求缔约国应依请求缔约国的合理要求就其处理请求的进展情况作出答复。请求国应在其不再需要被请求国提供所寻求的协助时迅速通知被请求缔约国。"这些规定，进一步完善了司法协助的程序，使司法协助的实施更加便于操作，并且有助于提高司法协助的效率。

为了保障司法协助高效、便捷地进行，《联合国打击跨国有组织犯罪公约》和《联合国反腐败公约》都在司法协助条款中认可了高科技的发展所带来的新的协助方式。如请求书的提出不再仅仅局限于书面形式，而是也可以以"能够生成书面记录的任何形式"提出。询问可以以电视会议的形式进行，即"当在某一缔约国境内的某人需作为证人或鉴定人接受另一缔约国司法当局询问，且该人不可能或不宜到请求国出庭，则前一个缔约国可应该另一缔约国的请求，在可能且符合本国法律基本原则的情况下，允许以电视会议方式进行询问，缔约国可商定由请求缔约国司法当局进行询问且询问时应有被请求缔约国司法当局在场"。这种利用现代高科技手段进行远程视频听证的方式，都可以说是国际刑事司法协助实践中出现的新的执行方式。

四、国际刑事司法协助的具体实施

按照《刑事互助示范条约》、国际刑法公约和一些双边或多边刑事司法协助条约的规定，以及各国之间开展刑事司法协助的实践，刑事司法协助的具体实施，通常要经过以下四个阶段：

（一）协助请求的提出

刑事司法协助，通常都是应他方的请求而提供协助的。一个国家（地区）协助另一个国家（地区）或国际刑事法院代为进行某些刑事诉讼行为，首先要有请求协助的一方提出的协助请求。

1. 提出请求的机关

国际刑事司法协助的请求，应当由请求国刑事司法权威当局或外交部门按照双方签订或参加的双边、多边条约或国际公约规定的，或者双方议定的程序和方式向被请求国刑事司法权威当局或外交部门提出，并且应当坚持互惠对等原则。在许多国际公约和双边条约中，都明确规定了有权提出和接受司法协助请求的"中央机关"或"中心当局"[1]。

一些司法协助条约中规定，协助请求须通过外交途径提出。这就意味着，最终能够代表国家提出司法协助请求的机关是外交部门。但是依我之见，外交部门并不是刑事诉讼的主管机关，不了解有关案件的具体情况，不熟悉本国及有关国家的法律规定，因而很难及时对协助请求的必要性和合法性进行审查。如果外交部门只是履行外交手续而不对请求内容进行审查，则没有必要通过外交途径，而应由有关司法当局径直向被请求国的相应机关提出；如果外交部门要审查请求的具体内容，则由于上述原因，需要花费较长的时间，以致影响协助的及时进行甚至可能因此失去执行请求的机会。所以，与其通过外交途径，不如由刑事诉讼的主管机关径直提出。

有的司法协助条约也规定，在紧急情况下，协助请求书得由请求国司法当局直接送交被请求国司法当局。这类条款的出现，正是考虑到通过外交途径可能造成的延误对刑事诉讼结果

---

〔1〕 刑事司法协助中的"中央机关"，不同于"主管机关"。前者是提出和接受司法协助请求的国家机关；后者是承担刑事诉讼职能的司法机关。在国际刑事司法协助中，公约或条约中确定的中央机关负责提出和接受司法协助的请求；主管机关负责执行司法协助的请求。

的致命影响。

2. 请求协助的目的

根据请求国与被请求国之间的协助条约或双方共同参加的多边国际条约，刑事司法协助的目的是请求他方代为进行某些诉讼活动，以便完成在本国领土上或依职权正在进行的刑事诉讼。这是一国刑事司法活动的域外延伸。

请求他方代为进行的诉讼活动，主要是下列一项或几项：

（1）向个人获取证据或陈述；

（2）送达司法文书；

（3）执行搜查和扣押并实行冻结；

（4）检查物品和场所；

（5）提供资料、物证及鉴定结论；

（6）提供有关文件及记录的原件或经核证的副本，其中包括政府、银行、财务、公司或营业记录；

（7）为取证目的而辨认、识别或追查犯罪所得、财产、工具或其他物品；

（8）为有关人员自愿在请求国出庭作证提供方便；

（9）辨认、冻结、追查犯罪所得，追回资产；

（10）不违反被请求国法律的任何其他形式的协助。

3. 请求的形式

司法协助的请求应当以书面的形式提出，并且应当以被请求国能够接受的语言文字提出，或者在以本国语言文字提出的同时，附有被请求国的语言文字或被请求国可以接受的语言文字的译文。

请求协助的文书，在可能的情况下，也可以以能够生成书面记录的任何形式提出，如传真、电子邮件等，但必须能使该缔约国鉴定其真伪。

在紧急情况下，如经有关缔约国同意，请求可以以口头方式提出，但是应当立即加以书面确认。

4. 请求书的内容

一国请求他国提出刑事司法协助的请求书中应当载明下列内容：

（1）提出请求的机关的名称；

（2）请求所涉及的侦查、起诉或审判的事由和性质，以及进行此项侦查、起诉或审判程序的机关的名称和职能；

（3）有关事实的概述，以及可适用于该事实的法律（为送达司法文书提出的请求除外）；

（4）对请求协助的事项和请求方希望遵循的特殊程序细节的说明；

（5）可能时，任何有关人员的身份、所在地和国籍；

（6）索取证据、资料或要求采取行动的目的。

请求书还应当就请求事项与请求目的之间的相关性作出说明。如果需要被请求国在一定时限内执行请求事项，或者有其他特殊的要求，也应当在请求书中写明。

被请求国接到协助请求后，如果要求请求国提供其本国法律执行该请求所必需或者有助于执行该请求的补充资料，请求方应当按照要求提供有关资料。

请求国在提出协助请求时，应当按照公约规定或条约约定的义务，就某些事项作出说明或保证。如保证对被请求国提供的证词和资料保守秘密；保证在有关诉讼结束时将被请求国提供的文件、物品及时返还被请求国；保证对到其境内作证的证人、鉴定人给予条约规定的保护，以及对到其境内作证的证人、鉴定人支付费用的标准的说明等。

（二）协助请求的受理

被请求国接到他国的协助请求之后，首先要对协助请求进行审查，以便决定是否接受请求并提供协助。被请求国有义务在条约规定的范围内，按照请求国的请求提供协助，并有义务对提出协助的请求、请求书的内容及其佐证文件予以保密。

1. 对请求事项的审查

一国接到他国的协助请求，首先要就请求国对协助请求所涉及到的犯罪是否具有管辖权进行审查。在得出肯定结论之后，交由其有关主管当局进行审查，以决定拒绝还是提供协助。

有关主管当局对协助请求进行审查，一般要考虑以下几个方面：一是看请求的提出是否符合据以提出请求的公约或条约所规定的途径。司法协助的请求应当由有权提出司法协助请求的中央机关按照约定或规定的程序和方式提出。如果协助请求不符合约定或规定的程序和方式，请求就可能被拒绝或者要求重新提出。二是看请求事项是否属于有关公约或条约规定的协助范围。在传统意义上，任何超越协助范围的请求，原则上都会被拒绝。但是随着国际刑事司法协助的发展，为了有效地追究国际犯罪的刑事责任，国际刑法公约中规定被请求方可以提供"任何形式的协助"，甚至要求"最大限度地"提供司法协助。这就使司法协助的范围大大扩展。但是既然是司法协助，总会有范围的限制。这个范围就是刑事诉讼。只有为了保障刑事诉讼的顺利进行，达到追诉国际犯罪之目的，才可以要求其他缔约国提供"最广泛"或"最大限度"的司法协助。超出"刑事诉讼"的范围，就没有司法协助的余地。并且，这种"最广泛"的协助，仅限于追诉国际犯罪的司法协助。在追诉国内犯罪的刑事诉讼中，给予协助的范围往往要受到条约约定范围的限制。三是看协助请求中有无拒绝协助的内容。如果请求协助的事项是应当拒绝的事项，或者请求协助的内容或方式，不符合被请求国法律的规定，被请求方也会拒绝提供协助。

2. 拒绝提供协助的理由

作为国际刑事司法协助的一般规则，各国普遍承认，在条约规定的协助范围之内，协助请求还必须遵守一定的规则。否则，被请求国可以根据其中任何一项，拒绝提供协助。

关于可以拒绝提供司法协助的理由，1959年签定的《欧洲刑事司法协助公约》仅规定了两种情况：一是如果被请求方认为请求所涉及的发展是政治犯罪、同政治犯罪有关的犯罪或财税犯罪；二是如果被请求方认为执行请求有可能损害该国的主权、安全、公共秩序或其他基本利益。在这两种情况下，被请求方可以拒绝提供司法协助。

联合国《刑事互助示范条约》规定了六个拒绝提供司法协助的理由，即被请求国认为如准许该请求，会损害其主权、安全、公共秩序或其他根本的公共利益；被请求国认为该罪行属政治性罪行；有充分理由确信，提出协助请求是因某人的种族、性别、宗教、国籍、族裔本源或政治见解等原因而欲对其进行起诉，或确信该人的地位会因此受到损害；该项请求涉及某项被请求国正在进行调查或起诉的罪行，或在请求国对该罪行进行起诉将不符合被请求国一事不二审的法律；所请求的协助需要被请求国如该罪行在其管辖范围内受到调查或起诉，进行不符合其本国法律和惯例的强制性措施；该行为系军法范围内的罪行，而并非普通刑法范围内的罪行。

随着国际刑事司法协助意识的增强和司法协助范围的扩展，对提供司法协助的要求日益增长，拒绝提供司法协助的理由也随之受到一定程度的限制。在《联合国打击跨国有组织犯罪公约》和《联合国反腐败公约》中，可以拒绝提供司法协助的情形被限制在四个方面，即（1）请求未按本条的规定提出；（2）被请求缔约国认为执行请求可能损害其主权、安全、公共秩序或者其他基本利益；（3）如果被请求缔约国的机关依其管辖权对任何类似犯罪进行侦查、起诉或者审判程序时，其本国法律已经规定禁止对这类犯罪采取被请求的行动；（4）同意这项请求将违反被请求缔约国关于司法协助的法律制度。从这个规定来看，拒绝提供司法协助的实质性理由，实际上只有两个：

一是可能危害本国利益。尽管请求协助的内容符合有关公约或条约规定的范围，但是如果被请求国认为，准许该请求将会损害其主权、安全、公共秩序或其他根本性的公共利益时，被请求国即可拒绝提供协助。不仅如此，如果按照请求国的请求提供协助，可能违反本国法律的一般原则和法律制度时，被请求国亦可拒绝协助。因为这也涉及到对本国基本利益的危害。

二是一事不再理。一事不再理是各国法律的基本原则，因而也是国家之间相互提供司法协助的基本原则。按照该原则的要求，当一项请求所根据的犯罪属于或涉及被请求国正在进行调查或起诉的罪行时，被请求国可以以此为由拒绝提供协助。同样地，如果一项请求所根据的犯罪，在被请求国已由其权威的司法当局作出了终审判决或已终结该案，被请求国亦可拒绝提供协助。拒绝提供协助时，应当说明拒绝的理由及其依据。

尽管上述两个公约的规定是就公约规定的国际犯罪而言的，在有关国内犯罪的司法协助中，上述理由也通常都是拒绝提供司法协助的理由。

第十三章　国际刑事司法协助

但是对于国内犯罪而言，除了上述两个理由之外，许多国家在其相互签定的司法协助条约中，往往还把政治犯罪作为拒绝提供司法协助的理由。政治犯罪不予协助，是国际社会公认的原则，但是如何理解政治犯罪以及如何划定政治犯罪的范围，在司法协助的具体实施中不无争论。《刑事互助示范条约》使用了"被请求国认为该罪行属政治性罪行"一语。至于根据什么认为，未予限定。那么是根据被请求国的法律来认定还是根据政治斗争的需要或两国关系来认定，在实践中就可能出现不同的做法。按照《欧洲刑事司法协助条约》第二条的规定，作为拒绝协助的理由，除了政治犯罪之外，还包括与政治犯罪相关联的犯罪。由于各国关于政治犯罪的观念的态度不同，在适用这一规则拒绝协助时，各国可能出现争议。在保留政治犯罪不协助的原则下，如果明确规定被请求国根据其法律认为是政治犯罪，争议就可能少一些。

许多国家都把政治迫害作为请求协助的理由。世界各国普遍认为，任何国家均不得运用司法手段对任何人进行政治迫害，更不能借助他国的司法机关为政治迫害寻求帮助。所以，有关刑事司法协助的国际公约和条约中普遍规定：被请求国有充分理由确信，提出协助请求是基于某人的种族、性别、宗教、国籍、族裔本源或政治见解等原因而欲对其进行起诉，或确信该人的地位会因此受到损害时，可以拒绝协助。

此外，有些国家在其缔结的有关司法协助的条约中，把财税犯罪、军事犯罪也排除在有关协助的范围之外。但是，有关国际公约明确规定，对于公约规定的国际犯罪，不得以财税犯罪为由，拒绝提供司法协助。如果协助请求所涉及的军事犯罪在被请求国的法律中已经纳入了普遍刑法的范围，则不能以其可能具有的军事性质而拒绝提供协助。

587

在司法协助请求中，如果包含可能成为拒绝提供司法协助理由的情形，被请求国就可以不顾公约或条约规定的协助义务，拒绝提供司法协助。

一国拒绝他国提出的司法协助请求，应当及时向请求国说明拒绝的理由和根据。

（三）请求事项的执行

一国受理他国提出的刑事司法协助请求之后，如果经过审查，没有发现应当或者可以拒绝协助的情况，就应当按照公约或条约的规定，及时提供协助。

1. 执行的一般要求

提供协助应当由被请求国有关司法当局，就请求事项，按照本国法律规定的相同诉讼中可能采取的方式和手段，实施某些诉讼行为，以实现请求事项。在不违背本国法律原则的情况下，也可以按照请求国要求的方式执行协助。但是如果被请求国认为，国内法禁止执行对本国当局依其管辖权进行调查、起诉或审判的犯罪采取被请求的行动，或者同意此项请求将违反被请求关于相互法律协助的法律制度时，可以拒绝按照请求书的要求执行请求事项。

关于司法协助请求的执行，《联合国打击跨国有组织犯罪公约》和《联合国反腐败公约》均提出了明确的要求，即：被请求缔约国应当尽快执行司法协助请求，并应当尽可能充分地考虑到请求缔约国提出的、最好在请求中说明了理由的任何最后期限。请求缔约国可以合理要求被请求缔约国提供关于为执行这一请求所采取措施的现况和进展情况的信息。被请求缔约国应当依请求缔约国的合理要求，就其处理请求的现况和进展情况作出答复。请求国应当在其不再需要被请求国提供所寻求的协助时迅速通知被请求缔约国。被请求缔约国可以以司法协助妨碍正在进行的侦查、起诉或者审判程序为理由而暂缓进行。

2. 送达司法文书请求的执行

送达刑事诉讼文书包括起诉书、传票、通知、判决书等协助，被请求国应当按照本国类似文书送达的方式，或者在不违背本国法律的情况下按照请求国要求的特定方式，及时送达或按要求的期限送达。

文书送达之后，被请求国应当将送达回执或证明包括送达日期、被送达人的签名以及送达事实的记录如送达机关、送达方式和地点等，及时送交请求国。如果被送达人拒收，送达回执应注明拒收的情况和被送达人拒收的理由。诉讼文书无法送达时，被请求国应当及时将无法送达的原因通知请求国，以便请求国为完成送达提供新的信息或取消送达。

送达传票，应当按照请求书所要求的期限送达。

3. 调查取证请求的执行

执行调查取证包括搜查、扣押、询问证人和鉴定人、辨认等的请求时，被请求国应当按照本国法律规定的调查取证方式，由有权在刑事诉讼中调查取证的、对协助事项有管辖权的机关，自行实施，并应就实施情况以及调查中获取的证据材料予以记录。被请求国也可根据请求国的请求，邀请请求国有关人员在调查取证中到场。

调查取证所获得的各种证据材料，应当按照条约规定的途径，移交给请求国。

对当事人陈述、证人证言、鉴定人的鉴定结论、书证等书面材料，在不能提供原件的情况下，应当将经证明无误的副本或影印件移交给请求国。

移交犯罪工具、赃款赃物及其他有关物品时，除了不损害被请求国的利益之外，亦不得损害第三方对这些物品的合法权利。

在执行犯罪所得的辨认、扣押、冻结和资产返还的请求时，被请求国应当按照本国法律规定的程序，充分运用法律赋予的调查手段，查明犯罪所得的数量、存在形式及其占有人等情况，并按照本国法律允许的方式对其进行扣押、冻结，并按照有关国际公约的规定或者双方的协定或约定，返还给请求国。

4. 安排有关人员出庭作证请求的执行

执行安排证人、鉴定人出庭作证的请求时，被请求国有关当局首先应当审查：

（1）请求书要求出庭作证的证人或鉴定人是否确实正在被请求国境内。

（2）请求国在提出要求处于被请求国境内的证人或鉴定人到其境内作证的请求时，有无安全保证的内容，即请求国是否保证：不因其离开被请求国之前的任何作为或不作为或定罪二者请求国对其进行关押、起诉、惩罚或对其人身自由施加任何其他形式的限制；在未征得本人同意的情况下，不要求该人在有关请求所涉及之诉讼程序或调查之外的任何程序中举证或协助任何调查；不因其不同意请求国有关作证的要求而受到任何惩罚或遭受任何强制性措施。被请求国还可以根据情况查实请求国是否已对被请求出庭作证的人的安全作出了适当的安排。

（3）安排证人或鉴定人到请求国出庭作证是否确系必要；提出此项请求的法律手续是否齐全。

（4）请求书中是否包含或注明可由请求国支付的津贴、旅费和生活费的大致数额。如经请求国的特别请求或被请求国认为必要，被请求国可向前往请求国出庭作证的证人或鉴定人提供预付款。该笔款项可要求请求国返还。

此外，被请求国有关当局应就出庭作证的请求征得被要求人的同意。如果被要求出庭作证的证人或鉴定人不同意到请求国出庭作证，被请求国就不能安排其出庭作证。被要求出庭作证的证人如果是在押人员，除了经本人同意之外，还必须经被请求国同意且经其法律许可。并且，被请求国将其境内的在押人员暂时转移到请求国出庭作证或协助调查时，如果按照被请求国法律需对该人加以关押，被请求国可以要求请求国继续维持对该人的关押状态，并可要求请求国在出庭作证或协助调查的有关事件结束或不再需要该人继续留在其境内时，将在押人员送还被请求国。

（四）诉讼结果的反馈

请求国应当尊重被请求国为其进行诉讼所提供的协助，合理利用被请求国提供的资料，并就有关刑事诉讼的结果告知被请求国。如果有关刑事诉讼的被告人是被请求国国民，请求国还应将生效判决书的副本以及判决的理由通报给被请求国。除非被请求国明示放弃退还权，否则在有关刑事诉讼结束时，请求国应将被请求国提供的记录、文件的原件以及其他物品返还给被请求国。

为了刑事司法协助的顺利进行以及贯彻互惠原则，保持密切的合作关系，请求国与被请求国之间在请求事项之外，应当互相通报本国对对方国民所作的生效刑事判决和裁定的结果，提供判决书和裁定书的副本，并应免费提供各自国家现行的或者曾经施行的法律法规及其在司法实践中的适用情况。

在根据国际公约对国际犯罪进行诉讼中请求提供协助时，请求国与被请求国还应遵守有关国际公约规定的协助义务，其中包括不得以被请求国认为该犯罪属于政治性质的犯罪为由拒绝协助；不得以双方没有签订刑事司法协助条约或者双方签订的条约中没有该项协助内容为由拒绝提供协助等。

591

第十四章 刑事诉讼的移管与外国刑事判决的执行

在国际刑法中，刑事诉讼的移转管辖以及对外国刑事判决的承认与执行，并不像引渡和国际刑事司法协助那样受到普遍的重视和关注。这一方面是因为刑事诉讼的移转管辖以及对外国刑事判决的承认与执行，对于国际刑法的适用来说，并不具有特别重要的意义；另一方面也是因为刑事诉讼的移转管辖以及对外国刑事判决的承认与执行在国际刑事合作的实践中出现的频率并不像引渡和国际刑事司法协助那么高。当然，作为国际刑事合作的一种形式，它仍然具有自身存在的价值，是在惩治国际犯罪的过程中处理某些特殊情况的有效措施。并且，在国内刑法的域外适用方面，国家之间刑事诉讼移管的需要以及承认和执行外国刑事判决的情况，正在逐渐增加。

一、刑事诉讼移管

刑事诉讼移管（the Transfer of Criminal Proceedings）是涉外刑事诉讼转移管辖的简称。它是指对犯罪享有管辖权的一国由于某种原因，不能进行或完成追诉该犯罪的刑事诉讼活动时，将案件移交给另一国管辖的活动。刑事诉讼的移管作为国家间在刑事问题上进行合作的一种形式，是由两个方面的行为相互配合完成的。一是对犯罪享有管辖权的国家的请求，二是被请求国根据请求对该犯罪提起刑事诉讼的活动。刑事诉讼移管的实质是一国把自己追诉犯罪的管辖权移交给另一个国家，由被请求国代为行使追诉犯罪的管辖权，进行刑事诉讼。

刑事诉讼的移管是作为本国国民不引渡原则的补救措施而出现的国际刑事合作的一种新形式。第二次世界大战以来，本国国民不引渡的原则出现了不断加强的趋势，为了防止这个原则的适用导致放纵犯罪分子的结果，一些国际公约在认可这个原则的同时规定了"或引渡或起诉原则"，强调对在外国犯了罪的国民不引渡时应当按照本国法律提起诉讼。对于国际犯罪来说，由于有关国际刑法公约把"或引渡或起诉原则"作为缔约国的一种国际义务加以规定，所以有关国家在不引渡本国国民时有义务对该犯罪提起诉讼。但是对于国内法上的犯罪来说，则没有这种强制性的要求。在不引渡的场合，犯罪人的国籍国未必会对该犯罪提起诉讼，以致使一些犯罪分子逃避应有的法律制裁。为了避免这种状况的发展，在各国之间的刑事合作中，逐渐出现了刑事诉讼移管这种形式。1957 年《欧洲引渡公约》（第 6 条）在规定本国国民不引渡的原则时特别指出：在被请求国拒绝引渡本国国民的情况下，基于请求国的请求，被请求国在符合本国法律规定的条件下，应当将该案移送本国权威当局对之提起诉讼。为达到追诉的目的，请求国应将有关犯罪的记录、调查报告及物证，无偿送达被请求国。被请求国应将诉讼之结果通报请求国。此后，在 1964 年 11 月 30 日签订的《欧洲惩处道路交通肇事罪公约》（European Convention on the Punishment of Road Traffic Offences）（1972 年 7 月 18 日生效）中，明确规定了在惩处道路交通肇事罪方面刑事诉讼移管的具体程序。1972 年 5 月 15 日，欧洲国家专门签订了《欧洲刑事诉讼转移管辖公约》（European Convention on the Transfer of Proceedings in Criminal Matters）（1978 年 3 月 30 日生效），对欧洲国家之间刑事诉讼的移转管辖作出了具体规定。

刑事诉讼移管，在一些国际刑法规范中也得到了不同程度的体现。例如，1988 年《联合国禁止非法贩运麻醉药品和精神药物公约》对"移交诉讼"问题作了专门规定。其第八条"移交诉讼"中规定：缔约国应考虑对于本公约规定的犯罪的刑事起诉相互移交诉讼的可能性，如果此种移交被认为有利于适当的司法处置。巴西奥尼组织起草的《国际刑事法庭法规草案》中，不但确认了作为国际刑事合作的一种形式的刑事诉讼移管的必要性，而且专门规定了刑事诉讼移管的基本原则。1990 年 12 月 14 日，联合国大会还专门通过了一个《刑事诉讼转移示范条约》，就刑事诉讼移管的有关问题提出了示范性条约条款。此后出现的一些国际刑法公约，对刑事诉讼移管也作了专门的规定。如《联合国打击跨国有组织犯罪公约》第二十一条"刑事诉讼的移交"明确规定："缔约国如认为相互移交诉讼有利于正当司法，特别是在涉及数国管辖权时，为了使起诉集中，应考虑相互移交诉讼的可能性，以便对本公约所涵盖的某项犯罪进行刑事诉讼"。《联合国反腐败公约》第四十七条也作了几乎完全相同的规定。这些规定，进一步确认了国际刑事合作中相互移交刑事诉讼以便更有效地实现对犯罪的刑事管辖的做法。

（一）刑事诉讼移管的条件

刑事诉讼移管作为国际刑事合作的一种形式，与国际刑事合作的其他形式一样，要受到一些共性条件的限制。如双重犯罪原则、政治犯不引渡原则、一事不再理原则等，同样是刑事诉讼移管所必须遵守的规则。除此之外，刑事诉讼移管本身还有一些特殊的条件需要遵守。这些条件主要是：

1. 请求国对请求提起诉讼的犯罪享有管辖权

在刑事诉讼移管中提出请求的国家，首先必须是对移转管辖的犯罪享有管辖权的国家。对该犯罪没有管辖权，就不能请求他国对该犯罪提起诉讼。从实践中看，请求转移诉讼的国家，主要是犯罪地国和犯罪的被害国。按照国际刑法公约和各国国内刑法的规定，每个国家对于发生在本国境内的犯罪都具有刑事管辖权；对于针对本国国家或国民的犯罪，亦具有刑事管辖权。对某一犯罪享有管辖权的国家，通常都愿意由本国的司法机关审判该犯罪，直接追究其刑事责任。但是在某些情况下，享有管辖权的国家由于某种原因，不能、不便或不愿直接追究其刑事责任，因而主动将案件移交给他国，请求他国对该犯罪提起诉讼。

所谓对享有管辖权的犯罪"不能"直接追究其刑事责任，是指在犯罪嫌疑人不在本国境内而犯罪嫌疑人所在国按照本国国民不引渡原则拒绝引渡或基于某种原因不愿意将个人引渡给请求国时，享有管辖权的国家无法对该犯罪嫌疑人提起诉讼；或者犯罪嫌疑人在他国因其他犯罪正在受到刑事追究等情况。所谓"不便"直接追究其刑事责任，是指该犯罪嫌疑人因其他更为严重的犯罪正在他国受审；或者该犯罪嫌疑人作为有组织犯罪成员或其他共同犯罪成员，在他国对该共同犯罪提起的刑事诉讼中一并受审，更为有利等情况。所谓"不愿"直接追究其刑事责任，是指该犯罪嫌疑人所犯罪行较轻，或者犯罪的主要证据不在本国境内，或者本国对该犯罪的管辖权主要是刑事附带民事部分，以致享有管辖权的国家基于诉讼经济的考虑，不愿对其直接提起诉讼等情况。

2. 被请求国对该犯罪亦有管辖权

移转管辖的请求只能向其他有管辖权的国家提出。对移转管辖的犯罪享有管辖权的国家通常不能将该犯罪移交给没有管辖权的国家，请求没有管辖权的国家对其提起诉讼。

有的学者认为，移转管辖是一种"代理管辖"。在刑事诉讼转移管辖中，被请求国对该犯罪提起诉讼，其管辖权来源于"委托代理"，即这种管辖权是接受委托代理他国行使的，没有委托便不存在代理行使管辖权的问题。[1] 其实，这是对刑事诉讼移管的误解。接受移转管辖请求的国家，不论是基于什么理由，最终总是要按照本国法律的规定来提起诉讼和进行审判的。如果其本身对于提起诉讼的犯罪没有管辖权，就不可能在本国法律中找到起诉和审判的根据，起诉和审判也就无法进行。

事实上，一个国家之所以能够接受他国关于移管诉讼的请求，总是基于这样一些考虑：犯罪嫌疑人是本国国民或者是本国的常住居民；犯罪行为部分地发生在本国境内或者本国是受害国（之一）；犯罪嫌疑人在本国在因其他相关犯罪受审等。在上述第一种情况下，由于涉嫌犯罪按照双重犯罪原则也构成被请求国国内法上的犯罪，所以被请求国按照属人管辖的原则，对该犯罪嫌疑人所犯之罪，也享有管辖权。在上述第二种情况下，按照属地管辖原则或者保护管辖原则，被请求国对涉嫌犯罪也享有管辖权的国家。在上述第三种情况下，该犯罪嫌疑人往往是有组织犯罪的成员或其他共同犯罪成员，并且涉嫌犯罪往往是国际犯罪，按照国际刑法公约中规定的普遍管辖原则，被请求国对这类犯罪亦具有管辖权。正因为被请求国对于

---

〔1〕 赵永琛著：《国际刑事司法协助研究》，中国检察出版社 1997 年版，第 63 页。

移转管辖所涉及的犯罪也享有管辖权，被请求国才能够接受请求，并按照其本国法律对其进行起诉和审判。否则，接受移转管辖的请求后，被请求国将无法适用本国法律对其提起诉讼。

当然，在移转管辖的场合，请求国对该犯罪的管辖权往往是优先管辖权，在可能的情况下，请求国会首先对该犯罪提起诉讼，只是在优先管辖权受阻的情况下，请求国才会放弃直接管辖而请求被请求国对该犯罪行使管辖权。

3. 移转管辖中涉嫌犯罪的人正在被请求国境内

移转管辖在一定程度上可以说是基于诉讼经济的考虑。不论是提出移转管辖请求的请求国，还是接受移转管辖请求的被请求国，通常都是基于犯罪嫌疑人正在被请求国境内这一考虑。如果犯罪嫌疑人不在被请求国境内，被请求国往往不会接受移转管辖的请求。同样地，请求国也不会向一个犯罪嫌疑人不在其境内的国家提出移转管辖的请求。

涉嫌犯罪的人在被请求国境内，可能是因为个人本身是被请求国国民或常住居民，因而在国外犯罪之后回到本国或常住地；也可能是在从事跨国性犯罪时被被请求国抓获从而在该国受审；或者是在请求国实施犯罪之后逃亡到被请求国。在后一种场合下，只有当该人所实施的是国际犯罪时，被请求国才可以接受移转管辖的请求，对该人提起诉讼。如果该人实施的是国内法上的犯罪，而犯罪人又不是被请求国国民或常住居民，被请求国对其所实施的犯罪就没有管辖权，因而也就不能接受移转管辖的请求。

（二）刑事诉讼移管的实施

1. 移管请求的提出

刑事诉讼移管的实施，首先要有请求国就移转管辖提出的请求。

刑事诉讼移管的请求，可以在刑事诉讼的不同阶段提出：一是在起诉之前。一国在对犯罪进行侦查的阶段，包括在侦查终结时，若认为在他国进行刑事诉讼更有利于诉讼的进行或者更有利于保障犯罪人的权利或改造，就可以向有关国家提出移交的请求，请求在他国对犯罪嫌疑人提出公诉。二是在判决之前。一国在已经提起公诉或者已经开始对被告人进行审判的刑事诉讼中，如果认为由其他国家对被告人进行审判更为适当，可以暂时中止对案件的审理或者暂不对被告人作出刑事判决，而向更适合审理的国家提出移管请求，以便将案件移交给他国进行审理。三是在执行刑罚之前。一国对犯罪人的罪行已经审理完毕并作出了有罪判决，在已经宣告判决而刑罚尚未执行之前，如果认为由其他国家对其执行刑罚更适当，就可以暂时不执行判处的刑罚，而向他国提出移管请求，请求由他国的刑罚执行机关来对犯罪人执行刑罚。如果被请求国最终不接受请求，请求国可以恢复已经开始的刑事诉讼或者执行已经判处的刑罚。

向他国提出移交刑事诉讼的请求，主要考虑的因素是：（1）犯罪嫌疑人或被告人是被请求国国民或者被请求国是其国籍国；（2）犯罪嫌疑人或被告人通常居住在被请求国；（3）犯罪嫌疑人或被告人在被请求国正在接受或将要接受涉及剥夺自由的判决；（4）被请求国正在对犯罪嫌疑人或被告人就同一犯罪或其他犯罪提起诉讼；（5）刑事诉讼移管被认为有利于查清案件事实，特别是最重要的证据被认为位于被请求国；（6）在被请求国执行刑罚被认为有可能促进被判刑人重返社会；（7）在请求国审判难以确保被告人出席法庭，而如果在被请求国审判则可以确保被告人出席法庭受审；（8）由于存在某些特殊情形，即使引渡也不便在本国执行可能判处的刑罚，如犯罪人的财产在被请求国，对其可能判处的财产刑在请求国无法执行。这些因素中的一项或几项，是一国向他国提出移管请求的根据，也是一国接受他国移管请求的主要理由。

移转管辖的请求应当是由对涉嫌犯罪具有管辖权的司法当局通过本国的外交部门或由条约指定的中央机关以书面形式向被请求国提出。

移转管辖的请求书，应当载明或附有以下资料：

（1）提出请求的当局；

（2）关于请求对之进行移管的犯罪行为的说明，包括犯罪的具体时间和地点；

（3）关于查实某一可疑罪行的调查结果的陈述；

（4）请求国据以认为该行为是犯罪行为的法律规定；

（5）关于涉嫌犯罪人的身份、国籍和住处的合理准确的陈述；[1]

（6）在刑事附带民事诉讼的场合，还应附有被害人关于赔偿数额的请求和赔偿损失的情况说明。

请求书的送达，在有条约规定的情况下，应当按照条约规定的方式送达。没有条约规定时，应当本着有利于司法处置的原则，由双方协商决定。

2. 移管请求的受理

对于请求国提出的移管请求，被请求国应当将其交由本国主管当局进行审查，以决定是否受理。遇有应当拒绝请求的情形时，被请求国就可以作出不予受理的决定。

关于拒绝受理的理由，《欧洲刑事诉讼移转管辖公约》提出了10项：请求所依据的理由不正当；嫌疑人在被请求国没

---

〔1〕 参见：联合国大会通过的《刑事诉讼转移示范条约》第3条。

有惯常居所；嫌疑人不是被请求国的国民；涉嫌犯罪被认为是具有政治性质的犯罪或纯属军事犯罪或财税犯罪；追诉请求是基于种族宗教民族或政治信仰的考虑而提出的；追诉时效已过；犯罪是在请求国领域以外实施的；接受请求将违反被请求国所承担的国际义务；接受请求将违反被请求国法律制度的基本原则；请求国违反有关程序规定。但是联合国大会通过的《刑事诉讼转移示范条约》将拒绝请求的主要理由归纳为4项。即涉嫌犯罪的人不是被请求国国民或并非该国常住居民；移管请求所涉及的行为系军法范围内的犯罪，而非普通刑法范围内的犯罪；该犯罪行为与赋税、课税、关税或兑换有关；被请求国认为该犯罪行为属于政治犯罪。这表明，在刑事诉讼的移转管辖方面，拒绝请求的理由，与其他方面的国际刑事合作一样，要遵循双重犯罪原则和政治犯、军事犯、财税犯不合作原则等。同时也表明，刑事诉讼的移转管辖是以被请求国国民为基础的。

基于对犯罪嫌疑人和被害人合法权益的保护，《刑事诉讼转移示范条约》对涉嫌者的地位和受害者的权利作了专门规定。其第八条"涉嫌者之地位"规定：涉嫌者可向请求国或被请求国表示其关心转移诉讼。同样地，涉嫌者的合法代表或至亲也可以表示这种关心。请求国应在提出转移诉讼请求之前，如实际可行，允许涉嫌者对被指称罪行和拟进行之转移提出其意见，除非该涉嫌者已经潜逃或以其他方法阻碍司法进程。其第九条"受害者之权利"规定：请求国和被请求国在转移诉讼中应确保罪行受害者的权利，特别是受害者追复原物或取得赔偿的权利不应由于此种转移而受到影响。如受害者的索赔未能在此种转移前达成解决，被请求国如其法律规定有此可能时，应许可将受害者的索赔要求在所转移的诉讼程序中提出。遇受害者死亡，本规定应相应地适用于受害者的受抚养人。

如果没有拒绝请求的理由，被请求国应当接受请求，并按照本国法律尽可能完全按照请求行事。同时应当将接受请求的决定及时通知请求国。

按照联合国大会通过的《刑事诉讼转移示范条约》的规定，当两个或两个以上的国家都欲对同一涉嫌犯罪的人因同一犯罪提起诉讼时，有关各国应进行协商以决定由哪一个国家单独继续进行诉讼。由此而达成的协议具有转移诉讼的效果。

3. 移管的执行

被请求国决定受理转移管辖的诉讼之后，应当指令本国有关司法机关按照本国法律规定的程序，对该案件进行立案、侦查、起诉和审判或者执行刑罚。但是在案件移管之前，请求国依据其法律就该案件所完成的诉讼行为和所采取的法律措施，在被请求国所进行的刑事诉讼中应当得到承认，请求国通过正当法律程序获取的证据包括证人证言，在被请求国应当同样具有证明力。

被请求国在按照请求管辖该案件的过程中，如果认为必要，可以根据本国法律规定的条件，对涉嫌犯罪的人采取各种刑事强制措施。

如果认为必要，被请求国在接到请求国提出的转移诉讼的请求时，即使还没有进入本国的刑事诉讼程序，亦可根据请求国的书面请求，对涉嫌犯罪的人采取某些临时性强制措施，如临时拘留或逮捕、扣押物证、监视居住等，以便保证转移诉讼的顺利进行。

4. 恢复诉讼

当请求国提出移管的刑事案件未能在被请求国进行时，请求国可以恢复对该案件的诉讼。

请求国提出刑事诉讼移管的请求之后，如果被请求国经过审查，认为不具备必要的条件而决定不对该请求采取行动，或者基于某个法定理由或酌定理由而作出拒绝接受请求的决定，或者因为诉讼移管的条件发生了变化而作出撤销对移管请求的接受的决定，并且将这种决定通知了请求国，请求国在接到这类通知后，可以并且应当恢复对该案件的诉讼。在被请求国通知其对移管请求采取行动之前，请求国如果基于某种理由主动撤回了自己的移管请求，亦可恢复对案件的诉讼。

决定恢复因提出移管请求而暂时中止的刑事诉讼，要根据提出移管请求时刑事诉讼所处的阶段，采取必要的措施，按照本国法律的规定，继续进行诉讼。在侦查阶段中止的，应当继续进行侦查，在查清全部案件事实后依照法定程序提起公诉。在提起公诉之后中止的，应当继续法庭审理程序。在刑事判决已经作出之后中止的，应当依照本国法院已经作出的具有法律效力的判决执行刑罚。一审法院已经作出判决但是还没有进入上诉程序的，应当允许当事人上诉。恢复诉讼后的诉讼时效应当减去从中止诉讼到恢复诉讼之间延续的时间。

5. 诉讼结果的通报

被请求国在根据移管请求办理转移管辖的刑事案件后，一旦案件审理结束，即应将审判结果通报给请求国。

通报诉讼结果，应当就刑事诉讼转移后的受理情况、案件审理的结果及其理由包括适用的法律、受害人利益的保护情况，以及请求书中所涉及的其他情况的处理等事项作出说明。在一般情况下，通报诉讼结果，应当附有判决书的副本和其他有关文件。如果转移管辖后，涉及证据的移交问题，通报诉讼结果时，还应就作为证据的物品的返回问题作出说明或安排。

第十四章　刑事诉讼的移管与外国刑事判决的执行

（三）诉讼竞合的处理原则

对于多数国际犯罪和含有涉外因素的国内犯罪而言，当一国决定对该犯罪启动刑事诉讼程序进行追究或者准备将该犯罪移交给另一个国家进行追诉时，其他国家可以也在准备或者已经开始了针对该犯罪的刑事诉讼，甚至已经对该犯罪进行了刑事追究。在这种情况下，就可能涉及一个诉讼竞合的问题。

处理诉讼竞合的基本原则是一事不再理原则，即任何一个对该犯罪有管辖权的国家，一旦对该犯罪已经进行刑事诉讼并且已经就该犯罪作出了实质性的生效判决，其他有管辖权的国家就不能再对该犯罪进行刑事追究，已经启动的刑事诉讼程序就应当停止。

但是在实践中，当一个国家对某个犯罪启动刑事诉讼程序之后，其他有管辖权的国家也启动了刑事诉讼程序，并且都还没有结束，于是就存在由哪个国家来继续进行刑事诉讼程序的问题。特别是当一国知道另一个国家已经开始了针对同一犯罪的刑事诉讼程序之后，就应当考虑是否放弃或者暂停自己的诉讼程序，或者将诉讼移交给另一个国家一并审理的问题。

对此，《欧洲刑事诉讼移管公约》第三十二条作了明确的规定："为了查清事实并适用适当的制裁，有关国家应当考察在下列情况下由它们当中的一国单独进行诉讼是否有利。如果是有利的，则应尽力确定由哪一国进行：（一）当对某一人或行为上有牵连的数人指控犯有数种有着质的区别并触犯各有关国家刑法的罪行时；（二）当对在行为上有牵连的数人指控犯有触犯各有关国家刑法的同一罪行时。"这个规定所确立的原则就是：无论是在一人犯数罪或数人共同犯数罪的情况下，还是在数人共同犯一罪的情况下，如果犯罪涉及一个以上的国家，几个国家之间就应当考虑具体由哪一个国家来进行诉讼的

603

问题。有关国家应当在充分考虑和评估案件的具体情况的基础上，努力协商达成一致，决定由它们当中的一个国家单独进行追诉。为此，各个有关国家应当在本国决定对有关犯罪启动刑事诉讼程序之前或者已经启动刑事诉讼程序时及时将这种情况通知其他有关国家。接到这种通知的国家和发出这种通知的国家，都应当在一定期限内延迟作出实体判决，以便能够协商刑事诉讼的移管问题，从而确定由哪个国家单独进行刑事诉讼。

（四）刑事诉讼移管的效力

刑事诉讼的移管，作为国际刑事合作的一种形式，其结果，不论是对于请求国还是被请求国，都具有一定的约束力。

一国向他国提出移管请求，首先要对本国产生拘束力。对于请求国来说，这种拘束力主要表现在：一国一旦向他国提出移管请求，除了必要的调查和对被请求国的司法协助之外，该国即应停止对该犯罪嫌疑人的追诉活动，而不得再因移管请求所针对的犯罪对犯罪嫌疑人或被告人进行诉讼，也不得执行本国先前因同一犯罪已经对犯罪人作出的判决。当然，提出移管请求的国家，在被请求国就移管请求作出决定之前，应当保留采取所有追诉措施的权利。从收到被请求国关于诉讼结果的通报之日起，请求国不得再对该同一罪行进行追诉。

对于被请求国来说，刑事诉讼的移管将产生三个方面的效力：（1）经协议而转移的诉讼要受被请求国法律的约束。被请求国在按其法律对涉嫌犯罪的人提出指控时，应就关于该罪行的法律说明中的具体内容作出必要调整。（2）任何为了诉讼或程序要求在请求国按其法律进行的行为，只要不违背被请求国法律，均应在被请求国具有同等效力，如同在该国或由该国当局进行的一样。（3）被请求国应将诉讼结果的判决书通知请求国。为此，被请求国应根据请求，将最终判决的副本送交请求国。

对于第三国而言，刑事诉讼的移管也将产生一定的效力。如果该第三国是有关国际公约的缔约国，它就应当尊重刑事诉讼移管的效力，停止对同一犯罪或同一犯罪人的刑事诉讼，并把有关该犯罪案件的证据资料移送给经协商对该案进行刑事诉讼的国家，以便保证对犯罪的有效追诉。而对于与该犯罪有牵连关系的刑事案件，或者对于与该犯罪人有关的犯罪人，尽管其他国家可能继续它已经开始的刑事诉讼，但是应当考虑有关人员或犯罪在其他国家进行诉讼的情况，并及时向其他国家通报有关诉讼的进行情况。

二、外国刑事判决的承认与执行

承认和执行外国刑事判决[1]（Recognition and Enforcement of foreign Judgments /Recognition of Foreign Penal Judgments and Execution of Sentences Abroad），是第二次世界大战以来在欧洲国家之间首先发展起来的国际刑事合作的一种形式。1948 年 3 月 18 日北欧五国即丹麦、挪威、瑞典、冰岛和芬兰缔结了《关于承认与执行刑事判决的公约》，就承认和执行外国刑事判决的有关事项作了规定。1968 年 9 月 26 日比利时、荷兰、卢森堡三国缔结了《关于执行刑事判决的条约》，就执行外国刑事判决的具体问题作了详细的规定。1970 年 5 月 28 日签订、1974 年 7 月 26 日生效的《关于刑事判决国际效力的欧洲公约》，在更广的范围内规定了承认和执行外国刑事判决的问题。

其实，在国际刑法公约中，虽然没有明确规定外国刑事判

---

〔1〕 按照国际刑法的新发展，传统意义上的"外国刑事判决"应当改称为"国外或域外刑事判决"。因为在现代，一国承认和执行的本国以外的刑事判决，不仅包括另一个主权国家的刑事判决，而且包括国际特别刑事法庭和国际刑事法院的刑事判决，甚至还可能包括同一国家不同法域的刑事判决。

决的承认与执行问题，但是在对付国际犯罪的一系列国际刑事合作措施中，实际上已经暗含对外国就国际犯罪行使管辖权及其刑事判决的承认。如果没有这种默示承认作为基础，国际刑事合作的具体实施就是不可能的。特别是在一国按照本国的法律对国际公约中规定的国际犯罪已经进行了刑事制裁的情况下，其他对该犯罪也有管辖权的国家不再对同一犯罪启动刑事诉讼程序，实际上就是承认他国对该犯罪所作出的刑事判决的有效性。这说明，承认和执行外国刑事判决和国际刑事法院的判决，是国际刑事合作的一个重要方面。

（一）外国刑事判决的承认

外国刑事判决的承认，是指对于某一犯罪行为具有管辖权的国家，在对同一犯罪也具有管辖权的另一国家就该犯罪作出生效的刑事判决时，承认该判决的法律效力，从而不再对该犯罪进行追诉的行为。

1. 承认外国刑事判决的条件

承认外国刑事判决意味着对该判决的合法性和有效性的确认。所以，一个国家承认另一个国家的刑事判决，总是有条件的。从有关条约规定的内容看，承认外国刑事判决的条件通常是：

（1）被判决的犯罪行为符合双重犯罪原则。被判决的行为不仅在作出判决的国家认为是犯罪，并且按照承认国的法律，也认为该行为构成犯罪。

（2）作出判决的国家对该犯罪具有管辖权。按照本国法律和有关条约或国际刑法公约的规定，作出判决的国家对该犯罪具有管辖权，这是承认外国刑事判决的先决条件。在多数情况下，只有犯罪地国对在其领土上实施的犯罪依照本国法律进行审判而作出的刑事判决，才能得到普遍的承认。

606

（3）判决是在合法有效的诉讼程序中作出的。刑事判决必须是由本国有权作出刑事判决的机关，在依照本国法律明文规定的刑事诉讼程序进行审理的基础上，依照实体法的规定作出的、具有终局效力的判决。并且其本国法律符合国际社会公认的一般法律原则。如果判决不是由本国的权威当局作出的，或者没有经过法定程序的审理，或者其法定程序违反国际社会公认的一般法律原则，或者该判决还有可能因上诉而改变，其判决就不能得到他国的承认。

（4）承认该判决不致危害本国的领土、主权或安全，亦不违反本国法律的一般原则。

（5）作为国际人权保护法的要求之一，该判决是在充分保护被告人的诉讼权利的条件下进行审判的基础上作出的。

2. 承认外国刑事判决的形式

对外国刑事判决的承认，从发动形式上看，有主动承认与被动承认两种形式。主动承认是指当他国所作出的刑事判决符合承认的条件时，根据本国法律的有关规定或者本国缔结或参加的条约的义务，无须判决国的请求而自动确认其效力。被动承认是指尽管他国所作出的刑事判决符合承认的条件，只有在判决国为执行该判决而提出请求的情况下，才根据本国法律的有关规定或者本国缔结或参加的条约的义务确认其效力。采取被动形式承认外国刑事判决的国家，对外国的刑事判决往往持消极态度，即只要不是在应外国请求确认外国刑事判决效力的场合，外国对同一犯罪所作出的刑事判决，不影响本国司法机关依照本国法律对该犯罪行使刑事管辖权。

对外国刑事判决的承认，从承认形式上看，有事实承认与法律承认两种形式。事实承认是指以默示的方式，在事实上承认外国刑事判决的有效性。法律承认是指根据法律的明文规定，明确表示愿意承认外国刑事判决的法律效力。法律承认往往要经过本国权威机关依照法定程序所进行的司法审查。

对外国刑事判决的承认，从承认的内容上看，有全部承认与部分承认之分。全部承认是指对外国刑事判决所依据的事实、所适用的法律以及判决的结论，表示全部承认。部分承认是指只承认判决所依据的事实部分，或者只承认判决所作出的结论部分，或者对判决所依据的一系列事实中有的承认、有的不承认。或者对判决所作出的结论认为其中有的可予承认、有的不能承认。

3. 承认外国刑事判决的效果

对外国刑事判决的承认，往往会在本国引起一定的法律效果。这种法律效果包括：

（1）一事不再理

对外国刑事判决的承认，意味着承认该外国就其所审理的犯罪具有刑事管辖权，同时也意味着对该外国所作出的刑事判决的法律效力的认可。因此，一国一旦明确表示承认他国对某一犯罪所作出的刑事判决，本国就不能对同一犯罪再进行审判和判决。当然，对于主张被动承认的国家而言，只要没有应他国请求明示承认他国的刑事判决，其国内的司法机关仍可就同一犯罪，依照本国法律的规定再行审判和判决。但是即使在这种场合，其国内法律往往会明确规定考虑被告人在他国已经受到审判或者已经执行的刑事判决的情况。

（2）协助执行该刑事判决

一国一旦承认外国刑事判决的法律效力，就应当在本国法律允许的范围内协助他国执行该判决。特别是在犯罪人是本国国民的情况下，犯罪人国籍国如果承认犯罪地国就其犯罪行为所作出的刑事判决，就应当按照判决国的请求，采取有效措施协助执行该判决，其中包括将该外国判决经过妥当安排纳入本国刑事诉讼法规定的执行程序来执行。对于国际犯罪而言，承认外国刑事判决时就应当协助执行该判决，更是国际刑法公约规定的条约义务。

（二）外国刑事判决的执行

外国刑事判决的执行是指对于某一犯罪具有管辖权的国家，在对该犯罪同样具有管辖权的另一国家已经对该犯罪作出生效判决的情况下，应作出该判决的国家的请求，在本国领土上执行该判决所确定的刑罚的行为。

1. 承认与执行外国刑事判决的异同

外国刑事判决的执行与外国刑事判决的承认具有密切的联系。承认是执行的前提，只有在承认外国刑事判决的基础上，才有可能存在外国刑事判决的执行问题。而对外国刑事判决的承认，在一定条件下必然会引起执行外国刑事判决的问题，执行外国刑事判决是承认外国刑事判决必要的继续和延伸。

执行外国刑事判决与承认外国刑事判决具有相同的条件。妨碍承认外国刑事判决的事由，同样也是妨碍执行外国刑事判决的事由。

但是外国刑事判决的执行与外国刑事判决的承认又是两个不同的概念。承认外国刑事判决，并不是必然要引起外国刑事判决的执行问题。因为，刑事判决存在有罪判决与无罪判决之分；在有罪判决中又有免刑判决、缓刑判决与实刑判决之别。法院对被告人宣告无罪判决时，除了审判时被告人已被关押的必须立即释放被告人之外，并不存在判决的执行问题。免予刑事处分和予以缓刑的判决，通常也不存在判决的执行问题。所以，执行外国刑事判决与承认外国刑事判决比较起来，其范围要小得多。并且执行外国刑事判决，除了要求符合承认外国刑事判决的条件之外，还要求有能够执行的条件。承认外国刑事判决的国家，如果不具备执行该判决的条件，同样不发生执行外国刑事判决的问题。

2. 执行外国刑事判决的程序

（1）执行请求的提出

一国执行他国作出的刑事判决，首先必须有作出该判决的国家提出的执行请求。一国对某一犯罪行为判处刑罚之后，如果由于某种原因不能在本国执行，或者认为在他国执行更有利于实现刑罚的目的时，可以根据条约的约定，向能够执行的国家提出请求，要求他国执行该判决。提出执行请求的理由，主要是：被判刑人是被请求国的国民，或者其常住地在被请求国；被判刑人正在被请求国境内并且被请求国不愿将该人引渡给作出判决的国家；在被请求国执行判决更有利于被判刑人重返社会等。

有时，为了维护本国的主权和尊严，或者为了被判刑人的改造，被判刑人的国籍国，也可能主动向作出刑事判决的国家提出请求，由其执行判决国所作出的刑事判决。

作出刑事判决的国家请求他国执行该判决时，应当书面提交正式的请求书，并将请求书连同被请求执行的生效判决书原件或经证明无误的副本及其他有关的文件资料一起送达给被请求国。这种请求一旦提出，即产生请求国放弃执行该判决的法律效果。

（2）执行请求的受理

被请求国接到他国提出的执行刑事判决的请求后，应当将该请求书及其所附判决书和其他有关材料一并交由本国权威当局继续政治审查和司法审查。如果认为有应当拒绝执行或者不能执行的情况，应当作出不予执行的决定，并将该决定告知提出执行请求的国家，将判决书连同有关材料一并退还。如果认为没有应当拒绝执行或者不能执行的情况，应当作出同意执行的决定。

被请求国如果作出同意执行的决定，就应当与作出判决的国家进行协商，安排执行的具体事宜，并确定国内的具体执行机关。如有必要，还应在执行前采取有效的临时措施，以保证判决的执行，如临时逮捕被判刑人、扣押犯罪物品等。

（3）执行请求的拒绝

《关于刑事判决国际效力的欧洲公约》规定了可以全部或部分拒绝执行请求的理由。这些理由主要有：执行国外判决将违反被请求国的法律制度的基本原则；被请求国认为已判决的罪行具有政治性质或者是纯粹的军事犯罪；被请求国认为有充分的理由相信判刑或加刑是基于种族、国籍和政治见解的考虑；执行判决将违反被请求国的国际义务；被请求国已对该罪行提起诉讼或已决定对该行为起诉；被请求国的主管机关已经决定对该犯罪行为不予起诉，或者已撤销起诉；犯罪行为是在请求国领土以外发生的；被请求国无法执行制裁；请求国认为被请求国能够执行制裁而实际上执行制裁的条件并未满足；被请求国认为请求国自己能够执行制裁；犯罪行为发生时，被判刑人的年龄在被请求国未达到追诉标准；按照被请求国的法律，因时效已过，处罚不能再予执行；判决仅仅涉及"取消资格"。

这些理由仅适用于欧洲国家之间执行外国刑事判决时提出拒绝的情况。其中大部分也是世界其他国家所认可的。但是对于国际犯罪而言，某些理由就是不能成立的。如关于政治犯罪的问题，关于国际义务的问题，犯罪行为发生在请求国领土以外的问题，时效的问题等，都不适用于国际犯罪。被请求国主管机关已经决定对该犯罪行为不予起诉，或者已撤销起诉的理由，也只有在这种诉讼被认为是客观公正并符合正当程序的情况下，才会被认可。

3. 执行外国刑事判决的规则

在本国境内执行外国刑事判决所确定的刑罚，应当按照本国法律中规定的同类刑罚的执行机关、管理权限和执行方式来执行。

对于自由刑的执行，应当在剥夺自由的状态下，按照判决确定的期限执行。如果判决所确定的刑种与本国法律所规定的刑种不同时，应当根据刑罚的实际内容，将其转换为本国法律中规定的刑种，如将终身监禁、长期苦役等转换为无期徒刑等，将短期监禁、短期苦役等转换为有期徒刑等，予以执行。如果刑期的长短或计算方式与本国法律的规定不同时，应当按照本国法律的规定确定最长或最短的刑期。适用于本国刑事判决的有关刑罚的具体运用制度，如缓刑、假释、减刑等，应当同样适用于在本国境内执行的外国刑事判决。

对于财产刑的执行，只有在被请求国法律规定对相同犯罪允许判处罚金或没收财产时，才能在被请求国境内执行。被请求国如果接受罚金或没收财产的执行，其执行机关应当按照作出执行决定时的外币兑换率将罚金或没收的财物换算成本国的货币额，予以执行。但是，罚金或没收财产的数额，不应超过本国法律对相同犯罪所规定的罚金或没收财产的最高数额。当执行请求涉及没收特定物时，只有在被请求国法律授权对于相同的犯罪予以没收时，被请求国的有关机关才可以命令没收该物品。对于执行罚金或没收财产的收益，应当在不妨碍任何第三方合法权益的情况下上交给被请求国的公共基金，但是如果请求国对被没收的财物具有某种特殊的利益，该财物应返还给

612

请求国。财产刑不能执行时，是否可以易科自由刑，应当根据有关国家法律的明文规定而定。只有在作出判决的国家和执行判决的国家双方法律中都有易科的规定时，才可以易科自由刑。

对于资格刑的执行，同样要受到双方国内刑法中都有规定的限制。如果请求国作出的刑事判决中包含剥夺被判刑人某种资格的刑罚，只有在被请求国的法律中对相同犯罪也规定了这一刑罚时，才能执行。并且剥夺资格的时间要受被请求国法律的限制。在判处的刑期届满时，被请求国有权宣告恢复被判刑人的资格。

执行外国刑事判决的被请求国，有权按照本国法律的规定，对被判刑人予以有条件的提前释放。特别是在本国颁布特赦令或大赦令的时候，只要被判刑人在特赦或大赦的范围内，被请求国就可以对该被判刑人的刑罚予以赦免。

三、被判刑人的移管

被判刑人的移管是国际刑事合作的一个重要方面。所谓"被判刑人移管"（Transfer of Convicted Offenders /Transfer of Sentenced Person），是指一国将在本国境内被判处自由刑的犯罪人移交给犯罪人的国籍国或常住地国以便服刑，犯罪人的国籍国或常住地国接受移交并执行请求方所判刑罚的活动。被判刑人的移管，对判刑国而言，通常是将被判处自由刑而在押的外籍人移交给其国籍国或者常驻地国，由其国籍国或常驻地国继续执行对其判处的刑罚。因此也称外籍囚犯的移交（Surrender of the Prisoner of the Foreign Nationality）。

在判刑国对外籍的被判刑人执行刑罚，不仅给判刑国带来因语言、生活习惯、宗教信仰等造成的诸多不便，并且对被判刑人而言也有可能增加更多的痛苦，难以保障其基本人权。因此，让在国外被判处刑罚的人返回其国籍国或常住地国服刑，既有利于刑罚的执行，也有利于保障被判刑人的权利，有利于其获得社会改造和重返社会。所以，在国际刑事合作中，被判刑人的移管问题，正在逐渐受到重视和关注。

执行外国刑事判决，在一定条件下就包含了对外国刑事判决所判处刑罚的执行的内容。当所执行的外国刑事判决是关于自由刑的判决时，移交被判刑人，就是执行该判决的一个必经程序。但是，被判刑人移管具有其自身的特殊性。承认和执行外国刑事判决，是以本国对同一犯罪也具有刑事管辖权为前提的。承认和执行外国刑事判决在一定程度上意味着本国将放弃对同一犯罪的追诉权。而接受外国对其作出有罪判决的被判刑人，并不一定要以本国对有关犯罪也有管辖权为前提。即使是本国对有关犯罪没有管辖权，只要认可外国的刑事判决并且愿意对外国已经判处刑罚的罪犯执行刑罚，就可以同意接受该被判刑人，以便执行刑罚。因此，对于被判刑人的移管，有必要作为一个独立的问题，对之进行专门的研究。并且从国际实践中来看，被判刑人的移管也是作为外国刑事判决的执行的一个补充被提出来的。如欧洲国家在 1974 年 7 月 26 日生效的《关于刑事判决国际效力的欧洲公约》（European Convention on the International Validity of Criminal Judgments）的基础上，于 1983 年 3 月 21 日签订、1985 年 7 月 1 日生效了《欧洲移交被判刑人公约》（The European Convention on the Transfer of Sentenced Persons）。

被判刑人的移管不同于为执行刑罚目的而引渡被判刑人的活动。被判刑人的移管，是为了使被判刑人能够在他所熟悉的环境中服刑，以便促进对他的教育改造，也为了便于刑罚的执行，因而是国际人道主义的一种表现。为了执行刑罚而引渡被判刑人的活动，是因为被请求引渡人在被判处刑罚之后逃往他国，以致妨害了一国刑事管辖权的行使，引渡他的目的是维护刑事判决的权威和效力，保障所判刑罚的执行。因此，二者具有不同的目的。这种目的的不同，也伴随着表现形式的差别。被判刑人的移管是通过协商与合作，将被判刑人从对其作出有罪判决并处以刑罚的国家移交给被判刑人的国籍国或常驻国；而为了执行刑罚而引渡被判刑人是通过引渡程序，将被判刑人从其所在国移交给对其作出刑事判决的国家，因而是一种反向移交。被判刑人的移管通常是由被判刑人或者被移交国提出的，而为了执行刑罚的引渡通常是由对其作出刑事判决的国家提出的。

联合国预防犯罪和罪犯待遇大会也对被判刑人的移管问题给予了极大的关注，提出了《关于移交外籍囚犯的模式协定》。《联合国打击跨国有组织犯罪公约》第十七条"被判刑人员的移交"明确规定："缔约国可考虑缔结双边或多边协定或安排，将因犯有本公约所涉犯罪而被判监禁或其他形式剥夺自由的人员移交其本国服满刑期"。《联合国反腐败公约》第四十五条也作了相同的规定。

（一）外籍囚犯移交的一般原则

从《欧洲移交被判刑人公约》和联合国《关于移交外籍囚犯的模式协定》的规定看，被判刑人移管的一般原则或条件主要有：

（1）被判刑人移管应当在相互尊重国家主权和管辖权的基础上进行。

（2）移交被判刑人的条件是：所判处的犯罪行为，不论是按照移交国（即作出刑事判决的国家，或简称判刑国）的法律还是按照接受移交国（即执行该刑事判决的国家，或简称执行国）的法律，都应当判处剥夺自由的刑罚。

（3）移交被判刑人的请求，可以由作出刑事判决的国家提出，也可以由执行该判决的国家提出。

（4）外籍被判刑人的移交必须以被判刑人本人的同意为基础。如果被判刑人本人不能自由决定其意愿，或者其是未成年人，他的法定代表人有权决定是否同意移交。

（5）作出刑事判决的国家在征询被判刑人是否同意移交时应当充分告知移交的可能性及其法律后果，特别是他是否有可能会由于移交前所犯的其他罪行而被起诉；执行国有权证实被判刑人是否自愿同意。

（6）有关移交被判刑人的任何规则，均应适用于因犯罪行为而判处徒刑和判处施加剥夺自由措施的刑罚。

（7）移交只能根据有执行效力的最终判决作出。

（8）在提出移交请求时，将被移交的被判刑人尚未服完的刑罚不得少于6个月。

（9）被判刑人移管的请求如果是由执行外国刑事判决的国家提出的，执行国不得对其以将予执行的判决所依据的同一行为再次进行审判。

（二）被判刑人移管的程序

被判刑人的移管，通常要经过如下五个程序：

1. 征求被判刑人的同意

作出刑事判决的国家，如果认为将被判刑人移交给其国籍国或常住地国服刑会更有利于该人的社会改造而决定移交，应当首先通知在本国境内服刑的外籍被判刑人，向其说明移交的有关事项以及其权利和义务，征求该被判刑人的意愿。如果是被判刑人的国籍国或常驻地国请求将被判刑人移交给本国执行刑罚，也必须首先征求被判刑人的同意（这种情况，往往是由在执行国的被判刑人的亲属向本国主管机关提出，本国主管机关同意后向判刑国提出移管请求的）。只有在被判刑人明确表示愿意回到自己的祖国或者常驻地国服刑的情况下，判刑国才可以向执行国移交被判刑人。如果被判刑人不同意将其移交到国籍国或常驻地国或第三国执行刑罚，移管就不能进行。

征求被判刑人的同意，可以通过书面的方式进行。但是被判刑人的书面同意必须是其在能够自由表达意愿的情况下真实意思的表示。因为被判刑人移管的目的是在其服刑期间更好地保障其基本人权，有利于对其进行改造。如果其本人不同意回到自己的祖国或常驻地国，任何人包括任何国家都不应当违背其意愿，强迫其回去。这也是被判刑人移管不同于引渡的地方。引渡可以不考虑被引渡人的意愿，但是被判刑人的移管则必须以被判刑人本人的同意为先决条件。只有在被判刑人在被判处刑罚的同时被宣告驱逐出境的情况下，判刑国可以不经被判刑人的同意，向其国籍国或常驻地国提出移交的请求；被判刑人的国籍国或常驻地国可以在缺少被判刑人同意的情况下，应判刑国的请求，同意收受被判刑人以便执行对其判处的刑罚的决定。

2. 移交被判刑人请求的提出

被判刑人的国籍国如果认为必要，可以向作出刑事判决的国家提出移交被判刑人并保证继续对其执行刑罚的请求。经判刑国请求，执行国应当提供能够证明被判刑人是该国国民的文件或说明书；表明被判刑人据以被判刑的行为在执行国实施也构成犯罪的法律副本。被判刑人的常住地国，也可以根据被判刑人或其法定代表人的意愿，向作出刑事判决的国家提出移交被判刑人的请求。

如果是判刑国提出移交请求，则应当向执行国提供经证明无误的判决书和它所依据的法律副本；说明被判刑人已服刑的情况包括审判前羁押、赦免及有关刑罚执行的任何其他事项的说明书；有关符合移交条件的说明；关于被判刑人健康及社会关系的报告，包括该人在执行国进一步治疗的建议等。

如果被判刑人在被判刑后逃回其国籍国或常驻地国，判刑国也可以提出请求，请求被判刑人的国籍国或常驻地国接管对该人执行刑罚。在被判刑人逃离判刑国的情况下，判刑国在送达移管请求之前，可以请求被判刑人国籍国或常驻地国对其采取临时措施以保证被判刑人留在其境内，以便在同意移管时能够对其执行刑罚。

移交请求应当以书面形式提出。

3. 审查决定

被请求国接到被判刑人移管的请求后，应当尽快审查决定是否接受请求国的请求。审查通常是依据国际刑事合作的基本原则和被判刑人移管的一般原则进行的。必要时，被请求国可以要求请求国就移交请求提供文字说明或有关文件，并对之进行核实。

移管请求如果是判刑国向执行国提出的，执行国往往要首先审查被判刑人是不是本国公民、作出刑事判决的机关是不是判刑国有权管辖的权威机关按照本国法律规定的正当程序作出的刑事判决；该刑事判决是否经过上诉程序或者是不是具有终局效力的刑事判决；对被判刑人判处的刑罚是否属于自由刑，以及刑罚执行的情况等，以便决定是否同意接受移管请求。

移管请求如果是执行国向判刑国提出的，判刑国往往要首先审查被判刑人是不是请求国的公民或者请求国是不是被判刑人的常驻地国。同时还要审查被判刑人在请求国服刑是否有利于保障其权利，以及请求国是否愿意对其执行已经判处而尚未

第十四章　刑事诉讼的移管与外国刑事判决的执行

执行的刑罚等。

一国同意他国的请求，愿意将被判刑人移交给其国籍国或常驻地国服刑，或者愿意接收在他国被判处刑罚的人到本国继续服刑，往往是基于本国所缔结或参加的国际公约和多边或双边条约规定的合作义务，或者相互之间的友好合作关系或互惠原则，也是基于刑罚人道主义的考虑。

被请求国如果不同意对方的请求，应当及时将其决定通知请求国，并说明不同意的理由。如果被请求国在审查过程中认为请求国提出的文件不真实或者不充分，可以要求对方重新提供。

4. 磋商安排移交事宜

被请求国一旦决定接受请求国关于被判刑人移管的请求，双方就会对移交的具体事宜包括移交的具体时间、地点、途径等进行磋商，以便作出具体安排，保证移交的顺利进行。

移交被判刑人涉及从第三国领域过境运送时，双方还应当与需要从其领域通过的第三国进行磋商，以便进行合作，保证被判刑人安全运送到执行国。

5. 移交的执行

判刑国应当按照双方磋商商定的日期将准备移交的被判刑人押送到双方约定的地点（一般是判刑国司法管辖区内的地点），移交给执行国。执行国应当派员在约定的日期到达约定的地点，接收被判刑人，并确保将被判刑人安全押解到本国，以便交付刑罚执行机关对其执行刑罚。

判刑国和执行国一方如果因任何原因不能按照约定的日期移交或者接收被判刑人，则应当提前通知另一方，重新磋商移交的日期和地点。

619

（三）移交被判刑人后的执行规则

被判刑人的国籍国或常住地国接受移交之后，应当按照国内法律的规定，立即将被判刑人交付执行自由刑的机关执行尚未执行完毕的刑罚。这是移交对执行国必然产生的法律效果。

被判刑人移交给其国籍国或常住地国之后，其国籍国或常住地国即成为外国刑事判决的执行国，其在执行外国刑事判决时，应当遵守一定的规则，而不能任意行事。这些规则主要是：

（1）执行国接收移交的被判刑人之后，其主管当局应当立即或者通过法院发出执行外国刑事判决的命令，以便本国的刑罚执行机关能够据以对该人执行刑罚。但是如果直接执行外国的刑事判决不符合本国法律的原则，执行国也可以通过改换判决的方式，用执行国法律对相同犯罪所规定的刑事处分来代替判决国所作出的刑事判决。

（2）如果是继续执行原判决，执行国应受判决国所作判决的法律性质和期限的约束。只有在该判决的法律性质或期限与执行国的法律规定相抵触时，执行国才可以将判决改为本国法律对相同犯罪所规定的刑罚或刑事措施。

（3）如果是改换判决，执行国应在适当考虑判决国所作判决的情况下根据本国的法律改变原判刑罚的性质或期限。当原判刑罚在本国法律规定的刑罚幅度内时，应当直接转换为该刑罚；当原判刑罚高于本国法律规定的相应刑罚的最高刑时，应当转换为该刑罚的最高刑；当原判刑罚低于本国法律规定的相应刑罚的最低刑时，应当维持原判刑罚不变。但是，剥夺自由的刑罚不得改换为罚金的刑罚。

（4）执行国应受判决国所作判决书上所有事实结论的约束，无权对原判决进行复审。

（5）在任何情况下，被判刑人的处境不得因移交而变坏。

（6）任何移交费用及有关的运输费用均应由执行国负担，但是判决国和执行国另有约定的除外。

（7）判决国和执行国均有权赦免和大赦被移交的囚犯。

四、国际刑事法院判决的执行

随着国际刑事法院的建立和运转，国际刑事法院判决的执行问题，成为国际刑事合作领域的一个新问题。

由于国际刑事法院没有自己独立的刑罚执行机构，不可能直接执行国际刑事法院所判处的刑罚，因而，《国际刑事法院罗马规约》对国际刑事法院刑事判决的执行问题作出了专门的规定。按照罗马规约的规定，国际刑事法院可以判处的刑罚是自由刑和财产刑。

（一）财产刑的执行

罗马规约第一百零九条"罚金和没收措施的执行"中规定："（一）缔约国应根据其国内法程序，执行本法院根据第七编命令的罚金或没收，但不应损害善意第三方的权利。（二）缔约国无法执行没收命令时，应采取措施，收缴价值相当于本法院命令没收的收益、财产或资产的财物，但不应损害善意第三方的权利。（三）缔约国因执行本法院的判决而获得的财产，或出售执行所得的不动产的收益，或酌情出售其他执行所得的财产的收益，应转交本法院。"按照这个规定，国际刑事法院可以判处的财产刑是罚金和没收。

罚金和没收由缔约国根据国际刑事法院的生效判决执行。这里的缔约国，可以是能够执行国际刑事法院判决的任何一个有条件对被判刑人执行财产刑的缔约国，包括被判刑人的国籍国、常驻地、犯罪地国以及犯罪所得转移地国。而执行罚金和没收后，执行国应当将执行所获得的财产移交给国际刑事法院。

（二）自由刑的执行

国际刑事法院所能判处的自由刑是最高刑期不超过 30 年的有期徒刑和无期徒刑。国际刑事法院所判处的自由刑，按照以下程序执行：

1. 确定执行国

缔约国向国际刑事法院提出愿意接收被判刑人并保证对其执行国际刑事法院所判处刑罚的声明。这种声明，可以根据缔约国的愿意，附加一定的条件。

国际刑事法院从愿意接收被判刑人的缔约国名单中，指定一个国家作为所判处刑罚的执行国，在该国执行刑罚。国际刑事法院指定执行国应当考虑以下因素：（1）缔约国分担执行徒刑责任的原则，即缔约国应依照《程序和证据规则》的规定，根据公平分配原则分担这一责任；（2）适用囚犯待遇方面广为接受的国际条约标准；（3）被判刑人的意见；（4）被判刑人的国籍；（5）指定执行国时应酌情考虑的其他因素，包括有关犯罪情节、被判刑人情况，或判刑的有效执行的因素。

具体指定的国家应当从速就其是否愿意接受指定通知国际刑事法院，以便由国际刑事法院决定是否将被判刑人移交给该缔约国。

如果没有缔约国提出愿意接收被判刑人的声明以致国际刑事法院无法指定任何执行刑罚的国家，国际刑事法院可以在东道国提供的监狱设施执行徒刑。在这种情况下，国际刑事法院将承担执行徒刑所需的费用。

2. 执行刑罚

执行国应当严格按照国际刑事法院判决书中确定的刑罚种类和刑期执行刑罚，除了接收被判刑人的声明中附加的并经国际刑事法院同意的条件之外，执行国不得对国际刑事法院的判决作任何修改。

在刑罚执行期间，被判刑人可以提出申诉和改判的申请。执行国不得阻碍被判刑人提出任何这种申请。但是，只有国际刑事法院有权对上诉和改判的任何申请作出裁判。

执行国如果可能存在或出现严重影响徒刑执行条件或程度的任何情况，应当及时将这种情况通知国际刑事法院。国际刑事法院应当至少提前45天得到任何这种已知或预知情况的通知。在此期间，执行国不得采取任何可能违反该国所承担的义务的行动。如果国际刑事法院不同意执行国提出的这些情况或执行国对有关情况的处理，国际刑事法院则应当通知执行国，并作出改变指定执行国的决定。在这种情况下，国际刑事法院可以随时决定将被判刑人转移到另一国的监狱，被判刑人也可以随时申请国际刑事法院将其转移出执行国。

执行国对被判刑人执行刑罚，应当符合囚犯待遇方面广为接受的国际条约标准。监禁条件由执行国的法律规定，但是应当符合囚犯待遇方面广为接受的国际条约标准，并且其条件的宽严不得有别于执行国同类犯罪囚犯的监禁条件。

在执行国受到羁押的被判刑人，不得因该人在被移送到执行国以前实施的任何行为而被起诉或受处罚或被引渡给第三国，除非国际刑事法院应执行国的请求，同意这种起诉、处罚或引渡。但是，如果被判刑人在国际刑事法院所判刑期全部执行后，该人自愿留在执行国境内超过30天，或在离境后又返回执行国境内，上述规定将不再适用。

如果被定罪人越狱并逃离执行国，该国可以在同本法院协商后，请求该人所在的国家依照现行双边或多边协议移交该人，或者请求国际刑事法院要求移交该人。国际刑事法院可以指示越狱人所在的缔约国将该人递解原服刑地国家或国际刑事法院指定的另一国家。

执行国对被判刑人执行刑罚的活动，受国际刑事法院的监督。被判刑人与国际刑事法院之间的通讯不应当受到任何阻碍，并应予保密。

3. 减刑

只有国际刑事法院有权对被判刑人作出减刑的决定，并且应在听取了该人的意见后就此事作出裁定。

减刑的决定始于对被判刑人所判刑罚的复查。但是只有对于已执行刑期三分之二的人，或被判处无期徒刑但已服刑 25 年的人，国际刑事法院才应对其判刑进行复查，以确定是否应当减刑。这种复查不得在上述时间之前进行。

国际刑事法院对符合上述条件的被判刑人进行复查时，如果认为存在下列一个或多个因素，可以减刑：

（1）该人较早而且一直愿意在本法院的调查和起诉方面同本法院合作；

（2）该人在其他方面自愿提供协助，使本法院得以执行判决和命令，尤其是协助查明与罚金、没收或赔偿命令有关的，可以用于被害人利益的资产的下落；

（3）根据《程序和证据规则》的规定，其他因素证明，情况发生明显、重大的变化，足以构成减刑的理由。

如果国际刑事法院进行初次复查后断定不宜减刑，其后可以根据《程序和证据规则》规定的的时间间隔和适用标准，对减刑问题重新进行复查。

4. 被判刑人的释放

在国际刑事法院宣判的刑期届满以前，执行国不得释放被判刑人。

非执行国国民的人在刑期满后，除非执行国准许该人留在

第十四章　刑事诉讼的移管与外国刑事判决的执行

该国境内，根据执行国法律，该人可以被移送到有义务接收该人的国家，或被移送到同意接收该人的另一国家，但应考虑该人是否愿意被移送到该国。

在被判刑人符合因其他犯罪而被起诉或处罚之规定的情况下，执行国也可以依照本国国内法，将该人引渡或移交给为了审判或执行一项判刑而要求引渡或移交该人的国家。

第十五章　中国与国际刑法

通过各国国内刑事司法系统实现对国际犯罪的刑事制裁，是当今世界国际刑法适用的基本途径。为了国内刑事司法系统能够适用国际刑法，首先就必须使含有刑事内容的国际公约的有关条款在国内立法中刑事化。在没有直接适用国际公约法律传统的国家，如果缺乏国内刑法上的根据，国内刑事司法系统就很难在各种具体场合实现对国际犯罪的刑事制裁。特别是对于本国缔结和参加的国际公约，要真正承担起惩治公约规定的犯罪、开展国际刑事合作的义务，没有完备的国内刑事立法作为执法的依据，是难以想象的。因此，国际刑法学在研究国际刑法的基本理论和基本规范的过程中，必须十分重视国际刑法与本国刑事立法的联系，以便为国际刑法的国内体现提供帮助。

一、中国参与国际刑事立法的情况

中华人民共和国自成立以来，一贯奉行 1949 年中国人民政治协商会议共同纲领所确定的"为保障本国独立、自由和领土主权的完整，拥护国际的持久和平和各国人民间的友好合作，反对帝国主义的侵略政策和战争政策"的外交政策，不仅在和平共处五项原则基础上努力发展同各国政府和人民之间的友好往来，而且在加强国际间刑事合作，有效防止和惩处国际犯罪斗争中坚持不懈地努力。特别是在恢复中国在联合国的合法地位以来，我国先后缔结和参加了一系列旨在同国际犯罪作斗争的国际刑法公约和包含国际刑法内容的公约，从而使我国与国际刑法已有的联系更加密切。

中国作为联合国的发起国和联合国安全理事会的常任理事国，早在1945年联合国成立大会上，中国共产党的代表董必武就承认了联合国维持国际和平与安全的宗旨。中国对1945年6月26日签订的《联合国宪章》和1948年12月10日联合国大会通过的《世界人权宣言》都投了赞同票。

1949年10月1日中华人民共和国成立后，我国不仅明确承认1946年12月11日联合国大会关于禁止和制裁反和平罪、战争罪和反人道罪的决议，而且为此做出了积极的努力，其中包括根据该决议的精神对在华日本战犯的审判和惩处。1949年12月10日，中华人民共和国刚刚成立不久，我国就在1949年8月12日签订的日内瓦四公约即《改善战地武装部队伤病员待遇的日内瓦公约》《改善海上武装部队伤病员及遇难者待遇的日内瓦公约》《关于战俘待遇的日内瓦公约》《关于战时保护平民的日内瓦公约》（1950年10月21日生效）上签字，1952年7月13日宣布承认；1956年11月5日全国人大常委会决定批准并于1956年12月28日交存批准书，同时声明分别对一、二公约第10条，三公约第10、12、85条，四公约第11、45条持有保留。四公约从1957年6月28日起对中国生效。1952年7月13日我国承认了1925年《关于禁用毒气或类似毒品及细菌方法作战议定书》和1949年的4个日内瓦公约。1981年9月14日，中国政府代表签署了《禁止或限制使用某些可被认为具有过分伤害力或滥杀滥伤作用的常规武器公约》（1983年

12 月 2 日起对中国生效）；1982 年 9 月 24 日我国对 1951 年 7 月 28 日签订的《关于难民地位的公约》（1954 年 4 月 22 日生效）交存了加入书，同时声明对第 14 条后半部分、第 16 条第 3 款持有保留。该公约从 1982 年 12 月 23 日起对中国生效；1982 年 9 月 24 日我国还对 1967 年 1 月 31 日签订的《关于难民地位的议定书》（1967 年 10 月 4 日生效）交存了加入书，同时声明对议定书第 4 条持有保留。该议定书从 1982 年 12 月 23 日起对中国生效；1983 年 6 月 8 日，中国加入了《南极条约》（同日起对中国生效）；1983 年 9 月 14 日，中国批准加入了 1977 年 6 月 8 日《关于重申和发展适用于武装冲突的国际人道主义法律的日内瓦协定书》包括《1949 年 8 月 12 日日内瓦四公约关于保护国际性武装冲突受难者的附加议定书》（1984 年 3 月 14 日起对中国生效）；1983 年 12 月 30 日，中国加入了《关于各国探索和利用包括月球和其他天体在内的外层活动的原则条约》（1983 年 12 月 30 日起对中国生效）；1984 年 11 月 15 日，中国又加入了《禁止细菌〈生物〉及毒素武器的发展生产及储存以及销毁这类武器的公约》（同日起对中国生效）；1996 年 12 月 30 日，中国批准加入了 1993 年 1 月 13 日签署的《关于禁止发展、生产、储存和使用化学武器及销毁此种武器的公约》。除加入书中声明予以保留的条款之外，这些含有国际刑法规范的公约都对中国生效。根据这些公约的规定，中国承担了制裁反和平罪（侵略罪）、战争罪、反人道罪、非法使用武器罪等战争犯罪的义务。

1978 年 11 月 14 日，中国加入了《关于在航空器内的犯罪和其他某些行为的公约》，除加入书中声明持有保留的第二十四条第一款之外，该公约从 1979 年 2 月 12 日起对中国生效。1980 年 9 月 10 日，中国加入《关于制止非法劫持航空器的公约》和《关于制止危害民用航空安全的非法行为的公约》，除加入书中声明持有保留的第十二条第一款和第十四条第一款外，这两个公约从 1980 年 10 月 10 日起对中国生效。1988 年 2 月 24 日，中国政府代表签署了《补充 1971 年 9 月 23 日在蒙特利尔签订的关于制止危害民用航空安全的非法行为的公约的制止在为国际民用航空服务的机场上的非法暴力行为的议定书》，该议定书从 1989 年 8 月 6 日起对中国生效。根据这三个公约及其议定书，中国对危害国际民用航空秩序的犯罪承担了严厉制裁的义务。

中国曾是 1921 年 9 月 30 日签订的《禁止贩卖妇女和儿童国际公约》和 1926 年 9 月 25 日签订的《禁奴公约》（1927 年 3 月 9 日生效）的缔约国。中国对 1949 年 12 月 2 日联合国大会决议批准的《禁止贩卖人口及取缔意图营利使人卖淫的公约》也投了赞成票。1980 年 11 月 4 日，中国批准参加《消除对妇女一切形式歧视公约》，除批准书中声明中华人民共和国不接受该公约第二十九条第一款的约束的内容之外，该公约从 1981 年 9 月 3 日起对中国生效。中国 1990 年 8 月 29 日签署了 1989 年 11 月 20 日联合国大会通过的《儿童权利公约》（该公约 1990 年 9 月 2 日生效），1991 年 12 月 29 日全国人大常委会批准加入，1992 年 1 月 31 日交存加入书；该公约从 1992 年 4 月 20 日起对中国生效。根据上述公约的规定，中国承担了对国际贩卖人口罪进行刑事管辖的义务。

1981 年 12 月 29 日，中国批准加入了 1965 年 12 月 21 日联合国大会通过的《消除一切形式种族歧视国际公约》，除持有保留的第二十二条之外，该公约从 1982 年 1 月 28 日起对中国生效。根据该公约，中国承担了制裁种族歧视罪的义务。

1982 年 11 月 25 日，中国批准参加《万国邮政公约》，该公约同日对中国生效。根据该公约，中国承担了对非法使用国际邮件罪行使刑事管辖权的义务。

1982 年 12 月 10 日，中国政府代表签署了《联合国海洋法公约》。1996 年 5 月 15 日全国人民代表大会常务委员会批准加入该公约。根据该公约，中国承担了对海盗罪、贩运奴隶罪、海上贩卖毒品罪、破坏海底电缆罪等进行刑事制裁的义务。

1983 年 4 月 18 日，中国加入了《禁止并惩治种族隔离罪行国际公约》。该公约从 1983 年 5 月 18 日起对中国生效。按照该公约的规定，中国承担了防止和制裁种族隔离罪的义务。

1983 年 4 月 18 日，中国批准参加《防止及惩治灭绝种族罪国际公约》，除批准书中声明持有保留的第九条之外，该公约从 1983 年 7 月 17 日起对中国生效。根据该公约的规定，中国承担了防止和制裁灭绝种族罪的义务。

1985 年 6 月 18 日，中国批准参加《经〈修正一九六一年麻醉品单一公约的议定书〉修正的一九六一年麻醉品单一公约》。除批准书中声明持有保留的第四十八条第二款之外，该公约从 1985 年 7 月 18 日起对中国生效。1985 年 6 月 18 日，中国批准参加《一九七一年精神药物公约》。除批准书中声明持有保留的第三十一条第二款之外，该公约从 1985 年 9 月 16 日起对中国生效。1989 年 10 月 25 日，中国批准参加《联合国禁止非法贩运麻醉药品和精神药物公约》，同时声明不受该公约第三十二条第二、三款的约束。根据上述公约，中国承担了制裁毒品犯罪的义务。

1987 年 8 月 5 日，中国加入了 1973 年 12 月 14 日联合国大会通过的《关于防止和惩处侵害应受国际保护人员包括外交代表的罪行的公约》（1977 年 2 月 20 日生效）。除加入书中声明予以保留的该公约第十三条第一款之外，该公约从 1987 年 9

月 4 日起对中国生效。根据该公约的规定，中国承担了制裁侵害受国际保护人员罪的义务。

中国积极参与起草了 1985 年 9 月 6 日第七届联合国预防犯罪和罪犯待遇大会建议通过、1985 年 11 月 29 日联合国大会通过的《联合国少年司法最低限度标准规则》（北京规则）；对 1984 年 12 月 10 日联合国大会通过的《禁止酷刑和其他残忍、不人道或有辱人格的待遇或处罚公约》（1987 年 6 月 26 日生效）投了赞同票，并于 1988 年 10 月 3 日批准参加了该公约。除批准书中声明予以保留的该公约第二十条和第三十条第一款之外，该公约从 1988 年 11 月 3 日起对中国生效。根据该公约的规定，中国承担了制裁酷刑罪和教育国家公职人员不施用酷刑的义务。

1989 年 1 月 10 日，中国加入了《核材料实物保护公约》。除加入书中声明不受该公约第十七条第二款的约束外，该公约从 1989 年 2 月 9 日起对中国生效。根据该公约的规定，中国承担了制裁非法获取和使用核材料罪的义务。1996 年 3 月 1 日中国又批准加入了 1994 年 6 月 17 日签订的《核安全公约》。

1989 年 10 月 25 日，中国加入了联合国教科文组织 1970 年 11 月 14 日通过、1972 年 4 月 2 日生效的《关于禁止和防止非法进出口文化财产和非法转让其所有权的方法的公约》。该条约从 1990 年 2 月 28 日起对中国生效。根据该公约的规定，中国承担了制裁盗运珍贵文物出口罪的义务。

1991 年 6 月 29 日，第七届全国人民代表大会常务委员会第二十次会议决定批准参加《制止危及海上航行安全非法行为公约》和《制止危及大陆架固定平台安全非法行为议定书》。除批准书中声明不受《制止危及海上航行安全非法行为公约》第十六条第一款的约束外，中国根据这两个公约，承担了制止危害海上航行安全罪和危害大陆架固定平台安全罪的义务。

1991 年 9 月 4 日第七届全国人民代表大会常务委员会第二十一次会议决定加入 1989 年 3 月 22 日订于巴塞尔的《控制危险废物越境转移及其处置巴塞尔公约》，中国承担了惩治作为破坏环境罪之一的非法越境转移危险废物行为的义务。

1992 年 12 月 28 日，第七届全国人民代表大会常务委员会第二十九次会议决定加入 1979 年 12 月 17 日联合国大会通过的《反对劫持人质国际公约》（1983 年 6 月 3 日生效），1993 年 1 月 26 日交存加入书。该公约从 1993 年 2 月 24 日起对中国生效。除决定中声明对公约第十六条第一款予以保留，不受该条约束外，根据该公约的规定，中国承担了制裁劫持人质罪的义务。

中国在国际上一贯坚持反对恐怖主义罪行的立场，积极参加国际反恐立法的工作。加入了《制止恐怖主义爆炸事件的国际公约》（该公约从 2001 年 5 月 23 日起对中国生效）。2001 年 11 月 13 日，中国外交部长唐家璇代表中国签署了 1999 年 12 月 9 日联合国大会通过的《制止向恐怖主义提供资助的国际公约》，2006 年 2 月 28 日全国人大常委会通过了加入该公约的决定，2006 年 4 月 19 日中国常驻联合国代表王光亚大使向联合国秘书长交存了中国参加该公约的批准书，该公约从 2006 年 5 月 19 日起对中国生效，并适用于香港和澳门特别行政区。2005 年 9 月 14 日，中国外交部长李肇星在纽约联合国总部举行的"条约活动"第一天就代表中国政府签署了《制止核恐怖行为国际公约》，表明了中国政府反对一切形式的恐怖主义、支持完善国际反恐法律框架的一贯立场，昭示了中国政府致力于依法采取实际步骤打击恐怖主义的决心。中国还于 2001 年 6 月 15 日与俄罗斯等国签署了《打击恐怖主义、分裂主义和极端主义的上海公约》。

中国积极参与起草《联合国打击跨国有组织犯罪公约》，为该公约的顺利通过作出了积极的贡献。在 2000 年 12 月 12 日至 15 日联合国举行的高级别政治签署会议上，中国外交部副部长王光亚代表中国签署了该公约及其附加议定书（《关于预防、禁止和惩治贩运人口特别是妇女和儿童行为的补充议定书》和《关于打击陆、海、空偷运移民的补充议定书》），2003 年 8 月 27 日，全国人大常委会通过了批准加入《联合国打击跨国有组织犯罪公约》的决定，2003 年 9 月 23 日，中国常驻联合国代表王光亚向联合国秘书长安南交存了中国加入该公约的批准书，该公约于 2003 年 10 月 23 日对中国生效，并同时适用于澳门特别行政区，该公约于 2006 年 10 月 27 日起适用于香港特别行政区。2002 年 12 月 9 日，中国政府又签署了第三议定书，即《打击非法制造和贩运枪支及其零部件和弹药的补充议定书》。

中国积极支持《联合国反腐败公约》的起草工作，并且十分关注反腐败公约起草的进展情况，选派有各方面代表参见的代表团参与了特别委员会关于公约草案的每一次讨论，对于反腐败公约的厘定和通过，发挥了积极的建设性作用。2003 年 12 月 10 日，外交部副部长张业遂代表中国政府签署了该公约。2005 年 10 月 27 日全国人大常委会批准了加入该公约。该公约从 2005 年 12 月 14 日生效对中国生效。

此外，中国曾是 1929 年 4 月 20 日签订的《防止伪造货币国际公约》的签字国；中国 1984 年 12 月 19 日加入了 1967 年 7 月 14 日修订的《保护工业产权巴黎公约》（该公约从 1985 年 3 月 19 日起对中国生效）；1989 年 5 月 26 日签署了《关于集成电路知识产权保护条约》；1992 年 7 月 1 日决定加入 1886

年 9 月 9 日签订、1971 年 7 月 24 日在巴黎修订、1986 年 9 月 9 日生效的《伯尔尼保护文学和艺术作品公约》（该公约从 1992 年 10 月 15 日起对中国生效）和 1952 年 9 月 6 日签订、1971 年 7 月 24 日签订、生效的《世界版权公约》（中国 1992 年 7 月 1 日决定加入，该公约从 1992 年 10 月 15 日起对中国生效）；1992 年 11 月 7 日决定加入了 1971 年 10 月 29 日签订、生效《保护录音制品制作者防止未经许可复制其录音制品公约》。根据这些公约，中国承担了在国际范围内保护知识产权、惩治侵犯知识产权犯罪的义务。

中国（清政府）作为 1899 年 7 月 29 日、1907 年 10 月 18 日签订的两个《和平解决国际争端公约》的原始缔约国，曾参与了"常设国际仲裁法院"的创建活动。1993 年 7 月 15 日，该法院院长通知我国恢复在该法院的活动，得到认可。我国作为联合国安理会常任理事国参与了根据 1945 年 10 月 24 日生效的《国际法院规约》成立的国际法院的活动，1971 年恢复我国在联合国的合法地位之后，我国即派员担任国际法院法官，参加了国际法院的一系列活动。我国在前南斯拉夫国际特别刑事法庭和卢旺达国际特别刑事法庭中也派员担任法官，参加了对前南斯拉夫和卢旺达境内发生的危害人类罪行的审判活动。

中国还于 1984 年 9 月 5 日加入了国际刑事警察组织。在侦查跨国性刑事案件和缉捕国际罪犯的实际操作中，同世界各国进行着经常性的、密切的合作。特别是近些年来，国际刑警组织中国国家中心局平均每年办理上万件国际合作事项，有效地促进了中国与世界各国在联合打击跨国性犯罪特别是有组织犯罪方面的合作。

所有这一切，都使中国与国际刑法的联系越来越密切。同时还由于中国在国际社会中的突出地位，以及中国实行对外开放政策以来人们跨越国界的活动的大量出现等实际状况，中国在对付国际犯罪的国家间刑事合作方面发挥着越来越重要的作用。

值得注意的是，中国在加入国际公约时往往对个别条款持有保留。这些持有保留的条款，从内容上来看，主要是关于缔约国之间对公约的解释和适用发生争端不能和平协商解决时，争端一方可提交国际法院裁决的规定，以及有关国际组织可以就某些刑事问题直接派员赴有关当事国进行考察的规定。这是因为，中国政府一贯认为，各国的主权应当受到国际社会的普遍尊重，任何国家、任何国际组织都不应当强迫他国放弃主权原则而屈从于别国的干预。所以中国在刑事问题上坚持不接受国际法院强制管辖的立场，不允许任何国际组织在未经中国有关权威当局同意的情况下在中国境内进行有关刑事问题的调查活动。从这些保留条款的内容上可以看出，在联合制裁国际犯罪的国际刑事合作中，中国一向持慎重的态度。但是随着中国在国际法院的地位的恢复，上述保留条款有无继续存在的必要，就值得研究。特别是随着国际刑法的发展，国际刑事法院的建立，中国应持何种态度？更应值得认真研究。

国际刑事法院作为国际社会联合对付日益严重的国际犯罪的一种组织形式，具有国际刑法直接适用的功效。中国应当持积极的态度，认真研究罗马规约的规定和国际刑事法院的运作规则，力争在适当的时候批准罗马规约，以便能够以主体身份直接参与国际刑事法院的活动。通过直接参加国际刑事法院的组织和活动，可以充分阐述我国的立场和主张，发挥我国在国际舞台上应有的作用。如果一味固守国家主权，在刑事问题的国际合作中采取消极的或是反对的态度，而不顾世界性的发展趋势，就会在国际舞台上处于被动的地位。这样做，不仅人为地将自己孤立起来，无法与其他国家进行对话与交流，因而也就无法用自己的立场和观点去影响别国，而且会自己束缚自己的手脚，在如此重大的国际事务中不能参与其中而发挥应有的作用。因此，作为一种明智的选择，应当是既不放弃国家主权的原则立场，又积极参与国际刑事法院的活动，在参与中阐明自己的立场和观点，提出自己的主张和办法，用以影响其他参与者，进而发挥自己的作用。

二、国际刑法规范在中国刑事法律中的体现

中华人民共和国的刑事立法，曾经走过了一段艰难的道路。1979 年 7 月 1 日全国人民代表大会通过、自 1980 年 1 月 1 日起施行的《中华人民共和国刑法》和《中华人民共和国刑事诉讼法》，标志着中国的刑事法制建设进入了一个新的历史阶段。1980 年以来，国家立法机关又根据经济体制改革中出现的新情况新问题，对刑事法律尤其是刑法进行了一系列修改补充，使刑事法律不断适应同犯罪作斗争的需要。在这些补充立法的基础上，全国人民代表大会又于 1996 年、1997 年相继对刑事诉讼法和刑法进行了全面的修改和修订。此后，全国人大常委会根据国家社会经济发展的需要和犯罪情况的变化，制定了一个决定、10 个修正案，对刑法进行修改补充；对刑事诉讼法进行全面修改和补充，使中国的刑事法律更加适应同犯罪作斗争的需要，更有利于保护公民的基本人权和合法权益，同时也更为充分地体现了国际刑法规范的有关内容。

从中国现行刑法的具体规定来看，中国刑法中禁止和惩罚的某些犯罪，与国际刑法中禁止和惩罚的某些国际犯罪，在犯罪构成上是相通的。中国刑法中有关这类犯罪的规定，既适用于纯粹的国内犯罪，也完全适用于相应的国际犯罪。特别是经1997 年 3 月 14 日全国人民代表大会修订后的《中华人民共和

国刑法》，在许多方面体现了中国缔结或参加的有关国际刑法公约的内容。

（一）关于刑事管辖的一般规定

1979 年刑法第一章中对中国刑法的管辖范围作了明确的规定。1997 年修订后的刑法在基本保留 1979 年刑法原有规定的基础上，根据人大常委会的有关决定，进一步完善了刑法的管辖规定，从而使中国刑法在管辖范围上能够完全适应同国际犯罪作斗争的需要。

1. 中国刑法的属地管辖权

1997 年《刑法》第 6 条规定："凡在中华人民共和国领域内犯罪的，除法律有特别规定的以外，都适用本法""凡在中华人民共和国船舶或者航空器内犯罪的，也适用本法""犯罪的行为或者结果有一项发生在中华人民共和国领域内的，就认为是在中华人民共和国领域内犯罪。"

这一规定，确立了我国刑法的属地管辖权。属地管辖权是国际社会公认的并在国际刑法公约中体现的管辖原则之一。

按照上述规定，只要犯罪的行为或者结果有一项发生在我国领域内，包括领土、领水和领空内，我国就有权按照本国刑法进行管辖。不仅如此，我国刑法还直接采用了国际刑法公约的有关规范，明确规定：犯罪的行为或者结果有一项发生在我国的船舶或者航空器内的，我国亦有权进行管辖。

上述规定中的例外情况，包括刑法第 11 条关于享有外交特权和豁免权的外国人在我国领域内犯罪的刑事责任问题的特别规定；刑法第 90 条关于民族自治地方可以制定变通或者补充规定的特别规定；《香港特别行政区基本法》和《澳门特别行政区基本法》关于我国香港、澳门特别行政区法律制度的特别规定，以及刑法施行后国家立法机关可能制定的特别刑法的规定。这些特别规定，并不妨害属地管辖原则作为确立刑事管辖权的基本原则的地位，也不会影响它在一般情况下的普遍适用。

2. 中国刑法的属人管辖权

我国 1979 年刑法曾经规定过有限的属人管辖权，即我国刑法只对我国国民在我国领域外实施的某些犯罪行使刑事管辖权。如 1979 年《刑法》第四条规定的反革命罪、伪造国家货币罪、贪污罪、受贿罪、泄漏国家机密罪、冒充国家工作人员招摇撞骗罪、伪造公文证件印章罪；第五条规定的法定最低刑为三年以上有期徒刑的犯罪。对于我国公民在我国领域外实施的其他犯罪，我国刑法不予管辖。

但是 1997 年刑法对此作了修改，规定了完全的属人管辖权。除了《刑法》第六条确立的属地管辖原则，其本身就意味着我国刑法对我国公民在我国领域内实施的犯罪具有管辖权，不允许任何人有超越法律之外或者凌驾于法律之上的特权之外，《刑法》第七条对中国公民的域外犯罪作了新的规定："中华人民共和国公民在中华人民共和国领域外犯本法规定之罪的，适用本法，但是按本法规定的最低刑为三年以下有期徒刑的，可以不予追究""中华人民共和国国家工作人员和军人在中华人民共和国领域外犯本法规定之罪的，适用本法"。这一规定，确立了我国刑法对我国公民的域外犯罪实行属人管辖的原则。

值得注意的是，1997 年刑法的这一规定，修改了 1979 年刑法的有关规定，一是取消了罪种的限制；二是取消了法定最低刑为三年以上有期徒刑的限制；三是体现了对国家工作人员和军人从严的精神，从而扩大了中国刑法对中国公民域外犯罪的管辖范围。

638

3. 中国刑法的保护管辖权

《刑法》第八条规定："外国人在中华人民共和国领域外对中华人民共和国国家或者公民犯罪，而按本法规定的最低刑为三年以上有期徒刑的，可以适用本法；但是按照犯罪地的法律不受处罚的除外。"这一规定，确立了我国刑法的保护管辖原则。

按照该条的规定，我国刑法从保护本国利益的需要出发，对外国人在我国领域外实施的部分犯罪行使管辖权。当然，保护管辖权的行使要受到一定条件的限制。按照我国刑法的上述规定，对外国人在我国领域外实施的犯罪行使管辖权，要受到以下三个条件的限制：（1）犯罪行为必须是以我国国家或公民为对象的。以我国国家或公民为对象的犯罪，必然侵害我国的国家利益或者我国公民的合法权益。这类犯罪，不论在哪里实施，不论由什么人实施，也不论以什么方式实施，我国都有权对其进行刑事管辖。这是国际社会公认的原则。（2）按照我国刑法的规定，该犯罪的最低刑为三年以上有期徒刑。最低刑为三年以上有期徒刑，表明该犯罪在中国刑法中属于比较严重的犯罪，也说明我国刑法只是对严重危害我国国家利益和严重侵犯我国公民合法权益的犯罪才行使保护管辖权，而不是对任何侵害我国国家利益和我国公民合法权益的犯罪都实行保护管辖。（3）按照犯罪地的法律也应受处罚，即实行保护管辖的犯罪必须符合双重犯罪原则。如果按照犯罪地的法律不受处罚，我国亦不对之实行保护管辖。这既是对犯罪地国属地管辖权的尊重，也是保护管辖原则本身的要求。

4. 中国刑法的普遍管辖权

我国 1979 年刑法中没有关于普遍管辖权的规定，但是，改革开放以来我国陆续加入的一些国际刑法公约中都有关于普遍管辖原则的规定。为了切实履行我国在有关国际刑法公约中承担的国际义务，适应在同国际犯罪作斗争中加强国际刑事合作的需要，全国人民代表大会常务委员会于 1987 年 6 月 23 日作出了《关于对中华人民共和国缔结或者参加的国际条约所规定的罪行行使刑事管辖权的决定》，以特别立法的形式规定我国刑法中的普遍管辖原则。

1997 年刑法第九条吸收了上述决定的内容，明确规定："对于中华人民共和国缔结或者参加的国际条约所规定的罪行，中华人民共和国在所承担条约义务的范围内行使刑事管辖权的，适用本法。"这一规定，确立了我国刑法对于国际犯罪的普遍管辖权，同时也表明，普遍管辖原则只适用于国际刑法公约中所规定的国际犯罪。

这一规定，明确反映了中国在反对恐怖主义等国际犯罪的斗争中一贯坚持的严正立场，表明了中国作为国际公约的缔约国信守自己在有关国际公约中对制裁国际犯罪所做出的承诺，把中国刑法与国际刑法联系起来，同时也消除了中国刑法关于刑法适用范围的规定与中国所承担的国际义务不相适应的现象，为刑事司法系统制裁有关国际刑法条约中规定的国际犯罪提供了国内法上的依据。

除了上述规定之外，我国刑法第十条规定："凡在中华人民共和国领域外犯罪、依照本法应当负刑事责任的，虽然经过外国审判，仍然可以依照本法追究，但是在外国已经受过刑罚处罚的，可以减轻或者免除处罚。"这一规定，实际上是在维护我国刑法的管辖权的同时，以消极的方式承认外国刑事判决的效力。[1]

---

〔1〕 随着"一事不二审原则"在国际社会普遍受到认可并在中国签署的一些国际公约中的出现，中国刑法中的这个规定将面临挑战。同一犯罪行为，在外国已经受到审判并受过刑事处罚，如果我国再对其进行审判，即使是减轻或者免除处罚，都将违反"一事不二审原则"的精神。

《刑法》第十一条规定："享有外交特权和豁免权的外国人的刑事责任，通过外交途径解决。"作为刑事管辖权上的一个例外，这一规定，既是国际交往中相互尊重主权和平等互惠的原则要求，也是按照有关国际公约[1]每个国家都应当遵守的国际关系准则。当然，在中国，这一规定的具体实施，要按照1986年全国人民代表大会常务委员会通过的《中华人民共和国外交特权与豁免条例》的有关规定执行。

我国刑法关于管辖原则的上述规定，与国际刑法公约中对国际犯罪规定的管辖原则是完全一致的。按照上述规定，中国刑法不仅完全适用于在中国领域内实施犯罪的中国公民，而且还适用于在中国领域内实施犯罪但不享有外交特权和豁免权的外国人和无国籍人；不仅适用于在中国领域外犯罪的中国公民，而且适用于在中国领域外对中国或中国公民犯按中国刑法最低刑为三年以上有期徒刑之罪的外国人和无国籍人；对于国际刑法公约中规定的国际犯罪，中国刑法具有普遍适用的效力。并且，不论是中国人还是外国人和无国籍人，其犯罪行为和犯罪结果不论是全部发生在中国领域内还是犯罪行为或犯罪结果之一项发生在中国领域内，都可以适用中国刑法。因此，国际刑法所禁止和惩罚的国际犯罪，只要符合中国刑法分则中规定的某个犯罪的构成要件，在上述范围内就可以适用中国刑法。从这个意义上讲，中国刑法中与国际刑法实体规范相吻合的条款，在一定程度上体现了国际刑法的实体性规范；其中所

---

〔1〕 如 1964 年 4 月 24 日生效的《维也纳外交关系公约》〔中国 1975 年 11 月 25 日交存加入书，同年 12 月 25 日对中国生效；1967 年 3 月 19 日生效的《维也纳领事关系公约》〔中国 1979 年 7 月 3 日交存加入书，同年 8 月 1 日对中国生效〕；1946 年 9 月 17 日生效的《联合国特权及豁免公约》（中国 1979 年 9 月 11 日交存加入书，同日对中国生效）；1948 年 12 月 2 日生效的《专门机构特权与豁免公约》（中国 1979 年 9 月 11 日交存加入书，同日对中国生效）。

禁止和惩罚的犯罪，既是中国国内法上的犯罪，也可以视为相应的国际犯罪构成在中国刑法中的具体化。

（二）关于刑事责任的规定

国际刑法公约中关于国际犯罪的实体规范，在许多方面涉及国际犯罪的刑事责任问题。这类实体规范，在中国刑法总则中得到了充分的体现。

首先，中国1997年修订后的刑法明确规定了罪刑法定原则、刑法面前人人平等原则和罪责刑相当原则。《刑法》第三条规定："法律明文规定为犯罪行为的，依照法律定罪处刑；法律没有明文规定为犯罪行为的，不得定罪处刑。"第四条规定："对任何人犯罪，在适用法律上一律平等。不允许任何人有超越法律的特权。"第五条规定："刑罚的轻重，应当与犯罪分子所犯罪行和承担的刑事责任相适应。"

这些规定，不仅反映了国际社会公认的刑法的基本原则，而且反映了有关国际刑法公约关于国际犯罪刑事责任的明确要求，如《反对劫持人质罪国际公约》第二条规定的"每一缔约国应按照第一条所称罪行的严重性处以适当的惩罚"；《禁止酷刑和其他残忍、不人道或有辱人格的待遇或处罚公约》第四条中规定的"每一缔约国应根据其性质的严重程度，对上述罪行加以适当处罚"；《联合国禁止非法贩运麻醉药品和精神药物公约》第三条中规定的"各缔约国应采取可能必要的措施将下列故意行为确定为国内法中的刑事犯罪"，"各缔约国应使按本条第一款确定的犯罪受到充分顾及这些罪行的严重性质的制裁"等规范所要求的罪刑法定和罪责刑相当原则。

其次，中国刑法对犯罪和犯罪人的不同情况，分别规定了不同的刑事责任原则。如中国刑法第十四至十六条关于罪过责任原则的确立和关于故意犯罪与过失犯罪的区分；第十七至十九条关于刑事责任年龄和刑事责任能力的规定；第二十二至二十四条关于犯罪的预备、未遂和终止等不同情况的处罚原则的规定；第二十五至二十九条关于不同犯罪人的刑事责任的规定等，都充分体现了世界各国公认的刑法原则。

最后，中国刑法关于刑罚种类及其具体运用制度的规定，保障了刑事责任的有效实施和刑罚适用的目的性。

（三）关于具体犯罪的规定

在中国刑法分则中，可以体现或包容国际刑法公约中规定的国际犯罪的条款，主要有如下几种：

1. 关于战争犯罪

1981年6月10日全国人民代表大会常务委员会通过的《中华人民共和国惩治军人违反职责罪暂行条例》在规定中华人民共和国的现役军人违反职责的犯罪中，就包含了对军人违反战争法规所构成的犯罪的规定。1997年修订后的刑法，基本上保留了上述条例的内容，并作出了必要的修改补充。

1997年《刑法》第四百四十六条战时残害居民、掠夺居民财物罪规定："战时在军事行动地区，残害无辜居民或者掠夺无辜居民财物的，处五年以下有期徒刑；情节严重的，处五年以上十年以下有期徒刑；情节特别严重的，处十年以上有期徒刑、无期徒刑或者死刑。"第四百四十八条虐待俘虏罪规定："虐待俘虏，情节恶劣的，处三年以下有期徒刑。"这两条规定，虽然只适用于中国人民解放军的现役军人，但是它们体现了1946年12月11日联合国大会决议一致确认的欧洲国际军事法庭宪章原则有关战争犯罪的某些罪行，并与日内瓦四公约及其附加议定书的某些规定与一致。按照1997年刑法中的上述规定，中国人民解放军的现役军人如果在中华人民共和国领域外实施这类犯罪行为，被中国军事法院判处刑罚，即可以视为

643

国际刑法规范通过中国刑法在中国国内的适用。

2. 关于破坏国际秩序的犯罪

1997 年刑法第二章"危害公共安全罪"中规定的许多犯罪，与国际刑法公约中规定的破坏国际秩序的犯罪，在行为特征上是一致的。这类犯罪，如果发生在危害国际社会的安全、破坏国际公共秩序的场合，就可能构成国际犯罪，同时也可以依照中国刑法追究有关犯罪人的刑事责任。

（1）故意以危险方法危害公共安全罪

《刑法》第一百一十四条规定："放火、决水、爆炸、投毒或者以其他危险方法破坏工厂、矿场、油田、港口、河流、水源、仓库、住宅、森林、农场、谷场、牧场、重要管道、公共建筑物或者其他公私财产，危害公共安全，尚未造成严重后果的，处三年以上十年以下有期徒刑。"第一百一十五条第一款规定："放火、决水、爆炸、投毒或者以其他危险方法致人重伤、死亡或者使公私财产遭受重大损失的，处十年以上有期徒刑、无期徒刑或者死刑。"这两条所规定的放火罪、决水罪、爆炸罪、投毒罪、以危险方法危害公共安全罪，都是故意用危险方法危害公共安全的犯罪。这些犯罪在行为特征与国际恐怖活动罪是完全一致的；在构成要件上没有犯罪动机和主体的限制，如果是基于制造恐怖活动的动机，跨国性实施这类犯罪行为，就可能构成国际恐怖活动罪，并可依照中国刑法追究有关犯罪人的刑事责任。

根据国际恐怖主义犯罪手段的翻新，中国及时修改了刑法的有关规定。2001 年 12 月 29 日颁布的《中华人民共和国刑法修正案三》，把刑法第一百一十四、一百一十五条中规定的投毒罪修改为"投放危险物质罪"，凡是投放具有毒害性物质，即能对人或动物产生毒害的有毒物质包括化学性有毒物质、生物性有毒物质和微生物类有毒物质；放射性物质，即铀、镭、钴等能对人和动物产生严重辐射危害的物质包括可以产生裂变反应或聚合反应的核材料；传染病病原体，即能通过在人体或动物体内适当的环境中繁殖从而给身体造成危害的传染病菌种、毒种等物质的，都构成投放危险物质罪，依照刑法第一百一十四、一百一十五条的规定追究刑事责任。

为了严密刑法法网，刑法修正案（三）也增设了"投放虚假危险物质罪"和"编造、故意传播虚假恐怖信息罪"，明确规定："投放虚假的爆炸性、毒害性、放射性、传染病病原体等物质，或者编造爆炸威胁、生化威胁、放射威胁等恐怖信息，或者明知是编造的恐怖信息而故意传播，严重扰乱社会秩序的，处五年以下有期徒刑、拘役或者管制；造成严重后果的，处五年以上有期徒刑。"

（2）破坏交通工具罪、破坏交通设备罪、破坏电力设备罪和破坏易燃易爆设备罪

《刑法》第一百一十六条规定："破坏火车、汽车、电车、船只、航空器，足以使火车、汽车、电车、船只、航空器发生倾覆、毁坏危险，尚未造成严重后果的，处三年以上十年以下有期徒刑。"

第一百一十七条规定："破坏轨道、桥梁、隧道、公路、机场、航道、灯塔、标志或者进行其他破坏活动，足以使火车、汽车、电车、船只、航空器发生倾覆、毁坏危险，尚未造成严重后果的，处三年以上十年以下有期徒刑。"第一百一十八条规定："破坏电力、燃气或者其他易燃易爆设备，危害公共安全，尚未造成严重后果的，处三年以上十年以下有期徒刑。"第一百一十九条第一款规定："破坏交通工具、交通设施、电力设备、燃气设备、易燃易爆设备，造成严重后果的，

处十年以上有期徒刑、无期徒刑或者死刑。"这些规定所规定的破坏交通工具罪、破坏交通设备罪、破坏电力设备罪和破坏易燃易爆设备罪，如果是基于制造恐怖活动的动机，跨国性实施这类犯罪行为，就可能构成国际恐怖活动罪；如果是在用于国际飞行的航空器内或者用于国际航行的船舶上实施的，则可能构成危害国际民用航空安全罪或者危害海上航行安全罪，都可依照中国刑法追究有关犯罪人的刑事责任。

（3）组织、领导、参加恐怖组织罪

《刑法》第一百二十条规定："组织、领导和积极参加恐怖活动组织的，处三年以上十年以下有期徒刑；其他参加的，处三年以下有期徒刑、拘役或者管制。犯前款罪并实施杀人、爆炸、绑架等犯罪的，依照数罪并罚的规定处罚。"该条规定的组织、领导、参加恐怖组织罪，完全符合有关国际刑法公约规定的国际恐怖活动罪的部分行为特征。如果行为人组织、领导或参加的恐怖组织是国际性恐怖组织，则构成国际恐怖活动罪，并可依照中国刑法追究有关犯罪人的刑事责任。

为了加大对恐怖犯罪的打击力度，刑法修正案（三）对刑法第一百二十条规定的组织、领导、参与恐怖组织罪的法定最高刑从原来的十年有期徒刑提高到无期徒刑，同时对参与恐怖组织的刑罚作了区分，即"积极参加的，处三年以上十年以下有期徒刑，并处罚金；其他参加的，处三年以下有期徒刑、拘役、管制或者剥夺政治权利，可以并处罚金"。

刑法修正案（三）还根据中国参加的国际公约，专门规定了一个新的罪名即"资助恐怖活动罪"（刑法修正案九将其改为"帮助恐怖活动罪"），刑法第一百二十条之一明确规定："资助恐怖活动组织、实施恐怖活动的个人的，或者资助恐怖活动培训的，处五年以下有期徒刑、拘役、管制或者剥夺政治权利，并处罚金；情节严重的，处五年以上有期徒刑，并处罚金或者没收财产。为恐怖活动组织、实施恐怖活动或者恐怖活动培训招募、运送人员的，依照前款的规定处罚。单位犯前两款罪的，对单位判处罚金，并对其直接负责的主管人员和其他直接责任人员，依照第一款的规定处罚。"刑法修正案（九）还增设了五个新罪名，进一步完善惩治恐怖主义犯罪的刑事法网。这些罪名分别是：

"准备实施恐怖活动罪"：有下列情形之一的，处五年以下有期徒刑、拘役、管制或者剥夺政治权利，并处罚金；情节严重的，处五年以上有期徒刑，并处罚金或者没收财产：（一）为实施恐怖活动准备凶器、危险物品或者其他工具的；（二）组织恐怖活动培训或者积极参加恐怖活动培训的；（三）为实施恐怖活动与境外恐怖活动组织或者人员联络的；（四）为实施恐怖活动进行策划或者其他准备的。有前款行为，同时构成其他犯罪的，依照处罚较重的规定定罪处罚（刑法第一百二十条之二）。

"宣扬恐怖主义、极端主义、煽动实施恐怖活动罪"：以制作、散发宣扬恐怖主义、极端主义的图书、音频视频资料或者其他物品，或者通过讲授、发布信息等方式宣扬恐怖主义、极端主义的，或者煽动实施恐怖活动的，处五年以下有期徒刑、拘役、管制或者剥夺政治权利，并处罚金；情节严重的，处五年以上有期徒刑，并处罚金或者没收财产（刑法第一百二十条之三）。

"利用极端主义破坏法律实施罪"：利用极端主义煽动、胁迫群众破坏国家法律确立的婚姻、司法、教育、社会管理等制度实施的，处三年以下有期徒刑、拘役或者管制，并处罚金；情节严重的，处三年以上七年以下有期徒刑，并处罚金；情节特别严重的，处七年以上有期徒刑，并处罚金或者没收财产

（刑法第一百二十条之四）。

"强制穿戴宣扬恐怖主义、极端主义服饰、标志罪"：以暴力、胁迫等方式强制他人在公共场所穿着、佩戴宣扬恐怖主义、极端主义服饰、标志的，处 3 年以下有期徒刑、拘役或者管制，并处罚金（刑法第一百二十条之五）。

"非法持有宣扬恐怖主义、极端主义物品罪"：明知是宣扬恐怖主义、极端主义的图书、音频视频资料或者其他物品而非法持有，情节严重的，处三年以下有期徒刑、拘役或者管制，并处或者单处罚金（刑法第一百二十条之六）。

同时修改了有关洗钱罪的规定，把恐怖活动犯罪作为洗钱罪的上游犯罪。

（4）非法制造、买卖、运输、储存危险物质罪

《刑法》第一百二十五条第二款规定："非法买卖、运输核材料的，依照前款的规定处罚。"即犯该罪的，处三年以上十年以下有期徒刑；情节严重的，处十年以上有期徒刑、无期徒刑或者死刑。该款所规定的非法买卖、运输核材料罪，没有对核材料的来源加以限制，所以它实际上包含了通过盗窃、抢劫、抢夺、勒索等非法手段获取核材料，而后加以买卖、运输的行为，以及在非法买得或运输核材料之后使用核材料的行为。这两种行为正是 1987 年《核材料实物保护公约》所规定的非法获取和使用核材料罪的表现形式。因此，对于跨国性实施的以非法手段获取核材料而后进行非法买卖、运输的犯罪，可以依照中国刑法追究有关犯罪人的刑事责任。刑法修正案（三）把该罪修改为"非法制造、买卖、运输、储存危险物质罪"，明确规定："非法制造、买卖、运输、储存毒害性、放射性、传染病病原体等物质，危害公共安全的，依照前款的规定处罚。"

刑法修正案（三）在"盗窃、抢夺枪支、弹药、爆炸物罪"中增加"盗窃、抢夺危险物质罪"、在"抢劫枪支、弹药、爆炸物罪"中增加"抢劫危险物质罪"，把盗窃、抢夺、抢劫毒害性、放射性、传染病病原体等物质的行为。

这些规定为危害公共安全的犯罪；这些规定及时地为打击恐怖主义犯罪提供了法律武器；这些规定，进一步扩大了打击非法获取和使用核材料犯罪的涵盖面，使1987年《核材料实物保护公约》所规定的非法获取和使用核材料罪的所有行为特征，都可以在中国刑法中找到处罚的依据。

（5）劫持航空器罪

《刑法》第一百二十一条规定："以暴力、胁迫或者其他方法劫持航空器的，处十年以上有期徒刑或者无期徒刑；致人重伤、死亡或者使航空器遭受严重破坏的，处死刑。"该条规定的劫持航空器罪，以更简洁的语言规定了有关国际刑法公约中规定的劫持航空器罪的行为特征，如果行为人所劫持的是用于国际飞行的航空器，就可能构成国际犯罪，并可依照中国刑法追究有关犯罪人的刑事责任。

（6）劫持船只、汽车罪

《刑法》第一百二十二条规定："以暴力、胁迫或者其他方法劫持船只、汽车的，处五年以上十年以下有期徒刑；造成严重后果的，处十年以上有期徒刑或者无期徒刑。"该条是对劫持船只、汽车罪的规定。其中所规定的劫持船只罪，与1988年《制止危及海上航行安全非法行为公约》规定的危害海上航行安全罪中的第一种行为表现即"以武力或武力威胁或任何其他恐吓形式夺取或控制船舶"，是完全一致的。因此，如果行为人所劫持的是用于国际航行的船舶，就构成作为国际犯罪的危害海上航行安全罪，并可依照中国刑法追究有关犯罪

649

人的刑事责任。

（7）暴力危及飞行安全罪

《刑法》第一百二十三条规定："对飞行中的航空器上的人员使用暴力，危及飞行安全，尚未造成严重后果的，处五年以下有期徒刑或者拘役；造成严重后果的，处五年以上有期徒刑。"该条规定的暴力危及飞行安全罪，与1971年《关于制止危害民用航空安全的非法行为的公约》所规定的危害国际民用航空安全罪中的第一种行为表现即"对飞行中的航空器内的人从事暴力行为，如该行为将会危及该航空器的安全"，是完全一致的。因此，如果行为人是在用于国际飞行的航空器内实施暴力行为，危及该航空器的安全的，即构成危害国际民用航空安全罪，并可依照中国刑法追究有关犯罪人的刑事责任。

（8）破坏广播电视设施、公用电信设施罪

《刑法》第一百二十四条第一款规定："破坏广播电视设施、公用电信设施，危害公共安全的，处三年以上七年以下有期徒刑；造成严重后果的，处七年以上有期徒刑。"该条规定的破坏广播电视设施、公用电信设施罪，既没有对破坏的手段予以列举，也没有对广播电视设施、公用电信设施的范围加以限制，所以它实际上包含了《联合国海洋法公约》中规定的破坏海底电缆罪。对于实施国际刑法中确认的破坏海底电缆罪的行为的人，就可依照中国刑法追究有关犯罪人的刑事责任。

（9）非法邮寄爆炸物罪

《刑法》第一百二十五条第一款规定："非法制造、买卖、运输、邮寄、储存枪支、弹药、爆炸物的，处三年以上十年以下有期徒刑；情节严重的，处十年以上有期徒刑、无期徒刑或者死刑。"该条在规定非法制造、买卖、运输、邮寄、储存枪支、弹药、爆炸物罪时没有对犯罪目的和所造成的实际后果加以限制，所以其中包含的非法邮寄爆炸物的犯罪行为，如果是基于制造恐怖事件或者伤害他人的目的而跨国性实施的，则构成国际刑法中确认的非法使用邮件罪，对该犯罪的行为人，亦可依照中国刑法追究有关犯罪人的刑事责任。

刑法第二百六十三条规定的抢劫罪，在构成要件上没有限定抢劫的地点，所以在公海上或我国领海范围以外的任何地方发生的抢劫行为，既可以按照 1982 年《联合国海洋法公约》的规定构成作为国际犯罪的海盗罪，也可以按照中国刑法的规定构成抢劫罪，从而可以适用中国刑法追究有关犯罪人的刑事责任。

3. 关于侵犯基本人权的犯罪

1997 年刑法第四章"侵犯公民人身权利、民主权利罪"和第六章"妨害社会管理秩序罪"中规定的一些犯罪，与国际刑法公约中规定的侵犯基本人权的犯罪，在行为特征上是一致的。这类犯罪，如果是跨国性实施的或者包含国际性因素，就可能构成国际犯罪，同时也可以依照中国刑法追究有关犯罪人的刑事责任。

（1）故意杀人罪、故意伤害罪、绑架罪

《刑法》第二百三十二条规定："故意杀人的，处死刑、无期徒刑或者十年以上有期徒刑；情节较轻的，处三年以上十年以下有期徒刑。"第二百三十四条规定："故意伤害他人身体的，处三年以下有期徒刑、拘役或者管制。犯前款罪，致人重伤的，处三年以上十年以下有期徒刑；致人死亡或者以特别残忍手段致人重伤造成严重残疾的，处十年以上有期徒刑、无期徒刑或者死刑。本法另有规定的，依照规定。"第二百三十九条规定："以勒索财物为目的绑架他人的，或者绑架他人作为人质的，处十年以上有期徒刑或者无期徒刑，并处罚金或者没收财产；情节较轻的，处五年以上十年以下有期徒刑，并处罚金。犯前款罪，杀害被绑架人的，或者故意伤害被绑架人，致人重伤、死亡的，处无期徒刑或者死刑，并处没收财产。以勒索财物为目的偷盗婴幼儿的，依照前两款的规定处罚。"上述三个条文分别规定的故意杀人罪、故意伤害罪和绑架罪，在构成要件上并没有限制行为实施的时间、空间、手段和对象，因此，这类行为，如果是对应受国际保护人员实施的，在构成中国刑法中规定的上述犯罪的同时，也可能构成作为国际犯罪的侵害应受国际保护人员罪；如果是为了劫持人质而跨国性实施的，则在构成中国刑法中规定的有关犯罪的同时，亦构成作为国际犯罪的劫持人质罪；如果是在战争或武装冲突中对受保护平民、受保护战俘及其他受保护人员实施的，或者是大规模地或采取非人道的方法实施的，则在构成中国刑法中规定的上述犯罪的同时，可能构成作为战争犯罪之一的反人道罪。在上述每一种情况下，都可以依照中国刑法追究有关犯罪人的刑事责任。

（2）非法拘禁罪、非法搜查罪、非法侵入住宅罪

《刑法》第二百三十八条规定："非法拘禁他人或者以其他方法非法剥夺他人人身自由的，处三年以下有期徒刑、拘役、管制或者剥夺政治权利。具有殴打、侮辱情节的，从重处罚。犯前款罪，致人重伤的，处三年以上十年以下有期徒刑；致人死亡的，处十年以上有期徒刑。使用暴力致人伤残、死亡的，依照本法第二百三十四条、第二百三十二条的规定定罪处罚。为索取债务非法扣押、拘禁他人的，依照前两款的规定处罚。国家机关工作人员利用职权犯前三款罪的，依照前三款的规定从重处罚。"第二百四十五条规定："非法搜查他人身体、住宅，或者非法侵入他人住宅的，处三年以下有期徒刑或者拘

役。司法工作人员滥用职权，犯前款罪的，从重处罚。"这两条分别规定了非法拘禁罪，非法搜查罪和非法侵入住宅罪。这类犯罪行为，如果是对应受国际保护人员实施的，在分别构成上述犯罪的同时，就可能构成侵犯应受国际保护人员罪。对这种犯罪，亦可依照中国刑法追究有关犯罪人的刑事责任。

（3）拐卖妇女、儿童罪与组织、强迫、引诱、容留、介绍卖淫罪

1997年《刑法》第四章第二百四十条规定："拐卖妇女、儿童的，处五年以上十年以下有期徒刑，并处罚金；有下列情形之一的，处十年以上有期徒刑或者无期徒刑，并处罚金或者没收财产；情节特别严重的，处死刑，并处没收财产：（一）拐卖妇女、儿童集团的首要分子；（二）拐卖妇女、儿童三人以上的；（三）奸淫被拐卖的妇女的；（四）诱骗、强迫被拐卖的妇女卖淫或者将被拐卖的妇女卖给他人迫使其卖淫的；（五）以出卖为目的，使用暴力、胁迫或者麻醉方法绑架妇女、儿童的；（六）以出卖为目的，偷盗婴幼儿的；（七）造成被拐卖的妇女、儿童或者其亲属重伤、死亡或者其他严重后果的；（八）将妇女、儿童卖往境外的。拐卖妇女、儿童是指以出卖为目的，有拐骗、绑架、收买、贩卖、接送、中转妇女、儿童的行为之一的。"第二百四十一条规定："收买被拐卖的妇女、儿童的，处三年以下有期徒刑、拘役或者管制。收买被拐卖的妇女，强行与其发生性关系的，依照本法第二百三十六条的规定定罪处罚。收买被拐卖的妇女、儿童，非法剥夺、限制其人身自由或者有伤害、侮辱等犯罪行为的，依照本法的有关规定定罪处罚。收买被拐卖的妇女、儿童，并有第二款、第三款规定的犯罪行为的，依照数罪并罚的规定处罚。收买被拐卖的妇女、儿童又出卖的，依照本法第二百四十条的规定定罪处

653

罚。收买被拐卖的妇女、儿童，对被买儿童没有虐待行为，不阻碍对其进行解救的，可以从轻处罚；按照被买妇女的意愿，不阻碍其返回原居住地的，可以从轻或者减轻处罚。"上述两条分别规定了拐卖妇女、儿童罪和收买妇女、儿童罪。

《刑法》第六章第三百五十八条规定了组织卖淫罪、强迫卖淫罪和协助组织卖淫罪［刑法修正案（八）、（九）两次对之作了修改］："组织、强迫他人卖淫的，处五年以上十年以下有期徒刑，并处罚金；情节严重的，处十年以上有期徒刑或者无期徒刑，并处罚金或者没收财产。组织、强迫未成年人卖淫的，依照前款的规定从重处罚。犯前两款罪，并有杀害、伤害、强奸、绑架等犯罪行为的，依照数罪并罚的规定处罚。为组织卖淫的人招募、运送人员或者有其他协助组织他人卖淫行为的，处五年以下有期徒刑，并处罚金；情节严重的，处五年以上十年以下有期徒刑，并处罚金。"此外，《刑法》第三百五十九条还规定了引诱、容留、介绍卖淫罪和引诱幼女卖淫罪："引诱、容留、介绍他人卖淫的，处五年以下有期徒刑、拘役或者管制，并处罚金；情节严重的，处五年以上有期徒刑，并处罚金。引诱不满十四周岁的幼女卖淫的，处五年以上有期徒刑，并处罚金。"

上述四个条款所规定的犯罪行为，完全包括了 1949 年《禁止贩卖人口及取缔意图营利使人卖淫的公约》规定的国际贩卖人口罪，以及 1979 年《消除对妇女一切形式歧视公约》第六条和 1989 年《儿童权利公约》第三十四、三十五条规定禁止的所有行为。特别是上述第二百四十条的规定，明确地将跨国性贩卖妇女、奸淫被拐卖妇女或者诱骗、强迫被拐卖妇女卖淫或者将被拐卖妇女卖给他人迫使其卖淫的行为宣布为犯罪并对之规定了严厉的刑罚。这就使《禁止贩卖人口及取缔意图营利使人卖淫的公约》中关于国际贩卖人口罪的规定在中国刑法中得到了充分的体现。所以，实施这些国际公约所禁止的侵犯妇女、儿童人身权利的犯罪行为，完全可以依照中国刑法的规定追究有关犯罪人的刑事责任。不仅如此，从上述规定中可以看出，中国刑法中关于贩卖人口罪的规定，比《禁止贩卖人口及取缔意图营利使人卖淫的公约》中关于贩卖人口罪的规定，在范围上要广泛得多，在制裁措施上要严厉得多、周密得多。这反映了中华人民共和国对妇女、儿童合法权益的高度重视和充分保护。

（4）刑讯逼供罪、暴力取证罪、虐待被监管人罪

《刑法》第二百四十七条规定："司法工作人员对犯罪嫌疑人、被告人实行刑讯逼供或者使用暴力逼取证人证言的，处三年以下有期徒刑或者拘役。致人伤残、死亡的，依照本法第二百三十四条、第二百三十二条的规定定罪从重处罚。"该条规定了刑讯逼供罪和暴力取证罪。刑讯逼供罪，是指司法工作人员对犯罪嫌疑人、被告人使用肉刑或变相肉刑逼取口供的行为，其中包括捆绑、悬吊、毒打或用各种刑具进行肉体摧残，以及使用其他方法对犯人身体进行折磨等行为形态。暴力取证罪，是指司法工作人员使用暴力逼取证人证言的行为，其中包括为了取得证人的证言，而对其捆绑、殴打、体罚等行为方式。第248条规定："监狱、拘留所、看守所等监管机构的监管人员对被监管人进行殴打或者体罚虐待，情节严重的，处三年以下有期徒刑或者拘役；情节特别严重的，处三年以上十年以下有期徒刑。致人伤残、死亡的，依照本法第二百三十四条、第二百三十二条的规定定罪从重处罚。监管人员指使被监管人殴打或者体罚虐待其他被监管人的，依照前款的规定处罚。"该条规定了虐待被监管人员罪。虐待被监管人员罪，是

指司法工作人员违反监管法规，对一切已经判决或未经判决的在押人员以及其他被拘留、监管的人实行体罚、虐待，情节严重的行为，其中包括对被监管人进行打骂、冻饿、无故禁闭、强迫从事过度劳动、侮辱人格、滥施戒具等行为。上述三种犯罪，在行为特征上包含了1984年《禁止酷刑和其他残忍、不人道或有辱人格的待遇或处罚公约》所规定的酷刑罪的行为类型；在犯罪目的上没有特定限制，可以包括受酷刑公约所规定的各种情况。所以，作为国际犯罪的酷刑罪，在中国刑法中可以找到处罚的依据。

4. 关于危害人类共同利益的犯罪

（1）毒品犯罪

《刑法》第三百四十七条规定："走私、贩卖、运输、制造毒品，无论数量多少，都应当追究刑事责任，予以刑事处罚。走私、贩卖、运输、制造毒品，有下列情形之一的，处十五年有期徒刑、无期徒刑或者死刑，并处没收财产：（一）走私、贩卖、运输、制造鸦片一千克以上、海洛因或者甲基苯丙胺五十克以上或者其他毒品数量大的；（二）走私、贩卖、运输、制造毒品集团的首要分子；（三）武装掩护走私、贩卖、运输、制造毒品的；（四）以暴力抗拒检查、拘留、逮捕，情节严重的；（五）参与有组织的国际贩毒活动的。走私、贩卖、运输、制造鸦片二百克以上不满一千克、海洛因或者甲基苯丙胺十克以上不满五十克或者其他毒品数量较大的，处七年以上有期徒刑，并处罚金。走私、贩卖、运输、制造鸦片不满二百克、海洛因或者甲基苯丙胺不满十克或者其他少量毒品的，处三年以下有期徒刑、拘役或者管制，并处罚金；情节严重的，处三年以上七年以下有期徒刑，并处罚金。单位犯第二款、第三款、第四款罪的，对单位判处罚金，并对其直接负责的主管人员和其他直接责任人员，依照各该款的规定处罚。利用、教唆未成年人走私、贩卖、运输、制造毒品，或者向未成年人出售毒品的，从重处罚。对多次走私、贩卖、运输、制造毒品，未经处理的，毒品数量累计计算。"第三百四十八条规定："非法持有鸦片一千克以上、海洛因或者甲基苯丙胺五十克以上或者其他毒品数量大的，处七年以上有期徒刑或者无期徒刑，并处罚金；非法持有鸦片二百克以上不满一千克、海洛因或者甲基苯丙胺十克以上不满五十克或者其他毒品数量较大的，处三年以下有期徒刑、拘役或者管制，并处罚金；情节严重的，处三年以上七年以下有期徒刑，并处罚金。"第三百四十九条规定："包庇走私、贩卖、运输、制造毒品的犯罪分子的，为犯罪分子窝藏、转移、隐瞒毒品或者犯罪所得的财物的，处三年以下有期徒刑、拘役或者管制；情节严重的，处三年以上十年以下有期徒刑。缉毒人员或者其他国家机关工作人员掩护、包庇走私、贩卖、运输、制造毒品的犯罪分子的，依照前款的规定从重处罚。犯前两款罪，事先通谋的，以走私、贩卖、运输、制造毒品罪的共犯论处。"第三百五十条规定："违反国家规定，非法生产、买卖、运输醋酸酐、乙醚、三氯甲烷或者其他用于制造毒品的原料、配剂，或者携带上述物品进出境，情节较重的，处三年以下有期徒刑、拘役或者管制，并处罚金；情节严重的，处三年以上七年以下有期徒刑，并处罚金；情节特别严重的，处七年以上有期徒刑，并处罚金或者没收财产。明知他人制造毒品而为其生产、买卖、运输前款规定的物品的，以制造毒品罪的共犯论处。单位犯前两款罪的，对单位判处罚金，并对其直接负责的主管人员和其他直接责任人员，依照前两款的规定处罚。"第三百五十一条规定："非法种植罂粟、大麻等毒品原植物的，一律强制铲除。有下列情形之一的，处五年以下有期徒刑、拘役或者管制，并处罚金：（一）种植罂粟五百株以上不满三千株或者其他毒品原植物数量较大的；（二）经公安机关处理后又种植的；（三）抗拒铲除的。非法种植罂粟三千株以上或者其他毒品原植物数量大的，处五年以上有期徒刑，并处罚金或者没收财产。非法种植罂粟或者其他毒品原植物，在收获前自动铲除的，可以免除处罚。"第三百五十二条规定："非法买卖、运输、携带、持有未经灭活的罂粟等毒品原植物种子或者幼苗，数量较大的，处三年以下有期徒刑、拘役或者管制，并处或者单处罚金。"第三百五十三条规定："引诱、教唆、欺骗他人吸食、注射毒品的，处三年以下有期徒刑、拘役或者管制，并处罚金；情节严重的，处三年以上七年以下有期徒刑，并处罚金。强迫他人吸食、注射毒品的，处三年以上十年以下有期徒刑，并处罚金。引诱、教唆、欺骗或者强迫未成年人吸食、注射毒品的，从重处罚。"第三百五十四条规定："容留他人吸食、注射毒品的，处三年以上有期徒刑、拘役或者管制，并处罚金。"第三百五十五条规定："依法从事生产、运输、管理、使用国家管制的麻醉药品、精神药品的人员，违反国家规定，向吸食、注射毒品的人提供国家规定管制的能够使人形成瘾癖的麻醉药品、精神药品的，处三年以下有期徒刑或者拘役，并处罚金；情节严重的，处三年以上七年以下有期徒刑，并处罚金。向走私、贩卖毒品的犯罪分子或者以牟利为目的，向吸食、注射毒品的人提供国家规定管制的能够使人形成瘾癖的麻醉药品、精神药品的，依照本法第三百四十七条的规定定罪处罚。单位犯前款罪的，对单位判处罚金，并对其直接负责的主管人员和其他直接责任人员，依照前款的规定处罚。"第三百五十六条规定："因走私、贩卖、运输、制造、非法持有毒品罪被判过刑，又犯本节规定之罪的，从重处罚。"第三百五十七条规定："本法所称的毒品，是指鸦片、海洛因、甲基苯丙胺（冰毒）、吗啡、大麻、可卡因以及国家规定管制的其他能够使人形成瘾癖的麻醉药品和精神药品。毒品的数量以查证属实的走私、贩卖、运输、制造、非法持有毒品的数量计算，不以纯度折算。"上述条文分别规定了走私、贩卖、运输、制造毒品罪，非法持有毒品罪，包庇毒品犯罪分子罪，窝藏、转移、隐瞒、毒品、毒赃罪，走私制毒物品罪，非法买卖制毒物品罪，非法种植毒品原植物罪，非法买卖、运输、携带、持有毒品原植物种子、幼苗罪，引诱、教唆、欺骗他人吸毒罪，强迫他人吸毒罪，容留他人吸毒罪，非法提供麻醉药品、精神药物罪等12个单一或选择性罪名。

把上述条文规定的罪名及其构成要件与《联合国禁止非法贩运麻醉药品和精神药物公约》的内容相对照，可以很清楚地看出，我国修订后的刑法全面具体地体现了上述公约的基本精神，我国刑法中规定的毒品犯罪几乎包容了该公约中要求各缔约国将其确定为国内法中的刑事犯罪的行为形态，对各种毒品犯罪所规定的制裁措施也按照公约的要求顾及了这些罪行的严重性质，特别是对公约中规定的应当严厉制裁的犯罪情节，按照中国刑罚体系规定了最重的刑罚。这些规定，无疑是国际刑法中有关毒品犯罪的规范在中国刑法中的具体体现。

（2）关于有组织犯罪

中国刑法在总则第二章"犯罪"中专门有一节规定了"共同犯罪"（第三节）。其中第二十六条规定："组织、领导犯罪集团进行犯罪活动的或者在共同犯罪中起主要作用的，是主犯。三人以上为共同实施犯罪而组成的较为固定的犯罪组织，是犯罪集团。对组织、领导犯罪集团的首要分子，按照集团所犯的全部罪行处罚。对于第三款规定以外的主犯，应当按照其所参与的或者组织、指挥的全部犯罪处罚。"《刑法》第二百九十四条专门规定了"组织、领导、参加黑社会性质组织罪""入境发展黑社会组织罪""包庇、纵容黑社会性质组织罪"。其中规定:"组织、领导黑社会性质的组织的,处七年以上有期徒刑,并处没收财产;积极参加的,处三年以上七年以下有期徒刑,可以并处罚金或者没收财产;其他参加的,处三年以下有期徒刑、拘役、管制或者剥夺政治权利,可以并处罚金。境外的黑社会组织的人员到中华人民共和国境内发展组织成员的,处三年以上十年以下有期徒刑。国家机关工作人员包庇黑社会性质的组织,或者纵容黑社会性质的组织进行违法犯罪活动的,处五年以下有期徒刑;情节严重的,处五年以上有期徒刑。犯前三款罪又有其他犯罪行为的,依照数罪并罚的规定处罚。黑社会性质的组织应当同时具备以下特征:(一)形成较稳定的犯罪组织,人数较多,有明确的组织者、领导者,骨干成员基本固定;(二)有组织地通过违法犯罪活动或者其他手段获取经济利益,具有一定的经济实力,以支持该组织的活动;(三)以暴力、威胁或者其他手段,有组织地多次进行违法犯罪活动,为非作恶,欺压、残害群众;(四)通过实施违法犯罪活动,或者利用国家工作人员的包庇或者纵容,称霸一方,在一定区域或者行业内,形成非法控制或者重大影响,严重破坏经济、社会生活秩序"。这些规定,与《联合国打击跨国有组织犯罪公约》中的规定是基本一致的。如果这种犯罪是跨国性实施的,就构成公约规定的跨国性有组织犯罪集团。因此,对于跨国性有组织犯罪,可以按照中国刑法的规定追究有关犯罪人的刑事责任。

(3)关于洗钱犯罪

中国在1997年刑法中就明确规定了洗钱罪,刑法修正案

（三）、（六）两次对之作了修改，以适应同跨国有组织犯罪作斗争的需要。《刑法》第一百九十一条规定："明知是毒品犯罪、黑社会性质的组织犯罪、恐怖活动犯罪、走私犯罪、贪污贿赂犯罪、破坏金融管理秩序犯罪、金融诈骗犯罪的所得及其产生的收益，为掩饰、隐瞒其来源和性质，有下列行为之一的，没收实施以上犯罪的所得及其产生的收益，处五年以下有期徒刑或者拘役，并处或者单处洗钱数额百分之五以上百分之二十以下罚金；情节严重的，处五年以上十年以下有期徒刑，并处洗钱数额百分之五以上百分之二十以下罚金：（一）提供资金账户的；（二）协助将财产转换为现金、金融票据、有价证券的；（三）通过转账或者其他结算方式协助资金转移的；（四）协助将资金汇往境外的；（五）以其他方法掩饰、隐瞒犯罪所得及其收益的来源和性质的。单位犯前款罪的，对单位判处罚金，并对其直接负责的主管人员和其他直接责任人员，处五年以下有期徒刑或者拘役；情节严重的，处五年以上十年以下有期徒刑。"通过这些修改，进一步明确了洗钱罪的上游犯罪包括"毒品犯罪、黑社会性质的组织犯罪、恐怖活动犯罪、走私犯罪、贪污贿赂犯罪、破坏金融管理秩序犯罪、金融诈骗犯罪"，并把财产转换的类型从现金、金融票据扩大到有价证券。这些规定，适应了打击跨国有组织犯罪的需要，与《联合国打击跨国有组织犯罪公约》的要求是一致的。

（4）关于腐败犯罪

中国一贯重视运用法律手段同贪污、贿赂等腐败犯罪作斗争，特别是在从计划经济向市场经济转型的变革过程中，中国投入了巨大的精力，治理腐败问题，不断完善同腐败犯罪作斗争的法律法规。1952年4月21日中央人民政府就颁布了《中华人民共和国惩治贪污条例》。1979年颁布的中华人民共和国

第一部刑法明确规定了贪污罪和贿赂罪。1982年3月8日全国人大常委会通过的《关于严惩严重破坏经济的罪犯的决定》加重了国家工作人员索贿受贿犯罪的刑罚。1988年1月21日全国人大常委会通过了《关于惩治贪污罪贿赂罪的补充规定》，根据中国经济转型过程中权钱交易等腐败现象的新情况，对贪污贿赂等腐败犯罪作了全面的规定。1997年修改后的刑法，考虑到贪污贿赂犯罪的本质特征及其对国家政权的极端危害性，为了加大反腐败斗争的力度，将贪污贿赂犯罪作专章予以规定，并在其他有关章节中规定了一些与腐败有关的犯罪，《刑法修正案（六）》对之进行了进一步的完善，从而形成了一套惩治腐败犯罪的严密的法网。

按照中国刑法的规定，腐败犯罪主要包括三个方面：

一是国家工作人员的贪污贿赂犯罪。刑法分则第八章对国家工作人员的贪污贿赂犯罪作了专门的规定。其中包括12个罪名：（1）贪污罪。按照刑法第382条的规定，贪污罪是指国家工作人员利用职务上的便利，侵吞、窃取、骗取或者以其他手段非法占有公共财物的行为。按照该条第二、三款的规定，受国家机关、国有公司、企业、事业单位、人民团体委托管理、经营国有财产的人员，利用职务上的便利，侵吞、窃取、骗取或者以其他手段非法占有国有财物的，以贪污论；不具有贪污罪主体身份的人与具有贪污罪主体身份的人勾结，伙同贪污的，以贪污罪的共犯论处。国家工作人员在国内公务活动或者对外交往中接受礼物，依照国家规定应当交公而不交公，数额较大的，也以贪污罪论处。（2）挪用公款罪。按照刑法第384条的规定，挪用公款罪是指国家工作人员利用职务上的便利，挪用公款归个人使用，进行非法活动的，或者挪用公款数额较大、进行营利活动的，或者挪用公款数额较大、超过三个月未还的行为。（3）受贿罪。按照刑法第三百八十五条的规定，受贿罪是指国家工作人员利用职务上的便利，索取他人财物的，或者非法收受他人财物，为他人谋取利益的行为。国家工作人员在经济往来中，违反国家规定，收受各种名义的回扣、手续费，归个人所有的，以受贿论处。按照刑法第三百八十八条的规定，国家工作人员利用本人职权或者地位形成的便利条件，通过其他国家工作人员职务上的行为，为请托人谋取不正当利益，索取请托人财物或者收受请托人财物的，以受贿论处。（4）单位受贿罪。按照刑法第三百八十七条的规定，单位受贿罪是指国家机关、国有公司、企业、事业单位、人民团体，索取、非法收受他人财物，为他人谋取利益，情节严重的行为。（5）行贿罪。按照刑法第三百八十九条的规定，行贿罪是指为谋取不正当利益，给予国家工作人员以财物的行为。在经济往来中，违反国家规定，给予国家工作人员以财物，数额较大的，或者违反国家规定，给予国家工作人员以各种名义的回扣、手续费的，以行贿论处。但是，因被勒索给予国家工作人员以财物，没有获得不正当利益的，不是行贿。（6）对单位行贿罪。按照刑法第三百九十一条的规定，对单位行贿罪是指为谋取不正当利益，给予国家机关、国有公司、企业、事业单位、人民团体以财物的，或者在经济往来中，违反国家规定，给予各种名义的回扣、手续费的行为。单位犯前款罪的，对单位判处罚金，并对其直接负责的主管人员和其他直接责任人员，依照个人犯对单位行贿罪的规定处罚。（7）介绍贿赂罪。按照刑法第三百九十二条的规定，介绍贿赂罪是指向国家工作人员介绍贿赂，情节严重的行为。（8）单位行贿罪。按照刑法第三百九十三条的规定，单位行贿罪是指单位为谋取不正当利益而行贿，或者违反国家规定，给予国家工作人员以回扣、手续费，情节严重的行为。（9）巨额财产来源不明罪。按照刑法第三百九十五条第一款的规定，巨额财产来源不明罪是指国家工作人员的财产或者支出明显超过合法收入，差额巨大，本人不能说明其来源是合法的情况。（10）隐瞒境外存款罪。按照刑法第三百九十五条第二款的规定，隐瞒境外存款罪是指国家工作人员对其在境外的存款，数额较大，故意隐瞒，不依照国家规定申报的行为。（11）私分国有资产罪。按照刑法第三百九十六条第1款的规定，私分国有资产罪是指国家机关、国有公司、企业、事业单位、人民团体，违反国家规定，以单位名义将国有资产集体私分给个人，数额较大的行为。（12）私分罚没财物罪。按照刑法第三百九十六条第二款的规定，私分罚没财物罪是指司法机关、行政执法机关违反国家规定，将应当上缴国家的罚没财物，以单位名义集体私分给个人的行为。此外，刑法修正案（七）增加了利用影响力受贿罪。按照刑法第三百八十八条之一的规定利用影响力受贿罪是指国家工作人员的近亲属或者其他与该国家工作人员关系密切的人，通过该国家工作人员职务上的行为，或者利用该国家工作人员职权或者地位形成的便利条件，通过其他国家工作人员职务上的行为，为请托人谋取不正当利益，索取请托人财物或者收受请托人财物，数额较大或者有其他较重情节的行为。刑法修正案就增加了对有影响力的人行贿罪。按照刑法第三百九十条之一的规定，对有影响力的人行贿罪是指为谋取不正当利益，向国家工作人员的近亲属或者其他与该国家工作人员关系密切的人，或者向离职的国家工作人员或者其近亲属以及其他与其关系密切的人行贿的行为。为了加强对贪污贿赂犯罪的惩罚力度，刑法修正案（七）、（九）两次调整了贪污贿赂犯罪的法定刑。

刑法分则第八章规定的贪污贿赂犯罪，除了行贿罪（包括对单位行贿罪、单位行贿罪）和介绍贿赂罪之外，其他犯罪都是以国家工作人员为主体的犯罪。没有国家工作人员的身份，不能独立构成上述犯罪，但是当非国家工作人员与国家工作人员相勾结实施上述犯罪时，非国家工作人员可以作为共犯构成上述犯罪。按照中国刑法的规定，国家工作人员的范围包括：（1）国家机关工作人员，即在国家立法机关、行政机关、司法机关中从事公务的人员；（2）国有公司、企业、事业单位、人民团体中从事公务的人员和国家机关、国有公司、企业、事业单位委派到非国有公司、企业、事业单位、社会团体从事公务的人员；（3）其他依照法律从事公务的人员。此外，贪污罪的主体还包括受国家机关、国有公司、企业、事业单位、人民团体委托管理、经营国有财产的人员。

二是私营部门的腐败犯罪。在刑法分则中，还规定了一些非国有的公司、企业和其他单位人员的腐败犯罪。这类犯罪主要包括：（1）非国家工作人员受贿罪。刑法第一百六十三条规定："公司、企业或者其他单位的工作人员利用职务上的便利，索取他人财物或者非法收受他人财物，为他人谋取利益，数额较大的，处五年以下有期徒刑或者拘役；数额巨大的，处五年以上有期徒刑，可以并处没收财产。公司、企业或者其他单位的工作人员在经济往来中，利用职务上的便利，违反国家规定，收受各种名义的回扣、手续费，归个人所有的，依照前款的规定处罚。国有公司、企业或者其他国有单位中从事公务的人员和国有公司、企业或者其他国有单位委派到非国有公司、企业以及其他单位从事公务的人员有前两款行为的，依照本法第三百八十五条、第三百八十六条的规定定罪处罚。"（2）对非国家工作人员行贿罪。刑法第一百六十四条规定："为谋取不正当利益，给予公司、企业或者其他单位的工作人员以财物，数额较大的，处三年以下有期徒刑或者拘役，并处罚金；数额巨大的，处三年以上十年以下有期徒刑，并处罚金。"（3）职务侵占罪。《刑法》第二百七十一条第一款规定："公司、企业或者其他单位的人员，利用职务上的便利，将本单位财物非法占为己有，数额较大的，处五年以下有期徒刑或者拘役；数额巨大的，处五年以上有期徒刑，可以并处没收财产。"（4）挪用资金罪。《刑法》第二百七十二条第一款规定："公司、企业或者其他单位的工作人员，利用职务上的便利，挪用本单位资金归个人使用或者借贷给他人，数额较大、超过三个月未还的，或者虽未超过三个月，但数额较大、进行营利活动的，或者进行非法活动的，处三年以下有期徒刑或者拘役；挪用本单位资金数额巨大的，或者数额较大不退还的，处三年以上十年以下有期徒刑。"刑法修正案（八）还增加了对外国公职人员、国际公共组织官员行贿罪。按照《刑法》第一百六十四条第二款的规定，为谋取不正当商业利益，给予外国公职人员或者国际公共组织官员以财物的，依照对非国家工作人员行贿罪的规定处罚。

在中国，由于刑法明确地把国有公司企业或者其他国有单位中从事公务的人员实施的贪污、受贿、挪用等犯罪，作为国家工作人员犯罪论处，所以上述公司、企业或其他单位人员的腐败犯罪，主要是指私营单位包括私人企业、合资企业、外国企业、跨国公司等经济实体的工作人员，以及国有单位中没有担任公共职务的人员实施的腐败犯罪。但是另外还有两种公司企业人员的腐败犯罪，只能由国有单位的工作人员构成：一个是非法经营同类营业罪（刑法第一百六十五条），即国有公司、企业的董事、经理利用职务便利，自己经营或者为他人经营与其所任职公司、企业同类的营业，获取非法利益，数额巨大的行为。另一个是为亲友非法牟利罪（刑法第一百六十六条），即国有公司、企业、事业单位的工作人员，利用职务便利，将本单位的盈利业务交由自己的亲友进行经营，以明显高于市场的价格向自己的亲友经营管理的单位采购商品或者以明显低于市场的价格向自己的亲友经营管理的单位销售商品，或者向自己的亲友经营管理的单位采购不合格的商品，使国家利益遭受重大损失的行为。

三是与腐败有关的渎职犯罪。刑法分则第九章规定的渎职犯罪中有一些是因为徇私而违反职责的犯罪。如：（1）刑法第三百九十七条第二款规定的滥用职权罪和玩忽职守罪，即国家机关工作人员徇私舞弊，滥用职权或者玩忽职守，致使公共财产、国家和人民利益遭受重大损失的行为；（2）刑法第三百九十九条规定的徇私枉法罪[1]，即司法工作人员徇私枉法、徇情枉法，对明知是无罪的人而使他受追诉、对明知是有罪的人而故意包庇不使他受追诉，或者在刑事审判活动中故意违背事实和法律作出枉法裁判的行为，民事、行政枉法裁判罪，即在民事、行政审判活动中故意违背事实和法律作枉法裁判，情节严重的行为；（3）刑法第四百零一条规定的徇私舞弊减刑、假

---

〔1〕刑法修正案（四）将其分解为四个罪名：徇私枉法罪；民事、行政枉法裁判罪；执行判决、裁定失职罪；执行判决、裁定滥用职权罪。具体规定如下："司法工作人员徇私枉法、徇情枉法，对明知是无罪的人而使他受追诉、对明知是有罪的人而故意包庇不使他受追诉，或者在刑事审判活动中故意违背事实和法律作枉法裁判的，处五年以下有期徒刑或者拘役；情节严重的，处五年以上十年以下有期徒刑；情节特别严重的，处十年以上有期徒刑。在民事、行政审判活动中故意违背事实和法律作枉法裁判，情节严重的，处五年以下有期徒刑或者拘役；情节特别严重的，处五年以上十年以下有期徒刑。在执行判决、裁定活动中，严重不负责任或者滥用职权，不依法采取诉讼保全措施、不履行法定执行职责，或者违法采取诉讼保全措施、强制执行措施，致使当事人或者其他人的利益遭受重大损失的，处五年以下有期徒刑或者拘役；致使当事人或者其他人的利益遭受特别重大损失的，处五年以上十年以下有期徒刑。司法工作人员收受贿赂，有前三款行为的，同时又构成本法第三百八十五条规定之罪的，依照处罚较重的规定定罪处罚。"刑法修正案（六）又增加了一个罪名：枉法仲裁罪，即刑法第399条之一："依法承担仲裁职责的人员，在仲裁活动中故意违背事实和法律作枉法裁决，情节严重的，处三年以下有期徒刑或者拘役；情节特别严重的，处三年以上七年以下有期徒刑。"

释、暂予监外执行罪，即司法工作人员徇私舞弊，对不符合减刑、假释、暂予监外执行条件的罪犯，予以减刑、假释或者暂予监外执行的行为；（4）刑法第四百零二条规定的徇私舞弊不移交刑事案件罪，即行政执法人员徇私舞弊，对依法应当移交司法机关追究刑事责任的不移交，情节严重的行为；（5）刑法第四百零三条规定的滥用管理公司、证券职权罪，即国家有关主管部门的国家机关工作人员，徇私舞弊，滥用职权，对不符合法律规定条件的公司设立、登记申请或者股票、债券发行、上市申请，予以批准或者登记，致使公共财产、国家和人民利益遭受重大损失的行为；（6）刑法第四百零四条规定的徇私舞弊不征、少征税款罪，即税务机关的工作人员徇私舞弊，不征或者少征应征税款，致使国家税收遭受重大损失的行为；（7）刑法第四百零五条规定的徇私舞弊发售发票、扣抵税款、出口退税罪，即税务机关的工作人员违反法律、行政法规的规定，在办理发售发票、抵扣税款、出口退税工作中，徇私舞弊，致使国家利益遭受重大损失的行为，以及其他国家机关工作人员违反国家规定，在提供出口货物报关单、出口收汇核销单等出口退税凭证的工作中，徇私舞弊，致使国家利益遭受重大损失的行为等。这些犯罪，虽然表现为渎职犯罪，但是其起因都是徇私。所谓徇私，主要是指贪图钱财，即为了得到某种不正当的利益包括收受他人财物而违反其法定职责，对国家、社会和公共利益造成了重大损失。

中国刑法中规定的上述腐败及其相关犯罪，涵盖了《联合国反腐败公约》中规定的除外国公职人员和国际公共组织官员贿赂犯罪外的所有犯罪（尽管某些犯罪的构成要件并不完全相同）。这就为中国履行联合国反腐败公约规定的义务，打击腐败犯罪提供了有效的法律依据，也为中国与其他缔约国开展打击腐败犯罪的国际合作奠定了法律基础。

（5）关于妨害司法的犯罪。

中国刑法在分则第六章第二节专门规定了关于妨害司法的犯罪。其中有些犯罪涵盖了国际刑法公约中规定的妨害国际司法罪的全部犯罪行为。例如，《刑法》第三百零五条规定的伪证罪："在刑事诉讼中，证人、鉴定人、记录人、翻译人对与案件有重要关系的情节，故意作虚假证明、鉴定、记录、翻译，意图陷害他人或者隐匿罪证的，处三年以下有期徒刑或者拘役；情节严重的，处三年以上七年以下有期徒刑。"《刑法》第三百零六条规定的辩护人、诉讼代理人毁灭证据、伪造证据、妨害诉讼（作证）罪："在刑事诉讼中，辩护人、诉讼代理人毁灭、伪造证据，帮助当事人毁灭、伪造证据，威胁、引诱证人违背事实改变证言或者作伪证的，处三年以下有期徒刑或者拘役；情节严重的，处三年以上七年以下有期徒刑。辩护人、诉讼代理人提供、出示、引用的证人证言或者其他证据失实，不是有意伪造的，不属于伪造证据。"《刑法》第三百零七条规定的妨害作证罪和帮助毁灭、伪造证据罪："以暴力、威胁、贿买等方法阻止证人作证或者指使他人作伪证的，处三年以下有期徒刑或者拘役；情节严重的，处三年以上七年以下有期徒刑。帮助当事人毁灭、伪造证据，情节严重的，处三年以下有期徒刑或者拘役。司法工作人员犯前两款罪的，从重处罚。"《刑法》第三百零八条规定的打击报复证人罪："对证人进行打击报复的，处三年以下有期徒刑或者拘役；情节严重的，处三年以上七年以下有期徒刑。"《刑法》第三百零九条规定的扰乱法庭秩序罪："聚众哄闹、冲击法庭，或者殴打司法工作人员，严重扰乱法庭秩序的，处三年以下有期徒刑、拘役、管制或者罚金。"《刑法》第三百一十条规定的窝藏、包庇罪，经刑法修正案（六）修改为："明知是犯罪所得及其产生的收益而予以窝藏、转移、收购、代为销售或者以其他方法掩饰、隐瞒的，处三年以下有期徒刑、拘役或者管制，并处或者单处罚金；情节严重的，处三年以上七年以下有期徒刑，并处罚金。"此外，《刑法》第三百九十九条还规定了徇私枉法罪："司法工作人员徇私枉法、徇情枉法，对明知是无罪的人而使他受追诉、对明知是有罪的人而故意包庇不使他受追诉，或者在刑事审判活动中故意违背事实和法律作枉法裁判的，处五年以下有期徒刑或者拘役；情节严重的，处五年以上十年以下有期徒刑；情节特别严重的，处十年以上有期徒刑。在民事、行政审判活动中故意违背事实和法律作枉法裁判，情节严重的，处五年以下有期徒刑或者拘役；情节特别严重的，处五年以上十年以下有期徒刑。司法工作人员贪赃枉法，有前两款行为的，同时又构成本法第三百八十五条规定之罪的，依照处罚较重的规定定罪处罚。"这些规定，包含了《联合国打击跨国有组织犯罪公约》关于妨害司法罪规定的全部罪行，也与《国际刑事法院规约》中妨害国际司法罪的内容是一致的。如果犯罪人在打击跨国有组织犯罪的司法过程中实施了这些罪行，中国在其刑事管辖范围内就可以依照这些法律规定追究有关犯罪人的刑事责任。

（6）制造、贩卖、传播淫秽物品的犯罪

《刑法》第一百五十二条第一、三款规定："以牟利或者传播为目的，走私淫秽的影片、录像带、录音带、图片、书刊或者其他淫秽物品的，处三年以上十年以下有期徒刑，并处罚金；情节严重的，处十年以上有期徒刑或者无期徒刑，并处罚金或者没收财产；情节较轻的，处三年以下有期徒刑、拘役或者管制，并处罚金。单位犯前款罪的，对单位判处罚金，并对其直接负责的主管人员和其他直接责任人员，依照前款的规定处罚。"该条规定的走私淫秽物品罪，即包含了以走私方式构成的国际贩卖淫秽物品罪。此外，《刑法》第三百六十三条第一款还规定："以牟利为目的，制作、复制、出版、贩卖、传播淫秽物品的，处三年以下有期徒刑、拘役或者管制，并处罚金；情节严重的，处三年以上十年以下有期徒刑，并处罚金；情节特别严重的，处十年以上有期徒刑或者无期徒刑，并处罚金或者没收财产。"该条关于制作、复制、出版、贩卖、传播淫秽物品牟利罪的规定，包含了贩卖淫秽物品的行为形态。而这种贩卖行为，既包括在中国境内贩卖淫秽物品的行为，也包括跨国境贩卖淫秽物品的行为。因此，该条规定的犯罪实际上也包括了作为国际犯罪的国际贩卖淫秽物品罪，对于实施国际贩卖淫秽物品罪的犯罪人，即可依照中国刑法的规定追究其刑事责任。至于淫秽物品的含义，《刑法》第三百六十七条规定："本法所称淫秽物品，是指具体描绘性行为或者露骨宣扬色情的诲淫性的书刊、影片、录像带、录音带、图片及其他淫秽物品。有关人体生理、医学知识的科学著作不是淫秽物品。包含有色情内容的有艺术价值的文学、艺术作品不视为淫秽物品。"这个定义，与有关国际公约中规定的定义，其含义是一致的。当然在具体认定上，可能会由于各国文化背景上的差异，而得出不尽相同的结论。

（7）破坏环境资源保护罪

《刑法》第三百三十八条规定："违反国家规定，排放、倾倒或者处置有放射性的废物、含传染病病原体的废物、有毒物质或者其他有害物质，严重污染环境的，处三年以下有期徒刑或者拘役，并处或者单处罚金；后果特别严重的，处三年以上七年以下有期徒刑，并处罚金。"第三百三十九条规定："违反国家规定，将境外的固体废物进境倾倒、堆放、处置的，处五年以下有期徒刑或者拘役，并处罚金；造成重大环境污染事故，致使公私财产遭受重大损失或者严重危害人体健康的，处五年以上十年以下有期徒刑，并处罚金；后果特别严重的，处十年以上有期徒刑，并处罚金。未经国务院有关主管部门许可，擅自进口固体废物用作原料，造成重大环境污染事故，致使公私财产遭受重大损失或者严重危害人体健康的，处五年以下有期徒刑或者拘役，并处罚金；后果特别严重的，处五年以上十年以下有期徒刑，并处罚金。以原料利用为名，进口不能用作原料的固体废物、液态废物和气态废物的，依照本法第一百五十二条第二款、第三款的规定定罪处罚。"第三百四十条规定："违反保护水产资源法规，在禁渔区、禁渔期或者使用禁用的工具、方法捕捞水产品，情节严重的，处三年以下有期徒刑、拘役、管制或者罚金。"第三百四十一条规定："非法猎捕、杀害国家重点保护的珍贵、濒危野生动物的，或者非法收购、运输、出售国家重点保护的珍贵、濒危野生动物及其制品的，处五年以下有期徒刑或者拘役，并处罚金；情节严重的，处五年以上十年以下有期徒刑，并处罚金；情节特别严重的，处十年以上有期徒刑，并处罚金或者没收财产。违反狩猎法规，在禁猎区、禁猎期或者使用禁用的工具、方法进行狩猎，破坏野生动物资源，情节严重的，处三年以下有期徒刑、拘役、管制或者罚金。"第三百四十二条规定："违反土地管理法规，非法占用耕地、林地等农用地，改变被占用土地用途，数量较大，造成耕地、林地等农用地大量毁坏的，处五年以下有期徒刑或者拘役，并处或者单处罚金。"第三百四十三条规定："违反矿产资源法的规定，未取得采矿许可证擅自采矿，擅自进入国家规划矿区、对国民经济具有重要价值的矿区和他人矿

672

区范围采矿，或者擅自开采国家规定实行保护性开采的特定矿种，情节严重的，处三年以下有期徒刑、拘役或者管制，并处或者单处罚金；情节特别严重的，处三年以上七年以下有期徒刑，并处罚金。违反矿产资源法的规定，采取破坏性的开采方法开采矿产资源，造成矿产资源严重破坏的，处五年以下有期徒刑或者拘役，并处罚金。"第三百四十四条规定："违反国家规定，非法采伐、毁坏珍贵树木或者国家重点保护的其他植物的，或者非法收购、运输、加工、出售珍贵树木或者国家重点保护的其他植物及其制品的，处三年以下有期徒刑、拘役或者管制，并处罚金；情节严重的，处三年以上七年以下有期徒刑，并处罚金。"第三百四十五条规定："盗伐森林或者其他林木，数量较大的，处三年以下有期徒刑、拘役或者管制，并处或者单处罚金；数量巨大的，处三年以上七年以下有期徒刑，并处罚金；数量特别巨大的，处七年以上有期徒刑，并处罚金。违反森林法的规定，滥伐森林或者其他林木，数量较大的，处三年以下有期徒刑、拘役或者管制，并处或者单处罚金；数量巨大的，处三年以上七年以下有期徒刑，并处罚金。非法收购、运输明知是盗伐、滥伐的林木，情节严重的，处三年以下有期徒刑、拘役或者管制，并处或者单处罚金；情节特别严重的，处三年以上七年以下有期徒刑，并处罚金。盗伐、滥伐国家级自然保护区内的森林或者其他林木的，从重处罚。"第三百四十六条规定："单位犯本节第三百三十八条至第三百四十五条规定之罪的，对单位判处罚金，并对其直接负责的主管人员和其他直接责任人员，依照本节各该条的规定处罚。"上述条文分别规定了环境污染罪，非法处置进口的固体废物罪，擅自进口固体废物罪，非法捕捞水产品罪，非法猎捕、杀害珍贵、濒危野生动物罪，非法收购、运输、出售珍贵、濒危

673

野生动物制品罪，非法狩猎罪，非法占用农用地罪，非法采矿罪，破坏性采矿罪，非法采伐、毁坏国家重点保护植物罪，非法收购、运输、加工、出售国家重点保护植物、国家重点保护植物制品罪，盗伐林木罪，滥伐林木罪，非法收购盗伐、滥伐的林木罪等 15 个单一或选择性罪名。这些罪名从不同的方面规定了有关破坏环境资源保护的犯罪行为，反映了有关国际公约中关于通过国内立法制裁严重破坏环境的犯罪行为的要求。

5. 关于危害国家利益的国际犯罪

危害国家利益的犯罪，无疑首先是危害国家安全的犯罪。这类犯罪规定在中国刑法分则的第一章。但是这类犯罪通常都是从本国利益出发所作的规定，缺乏国际性。就国际犯罪中有关国家利益的犯罪而言，主要是指伪造国家货币罪、盗运国家珍贵文物罪。这些犯罪，在中国刑法中亦有相应的规定。

（1）伪造货币及有关犯罪

《刑法》第一百七十条规定："伪造货币的，处三年以上十年以下有期徒刑，并处罚金；有下列情形之一的，处十年以上有期徒刑或者无期徒刑，并处罚金或者没收财产：（一）伪造货币集团的首要分子；（二）伪造货币数额特别巨大的；（三）有其他特别严重情节的。"第一百七十一条规定："出售、购买伪造的货币或者明知是伪造的货币而运输，数额较大的，处三年以下有期徒刑或者拘役，并处二万元以上二十万元以下罚金；数额巨大的，处三年以上十年以下有期徒刑，并处五万元以上五十万元以下罚金；数额特别巨大的，处十年以上有期徒刑或者无期徒刑，并处五万元以上五十万元以下罚金或者没收财产。……伪造货币并出售或者运输伪造的货币的，依照本法第一百七十条的规定定罪从重处罚。"第一百七十三条规定："变造货币，数额较大的，处三年以下有期徒刑或者拘役，并处或者单处一万元以上十万元以下罚金;数额巨大的,处三年以上十年以下有期徒刑,并处二万元以上二十万元以下罚金。"第一百七十七条规定:"有下列情形之一,伪造、变造金融票证的,处五年以下有期徒刑或者拘役,并处或者单处二万元以上二十万元以下罚金;情节严重的,处五年以上十年以下有期徒刑,并处五万元以上五十万元以下罚金;情节特别严重的,处十年以上有期徒刑或者无期徒刑,并处五万元以上五十万元以下罚金或者没收财产:(一)伪造、变造汇票、本票、支票的;(二)伪造、变造委托收款凭证、汇款凭证、银行存单等其他银行结算凭证的;(三)伪造、变造信用证或者附随的单据、文件的;(四)伪造信用卡的。单位犯前款罪的,对单位判处罚金,并对其直接负责的主管人员和其他直接责任人员,依照前款的规定处罚。"第一百七十八条规定:"伪造、变造国库券或者国家发行的其他有价证券,数额较大的,处三年以下有期徒刑或者拘役,并处或者单处二万元以上二十万元以下罚金;数额巨大的,处三年以上十年以下有期徒刑,并处五万元以上五十万元以下罚金;数额特别巨大的,处十年以上有期徒刑或者无期徒刑,并处五万元以上五十万元以下罚金或者没收财产。伪造、变造股票或者公司、企业债券,数额较大的,处三年以下有期徒刑或者拘役,并处或者单处一万元以上十万元以下罚金;数额巨大的,处三年以上十年以下有期徒刑,并处二万元以上二十万元以下罚金。单位犯前两款罪的,对单位判处罚金,并对其直接负责的主管人员和其他直接责任人员,依照前两款的规定处罚。"上述条文分别规定了伪造货币罪,出售、购买、运输假币罪,变造假币罪,伪造、变造金融票证罪,伪造、变造国家有价证券罪,伪造、变造股票、公司企业债券罪等6个单一或选择性罪名。这些罪名从不同的方面规定了有关妨害国家货币的犯罪行为，反映了有关国际公约中关于制裁妨害国家货币罪的要求。

（2）损毁、盗运国家珍贵文物罪

《刑法》第三百二十四条规定："故意损毁国家保护的珍贵文物或者被确定为全国重点文物保护单位、省级文物保护单位的文物的，处三年以下有期徒刑或者拘役，并处或者单处罚金；情节严重的，处三年以上十年以下有期徒刑，并处罚金。故意损毁国家保护的名胜古迹，情节严重的，处五年以下有期徒刑或者拘役，并处或者单处罚金。过失损毁国家保护的珍贵文物或者被确定为全国重点文物保护单位、省级文物保护单位的文物，造成严重后果的，处三年以下有期徒刑或者拘役。"第三百二十五条规定："违反文物保护法规，将收藏的国家禁止出口的珍贵文物私自出售或者私自赠送给外国人的，处五年以下有期徒刑或者拘役，可以并处罚金。单位犯前款罪的，对单位判处罚金，并对其直接负责的主管人员和其他直接责任人员，依照前款的规定处罚。"第三百二十六条规定："以牟利为目的，倒卖国家禁止经营的文物，情节严重的，处五年以下有期徒刑或者拘役，并处罚金；情节特别严重的，处五年以上十年以下有期徒刑，并处罚金。单位犯前款罪的，对单位判处罚金，并对其直接负责的主管人员和其他直接责任人员，依照前款的规定处罚。"第三百二十七条规定："违反文物保护法规，国有博物馆、图书馆等单位将国家保护的文物藏品出售或者私自送给非国有单位或者个人的，对单位判处罚金，并对其直接负责的主管人员和其他直接责任人员，处三年以下有期徒刑或者拘役。"第三百二十八条规定："盗掘具有历史、艺术、科学价值的古文化遗址、古墓葬的，处三年以上十年以下有期徒刑，并处罚金；情节较轻的，处三年以下有期徒刑、拘役或者管制，并处罚金；有下列情形之一的，处十年以上有期徒刑或者无期徒刑，并处罚金或者没收财产：（一）盗掘确定为全国重点文物保护单位和省级文物保护单位的古文化遗址、古墓葬的；（二）盗掘古文化遗址、古墓葬集团的首要分子；（三）多次盗掘古文化遗址、古墓葬的；（四）盗掘古文化遗址、古墓葬，并盗窃珍贵文物或者造成珍贵文物严重破坏的。盗掘国家保护的具有科学价值的古人类化石和古脊椎动物化石的，依照前款的规定处罚。"上述条文分别规定了故意损毁文物罪，故意损毁名胜古迹罪，过失损毁文物罪，非法向外国人出售、赠送珍贵文物罪，倒卖文物罪，非法出售、私赠文物藏品罪，盗掘古文化遗址、古墓葬罪，盗掘古人类化石、古脊椎动物化石罪等8个单一或选择性罪名。此外，《刑法》第一百五十一条第二款还规定了走私文物罪，即："走私国家禁止出口的文物……的，处五年以上十年以下有期徒刑，并处罚金；情节特别严重的，处十年以上有期徒刑或者无期徒刑，并处没收财产；情节较轻的，处五年以下有期徒刑，并处罚金。"该款的规定与上述5个条文的规定一起，构成了我国刑法中有关保护国家文物，防止国家珍贵文物损毁、流失的实体规范。在这些实体规范中，包含了有关国际公约中关于破坏、贩卖国家珍贵文物罪的内容。

以上引述表明，修订后的中国刑法，在许多方面充分体现了国际刑法公约中的实体规范。这些条文所规定的犯罪及其应处的刑罚，不仅完全适用于纯粹属于中国国内法上的犯罪，而且可以适用于具有下列情节之一的可以视为国际犯罪的罪行：（1）中国公民实施的跨国性犯罪；（2）外国人或无国籍人单独实施或者与中国公民合伙实施的跨越中国国（边）境的犯罪；（3）跨国性有组织犯罪集团在中国领域内实施的犯罪；

（4）外国人或无国籍人在中国领域外实施这类犯罪之后进入中国领域的。因此，有关国际犯罪行为，如果符合中国刑法中规定的具体犯罪构成，并且在中国刑法管辖范围之内的，就完全可以依照中国刑法追究有关犯罪人的刑事责任；即使犯罪的实施不在中国刑法的管辖范围之内，如果犯罪人在中国领域内被发现，并且不能或不宜将该人引渡给有管辖权的国家，我国也可以根据普遍管辖原则，依照中国刑法追究其刑事责任。

以上引述也表明，现有国际刑法公约中规定的个别犯罪，在中国刑法中尚无明文规定。这类犯罪主要是与国家政策有关的犯罪，如侵略罪、危害人类罪、非法使用武器罪、灭绝种族罪、种族歧视和种族隔离罪等。不把这些国际犯罪规定在中国刑法中，主要是考虑到：中华人民共和国在国际交往中一贯奉行和平共处五项原则，一贯坚持国际社会公认的人权保护准则，绝不会对别国发动侵略战争，更不会使用禁用武器；在国内政策上一贯主张各民族不论大小一律平等，不会出现任何灭绝种族或种族隔离的罪行。但是这种考虑不应当妨碍按照有关国际公约的要求在国内刑法中规定有关犯罪的承诺。第一，中国不对外推行战争政策、不对内实行种族歧视政策，并不意味着我们国家的任何个人都不会实施这方面的犯罪，特别是作为法律上的一种假设，更不应当排除这类犯罪被实施的可能性。第二，在刑法中规定有关这方面的犯罪，可以为我国根据国际刑法规范制裁其他国家或个人对我国实施这方面的犯罪提供国内法上的依据。有了国内法上的依据，一旦这类犯罪在我国领域内发生或者对我国公民实施，我国司法机关便可以依据国内法直接对之进行起诉和审判。第三，在国内刑法中规定有关这方面的犯罪，可以表明我国在同这类犯罪做斗争，维护世界和平与安全方面的原则立场，表明我国切实履行自己所承担的对国际犯罪行使普遍管辖权的义务的决心。因此，我国刑法在修改时应当增设这方面的内容，对国际社会公认的侵略罪、战争罪、危害人类罪、非法使用武器罪、灭绝种族罪、种族歧视和种族隔离罪等的构成和处罚做出明确的规定。

（四）中国刑事诉讼法中与国际刑法有关的规定

经 1996 年 3 月 17 日第八届全国人民代表大会第四次会议《关于修改〈中华人民共和国刑事诉讼法〉的决定》修正的《中华人民共和国刑事诉讼法》即 1996 年《刑事诉讼法》第十七条规定："根据中华人民共和国缔结或者参加的国际条约，或者按照互惠原则，我国司法机关和外国司法机关可以相互请求刑事司法协助。"根据这一规定，最高人民法院在其《关于执行〈中华人民共和国刑事诉讼法〉若干问题的解释（试行）》中以"涉外刑事案件审理程序"为题，用 24 个条文规定了涉外刑事案件的审理，以及人民法院与外国开展刑事司法协助的有关问题。最高人民检察院在其《人民检察院实施〈中华人民共和国刑事诉讼法〉规则（试行）》中，用一章（第十一章"刑事司法协助"）四节 26 个条文规定了人民检察院与外国开展刑事司法协助的一般原则、人民检察院提供司法协助和向外国提出司法协助请求的程序，以及司法协助的期限和费用等。这些规定，使中国司法机关与外国进行刑事司法协助，有了明确的法律依据。

2012 年 3 月 14 日，第五届全国人民代表大会对《中华人民共和国刑事诉讼法》进行了全面修改。修改后的刑事诉讼法在第二条刑事诉讼法的任务中增加了"尊重和保障人权"的内容，同时在刑事诉讼的相关规定中规定了保障人权的具体程序。此外，为了满足同腐败犯罪作斗争的需要，刑事诉讼法在特别程序中增加了"犯罪嫌疑人、被告人逃匿、死亡案件违法所得的没收程序"。其中规定:"对于贪污贿赂犯罪、恐怖活动犯罪等重大犯罪案件,犯罪嫌疑人、被告人逃匿,在通缉一年后不能到案,或者犯罪嫌疑人、被告人死亡,依照刑法规定应当追缴其违法所得及其他涉案财产的,人民检察院可以向人民法院提出没收违法所得的申请。公安机关认为有前款规定情形的,应当写出没收违法所得意见书,移送人民检察院";"没收违法所得的申请,由犯罪地或者犯罪嫌疑人、被告人居住地的中级人民法院组成合议庭进行审理";"人民法院经审理,对经查证属于违法所得及其他涉案财产,除依法返还被害人的以外,应当裁定予以没收;对不属于应当追缴的财产的,应当裁定驳回申请,解除查封、扣押、冻结措施"。为了保证这种程序的公正进行,防止损害合法的第三方利益,刑事诉讼法同时规定:"人民法院受理没收违法所得的申请后,应当发出公告。公告期间为六个月。犯罪嫌疑人、被告人的近亲属和其他利害关系人有权申请参加诉讼,也可以委托诉讼代理人参加诉讼。人民法院在公告期满后对没收违法所得的申请进行审理。利害关系人参加诉讼的,人民法院应当开庭审理";"对于人民法院依照前款规定作出的裁定,犯罪嫌疑人、被告人的近亲属和其他利害关系人或者人民检察院可以提出上诉、抗诉";"在审理过程中,在逃的犯罪嫌疑人、被告人自动投案或者被抓获的,人民法院应当终止审理。没收犯罪嫌疑人、被告人财产确有错误的,应当予以返还、赔偿"。

2018年10月26日全国人大常委会通过了《关于修改〈中华人民共和国刑事诉讼法〉的决定》,对刑事诉讼法作了部分修改。其中,为了适应国际刑事合作的需要,在特别程序中增加了"缺席审判程序"。按照修正案的规定,对于贪污贿赂犯罪案件,以及需要及时进行审判,经最高人民检察院核准的严

第十五章 中国与国际刑法

重危害国家安全犯罪、恐怖活动犯罪案件，犯罪嫌疑人、被告人在境外，监察机关、公安机关移送起诉，人民检察院认为犯罪事实已经查清，证据确实、充分，依法应当追究刑事责任的，可以向人民法院提起公诉。人民法院进行审查后，对于起诉书中有明确的指控犯罪事实，符合缺席审判程序适用条件的，应当决定开庭审判。因被告人患有严重疾病无法出庭，中止审理超过六个月，被告人仍无法出庭，被告人及其法定代理人、近亲属申请或者同意恢复审理的，人民法院也可以在被告人不出庭的情况下缺席审理，依法作出判决。缺席审判的案件，由犯罪地、被告人离境前居住地或者最高人民法院指定的中级人民法院组成合议庭进行审理。人民法院缺席审判案件，被告人有权委托辩护人，被告人的近亲属可以代为委托辩护人。被告人及其近亲属没有委托辩护人的，人民法院应当通知法律援助机构指派律师为其提供辩护。对于缺席审判的案件，人民法院应当通过有关国际条约规定的或者外交途径提出的司法协助方式，或者被告人所在地法律允许的其他方式，将传票和人民检察院的起诉书副本送达被告人。传票和起诉书副本送达后，被告人未按要求到案的，人民法院应当开庭审理，依法作出判决，并对违法所得及其他涉案财产作出处理。人民法院应当将判决书送达被告人及其近亲属、辩护人。被告人或者其近亲属不服判决的，有权向上一级人民法院上诉。辩护人经被告人或者其近亲属同意，可以提出上诉。人民检察院认为人民法院的判决确有错误的，应当向上级人民法院提出抗诉。人民检察院认为人民法院的判决确有错误的，应当向上级人民法院提出抗诉。在缺席审理过程中，被告人自动投案或者被抓获的，人民法院应当重新审理。罪犯在判决、裁定发生法律效力后到案的，人民法院应当将罪犯交付执行刑罚。交付执行刑罚前，人民法院应当告知罪犯有权对判决、裁定提出异议。罪犯对判决、裁定提出异议的，人民法院应当重新审理。依照生效判决、裁定对罪犯的财产进行的处理确有错误的，应当予以返还、赔偿。

修改后的刑事诉讼法关于刑事诉讼程序的规定，体现了有关国际公约中规定和要求的正当程序和人权保障的基本精神，能够保障中国的刑事诉讼活动依法高效进行，同时也更加有利于国际刑事合作的顺利进行。

三、中国的引渡问题

随着中国与世界各国之间在制裁国内犯罪和联合打击国际犯罪方面的刑事合作的加强，以及中国制裁跨国性犯罪的实际需要，引渡问题在中国参与国际刑事合作方面显得越来越重要。为了适应在打击国际犯罪的国际合作中引渡罪犯的需要，中国不仅签署、批准和加入了有关包含引渡内容的国际公约，与许多国家签订了引渡条约，而且专门制定了《中华人民共和国引渡法》，为引渡罪犯提供了国内法上的依据。

（一）中国与外国签订的引渡条约

近年来，中国除了积极参与有关惩治国际犯罪的公约的制定和广泛开展国际范围的刑事合作之外，陆续与一些国家签订了引渡条约。特别是近年来，中国与外国签定引渡条约的步伐不断加快，到 2020 年 1 月，先后签定了 57 个引渡条约。其中包括：

（1）1993 年 8 月 26 日签署的《中华人民共和国和泰王国引渡条约》（全国人民代表大会常务委员会 1994 年 3 月 5 日批准，1999 年 3 月 7 日生效）；

（2）1995 年 6 月 22 日签署的《中华人民共和国和白俄罗斯共和国引渡条约》（全国人民代表大会常务委员会 1996 年 3

月 1 日批准，1998 年 5 月 7 日生效）；

（3）1995 年 6 月 26 日签署的《中华人民共和国和俄罗斯联邦引渡条约》（全国人民代表大会常务委员会 1996 年 3 月 1 日批准，1997 年 1 月 10 日生效）；

（4）1996 年 5 月 20 日签署的《中华人民共和国和保加利亚共和国引渡条约》（全国人民代表大会常务委员会 1997 年 2 月 23 日批准，1997 年 7 月 3 日生效）；

（5）1996 年 7 月 1 日签署的《中华人民共和国和罗马尼亚引渡条约》（全国人民代表大会常务委员会 1997 年 2 月 23 日批准，1999 年 1 月 16 日生效）；

（6）1996 年 7 月 5 日签署的《中华人民共和国和哈萨克斯坦共和国引渡条约》（全国人民代表大会常务委员会 1997 年 2 月 23 日批准，1998 年 2 月 10 日生效）；

（7）1997 年 8 月 19 日签署的《中华人民共和国和蒙古国引渡条约》（全国人民代表大会常务委员会 2001 年 12 月 29 日批准，1999 年 1 月 10 日生效）；

（8）1998 年 4 月 27 日签署的《中华人民共和国和吉尔吉斯共和国引渡条约》（全国人民代表大会常务委员会 1998 年 11 月 4 日批准，2004 年 4 月 27 日生效）；

（9）1998 年 12 月 10 日签署的《中华人民共和国和乌克兰引渡条约》（全国人民代表大会常务委员会 1999 年 6 月 28 日批准，2000 年 7 月 13 日生效）；

（10）1999 年 2 月 9 日签署的《中华人民共和国和柬埔寨王国引渡条约》（全国人民代表大会常务委员会 2000 年 3 月 1 日批准，2000 年 12 月 13 日生效）；

（11）1999 年 11 月 8 日签署的《中华人民共和国和乌兹别克斯坦共和国引渡条约》（全国人民代表大会常务委员会

2000 年 7 月 8 日批准，2000 年 9 月 29 日生效）；

（12）2000 年 10 月 18 日在汉城签署的《中华人民共和国和大韩民国引渡条约》（全国人民代表大会常务委员会 2001 年 12 月 29 日批准，2002 年 4 月 12 日生效）；

（13）2001 年 10 月 30 日签署的《中华人民共和国和菲律宾共和国引渡条约》（全国人民代表大会常务委员会 2005 年 7 月 1 日批准，2006 年 3 月 12 日生效）；

（14）2001 年 11 月 5 日在北京签署的《中华人民共和国和秘鲁共和国引渡条约》（全国人民代表大会常务委员会 2002 年 10 月 28 日批准，2003 年 4 月 5 日生效）；

（15）2001 年 11 月 19 日签署的《中华人民共和国和突尼斯共和国引渡条约》（全国人民代表大会常务委员会 2002 年 10 月 28 日批准，2005 年 12 月 29 日生效）；

（16）2001 年 12 月 10 日签署的《中华人民共和国和南非共和国引渡条约》（全国人民代表大会常务委员会 2002 年 12 月 28 日批准，2004 年 11 月 17 日生效）；

（17）2002 年 2 月 4 日签署的《中华人民共和国和老挝人民民主共和国引渡条约》（全国人民代表大会常务委员会 2002 年 8 月 29 日批准，2003 年 8 月 13 日生效）；

（18）2002 年 5 月 13 日签署的《中华人民共和国和阿拉伯联合酋长国引渡条约》（全国人民代表大会常务委员会 2002 年 12 月 28 日批准，2004 年 5 月 24 日生效）；

（19）2002 年 6 月 17 日签署的《中华人民共和国和立陶宛共和国引渡条约》（全国人民代表大会常务委员会 2002 年 12 月 28 日批准，2003 年 6 月 21 日生效）；

（20）2003 年 11 月 3 日签署的《中华人民共和国和巴基斯坦伊斯兰共和国引渡条约》（全国人民代表大会常务委员会

2005 年 10 月 27 日批准，2008 年 1 月 10 日生效）；

（21）2003 年 11 月 6 日签署的《中华人民共和国和莱索托王国引渡条约》（全国人民代表大会常务委员会 2004 年 10 月 27 日批准，2005 年 10 月 30 日生效）；

（22）2004 年 11 月 12 日签署的《中华人民共和国和巴西联邦共和国引渡条约》（全国人民代表大会常务委员会 2006 年 4 月 29 日批准，2014 年 8 月 16 日生效）；

（23）2005 年 3 月 17 日签署的《中华人民共和国和阿塞拜疆共和国引渡条约》（全国人民代表大会常务委员会 2006 年 10 月 27 日批准，2010 年 12 月 1 日生效）；

（24）2005 年 11 月 14 日签署的《中华人民共和国和西班牙王国引渡条约》（全国人民代表大会常务委员会 2006 年 4 月 29 日批准，2007 年 4 月 4 日生效）；

（25）2005 年 12 月 19 日签署的《中华人民共和国和纳米比亚共和国引渡条约》（全国人民代表大会常务委员会 2007 年 4 月 27 日批准，2009 年 9 月 19 日生效）；

（26）2006 年 6 月 20 日签署的《中华人民共和国和安哥拉共和国引渡条约》（全国人民代表大会常务委员会 2007 年 4 月 27 日批准，2013 年 10 月 17 日生效）；

（27）2006 年 11 月 6 日签署的《中华人民共和国和阿尔及利亚民主人民共和国引渡条约》（全国人民代表大会常务委员会 2008 年 6 月 26 日批准，2009 年 9 月 22 日生效）；

（28）2007 年 1 月 31 日签署的《中华人民共和国和葡萄牙共和国引渡条约》（全国人民代表大会常务委员会 2008 年 10 月 28 日批准，2009 年 7 月 25 日生效）；

（29）2007 年 3 月 20 日签署的《中华人民共和国和法国引渡条约》（全国人民代表大会常务委员会 2014 年 8 月 28 日

批准，2015 年 7 月 17 日生效）；

（30）2007 年 9 月 6 日签署的《中华人民共和国和澳大利亚引渡条约》（全国人民代表大会常务委员会 2008 年 4 月 24 日批准并生效）；

（31）2008 年 7 月 11 日签署的《中华人民共和国和墨西哥合众国引渡条约》（全国人民代表大会常务委员会 2009 年 2 月 28 日批准，2012 年 7 月 7 日生效）；

（32）2009 年 7 月 1 日签署的《中华人民共和国和印度尼西亚共和国引渡条约》（全国人民代表大会常务委员会 2010 年 4 月 29 日批准，2018 年 1 月 19 日生效）；

（33）2010 年 10 月 7 日签署的《中华人民共和国和意大利共和国引渡条约》（全国人民代表大会常务委员会 2011 年 12 月 31 日批准，2015 年 12 月 13 日生效）；

（34）2012 年 9 月 10 日签署的《中华人民共和国和伊朗伊斯兰共和国引渡条约》（全国人民代表大会常务委员会 2014 年 12 月 28 日批准，2017 年 1 月 14 日生效）

（35）2012 年 12 月 20 日签署的《中华人民共和国和波斯尼亚和黑塞哥维那引渡条约》（全国人民代表大会常务委员会 2014 年 6 月 27 日批准，2014 年 10 月 12 日生效）；

（36）2013 年 9 月 27 日签署的《中华人民共和国和阿富汗伊斯兰共和国引渡条约》（全国人民代表大会常务委员会 2014 年 12 月 28 日批准，2017 年 5 月 23 日生效）；

（37）2013 年 5 月 10 日签署的《中华人民共和国和阿根廷共和国引渡条约》（全国人民代表大会常务委员会 2017 年 6 月 27 日批准）；

（38）2014 年 5 月 4 日签署的《中华人民共和国和埃塞俄比亚联邦民主共和国引渡条约》（全国人民代表大会常务委员

会 2017 年 6 月 27 日批准，2017 年 12 月 2 日生效）；

（39）2014 年 9 月 13 日签署的《中华人民共和国和塔吉克斯坦共和国引渡条约》（全国人民代表大会常务委员会 2016 年 11 月 7 日批准，2017 年 1 月 18 日生效）；

（40）2015 年 4 月 7 日签署的《中华人民共和国和越南社会主义共和国引渡条约》（全国人民代表大会常务委员会 2019 年 8 月 26 日批准）；

（41）2015 年 5 月 25 日签署的《中华人民共和国与智利共和国引渡条约》；

（42）2016 年 3 月 23 日签署的《中华人民共和国和巴巴多斯引渡条约》（全国人民代表大会常务委员会 2018 年 8 月 31 日批准）；

（43）2016 年 3 月 24 日签署的《中华人民共和国和格林纳达引渡条约》（全国人民代表大会常务委员会 2018 年 10 月 26 日批准）；

（44）2016 年 4 月 7 日签署的《中华人民共和国和斯里兰卡民主社会主义共和国引渡条约》（全国人民代表大会常务委员会 2019 年 8 月 26 日批准）；

（45）2016 年 5 月 11 日签署的《中华人民共和国和摩洛哥王国引渡条约》；

（46）2016 年 7 月 5 日签署的《中华人民共和国和刚果共和国引渡条约》；

（47）2016 年 10 月 31 日签署的《中华人民共和国和比利时王国引渡条约》（全国人民代表大会常务委员会 2020 年 10 月 17 日批准）；

（48）2016 年 11 月 16 日签署的《中华人民共和国和厄瓜多尔共和国引渡条约》；

687

（49）2017 年 5 月 13 日签署的《中华人民共和国和土耳其共和国引渡条约》（全国人民代表大会常务委员会 2020 年 12 月 26 日批准）；

（50）2017 年 5 月 15 日签署的《中华人民共和国和肯尼亚共和国引渡条约》；

（51）2018 年 6 月 29 日签署的《中华人民共和国和塞浦路斯共和国引渡条约》（全国人民代表大会常务委员会 2020 年 10 月 17 日批准）；

（52）2018 年 7 月 21 日签署的《中华人民共和国和塞内加尔共和国引渡条约》；

（53）2018 年 9 月 2 日签署的《中华人民共和国和毛里求斯共和国引渡条约》；

（54）2018 年 9 月 5 日签署的《中华人民共和国和津巴布韦共和国引渡条约》；

（55）2018 年 12 月 3 日签署的《中华人民共和国和巴拿马共和国引渡条约》；

（56）2019 年 4 月 29 日签署的《中华人民共和国和乌拉圭东岸共和国引渡条约》；

（57）2019 年 5 月 26 日签署的《中华人民共和国和亚美尼亚共和国引渡条约》。

（二）中国与外国签订的引渡条约的基本内容

中国与外国签订的引渡条约，在内容上主要包括以下几个方面[1]：

---

〔1〕 近年来签定的一些引渡条约，与 20 世纪 90 年代初期签定的引渡条约相比，增加了一些内容。以下所列内容在每一个引渡条约中并不是完全相同的。

1. 引渡义务

缔约双方有义务按照本条约的规定和条件，应对方请求，相互引渡在本国境内发现、在缔约另一方境内被追诉的人员，以便就可引渡的犯罪对其进行刑事诉讼或者执行请求方法院发生法律效力的判决所判处的徒刑或其他方式剥夺自由的刑罚。

2. 可引渡的犯罪

（1）可引渡的犯罪是指根据缔约双方法律均构成犯罪，并依照中华人民共和国法律可判处一年以上有期徒刑或者其他更重刑罚；依照缔约另一方法律可处一年以上剥夺自由的刑罚或者其他更重刑罚。

（2）如果引渡请求系针对请求国法院就可引渡的犯罪判处刑罚的人员，只要该判决尚未服完的刑期至少有六个月，应当准予为执行该刑罚而引渡。

（3）在确定某一行为是否为违反被请求国法律的犯罪时，不应当考虑缔约国双方的法律是否将该行为归入同一犯罪种类，是否使用同一罪名或者是否规定了相同的犯罪构成要素。

（4）不论请求国引渡请求所基于的构成犯罪的行为是否发生在其拥有管辖权的领域内，该犯罪均可予以引渡。如果这一行为发生在请求国领域外，请求国应当提供确立其管辖权的法律规定。

（5）如果引渡请求系针对违反有关赋税、关税、外汇管制或者其他税务事项的法律的犯罪，被请求国不得以其法律没有规定同类的赋税或者关税，或者没有规定与请求国法律同样的赋税、关税或者外汇管制条款为理由拒绝引渡。

（6）在符合如下条件时，可根据本条约的规定就有关犯罪准予引渡：在犯罪行为发生时，该行为在请求国构成犯罪；并且在提出引渡请求时，被指控的行为假如发生在被请求国，构成违反被请求国法律的犯罪。

（7）如果引渡请求涉及数项犯罪，每项犯罪根据缔约国双方的法律均应当予以惩处，但其中有些犯罪不符合本条第一款和第二款规定的其他条件，只要该人将基于至少一项可引渡犯罪而被引渡，被请求国可就该数项犯罪准予引渡。

3. 应当拒绝引渡的情形或理由

有下列情形之一的，应当拒绝引渡：

（1）被请求方认为，请求方引渡请求所针对的犯罪属于政治犯罪[1]，或者被请求方已经给予被请求引渡人受庇护的权利。但政治犯罪不包括谋杀或企图谋杀国家元首、政府首脑或其家庭成员，恐怖主义犯罪和双方均为缔约国的国际公约不认为是政治犯罪的行为均不视为政治犯罪。

（2）被请求方有充分理由认为，请求方提出引渡请求的目的是基于对被请求引渡人因其种族、性别、宗教信仰、国籍、政治见解等原因而提起刑事诉讼或者执行刑罚，或者被请求引渡人在司法程序中的地位将会因上述任何原因受到损害。

（3）根据被请求方法律，引渡请求所针对的犯罪纯属军事犯罪（只是请求方军事法规中所规定的犯罪，而根据该方普通刑法不构成犯罪）。

（4）在被请求方收到引渡请求时，被请求引渡人是被请求

---

〔1〕 中国在与莱索托王国签定的引渡条约中，对政治犯罪的排除作了更广的规定。其中明确规定："为本款的目的，对于向莱索托王国提出的请求，下列行为不构成政治犯罪或政治性质的犯罪：（1）针对请求国的或者被请求国的国家元首或者政府首脑，或者针对其家庭成员的谋杀或其他暴力罪行；（2）构成缔约国双方均为缔约国且有义务引渡或起诉的多边协定中所提及的犯罪行为；（3）谋杀；（4）致人重伤；（5）性侵犯；（6）绑架、诱拐、劫持或敲诈；（7）放置或者使用、或者威胁放置或者使用、或者持有爆炸性、易燃性或者破坏性的、足以危及生命或者对身体造成严重伤害或者导致对财产重大损害的装置或者枪械；（8）意图或者共谋上述犯罪，参与上述犯罪，协助、唆使、诱导或者介绍实施上述犯罪，或者胁从实施上述犯罪。"

方的国民（如果仅仅因为被请求引渡人的国籍而拒绝引渡，被请求方应根据请求方的请求，将该案提交其主管机关予以追诉，并在六个月内将进展情况通知请求国。为此目的，请求方应向被请求方提交与该案有关的文件和证据；如果被请求方对该项犯罪无管辖权，被请求方不应被要求将该案提交其主管机关以便起诉）。

（5）根据被请求方法律，由于时效已过或者其他原因，不得就引渡请求中列明的犯罪进行追诉或者执行刑罚（在收到引渡请求时，根据缔约任何一方的法律，被请求引渡人已经获得了追究和审判豁免权，或根据包括时效或豁免的法律，获得了免于刑罚的豁免权）。

（6）被请求方法院已经对被请求引渡人就引渡请求所针对的犯罪作出终审判决或者终止司法程序。

（7）请求方根据缺席判决提出引渡请求，并且没有保证在引渡后重新进行审理。

（8）根据请求方法律，被请求引渡人可能因引渡请求所针对的犯罪被判处死刑，除非请求方作出被请求方认为足够的保证不判处死刑，或者在判处死刑的情况下不执行死刑。

（9）根据缔约一方的法律，属于受害人告诉才处理的刑事案件。

在近年来中国与外国签订的引渡条约中，增加了两个拒绝引渡的理由：一是"有充分理由相信，被请求引渡人在请求方就引渡请求所针对的犯罪曾经遭受或者可能遭受酷刑或者其他残忍、不人道或者有辱人格的待遇或者处罚"；二是"如果准予引渡可能会损害被请求方的主权、安全、公共秩序或其他重大利益，或者导致与其本国法律基本原则相抵触的后果，包括被请求方法律禁止的刑罚种类的执行"。

4. 可以拒绝引渡的情形或理由

有下列情形之一的，可以拒绝引渡：

（1）被请求方根据本国法律对引渡请求所针对的犯罪具有管辖权（引渡请求所涉及的犯罪全部或部分发生在其境内或发生在被认为是其境内的地方），并且对被请求引渡人就该犯罪正在进行刑事诉讼或者准备提起刑事诉讼。

（2）被请求引渡人已经因为引渡请求所针对的犯罪在第三国受到审判并被宣告无罪或者刑罚执行完毕。

（3）特殊情况下，在考虑犯罪的严重性和请求方利益的同时，如果被请求方认为由于被请求引渡人的个人情况（如年龄、健康或其他原因），引渡不符合人道主义精神。

（4）如果同意引渡将与被请求方法律的一些基本原则相抵触。

5. 在被请求方境内依法进行刑事诉讼的义务

近年来的引渡条约中，明确规定了本国公民不引渡原则。

（1）因本国公民而拒绝引渡时，如果引渡请求涉及的行为按照被请求方的法律构成犯罪，则被请求方应当根据请求方的请求，将该案提交其主管机关以便根据本国法律提起刑事诉讼。

（2）为此目的，请求方应当向被请求方提供与该案有关的文件和证据。

（3）如果被请求方对该项犯罪无管辖权，被请求方不应被要求将该案提交其主管机关以便起诉。

（4）被请求方应及时向请求方通知审判结果。

6. 联系途径

为实施本条约的目的，缔约双方应当通过各自根据本国法律指定的机关（和）或者通过外交途径进行联系。在各自指定

第十五章 中国与国际刑法

联系机关之前，双方应当通过外交途径进行联系。

7. 语文[1]

在执行本条约时，缔约双方应使用本国官方文字，并附有缔约另一方的官方文字或英文译文。

8. 引渡请求及所需文件

引渡请求应以书面形式提出，并应当载明下列内容或者附有下列文件：

（1）请求机关的名称。

（2）被请求引渡人的姓名、出生年月、年龄、性别、国籍身份证件、住所地，以及其他有助于确定被请求引渡人的身份和可能所在地的信息，如有可能，提供有关其外表的描述、照片和指纹。

（3）关于犯罪事实的说明，包括犯罪的行为、犯罪的时间地点以及犯罪造成的物质损失包括导致的物质损失的描述。

（4）有关该项犯罪的刑事管辖权、定罪、刑罚的法律规定（请求方法律中有关该行为构成犯罪包括犯罪的要件和罪名以及该项犯罪所应判处刑罚的法律规定，在必要时，还应包括对涉及该项犯罪的法律及就该项犯罪可判处的刑罚的说明，此项说明还应当指明所提供的法律条文在犯罪实施时和提出引渡请求时均有效）。

（5）有关追诉时效或者执行刑罚期限的法律规定。

（6）旨在对被请求引渡人进行刑事诉讼的引渡请求，还应当附有请求方主管机关签发的逮捕证的副本，以及表明应当逮捕并应当羁押该人以便进行审判的证据，包括证明被请求引渡

――――――――――

〔1〕 在早期的引渡条约中都有关于引渡所用语言的规定，而在最近几年签订的引渡条约中，关于"语文"的规定不再出现。似乎语言的问题已经不再是引渡合作中需要关注的问题。

693

人就是逮捕证所指之人的证据。

（7）旨在对被请求引渡人执行刑罚的引渡请求，还应当附有已经发生法律效力的法院判决书的副本，证明被请求引渡人就是判决所指的人的证据，关于服刑情况的说明。

（8）如果引渡请求所针对的犯罪可能被判处无期徒刑，请求方应当向被请求方提供法律中有关减刑的规定。

引渡请求及所需文件应当经签署或者盖章，并且应当附有被请求方文字的译文。

9. 所需文件的认证

如果被请求方的法律要求认证，有关文件应经下列人员认证，确认文件的签署人，包括其身份和职衔：

（1）在中华人民共和国方面，由外交部正式指定的负责认证文件的人员；

（2）在南非共和国方面，负责司法的部长或其签字指定的人（在莱索托王国方面，由法律和宪法事务部正式指定的负责认证文件的人员）。

10. 对引渡请求应附材料的补充

如果被请求方认为，为支持引渡请求所提供的材料不够充分，可以要求请求方在 60 天内[1]提交补充材料。如果请求方提出合理要求（如经事先说明正当理由），这一期限还可以延长 15 天。如果请求方未在该期限内提交补充材料，应当被视为自动放弃请求，已被羁押的被请求引渡人应于释放，但是这种情况不妨碍请求方就同一犯罪再次提出引渡请求。

11. 对引渡请求作出决定

被请求方应当根据本国法律规定的程序对引渡请求作出决

---

〔1〕 有的引渡条约规定为四十五天，也有的引渡条约规定为"在指定的时间内"。

定，并且及时（尽快）通知请求方。如果被请求方全部或者部分拒绝引渡请求，应当将理由告知请求方。

12. 临时羁押（为引渡而逮捕）

收到引渡请求后，除根据本条约不能或不应予以引渡的情形外，被请求方应立即采取措施逮捕（羁押）被请求引渡人。

（1）在紧急情况下，请求方可以请求被请求方在其收到引渡请求前临时逮捕（羁押）准备请求引渡的人。此种请求可以书面形式通过外交途径或者国际刑警组织途径或者双方同意的其他途径，以书面形式提出（以任何被请求方接受的通讯方式提出）。

（2）请求书应包括本条约有关条款规定的内容，并说明对该人已签发了逮捕证或已作出了刑事判决以及将尽快对该人提出引渡请求。

（3）被请求方应当将对该项请求的决定或处理结果及有关情况及时通知请求方。

（4）如果被请求方在羁押被请求引渡人之后的 30 天内未收到正式引渡请求及所需文件，被请求方应释放临时被逮捕的人。上述期限可经请求方的合理要求延长 10 天或 15 天，但仅限一次〔1〕。

（5）如果请求方随后提交了引渡请求及文件，则对临时逮捕人的释放不应影响对该人的重新逮捕和引渡。

13. 移交被引渡人

（1）如果同意引渡请求，被请求方应确定一个合理的移交期限，缔约双方应在该期限内商定移交被引渡人的时间、地点

---

〔1〕 有的引渡条约规定为四十天，有的引渡条约规定为六十天，有的引渡条约对双方规定了不同的期限，如中国与莱索托王国的引渡条约，对中国规定的期限为四十五天，对莱索托王国规定的期限为六十天。有的引渡条约对延长的次数没有限制。

等有关事宜。同时，被请求方应当将被引渡人在移交之前已经被羁押的时间告知请求方。

（2）如果请求方在商定的移交之日后的十五天（20天）内未接收被引渡人，被请求方应当立即释放该人，并且可以拒绝请求方就同一犯罪再次提出的引渡该人的请求。

（3）如果一方因其无法控制的原因不能在商定执行引渡的期限内移交或接收被引渡人，该方应及时通知另一方。双方应当（在商定的移交之日起的15天内）重新商定移交被引渡人的有关事宜。

14. 暂缓（推迟）移交和临时移交

（1）如果被引渡人正在被请求方境内因为引渡请求所针对的犯罪以外的其他犯罪被追究刑事责任或执行判决，被请求方可以在作出同意引渡的决定后暂缓（推迟）移交该人，直至诉讼终结、服刑期满或提前释放。被请求方应当将暂缓（推迟）移交事项通知请求方。

（2）如果前款规定的暂缓移交（推迟）可能导致请求方刑事追诉时效丧失或者妨碍对引渡请求所针对的犯罪进行调查，被请求方可以在本国法律允许的范围内，根据双方确定的条件，将被请求引渡人临时移交给请求方。

（3）请求方在完成有关诉讼行为后，应立即将被临时移交的人送还被请求方。

15. 重新引渡

如果被引渡人逃避刑事追诉、审判或执行刑罚，并自愿返回被请求方境内，被请求方应根据请求方的请求将其再次引渡。在这种情况下，请求方无需提交本条约有关各条规定的文件。

16. 数国提出引渡请求

如果被请求方收到请求方和其他一个或多个国家同时对同

一人就同一犯罪或者不同犯罪提出的引渡请求时，被请求方在决定向哪一方引渡该人时，应当考虑所有相关情形，特别是如下情形：（1）请求是否根据条约提出；（2）各种犯罪的严重性；（3）犯罪发生的时间和地点；（4）被请求引渡人的国籍和通常的居住地；（5）各项请求提出的先后；（6）再向第三国引渡的可能性。

17. 特定原则

除同意引渡所针对的犯罪外，请求方对于根据本条约被引渡的人，未经被请求方同意，不得就该人在引渡前所实施的其他犯罪进行刑事诉讼或者执行刑罚或限制其人身自由，也不得将该人引渡给第三国，但是有下列情形之一的除外：

（1）被请求方事先同意。为此，请求方应通过本条约规定的途径以书面方式提出请求，并附本条约有关各条规定的文件和被引渡人就有关犯罪所作的陈述。如请求引渡所涉及的罪行本身根据本条约应予引渡，则应予同意。

（2）被引渡人在刑事审判终结或刑罚执行完毕后（或被释放后）的15天（或30天）内可以自由离开请求方领土而未离开，或离开后又自愿返回。但被引渡人由于其无法控制的原因不能离开请求方领土的时间不计入此期限。

如果对被引渡人的指控随后发生变化，只有在符合下列条件时方可对该人进行追诉和判刑，即该人的罪名虽经更改，但这一犯罪实质上是基于引渡请求及其辅助文件中所包含的相同事实；并且这一犯罪可判处的最高刑与该人被引渡的犯罪可判处的最高刑相同或较之更轻。

上述规定不适用于引渡之后实施的犯罪行为。

18. 移交与犯罪有关的物品

（1）如果请求方提出请求，被请求方应当在本国法律允许的范围内，扣押在其境内发现的被引渡人在据以引渡的犯罪中使用的犯罪工具、犯罪所得以及其他可作为证据的财物，并且在同意引渡的情况下，将这些财物移交给请求方。

（2）在同意引渡的情况下，即使因为被请求引渡人死亡、失踪、脱逃或其他原因而无法实施引渡，本条第 1 款提到的财物仍然可以移交。

（3）如果被请求方为审理其他未决刑事诉讼案件而需要将本条第一款所指的财物用作正在进行的其他刑事案件的证据，可以推迟移交上述财物直至诉讼终结，或者在请求方返还的条件下临时移交这些财物。在此情况下，被请求方应通知请求方。

（4）移交上述财物不得损害被请求方或者任何第三方对该财物的合法权利。如果存在此种权利，请求方应当根据被请求方的要求，在诉讼结束之后尽快将被移交的财物无偿返还给其所有人。如果物品所有人在请求方境内，请求方经被请求方同意，有权直接将上述物品归还其所有人。

（5）移交与犯罪有关的物品和钱款，应在被请求方法律规定的范围内进行。

19. 过境

（1）一方从第三国引渡人员需经过另一方领土时，前一方应当向后一方提出同意过境的请求。如果使用航空运输并且没有在后一方境内降落的计划，则无需获得此种同意。

（2）被请求方在不违反其法律的情况下，应当同意请求方提出的过境请求。

（3）过境请求应通过本条约规定的途径以书面方式提出，并附本条约有关各条规定的有关文件。

（4）根据本条约规定不应引渡的人，被请求方可以拒绝其过境。

20. 通报结果

请求方应当向被请求方及时通报对被引渡人进行刑事诉讼、执行刑罚或者引渡给第三国的情况，并根据被请求方的请求向其提供终审判决书的副本。

21. 与引渡有关的费用

在被请求方的引渡程序中产生的费用应当由被请求方承担。与移交和接受被引渡人有关的交通费用和过境费用应当由请求方承担。

22. 争议的解决

因解释和适用本条约所产生的任何争议，均应由双方通过通过外交途径协商解决。

23. 与多边国际公约（其他条约）的关系

本条约不影响双方根据多边国际公约或任何其他条约所承担的义务和享有的权利。

上述内容表明，我国与有关国家签订的引渡条约，详尽具体地规定了有关引渡的各个事项，全面体现了国际刑法公约中有关引渡问题的规定和1990年12月14日联合国大会通过的《引渡示范条约》的精神，规定了引渡的具体程序，从而为我国与有关国家在引渡问题上进行合作，提供了明确的条约依据。特别是近年来我国与外国签订的引渡条约，反映了国际刑法公约和国际引渡合作实践的新发展，符合引渡实践的需要。

当然，也应当看到，我国在与外国签订引渡条约时，不论是在语言的运用上，还是在引渡条约的具体内容上，都有不尽相同之处，以致影响了我国引渡制度的完整性和统一性。例如，在本国国民不引渡的问题上，我国与外国签订的引渡条约，有些只规定了"本国国民不引渡"原则，有些则强调了

"本国国民不引渡则起诉"的原则；有些只是规定了政治犯不引渡原则，有些则规定了政治犯不引渡原则及其例外的规则。又如，关于移交犯罪人前的临时羁押期限，条约中的规定很不一致，有些规定为30天，有些规定为20天，有些规定为15天。再如，在语言文字的运用上，就同一主张或事项使用的中文用词很不一致，有的条约使用"执行刑罚"；有的条约使用"执行发生法律效力的刑事判决"；有些条约使用"可处至少一年有期徒刑"的用语，有些条约则使用"可处至少一年监禁"的用语；关于军事犯罪，有的条约用"军事性质的犯罪"，有的条约用"纯系军人犯罪"，有的条约用"只是请求方军事法规中规定的犯罪，而根据普通刑法不构成犯罪；关于被请求引渡人的地址，有的条约用"居所"一词，有的条约用"住所地或居住地"；关于判决书，有的条约用"终局判决书"，有的条约用"终审判决书"，有的条约用"已发生法律效力的判决书"等。我国与外国签订的引渡条约中出现的这些问题，尽管与签约另一方的引渡制度和语言习惯有关，但是至少表明，我国的引渡制度还不够规范、不够成熟，还有待于进一步研究和完善。

（三）中国的引渡立法

2000年12月28日，全国人大常务委员会通过并施行的《中华人民共和国引渡法》，结束了中国长期以来没有引渡法律规范的空白。引渡法与中国和外国签订的引渡条约、中国参加的包含引渡条款的国际公约一起，构成了中国的引渡法律制度，为中国有关机关开展引渡提供了法律依据。

中国的引渡法，由四章52个条文组成。其中，第一章"总则"，规定了引渡法制定的目的及其适用范围，引渡的原则和途径，引渡法中某些专门用语的含义；第二章"向中华人民共和国请求引渡",具体规定了外国向中华人民共和国提出引渡请求的条件、引渡请求的提出、对引渡请求的审查、为引渡而采取的强制措施、引渡的执行、暂缓引渡和临时引渡、引渡的过境等方面的内容;第三章"向外国请求引渡",规定了请求外国准予引渡或者引渡过境的提出机关和接收机关,以及提出请求的程序;第四章"附则",规定了引渡过程中有关情况的处理,以及本法生效的时间。

从总体上看,中国引渡法的规定,总结了中国与外国开展引渡合作的主要做法和成功经验,反映了中国与外国签订的引渡条约的基本内容和主要精神,符合中国缔结和参加和国际刑法公约中规定的引渡条款的主要内容,也适应了中国与外国开展引渡合作的现实需要。但是,也应当看到,中国的引渡立法尚属首次,由于立法经验的不足和外交上的谨慎,中国引渡法中也还存在着某些不尽如人意的地方。其中值得研究的问题主要有:

1. 引渡立法的宗旨

引渡是进行国际刑事合作的一个重要方式,其目的是及时有效地使犯罪人受到应有的惩罚。从外国引渡罪犯或者从国内把罪犯引渡给对其行使管辖权的国家,也是为了履行我们国家在加入有关国际公约时承担的或者根据双边条约承担的国际义务。因此,立法应当有利于引渡的国际实践,有利于保障及时引渡应当引渡之罪犯的顺利进行。

《中华人民共和国引渡法》第一条明确规定了制定引渡法的目的,这就是:"为了保障引渡的正常进行,加强惩罚犯罪的国际合作,保护个人和组织的合法权益,维护国家利益和社会秩序"。这表明,我们制定引渡法,一是要保障引渡的正常进行,二是要规范引渡活动,保证引渡的进行符合三个方面的价值目标，即"加强惩罚犯罪的国际合作""保护个人和组织的合法权益""维护国家利益和社会秩序"。这三个方面的价值目标或者说三个方面的利益，都是建立在"保障引渡的正常进行"之上的。只有保障引渡的正常进行，才谈得上加强惩罚犯罪的国际合作，才谈得上保护个人和组织的合法权益，也才谈得上维护国家利益和社会秩序。当然，这三个方面的价值目标或者利益并不总是完全统一的。在实践中确实存在着为了保护个人和组织的合法权益或者为了维护国家利益而拒绝引渡的情况。协调这三个方面的利益，以便保障引渡的正常进行，正是引渡立法的价值所在。

《中华人民共和国引渡法》在总则中明确规定，引渡合作，要在中华人民共和国和外国平等互惠的基础上进行，引渡合作，不得损害中华人民共和国的主权、安全和社会公共利益，就是为了维护我们的国家利益。引渡法规定了应当拒绝引渡的八个理由和可以拒绝引渡的两个理由。这十个理由中有些就是基于对个人合法权益的保护。例如，被请求引渡人可能因其种族、宗教、国籍、性别、政治见解或者身份等方面的原因而被提起刑事诉讼或者执行刑罚，或者被请求引渡人在司法程序中可能由于上述原因受到不公正待遇的；根据中华人民共和国或者请求国法律，在收到引渡请求时，由于犯罪已过追诉时效期限或者被请求引渡人已被赦免等原因，不应当追究被请求引渡人的刑事责任的；被请求引渡人在请求国曾经遭受或者可能遭受酷刑或者其他残忍、不人道或者有辱人格的待遇或者处罚的；由于被请求引渡人的年龄、健康等原因，根据人道主义原则不宜引渡的，中华人民共和国就应当或者可以据以拒绝外国提出的引渡请求。这些规定都是基于保护被请求引渡人合法权益的目的而作出的规定，也是为了防止引渡的非正常进行，从而保障引渡合目的地正常进行。

为了保障引渡的正常进行，引渡立法就应当更多的考虑如何为正常的引渡提供保障，使正常的引渡即符合国际刑法公约和引渡条约规定的引渡得以及时顺利进行，使对国际犯罪或跨国性犯罪行使管辖权的国家能够及时有效地进行刑事诉讼以实现惩罚犯罪的目的。为此，引渡立法的各项规定，都应当是有利于让符合条件的引渡及时顺利进行，而不应当是人为地给正常的引渡设置过多的障碍以致使引渡难以或者无法进行。过分限制引渡的进行，应该说是与引渡立法的目的相悖的。然而，仔细研究我国的引渡法，就会发现，某些条款的设计，并不是保障引渡的正常进行，而是不必要地限制了引渡的及时进行。这主要表现在有关引渡审查程序的规定方面。

应当肯定，设置引渡审查制度是完全必要的。对于外国提出的引渡请求，首先应当（并且各国通常都要）进行行政审查，进而进行司法审查；向外国提出引渡请求，首先也要进行司法审查，进而进行行政审查。反之亦然。这是因为，引渡作为国家之间进行刑事合作的一种形式，首先是一种国家行为。引渡有时可能涉及国家的主权、利益，或国家之间的相互关系，所以是否同意引渡，要经由有关部门代表国家从政治上进行审查。同时，引渡又是国家之间就法律问题所进行的合作，是一种典型的法律行为，所以引渡的实施是否具有法律依据，必须由主管的司法机关从法律上进行审查。对是否引渡或者是否给予引渡进行行政审查和司法审查，也是实现引渡立法目的的一个方面。

问题在于，引渡审查的程序设计应当从"保障引渡正常进行"的立法目的出发，便于正常引渡的顺利进行。

在引渡法通过之前，我国的引渡审查制度是通过 1992 年外交部、最高人民法院、最高人民检察院、公安部、司法部联合发布的《关于办理引渡案件若干问题的规定》建立的非正规的、暂时性的引渡审查制度。该引渡审查制度，虽然考虑到国际社会公认的一些引渡规则和各国的一些普遍做法，但主要是从我国尚无引渡立法、有关部门在引渡问题上职责不明的实际情况出发，规定外交部、最高人民法院、最高人民检察院、公安部、司法部都是引渡案件的主管机关；外交部在接到外国的引渡请求后，应与其他主管引渡案件的机关进行协商，共同就是否允许引渡作出决定；每个主管机关都有权对外国的引渡请求进行审查并发表意见，有权通过规定的程序和途径，向外国提出引渡请求。这种暂时性的引渡审查制度，解决了我国与外国在引渡问题上进行合作之急需，也为我国建立完善的引渡制度奠定了一定的基础。但是这种谁都有权审查、谁都无权决定的制度，本身存在着严重的缺陷，不能适应我国社会主义法制建设的要求，不便于我国与外国之间在引渡问题上进行有效合作。正如有的学者指出的：这种引渡审查制度，为了回避在职责划分问题上那些复杂的争议，采取了"和稀泥"的做法，在对外国引渡请求的审查问题上，为所有的主管机关规定了几乎同等的权利，但是由于没有为各主管机关对外国引渡请求的审查活动规定具体的范围或侧重点，不利于主管机关各司其职，有损于分工负责的原则，甚至有强人所难之嫌；没有为引渡案件的处理确定必要的诉讼程序，以致引渡请求的处理无章可循，难以进行实际操作，因而存在着严重的缺陷。[1]

引渡法对上述规定作了修改，规定了明确的引渡审查程

---

〔1〕 参见黄风著：《中国引渡制度研究》，中国政法大学出版社1997年版，第173—174页。

序。按照引渡法的规定，外国向我国提出引渡请求后，我们国家要按照以下程序进行审查：

（1）外交部的审查

外交部收到请求国提出的引渡请求后，应当对引渡请求书及其所附文件、材料进行审查。审查的内容包括：请求国的引渡请求是否向中华人民共和国外交部提出；请求引渡的请求书是否符合要求；是否同时提供了必要的材料；请求国提交的引渡请求书或者其他有关文件是否由请求国的主管机关正式签署或者盖章，并应当附有中文译本或者经中华人民共和国外交部同意使用的其他文字的译本；请求国请求引渡是否作出了有关的保证；在没有引渡条约的情况下，请求国是否作出了互惠的承诺。

外交部对请求国提出的引渡请求进行审查，认为不符合本法第二章第二节[1]和引渡条约的规定的，可以要求请求国在三十日内提供补充材料。经请求国请求，上述期限可以延长十五日。请求国未在上述期限内提供补充材料的，外交部应当终止该引渡案件。请求国可以对同一犯罪再次提出引渡该人的请求。

外交部对请求国提出的引渡请求进行审查，认为符合本法第二章第二节和引渡条约的规定的，应当将引渡请求书及其所附文件和材料转交最高人民法院、最高人民检察院[2]。

（2）最高人民法院和最高人民检察院的审查

最高人民法院接到引渡请求书及其所附文件和材料后，如

---

〔1〕 关于引渡请求的提出的规定。

〔2〕 引渡法在此没有明确规定是同时移交还是视情况选择性移交、移交给最高人民法院和最高人民检察院的材料是否相同。但是按照文本字义的理解，应当是同时将引渡请求书及其所附文件和材料移交给最高人民法院和最高人民检察院，由两个中国司法机关同时分别进行审查。

果外国提出正式引渡请求前被请求引渡人已经被引渡拘留的，应当将引渡请求书及其所附文件和材料及时转交有关高级人民法院进行审查；如果外国提出正式引渡请求前被请求引渡人未被引渡拘留的，最高人民法院应当通知公安部查找被请求引渡人。公安机关查找到被请求引渡人后，应当根据情况对被请求引渡人予以引渡拘留或者引渡监视居住，由公安部通知最高人民法院。最高人民法院接到公安部的通知后，应当及时将引渡请求书及其所附文件和材料转交有关高级人民法院进行审查。公安机关经查找后，确认被请求引渡人不在中华人民共和国境内或者查找不到被请求引渡人的，公安部应当及时通知最高人民法院。最高人民法院接到公安部的通知后，应当及时将查找情况通知外交部，由外交部通知请求国。

最高人民检察院经审查，认为对引渡请求所指的犯罪或者被请求引渡人的其他犯罪，应当由我国司法机关追诉，但尚未提起刑事诉讼的，应当自收到引渡请求书及其所附文件和材料之日起1个月内，将准备提起刑事诉讼的意见分别告知最高人民法院和外交部。

（3）高级人民法院的审查

最高人民法院接到引渡请求书及其所附文件和材料后，指定高级人民法院对请求国提出的引渡请求是否符合本法和引渡条约关于引渡条件等规定进行审查并作出裁定。

高级人民法院根据本法和引渡条约关于引渡条件等有关规定，对请求国的引渡请求进行审查，由审判员三人组成合议庭进行。

高级人民法院审查引渡案件，应当听取被请求引渡人的陈述及其委托的中国律师的意见。高级人民法院应当在收到最高人民法院转来的引渡请求书之日起十日内将引渡请求书副本发送被请求引渡人。被请求引渡人应当在收到之日起三十日内提出意见。

高级人民法院经审查后，应当分别作出以下裁定，即：认为请求国的引渡请求符合本法和引渡条约规定的，应当作出符合引渡条件的裁定（如果被请求引渡人具有本法第四十二条[1]规定的暂缓引渡情形的，裁定中应当予以说明）；认为请求国的引渡请求不符合本法和引渡条约规定的，应当作出不引渡的裁定。根据请求国的请求，在不影响中华人民共和国领域内正在进行的其他诉讼，不侵害中华人民共和国领域内任何第三人的合法权益的情况下，可以在作出符合引渡条件的裁定的同时，作出移交与案件有关财物的裁定。

高级人民法院作出符合引渡条件或者不引渡的裁定后，应当向被请求引渡人宣读，并在作出裁定之日起七日内将裁定书连同有关材料报请最高人民法院复核。被请求引渡人对高级人民法院作出符合引渡条件的裁定不服的，被请求引渡人及其委托的中国律师可以在人民法院向被请求引渡人宣读裁定之日起十日内，向最高人民法院提出意见。

（4）最高人民法院的复核

最高人民法院对高级人民法院作出的裁定进行复核。

最高人民法院复核高级人民法院的裁定，应当根据下列情形分别处理：（一）认为高级人民法院作出的裁定符合本法和引渡条约规定的，应当对高级人民法院的裁定予以核准；（二）认为高级人民法院作出的裁定不符合本法和引渡条约规定的，可以裁定撤销，发回原审人民法院重新审查，也可以直接作出

---

[1]《中华人民共和国引渡法》第四十二条规定："国务院决定准予引渡时，对于中华人民共和国司法机关正在对被请求引渡人由于其他犯罪进行刑事诉讼或者执行刑罚的，可以同时决定暂缓引渡。"

变更的裁定。

最高人民法院作出核准或者变更的裁定后，应当在作出裁定之日起七日内将裁定书送交外交部，并同时送达被请求引渡人。

最高人民法院核准或者作出不引渡裁定的，应当立即通知公安机关[1]解除对被请求引渡人采取的强制措施。

（5）高级人民法院的重新审查

如果最高人民法院认为高级人民法院作出的裁定不符合本法和引渡条约规定的而裁定撤销高级人民法院的裁定，发回原审人民法院重新审查时，高级人民法院应当组成合议庭，对请求国的引渡请求重新进行审查，并在重新作出裁定后，再次报最高人民法院复核。

人民法院在审查过程中，在必要时，可以通过外交部要求请求国在三十日内提供补充材料。

（6）外交部的工作

外交部接到最高人民法院不引渡的裁定后，应当及时通知请求国。

外交部接到最高人民法院符合引渡条件的裁定后，应当报送国务院决定是否引渡。

（7）国务院决定

根据本法规定是否引渡由国务院决定的，国务院在必要时，得授权国务院有关部门决定。

国务院决定不引渡的，外交部应当及时通知请求国。人民法院应当立即通知公安机关解除对被请求引渡人采取的强制

---

〔1〕 最高人民法院应当通知公安部还是具体办案的公安局，不明确。按前文的规定，应该是通知公安部，由公安部再通知有关的公安局解除强制措施。

708

措施。

从引渡法规定的上述引渡程序中可以看出，我国的引渡法为外国向中华人民共和国提出的引渡设置了复杂的审查程序。这种复杂的程序，不利于引渡的及时进行，有悖引渡法制定的"保障引渡的正常进行"之目的。

第一，在这个审查程序中，涉及国务院、外交部、最高人民法院、最高人民检察院、公安部、高级人民法院、公安机关等众多的国家机关。一个引渡案件，动用如此多的国家机关，且不说它的必要性如何，仅就公文旅行而言，需要的时间也是相当长的。更何况在每个环节上还可能出现反复，其所需要的时间将会更长。这与国际刑法公约中反复强调的快速便捷地提供合作的精神是不一致的，与及时惩罚犯罪的引渡需要甚至是相反的。

第二，对引渡的行政审查，有了外交部的审查，还有没有必要再由国务院决定？首先，引渡所涉及的犯罪都是按照国际刑法公约的规定构成国际犯罪的行为或者是按照双方国家的法律都构成犯罪的行为。对于实施了这种犯罪行为的人是否引渡，没有必要由国家最高行政机关直接决定是否引渡。其次，国务院作为国家最高行政机关并没有决定引渡与否的专门机构。由国务院决定，要么是由国务院领导决定，要么是由外交部以国务院的名义决定。这两种情况，实际上都是由外交部决定，因为由外交部决定的重大事项本身也应当报国务院领导批准。更何况，引渡法明确写上了是否引渡由国务院决定，"国务院在必要时，得授权国务院有关部门决定"。这个"有关部门"，虽然也可能是其他部门，但是最有可能的当属外交部。也就是说，对引渡的行政审查实际上是由外交部进行的。既然如此，外交部在接受外国的引渡请求之后，进行行政审查时，就不应该仅仅是形式审查，而应当同时进行实质性行政审查，以减少不必要的程序。最后，按照我国宪法的规定，最高人民法院与国务院是同一层级的国家机关。一个案件，经过高级人民法院的审查，并经过最高人民法院的复核，由最高人民法院作出的裁定还不能算数，仍要交由国务院（如上分析，很有可能是国务院的一个部门）去决定，这样的规定法理上有些不清晰，有待研究厘清。

第三，对引渡的司法审查，有了高级人民法院的审查，还有没有必要再由最高人民法院复审查？按照诉讼的一般原理，除了死刑那种涉及人的生存权利的程序之外，法院的裁判，只有在当事人不服的情况下，才由上一级法院进行审查并裁定。如果当事人没有上诉，上一级法院遵循被动性的原则，是不应该再进行审查的。我们可以说引渡是一个特殊事项，但是强制性的重复审查的必要性，仍然是令人怀疑的。这种重复审查，除了人为地增加司法审查程序的烦琐之外，也无形中增加了最高人民法院的工作量，拖延了引渡审查的时间，不利于及时引渡罪犯。

2. 行政审查与司法审查的界分

行政审查与司法审查的内容如何区分，在引渡法中没有明确规定。从有关规定的内容看，外交部的审查是对引渡请求书及其所附文件和材料"是否符合本法第二章第二节和引渡条约的规定"进行审查；高级人民法院的审查是就引渡请求是否"符合本法和引渡条约规定"进行审查。这似乎意味着，外交部的审查是就引渡请求的提出是否符合有关规定进行审查，而高级人民法院的审查似乎是对整个引渡请求进行审查。但是如前所述，我国与外国签订的引渡条约包含了有关引渡的所有内容，而引渡请求书中也必然涉及引渡的实体请求。按照该规定，外交部完全可以对引渡请求书及其所附文件和材料中所包含的所有内容，除了根据引渡法第二章第二节的规定进行审查之外，根据引渡条约的规定，对其进行全面的审查。而高级人民法院（包括最高人民法院）对引渡请求的审查，也同样是就引渡请求书及其所附的文件和材料进行审查的，审查的根据是"本法和引渡条约规定"。其中的"本法"就包括了引渡法第二章第二节的规定，"引渡条约"更是与外交部审查的根据完全相同的。因此，按照引渡法的规定，是很难把行政审查和司法审查的内容明确区分开来的。而不明确区分的结果，就有可能是重复审查。

笔者认为，引渡程序中的行政审查，应当包括两个方面的内容：一是形式审查，即审查引渡请求的提出是否符合法律或者条约规定的形式要件；二是国家利益审查，即审查引渡请求是否存在着危害国家利益的情况。形式审查的依据是引渡法第二章第二节的规定和引渡条约中有关引渡请求提出的规定。国家利益审查的依据是引渡法第三条的规定即"中华人民共和国和外国在平等互惠的基础上进行引渡合作。引渡合作，不得损害中华人民共和国的主权、安全和社会公共利益"，以及引渡条约的相关规定。引渡程序中的司法审查，应当是就引渡请求是否符合引渡条件进行审查，即引渡请求的合法性审查。司法审查的实体依据是引渡法第二章第一节和引渡条约中有关引渡条件的规定。如果作这样的区分，就可以把行政审查和司法审查从审查和内容和依据上明确地加以区别，避免行政审查和司法审查的重合或者审查结果的冲突。

此外，司法审查的功能究竟是什么，是就引渡请求是否符合引渡条件进行审查，还是就是否同意引渡进行审查，在引渡法中规定得并不明确。按照引渡法第二十四条、第二十五条和

711

第二十六条的规定，高级人民法院和最高人民法院对引渡请求的审查，如果认为其符合本法和引渡条约的规定，只能作出合法性裁定，即作出"符合引渡条件"的裁定；如果认为其不符合本法和引渡条约的规定，就可以作出"不符合引渡条件"的裁定。这样规定表明，我国的引渡法对司法审查还缺乏明确的定位。司法审查如果是合法性审查，法院在审查的基础上所作出的裁判就应当是"符合引渡条件"与"不符合引渡条件"的裁判。至于是否引渡或者不引渡，由行政机关去决定。如果是就是否同意引渡进行审查，那么，审查之后所作出的裁判就应当是引渡或者不引渡的裁判。按照司法最后解决原则，最高人民法院作出的裁判应当具有终局的效力。在程序设计上，如果对司法审查按照前一种来定位，行政审查就可以在司法审查之后进行。但是如果按照后一种来定位，所有的行政审查就应该前置。在司法审查之前，先进行行政审查。行政审查通过后，再由审判机关进行司法审查。混淆司法审查与行政审查的区别，使行政审查与司法审查交互进行，不但丧失了中国司法机关进行司法审查的权威性，而且导致不必要的烦琐，影响引渡的顺利进行。

3. 引渡法与司法制度的协调问题

任何一部新的法律，都应当与我们国家现行的司法制度保持必要的协调。这样做，不仅是维护法律制度内部的协调有序、保证立法科学性的需要，也是便于司法机关履行职责的客观需要。而我国的引渡法，在某些方面打破了我国司法机关的职能划分，导致法律制度内部的不协调。

第一，关于审级的规定。按照我国刑事诉讼法的规定，涉外刑事案件的一审是由中级人民法院管辖的。我国民事诉讼法也是按照这个原则规定涉外民事案件管辖的。但是引渡法却规定，对引渡请求的司法审查，由高级人民法院进行。这就意味着，引渡案件的一审，必须是高级人民法院。这显然不符合我们国家关于刑事案件管辖划分的原则。

第二，关于逮捕批准权的规定。引渡法第三十二条规定："高级人民法院收到引渡请求书及其所附文件和材料后，对于不采取引渡逮捕措施可能影响引渡正常进行的，应当及时作出引渡逮捕的决定。对被请求引渡人不采取引渡逮捕措施的，应当及时作出引渡监视居住的决定。"这个规定实际上是把审查引渡过程中逮捕被请求引渡人的权力赋予高级人民法院。而这个规定与我们国家关于逮捕权的法律实践，是不同的。我国刑事诉讼法虽然没有对人民检察院和人民法院的逮捕权作出明确的区分，但是按照司法实践以及最高人民法院、最高人民检察院、公安部的有关规定，只有在审判过程中，人民法院认为需要逮捕被告人的，才由人民法院决定逮捕，而在其他情况下，需要逮捕犯罪嫌疑人或被告人的，都是由人民检察院决定或者批准。此外，引渡在绝大多数场合，都是在审前程序中提出的。按照我国刑事诉讼法的规定，审前程序中逮捕犯罪嫌疑人或被告人的决定，只能是由人民检察院作出。因此，把引渡逮捕的权力赋予高级人民法院，与我国刑事诉讼法关于逮捕权的划分，是不相吻合的。

第三，关于拘留。引渡法第二十条中明确规定："公安机关查找到被请求引渡人后，应当根据情况对被请求引渡人予以引渡拘留"或者引渡监视居住。但是，引渡法没有规定公安机关拘留被请求引渡人之后如何处理。事实上，由于从引渡请求的提出到实际执行引渡，中间往往需要很长的时间。而按照刑事诉讼法的规定，公安机关虽然有权拘留犯罪嫌疑人，但是，"公安机关对被拘留的人，认为需要逮捕的，应当在拘留后的三日以内，提请人民检察院审查批准。在特殊情况下，提请审查批准的时间可以延长一日至四日。对于流窜作案、多次作案、结伙作案的重大嫌疑分子，提请审查批准的时间可以延长至三十日。人民检察院应当自接到公安机关提请批准逮捕书后的七日以内，作出批准逮捕或者不批准逮捕的决定。人民检察院不批准逮捕的，公安机关应当在接到通知后立即释放，并且将执行情况及时通知人民检察院"（第六十九条）。这个规定意味着，公安机关拘留犯罪嫌疑人之后，应当在三日（最长在37日）以内，应当提请人民检察院批准逮捕，没有提请人民检察院批准逮捕或者人民检察院不批准逮捕的，公安机关就必须释放被拘留的人。刑事诉讼法规定的这种羁押制度，在应当程序中是否有效？如何执行？引渡法中没有规定。如果在引渡程序中可以不执行刑事诉讼法的规定，公安机关就可能在没有逮捕决定的情况下，将被请求引渡人拘留几个月甚至几年。这与我国宪法和刑事诉讼法确立的保障人权的制度，显然是相悖的。如果在引渡程序中，逮捕被请求引渡人由人民法院批准，那么公安机关已经拘留的，如何提请法院批准，引渡法没有规定。如果是高级人民法院直接决定，显然不符合刑事诉讼法关于公安机关拘留犯罪嫌疑人的必须在法定期限内提请人民检察院批准逮捕的规定。

第四，关于公安机关与人民法院的关系。引渡法有关公安机关与人民法院关系的规定是前后矛盾的。引渡法第二十条规定："外国提出正式引渡请求前被请求引渡人未被引渡拘留的，最高人民法院接到引渡请求书及其所附文件和材料后，通知公安部查找被请求引渡人。公安机关查找到被请求引渡人后，应当根据情况对被请求引渡人予以引渡拘留或者引渡监视居住，由公安部通知最高人民法院。最高人民法院接到公安部的通知后，应当及时将引渡请求书及其所附文件和材料转交有关高级人民法院进行审查。公安机关经查找后，确认被请求引渡人不在中华人民共和国境内或者查找不到被请求引渡人的，公安部应当及时通知最高人民法院。最高人民法院接到公安部的通知后，应当及时将查找情况通知外交部，由外交部通知请求国"。这个规定意味着公安机关在引渡程序中对被请求引渡人采取强制措施的，应当由公安部通知最高人民法院，需要通知请求国的，由最高人民法院通知外交部，尔后再由外交部通知请求国。但是，引渡法在有关"为引渡而采取的强制措施"一节中，却规定：公安部可以直接接受外国的请求对被请求引渡人采取拘留措施，"对于向公安部提出申请的，公安部应当将申请的有关情况通知外交部"，而不需要经过最高人民法院，甚至也不用通知最高人民法院。公安部甚至可以直接把执行外国请求的情况"通知对方"，而无需经过外交部和最高人民法院。引渡法第三十八条规定，"对于国务院决定准予引渡的，外交部应当及时通知公安部，并通知请求国与公安部约定移交被请求引渡人的时间、地点、方式以及执行引渡有关的其他事宜"，也不需要经过最高人民法院。这样规定显然是失当的。尽管在紧急情况下公安部可以直接接受和采取强制措施，但是，公安机关作为一个执法部门，其采取的限制人身自由的刑事强制措施，即使不经过批准，起码也应该通知对案件进行司法审查的司法机关。按照引渡法第三十一条的规定，公安机关采取引渡拘留措施后三十日内，外交部没有收到外国正式引渡请求的，应当撤销引渡拘留。但是如果外国在三十日内提出了正式的引渡请求，引渡拘留措施将如何持续，引渡法没有规定。如果不继续拘留，就可能影响引渡的正常进行；如果继续拘留，就可能违反外国刑事诉讼法关于拘留的规定（超过拘留的期限）。

如果采取进一步的措施，按照什么程序进行？如果由公安机关提请人民检察院批准逮捕，引渡法没有规定；如果由公安机关提请人民法院批准逮捕，则与刑事诉讼法的规定相悖。

4. 向外国请求引渡

引渡法用四十个条文规定了外国向中华人民共和国提出引渡请求的问题，仅用了五个条文规定向外国提出引渡请求的问题。其中有关向外国提出引渡请求的实体问题和具体程序，有的没有规定，有的规定得很不具体。

近年来，我们国家与外国签订的引渡条约越来越多，这不仅是外国的需要，也是我们国家司法实践的需要。我国公安机关和司法机关在办理涉外刑事案件中，需要从国外引渡犯罪嫌疑人或被告人的案件不断增加，需要法律对之加以规范。遗憾的是，引渡法未能满足实践的需要。

首先，关于提出引渡请求的实体问题：我们国家办理的刑事案件中，犯罪嫌疑人或被告人在国外的，是否只要符合引渡条约规定的条件，都可以或者应当提出引渡请求？虽然引渡条约通常规定只要符合双重犯罪原则并且可能判处一年以上有期徒刑刑罚的犯罪嫌疑人或被告人都可以引渡，但是从引渡实践看，犯罪嫌疑人或被告人在犯罪之后逃亡到国外的，如果可能判处的刑罚在五年甚至十年以下，通常都不会提出引渡请求。原因之一是引渡的程序过于复杂，成本太大，司法机关也没有足够的时间和精力来应付。所以，究竟哪些情况下应当提出引渡请求，哪些情况下不宜提出引渡请求，引渡法应当对之作出明确的规定，以便公安机关和司法机关在办理刑事案件中掌握。

其次，关于证据问题：向外国提出引渡请求时，所附的证据材料应当包括哪些方面的材料，不应当包括哪些方面的材料？由哪个机构审查所附材料是否涉及国家秘密？

再次，关于部门之间的协调问题：当逃亡在国外的犯罪嫌疑人或被告人实施了多个犯罪，分别涉及几个部门管辖时，由哪个部门负责提出引渡请求？有关部门之间如何协调？由哪个机构出面协调或者裁决争议问题？外国准予引渡的人和财物，由公安部统一负责接收或者由哪一级的公安机关负责接收？

最后，关于引渡之后的处理问题：引渡条约中规定的特定原则，在被请求引渡人引渡之后，如何遵守？由哪个机构负责贯彻落实？伴随着被请求引渡人的移送，有关财物接收之后，如何处理？特别是引渡请求中承诺的需要返还的物品，由哪个机构负责返还，等等，都需要在引渡法中明确地加以规定。

四、中国的刑事司法协助

近年来，随着中国参与国际社会联合打击国际犯罪的活动的不断深入，中国与世界各国之间进行刑事合作的不断加强，以及中国在惩罚跨国性犯罪方面的客观需要，中国陆续与一些国家签订了有关刑事司法协助的双边条约。这些司法协助条约在联合制裁跨国性犯罪方面，发挥了积极的作用。

（一）中国与外国签订的刑事司法协助条约

八十年代后期以来，中国与外国签订了一系列司法协助条约。其中，有的是将民事司法协助与刑事司法协助甚至与商事司法协助放在一起，签订一个条约，有的是单独签订一个有关刑事司法协助的条约。近年来，随着中国对外交往的迅速发展和国际合作的不断加强，中国与外国签订的司法协助条约也不断增多。其中包括：

（1）1987年6月5日签署的《中华人民共和国和波兰人民共和国关于民事和刑事司法协助的协定》（全国人民代表大会常务委员会1987年9月5日批准，1988年2月13日生效）；

（2）1989 年 8 月 31 日签署的《中华人民共和国和蒙古人民共和国关于民事和刑事司法协助的条约》（全国人民代表大会常务委员会 1990 年 6 月 28 日批准，1990 年 10 月 29 日生效）；

（3）1991 年 1 月 16 日签署的《中华人民共和国和罗马尼亚关于民事和刑事司法协助的条约》（全国人民代表大会常务委员会 1992 年 7 月 1 日批准，1993 年 1 月 22 日生效）；

（4）1992 年 6 月 19 日签署的《中华人民共和国和俄罗斯联邦关于民和和刑事司法协助条约》（全国人民代表大会常务委员会 1992 年 12 月 28 日批准，1993 年 11 月 14 日生效）；

（5）1992 年 9 月 28 日签署的《中华人民共和国和土耳其共和国关于民事、商事和刑事司法协助的协定》（全国人民代表大会常务委员会 1995 年 6 月 30 日批准，1995 年 10 月 26 日生效）；

（6）1992 年 10 月 31 日签署的《中华人民共和国和乌克兰关于民事和刑事司法协助的条约》（全国人民代表大会常务委员会 1993 年 7 月 2 日批准，1994 年 1 月 19 日生效）；

（7）1992 年 11 月 24 日签署的《中华人民共和国和古巴共和国关于民事和刑事司法协助的协定》（全国人民代表大会常务委员会 1993 年 9 月 2 日批准，1994 年 3 月 26 日生效）；

（8）1993 年 1 月 11 日签署的《中华人民共和国和白俄罗斯共和国关于民事和刑事司法协助的条约》（全国人民代表大会常务委员会 1993 年 7 月 2 日批准，1993 年 11 月 29 日生效）；

（9）1993 年 1 月 14 日签署的《中华人民共和国和哈萨克斯坦共和国关于民事和刑事司法协助的条约》（全国人民代表大会常务委员会 1993 年 7 月 2 日批准，1995 年 7 月 11 日）；

（10）1994 年 4 月 21 日签署的《中华人民共和国和阿拉伯埃及共和国关于民事、商事和刑事司法协助的协定》（全国人民代表大会常务委员会 1994 年 12 月 29 日批准，1995 年 5 月 31 日生效）；

（11）1994 年 7 月 29 日签署的《中华人民共和国和加拿大关于刑事司法协助的条约》（全国人民代表大会常务委员会 1995 年 2 月 28 日批准，1995 年 7 月 1 日生效）；

（12）1994 年 10 月 17 日签署的《中华人民共和国和希腊共和国关于民事和刑事司法协助的协定》（全国人民代表大会常务委员会 1995 年 8 月 29 日批准，1996 年 6 月 29 日生效）；

（13）1995 年 4 月 7 日签署的《中华人民共和国和保加利亚共和国关于刑事司法协助的条约》（全国人民代表大会常务委员会 1995 年 10 月 30 日批准，1996 年 5 月 27 日生效）；

（14）1995 年 4 月 25 日签署的《中华人民共和国和塞浦路斯共和国关于民事和刑事司法协助的条约》（全国人民代表大会常务委员会 1995 年 10 月 30 日批准，1996 年 1 月 11 日生效）；

（15）1996 年 7 月 4 日签署的《中华人民共和国和吉尔吉斯共和国关于民事和刑事司法协助的条约》（全国人民代表大会常务委员会 1997 年 2 月 23 日批准，1997 年 9 月 26 日生效）；

（16）1996 年 9 月 16 日签署的《中华人民共和国和塔吉克斯坦共和国关于民事和刑事司法协助的条约》（全国人民代表大会常务委员会 1997 年 8 月 29 日批准，1998 年 9 月 2 日生效）；

（17）1997 年 12 月 11 日签署的《中华人民共和国和乌兹别克斯坦共和国关于民事和刑事司法协助的条约》（全国人民代表大会常务委员会 1998 年 4 月 29 日批准，1998 年 8 月 29 日生效）；

（18）1998 年 10 月 19 日签署的《中华人民共和国和越南社会主义共和国关于民事和刑事司法协助的条约》（全国人民代表大会常务委员会 1999 年 6 月 28 日批准，1999 年 12 月 25

日生效）；

（19）1998年11月12日签署的《中华人民共和国和大韩民国关于刑事司法协助的条约》（全国人民代表大会常务委员会1999年6月28日批准，2000年3月24日生效）；

（20）1999年1月25日签署的《中华人民共和国和老挝人民民主共和国关于民事和刑事司法协助的条约》（全国人民代表大会常务委员会2001年4月28日批准，2001年12月15日生效）；

（21）1999年5月14日签署的《中华人民共和国和哥伦比亚共和国关于刑事司法协助的条约》（全国人民代表大会常务委员会2000年7月8日批准，2004年5月27日生效）；

（22）1999年11月30日签署的《中华人民共和国和突尼斯共和国关于刑事司法协助的条约》（全国人民代表大会常务委员会2000年7月8日批准，2000年12月30日生效）；

（23）2000年3月20日签署的《中华人民共和国和立陶宛共和国关于民事和刑事司法协助的条约》（全国人民代表大会常务委员会2000年8月25日批准）；

（24）2000年6月19日签署的《中华人民共和国政府和美利坚合众国政府关于刑事司法协助的协定》（全国人民代表大会常务委员会2000年12月28日批准，2001年3月8日生效）；

（25）2000年7月24日签署的《中华人民共和国和印度尼西亚共和国关于刑事司法协助的条约》（全国人民代表大会常务委员会2001年2月28日批准，2006年7月28日生效）；

（26）2000年10月16日签署的《中华人民共和国和菲律宾共和国关于刑事司法协助的条约》（全国人民代表大会常务委员会2001年4月28日批准，2012年11月17日生效）；

（27）2002年6月12日签署的《中华人民共和国和爱沙

尼亚共和国关于刑事司法协助的条约》（全国人民代表大会常务委员会 2002 年 12 月 28 日批准，2011 年 3 月 31 日生效）；

（28）2003 年 1 月 20 日签署的《中华人民共和国和南非共和国关于刑事司法协助的条约》（全国人民代表大会常务委员会 2003 年 8 月 27 日批准，2004 年 11 月 17 日生效）；

（29）2003 年 6 月 21 日签署的《中华人民共和国和泰王国关于刑事司法协助的条约》（全国人民代表大会常务委员会 2003 年 12 月 27 日批准）（2005 年 2 月 20 日生效）；

（30）2003 年 11 月 19 日签署的《中华人民共和国和朝鲜民主主义人民共和国关于民事和刑事司法协助的条约》（全国人民代表大会常务委员会 2005 年 8 月 28 日批准，2006 年 1 月 21 日生效）；

（31）2004 年 4 月 15 日签署的《中华人民共和国和拉脱维亚共和国关于刑事司法协助的条约》（全国人民代表大会常务委员会 2005 年 7 月 1 日批准，2005 年 9 月 18 日生效）；

（32）2004 年 5 月 24 日签署的《中华人民共和国和巴西联邦共和国关于刑事司法协助的条约》（全国人民代表大会常务委员会 2005 年 7 月 1 日批准，2007 年 10 月 26 日生效）；

（33）2005 年 1 月 24 日签署的《中华人民共和国和墨西哥合众国关于刑事司法协助的条约》（全国人民代表大会常务委员会 2006 年 6 月 29 日批准，2006 年 12 月 30 日生效）；

（34）2005 年 1 月 27 日签署的《中华人民共和国和秘鲁共和国关于刑事司法协助的条约》（全国人民代表大会常务委员会 2005 年 12 月 29 日批准，2009 年 3 月 18 日生效）；

（35）2005 年 4 月 18 日签署的《中华人民共和国政府和法兰西共和国政府关于刑事司法协助的协定》（全国人民代表大会常务委员会 2006 年 4 月 29 日批准，2007 年 9 月 20 日生效）；

（36）2005 年 7 月 21 日签署的《中华人民共和国和西班牙王国关于刑事司法协助的条约》（全国人民代表大会常务委员会 2006 年 4 月 29 日批准，2007 年 4 月 15 日生效）；

（37）2005 年 12 月 9 日签署的《中华人民共和国和葡萄牙共和国关于刑事司法协助的协定》（全国人民代表大会常务委员会 2006 年 12 月 29 日批准，2009 年 5 月 15 日生效）；

（38）2006 年 4 月 3 日签署的《中华人民共和国和澳大利亚关于刑事司法协助的条约》（全国人民代表大会常务委员会 2006 年 10 月 27 日批准，2007 年 3 月 28 日生效）；

（39）2006 年 4 月 6 日签署的《中华人民共和国和新西兰关于刑事司法协助的条约》（全国人民代表大会常务委员会 2007 年 6 月 29 日批准，2008 年 1 月 1 日生效）；

（40）2006 年 5 月 26 日签署的《中华人民共和国和纳米比亚共和国关于刑事司法协助的条约》（全国人民代表大会常务委员会 2008 年 8 月 29 日批准，2009 年 9 月 19 日生效）；

（41）2006 年 11 月 6 日签署的《中华人民共和国和阿尔及利亚民主人民共和国关于刑事司法协助的条约》（全国人民代表大会常务委员会 2008 年 6 月 26 日批准，2009 年 9 月 22 日生效）；

（42）2007 年 4 月 17 日签署的《中华人民共和国政府和巴基斯坦伊斯兰共和国政府关于刑事司法协助的协定》（全国人民代表大会常务委员会 2008 年 8 月 29 日批准，2010 年 8 月 6 日生效）；

（43）2007 年 12 月 1 日签署的《中华人民共和国和日本国关于刑事司法协助的条约》（全国人民代表大会常务委员会 2008 年 8 月 29 日批准，2008 年 11 月 23 日生效）；

（44）2008 年 4 月 3 日签署的《中华人民共和国和阿拉伯

联合酋长国关于刑事司法协助的条约》（全国人民代表大会常务委员会 2008 年 12 月 27 日批准，2011 年 5 月 14 日生效）；

（45）2008 年 9 月 24 日签署的《中华人民共和国和委内瑞拉玻利瓦尔共和国关于刑事司法协助的条约》（全国人民代表大会常务委员会 2009 年 4 月 24 日批准，2009 年 6 月 12 日生效）；

（46）2009 年 2 月 22 日签署的《中华人民共和国和马耳他关于刑事司法协助的条约》（全国人民代表大会常务委员会 2009 年 12 月 26 日批准，2012 年 1 月 11 日生效）；

（47）2010 年 10 月 7 日签署的《中华人民共和国政府和意大利共和国政府关于刑事司法协助的条约》（全国人民代表大会常务委员会 2011 年 12 月 31 日批准，2015 年 8 月 16 日生效）；

（48）2012 年 6 月 25 日签署的《中华人民共和国和阿根廷共和国关于刑事司法协助的条约》（全国人民代表大会常务委员会 2014 年 4 月 24 日批准，2015 年 3 月 6 日生效）；

（49）2012 年 12 月 18 日签署的《中华人民共和国和波斯尼亚和黑塞哥维那关于刑事司法协助的条约》（全国人民代表大会常务委员会 2014 年 6 月 27 日批准，2014 年 10 月 12 日生效）；

（50）2013 年 12 月 2 日签署的《中华人民共和国和大不列颠及北爱尔兰联合王国关于刑事司法协助的条约》（全国人民代表大会常务委员会 2015 年 8 月 29 日批准，2016 年 1 月 15 日生效）；

（51）2014 年 3 月 31 日签署的《中华人民共和国和比利时王国关于刑事司法协助的条约》（全国人民代表大会常务委员会 2015 年 8 月 29 日批准，2016 年 4 月 22 日生效）；

（52）2014 年 9 月 16 日签署的《中华人民共和国和斯里兰卡民主社会主义共和国关于刑事司法协助的条约》（全国人

民代表大会常务委员会 2016 年 11 月 7 日批准，2017 年 11 月 28 日生效）；

（53）2015 年 3 月 25 日签署的《中华人民共和国和亚美尼亚共和国关于刑事司法协助的条约》（全国人民代表大会常务委员会 2017 年 11 月 4 日批准，2018 年 1 月 4 日生效）；

（54）2015 年 11 月 23 日签署的《中华人民共和国政府和马来西亚政府关于刑事司法协助的条约》（全国人民代表大会常务委员会 2016 年 12 月 25 日批准，2017 年 2 月 19 日生效）；

（55）2016 年 1 月 23 日签署的《中华人民共和国和伊朗伊斯兰共和国关于刑事司法协助的条约》；

（56）2016 年 3 月 23 日签署的《中华人民共和国和巴巴多斯关于刑事司法协助的条约》（全国人民代表大会常务委员会 2019 年 4 月 23 日批准）；

（57）2016 年 3 月 24 日签署的《中华人民共和国和格林纳达关于刑事司法协助的条约》（全国人民代表大会常务委员会 2018 年 10 月 26 日批准）；

（58）2016 年 5 月 11 日签署的《中华人民共和国和摩洛哥王国关于刑事司法协助的条约》；

（59）2016 年 7 月 5 日签署的《中华人民共和国和刚果共和国关于刑事司法协助的条约》；

（60）2016 年 12 月 16 日签署的《中华人民共和国和肯尼亚共和国关于刑事司法协助的条约》；

（61）2018 年 7 月 21 日签署的《中华人民共和国和塞内加尔共和国关于刑事司法协助的条约》；

（62）2018 年 4 月 8 日签署的《中华人民共和国和奥地利共和国关于刑事司法协助的条约》；

（63）2018 年 9 月 2 日签署的《中华人民共和国和毛里求

斯共和国关于刑事司法协助的条约》。

随着中国对外开放政策的进一步推行和对外刑事合作的加强，可以想见，中国与外国签署的刑事司法协助条约，还将不断增加。

（二）中国与外国签订的刑事司法协助条约的主要内容

中国与外国签订的上述司法协助条约，在刑事司法协助方面的内容，主要包括以下几个方面：

1. 一般条款

一些司法协助条约中包含了司法保护的内容，即：缔约一方的国民在缔约另一方的境内，在人身权利和财产权利方面享有与缔约另一方国民同等的司法保护，有权在与缔约另一方国民同等的条件下，诉诸缔约另一方法院和其他主管民事和刑事案件的机关，有权在这些机关提出请求、提起诉讼或进行其他诉讼行为。应缔约一方国民的请求，缔约另一方主管机关应帮助其寻求保护其合法权益的代理人。上述规定，亦适用于在缔约任何一方境内根据其法律成立的法人。[1]

近年来的司法协助条约中一般条款表达了双方广泛合作的意愿，即：双方应当根据本条约的规定，在刑事侦查、起诉和审判程序中，相互提供最广泛的刑事司法协助。

2. 刑事司法协助的定义

双方根据条约规定，相互提供刑事司法协助。有关"刑事"的定义，由双方根据各自的国内法确定。

刑事司法协助系指被请求方为在请求方进行的刑事调查取证或诉讼所提供的任何协助，或指在与刑事案件有关的侦查、起诉和审判方面相互提供协助，无论该协助是由法庭或其他机

---

〔1〕 该条款多出现在民事司法协助和刑事司法协助同时规定在同一个条约中的场合。

关寻求或提供。

3. 刑事司法协助的协助范围

双方应根据请求，在刑事方面相互代为下列行为：

（1）送达刑事诉讼文书；

（2）查找和辨认有关人员；

（3）获取人员的证言或陈述（向有关人员录取证词，包括询问证人、被害人或其他诉讼参与人，讯问犯罪嫌疑人和被告人等）；

（4）进行专家鉴定和现场司法勘验，或者获取并提供鉴定结论；

（5）查询、搜查、冻结、扣押和移交物证、提供书证，或者执行查询、搜查、冻结和扣押证据的请求；

（6）安排证人作证或协助调查；

（7）安排（移送）在押人员赴请求方出庭作证或协助调查取证；

（8）提供文件、记录或证据物品的原件、经证明的副本或影印件，或者提供有关司法记录包括犯罪记录和法庭记录、交换法律资料；

（9）在没收程序中提供协助，或者移交赃款赃物及归还被害人财物的措施；

（10）不违背被请求方境内法律的任何其他形式的协助，或者被请求方法律不禁止的其他形式的协助；

（11）通报刑事诉讼结果和提供犯罪记录。

本协定仅适用于双方之间的相互司法协助。本协定的规定，不给予任何私人当事方以取得、隐瞒或排除任何证据或妨碍执行请求的权利。

近年来，为了适应反腐败领域的国际合作，刑事司法协助的内容中普遍增加了有关犯罪所得和犯罪工具处置方面的内容。

4. 中央机关（刑事司法协助的联系途径）

（1）双方应各自指定一个中央机关，负责依照本协定提出和接收请求。

（2）第一款中的中央机关，在中华人民共和国方面系指中华人民共和国司法部、中华人民共和国最高人民法院和中华人民共和国最高人民检察院；在外国方面一般指司法部、最高法院或总检察院。[1]

（3）为本协定之目的，双方的中央机关应相互直接联系（或通过外交途径）。

5. 适用的法律

被请求机关在提供司法协助时，适用本国法律。

在执行请求的具体方法上，在被请求方法律未予禁止的范围内，应按请求方要求的方式协助请求。

6. 司法协助的拒绝或限制

有下列情形之一的，被请求方中央机关可以拒绝提供协助：

（1）请求涉及的行为根据被请求方境内的法律不构成犯罪；但双方可以商定，就某一特定犯罪或特定领域的犯罪提供协助，不论该行为是否根据双方境内的法律均构成犯罪；

（2）请求涉及的犯罪纯属军事犯罪；

（3）被请求方认为执行请求将会损害本国的主权、安全、

---

〔1〕 关于中央机关，在中国方面有些司法协助协定中指定为司法部，在有些协定中，"中央机关"在中华人民共和国方面系指中华人民共和国司法部和中华人民共和国最高人民法院，或者系指司法部和最高人民检察院，也有条约规定"中央机关"为中华人民共和国司法部或者公安部；在外国方面，有的系指司法部和总检察院，有的系指司法部长或由司法部长指定的人，有的规定在审前阶段为总检察院、在审判阶段为最高法院。

公共秩序、重大公共政策或其他根本利益；

（4）请求涉及政治犯罪，但恐怖主义犯罪和双方均为缔约国的国际公约不认为是政治犯罪的除外；或请求系出于政治动机，或有充足理由认为，请求的目的是基于某人的种族、宗教、国籍或政治见解而对该人进行侦查、起诉、处罚或其他诉讼程序；

（5）执行请求将有悖于被请求方宪法，或违反本国法律的基本原则；

（6）请求所涉及的嫌疑犯或罪犯是被请求方的国民，且不在提出请求的一方境内；

（7）被请求方已经对请求所涉及的同一犯罪嫌疑人或被告人就同一犯罪正在进行刑事诉讼，或已作出了最终裁决（如执行请求可能妨碍正在被请求方境内进行的刑事诉讼，被请求方可拒绝、推迟或有条件地执行请求）；

（8）请求提供的协助与案件缺乏实质联系。为了有利于反腐败领域的合作，近年来的刑事司法协助条约普遍增加了两个条款，一是被请求方不得以银行保密为由拒绝提供协助；二是如果执行请求将会妨碍被请求方正在进行的侦查、起诉或者审判程序，被请求方可以推迟提供协助。在此种情况下，应当通知请求方，并告知其请求可能被准予的时间。

被请求方如果拒绝提供协助，应迅速将请求和所附文件退回请求方，并应说明拒绝的理由。

在拒绝一项协助请求或暂缓提供此项请求前，被请求方应当考虑是否可以根据它认为是必要的附加条件同意提供协助。如果请求方接受附加条件的协助，则应遵守这些条件。

7. 协助请求

刑事司法协助的请求应当以书面方式提出。在紧急情况下或在被请求方允许的情况下，也可以口头方式提出，但在此后应迅速以书面方式确认（在后一种情况后，该请求应在随后的十五天内以书面形式确认，但被请求方中央机关另行同意的除外）。

请求书及其附件应包括以下内容：

（1）请求所涉及的侦查、起诉或审判的主管机关的名称（和地址）；

（2）关于侦查、起诉或审判的事项及其性质的说明，包括有关事实的概述、有关法律规定和该事项所涉及的具体刑事犯罪，以及就每项犯罪可能给予的任何处罚；

（3）提出请求的目的，以及所寻求协助的司法行为，或者要求提供证据、资料或其他协助的目的和相关性；

（4）希望请求得以执行的时限；

（5）关于所要求提供的证据、资料或其他协助的说明。

（6）如有可能，请求中所涉及的人员（即作为调查取证或诉讼对象的人员）的姓名、国籍、职业、住所或居所，以及其他一切有助于证明其身份的情况；

（7）关于受送达人的姓名、性别、国籍、职业和所在地的资料，以及有关该人与诉讼的关系的资料；

（8）如果请求调查取证或者搜查和扣押，关于需搜查的地点或人员的准确说明，或者表明有根据相信在被请求方管辖范围内可能发现证据的陈述，以及请求移交的文件和物品清单；

（9）关于被要求前往请求方境内的人员有权得到的津贴和费用的资料；

（10）是否有保密的需要，以及需要保密的理由；

（11）如有必要，对请求方希望执行请求时应遵循的特定程序或要求的详细说明及其理由，或者如要求被请求方适用特别程序，就该特别程序的细节和理由所作的说明；

（12）询问证人的问题单，如果请求对个人调查取证，是否需要其宣誓或不经宣誓提供正式证词的陈述，以及对所寻求的证据或证言的说明；

（13）如遇转借证据的情况，保管证据的人员，证据将移送的地点，进行检验的归还证据的时间；

（14）如遇在押人员出庭作证的情况，在移交期间实施拘押的人员的情况，移交在押人的地点和交还该人的时间；

（15）关于需查找的人员的身份及其下落的资料；

（16）有助于执行请求的任何其他资料。

如果被请求方认为请求书中提供的材料不足以使该项请求得以执行，被请求方可以要求提供补充材料。

请求书及其附件应由请求机关签署和盖章。协助请求及其辅助文件无需任何形式的证明或认证。［为实施本条约，一方主管机关制作或证明、并通过本条约规定的途径转递的文书，经过签署和正式盖章即有效，就可在另一方境内使用，无需认证。在缔约一方境内制作的官方文件，在缔约另一方境内也有同类官方文件（类似文书同等）的证明效力］。

一些条约则把协助请求的内容分为两个部分：一是请求的基本内容，包含请求所涉及的侦查、起诉或者审判程序的主管机关的名称；对于请求所涉及的案件性质的说明，以及该案的事实概要和可适用的法律规定；对于请求协助的事项、协助的目的及其与案件相关性的说明；希望请求得以执行的期限。二是请求的补充材料，即在必要和可能的范围内，协助请求还应当包括以下内容：（一）所有被涉及人员的身份、地址或者下落、国籍以及该人与诉讼的关系；（二）获取或者记录证据的方式；（三）向被调取证据的人员询问的问题单；（四）关于被搜查的人员或者场所以及查找的文件、记录或者物品的准确说明；（五）关于被检查的人员、场所、文件、记录或者物品的资料；（六）关于对人员、场所、文件、记录或者物品进行检查或者对上述检查予以记录的方式的说明，包括关于检查的任何书面记录格式；（七）关于被查找或者辨认的人员、场所、文件、记录或者物品的资料；（八）关于受送达人的身份和地址、该人与诉讼的关系及送达方式的情况；（九）关于认为犯罪所得或者犯罪工具可能位于被请求方境内的理由的说明；（十）关于执行请求时希望遵循的特别程序及其理由的说明；（十一）关于被邀请前往请求方境内作证或者为调查、起诉或者其他诉讼程序提供协助的人员有权得到的津贴和费用的说明；（十二）关于对请求予以保密的理由的说明；（十三）关于希望请求得以执行的时限的说明；（十四）其他应当提请被请求方注意或者有助于执行请求的信息。

8. 请求的执行

（1）被请求方中央机关应迅速执行请求，或者安排通过适当的主管机关执行。被请求方应在其权力范围内尽最大努力执行请求。

（2）被请求方中央机关应作出一切必要的安排，在被请求方境内因协助请求而产生的任何程序中为请求方提供代表并承担费用。

（3）协助请求应按照被请求方境内的法律予以执行。在符合被请求方境内的法律的前提下，协助请求应按照请求方所要求的方式予以执行。

（4）如果被请求方中央机关认为，请求的执行将会影响该方正在进行的刑事侦查、起诉或审判，可推迟执行，或在与请求方中央机关磋商后，在认定为必要的条件下予以执行。如果请求方接受附加条件的协助，则应遵守这些条件。

（5）被请求方中央机关应对请求方中央机关就执行请求的进度所提出的合理要求作出回应。

（6）被请求方中央机关应将执行请求的结果迅速通知请求方中央机关。如果不能提供或推迟提供所请求的协助，被请求方中央机关应将原因或理由通知请求方中央机关。

请求的执行一般应当按照被请求方本国的法律执行，但在不违背本国法律的范围内，被请求方也可以按照请求方要求的方式执行协助请求。

9. 保密和限制使用

（1）如果请求方提出要求，被请求方应对请求及其内容，包括任何辅助文件，以及按照该请求所采取的任何行动予以保密。如果无法保证保密或者不违反保密要求则无法执行请求，被请求方中央机关应将此情况通知请求方中央机关。请求方中央机关应随即决定是否仍应执行该请求。

（2）被请求方可以要求请求方对其所提供的资料或证据予以保密，或者仅在其指明的条件下使用。如果请求方同意在上述条件下接受资料或证据，则应遵守这些条件。为此目的，双方中央机关可就有关条件进行协商。

（3）未经被请求方中央机关同意，请求方不得为了请求所述案件之外的任何其他目的使用根据本协定提供的任何资料或证据。

（4）本协定的任何条款均不妨碍请求方在其宪法或法律基本原则下的义务范围内，在刑事诉讼中使用或披露资料。请求方应将任何此种披露事先通知被请求方。

（5）已经根据第一、二款在一方境内公开的资料或证据，不再受保密或本条第三款的要求的限制。

10. 文书送达

根据请求方的请求，被请求方应尽最大努力送达任何文书，但是对于要求某人作为被告人出庭的文书，被请求方不负有执行送达的义务。

要求某人在请求方的机关出庭的文书送达请求，请求方应在离预定的出庭日期至少四十五天前转交，除非被请求方同意在紧急情形下在较短期限内转交。

被请求方在执行送达后，应向请求方出具送达证明。送达证明应包括送达日期、地点和送达方式的说明，并应由送达文书的机关签署或盖章。（被请求方应以送达回执的方式证明已完成送达。送达回执应包括收件人的签名、收件日期、送达机关的盖章和送达人的签名，以及送达的方式和地点。）如果在特定案件中需要改变上述要求，请求方应在请求中予以说明。如果不能执行送达，则应通知请求方，并说明理由。

11. 调查取证

对于根据本协定要求向其取证的被请求方境内的人，应在必要时，并在符合被请求方境内法律的情况下，强制其出庭并提供证言或出具证据，包括文件、记录或物品（被请求方应根据其法律并依请求，调取证词，获得有关人员的陈述，或要求这些人员提供证据物品，以便转交给请求方。）。

被请求方中央机关应根据请求，事先提供依本条取证的时间和地点方面的资料。

被请求方应在其法律允许的范围内并依请求，允许请求中所指明的、与调查、起诉或审判有关的司法人员在执行请求时到场，并许可这些人员按照被请求方同意的方式向被调取证据的人员提问。在不允许直接提问的情况下，可许可这些人员提交问题单，通过被请求方向被调取证据的人员提出（在不违背被请求方境内的法律的前提下，被请求方应允许请求中指明的人在执行请求过程中到场，并允许其按照被请求方同意的方式提出问题和进行逐字记录）。

如果第一款提及的人主张，根据请求方境内的法律属无行为能力或享有豁免或特权，仍不妨碍取证的进行，但应将该人的主张告知请求方中央机关，由请求方的机关予以解决。

在不违背被请求方法律的前提下，根据本条提供的证据应按照请求方要求的形式或附加证明予以转递，以便使其可依请求方法律得以接受。

如果协助请求涉及转递文件或记录，被请求方可转递经证明的副本或影印件。但在请求方明确要求转递原件的情况下，被请求方应在可能的范围内满足这一要求。

如果被请求方法律允许或要求被要求作证的人员在被请求方提起的诉讼中的类似情形下不作证，被要求作证的人员可拒绝作证。如果根据本条约被要求作证的人员主张，依请求方法律有拒绝作证的权利或义务，被请求方可要求请求方提供有关存在该项权利或义务的证明书。如果被请求方收到请求方提供的有关存在该人所声称的权利或义务的证明书，在无相反证据时，该证明书应为存在该项权利或义务的充分证据。

随着科学技术的发展，近年来，在刑事司法协助的调查证据方面，增加了通过视频会议获取证言或者陈述的方式，即当请求方主管机关需要听取身处被请求方领土上的人员作为证人或者鉴定人的证词，且被取证人员不可能或者不宜亲自到请求方领土上作证时，被请求方可以应请求方的要求，在可能且符合本国法律基本原则的情况下，允许根据双方商定的条件和方式通过视频会议获取证言或者陈述。

734

12. 证据的提供及其限制

被请求方应通过条约规定的途径，移交调查取证所取得的证据。

被请求方可以移交请求方要求提供的记录或文件的经证明无误的副本和影印件；但在请求方明示要求移交原件的情况下，被请求方以尽可能满足此项要求（被请求方应向请求方提供被请求方境内的政府部门和机构所拥有的、已公开的记录的副本，包括任何形式的文件和资料的副本。被请求方可以提供该方政府部门或机构所拥有的任何未公开的文件、记录或资料的副本。被请求方可自行酌定，全部或部分拒绝根据本款提出的请求。在不违背被请求方法律的前提下，根据本条提供的证据应按照请求方要求的形式或附加证明予以转递，以便使其可依请求方法律得以接受）。

被请求方应移交请求方要求提供的作为证据的物品，但物品的移交不得侵犯被请求方或第三方对这些物品的合法权利。

如果上述文件、记录或物品对被请求方境内其他未决刑事诉讼案件的审理是不可缺少的，被请求方可暂缓提供。但被请求方应及时向请求方通报暂缓提供的原因。

根据本条约提供的任何物品免交所得税费。

请求方对于被请求方移交给它的文件、记录或物品，只能用于请求书所申明的目的。请求方应将被请求方移交的记录和文件的原件以及其他物品，尽快归还给被请求方除非被请求方放弃归还要求。

13. 安排证人和鉴定人出庭

请求方可请求被请求方协助，邀请某人在诉讼中作为证人或鉴定人出庭或协助调查。当请求方要求某人到其境内作证或协助调查时，被请求方应请该人前往请求方境内的有关机关。

请求方应说明所付费用的范围。被请求方中央机关应将该人的答复迅速通知请求方中央机关（如果请求方认为证人或鉴定人到其司法机关亲自履行有关的诉讼行为是必要的，则应在其要求送达的传票中予以提及，被请求方应向有关的证人或鉴定人转达上述请求，并通知请求方该人是否同意接受此项请求）。

送达传票的请求应在要求有关人员到请求方司法机关履行有关诉讼行为之日的至少两个月前递交给被请求方。

请求方应在请求书或传票中说明可支付的大概津贴数以及可偿付的旅费和食宿费。请求方需付给证人或鉴定人的津贴、旅费和食宿费，自其离开居住地之日起计算，且其数额至少应不少于请求方的现行付费标准和规定所规定的数额。如应证人或鉴定人的要求，请求方应向其预付部分或全部上述费用。

14. 安排在押人员出庭作证（或协助调查）

如果一方司法机关认为有必要向在另一方境内的在押人员取证，只要该人本人同意前往作证，被请求方可根据请求把该人移交给请求方。为此目的，双方中央机关可就移交该人的要求和条件事先达成协议（经请求方请求，被请求方应将在其境内的在押人员临时移交至请求方协助调查、起诉或审判，但须该人同意，而且双方中央机关已就移交条件事先达成书面协议）。

如果依被请求方法律该被移交人应予羁押，请求方应对该人予以羁押，并在该请求执行完毕后，将该人押送回被请求方（接收方有义务根据本国法律继续羁押被移送人，但移送方另有授权的除外；接收方应当在被移送人作证或协助调查完毕后或在双方商定的期限内，将被移送人送回移送方；接收方不得要求移送方就被移送人的送回提出引渡程序）。

如果被请求方通知不再需要羁押该被移交人，请求方应将该人释放并作为出国作证的人员对待。

为本条的目的，该被移交人在请求方被羁押的期间，应折抵在被请求方判处的刑期。

15. 证人包括在押人员、鉴定人的保护

请求方在通知中不得对拒绝前往作证或鉴定的人予以处罚，或采取任何强制措施，或以采取强制措施相威胁。

对于请求方通过被请求方通知前来作证的证人包括在押人员、鉴定人，不论其国籍如何，请求方不得因其入境前的犯罪行为或者因其证言、鉴定结论或其他涉及诉讼内容的行为而追究其刑事责任或以任何形式剥夺其人身自由（被请求方可要求请求方承诺，对于根据本条被要求到请求方境内的人员，不得因该人进入请求方境内之前的任何作为或不作为，或该人在其境内提供的证词或鉴定结论，而予以起诉、羁押、发出传票或以其他形式限制其人身自由，也不应强制该人在该请求所未涉及的任何其他侦查、起诉或诉讼中作证或协助调查，除非事先取得被请求方和该人的同意。如果请求方不能作出上述保证，则被要求前往的人可以拒绝接受要求。如果请求方作出上述保证，则还应具体说明该项保证的适用期限与条件）。

如果证人和鉴定人在接到提出请求的缔约一方关于其不必继续停留的通知 15 日（30 天）后仍不出境，则丧失上述保护，但由于其本人不能控制的原因而未能及时离境者除外（如果某人在被正式通知不再需要继续停留后十五天内可自由离境，但未离开请求方，或在已离开后自愿返回，则不再适用本条第一款。但该期限不应包括该人因本人无法控制的原因而未离开请求方领土的期间）。

请求方对于拒绝按照本协定的规定作证或协助调查的人员，不得因此种拒绝而给予任何处罚或采取任何限制其人身自由的强制措施，也不得在请求书、传票或类似文件中以刑罚或强制措施相威胁。

16. 查询、搜查、冻结和扣押或没收

被请求方应在其法律允许的范围内，执行有关搜查和扣押的请求，并将材料移交请求方，条件是该请求载有说明上述行动依被请求方法律为合法的资料。被请求方应向请求方提供其所要求的有关搜查结果、扣押地点、扣押状况以及被扣押的材料随后被监管的情况（被请求方应在本国法律允许的前提下，执行查询、搜查、冻结和扣押证据材料和物品的请求。被请求方应向请求方提供其所要求的有关执行上述请求的结果以及有关材料和物品随后被监管的情况。如果请求方同意被请求方就移交所提出的条件，被请求方应将被扣押的材料和物品移交给请求方。被请求方中央机关可要求请求方同意其为了保护第三人对于被移交物品的利益而提出的必要条件。在不违背被请求方法律的前提下，有关被扣押物品的监管、特征与状态方面的情况应按照请求方要求的形式出具证明，以便使其可依请求方法律得以接受）。

如果一方中央机关获悉，犯罪所得[1]或犯罪工具处于另一方境内，并可能是可没收的或可予以扣押，前一方应将此情况通知该另一方中央机关。如果该另一方对此有管辖权，则可将此情况通知其主管机关，以便确定采取行动是否适当。上述主管机关应根据其本国境内的法律作出决定，并通过其中央机关向前一方通报所采取的行动。

双方在各自法律许可的范围内，应在没收犯罪所得和犯罪工具的程序中相互协助。其中可包括在等候进一步程序前为临

---

〔1〕 "犯罪所得"，是指通过实施犯罪而直接或间接产生或者获得的任何财产。

时冻结、扣押犯罪所得或犯罪工具所采取的行动。

收管犯罪所得或犯罪工具的一方应依其本国法律，处置这些犯罪所得或犯罪工具。在其法律允许的范围内及双方商定的条件下，一方可将上述犯罪所得或犯罪工具的全部或部分或出售有关资产的所得移交给另一方。

总结近年来反腐败国际合作的经验，刑事司法协助条约在这方面的规定更加明确，普遍增加了"犯罪所得和犯罪工具处置"的条款，明确规定：被请求方应当根据请求，努力确定犯罪所得及孳息或者犯罪工具是否位于其境内，并将结果通知请求方（在提出这种请求时，请求方应当将其认为上述财物可能位于被请求方境内的理由通知被请求方）；一旦找到涉嫌的犯罪所得及孳息或者犯罪工具，被请求方应当按照本国法律采取措施冻结、扣押、没收这些财物；在本国法律允许的范围内以及双方商定的条件下，被请求方应当保管并可根据请求方的请求，将上述犯罪所得及孳息、犯罪工具的全部或者部分，或者出售有关资产的所得移交给请求方；在适用这些条款时，被请求方和第三人对这些财物的合法权益应当受到尊重（被请求方可要求请求方同意为保护第三人对被移交物品的利益所必须附加的条件）。

17. 赃款赃物的移交

基于请求，被请求方应尽力确定赃款赃物是否位于其管辖范围内，并应将调查结果通知请求方。在提出这种请求时，请求方应将其认为上述赃款赃物可能位于被请求方管辖范围内的理由通知被请求方。如果根据第一款，涉嫌的赃款赃物已被找到，被请求方应采取其法律许可的措施，限制和没收这些赃款赃物（一方可以根据请求，尽力确定因发生在另一方境内的犯罪而产生的赃款赃物是否在其境内。为此，请求方应向被请求方提供据以确认赃款赃物在被请求方境内的情况和资料。被请求方一旦发现上述赃款赃物，则应采取其法律所允许的措施对赃款赃物予以冻结、扣押或没收）。

在法律允许的范围内，被请求方可以根据请求方的请求将上述赃款赃物移交给请求方（管制被没收的赃款赃物的被请求方应根据其法律处理这些赃款赃物。在其法律允许的范围内，被请求方可以将上述被没收的赃款赃物移交给请求方）。但此项移交不得侵害与这些财物有关的第三人的权利（在适用本条时，第三人对这些财物的合法权利应依被请求方法律受到尊重）。

如果上述赃款赃物对被请求方境内其他未决刑事案件的审理是必不可少的，被请求的缔约一方可暂缓移交。

双方应在各自法律允许的范围内，在向被害人进行补偿的有关诉讼中相互协助。

18. 政府机构资料的提供与归还

被请求方应向请求方提供被请求方境内的政府部门和机构所拥有的、已公开的记录的副本，包括任何形式的文件和资料的副本。

被请求方可以提供该方政府部门或机构所拥有的任何未公开的文件、记录或资料的副本。被请求方可自行酌定，全部或部分拒绝根据本款提出的请求。

在不违背被请求方法律的前提下，根据本条提供的证据应按照请求方要求的形式或附加证明予以转递，以便使其可依请求方法律得以接受。

被请求方中央机关可要求请求方中央机关尽快归还根据本协定执行请求时向其提供的任何文件、记录或证据物品（如果被请求方提出要求，请求方应尽快归还依本条约提供的材料）。

19. 查找或辨认人员或物品

被请求方应根据请求，尽力查找或辨认请求中所指的人员或物品。为此目的，请求方应提供关于该人或物品在被请求方境内的可能所在地的资料。

20. 无法协助的情况

如果按照被请求方的法律，请求执行的事项不属于法院和其他主管机关的职权范围，可以说明理由，予以退回。

如果被请求机关无权执行请求，应将该项请求移送有权执行的主管机关，并通知请求方。

被请求机关如果因请求书中所示的地址不详而无法执行请求，应采取适当措施以确定地址，或要求请求方提供补充情况。

如因其他原因无法确定地址或执行请求，被请求方应通知请求方，说明妨碍执行的原因，并退回请求方递交的全部文件和材料。

21. 通知执行结果

被请求方应将执行请求的结果按照本条约规定的途径，书面通知请求方，并附证明请求已于执行的文件。

22. 通过外交或领事代表机关送达文书和调查取证

一方可通过其派住在另一方的外交或领事代表机关向在该另一方境内的本国国民送达司法文书和司法外文书，询问当事人和证人，但不得使用任何强制措施，并不得违反驻在国的法律。

23. 提供以往犯罪的情报

一方应根据请求，向另一方提供正在该另一方境内被追究刑事责任的人在前一方的犯罪记录和法院对其进行审判的有关情况（如果在缔约一方境内曾被判刑的人在缔约另一方境内被追究刑事责任，则该缔约一方应根据缔约另一方的请求免费提供审理刑事案件所必需的、以前判刑的情况）。或者，如果某人正在请求方受到侦查或者起诉，被请求方应当根据请求，提供该人在被请求方的犯罪记录。

24. 交换有关资料

双方可根据请求，利用本协定，就刑事司法事宜进行磋商，包括相互通报各自国家现行的或者过去实施的法律和司法实践情况（一方应根据请求，向另一方通报本国现行的或者过去实施的法律和司法实践的情况，交换法学出版物）。

为实施本条约，一方主管机关可根据另一方通过本条约规定的途径提出的请求，将办理案件所需的另一方国民的户籍记录的摘录、关于其文化程度、工龄的证明及其他有关个人权利的文件，免费提供给缔约另一方，无需译文。

25. 通报刑事诉讼结果

一方应向另一方通报有关对另一方国民所作的生效刑事判决和裁定的结果，并应提供判决书和裁定书的副本，同时还应根据请求，就有关该判决和裁定的实质问题作出必要的说明。在可行的情况下，双方应根据请求相互提供被判刑的对方公民的指纹。

26. 语言（文字）

双方进行联系时，使用本国的官方文字，并附有另一方的官方文字（或英文）的正式译文（根据本协定提出的请求及其辅助文件，应附有被请求方文字的译文，但双方中央机关另有约定的除外）。

27. 费用

缔约双方应相互免费提供司法协助，但为安排证人包括在押人员或鉴定人出庭作证、请求方派员在被请求方调查取证时到场等所支出的额外费用，由请求方承担。被通知到提出请求的缔约一方境内的证人和鉴定人的旅费和食宿费，由提出请求的缔约一方承担。此外，鉴定人有权取得鉴定的报酬。上述被通知人有权取得的报酬的标准或数额，应在通知中注明。应上述被通知人的要求，提出请求的缔约一方的主管机关应向其预付上述费用（被请求方应支付执行请求的费用，但请求方应负担：（1）根据请求方的标准和规定，支付本协定第十一条和第十二条规定出国作证人员的津贴和旅费；（2）有关人员按照第九条第三款的规定，前往、停留和离开被请求方的费用；（3）鉴定人的费用和报酬；（4）笔译、口译及誊写费用。如果执行请求明显地需要超常性质的费用，双方应协商决定请求可予执行的条件）。

28. 物品的出境和金钱的汇出

本条约的规定及其执行不妨碍缔约双方各自执行其有关物品出境或金钱汇出的法律和规定。

29. 争议的解决

有关解释和执行本条约所产生的争议，均通过外交途径（通过本条约所指的中央机关联系）解决（双方中央机关应在双方同意时进行磋商，以促进最有效地利用本协定。双方中央机关还可商定为便于实施本协定而必须采取的实际措施。因本协定的解释和适用产生的争议，如果双方中央机关不能自行达成协议，应通过外交途径解决）。

30. 其他协助

本条约不应损害双方根据其他条约、协定或在其他方面承担的义务，也不妨碍双方根据其他条约、协定或在其他方面相互提供或继续提供协助。本条约适用于条约生效后提出的任何请求，即使该请求所涉及的作为或不作为发生在条约生效之前（本协定规定的协助和程序不妨碍任何一方通过其他可适用的国际协议中的条款或通过本国法律的条款向另一方提供协助。双方也可根据任何其他可适用的安排、协议或惯例提供协助）。

从总体上看，中国与外国签订的有关刑事司法协助方面的条约，在基本原则和具体内容上，遵循了世界各国在开展刑事司法协助方面公认的一些原则，反映了联合国刑事互助示范条约的基本精神，为中国与有关国家开展刑事司法协助提供了条约依据，同时也为我国制定刑事司法协助方面的法律规范奠定了基础。但是也应当看到，我国与外国签订的有关刑事司法协助方面的条约，在某些方面还不够规范，有待进一步完善。例如，在与外国签订有关刑事司法协助的条约时，由哪个部门代表中华人民共和国？我国与外国签订的有关刑事司法协助方面的条约，有的条约是由司法部长代表中华人民共和国签字，有些条约则是由外交部长代表中华人民共和国签字。这种现象表明，中国在与外国签订有关刑事司法协助方面的条约时，没有一个统一的中央机关来代表中华人民共和国。这在一定程度上，影响了中国与外国有关刑事司法协助条约的签订，同时也不可避免地影响到中国与外国签订的有关刑事司法协助的条约在内容上的一致性。再如，在中国与外国签订的有关刑事司法协助的条约中，对刑事司法协助的范围，在其具体内容上也还存在着某些差别；在语言的运用方面亦有不规范、不准确的问题。这些问题，应当引起有关方面的重视。

（三）中国的国际刑事司法协助法

随着我国加入的含有国际刑事司法协助内容的国际公约和我国与外国签署的刑事司法协助条约越来越多，我国与外国司法机关开展的刑事司法协助越来越广泛和频繁，制定国际刑事司法协助的国内法，可以说是一个迫在眉睫的问题。制定国际刑事司法协助的国内法，不仅有利于保持我国与外国签订的有关国际刑事司法协助的条约的规范化，统一正确地贯彻我国在对外开展刑事司法协助问题上的原则立场和具体做法，更重要的是有利于司法机关在在司法实践中有效地运用国际刑事司法协助这一手段追诉含有涉外因素的犯罪，同时也为向有关国家提供刑事司法协助创造有利的国内环境。

2003年10月，第58届联合国大会通过《联合国反腐败公约》（以下简称《公约》）。2005年10月，第十届全国人大常委会第十八次会议决定批准了《公约》。中央纪委于2004年牵头成立研究实施《公约》协调小组，为了实现我国法律制度与《公约》及其他相关国际条约的衔接，明确提出制定司法协助法的任务，指定司法部会同中央纪委监察部、最高人民法院、最高人民检察院、外交部、公安部等部门起草。2015年6月，国际刑事司法协助法被列为第十二届全国人大常委会立法规划一类项目。中央纪委、中央政法委、全国人大外事委员会和司法部等部门高度重视立法工作，积极推进立法进程。经过近三年全面深入的调研论证，在先后五次广泛征求最高人民法院、最高人民检察院、国务院有关部门及专家学者等各方面意见的基础上，形成了目前的《中华人民共和国国际刑事司法协助法（草案）》。2018年10月26日第十三届全国人民代表大会常务委员会第六次会议通过了《中华人民共和国国际刑事司法协助法》，并于当日由国家主席颁布实施。

《中华人民共和国国际刑事司法协助法》由9章70个条文组成。第一章"总则"，规定了立法目的、适用范围、法律原则及主管机关等；第二章"刑事司法协助请求的提出、接收和处理"，分2节分别规定了"向外国请求刑事司法协助"和"向中华人民共和国请求刑事司法协助"；第三章"送达文书"，分2节分别规定了"向外国请求送达文书"和"向中华人民共和国请求送达文书";第四章"调查取证",分2节分别规定了"向外国请求调查取证"和"向中华人民共和国请求调查取证";第五章"安排证人作证或者协助调查",分2节分别规定了"向外国请求安排证人作证或者协助调查"和"向中华人民共和国请求安排证人作证或者协助调查";第六章"查封、扣押、冻结涉案财物",分2节分别规定了"向外国请求查封、扣押、冻结涉案财物"和"向中华人民共和国请求查封、扣押、冻结涉案财物";第七章"没收、返还违法所得及其他涉案财物",分2节分别规定了"向外国请求没收、返还违法所得及其他涉案财物"和"向中华人民共和国请求没收、返还违法所得及其他涉案财物";第八章"移管被判刑人",分2节分别规定了"向外国移管被判刑人"和"向中华人民共和国移管被判刑人";第九章"附则",规定了中国与有关国际组织开展刑事司法协助的原则,以及刑事司法协助请求所提供的文件和证据材料的公证、认证事宜。

从具体内容上看,中国关于国际刑事司法协助的国内立法,主要涉及以下几个方面的问题:

1. 国际刑事司法协助的基本原则

根据全国人大外事委员会主任委员傅莹2017年12月22日在第十二届全国人民代表大会常务委员会第三十一次会议上所做的关于《中华人民共和国国际刑事司法协助法(草案)》的说明,国际刑事司法协助法在起草的过程中,主要把握了以下三个方面的基本原则:

(1)坚持主权原则与合作理念

国际刑事司法协助首先要坚持国家主权原则,合作绝不能损害国家主权、安全和社会公共利益;其次要体现国家之间相互提供最广泛合作的精神。该法第四条明确规定:"中华人民共和国和外国按照平等互惠原则开展国际刑事司法协助。国际刑事司法协助不得损害中华人民共和国的主权、安全和社会公共利益，不得违反中华人民共和国法律的基本原则。非经中华人民共和国主管机关同意，外国机构、组织和个人不得在中华人民共和国境内进行本法规定的刑事诉讼活动，中华人民共和国境内的机构、组织和个人不得向外国提供证据材料和本法规定的协助。"第十五条第二款进一步规定："对于刑事司法协助请求明显损害中华人民共和国的主权、安全和社会公共利益的，对外联系机关可以直接拒绝协助。"第十六条第二款也规定："执行请求可能妨碍中华人民共和国有关机关正在进行的调查、侦查、起诉、审判或者执行的，主管机关可以决定推迟协助，并将推迟协助的决定和理由书面通知对外联系机关。"这些规定，都是为了维护中华人民共和国的主权及其在刑事司法中的独立性。同时，该法也明确规定："被请求国就执行刑事司法协助请求提出附加条件，不损害中华人民共和国的主权、安全和社会公共利益的，可以由外交部作出承诺。被请求国明确表示对外联系机关作出的承诺充分有效的，也可以由对外联系机关作出承诺。对于限制追诉的承诺，由最高人民检察院决定；对于量刑的承诺，由最高人民法院决定。在对涉案人员追究刑事责任时，有关机关应当受所作出的承诺的约束"（第十一条）。"外国对执行其请求有保密要求或者特殊程序要求的，在不违反中华人民共和国法律的基本原则的情况下，主管机关可以按照其要求安排执行"（第十六条第三款）。这些规定以及该法中有关接受或者拒绝协助请求的规定，既强调我国的司法主权不容侵害，明确规定应当或者可以拒绝合作的情形，同时也体现了平等互惠原则，规定了相对宽泛的合作范围，为顺利开展合作创造条件、铺平道路。

（2）坚持从国情出发，兼顾我国实践、外国经验和国际条约

傅莹在说明中指出："刑事司法协助工作涉及刑事案件侦查、起诉、审判和执行等刑事诉讼程序各个阶段以及对外承诺等活动，参与工作的国内部门众多，包括最高人民法院、最高人民检察院、外交部、公安部、司法部等。由于各部门参与刑事诉讼国际合作的法律依据缺失、已缔结的国际条约对我国内部门参与国际合作的规定不尽一致，导致在当前实践中，各部门职责划分有待厘清、部门间协调机制需要完善。制定国际刑事司法协助法是国家反腐败和打击跨国犯罪等工作的一项顶层设计，有利于从法律上明确各相关部门在刑事司法协助中的职责和任务，有利于解决职责不清、协调不畅的问题，有利于强化分工合作、提升工作效率，进一步完善国际刑事司法协助工作的制度体系。"为此，该法第五条规定："中华人民共和国和外国之间开展刑事司法协助，通过对外联系机关联系。中华人民共和国司法部等对外联系机关负责提出、接收和转递刑事司法协助请求，处理其他与国际刑事司法协助相关的事务。中华人民共和国和外国之间没有刑事司法协助条约的，通过外交途径联系。"第六条进一步规定："国家监察委员会、最高人民法院、最高人民检察院、公安部、国家安全部等部门是开展国际刑事司法协助的主管机关，按照职责分工，审核向外国提出的刑事司法协助请求，审查处理对外联系机关转递的外国提出的刑事司法协助请求，承担其他与国际刑事司法协助相关的工作。在移管被判刑人案件中，司法部按照职责分工，承担相应的主管机关职责。办理刑事司法协助相关案件的机关是国际刑事司法协助的办案机关，负责向所属主管机关提交需要向外国提出的刑事司法协助请求、执行所属主管机关交办的外国提出

的刑事司法协助请求。"这些规定，立足于我国现有的刑事诉讼制度和相关部门在刑事诉讼不同阶段的职责分工，注重本法与刑法、刑事诉讼法等法律的协调。同时，也反映了我国刑事司法协助工作实践的一般规则，借鉴外国开展刑事司法协助工作的有益经验，注意本法与国际条约相衔接。

（3）坚持以问题为导向，立足当前，着眼长远

在全面总结过去 30 多年开展刑事司法协助工作实践经验的基础上，草案着眼于为我国与外国的国际刑事司法协助提供必要的法律依据，以解决合作中的实际问题为导向，以服务反腐败国际追逃追赃为目的。草案各项制度的设计立足于我国当前的司法体制机制和刑事诉讼制度，同时，注意把握实践发展的新趋势、新理念，保障我国刑事司法协助工作的持续健康发展。

2. 国际刑事司法协助法的适用范围

适用范围包括两个方面：一是开展国际刑事司法协助内容的范围。按照该法第二条的规定，"国际刑事司法协助，是指中华人民共和国和外国在刑事案件调查、侦查、起诉、审判和执行等活动中相互提供协助，包括送达文书，调查取证，安排证人作证或者协助调查，查封、扣押、冻结涉案财物，没收、返还违法所得及其他涉案财物，移管被判刑人以及其他协助"。这个规定实际上是关于广义的刑事司法协助的规定，它意味着该法规定的国际刑事司法协助的范围，不仅包括狭义的刑事司法协助，而且包括被判刑人移管，以及其他方面的协助。也就是说，该法将适用于除了引渡之外的国际刑事合作的各个方面。二是开展国际刑事司法协助的主体。该法第三条规定："中华人民共和国和外国之间开展刑事司法协助，依照本法进行。"按照这个规定，该法适用的主体是中华人民共和国。中

华人民共和国在与外国开展国际刑事司法协助时适用该法。这里涉及三个问题：第一，该法是否适用于中国香港特别行政区、中国澳门特别行政区与中国台湾地区？按照宪法、香港基本法和澳门基本法的规定，香港、澳门、台湾都是中华人民共和国不可分离的组成部分。但是按照香港基本法和澳门基本法的规定，香港、澳门依照基本法享有独立的司法权，在不违背中华人民共和国宪法的原则下，可以独立地对外开展刑事司法协助。应该说，国际刑事司法协助法不适用于香港、澳门。台湾虽然是中华人民共和国领土的一部分，但目前尚未回归，国际刑事司法协助法也不可能适用于台湾地区。第二，该条中的"外国"如何理解？目前与中华人民共和国签署刑事司法协助条约的国家有63个（已经生效的有54个），这些国家按照条约约定，与我国开展刑事司法协助时，要受到国际刑事司法协助法的约束。尚未与我国签订刑事司法协助条约的国家，如果要与我国开展刑事司法协助，同样要受到国际刑事司法协助法的约束。但是，按照该法的规定，与我国签订了刑事司法协助条约的国家，与我国开展刑事司法协助时，可以直接通过条约约定的对外联系机关提出请求，开展刑事司法协助。与我国没有签订刑事司法协助条约的国家，如果请求开展刑事司法协助，则需要通过外交途径来联系。第三，我国与有关国际组织开展刑事司法协助时，按照该法的规定，也要参照国际刑事司法协助法办理。

与之相关的问题是中国内地与香港、澳门及台湾的刑事司法协助以及其他形式的刑事合作问题。中国内地与香港、澳门、台湾，由于历史的原因，实际上形成了"一国两制四法域"的状态。中国内地与香港、澳门和台湾之间的刑事合作问题，不能完全按照对外开展刑事合作的方式来解决，但是又不同于中国内地司法机关相互之间在刑事司法中所进行的配合。因此有必要在立法时充分考虑这种情况，对之作出专门的规定，以适应同一国家四个不同法律制度下开展刑事司法协助以及其他形式的刑事合作的现实需要。

3. 国际刑事司法协助的程序

国际刑事司法协助法主要是规范中国有关机关对外开展刑事司法协助行为的。按照国际刑事司法协助法的规定，刑事司法协助的程序分四个阶段：

第一，刑事司法协助请求的提出。按照国际刑事司法协助法的规定，我国国内的办案机关需要向外国请求刑事司法协助的，应当制作刑事司法协助请求书并附相关材料，经所属主管机关审核同意后，由对外联系机关及时向外国提出请求。向外国提出的刑事司法协助请求书，应当依照我国与被请求国签订的刑事司法协助条约的规定提出。没有条约或者条约没有规定的，应当在请求书中载明下列事项并附相关材料：（1）请求机关的名称；（2）案件性质、涉案人员基本信息及犯罪事实；（3）本案适用的法律规定；（4）请求的事项和目的；（5）请求的事项与案件之间的关联性；（6）希望请求得以执行的期限；（7）其他必要的信息或者附加的要求。被请求国有特殊要求的，在不违反中华人民共和国法律的基本原则的情况下，可以按照被请求国的特殊要求提出。请求书及所附材料应当以中文制作，并附有被请求国官方文字的译文。

第二，刑事司法协助请求的接收。我国的对外联系机关收到外国提出的刑事司法协助请求，应当对请求书及所附材料进行审查。对于请求书形式和内容符合要求的，应当按照职责分工，将请求书及所附材料转交有关主管机关处理；对于请求书形式和内容不符合要求的，可以要求请求国补充材料或者重新

751

提出请求。外国向中华人民共和国提出的刑事司法协助请求，有下列情形之一的，可以拒绝提供协助：（1）根据中华人民共和国法律，请求针对的行为不构成犯罪；（2）在收到请求时，在中华人民共和国境内对于请求针对的犯罪正在进行调查、侦查、起诉、审判，已经作出生效判决，终止刑事诉讼程序，或者犯罪已过追诉时效期限；（3）请求针对的犯罪属于政治犯罪；（4）请求针对的犯罪纯属军事犯罪；（5）请求的目的是基于种族、民族、宗教、国籍、性别、政治见解或者身份等方面的原因而进行调查、侦查、起诉、审判、执行刑罚，或者当事人可能由于上述原因受到不公正待遇；（6）请求的事项与请求协助的案件之间缺乏实质性联系；（7）其他可以拒绝的情形。对于刑事司法协助请求明显损害中华人民共和国的主权、安全和社会公共利益的，对外联系机关可以直接拒绝协助。

第三，刑事司法协助请求的处理。主管机关收到对外联系机关转交的刑事司法协助请求书及所附材料后，应当进行审查，并分别作出以下处理：（1）根据本法和刑事司法协助条约的规定认为可以协助执行的，作出决定并安排有关办案机关执行；（2）根据本法第四条、第十四条或者刑事司法协助条约的规定，认为应当全部或者部分拒绝协助的，将请求书及所附材料退回对外联系机关并说明理由；（3）对执行请求有保密要求或者有其他附加条件的，通过对外联系机关向外国提出，在外国接受条件并且作出书面保证后，决定附条件执行；（4）需要补充材料的，书面通知对外联系机关要求请求国在合理期限内提供。执行请求可能妨碍中华人民共和国有关机关正在进行的调查、侦查、起诉、审判或者执行的，主管机关可以决定推迟协助，并将推迟协助的决定和理由书面通知对外联系机关。外国对执行其请求有保密要求或者特殊程序要求的，在不违反中华人民共和国法律的基本原则的情况下，主管机关可以按照其要求安排执行。办案机关收到主管机关交办的外国刑事司法协助请求后，应当依法执行，并将。办案机关在执行请求过程中，应当维护当事人和其他相关人员的合法权益，保护个人信息。

第四，刑事司法协助结果的反馈。外国向我国提出刑事司法协助请求的，办案机关处理完毕，应当及时将执行结果或者妨碍执行的情形及时报告主管机关，并由主管机关通知对外联系机关。对外联系机关收到主管机关的有关通知或者执行结果后，应当及时转交或者转告请求国。对于中华人民共和国提供刑事司法协助的案件，主管机关可以通过对外联系机关要求外国通报诉讼结果。外国通报诉讼结果的，对外联系机关收到相关材料后，应当及时转交或者转告主管机关，涉及对中华人民共和国公民提起刑事诉讼的，还应当通知外交部。

4. 国际刑事司法协助中主要问题的处理

（1）文书送达

我国国内的办案机关需要外国协助送达传票、通知书、起诉书、判决书和其他司法文书的，应当制作刑事司法协助请求书并附相关材料，经所属主管机关审核同意后，由对外联系机关及时向外国提出请求。向外国请求送达文书的，请求书应当载明受送达人的姓名或者名称、送达的地址以及需要告知受送达人的相关权利和义务。外国可以请求中华人民共和国协助送达传票、通知书、起诉书、判决书和其他司法文书（对于要求中华人民共和国公民接受讯问或者作为被告人出庭的传票，中华人民共和国不负有协助送达的义务）。请求书应当载明受送达人的姓名或者名称、送达的地址以及需要告知受送达人的相关权利和义务。负责执行协助送达文书的人民法院或者其他办

753

案机关，应当及时将执行结果通过所属主管机关告知对外联系机关，由对外联系机关告知请求国。除无法送达的情形外，应当附有受送达人签收的送达回执或者其他证明文件。

（2）调查取证

我国国内的办案机关需要外国就下列事项协助调查取证的，应当制作刑事司法协助请求书并附相关材料，经所属主管机关审核同意后，由对外联系机关及时向外国提出请求。外国也可以向我国提出协助调查取证的请求。无论哪一方提出，协助请求的内容都可以包括：（一）查找、辨认有关人员；（二）查询、核实涉案财物、金融账户信息；（三）获取并提供有关人员的证言或者陈述；（四）获取并提供有关文件、记录、电子数据和物品；（五）获取并提供鉴定意见；（六）勘验或者检查场所、物品、人身、尸体；（七）搜查人身、物品、住所和其他有关场所；（八）其他事项。请求书及所附材料应当根据需要载明下列事项：（一）被调查人的姓名、性别、住址、身份信息、联系方式和有助于确认被调查人的其他资料；（二）需要向被调查人提问的问题；（三）需要查找、辨认人员的姓名、性别、住址、身份信息、联系方式、外表和行为特征以及有助于查找、辨认的其他资料；（四）需要查询、核实的涉案财物的权属、地点、特性、外形和数量等具体信息，需要查询、核实的金融账户相关信息；（五）需要获取的有关文件、记录、电子数据和物品的持有人、地点、特性、外形和数量等具体信息；（六）需要鉴定的对象的具体信息；（七）需要勘验或者检查的场所、物品等的具体信息；（八）需要搜查的对象的具体信息；（九）有助于执行请求的其他材料。请求外国协助调查取证时，办案机关可以同时请求在执行请求时派员到场。外国向中华人民共和国请求调查取证时，可以同时请求在执行请求时派员到场。经同意到场的人员应当遵守中华人民共和国法律，服从主管机关和办案机关的安排。

（3）安排证人作证或者协助调查

我国国内的办案机关需要外国协助安排证人、鉴定人来中华人民共和国作证或者通过视频、音频作证，或者协助调查的，应当制作刑事司法协助请求书并附相关材料，经所属主管机关审核同意后，由对外联系机关及时向外国提出请求。向外国请求安排证人、鉴定人作证或者协助调查的，请求书及所附材料应当根据需要载明下列事项：（一）证人、鉴定人的姓名、性别、住址、身份信息、联系方式和有助于确认证人、鉴定人的其他资料；（二）作证或者协助调查的目的、必要性、时间和地点等；（三）证人、鉴定人的权利和义务；（四）对证人、鉴定人的保护措施；（五）对证人、鉴定人的补助；（六）有助于执行请求的其他材料。来中华人民共和国作证或者协助调查的人员系在押人员的，由对外联系机关会同主管机关与被请求国就移交在押人员的相关事项事先达成协议。主管机关和办案机关应当遵守协议内容，依法对被移交的人员予以羁押，并在作证或者协助调查结束后及时将其送回被请求国。外国可以请求中华人民共和国协助安排证人、鉴定人赴外国作证或者通过视频、音频作证，或者协助调查。请求书除了应当列明请求的具体事项及必要材料之外，还应当就出国作证或者协助调查的证人、鉴定人在离境前，其入境前实施的犯罪不受追诉；除因入境后实施违法犯罪而被采取强制措施的以外，其人身自由不受限制，作出保证。安排证人、鉴定人通过视频、音频作证的，主管机关或者办案机关应当派员到场，发现有损害中华人民共和国的主权、安全和社会公共利益以及违反中华人民共和国法律的基本原则的情形的，应当及时制止。外国请求移交在押人员出国作证或者协助调查，并保证在作证或者协助调查结束后及时将在押人员送回的，对外联系机关应当征求主管机关和在押人员的意见。主管机关和在押人员均同意出国作证或者协助调查的，由对外联系机关会同主管机关与请求国就移交在押人员的相关事项事先达成协议。

（4）查封、扣押、冻结涉案财物

办案机关需要外国协助查封、扣押、冻结涉案财物的，应当制作刑事司法协助请求书并附相关材料，经所属主管机关审核同意后，由对外联系机关及时向外国提出请求。向外国请求查封、扣押、冻结涉案财物的，请求书及所附材料应当根据需要载明下列事项：（一）需要查封、扣押、冻结的涉案财物的权属证明、名称、特性、外形和数量等；（二）需要查封、扣押、冻结的涉案财物的地点。资金或者其他金融资产存放在金融机构中的，应当载明金融机构的名称、地址和账户信息；（三）相关法律文书的副本；（四）有关查封、扣押、冻结以及利害关系人权利保障的法律规定；（五）有助于执行请求的其他材料。外国可以请求中华人民共和国协助查封、扣押、冻结在中华人民共和国境内的涉案财物。主管机关经审查认为符合下列条件的，可以同意查封、扣押、冻结涉案财物，并安排有关办案机关执行：（一）查封、扣押、冻结符合中华人民共和国法律规定的条件；（二）查封、扣押、冻结涉案财物与请求国正在进行的刑事案件的调查、侦查、起诉和审判活动相关；（三）涉案财物可以被查封、扣押、冻结；（四）执行请求不影响利害关系人的合法权益；（五）执行请求不影响中华人民共和国有关机关正在进行的调查、侦查、起诉、审判和执行活动。办案机关应当及时通过主管机关通知对外联系机关，由对外联系机关将查封、扣押、冻结的结果告知请求国。必要时，办案机关可以对被查封、扣押、冻结的涉案财物依法采取措施进行处理。由于请求国的原因导致查封、扣押、冻结不当，对利害关系人的合法权益造成损害的，办案机关可以通过对外联系机关要求请求国承担赔偿责任。

（5）没收、返还违法所得及其他涉案财物

我国国内的办案机关需要外国协助没收违法所得及其他涉案财物的，应当制作刑事司法协助请求书并附相关材料，经所属主管机关审核同意后，由对外联系机关及时向外国提出请求。向外国请求没收、返还违法所得及其他涉案财物的，请求书及所附材料应当根据需要载明下列事项：（一）需要没收、返还的违法所得及其他涉案财物的名称、特性、外形和数量等；（二）需要没收、返还的违法所得及其他涉案财物的地点。资金或者其他金融资产存放在金融机构中的，应当载明金融机构的名称、地址和账户信息；（三）没收、返还的理由和相关权属证明；（四）相关法律文书的副本；（五）有关没收、返还以及利害关系人权利保障的法律规定；（六）有助于执行请求的其他材料。外国协助没收、返还违法所得及其他涉案财物的，由对外联系机关会同主管机关就有关财物的移交问题与外国进行协商。外国可以请求中华人民共和国协助没收、返还违法所得及其他涉案财物。主管机关经审查认为符合下列条件的，可以同意协助没收违法所得及其他涉案财物，并安排有关办案机关执行：（一）没收违法所得及其他涉案财物符合中华人民共和国法律规定的条件；（二）外国充分保障了利害关系人的相关权利；（三）在中华人民共和国有可供执行的财物；（四）请求书及所附材料详细描述了请求针对的财物的权属、名称、特性、外形和数量等信息；（五）没收在请求国不能执行或者不能完全执行；（六）主管机关认为应当满足的其他条件。外国请求协助没收违法所得及其他涉案财物，有下列情形之一的，可以拒绝提供协助，并说明理由：（一）中华人民共和国或者第三国司法机关已经对请求针对的财物作出生效裁判，并且已经执行完毕或者正在执行；（二）请求针对的财物不存在，已经毁损、灭失、变卖或者已经转移导致无法执行，但请求没收变卖物或者转移后的财物的除外；（三）请求针对的人员在中华人民共和国境内有尚未清偿的债务或者尚未了结的诉讼；（四）其他可以拒绝的情形。外国请求返还违法所得及其他涉案财物，能够提供确实、充分的证据证明，主管机关经审查认为符合中华人民共和国法律规定的条件的，可以同意并安排有关办案机关执行。返还前，办案机关可以扣除执行请求产生的合理费用。

五、关于被判刑人移管问题

近年来，随着中国与外国开展刑事互助范围的扩展，中国与一些国家签订了有关被判刑人移管的双边条约。其中有：

（1）2001年7月21日签署的《中华人民共和国和乌克兰关于移管被判刑人的条约》（2002年4月28日全国人民代表大会常务委员会批准，2002年10月12日生效）；

（2）2002年12月2日签署的《中华人民共和国和俄罗斯联邦关于移管被判刑人的条约》（2003年12月27日全国人民代表大会常务委员会批准，2006年12月9日生效）；

（3）2005年11月14日签署的《中华人民共和国和西班牙王国关于移管被判刑人的条约》（2006年6月29日全国人民代表大会常务委员会批准，2007年4月4日生效）；

（4）2007年1月31日签署的《中华人民共和国和葡萄牙共和国关于移管被判刑人的条约》（2007年12月29日全国人民代表大会常务委员会批准，2009年7月25日生效）；

（5）2007 年 9 月 6 日签署的《中华人民共和国和澳大利亚关于移管被判刑人的条约》（2009 年 4 月 24 日全国人民代表大会常务委员会批准，2011 年 11 月 9 日生效）；

（6）2008 年 5 月 27 日签署的《中华人民共和国和大韩民国关于移管被判刑人的条约》（2009 年 4 月 24 日全国人民代表大会常务委员会批准，2009 年 8 月 5 日生效）；

（7）2011 年 2 月 22 日签署的《中华人民共和国和哈萨克斯坦共和国关于移管被判刑人的条约》（2015 年 7 月 1 日全国人民代表大会常务委员会批准，2015 年 9 月 30 日生效）；

（8）2011 年 6 月 16 日《中华人民共和国和蒙古国关于移管被判刑人的条约》（2014 年 6 月 27 日全国人民代表大会常务委员会批准，2014 年 9 月 20 日生效）；

（9）2011 年 12 月 22 日签署的《中华人民共和国和泰王国关于移管被判刑人的条约》（2012 年 10 月 26 日全国人民代表大会常务委员会批准，2012 年 12 月 21 日生效）；

（10）2012 年 6 月 5 日签署的《中华人民共和国和吉尔吉斯共和国关于移管被判刑人的条约》（2013 年 12 月 28 日全国人民代表大会常务委员会批准，2014 年 6 月 17 日生效）；

（11）2012 年 9 月 10 日签署的《中华人民共和国和伊朗伊斯兰共和国关于移管被判刑人的条约》（2015 年 12 月 27 日全国人民代表大会常务委员会批准，2017 年 1 月 15 日生效）；

（12）2014 年 9 月 13 日签署的《中华人民共和国和塔吉克斯坦共和国关于移管被判刑人的条约》（2017 年 4 月 27 日全国人民代表大会常务委员会批准，2017 年 7 月 19 日）；

（13）2015 年 12 月 10 日签署的《中华人民共和国和阿塞拜疆共和国关于移管被判刑人的条约》（全国人民代表大会常务委员会 2019 年 4 月 23 日批准）；

（14）2016 年 10 月 31 日签署的《中华人民共和国和比利时王国移管被判刑人条约》；

（15）2018 年 11 月 3 日签署的《中华人民共和国和巴基斯坦伊斯兰共和国关于移管被判刑人的条约》。

（一）移管条约的主要内容

这些条约的内容主要包括以下几个方面[1]：

1. 目的

条约在序言中明确指出：双方在相互尊重主权和平等互利的基础上，出于人道主义考虑，并为加强两国在刑事司法领域的合作，使被判刑人得以在其国籍国服刑，以利于被判刑人重返社会，达成协议如下。

2. 条约中有关用语的定义

为本条约目的：条约中使用的"判刑国"（或称"移交方"）系指对被判刑人作出判决的一方；"执行国"（或称"接收方"）系指被判刑人可能或者已经被移管到该国境内以便服刑的一方；"判决"系指判处刑罚的、已发生法律效力的法院裁决；"刑罚"依中华人民共和国法律系指有期徒刑的措施，依外国法律系指有期的剥夺自由刑或监禁；"被判刑人"系指根据判决服刑的人（或指在移交方法院或法庭判处监禁刑罚的人员）；"移管"系指将被判刑人移交到执行国，以便继续执行判刑国判处的刑罚。

3. 一般规定

双方承诺根据本条约的规定，就移管被判刑人相互提供最广泛的合作。

---

〔1〕 以中国与俄罗斯联邦签订的《中华人民共和国和俄罗斯联邦关于移管被判刑人的条约》为例。

任何一方应根据本条约的规定，向另一方移管具有该另一方国籍的被判刑人。

4. 联系途径

为执行本条约，双方应指定各自的中央机关。

中央机关在中华人民共和国方面系指中华人民共和国司法部，在俄罗斯联邦方面系指俄罗斯联邦总检察院。在执行本条约时，中央机关应直接联系。

双方如根据本条约另行指定中央机关，应通过外交途径书面通知对方。

5. 移管的请求与答复

（1）判刑国应将本条约的内容通知本条约适用范围内的每一个被判刑人。

（2）被判刑人、其近亲属以及其合法代理人可向判刑国或执行国的中央机关提出移管的申请，由接到该申请一方的中央机关决定是否向另一方中央机关提出移管请求。

（3）任何一方中央机关均可向另一方中央机关提出移管请求。

（4）被请求的中央机关应在收到所有必要文件之日起九十日内将是否同意移管的决定通知提出请求的中央机关。如拒绝请求，则应说明理由。

（5）双方中央机关在作出是否移管的决定后，应书面通知在本国境内的被判刑人或其合法代理人。

6. 移管的条件

只有符合下列条件时，方可移管被判刑人：

（1）被判刑人是执行国的国民；

（2）对被判刑人判处刑罚所针对的行为按照双方的法律均构成犯罪；

（3）被判刑人还需服刑至少一年；

（4）被判刑人书面同意移管，或者在被判刑人行为能力受限制或者无行为能力时，经其合法代理人书面同意；

（5）双方的中央机关均同意移管。

在特殊情况下，即使被判刑人尚需服刑的期限少于一年，双方中央机关亦可同意移管。

7. 移管的拒绝

在下列情况下，可以拒绝移管：

（1）一方认为移管有损其主权、安全、公共秩序或违反本国法律的基本原则；

（2）因犯危害国家安全罪对被判刑人作出判决；

（3）被判刑人在判刑国境内有尚未偿清的债务或因其他刑事案件被立案而尚未作出终审判决；

（4）请求被移管的人被判处死刑或者无期徒刑。

除前款规定的情形外，任何一方对于是否同意另一方提出的移管请求可自主决定。

8. 请求的形式和所附文件（或信息）

双方中央机关应以书面形式相互提出移管请求。

执行国提出移管请求时，应附有下列文件：

（1）被判刑人的个人情况，即姓、名（名和父称）、性别和出生日期；

（2）证明被判刑人是执行国国民的文件；

（3）如可能，关于作出判决的日期、地点、判决理由和服刑地点的说明。

判刑国提出移管请求时，应附有下列文件：

（1）本条第二款第（一）项和第（二）项提及的内容；

（2）经证明无误的判决书副本以及判决所依据的有关刑法

规定；

（3）被判刑人已服刑期的说明，包括判决生效前羁押和其他有关执行刑罚事项的说明；

（4）经证明无误的对被判刑人或其合法代理人同意移管的书面确认；

（5）被判刑人健康情况以及其服刑期间表现的说明，包括对被判刑人作出的矫正报告和医疗报告，包括被判刑人在移交方接受治疗的情况，以及将在接收方对其进一步治疗的建议。

如有必要，双方中央机关可相互要求提供补充文件或者材料。在提出移管请求或就是否同意移管作出决定之前，任何一方均应依请求尽可能向对方提供有关文件、说明或信息。

双方相互提交的文件均应由本国中央机关确认。这些文件不需其他确认和认证。

9. 被判刑人的同意及同意条件的核实

判刑国应确保被判刑人或其合法代理人在完全知晓移管的法律后果的情况下自愿表示同意移管，并在同意移管的声明中对此予以确认。

如执行国请求，判刑国应提供机会，使执行国通过指定的官员核实被判刑人已按前款规定的条件表示同意。

10. 移管的执行

如双方就移管达成一致，双方应通过执行刑罚的机关尽快协商确定移管的时间、地点和程序。

在新近的移管条约中增加了管辖权保留的条款，即：移交方将保留对其法院所作定罪和量刑进行变更或撤销的管辖权。在被告知移交方根据本条由其法院作出的任何变更或撤销对被判刑人的定罪和量刑的决定后，接收方应立即变更或终止刑罚的执行。

763

11. 刑罚的继续执行

在移管被判刑人后，执行国应根据本国法律，保证继续执行刑罚。

如判刑国判处的刑罚种类或期限不符合执行国的法律，执行国法院应根据本国法律转换刑罚的种类或期限并遵循下列条件：

（1）应基于判决关于案件事实情况的认定；

（2）不得将刑罚转换为财产刑；

（3）转换后的刑罚应尽可能与判决所判处的刑罚相一致，不得加重判刑国所判处的刑罚，也不得超过执行国法律对同类犯罪规定的最高刑；

（4）不受执行国法律对同类犯罪规定的最低刑的约束；

（5）应扣除被判刑人在判刑国已被羁押的期间。

执行国根据本条第二款转换刑罚时，应将转换刑罚的法律文书副本送交判刑国。

执行国有权根据本国法律对被判刑人免除刑罚，包括假释等其他方式。

12. 对判决的复查

（1）只有判刑国有权对判决进行复查。

（2）被判刑人如在移管后向执行国提出对案件进行重新审理的申请，执行国应尽快将该申请转交判刑国。

（3）如移管后判刑国作出改变判决的裁决，则此裁决副本和其他必要文件应立即送交执行国中央机关。执行国应根据本条约第十条予以执行。

（4）如移管后判刑国作出撤销判决并不再追究刑事责任的裁决，则该裁决的副本应立即送交执行国中央机关，由其立即释放被判刑人。

（5）如移管后，判决在判刑国被撤销并决定重新调查或审理，则该决定副本、刑事案件材料及其他必要材料应送交执行国，以便根据该国法律作出追究被移管人责任的决定。

13．赦免

任何一方均可根据本国法律，对已被移管的被判刑人给予赦免，并及时就此通知另一方。

14．关于执行刑罚的情报

遇有下列情况，执行国应及时向判刑国提供有关执行刑罚的情报：

（1）刑罚已执行完毕；

（2）被判刑人在刑罚执行完毕前脱逃或死亡；

（3）判刑国要求提供特别说明。

15．后果

对移管至执行国的被判刑人和在该方境内因同样行为被判刑的人而言，审判的法律后果一致。

16．过境

任何一方如为履行与第三国达成的移管被判刑人协议需从另一方领土过境，应向该另一方提出过境的请求。

前款规定不适用于使用航空运输且未计划在另一方领土降落的情形。

被请求方在不违反本国法律的情形下，应同意请求方提出的过境请求。

17．语言

在执行本条约时，双方应使用本国的官方语言，并附有对方官方语言或英文的译文。

18．费用

移管之前所产生的有关移管费用，应由费用产生地的一方负担。执行移管和在移管之后继续执行刑罚所产生的费用，应由执行国负担。

过境费用应由提出过境请求的一方负担。

19. 争议的解决

因本条约的解释或执行产生的争议，应由双方中央机关协商解决，如未能协商一致，则通过外交途径协商解决。

在新近签署的移管条约中，为了促进条约的实施，通常增加了一项新的规定，即："双方中央机关可相互协商，促使本条约得到最有效的运用，并可就需采取的实际必要措施达成协议，以便于本条约的实施"。

20. 时际效力

本条约亦适用于本条约生效前被判刑人的移管。

21. 条约的生效和终止

本条约须经批准并自互换批准书之日起第三十日生效。

本条约无限期有效。但本条约自任何一方通过外交途径书面通知终止之日起六个月后失效。

条约的终止不影响在本条约终止前开始的被判刑人移管程序。

（二）被判刑人移管的法律适用

我们国家与外国签署的移管被判刑人条约，反映了联合国关于《移管外籍囚犯的模式协定》以及有关国际规范和实践的基本精神，反映了中国在被判刑人移管问题上的基本立场，规范了中国与有关国家在被判刑人移管方面开展国际合作的活动。

2018 年 10 月 26 日全国人大常委会通过的《中华人民共和国国际刑事司法协助法》第八章专门规定了有关移管被判刑人的问题。按照该法的规定，外国可以向中华人民共和国请求移管外国籍被判刑人，中华人民共和国可以向外国请求移管外国籍被判刑人。中华人民共和国可以向外国请求移管中国籍被判刑人，外国可以请求中华人民共和国移管中国籍被判刑人。

1. 请求移管被判刑人的条件

无论是中国向外国请求移管被判刑人，还是外国向中国请求移管被判刑人，都应当同时符合下列条件：（一）被判刑人是该国国民；（二）对被判刑人判处刑罚所针对的行为根据该国法律也构成犯罪；（三）对被判刑人判处刑罚的判决已经发生法律效力；（四）被判刑人书面同意移管，或者因被判刑人年龄、身体、精神等状况确有必要，经其代理人书面同意移管；（五）中华人民共和国和该国均同意移管。不符合其中任何一个条件的，被请求国都可以拒绝。此外，有下列情形之一的，被请求国也可以拒绝移管：（一）被判刑人被判处死刑缓期执行或者无期徒刑，但请求移管时已经减为有期徒刑的除外；（二）在请求移管时，被判刑人剩余刑期不足一年；（三）被判刑人在中华人民共和国境内存在尚未了结的诉讼；（四）其他不宜移管的情形。

2. 请求书的内容

请求向外国移管被判刑人的，请求书及所附材料应当根据需要载明下列事项：（一）请求机关的名称；（二）被请求移管的被判刑人的姓名、性别、国籍、身份信息和其他资料；（三）被判刑人的服刑场所；（四）请求移管的依据和理由；（五）被判刑人或者其代理人同意移管的书面声明；（六）其他事项。

3. 移管被判刑人的程序

外国向中华人民共和国提出移管被判刑人的请求的，或者主管机关认为需要向外国提出移管被判刑人的请求的，主管机关（司法部）应当对被判刑人的移管意愿进行核实（外国请求派员对被判刑人的移管意愿进行核实的，主管机关可以作出安排），同时应当会同相关主管部门（最高人民检察院），作出是否同意外国请求或者向外国提出请求的决定。作出同意外国移管请求的决定后，对外联系机关（有刑事司法协助条约的，为条约指定的联系机关；没有条约的，为外交部）应当书面通知请求国和被判刑人。移管被判刑人由主管机关指定刑罚执行机关执行。移交被判刑人的时间、地点、方式等执行事项，由主管机关与外国协商确定。

4. 刑期的执行

中国籍被判刑人移管回国后，由主管机关指定刑罚执行机关先行关押。被判刑人移管回国后，由主管机关指定刑罚执行机关先行关押。然后，由人民检察院制作刑罚转换申请书并附相关材料，提请刑罚执行机关所在地的中级人民法院作出刑罚转换裁定。人民法院应当依据外国法院判决认定的事实，根据刑法规定，作出刑罚转换裁定。对于外国法院判处的刑罚性质和期限符合中华人民共和国法律规定的，按照其判处的刑罚和期限予以转换；对于外国法院判处的刑罚性质和期限不符合中华人民共和国法律规定的，按照下列原则确定刑种、刑期：（一）转换后的刑罚应当尽可能与外国法院判处的刑罚相一致；（二）转换后的刑罚在性质上或者刑期上不得重于外国法院判处的刑罚，也不得超过中华人民共和国刑法对同类犯罪所规定的最高刑期；（三）不得将剥夺自由的刑罚转换为财产刑；（四）转换后的刑罚不受中华人民共和国刑法对同类犯罪所规定的最低刑期的约束。被判刑人回国服刑前被羁押的，羁押一日折抵转换后的刑期一日。人民法院作出的刑罚转换裁定，是终审裁定。刑罚执行机关根据刑罚转换裁定将移管回国的被判刑人收监执行刑罚。刑罚执行以及减刑、假释、暂予监外执行

768

等，依照中华人民共和国法律办理。

5. 对被判刑人申诉的处理

被判刑的外国人移管后对原生效判决提出申诉的，应当向中华人民共和国有管辖权的人民法院提出。人民法院变更或者撤销原生效判决的，应当及时通知外国。在国外的被判刑人移管回国后对外国法院判决的申诉，应当向外国有管辖权的法院提出。

（三）被判刑人移管中值得研究的问题

但是有些在条约中不便加以规定的内容，对国内有关机关来说，同样是需要研究解决或者需要加以明确规定的。这些问题主要是：

1. 裁判的效力问题

准备移管的被判刑人是已经发生法律效力的裁判所判处了刑罚的人。这是被判刑人移管得以进行的先决条件。所谓已经发生法律效力的裁判，是指依照本国法律对被告人所实施的犯罪具有管辖权的法院依照法定程序指出的具有终局效力的裁判。这个问题本来应该是明确的。但是在我们国家，由于审判监督程序的存在，有时也会出现疑惑。例如，一个案件，一审宣判后，被告人提出上诉或者检察机关提出抗诉，二审法院作出"撤销原判，发回重审"的裁定。这个裁定是否属于"已经发生法律效力"的裁判？显然不是。因为这里的已经发生法律效力的裁判，是指实体性的裁判，人民法院就程序问题作出的裁定，当然是发生法律效力的裁判，但不是作为被判刑人移管根据的裁判。

值得研究的是，我国刑事诉讼法规定了三种情况下可以对已经发生法律效力的裁判进行再审，即：（1）人民法院院长对本院已经发生法律效力的判决和裁定，如果发现在认定事实上

769

或者在适用法律上确有错误，必须提交审判委员会处理；（2）最高人民法院对各级人民法院已经发生法律效力的判决和裁定，上级人民法院对下级人民法院已经发生法律效力的判决和裁定，如果发现确有错误，有权提审或者指令下级人民法院再审；（3）最高人民检察院对各级人民法院已经发生法律效力的判决和裁定，上级人民检察院对下级人民法院已经发生法律效力的判决和裁定，如果发现确有错误，有权按照审判监督程序向同级人民法院提出抗诉，人民检察院抗诉的案件，接受抗诉的人民法院应当组成合议庭重新审理，对于原判决事实不清楚或者证据不足的，可以指令下级人民法院再审。人民法院按照审判监督程序重新审判的案件，应当另行组成合议庭进行。如果原来是第一审案件，应当依照第一审程序进行审判，所作的判决、裁定，可以上诉、抗诉；如果原来是第二审案件，或者是上级人民法院提审的案件，应当依照第二审程序进行审判，所作的判决、裁定，是终审的判决、裁定。

按照这些规定，一个案件，经过一审和二审，法院已经作出了"已经发生法律效力"的裁判，裁判确认被告人有罪并对其判处了刑罚，并且已经将被判刑人交付执行。但是根据再审的规定，进入再审程序的，能否提出被判刑人移管的问题，或者在移管进行过程中，法院决定对案件进行再审，是否影响移管的进行？按照刑事诉讼法第二百零八条的规定，判决和裁定在发生法律效力后执行，而已过法定期限没有上诉、抗诉的判决裁定，以及终审的判决裁定，都是发生法律效力的判决和裁定。刑事诉讼法还规定：对已经发生法律效力的判决裁定，当事人及其法定代理人、近亲属可以向人民法院或者人民检察院提出申诉，但是不能停止判决、裁定的执行。然而对按照审判监督程序决定再审的，是否影响判决裁定的执行，法律没有明确规定。因此，在这种情况下是否影响被判刑人移管的进行，就不能不是一个问题。从我们国家的司法实践中看，被告人被判处刑罚的，启动审判监督程序并不影响刑罚的执行，只是在按照审判监督程序改变原裁判，并且在新的裁判发生法律效力时，原裁判才终止执行。但是在被判刑人移管的过程中，如果人民法院按照审判监督程序启动再审，移管工作即应停止。因为，审判监督程序一旦启动，被判刑人就面临着三种可能：维持原判，继续执行原判刑罚；改变原判，宣告被判刑人无罪；判处新的刑罚。在这种不确定的情况下，按照原判刑罚移管被判刑人，显然是不当的。

与之相关的问题是，被判刑人一旦移交给其国籍国执行刑罚，是否意味着人民法院不得再对该人启动审判监督程序？按照中国与俄罗斯联邦签订的移管被判刑人条约，被判刑人移管之后，并不影响判刑国对原判决裁定的复查。按照该条约第十一条的规定，被判刑人如在移管后向执行国提出对案件进行重新审理的申请，执行国应尽快将该申请转交判刑国。只有判刑国有权对判决进行复查。如移管后判刑国作出改变判决的裁决，则此裁决副本和其他必要文件应立即送交执行国中央机关。执行国应根据本条约第十条予以执行。如移管后判刑国作出撤销判决并不再追究刑事责任的裁决，则该裁决的副本应立即送交执行国中央机关，由其立即释放被判刑人。如移管后，判决在判刑国被撤销并决定重新调查或审理，则该决定副本、刑事案件材料及其他必要材料应送交执行国，以便根据该国法律作出追究被移管人责任的决定。这就意味着，判刑国完全可以按照本国法律的规定，对已经发生法律效力的裁判继续复查包括再审，以致改变已经发生法律效力的裁判。这与我国刑事诉讼法的规定是一致的。

2. 关于同意问题

移管条约规定,被判刑人、被判刑人的近亲属以及被判刑人的合法代理人均可以向判刑国或者执行国的中央机关提出移管的申请。如果被判刑人的近亲属以及被判刑人的合法代理人向执行国的中央机关提出申请,执行国的中央机关就可以据以向判刑国提出移管的请求。但是,如果被判刑人本人不同意移管,即使判刑国的中央机关同意移管的请求,移管也不能进行。因为,按照《移管外籍囚犯的模式协定》,囚犯本人的同意是移管的基本条件。我国与我国签署的移管条约也明确规定,被判刑人书面同意移管是移管的条件之一。这就是说,没有被判刑人的同意,移管就不能进行。

移管必须经过被判刑人本人的同意,是保护其人权的需要。这个条件的设置,是防止移管被变成驱逐的重要方法。由于各国监狱条件差别很大,执行这个条件,应当事先告知被判刑人移管的可能性和法律后果,以使其决定是否同意移管。

但是,如果被判刑人在被判刑后出现精神错乱从而导致行为能力受限制或者无行为能力以致无法自主决定自己意愿时,其合法代理人就可以代替被判刑人作出书面同意。这种情况下的合法代理人并不意味该代理人必须是有法定资格的,他们实际上可以是由判刑国或执行国法律授权来代表该罪犯的任何人,既可以是被判刑人的父母或配偶,也可以是被授权的其他人。合法代理人必须在同被判刑人充分接触后才能代其作出决定。

3. 关于减刑问题

我国刑法第78条明确规定:"被判处管制、拘役、有期徒刑、无期徒刑的犯罪分子,在执行期间,如果认真遵守监规,接受教育改造,确有悔改表现的,或者有立功表现的,可以减刑；有下列重大立功表现之一的，应当减刑：

（一）阻止他人重大犯罪活动的；

（二）检举监狱内外重大犯罪活动，经查证属实的；

（三）有发明创造或者重大技术革新的；

（四）在日常生产、生活中舍己救人的；

（五）在抗御自然灾害或者排除重大事故中，有突出表现的；

（六）对国家和社会有其他重大贡献的。

减刑以后实际执行的刑期不能少于下列期限：

（一）判处管制、拘役、有期徒刑的，不能少于原判刑期的二分之一；

（二）判处无期徒刑的，不能少于十三年；

（三）人民法院依照本法第五十条第二款规定限制减刑的死刑缓期执行的犯罪分子，缓期执行期满后依法减为无期徒刑的，不能少于二十五年，缓期执行期满后依法减为二十五年有期徒刑的，不能少于二十年。"

减刑作为我国刑罚执行中一个特有的法律制度，适用的频率是很高的。但是按照中国与外国签署的移管条约的规定，只有判刑国才有权改变原裁判所确定的刑罚。执行国的法院只能在被判刑人移管后就原判刑罚的转换问题作出裁定，而无权对原判决进行复查和改判。这就意味着，我国刑法中规定的减刑制度不能适用于被移管人。但是按照国际刑事司法协助法的规定，移管回国的被判刑人在国内服刑期间，其刑罚执行以及减刑、假释、暂予监外执行等，依照中华人民共和国法律办理。如是，很可能产生条约执行方面的冲突。

笔者认为，对于这个问题，既不能简单的予以否定，也不能直接适用国际刑事司法协助法的规定。如果被移管人在我国执行刑罚的过程中确实具有应当减刑的情况，我国的刑罚执行机关应当提出减刑的建议并说明中国法律的规定，并通过条约规定的联系途径向判刑国提出，由判刑国法院决定是否准予减刑。如果判刑国不同意减刑的，我国应当遵守条约的规定。如果判刑国直接决定改变原判刑罚的，我国应当按照判刑国的裁判对被移管人执行刑罚。如果判刑国同意我国对被移管人减刑的，则可能按照我国刑事诉讼法规定的减刑程序予以减刑。

主要参考书目

一、中文书目

1. 高铭暄、马克昌主编：《刑法学》，北京大学出版社、高等教育出版社 2000 年版。

2. 王铁崖主编：《国际法》，法律出版社 1995 年版。

3. 《中国大百科全书·法学》，中国大百科全书出版社 1984 年版。

4. 肖扬主编：《中国新刑法学》，中国人民公安大学出版社 1997 年版。

5. 张穹主编：《刑法适用手册》，中国人民公安大学出版社 1997 年版。

6. 盛愉、魏家驹著：《国际法新领域简论》，吉林人民出版社 1984 年版。

7. 赵维田著：《论三个反劫机公约》，群众出版社 1985 年版。

8. 陆晓光主编：《国际刑法概论》，中国政法大学出版社 1991 年版。

9. 黄肇炯著：《国际刑法概论》，四川大学出版社 1992 年版。

10. 邵沙平著：《现代国际刑法教程》，武汉大学出版社1993 年版。

11. 赵永琛著：《国际刑法与司法协助》，法律出版社1994年版。

12. 赵永琛著：《国际刑事司法协助研究》，中国检察出版社1997 年版。

13. 黄风著：《中国引渡制度研究》，中国政法大学出版社1997 年版。

14. 贾宇著：《国际刑法学》，中国政法大学出版社2004年版。

15. 赵秉志主编：《新编国际刑法学》，中国人民大学出版社2004 年版。

16. 丘宏达主编：《现代国际法》，〔台湾〕三民书局股份有限公司1986 年版。

17. 〔英〕J. G. 斯塔克著：《国际法导论》，法律出版社1984 年版。

18. 〔英〕M 阿库斯特著：《现代国际法概论》，中国社会科学出版社1981 年版。

19. 〔奥〕阿·菲德罗斯等著：《国际法》，商务印书馆1981 年版。

20. 〔日〕山手治之著：《国际法词典》〔中译本〕，世界知识出版社1985 年版。

21. 〔加〕威廉·A. 夏巴斯著：《国际刑事法院导论》，中国人民公安大学出版社2006 年版。

22. 〔韩〕李万熙著：《引渡与国际法》，法律出版社2002年版。

23. 黄风等著：《国际刑法学》，中国人民大学出版社2007

年版。

24. 朱文奇著:《现代国际刑法》,商务印书馆 2015 年版。

25. 盛红生著:《国际刑法热点问题研究》,法律出版社 2017 年版。

26. 叶良芳著:《国际刑法基本理论研究》,浙江大学出版社 2018 年版。

27. [美] 巴西奥尼著:《国际刑法导论》(赵秉志等译),法律出版社 2006 年版。

28. [德] 韦勒著:《国际刑法学原理》(王世洲译),商务印书馆 2009 年版。

二、英文书目

1. Mueller, Gerhard O. W. and Wise, Edward M. Ed. , International Criminal Law, New York University 1965.

2. Bassiouni, M. Cherif, International Criminal Law – A Draft of International Criminal Law, Sijthoff & Noordhoff International Publishers 1980.

3. Bassiouni, M. Cherif, ed. , International Criminal Law – Crimes, Transnational Publishers, Inc. , 1986, V. 1.

4. Bassiouni, M. Cherif, ed. , International Criminal Law – Procedure, Transnational Publishers, Inc. , 1986, V. 2.

5. Bassiouni, M. Cherif, ed. , International Criminal Law – Enforcement, Transnational Publishers, Inc. , 1987, V. 3.

6. Bassiouni, M. Cherif: A Draft International Criminal Code and Draft Statute for International Criminal Tribunal, Martinus Nijhaff Publishers, 1987.

7. Bassiouni, M. Cherif, ed. , International Review of Penal Law, 1991. Vol. 62.

777

8. Bassiouni, M. Cherif: Draft Statute International Criminal Tribunal, A. I. D. P. Novellas Etudes Penales, 1992. No. 9.

9. M. C. Bassiouni, Crimes Against Humanity in International Criminal Law, Martinus Nijhoff Publishers, 1992.

10. Bassiouni, M. Cherif, ed. , Commentaries on the International Law Commission' s 1991 Draft Code of Crimes against the Peace and Security of Mankind, A. I. D. P. Novellas Etudes Penales, 1993. No. 11.

11. Jordan J. Paust etc. , International Criminal Law: Cases and Materials, Carolina Academic Press, 1996.

12. The International Criminal Court: Observations and Issues Before the 1997 – 98 Preparatory Committee; and Administrative and Financial Implications, International Human Right Law Institute, DePaul University Chicago. 1996.

三、日文书目

1. ［日］森下忠著:《新しぃ国际刑法》,信山社 2002 年版,第 134 页。

2. ［日］森下忠著:《国际刑事司法协助的理论》,成文堂 1983 年版。

3. ［日］山本草二著:《国际刑事法》,三省堂 1991 年版,第 123 页。

International Criminal Law
List of Contents

FOREWORD

Chapter 1 Introduction to International Criminal Law

Section 1 Concept and Character of International Criminal Law

Section 2 Origination and Evolution of International Criminal Law

Section 3 Theory Groundwork of Procreating International Criminal Law

Section 4 On Independent Nature of International Criminal Law

Section 5 Conceived Theoretical Framework on International Criminal Law

Section 6 Draft of International Criminal Law

Chapter 2 Sources of International Criminal Law

Section 1 Different Views on the Sources

Section 2 Basic Sources of International Criminal Law

Section 3 the Conventions Containing the International Criminal Law Norms

Chapter 3 International Criminal Jurisdiction

Section 1 Significance of International Criminal Jurisdiction

Section 2 Provisions on Jurisdiction in Conventions

Section 3 Principle of Territorial Jurisdiction

Section 4 Principle of National Jurisdiction

Section 5 Principle of Protective Jurisdiction

Section 6 Principle of Universal Jurisdiction

Section 7 Discussion on the Principle of the Priority of Jurisdiction

Chapter 4 International Crimes and Their Criminal Responsibility

Section 1 Concept of International Crime

Section 2 Constitution of International Crime

Section 3 On the Subject of International Crime

Section 4 Principles of Criminal Responsibility

Section 5 Typology of International Crimes

Chapter 5 Crimes of Endangering Human Peace and Security

Section 1 War Law and War Crimes

Section 2 Crime of Aggression

Section 3 War Crime

Section 4 Crime against Humanity

Section 5 Crime of Genocide

Section 6 Crimes of Unlawful Use of Prohibited Weapons

Chapter 6 Crimes against Fundamental Human Rights

Section 1 Universal Declaration of Human Rights and International Protection of Human Rights

Section 2 Crime of Apartheid

Section 3 Crime of Racial Discrimination

Section4 Crime of Slavery and Slave Trade

Section5 Crime of Transnational Traffic on Persons

Section6 Crime of Torture

Chapter 7 Crimes of Disrupting World Order

Section 1 the Convention of Punishing International Terrorism and Its Development

Section 2 Crime of Disrupting International Relationship

Section 3 Crimes of Disrupting International Civil Aviation Order

Section 4 Crimes of Disrupting Public Order in Sea

Section 5 Crime of Endangering International Post Order

Chapter 8 Offenses of EndangeringHuman Common benefit

Section 1 Drug Offenses

Section2 Transnational Organized Crimes

Section 3Crimes of Bribery and Corruption

Section 4 Crimes of International Laundering Money

Section 5 Offenses of Endangering International Justice

Section6 Crimes of Destroying Environment

Chapter 9 Offenses of Endangering National Benefit

Section 1 Counterfeiting

Section 2 Destruction or Theft or Unlawful Transfer of National Treasures and Cultural Property

Chapter 10 Application of International Criminal Law

Section 1 Application Models

Section 2 International Criminal Court

Section 3 Domestic Application of International Criminal Law

Chapter 11 International Cooperation in Criminal Matters

Section 1 Significance of International Cooperation in Criminal Matters

Section 2 Provisions on the Cooperation in Conventions

Section 3 Fundamental content on the Cooperation

Section 4 International Criminal Police Organization

Chapter 12 Extradition

Section 1 Concept and Character of Extradition

Section 2 Basic Principle of Extradition

Section 3 Procedure of Extradition

Section 4 Development of Extradition

Chapter 13 International Judicial Assistance in Criminal Matters

Section 1 Different Views on the Judicial Assistance in Criminal Matters

Section 2 Basic Contents of United Nations Standard Treaty

Section 3 Development of the International Judicial Assistance in Criminal Matters

Chapter 14 Transfer of Proceedings in Criminal Matters and Enforcement of Foreign Judgments

Section 1 Transfer of Proceedings in Criminal Matters

Section 2 Recognition of Foreign Judgments and Enforcement of Sentences Abroad

Section 3 Surrender of the Prisoner of the Foreign Nationality

Section 4 Carrying Out Execution of International Criminal Courts

Chapter 15 China and International Criminal Law

Section 1 Information on China Participating on the International Criminal Legislation

Section 2 the Norms of the International Criminal Law Incorporate in Chinese Criminal Law

Section 3 the Issues in the Field of Extradition in China

Section 4 on the Judicial Assistance in Criminal Matters in China

Section 5 the Issues in the Transfer of Sentenced Persons